KB209100

buddhaṃ, buddhaṃ, buddhaṃ vande
붇당, 붇당, 붇당 완데-
부처님, 부처님, 부처님께 예배합니다.

dhammaṃ, dhammaṃ, dhammaṃ vande
담망, 담망, 담망 완데-
가르침, 가르침, 가르침에 예배합니다.

sanghaṃ, sanghaṃ, sanghaṃ vande
상강, 상강, 상강 완데-
성자들, 성자들, 성자들께 예배합니다.

buddhaṃ, dhammaṃ, sanghaṃ vande
붇당, 담망, 상강 완데-
부처님, 가르침, 성자들께 예배합니다.

'passaṃ na passatī'ti - '보면서 보지 못한다.'

완전한 스승에 의해 완전하게 설해진, 더할 바 뺄 바 없는 가르침(DN 29-정신(淨信) 경)

행복, 그 이면의 이야기 — 더 좋은 것이 있습니다!

갈수록 괴로움은 줄어들고 행복은 늘어나는 삶을
살다가 죽어서는 더 좋은 곳, 하늘에 태어나시기를!

해피[解彼 & happy] 하시기 바랍니다!

근본경전연구회 : nikaya.kr
니까야 번역 불사터 : sutta.kr

가장 오래된, 그러나 전혀 새로운 불교로 이끄는 「되돌림 불서(佛書) I - ①」

불교입문
佛 教 入 門

(I) 소유하고자 하는 자를 위한 가르침
(kāmabhogī)

해피 스님 지음

한국붇다와다불교 해피법당 근본경전연구회
nikaya.kr & sutta.kr

【 책을 쓰면서 】

법우님 한 분이 이렇게 말했습니다. ―「이 입문서(入門書)가 많은 사람에게 정법(正法)으로 이끄는 길잡이가 될 수 있기를 발원(發願)합니다. _()_」

(SN 1.32-인색 경)은 「베풀기 어려운 것을 베풀고, 행하기 어려운 것을 행하는 것, 덕 있는 사람의 법은 따라 하기 어려운 것이어서 덕이 없는 자들은 따라 하지 못합니다. 그러므로 덕 있는 사람과 덕이 없는 사람은 여기로부터 갈 곳이 다릅니다. 덕이 없는 사람은 지옥으로 가고, 덕 있는 사람은 하늘 저편으로 갑니다.」라고 말합니다.

정법(正法) 즉 바른 가르침은 삶을 향상하려는 의지를 가진 사람을 위한 공부입니다. 그래서 지금의 삶에 만족하고 반성 없이 머무는 사람이 따라 하기 어렵습니다. 시간이 지나면 그의 삶은 지금만큼도 유지하지 못하고 퇴보하게 됩니다.

그렇습니다. 이 책은 삶을 향상하려는 의지를 가진 사람을 위한 책입니다. 갈수록 괴로움은 줄어들고 행복은 늘어나는 삶을 살다가 죽어서는 더 좋은 곳, 하늘에 태어나기를 희망하는 사람에게 방법을 안내하기 위하여 만들어진 책입니다.

그러나 삶은 의지 즉 실천만으로 향상하지는 않습니다. 향상으로 이끄는 길이 먼저 필요한 것입니다. 그래서 되도록 저의 이야기는 줄였습니다. 가능한 만큼 경을 통해 부처님의 방법을 소개하고 인용하여 삶의 향상을 위한 바른길을 안내하고자 하였습니다. 이천 년 넘는 앞선 세월 동안 수고하신 선배님들의 도움도 가능한 한 배제하고 오직 경을 통해 부처님의 방법을 직접 안내하는 한 가지 방법에 투철하기 위해 최선을 다하였습니다.

덕분에 법우님의 발원(發願)처럼 정법(正法)으로 이끄는 길잡이가 되기에, 아직 부족하지만, 부끄럽지 않은 책을 만들 수 있게 되었습니다. 이제, 그대께서 삶을 향상하려는 의지를 가진 사람이 되어야 할 차례입니다. 그때, 이 책은 그대의 실천을 유효하게 하여 그대의 바람을 실현할 수 있는 좋은 도구가 될 것입니다.

으뜸 제자인 사리뿟따 존자는 이렇게 말합니다. — 「satthari pasīdiṃ — 'sammāsambuddho bhagavā, svākkhāto bhagavatā dhammo, suppaṭipanno sāvakasaṅgho'ti '세존(世尊)은 정등각(正等覺)이시다. 세존으로부터 법(法)은 잘 설해졌다. 제자들의 상가(僧伽)는 잘 실천한다.'라고 스승에 대해 분명해졌습니다. (DN 28.1-믿음을 고양하는 경, 사리뿟따의 사자후)」

ciraṃ tiṭṭhatu lokasmiṃ sammāsambuddhassa sāsanaṃ
정등각(正等覺)의 가르침이 이 세상에 오래도록 머물기를!

2020. 4. 21.

한국붇다와다불교 해피법당 근본경전연구회 비구 뿐냐디빠 해피 합장

buddha(붇다) 부처님-불(佛), vāda(와-다) 말씀-가르침

buddhavāda(붇다와-다) 부처님의 말씀

【 공동대표 인사 】

처음 불교대학에서 교리를 배우고 대승경전을 공부하고, 절에서 수행도 해보면서 해가 갈수록 기초를 좀 더 다져야겠다는 생각이 들었습니다. 인터넷으로 여기저기 보다가 해피 스님 홈페이지로 연결이 되었습니다. 당시 서울과 대구에서만 법문을 해서 인터넷으로만 보고 있다가 2013년 여름, 드디어 부산에서도 법문을 시작하여 배우게 되었습니다. 빠알리 원전(原典)의 직접 번역을 통해 「니까야로 푸는 니까야」 방식은 저에게 신선한 충격이었습니다.

1년쯤 공부를 하던 선원이 없어지게 되어 부산 법회를 중단할 위기가 되었는데 마침 제가 개원하고 있던 신경외과 건물의 위층이 비어있어 해피 스님께서 그곳에 해피법당을 여시고 법회를 계속하게 되어 가까이서 더욱 열심히 공부할 수 있었습니다. 스님 덕분에 니까야를 정확하게 읽고, 바른 지혜를 좀 더 갖게 되었습니다. 이번에 스님께서 계획하는 일련의 책 중에 첫 책을 출판하게 되어 기쁜 마음 감출 수 없으며, 많은 사람들에게 널리 읽히게 되기를 기원합니다.

불교의 핵심 교리인 anatta(아나따, sk. anātman 안아뜨만)는 '아트만이 아니다'라는 뜻이며, 한문은 無我(무아)로 번역했습니다. 의학적 발생으로 볼 때, 우리는 부모의 정자와 난자가 만나 수정란으로 착상하여 약 10개월 동안 어머니 자궁에서 성장하다가 출생하게 되지요. 처음 정자와 난자는 나의 것이 아니고, 자궁 속에서도 탯줄을 통해 어머니로부터 모든 영양과 재료를 받아서 성장했습니다. 태어나서는 젖과 죽과 음식으로 몸집을 부풀려왔습니다. 즉 현재 나의 색온(色蘊)이 될 때까지 원래 내 것이라는 것은 없고 모두 외부에서 가져와서 지금의 몸이 형성되었습니다. 원래 나의 것이 아니고, 내가 아니지만 이렇게 형성된 것에 '나'라는 자아의식이 생기면 당연히 '자기'라는 생각을 하게 되고, 이에 집착하여[아집(我執)] 중생의 삶을 살게 됩니다.

우리는 유지의 측면에서도 10분간 숨을 쉬지 않으면, 10일간 전혀 먹지 않으면 생존할 수가 없습니다. 즉 외부와 교류하지 않으면 10분도 '자기'를 유지할 수 없습니다. 부처님께서 강조하신 오온(五蘊)의 측면으로 나누어 생각하여도 나의 것이 아니고, 내가 아니고, 나의 자아가 아닙니다. 이렇게 내가 조건 지어 연기(緣起)된 줄을 바르게 안다면 주위에 감사하고, 나와 네가 다르지 않고 '모두 행복하고 건강하길' 바랄 것입니다. 공기나 물을 포함한 무생물, 환경에 대해서도 같은 마음입니다. 이것이 자비(慈悲), 보리심(菩提心)의 발로이겠지요.

부처님께서는 '이전에도 지금도 나는 오직 고(苦)와 고멸(苦滅)을 말한다 (SN44.2-아누라다 경).' '열반은 행복이다.' 등 사성제에서도 고(苦)가 멸(滅)한 상태, 즉 행복(幸福)이 불교의 궁극적 목적이라는 것을 무척 강조하셨습니다.

해피 스님께서 계획하는 일련의 책 중에 처음인 이 **불교입문(佛教入門)**은 '소유하고자 하는 자' 즉 일반적인 재가불자의 바른 신행(信行)에 중점을 두고, 재가 불자들이 다복하고 풍요로운 삶을 사는 데 많은 지면을 할애했습니다. 불자는 물론 일반인들도 많은 분들이 정독하여 바른 지혜를 갖고 행복하게 함께 사는 지구촌이 되기를 염원합니다.

끝으로 (AN 11.12-마하나마 경2)[☞ 제3부 제4장 2. 마하나마에게 설해진 세 개의 경]에서 삼매에 들어지는 '불(佛)에 대해 계속해서 기억함'을 행주좌와(行住坐臥) 및 일에 집중할 때도, 자식들이 북적거리는 집에서 살 때도 닦아야 한다고 말씀하십니다. 계속해서 부처님을 생각하여[염불(念佛)] 탐(貪) 진(嗔) 치(癡)가 스며들지 않고, 나도 부처님 같은 지혜를 갖추고 부처님같이 신구의(身口意) 삼행을 하겠다는 발원을 하시면서 행복한 나날이 되기를 기원합니다.

namo tassa bhagavato arahato sammāsambuddhassa.
나모- 땃사 바가와또- 아라하또- 삼마-삼붇닷사
그분, 세존(世尊)-아라한(阿羅漢)-정등각(正等覺)께 귀의(歸依)합니다.

2020. 4. 22.

한국붇다와다불교 근본경전연구회 공동대표
아빈뇨(abhiñño) 보인 김법영(普仁 金法暎) 합장

【 소유하고자 하는 자를 위하여 】

• 소유하고자 하는 자(kāmabhogī) — 다복하고 풍요로운 삶을 바라는 자

☞ 「제1부 제2장 【kāmabhogī(소유하고자 하는 자)는 어떤 존재인가?】」 참조

불교는 행복의 실현을 오직 목적으로 합니다!

부처님은 당신의 가르침이 존재를 구명하는 데에 목적을 두지 않는다고 말합니다. 존재 즉 아(我)를 선언하는 외도들의 주장을 무아(無我)로써 설파하고, 무아(無我)인 존재[유신(有身)-오취온(五取蘊)]에 대한 이해[십이연기(十二緣起)] 위에서 고멸(苦滅)을 실현하는 것[팔정도(八正道)]에 가르침 즉 불교의 쓰임새를 두고 있다는 선언입니다. — 「"pubbe cāhaṃ, anurādha, etarahi ca dukkhañceva paññāpemi dukkhassa ca nirodhan"ti. 이전에도 지금도 나는 오직 고(苦)와 고멸(苦滅)을 말한다. (SN44.2-아누라다 경)」

이 책을 만들면서 가장 주의한 점은 경을 경이 의도한 그대로 인용하고 있는지입니다. — 「대덕이시여, 참으로 법들은 세존을 뿌리로 하고, 세존을 도관(導管)으로 하고, 세존을 의지합니다. 대덕이시여, 이 말씀의 의미를 세존께서 분명히 해주시면 참으로 감사하겠습니다. 비구들은 세존에게서 듣고서 명심할 것입니다. (SN 12.19-우현(愚賢) 경)」 & 「세존이 말한 것을 말하고, 사실 아닌 것으로 세존을 비난하지 않고, 가르침에 부합하는 법을 설명하고, 이어서 말하는 동료수행자가 누구라도 낮은 상태로 오게 되지 않을까? (SN44.2-아누라다 경)」

그래서, 우리는 「부처님 살아서 직접 설한 가르침」이라고 말하고, 다른 사람들은 「부처님이 직접 설한 가르침에 가장 가까운 가르침」이라고 말하는 공부 기준 위에서 빠알리 원전(原典)의 직접 번역을 통해 이 책은 만들어졌습니다. 특히, 아비담마 논장(論藏)이나 청정도론(淸淨道

論) 등에 의지하지 않고 오직 경으로 경을 푸는 방법을 사용하였습니다. —「니까야로 푸는 니까야」

이 책은 근본경전연구회가 계획한 첫 번째 출판 계획 즉 「①불교입문(佛敎入門)(I) 소유하고자 하는 자를 위한 가르침 → ②불교입문(佛敎入門)(II) 사실 → ③삶의 메커니즘 → ④탐(貪)-진(嗔)-치(癡)」로 구성된 출판 계획의 첫 번째 책입니다. 특히, 대부분의 불교신자(佛敎信者)인 '재가자(在家者)로서 소유하고자 하는 자'가 불교의 기술보다는 부처님에 의해 배척된 기술로써 살아가고 있는 한국불교의 현실을 타개하기 위한 목적이라고 하겠는데, 보통의 불교신자들에게 부처님에 의해 지시된 불교의 기술을 소개하고 이끌려는 것입니다. —「소유하고자 하는 자를 위한 가르침」 ☞ 「제1부 제1장 Ⅳ. 이 책의 의도」 참조.

그래서 이 책을 관통하는 주제는 행위인데, 「태어남이 아니라 행위가 사람을 만들기 때문」입니다.

부처님은 행위에 대한 분명한 기준을 제시하는데, 괴로움의 과(果)와 보(報)를 가져오는 행위와 즐거움 즉 행복의 과(果)와 보(報)를 가져오는 행위입니다. 그리고 이 기준을 위해 가장 원초적 형태의 바른 견해[정견(正見)]가 선제 되는데, 「①저세상은 있다, ②화생(化生)하는 중생은 있다, ③업(業)에는 과(果)와 보(報)가 따른다.」입니다. 이렇게 이익과 행복을 만드는 행위가 이 책의 주제 위에서 이끄는 일관된 방향인데, 제사(祭祀)의 의미입니다.

또한, 경은 행위와 행복의 중간에 있는 것을 말하는데, 공덕(功德) 또는 복(福)입니다. 말하자면, 방향에 맞는 행위는 공덕을 만들고, 공덕은 행복을 가져오는 과정을 설명하는 것입니다.

그래서 이 책의 중심에는 공덕(功德)이 있습니다. 그리고 공덕의 토대가 되는 것이 있는데, 보시(布施)와 오계(五戒) 그리고 수행(修行)입니다. 다만, 이 책의 목적에 따라 수행(修行)은 간략히 소개만 하고, 보시와 오계를 중심으로 설명하였는데, 공덕과 보시는 주요 용례를 상당 부분 소개/인용하였고, 오계는 모든 용례를 소개/인용하였습니다.

한편, 가르침에 따라 완전한 행복으로 나아가는 인생항로(人生航路)를 제시하였는데, 「①보시의 돛을 올리고, ②오계(五戒)의 바람을 맞아 출발하면, ③히리-옷땁빠의 방향타로 방향을 잡고, ④오근(五根)-오력(五力)의 노를 저어 열반으로 나아가는 항해」입니다.

이때, 보시와 오계로의 출발은 이 책의 중심에 있고, 오근(五根)-오력(五力)의 노는 수행에서 중심된 의미를 설명하였습니다. 그런데 방향타인 히리와 옷땁빠는 무엇입니까? 자책(自責)의 두려움과 타책(他責)의 두려움이라고 해석하였는데, 가능한 모든 용례를 조사하여 정리하였습니다.

그래서 이 책의 뒷부분에서는 히리와 옷땁빠가 비중 있게 설명됩니다. 특히, 히리와 옷땁빠를 포함하지 않는 법들의 전개와 포함하는 법들의 전개를 충분한 용례를 통해서 정리하였습니다. 인생항로(人生航路)에서 방향타를 놓치지 않기 위해 많은 수고로움을 감당한 것인데, 소유하고자 하는 불교신자의 신행(信行)을 잘 안내하고 있다고 하겠습니다.

무엇보다도 이 책의 특징은 다양한 용례의 제시입니다. 어떤 주제에 대해 앞선 해석에 의지하지 않고 경이 의도한 그대로의 의미를 드러내고자 하는 시도입니다. 특히, 삶에 대한 이해가 부처님에 일치하지 않는 후대의 교재들에 의한 왜곡을 방어하기 위해 가능한 만큼의 용례를 통해 경의 의도를 확인하였습니다. 「니까야로 푸는 니까야」의 방법인데, 과학의 발전이 제공하는 학습능력의 향상을 감안하면, 이제 우리에게는 타당한 방법입니다.

모쪼록 다양하게 보여드린 경(經)들을 도관(導管)으로 삼아 법우님의 삶이 잘 출발하고, 방향을 잃지 않아서 부처님이 보여주신 그 자리에 빠르고, 무사하게 도착하시기를 바랍니다.

해피[解彼 & happy] 하십시오!

한국붇다와다불교 해피법당 근본경전연구회 비구 뿐냐디빠 해피 다시 합장

【 약어 】

(DN -) 디가 니까야 – 번 경
(MN -) 맛지마 니까야 – 번 경
(SN -.-) 상윳따 니까야 – 번 상윳따 – 번 경
(AN -.-) 앙굿따라 니까야 –의 모음 – 번 경
(KN 2.-) 쿳다까 니까야 법구경 – 번 경
(KN 5.-) 쿳다까 니까야 숫따니빠따 – 번 경

【 빠알리어 병기 】

의미를 정확히 전달하기 위해 때로 단어나 구문의 빠알리 원어를 ( ) 안에 함께 나타내었는데, 일부는 우리말 발음도 함께 표시하였습니다. 이 책은 입문서(入門書)이지만 입문 과정에 해당하는 교리 서적이기 때문에 원어의 확인이 필요한 분이 있을 것이기 때문입니다. 필요치 않은 분에게는 불편이 있겠지만 많은 사람을 위한 공부의 목적에서 이해해 주시기 바랍니다.

한편, 「빠알리어 한글 색인」은 「찾아보기」와 함께 제2권 「불교입문(佛教入門)(II) - 사실」의 말미에 수록하였습니다.

【 번역 】

1. 번역에 활용한 빠알리 원전은 Pali.Sirimangalo.Org(Ven. yuttadhammo)에서 제공하는 Digital Pali Reader인데, 육차 결집본입니다.

2. 4부 니까야의 번역은 초기불전연구원(각묵스님, 대림스님)과 한국빠알리성전협회(전재성 박사님)의 우리말 번역본, 그리고 WISDOM PUBLICATIONS • BOSTON(in association with the Barre Center for Buddhist Studies)의 보디 스님(bhikkhu bodhi)을 중심으로 하는 영역본(英譯本)을 참고하였습니다.

3. 율장(律藏-vinaya)과 숫따니빠따의 번역은 한국빠알리성전협회(전재성 박사님)의 번역을 참고하였습니다.

4. 법구경(法句經)의 번역은 봉선사(奉先寺) 봉숭아학당(현진 스님)의 담마빠다를 참고하였습니다.

【 책의 성격 및 구성 】

이 책은 입문서(入門書)이지만 개론서(槪論書)가 아닙니다. 입문 과정에 해당하는 교리 서적이어서 과정에 해당하는 주제를 원전(原典)에 입각하여 상세히 서술하고 있습니다.

이 책은 「불교입문(佛教入門)(Ⅰ) - 소유하고자 하는 자를 위한 가르침」과 「불교입문(佛教入門)(Ⅱ) - 사실」의 두 권으로 구성된 입문서 가운데 제1권입니다.

제2권 「불교입문(佛教入門)(Ⅱ) - 사실」에서는 부처님의 깨달음의 본체인 삶[나와 세상]에 적용되는 원리-이치로서의 진리를 설명합니다. 부처 이전의 것으로 세상에 존재하는 것 즉 삼법인(三法印)과 연기(緣起)의 원리-이치를 중도(中道)인 팔정도(八正道)에 의해 밝혀내고, 삶의 문제를 해소하는 것으로의 불교(佛教)입니다. 이때, 삼법인(三法印)은 고(苦)과 고멸(苦滅)로, 연기(緣起)는 고집(苦集)으로, 중도(中道) 즉 팔정도(八正道)는 고멸도(苦滅道)로 취합되어 불교(佛教) 안에서 진리(眞理)라는 이름의 체계를 구성하는데, 사성제(四聖諦)입니다. 책에서는 가능한 한 상세히 그러나 입문서의 목적에 맞는 낮은 단계로의 서술로써 설명하고 있습니다.

제1권 「불교입문(佛教入門)(Ⅰ) - 소유하고자 하는 자를 위한 가르침」은 사실-진리를 위한 공부 이전에 버팀과 위안과 휴식 그리고 삶의 향상을 위한 토대 마련의 과정을 안내하는 책입니다. 부처님에 의지할 때 그런 목적을 진정 성취할 수 있다는 믿음 위에서 부처님에 의해 지시된 불교의 기술을 소개하고 이끄는 내용을 서술하였습니다.

이 책은 고해(苦海)를 건너 열반(涅槃)으로 나아가는 인생항로(人生航路)의 제시에 이어 4부로 구성됩니다. — 「제1부 삶[나와 세상] 그리고 불교(佛教) - 소유하고자 하는 자

(kāmabhogī), 제2부 행위[업(業)]의 개괄, 제3부 공덕(功德), 제4부 히리와 옷땁빠 그리고 법(法)들의 전개」

제1부는 제1장 들어가는 글과 제2장 소유하고자 하는 자를 위한 가르침의 용례로 구성됩니다. 제1장에서는 부처님의 설법의 기술인 순서대로의 가르침[차제설법(次第說法)]을 소개한 뒤, 불교에 대해 개괄하였습니다. 특히, 불교의 구성원에 대해 상세히 설명하였는데, 이 책이 의도하는 보통의 독자 즉 「소유하고자 하는 재가자」에 대한 이해를 구하기 위해서입니다.

그런데 순서대로의 가르침[차제설법(次第說法)]은 나[존재]와 세상에 대한 이해 위에서 설명됩니다. 간략히 서술하기는 하였지만, 많이 어려운 주제입니다. 필요에 따라서는 일독(一讀)만 하고 넘어간 뒤 되돌아와서 자세히 공부하는 것도 방법이 될 것입니다.

이어지는 불교의 개괄에서는, 특히, 불교의 구성원에 대한 설명을 통해 분명한 자리매김의 필요성을 서술하였습니다. 「소유하고자 하는 재가자」로 살고 있으면서도 마음만 「범행(梵行)을 실천하는 재가자」이고자 하면, 어설픈 도인(道人) 흉내로 삶을 망칠 수 있기 때문입니다.

제2장 소유하고자 하는 자를 위한 가르침의 용례는 다양한 가르침을 통해 「소유하고자 하는 재가자」의 모범적인 삶을 안내하였습니다.

제2부는 행위[업(業)]입니다. 사람에게 삶의 질(質)은 태어남에 의해 결정되지 않고, 행위의 누적을 통해 결정되기 때문에, 한마디로 말하면, 불교는 행위입니다. 행위가 만드는 고(苦)와 락(樂)의 체계는 사성제(四聖諦)로 설명되기 때문에, 다시 말하면, 불교는 사성제(四聖諦)입니다.

행위 즉 업(業)을 토대로 가르침은 설해지는데, 특히, 고(苦)의 과(果)와 보(報)를 만드는 행위인지, 락(樂)의 과(果)와 보(報)를 만드는 행위인지의 차별은 가르침의 중심에 있습니다. 이 책에서는 십업(十業)[십악업(十惡業)-십선업(十善業)]의 측면으로 접근하여 설명하였는데, 그 정의와 구조 그리고 업(業)의 개선은 중요한 주제입니다.

특히, 십악업(十惡業)을 십선업(十善業)으로 바꾸는 방법을 자비(慈悲)-사무량심(四無量心)과 보시(布施)-애어(愛語)-이행(利行)-동사(同事)의 사섭법(四攝法)으로 설명하였는데, 사섭법에 대해서는 모든 용례를 담았습니다.

한편, 행위의 원인-조건의 오해로서의 삼종외도(三種外道)에 대한 부처님의 논파를 설명하였는데, 불교의 중심에 업(業)이 있어야 하는 이유를 보여줍니다. 또한, 업장소멸(業障消滅)에 대한 불교적인 방법도 비중을 가지고 설명하였습니다.

그런데 행위 즉 업(業)에 대한 이런 설명은 제사(祭祀)라는 개념으로 귀결됩니다. 제사는 「오랫동안의 이익과 행복을 위한 행위」인데, ①「나에게 오랫동안 이익과 행복이 있기를!」 바라는 [yañña(얀냐) - 제사(祭祀)]와 ②죽은 이에게 다시 태어난 곳에서 삶을 유지하고 머물기 위한 자량(資糧-음식)을 제공하는 [saddha(삿다) - 조상제사(祖上祭祀)]의 두 가지입니다.

그런데 경에는 행복을 가져오는 것을 직접 지시하는 용어가 나타나는데, 공덕(功德)[복(福)]입니다. 그래서 제사는 행복을 가져오기 위해서 공덕을 짓는 행위입니다. 이렇게 이 책의 주제는 행위에서 제사 즉 「공덕을 짓는 행위」로 연결됩니다.

제3부는 공덕(功德)입니다. 행위의 귀결점인 제사(祭祀)의 구체적 의미인 공덕(功德)에 대한 서술입니다.

공덕(功德)을 만드는 행위는 보시(布施)와 오계(五戒) 그리고 수행(修行)의 세 가지 토대를 가지는데, 수행(修行)은 다음 책을 통해 자세히 설명하기로 하고, 보시와 오계에 대해서는 이 책에서 자세히 설명하였습니다.

그래서 제3부는 제1장 공덕 - (1) 개념, 제2장 공덕 - (2) 보시(布施), 제3장 공덕 - (3) 오계(五戒)가 중심이 됩니다. 그 외에 제4장 계속해서 기억해야 하는 여섯 가지와 제5장 포살(布薩)에서 공덕과 연결되는 부가적인 주제를 소개하였습니다. 그리고 공덕의 우월을 순차적으로 설명하는 경들과 공덕에 의한 태어남을 구체적으로 설하는 경들을 【제사와 공덕 총괄 장】에서 소개함으로써 마무리하였습니다.

한편, 공덕을 지어 행복을 만들고 삶을 향상하는 과정은 퇴보로 이끄는 것들의 방어와 진보로 이끄는 동력의 양 측면에서 접근할 수 있습니다. 그래서 수행의 수단으로 제시되는 다섯 가지 힘[오력(五力)]과 다섯 가지 기능[오근(五根)]을 「퇴보로 이끄는 것들의 방어 측면에서는 힘[력(力-bala)], 진보로 이끄는 동력의 측면에서는 기능[근(根-indriya)]」으로 설명하였습니다.

이때, 퇴보로 이끄는 것들의 방어 측면을 대표하는 두 가지 법이 발견되는데, 히리와 옷땁빠입니다. 히리는 자책(自責)의 두려움, 옷땁빠는 타책(他責)의 두려움으로 해석하였는데, 고해(苦海)를 건너 열반(涅槃)으로 나아가는 인생항로(人生航路)에서 방향타의 역할을 하는 것입니다.

그런데 부처님은 다양한 방법으로 제자들의 삶을 향상하는 방법을 가르쳐 줍니다. 그래서 불교 교리는 많은 경우에 주제어의 숫자를 하나씩 더해 가면서 전개[증일(增一)]됩니다. 이 책도 이후의 내용은 이런 구조로 정리하였습니다. 불방일(不放逸)이라는 한 개의 법을 중심에 두는 가르침을 시작으로 두 개의 법 내지 일곱 개의 법을 중심에 두는 가르침인데, 특히, 재가자의 삶을 이끄는 가르침에 초점을 맞췄습니다. 이럴 때, 이런 구조의 법들은 두 가지 부류로 나누어 정리할 수 있는데, 히리와 옷땁빠의 포함 여부입니다.

그래서 제4부는 히리와 옷땁빠 그리고 법(法)들의 전개입니다. 제1장 세상을 보호하는 두 가지 법에서 히리와 옷땁빠의 의미를 설명하였고, 법들의 전개의 두 가지 부류에 맞춰 제2장 히리와 옷땁빠를 포함하지 않는 법들의 전개와 제3장 히리와 옷땁빠를 포함하는 법들의 전개로 구성하였습니다.

불교신자에게 잘 알려져 있지 않지만, 히리와 옷땁빠는 삶에 대한 이해 또는 교리적 비중이 매우 큽니다. 이 책에서는 가능한 한 거의 모든 용례를 추출하여 정리함으로써 퇴보로 이끄는 것들의 방어 측면에 대한 방법을 제시하였습니다.

이렇게 이 책은 인생항로(人生航路)의 제시에 이어 4부로 구성되는데, 제1부 104쪽, 제2부 96쪽, 제3부 172쪽, 제4부 133쪽의 분량을 차지합니다. 특히, 제2부 행위와 제3부 공덕을 더하면 268쪽에 달하는데, 행위로써 관통하고 공덕으로 중심을 잡았다는 이 책의 의도가 이렇게도 드러난다고 하겠습니다.

【 생략 처리 안내 】

1. 중요한 교리 용어 몇 가지는 정형된 문구로 반복 나타납니다. 이 책에서는 공부의 편의를 고려해 표와 같이 생략 처리하였습니다.

용어	구분	문구
불(佛) 또는 믿음	정형된 문구	이렇게 그분 세존(世尊)께서는 모든 번뇌 떠나신 분, 스스로 완전한 깨달음을 이루신 분, 밝음과 실천을 갖추신 분, 진리의 길 보이신 분, 세상일을 모두 훤히 아시는 분, 어리석은 이도 잘 이끄시는 위없는 분, 모든 천상과 인간의 스승, 깨달으신 분, 존귀하신 분이시다.
	생략 문구	이렇게 그분 세존(世尊)께서는 모든 번뇌 떠나신 분 … 존귀하신 분이시다.
법(法)	정형된 문구	세존(世尊)에 의해 잘 설해진 법은 스스로 보이는 것이고, 시간을 넘어선 것이고, 와서 보라는 것이며, 향상으로 이끌고, 지혜로운 이들에게 개별적으로 알려지는 것이다.
	생략 문구	세존(世尊)에 의해 잘 설해진 법은 … 개별적으로 알려지는 것이다.
승(僧)	정형된 문구	진지하게 수행하는 세존(世尊)의 제자들인 상가(僧伽), 정확하게 수행하는 세존(世尊)의 제자들인 상가, 올바르게 수행하는 세존(世尊)의 제자들인 상가, 여법하게 수행하는 세존(世尊)의 제자들인 상가, 이분들은 네 쌍의 대장부요, 여덟 무리의 성자들, 이분들은 세존(世尊)의 제자들인 상가이니, 공양받을만한 분들, 환영받을만한 분들, 보시받을만한 분들, 합장 받을만한 분들이며, 이 세상의 위없는 복전(福田)입니다.
	생략 문구	진지하게 수행하는 세존(世尊)의 제자들인 상가(僧伽) … 이 세상의 위없는 복전(福田)입니다.

보시 (布施)	정형된 문구	[참으로 나에게 이익이다. 참으로 나에게 큰 이익이다! 나는 인색(吝嗇)에 오염된 사람들 가운데서] 인색의 때에서 벗어난 심(心)으로 자유롭게 보시하고, 손은 깨끗하고, 주기를 좋아하고, 다른 사람의 요구에 응할 준비가 되어있고, 베풂과 나눔을 좋아하며 재가에 산다.
	생략 문구	인색의 때에서 벗어난 심(心)으로 … 베풂과 나눔을 좋아하며 재가에 산다.
오계 (五戒)	정형된 문구	생명을 해치는 행위로부터 피하고, 주지 않는 것을 가지는 행위로부터 피하고, 음행(淫行)에 대한 삿된 행위로부터 피하고, 거짓을 말하는 행위로부터 피하고, 술과 발효액 등 취하게 하는 것으로 인한 방일한 머묾으로부터 피할 때
	생략 문구	생명을 해치는 행위로부터 피하고 … 술과 발효액 등 취하게 하는 것으로 인한 방일한 머묾으로부터 피할 때
계(戒)	정형된 문구	'깨지지 않고, 끊어지지 않고, 결점이 없고, 얼룩지지 않고, 구속되지 않고, 지자들이 칭찬하고, 움켜쥐지 않고, 삼매로 이끄는' 성자들이 동의하는 계들
	생략 문구	'깨지지 않고 … 삼매로 이끄는' 성자들이 동의하는 계들
지혜 [혜(慧)]	정형된 문구	지혜를 가졌다. 자라남-줄어듦으로 이끌고, 성스러운 꿰뚫음에 의해 괴로움의 부서짐으로 바르게 이끄는 지혜를 갖추었다.
	생략 문구	지혜를 가졌다 … 이끄는 지혜를 갖추었다.

배움	정형된 문구	많이 배우고, 배운 것을 명심하고, 배운 것을 쌓는다. 처음도 좋고 중간에도 좋고 끝도 좋은, 의미를 갖추고 표현을 갖춘 법들과 온전하게 완전하고 청정한 범행(梵行)을 선언하는 가르침을 많이 배우고 만족하고 말로써 실천하고 의(意)로써 이어 보고 견해로써 잘 꿰뚫는다.
	생략 문구	많이 배우고 … 견해로써 잘 꿰뚫는다.
히리	정형된 문구	히리를 가졌다. 몸의 나쁜 행위와 말의 나쁜 행위와 의(意)의 나쁜 행위에 대한 자책(自責)을 두려워하고, 악한 불선법들의 성취에 대한 자책(自責)을 두려워한다.
	생략 문구	히리를 가졌다. 몸의 나쁜 행위와 … 악한 불선법들의 성취에 대한 자책(自責)을 두려워한다.
옷땁빠	정형된 문구	옷땁빠를 가졌다. 몸의 나쁜 행위와 말의 나쁜 행위와 의(意)의 나쁜 행위에 대한 타책(他責)을 두려워하고, 악한 불선법들의 성취에 대한 타책(他責)을 두려워한다.
	생략 문구	옷땁빠를 가졌다. 몸의 나쁜 행위와 … 악한 불선법들의 성취에 대한 타책(他責)을 두려워한다.

2. 이외에 같은 경 안에서 반복되는 문구들에 대해서도 반복되는 부분은 많은 곳에서 생략 처리하였습니다.

생략에 따른 불편이 있는 분은 근본경전연구회 홈페이지 sutta.kr 을 참고하시기 바랍니다. (AN 4.51-공덕을 쌓음 경1)의 경우, AN 4.51로 검색하면 됩니다. 이때, AN과 4.51은 한 칸을 띄어야 합니다.

[예] (AN 4.51-공덕을 쌓음 경1)

「비구들이여, 공덕(功德)을 쌓고, 유익(有益)을 쌓고, 행복(幸福)의 자량(資糧)이 되고, 하늘로 연결되고, 보(報)가 행복이고, 하늘로 이끄는 이런 네 가지는 원하고 좋아하고 마음에 드는 이익과 행복으로 이끈다. 어떤 네 가지인가? 비구들이여, 어떤 사람의 가사[어떤 사람이 보시한 가사]를 사용하는 비구가 무량한 심삼매(心三昧)를 성취하여 머문다. 그것은 그[가사를 보시한 사람]에게 무량한 공덕(功德)을 쌓고, 유익(有益)을 쌓고, 행복(幸福)의 자량(資糧)이 되고, 하늘로 연결되고, 보(報)가 행복이고, 하늘로 이끄는 것이고, 원하고 좋아하고 마음에 드는 이익과 행복으로 이끈다.

비구들이여, 어떤 사람의 탁발 음식[어떤 사람이 보시한 탁발 음식]을 사용하는 비구가 무량한 심삼매(心三昧)를 성취하여 머문다. 그것은 그[탁발 음식을 보시한 사람]에게 무량한 공덕(功德)을 쌓고 … 이익과 행복으로 이끈다.

비구들이여, 어떤 사람의 거처[어떤 사람이 보시한 거처]를 사용하는 비구가 무량한 심삼매(心三昧)를 성취하여 머문다. 그것은 그[거처를 보시한 사람]에게 무량한 공덕(功德)을 쌓고 … 이익과 행복으로 이끈다.

비구들이여, 어떤 사람의 병(病)의 조건으로부터 필요한 약품[어떤 사람이 보시한 병(病)의 조건으로부터 필요한 약품]을 사용하는 비구가 무량한 심삼매(心三昧)를 성취하여 머문다. 그것은 그[병(病)의 조건으로부터 필요한 약품을 보시한 사람]에게 무량한 공덕(功德)을 쌓고 … 이익과 행복으로 이끈다. 이런 네 가지가, 비구들이여, 공덕(功德)을 쌓고, 유익(有益)을 쌓고, 행복(幸福)의 자량(資糧)이 되고, 하늘로 연결되고, 보(報)가 행복이고, 하늘로 이끄는 것이고, 원하고 좋아하고 마음에 드는 이익과 행복으로 이끈다.

이런 네 가지 공덕(功德)을 쌓고, 유익(有益)을 쌓는 것을 가진 성스러운 제자에게 '이만큼의 공덕(功德)을 쌓고 … 이익과 행복으로 이끈다.'라고 공덕의 크기를 헤아리기는 쉽지 않다. 다만, 헤아릴 수 없고, 잴 수 없는 커다란 공덕의 무더기라는 이름을 얻게 된다.」

이런 방법은 동일한 주제를 가지고 연속되는 경들의 경우에도 적용하였습니다.

【 차례 】

【그림 목차】

인생항로(人生航路)

고해(苦海)를 건너 열반(涅槃)으로 나아가는 인생항로(人生航路)가 있습니다. ―「①보시의 돛을 올리고, ②오계(五戒)의 바람을 맞아 출발하면, ③히리-옷땁빠의 방향타로 방향을 잡고, ④오근(五根)-오력(五力)의 노를 저어 열반으로 나아가는 항해」입니다.

부처님이 설명하는 인생항로는 이렇게 단순합니다. 괴로움의 영역에 속한 삶의 현장에서 행복의 영역을 향해 직선으로 가로질러 나아가는 최적의 항로(航路)입니다.

이 사람 저 사람의 말에 붙잡히지 않아야 합니다. 굽이굽이 돌아서 가다 보면 그곳에 닿지 못합니다. 오직 부처님이라는 한 분의 스승에 의지해서 최단 거리, 직선 길로 나아가야 합니다. 가장 단순하면서도 가장 강력한 추진력을 가진 길입니다.

가장 오래된 그러나 전혀 새로운 이 길이 부처님이 안내하는 인생항로(人生航路)입니다.
―「부처님 살아서 직접 설한 가르침 → 불교(佛教)를 부처님에게로 되돌리는 불사(佛事)!」

이 항로를 안내하기 위해 이 책은 만들어졌습니다.

❖ 열반으로 나아가는 인생항로 ❖

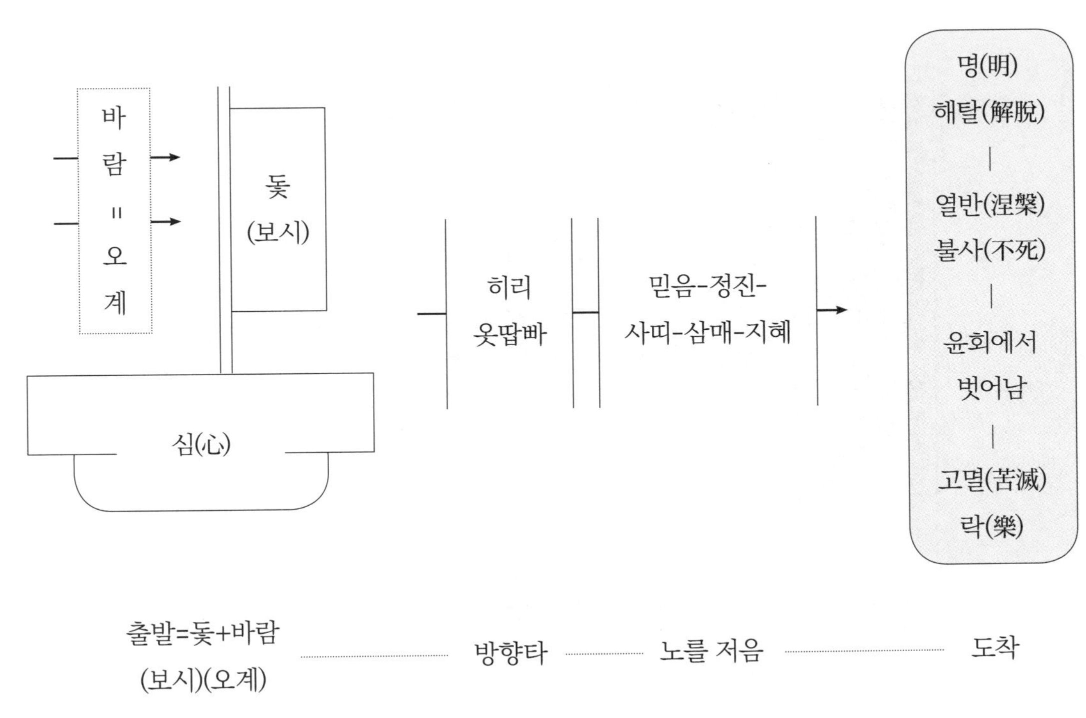

제1부

소유하고자 하는 자

kāmabhogī

• **저자 소회** : 책의 원고를 작성한 뒤 편집 과정에서 여러 번 반복하여 살펴보았지만 한 가지 문제를 해결하지 못했습니다. 책의 의도상, 순서는 바르게 짜였는데, **앞의** 순서를 구성하는 내용이 쉽지 않고 지루해서 입문서로 이 책을 만나는 독자들의 공부 의욕을 떨굴 수 있겠다는 우려입니다.

되도록 난이도를 극복하고 처음부터 읽기를 권합니다. 그러나 많이 부담된다면, 제1부는 띄엄띄엄 보고 제2부로 넘어가는 것도 방법이 됩니다. 책의 끝까지 읽은 뒤에 제1부로 돌아온다면 난이도의 문제는 어렵지 않게 극복될 것입니다.

제1장

불교(佛敎)의 구성원

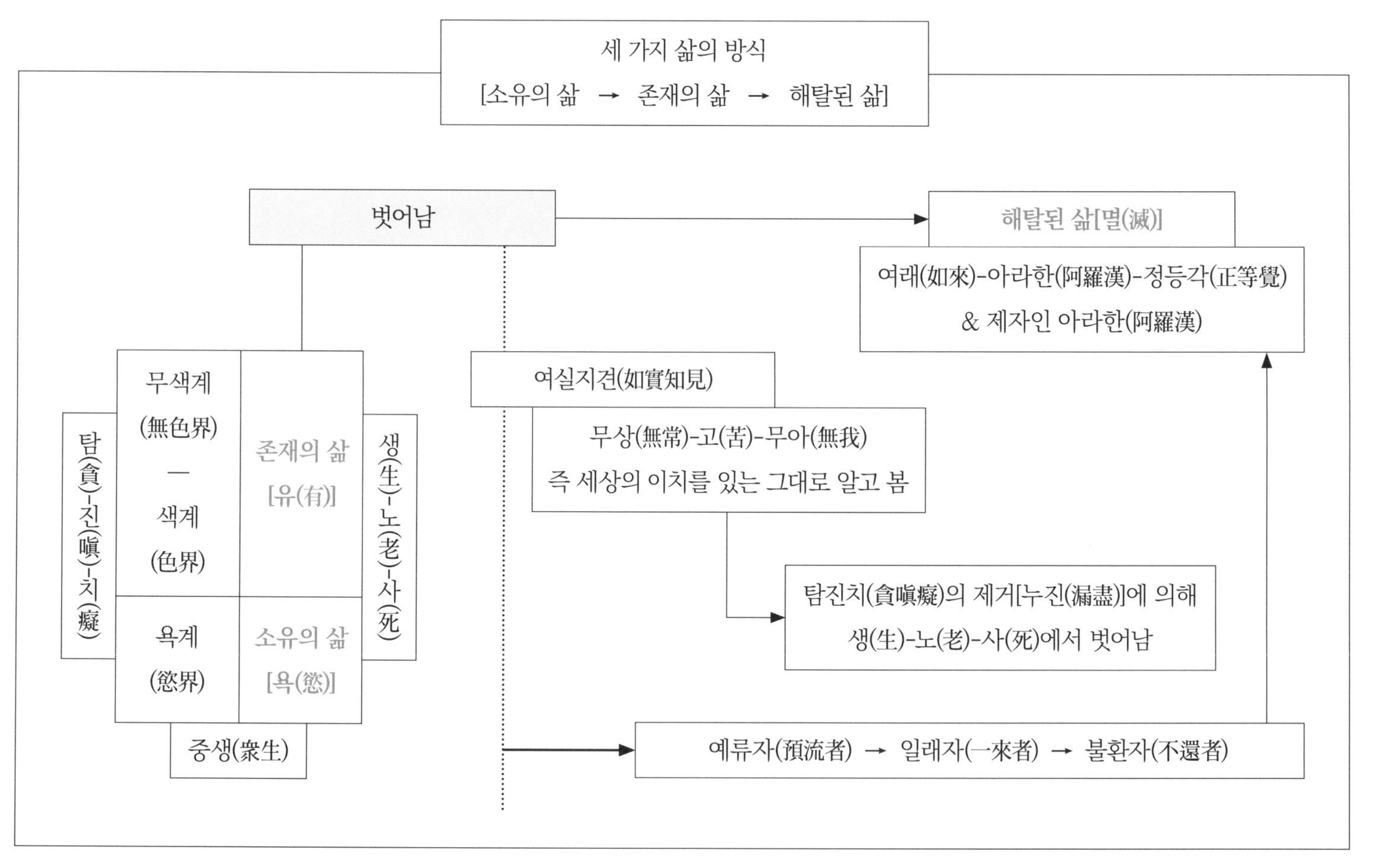

세 가지 삶의 방식
[소유의 삶 → 존재의 삶 → 해탈된 삶]
벗어남
해탈된 삶[멸(滅)]
여래(如來)-아라한(阿羅漢)-정등각(正等覺)
& 제자인 아라한(阿羅漢)
무색계
(無色界)
—
색계
(色界)
존재의 삶
[유(有)]
욕계
(慾界)
소유의 삶
[욕(慾)]
탐(貪)-진(瞋)-치(癡)
생(生)-노(老)-사(死)
중생(衆生)
여실지견(如實知見)
무상(無常)-고(苦)-무아(無我)
즉 세상의 이치를 있는 그대로 알고 봄
탐진치(貪瞋癡)의 제거[누진(漏盡)]에 의해
생(生)-노(老)-사(死)에서 벗어남
예류자(預流者) → 일래자(一來者) → 불환자(不還者)

I. 순서대로의 가르침[차제설법(次第說法-anupubbikathā)]

▷ 내용의 전개상 어려운 주제로 시작하게 되었습니다. 법은 「보시(布施)-오계(五戒) → 하늘에 태어남 → 더 높은 삶의 지향 → 깨달음의 실현」의 순서를 가지고 설해진다는 내용인데, 하늘 또는 더 높은 삶 등에 대한 설명 때문에 어렵게 느껴질 수 있게 서술되었습니다. 삶과 세상에 대해 그림으로 나타내었으니 참고하시기 바랍니다.

▷ 중생세상의 구분 : 욕계(慾界)-색계(色界)-무색계(無色界)

· 욕계(慾界) — 마음과 몸과 물질세상에 대한 집착의 영역
· 색계(色界) — 마음과 몸에 대한 집착의 영역 - 욕상(慾想)의 극복
· 무색계(無色界) — 마음에 대한 집착의 영역 - 색상(色想)의 극복

삶에는 세 가지 형태가 있습니다. 욕계(慾界) 중생의 삶을 의미하는 소유의 삶[욕(慾)]과 색계(色界)-무색계(無色界) 중생의 높은 삶을 의미하는 존재의 삶[유(有)] 그리고 중생의 영역을 벗어난 해탈된 삶[멸(滅)]입니다. 이때, 중생의 삶은 탐(貪)-진(嗔)-치(癡)를 원인으로 생(生)-노(老)-사(死)를 반복하는 윤회(輪迴)하는 삶입니다. 이런 이해 위에서 불교 공부의 본연 자리는 탐(貪)-진(嗔)-치(癡)의 원인을 해소함으로써 존재의 삶을 벗어나 해탈된 삶으로 나아가는 과정입니다. 그래서 그 과정에 들지 못한 자는 범부(凡夫-puthujjana)라 하고, 그 과정에 있는 자는 유학(有學-sekha)이라 하며, 그 과정을 마치고 해탈된 삶을 실현하면 무학(無學-asekha)이라고 합니다. 그리고 유학(有學)과 무학(無學) 즉 벗어남의 영역에 있는 자들을 성자(聖者-ariya)라고 합니다.

그러나 존재 또는 존재를 덧씌우고 있는 소유를 삶의 동력으로 하는 중생들에게 해탈된 삶 즉 벗어남의 영역은 쉽게 받아들여지지 않습니다. 그래서 중생들에게는, 삶에 대한 이해를 통해, 부처님과 가르침에 대한 믿음을 일으키고 해탈된 삶을 지향하며 실천하게 만드는 과정이 필요합니다. 경은 이 과정을 「순서대로의 가르침[차제설법(次第說法-anupubbikathā)]」이라고 합니다. 아직 준비되지 않은 제자들을 위해 시작에서부터 ①부처님에 대한 믿음이 확고해지고, ②무상(無常)이라는 법을 이해하고 받아들이게 되는 때까지가 순서대로 설하는 가르침의 기법인데, 이렇게 설명됩니다. — 「그러자 세존은 ~에게 순서대로의 가르침을 설했다. 보시(布施)의 가르침, 계(戒)의 가르침, 천상(天上)의 가르침, 소유의 삶의 위험과 저열함과 오염, 출

리(出離)에 대한 이익을 설명했다. 세존은 ~의 심(心)이 준비되고, 부드러워지고, 장애에서 벗어나고, 높아지고, 고와진 것을 아셨을 때, 부처님들의 찬탄 받는 설법인 고(苦)-집(集)-멸(滅)-도(道)를 설명했다. 예를 들면, 얼룩이 없는 깨끗한 천은 색깔을 잘 받을 것이다. 이처럼 그 자리에서 ~에게 '무엇이든지 자라나는 것은 모두 소멸하는 것이다.'라는 티끌이 없고 때가 없는 법의 눈[법안(法眼)]이 생겼다.」

보시(布施)와 계(戒)의 실천으로 천상(天上)에 태어나는 가르침에 이어, 하늘이라고 해도 소유의 삶 즉 욕계(慾界)에 속한 삶은 위험하고 저열하고 오염된 것이므로 출리(出離) 즉 소유의 삶을 벗어나는 것은 큰 이익이 된다는 것입니다. 이런 가르침을 듣고 그 심(心)이 마치 얼룩이 없는 깨끗한 천처럼 준비되고, 부드러워지고, 장애에서 벗어나고, 높아지고, 고와지면 모든 부처님의 공통된 법인 고(苦)-집(集)-멸(滅)-도(道)를 설하게 되는데, 「준비되지 못하고, 경직되고, 장애에 묶이고, 저열하고 거친 심(心)으로는 접근할 수 없는 어떤 것」이 있기 때문입니다. 그리고 그것은 '무엇이든지 자라나는 것은 모두 소멸하는 것이다.'라는 티끌이 없고 때가 없는 법의 눈[법안(法眼)]입니다.

그런데 법안(法眼)은 두 개의 동사와 연결되어 나타납니다. 하나는 여기의 법안이 생김(dhammacakkhuṃudapādi)이고, 다른 하나는 법안을 얻음(dhammacakkhupaṭilābho)입니다.

이때, 법안을 얻음(dhammacakkhupaṭilābho)은 상윳따 니까야 제13번 관통 상윳따의 열 개 경에 나타나는데, 모두 '법의 관통은 이렇게 큰 이익이 있고, 법안을 얻음은 이렇게 큰 이익이 있다.'입니다. 특히, 경들은 견해를 갖추고 관통을 가진 자에게 최대 일곱 생(生)만이 남아있다고 하여 견해를 갖춘 자, 관통을 가진 자, 법안을 얻은 자가 예류자(預流者)인 것을 알려줍니다.

그렇다면 예류자의 성취와는 다른 경지를 말하는 것인 법안이 생김(dhammacakkhuṃudapādi)은 무엇입니까?

세상의 구성

중생	존재/소유	계	선		세계		토대	결과
중생(衆生)[satta] ↕ 고(苦)[불만족]	존재[유(有)-bhava]	무색계(無色界)			비상비비상처(非想非非想處)	천상(天上)	삼매[정(定)] - 벗어남의 토대	→ 벗어남[해탈(解脫)된 삶]
					무소유처(無所有處)			
					식무변처(識無邊處)			
					공무변처(空無邊處)			
		색계(色界)	제사선(第四禪)	정거천(淨居天)	색구경천(色究竟天)			
					선견천(善見天)			
					선현천(善現天)			
					무열천(無熱天)			
					무번천(無煩天)			
					무상유정천(無想有情天)			
					광과천(廣果天)			
			제삼선(第三禪)		변정천(遍淨天)			
					무량정천(無量淨天)			
					소정천(小淨天)			
			제이선(第二禪)		광음천(光音天)			
					무량광천(無量光天)			
					소광천(小光天)			
			초선(初禪)		대범천(大梵天)			
					범보천(梵輔天)			
					범신천(梵身天)			
	소유[욕(慾)-kāma]	욕계(慾界)	욕계(慾界)의 천상(天上)		타화자재천(他化自在天)		벗어남의 토대가 되지 못함	
					화락천(化樂天)			
					도솔천(兜率天)			
					야마천(夜摩天)			
					삼십삼천(三十三天)			
					사대왕천(四大王天)			
			인간(人間)					
			아귀(餓鬼)					
			축생(畜生)					
			지옥(地獄)					

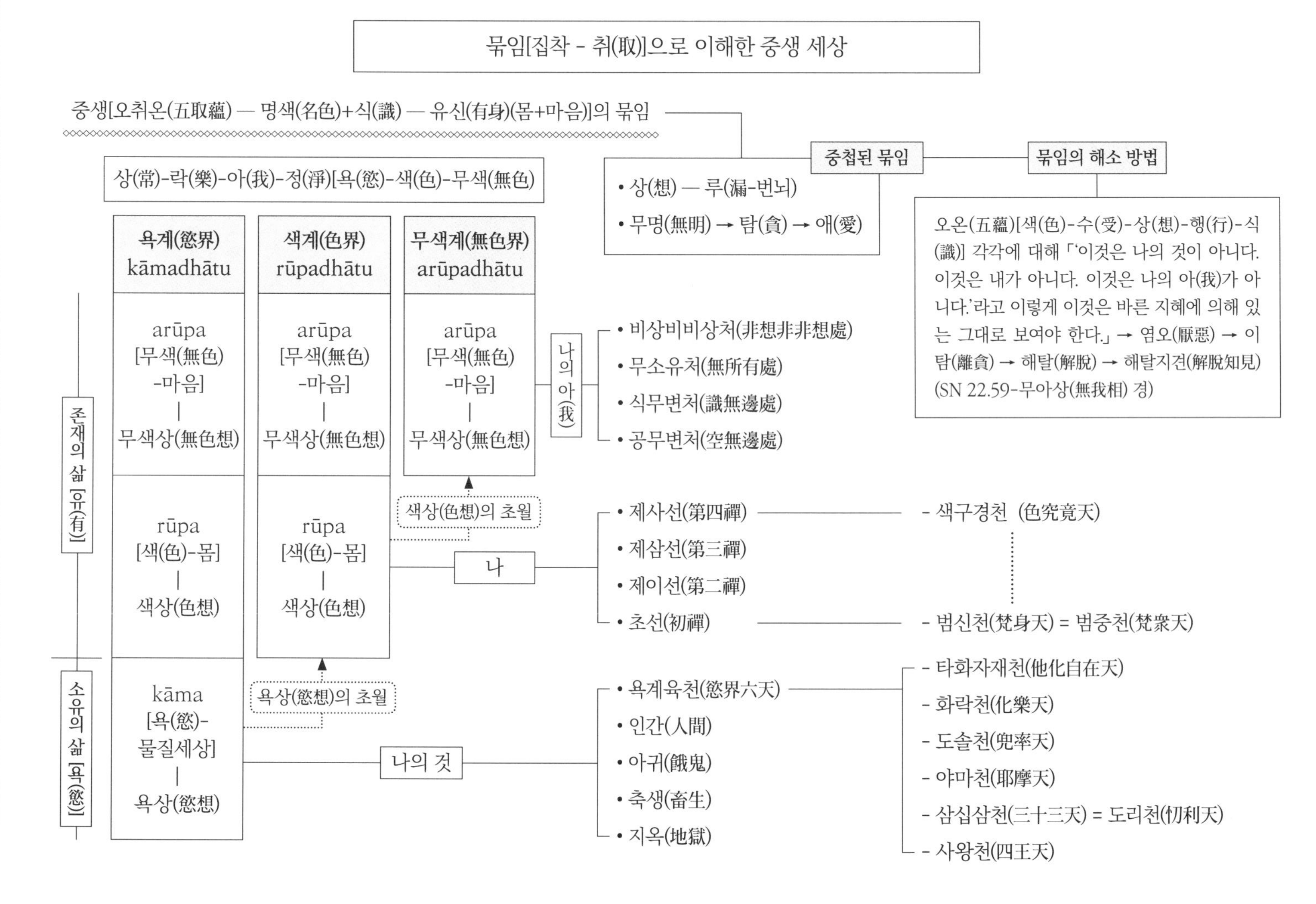
묶임[집착 - 취(取)]으로 이해한 중생 세상
중생[오취온(五取蘊) — 명색(名色)+식(識) — 유신(有身)(몸+마음)]의 묶임
상(常)-락(樂)-아(我)-정(淨)[욕(慾)-색(色)-무색(無色)
중첩된 묶임
• 상(想) — 루(漏-번뇌)
• 무명(無明) → 탐(貪) → 애(愛)
묶임의 해소 방법
오온(五蘊)[색(色)-수(受)-상(想)-행(行)-식(識)] 각각에 대해 「'이것은 나의 것이 아니다. 이것은 내가 아니다. 이것은 나의 아(我)가 아니다.'라고 이렇게 이것은 바른 지혜에 의해 있는 그대로 보여야 한다.」 → 염오(厭惡) → 이탐(離貪) → 해탈(解脫) → 해탈지견(解脫知見) (SN 22.59-무아상(無我相) 경)
욕계(慾界) kāmadhātu
색계(色界) rūpadhātu
무색계(無色界) arūpadhātu
arūpa [무색(無色) -마음] | 무색상(無色想)
rūpa [색(色)-몸] | 색상(色想)
kāma [욕(慾)-물질세상] | 욕상(慾想)
색상(色想)의 초월
욕상(慾想)의 초월
존재의 삶 [유(有)]
소유의 삶 [욕(慾)]
나의 아(我)
나
나의 것
• 비상비비상처(非想非非想處)
• 무소유처(無所有處)
• 식무변처(識無邊處)
• 공무변처(空無邊處)
• 제사선(第四禪)
• 제삼선(第三禪)
• 제이선(第二禪)
• 초선(初禪)
- 색구경천 (色究竟天)
- 범신천(梵身天) = 범중천(梵衆天)
• 욕계육천(慾界六天)
• 인간(人間)
• 아귀(餓鬼)
• 축생(畜生)
• 지옥(地獄)
- 타화자재천(他化自在天)
- 화락천(化樂天)
- 도솔천(兜率天)
- 야마천(耶摩天)
- 삼십삼천(三十三天) = 도리천(忉利天)
- 사왕천(四王天)

법안이 생김은 차제설법을 설하는 여덟 개의 경에서 중심 주제로 나타납니다. 이외에 부처님과의 대화 상대방이 직접 법안이 열리는 경우로서 신들의 왕 삭까(DN 21-삭까의 질문 경), 디가나카 유행승(MN 74-디가나카 경), 병든 신진 비구(SN 35.57-병실 경1), 최초로 법을 이해한 꼰단냐 존자(SN 56.11-전법륜경)의 일화가 있고, 라훌라 존자의 깨달음의 일화에서 주변의 신들이 법안을 얻는 경우(MN 147-라훌라를 가르친 짧은 경/SN 35.104-라훌라를 가르친 경)의 용례가 있습니다. 특히, (SN 35.198-낑수까 나무 비유 경)은 '무엇이든지 자라나는 것은 모두 소멸하는 것이다.'라고 있는 그대로 꿰뚫어 알 때, 그만큼 비구에게 견(見)의 아주 청정함이 있습니다.'라고 말하는데 예류자입니다. 그래서 법안을 얻음으로의 예류자는 '법안이 생긴 뒤에 있는 그대로 꿰뚫어 아는 자'라는 것을 알 수 있습니다.

법안이 생김의 의미는 '차제설법을 설하는 여덟 개의 경에서 중심 주제로 나타나는 경우'를 살펴보아야 알 수 있습니다. 우선, 이 경우의 경들은 모두 「그리고 '법을 보고, 법을 얻고, 법을 알고, 법을 관통하고, 의심을 건너고, 불확실에서 벗어나고, 자기 확신을 얻고, 스승의 가르침에서 다른 스승을 의지하지 않게 된' ~는 세존에게 이렇게 말했다.」라고 이어지는데, 두 가지 측면에서 차제설법의 성과를 알려줍니다. — ①부처님께 귀의하여 제자가 됨, ②이전의 대화로써 남신자가 된 제자에게 바른길을 안내함

1. (DN 3-암밧타 경) : 차제설법 → 귀의하여 남신자가 됨
2. (DN 5-꾸따단따 경) : 대화를 통해 남신자가 된 뒤에 차제설법을 설함 → 비구 상가와 함께하는 공양을 청함
3. (DN 14-대전기경) : 차제설법 → 귀의하여 출가함
4. (MN 56-우빨리 경) : 대화를 통해 남신자가 된 뒤에 차제설법을 설함 → 니간타를 위한 문을 닫고 세존의 제자들을 위한 문을 엶
5. (MN 91-브라흐마유 경) : 차제설법 → 귀의하여 남신자가 됨 → 비구 상가와 함께하는 공양을 청함
6. (AN 8.12-시하 경) : 대화를 통해 남신자가 된 뒤에 차제설법을 설함 → 비구 상가와 함께하는 공양을 청함

7~8. (AN 8.21-욱가 경1)/(AN 8.22-욱가 경2) : 세존을 멀리서 처음 보는 것과 동시에 세존에게 믿음을 가짐 → 차제설법 → 범행(梵行)을 다섯 번째로 하는 학습계율을 받아들임

한편, 차제설법의 정형문에서 주목할 점은 또 있습니다. 「심(心)이 준비되고, 부드러워지고, 장애에서 벗어나고, 높아지고, 고와진 것을 아셨을 때, 부처님들의 찬탄 받는 설법인 고(苦)-집(集)-멸(滅)-도(道)를 설명」하는데, 도(道)의 원어가 사성제(四聖諦)[고(苦)-고집(苦集)-고멸(苦滅)-고멸도(苦滅道)]의 도와 다르다는 것입니다. 차제설법의 도(道)는 magga(막가)여서 길/방법이고, 사성제의 도(道)는 paṭipadā(빠띠빠다-)여서 실천입니다. 그래서 고멸도(苦滅道)는 '괴로움의 소멸로 이끄는 실천(dukkhanirodhagāminī paṭipadā)'입니다.

그렇다면 차제설법에서의 고(苦)-집(集)-멸(滅)-도(道)는 깨달음으로 이끌리는 실천의 지도(指導)가 아니라 삶에 대한 이해를 위한 가르침이라고 해야 합니다. 삶에는 이런 문제가 있고[고(苦)], 그 문제에는 이런 원인이 있으며[집(集)], 문제의 해소[멸(滅)]를 위해서는 이런 방법[도(道)]이 있다는 설명입니다. 이런 설명을 통해 삶에 대해 이해하게 되면, 원인[집(集)] 즉 자라나는 것은 무엇이든지 모두 소멸시킬 수 있다고 알게 되는데, 법안(法眼)이 생겨난 것입니다. 그렇게 부처님에 대한 믿음을 일으키는 것 그래서 가르침의 중심에 있는 존재하는 것들의 이치인 무상(無常)을 이해하고 받아들이는 것이 '법안의 생김'의 의미입니다. 그때, 귀의하고 부처님의 제자가 되는데, 재가자이거나 출가자입니다. 그리고 그 이후에 출가자를 중심으로 사성제(四聖諦)에 의한 고멸(苦滅)의 실천으로써 깨달음을 실현하는 것이 불교의 전체 과정이라고 하겠습니다.

이렇게 불교신자에게는 법안(法眼)의 생김이 필요합니다. 「①부처님에 대한 믿음이 확고해지고, ②무상(無常)이라는 법을 이해하고 받아들이는 것」입니다. 그러기 위해서는 고(苦)-집(集)-멸(滅)-도(道)의 가르침이 필요한데, 이것은「준비되지 못하고, 경직되고, 장애에 묶이고, 저열하고 거친 심(心)으로는 접근할 수 없는 것」입니다. 그래서 심(心)이 마치 얼룩이 없는 깨끗한 천처럼 준비되고, 부드러워지고, 장애에서 벗어나고, 높아지고, 고와지기 위해서「보시(布施)-계(戒) → 천상(天上) & 소유의 삶의 위험 → 출리(出離)의 이익」을 가르치는 것입니다.

그렇습니다. 불교(佛教)는 **보시(布施)와 계(戒)의 실천으로 하늘에 태어나는 가르침**입니다. 낮은 욕계(慾界)의 제한을 넘어 더 높은 삶으로 나아가는 가르침입니다. 그리고 그 위에서 심(心)을 준비하여 중생으로의 불만족한 삶[윤회(輪廻)]에서 벗어나 완전한 행복을 실현하는 가르침입니다. 이때, 이 책은 주로「보시(布施)와 계(戒)의 실천으로 하늘에 태어나는 가르침에 중심을 두고, 더 높은 삶으로의 나아감을 소개」하고 있는데, 보시(布施)와 계(戒)는 살아서의 행복도 함께 제공합니다.

그런데 이 가르침은 부처님의 깨달음의 과정입니다. 다만, 부처님의 깨달음의 과정에는 스승이 없었기 때문에 소유의 삶에서 벗어난 뒤[출리(出離)]에 고행(苦行)이라는 시행착오를 거치고서야 깨달음의 바른길을 발견하게 되는데, 제자들에게는 시행착오의 과정이 배제된 완성된 길을 가르쳐주신 것입니다. 「(MN 85-보디 왕자 경)[소유의 사유의 비유]과 (SN 56.11-전법륜(轉法輪) 경)으로 이해하는 중도(中道)」의 그림으로 나타내었습니다.

※ (AN 7.52-큰 결실이 있는 보시 경) 등에 의하면, 보시는 심(心)의 돛을 다는 일입니다. 더 높은 삶, 해탈(解脫)-열반(涅槃)을 향한 항로를 위해 돛을 달고 출발하는 것, 그것이 바로 보시입니다. 그래서 더 높은 삶, 해탈(解脫)-열반(涅槃)을 지향하는 불교신자의 삶은 보시로부터 시작되는 것입니다.

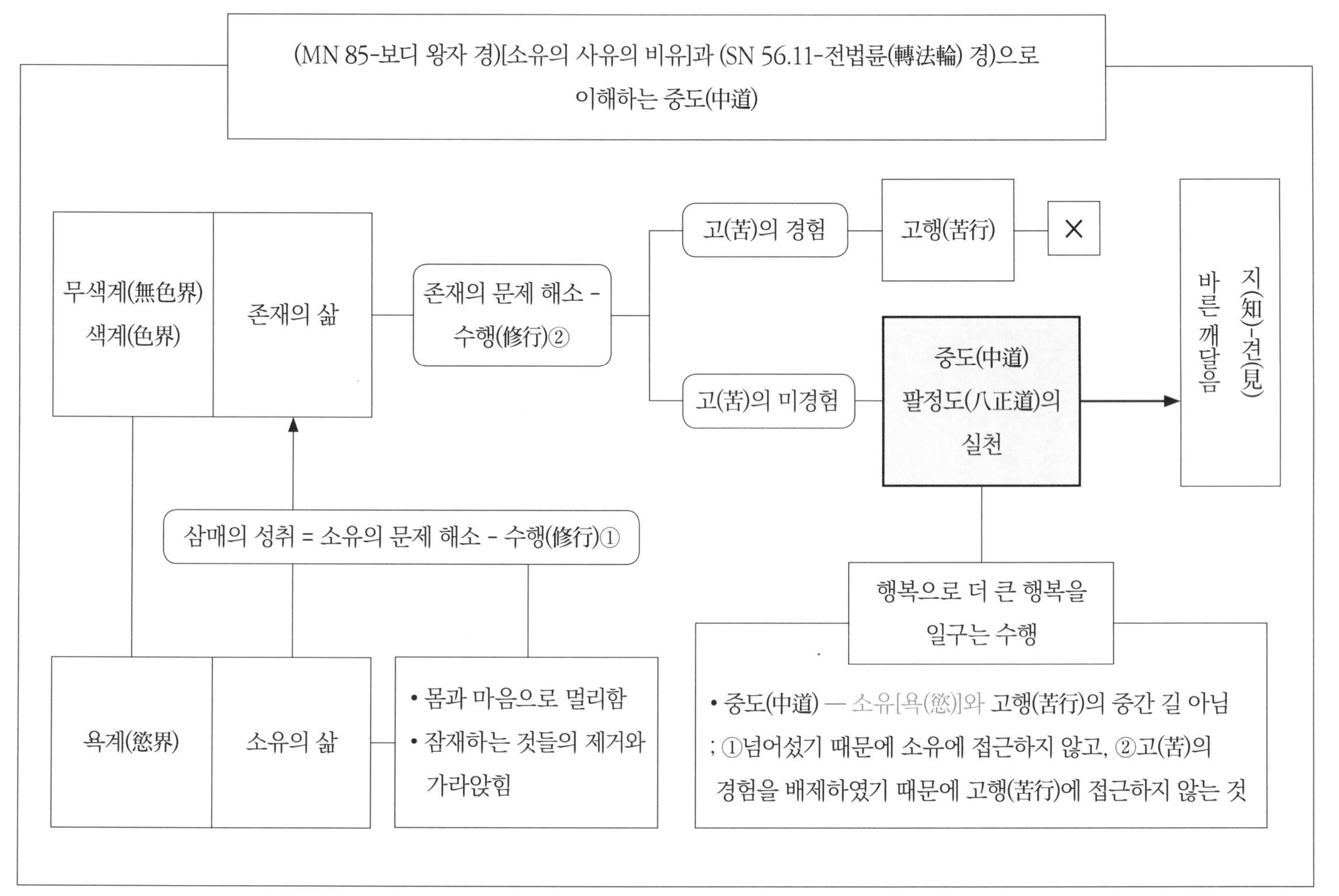
(MN 85-보디 왕자 경)[소유의 사유의 비유]과 (SN 56.11-전법륜(轉法輪) 경)으로 이해하는 중도(中道)
무색계(無色界)
색계(色界)
존재의 삶
존재의 문제 해소 - 수행(修行)②
고(苦)의 경험
고행(苦行)
×
고(苦)의 미경험
중도(中道)
팔정도(八正道)의 실천
지(知)-견(見)
바른 깨달음
삼매의 성취 = 소유의 문제 해소 - 수행(修行)①
행복으로 더 큰 행복을 일구는 수행
욕계(慾界)
소유의 삶
• 몸과 마음으로 멀리함
• 잠재하는 것들의 제거와 가라앉힘
• 중도(中道) — 소유[욕(慾)]와 고행(苦行)의 중간 길 아님
; ①넘어섰기 때문에 소유에 접근하지 않고, ②고(苦)의 경험을 배제하였기 때문에 고행(苦行)에 접근하지 않는 것

한편, 차제설법(次第說法)[anupubbikathā – 'anupubbiṃ kathaṃ kathesi']이란 표현이 나타나는 경이 하나 더 있는데, 남에게 법을 설하는 자는 먼저 안으로 다섯 가지 사항을 준비해야 한다고 말하는 (AN 5.159-우다이 경)입니다. 이때 다섯 가지 사항은

1) '나는 순서대로의 가르침을 설하리라[차제설법(次第說法)].'라고 생각할 것,
2) '나는 되어감을 보면서 가르침을 설하리라.'라고 생각할 것,
3) '연민을 연(緣)하여 가르침을 설하리라.'라고 생각할 것,
4) '안으로 욕심을 가지고 가르침을 설하지 않으리라.'라고 생각할 것,
5) '자신도 남도 상처받지 않게 가르침을 설하리라.'라고 생각할 것

입니다. 경은 이렇게 마무리됩니다. – "아난다여, 남들에게 법을 설하기는 쉽지 않다. 아난다여, 남들에게 법을 설하는 자는 안으로 이런 다섯 가지 법을 준비한 뒤에 남들에게 법을 설해야 한다."

II. 불교(佛敎)는 무엇입니까?

불교는 사는 이야기입니다. 몸과 마음이 함께한 내가 세상을 만나는 이야기이고, 매 순간의 이야기를 누적하며 변화하는 삶을 이끄는 기술입니다.

세상에 있는 다채로운 것들은 그저 사실로서 머물 뿐인데, 사람들은 소유의 사유[욕(慾-kāma)]로 묶고서 그것 때문에 괴로워합니다. 그래서 불교 즉 부처님의 가르침을 배워 알고 실천하는 현명한 사람들은 세상의 다채로운 것들에 대해 관심[욕(欲-chanda)]을 제어합니다. (AN 6.63-꿰뚫음 경)

— 「사람의 소유의 사유는 탐(貪)이 함께한 사유이다. 세상에 있는 다채로운 것들은 소유의 사유들이 아니다. 사람의 소유의 사유는 탐(貪)이 함께한 사유이다. 세상에 있는 다채로운 것들은 단지 사실로서 머물 뿐이고, 여기서 현명한 사람들은 관심(chanda)을 제어한다.」

소유(慾-kāma)의 영역[욕계(慾界)]과 존재(有-bhava)의 영역[색계(色界)-무색계(無色界)]으로 구성되는 세상은 걸어가서 그 끝에 닿을 수는 없지만, 세상의 끝에 닿지 않고서 괴로움의 끝은 만들어지지 않습니다. (SN 35.99-세상의 끝을 걸어감 경)

사람은 소유의 영역에 속합니다. 소유의 영역 즉 욕계(慾界)는 지옥(地獄)-축생(畜生)-아귀(餓鬼)-인간(人間)-천상(天上)으로 구성되는데, 사람들이 살아가는 세상은 그 가운데 천상(天上) 즉 하늘 세상의 아래쪽에 위치합니다. 그리고 존재의 영역은 소유하고자 함(kāmabhoga)에 따르는 삶의 문제가 해소된 더 높은 하늘 세상입니다. 즉 천상(天上)은 욕계에 속한 하늘과 존재의 영역으로 구성됩니다. 이때, 소유의 영역에서 소유하고자 함(kāmabhoga)을 동력으로 살아가는 자를 소유하고자 하는 자(kāmabhogī-까-마보-기-)라고 합니다.

불교는 이런 세상에서의 삶을 이끄는 기술입니다. 인간이라는 내 삶의 현실 위에서 ①소유하고자 하는 자로서의 행복, ②소유의 영역에서 벗어남, ③존재의 영역에서 벗어남을 위한 세 단계로 이루어진 삶의 기술입니다.

이때, 소유의 영역과 존재의 영역에서 살아가는 존재를 중생(衆生-satta)이라고 하는데,

satta는 '매달린-붙어있는-의존하는'의 의미를 가집니다. 세상에 매달린-붙어있는-의존하는 나라는 존재를 의미한다고 하겠습니다. 한편, 마음은 중생으로의 삶에서는 몸을 떠나지 못하는데[몸과 마음의 서로 조건 됨], 그렇다면 중생(衆生-satta)이란 말은 근본적으로는 '마음이 몸에 매달린-붙어있는-의존하는 상태'를 지시한다고 하겠습니다.

그런데 몸과 마음은 **생존 기간의 불균형**이라는 근원적인 문제를 가지고 있습니다. 그래서 몸이 생존 기간이 지나 무너지면 마음은 새로운 몸에 매달리고-붙어있고-의존하는 상태로 변화하는데, 죽고 다시 태어나는 현상입니다. 특히, 마음을 몸에 매달리고-붙어있고-의존하게 하는 것은 무명(無明)과 애(愛)[갈애]인데, 무명(無明)과 애(愛)가 버려지지 않은 자는 몸이 무너진 뒤에 몸으로 가고, 버려진 자는 몸이 무너진 뒤에 몸으로 가지 않습니다. 몸으로 간 자는 태어남과 늙음-죽음과 슬픔-비탄-고통-고뇌-절망에서 벗어나지 못하고, 괴로움에서 벗어나지 못합니다. 그러나 몸으로 가지 않은 자는 태어남과 늙음-죽음과 슬픔-비탄-고통-고뇌-절망에서 벗어나고, 괴로움에서 벗어납니다. (SN 12.19-우현 경)

이렇게 죽은 뒤에 다시 몸으로 가서 태어나고, 늙음-죽음과 슬픔-비탄-고통-고뇌-절망을 겪는 중생으로의 삶의 과정을 **윤회(輪迴-saṃsāra/vivaṭṭa)**라고 하는데, 윤회에서 벗어나는 것이 불교신행(佛敎信行)의 완성입니다. 부처님은 '세상에서 윤회의 장막을 벗긴 자(loke vivaṭṭacchada)'라고 불리는데, 이런 의미를 잘 나타내줍니다. (DN 30-삼십이상경)

한편, 무명(無明)과 애(愛)의 해소를 통해 윤회에서 벗어나기 위한 노력의 과정을 범행(梵行-brahmacariya)이라고 하고, 이런 노력으로 사는 자를 **범행을 실천하는 자(brahmacārī-브라흐마짜-리-)**라고 합니다.

▣ 자력종교(自力宗教)인 불교(佛教) → 「자주(自洲)-법주(法洲)」

불교는 사는 이야기입니다. 그리고 삶을 사실 그대로 보아냄으로써 사실 위에 존재하는 삶의 문제를 해소하는 것이 사는 이야기의 본질입니다. 삶을 사실과 다르게 잘못 보면 사실 위에 존재하는 삶의 문제를 해소하는 것은 불가능합니다. 그래서 사실 그대로를 보고, 인정하는 것은 중요합니다. 그럴 때 무명(無明)과 애(愛)의 해소라는 큰 길이 알려지는 것입니다.

이런 사실 위에서 무명(無明)과 애(愛)의 해소를 통해 윤회에서 벗어나는 과정으로의 범행(梵行-brahmacariya)은 자신의 노력만큼 성과를 냅니다. 몇 개의 경은 「스스로 섬이 되어 머물고, 법을 섬으로 하여 머물러야 한다.」라고 말하는데, 고해(苦海) 즉 괴로움의 바다에 빠진 자에게 안전하게 발 딛고 설 땅으로의 섬입니다. 부처님에 의하면, 세상에는, 누가 되었든, 나의 삶을 바다에서 꺼내 섬으로 옮겨주는 권능 가진 자가 없습니다. 그래서 오직 나의 힘으로 바다를 벗어나 섬에 닿아야 하는데, '스스로 섬이 되어 머문다.'의 의미입니다[**자력종교(自力宗教)**]. 그리고 바다를 벗어나 섬에 닿는 방법이 부처님에 의해 제시되는데, 부처님의 가르침 즉 법(法)입니다. 그래서 법이 지시하는 길을 따라야 바다를 벗어나 섬에 닿을 수 있는데, '법을 섬으로 하여 머물러야 한다.'의 의미입니다.

이때, 섬으로 번역한 빠알리 단어는 dīpa(디-빠)인데, 1. a lamp[등(燈)]; 2. an island[섬]의 두 가지 의미를 가집니다. 그래서 이 단어를 섬으로 해석하여 「자주(自洲)-법주(法洲)」라고 번역하는데, 중국에서는 등(燈)으로 해석하여 「자등명(自燈明)-법등명(法燈明)」이라고 번역하였습니다.

「자주(自洲)-법주(法洲)」는 자력종교(自力宗教)로서의 불교(佛教)를 설명하는 비중 큰 가르침입니다. 이 가르침을 포함하는 경들을 정리하였는데, 몇 가지 형태로 나타납니다.

「자주(自洲)-법주(法洲)」의 가르침

attadīpā viharatha attasaraṇā anaññasaraṇā,
dhammadīpā dhammasaraṇā anaññasaraṇā

앗따디-빠- 위하라타 앗따사라나- 아난냐사라나-,
담마디-빠- 담마사라나- 아난냐사라나-

스스로 섬이 되어 머물고, 스스로 의지처가 되어 머물고,
남을 의지처로 하여 머물지 말라. 법을 섬으로 하여 머물고,
법을 의지처로 하여 머물고, 다른 것을 의지처로 하여 머물지 말라.

1. 완전한 형태 - 격과 시제의 변화에 따라 다른 형태로 네 번 반복됨.

1) 제시 — 비구들이여, 스스로 섬이 되어 머물고 스스로 의지처가 되어 머물고 남을 의지처로 하여 머물지 말라. 법을 섬으로 하여 머물고 법을 의지처로 하여 머물고 다른 것을 의지처로 하여 머물지 말라.

2) 어떻게? — 어떻게 비구는 스스로 섬이 되어 머물고 스스로 의지처가 되어 머물고 남을 의지처로 하여 머물지 않는가? 법을 섬으로 하여 머물고 법을 의지처로 하여 머물고 다른 것을 의지처로 하여 머물지 않는가?

• [답] 사념처(四念處) — 여기 비구는 신(身)에서 신(身)을 이어 보면서 머문다. 알아차리고, 옳고 그름을 판단하고, 옳음의 유지-향상을 위해 노력하는 자는 세상에서 간탐(慳貪)과 고뇌(苦惱)를 제거할 것이다. 수(受)에서 … 심(心)에서 … 법(法)에서 법(法)을 이어 보면서 머문다. 알아차리고, 옳고 그름을 판단하고, 옳음의 유지-향상을 위해 노력하는 자는 세상에서 간탐(慳貪)과 고뇌(苦惱)를 제거할 것이다.

3) 이렇게 — 이처럼 비구는 스스로 섬이 되어 머물고 스스로 의지처가 되어 머물고 남을 의지처로 하여 머물지 않으며, 법을 섬으로 하여 머물고 법을 의지처로 하여 머물고, 다른 것을 의

지처로 하여 머물지 않는다.

4) 이렇게 하면 — 누구든지 지금이거나 내가 죽은 뒤에라도 스스로 섬이 되어 머물고 스스로 의지처가 되어 머물고 남을 의지처로 하여 머물지 않으며, 법을 섬으로 하여 머물고 법을 의지처로 하여 머물고 다른 것을 의지처로 하여 머물지 않으면서 공부를 즐기는 비구들이 나에게 최고의 제자가 될 것이다.

2. 자주법주(自洲法洲)를 완전한 형태로 설하는 경전들

1) (DN 16.13-대반열반경, 웰루와가마의 이야기)/(SN 47.9-병 경) — 웰루와가마는 부처님의 마지막 안거(安居) 자리입니다. 안거 중에 부처님은 큰 병을 앓고 회복합니다. 아난다 존자가 부처님께서 아무런 분부 없이 반열반(般涅槃) 하지 않을 것이어서 안심했다고 할 때 부처님은 사권(師拳) 없음의 법문을 설합니다. 마지막까지 움켜쥔 최후의 가르침은 없다는 말씀입니다. 그리고 이어서 자주(自洲)-법주(法洲)의 법문을 설합니다. 법에 의지하고 자신의 힘으로 삶을 향상해야 한다는 가르침입니다.

2) (SN 47.13-쭌다 경) — 사리뿟따 존자의 죽음에서 흔들리는 아난다 존자를 보호하기 위하여 설한 경입니다. — 「아난다여, 참으로 내가 전에 사랑스럽고 마음에 드는 모든 것으로부터 헤어져야 하고 갈라져야 하고 달라져야 한다고 그처럼 말하지 않았던가. 아난다여, 그렇게 한들 여기서 무엇을 얻겠는가? 아난다여, 태어났고 누적되었고 유위(有爲)이고 부서지는 법에 대해 참으로 부서지지 말라고 하면 그런 경우는 없다.」

3) (SN 47.14-욱까쩰라 경) — 사리뿟따 존자와 목갈라나 존자의 죽음에서 부처님의 소회를 말하는 경입니다. — 「비구들이여, 예를 들면 심재(心材)를 가지고 서 있는 큰 나무에서 큰 가지가 꺾어진 것과 같다. 비구들이여, 이처럼 심재(心材)를 가지고 서 있는 위대한 비구 상가(僧伽)에서 사리뿟따와 목갈라나가 완전한 열반에 든 것이다. 비구들이여, 그렇게 한들 여기서 무엇을 얻겠는가? 비구들이여, 태어났고 누적되었고 유위(有爲)이고 부서지는 법에 대해 참으로 부서지지 말라고 하면 그런 경우는 없다.」

3. [제시-어떻게-이렇게]에 이어 다른 형태가 나타나는 경 — (DN 26.1-전륜성왕 경, 스스로 섬이 되고 의지처가 됨)

비구들이여, 영역인 물려받은 세상에서 살아라. 비구들이여, 영역인 물려받은 세상에서 사는 자는 수명이 번성할 것이고, 용모가 번성할 것이고, 행복이 번성할 것이고, 재산이 번성할 것이고, 힘이 번성할 것이다.

- 수명의 영역에서 비구를 위한 것 - 사여의족(四如意足)
- 용모의 영역에서 비구를 위한 것 - 계(戒)를 잘 지님
- 행복의 영역에서 비구를 위한 것 - 사선(四禪)
- 재산의 영역에서 비구를 위한 것 - 사무량심(四無量心)
- 힘의 영역에서 비구를 위한 것 - 심해탈(心解脫)-혜해탈(慧解脫)의 구족

4. 자주법주 이후를 설하는 경전 — (SN 22.43-스스로 섬이 됨 경)

자주법주하는 자들은 수비고우뇌(愁悲苦憂惱)[슬픔-비탄-고통-고뇌-절망]가 무엇으로부터 생기고 무엇으로부터 발생하는지 그 근원을 조사해야 한다고 말합니다. 즉 사념처로 자주법주하는 자들에게 그 이후 과정을 제시해 주는데, 오온(五蘊)을 무상하고 괴롭고 변하기 마련인 것이라고 있는 그대로 바른 지혜로 보는 것입니다[여실지견(如實知見)].

■ 종교(宗教)는 무엇입니까?

; 유물론(唯物論)[단견(斷見)]도 유신론(有神論)[상견(常見)]도 배제하는 '연기(緣起)된 식(識)'의 불교(佛教)

종교(宗教)라는 말은 1860년 일본이 독일과 통상조약을 체결할 때 독일어 '렐리기온스위붕(Religionsübung)'을 번역한 말입니다. 영어로는 Religion입니다. 번역어이기 때문에 종교(宗教)라는 말이 가지는 고유의 의미는 없습니다. 다만, 서양이 동양에 미친 영향의 일환으로 신(神)과의 연결 관계 위에서 설명되는 기독교적 종교관을 중심으로 종교(宗教)에 대한 보편적 이해의 경향이 생겼다고 해야 합니다.

그래서 종교는 신(神)이라는 개념과의 연결 여부로 크게 구분됩니다. 이때, 창조주 신(神)을 전제하여 인간의 삶을 설명하는 많은 종교와 달리 불교는 신(神)에 대해 이중적 입장을 가집니다.

불교에는 신(神)으로 번역될 수 있는 단어가 두 개입니다. 중생의 영역에 속하는 하늘 세상[천상(天上)]의 존재를 지시하는 deva(데-와)와 창조주를 지시하는 issara(잇사라)입니다. 그러나 세상과 존재에 대해 실답게 아는 부처님에 의해 issara의 존재는 부정되고, deva는 삶의 향상을 위한 노력의 결과로 누구든지 태어날 수 있는 하늘 세상의 존재일 뿐이라고 설명됩니다. 그래서 신(神)은 우리 삶의 결정권자로 참여하는 특별한 권능을 가진 자가 아니라, 생노병사(生老病死)의 과정을 윤회하는 중생의 한 부류입니다.

이렇게 창조주 하나님 즉 issara(잇사라)는 없고, 하늘 세상의 구성원인 deva(데-와)는 윤회하는 중생의 일부일 뿐이어서 신(神)이라고 번역하지만, 신(神)의 유무(有無)를 말하는 그 신(神)은 아닙니다. → 「(문) 불교(佛教)는 **유신론(有神論)**인가요? (답) 아니요.」

그런데 issara(잇사라)의 신(神)이 없다면 종교는 무엇입니까?

경들은 부처님을 이렇게 찬탄합니다. — 「"참으로 그분 고따마 존자에게는 이런 좋은 명성이 퍼져있습니다. — '이렇게 그분 세존(世尊)께서는 모든 번뇌 떠나신 분 … 존귀하신 분이시다.' 라고. 그는 신과 함께하고 마라와 함께하고 범천과 함께하는 세상과 사문-바라문과 함께하고 신과 사람과 함께하는 존재-생명을 스스로 실답게 안 뒤에 실현하고 선언합니다(*). 그는 처음도 좋고 중간에도 좋고 끝도 좋은, 의미를 갖추고 표현을 갖춘 법을 설하고, 온전하게 완전하고 청정한 범행(梵行)을 드러냅니다. 참으로 그런 아라한을 뵙는 것은 좋은 일입니다."라고.」

불교(佛教)를 종교(宗教)라고 말하면, 종교(宗教)는 세상과 존재-생명에 대한 실(實)다운 앎 즉 삶에 대한 있는 그대로의 앎에 따라 삶을 향상하여 고멸(苦滅) 즉 완전한 행복을 실현하도록 이끄는 가르침입니다. 깨달아 이 가르침을 설하는 자는 교주(教主)이고 스승이며, 이 가르침을 뒤따라 자기의 삶을 향상하는 자는 신자(信者)이고 제자입니다. 만약, 무신(無神)이어서 불교는 종교가 아니라고 누가 말한다면, 그것은 사실 아닌 기준 위에서 세상과 존재-생명을 거짓으로 꾸며내는 그들만의 유희일 뿐이라고 해야 합니다. 그것은 삶을 향상하여 고멸(苦滅)의 실현으로 이끌지 못합니다.

불교(佛教)는 이런 것이고, 종교(宗教)는 이렇게 정의됩니다. 그리고 이런 정의가 창조주 신앙의 종교적 편협을 극복한 보편적 정의라고 하겠습니다.

(*) 이 문장은 부처님이 자신의 깨달음을 선언할 때는 다른 형태로 나타납니다. —「비구들이여, 이런 다섯 가지 집착된 무더기[오취온(五取蘊)]가 있다. 무엇이 다섯인가? 색취온(色取蘊), 수취온(受取蘊), 상취온(想取蘊), 행취온(行取蘊), 식취온(識取蘊)이다. 비구들이여, 내가 이 오취온(五取蘊)의 네 가지 계열을 있는 그대로 실답게 알지 못한 때까지 나는 신과 마라와 범천과 함께하는 세상에서, 사문-바라문과 신과 사람을 포함한 무리를 위해 위없는 바른 깨달음을 깨달았다고 선언하지 않았다. 그러나 비구들이여, 나는 이러한 오취온(五取蘊)의 네 가지 계열을 있는 그대로 실답게 알았기 때문에 신과 마라와 범천과 함께하는 세상에서, 사문-바라문과 신과 사람을 포함한 무리를 위해 위없는 바른 깨달음을 깨달았다고 선언하였다. 그러면 어떻게 네 가지 계열이 있는가? 색(色)을 실답게 알았고, 색(色)의 자라남을 실답게 알았고 색(色)의 소멸을 실답게 알았고 색(色)의 소멸로 이끄는 실천을 실답게 알았다. 수(受)를 … 상(想)을 … 행(行)들을 … 식(識)을 실답게 알았고, 식(識)의 자라남을 실답게 알았고 식(識)의 소멸을 실답게 알았고 식(識)의 소멸로 이끄는 실천을 실답게 알았다. (SN 22.56-집착의 양상 경)」

세상과 존재-생명을 스스로 실답게 안 뒤에 실현하고 선언한 것이 세상에 있는 존재-생명을 위한 위없는 바른 깨달음이라는 것인데, 깨달음의 쓰임새를 이렇게도 이해할 수 있습니다.

한편, 불교는 유물론(唯物論)도 배제합니다. 물질만이 본질 요소이고, 마음은 몸에 종속된 것이라는 관점에 대해 사실이 아님, 삶에 대한 있는 그대로의 이해에 닿지 못한 치우친 시각이라는 지적입니다.

육사외도(六師外道)의 한 사람인 아지따 께사깜발리는 「cātumahābhūtiko ayaṃ puriso, - 사람은 사대(四大)로 되어있다. (DN 2-사문과경)」라고 주장하는데, 지(地)-수(水)-화(火)-풍(風)의 물질 요소로써 사람을 정의하는 방법 즉 유물론(唯物論)입니다. 반면에 부처님은 「chadhāturo ayaṃ, bhikkhu, puriso'ti - 비구여, 사람은 육계(六界)로 되어있다. (MN 140-요소의 분석 경)」라고 알려주는데, 지(地)-수(水)-화(火)-풍(風)-공(空)-식(識)의 여섯 요소입니다. 마음인 식(識)이 물질 요소에 종속되지 않고, 대등하게 사람을 구성하는 요소라는 설명입니다. 이때, 식(識)은 삶의 과정을 누적하며 변화하는 것이어서 유신론(有神論)-상견(常見)과도 차별됩니다[연기(緣起)된 식(識)].

부처님은 이런 삶의 이야기를 연기(緣起) 즉 십이연기(十二緣起)로써 설명합니다. 심(心)이라고도 의(意)라고도 식(識)이라고도 부르는 마음은 유물론(唯物論)적인 단견(斷見)에도, 유신론(有神論)적인 상견(常見)에도 속하지 않는 연기(緣起)된 것이고, 따라서, 몸과 마음이 함께한 것으로의 나 또한 유물론(唯物論)-단견(斷見)에도 적용되지 않고, 유신론(有神論)-상견(常見)에도 적용되지 않는다는 의미입니다. → 「연기(緣起)된 식(識)의 윤회(輪迴)」

이렇게 불교는 유물론(唯物論)-단견(斷見)과 유신론(有神論)-상견(常見) 모두가 부정된 사실의 자리에서 삶을 있는 그대로 설명하는 종교(宗敎)라는 점을 분명히 알아야 합니다.

이때, 연기(緣起)된 식(識)(paṭiccasamuppannaṃ viññāṇaṃ)이란 용어는 (MN 38-갈애 부서짐의 큰 경)에서 직접 발견됩니다.

Ⅲ. 불교(佛教)의 구성원

불교는 종교(宗教)입니다. 종교는 교주(教主)와 교리(教理)와 교도(教徒)로 구성되는데, 교주는 부처님이고, 교리는 법(法)과 율(律)이고, 교도는 신자(信者)의 무리입니다.

1. 교주인 부처님

부처님은 칭찬받습니다. ― 「참으로 그분 고따마 존자에게는 이런 좋은 명성이 퍼져있습니다. ― '이렇게 그분 세존께서는 모든 번뇌 떠나신 분, … 온전하게 완전하고 청정한 범행(梵行)을 드러냅니다. 참으로 그런 아라한을 뵙는 것은 좋은 일입니다.'라고. (MN 95-짱끼 경)」

아홉 가지 덕성[여래구덕(如來九德)]을 갖춘 부처님은 세상과 존재를 실답게 안 뒤에 실현하고 선언한 뒤, 법을 설하고 범행을 드러냅니다. 부처님을 뵙는 것이 좋은 일인 까닭은 설해진 법과 드러난 범행을 통해 세상과 존재에 대한 선언을 뒤따라 실현할 수 있기 때문이라고 하겠는데, 앞에서 설명하였듯이, 이것이 종교의 의미입니다. 그래서 이런 부처님을 중심으로 교리와 교도를 갖춘 불교가 종교인 것입니다.

2. 교리인 법과 율

죽음을 앞둔 부처님은 이렇게 말합니다. ― 「아난다여, 그런데 그대들은 이렇게 생각할 수도 있다. ― '이전에는 스승이 있었다. 이제는 스승이 없다.'라고. 아난다여. 그러나 이렇게 보지 않아야 한다. 아난다여, 나로부터 그대들에게 설해지고 선언된 법(法)과 율(律)이 나의 죽음 이후에는 그대들의 스승이 될 것이다. (DN 16-대반열반경)」

또한, 같은 경은 다시 말합니다. ― 「여기 비구가 이렇게 말할 것이다. ― '이것은 법(法)이고 이것은 율(律)이고 이것은 스승의 가르침입니다.'라고. 비구들이여, 그 비구의 말을 인정하지도 않아야 하고 부정하지도 않아야 한다. 인정하지도 부정하지도 않은 채로 그 구절과 음절들을 주의 깊게 들어서 경(經)에서 해석하고 율(律)에서 짚어보아야 한다. 만약 그의 말을 경에서 해석하고 율에서 짚어보았는데, 경에서 해석되지 않고 율에서 짚어지지 않는다면 여기서 결론을 도출해야 한다. ― '확실히 이것은 세존의 말씀이 아닙니다. 이 비구가 잘못 받아 지닌 것입니다.'라고. 비구들이여, 이렇게 이것은 거부해야 한다. 만약 그의 말을 경에서 해석하고 율에서 짚어보았는데, 경에서 해석되고 율에서 짚어지면 여기서 결론을 도출해야 한다. — '확실히 이것은 세존의 말씀입니다. 이 비구가 바르게 받아 지닌 것입니다.'」

죽음을 앞둔 부처님은 법과 율에 대한 기준을 주는데, 누가 어떤 주장을 하더라도 경에서 해석되고 율에서 짚어지면 부처님 가르침이고, 그러지 못하면 부처님 가르침이 아닙니다. 이때, 죽음을 앞둔 부처님의 말씀이라는 점은 중요합니다. 기준이 되는 경과 율은 모두 부처님 살아서 설해지고 제정된 것이어야 한다는 점 때문입니다.

그래서 법은 부처님 살아서 직접 설한 가르침의 범주(*)에서 이렇게 정의됩니다. — 「세존(世尊)에 의해 잘 설해진 법은 … 개별적으로 알려지는 것이다. (AN 6.25-계속해서 기억함의 토대 경) 등」

(*) 「부처님 살아서 직접 설한 가르침 = 공부의 기준」 — 빠알리 문헌은 경(經)-율(律)-론(論) 삼장(三藏)으로 구성되어 있습니다. 그리고 각각의 주석서와 복주석서 그리고 청정도론(淸淨道論) 등이 삼장(三藏)을 위한 참고 교재로 성립되어 있습니다. 이 가운데 경(經)은 숫따(sutta)인데, 효율적 전승의 필요에서 몇 가지로 분류되어 있습니다. 이렇게 분류된 경들의 모음을 니까야(nikāya)라고 하는데, 디가 니까야, 맛지마 니까야, 상윳따 니까야, 앙굿따라 니까야, 쿳다까 니까야의 다섯 가지 분류입니다.

• nikāya: a group; sect; a collection. (m.) especially the coll. of Buddhist Suttas — 「니까야 = 경(經)들의 모음」

한국분다와다불교-근본경전연구회는, 시기를 특정할 수는 없지만, 1차 결집(結集)된 경(經)과 율(律) 즉 「부처님 살아서 직접 설한 가르침」의 범주를 공부의 기준으로 삼습니다. 가르침의 중심을 차지하는 4부 즉 디가-맛지마-상윳따-앙굿따라 니까야와 비구-비구니를 위해 부처님에 의해 제정된 계율의 기록입니다. 그리고 쿳다까 니까야의 숫따니빠따와 법구경(法句經)을 포함합니다.

• 율(律-vinaya) — 마하 위방가[비구 227계(戒)의 분석],
비구니 위방가[비구니 311계(戒)의 분석]

• 경(經-sutta) — 디가 니까야, 맛지마 니까야, 상윳따 니까야, 앙굿따라 니까야,

이런 공부 기준의 목적은 하나인데, 기준 되는 교재 안에서 교리적 충돌이 발생하지 않는 영역을 설정하기 위한 것입니다. 이때, 삶 그리고 고멸(苦滅)과 관련하여, 어떤 주제이든 부처님에 의한 확정적 결론을 맺을 수가 있기 때문입니다.

그래서 이런 기준 위에서의 공부는 「**불교(佛敎)를 부처님에게로 되돌리는 불사(佛事)**」입니다. 이 불사(佛事)가 온전하게 진행되는 만큼 불교는 사회에서 경쟁력을 확보하게 되고, 우리 즉 중생들의 삶을 행복으로 이끄는 본연의 역할을 다할 수 있게 될 것입니다.

한편, 공부의 기준 안에는 부처님이 돌아가신 이후에 설해진 경들도 일부 포함됩니다. 반열반 이후 1차 결집까지의 과정에 제자분들에 의해 설해진 경들이라고 이해할 수 있습니다. 그러나 이 경들이 공부의 기준 안에서 유효한 것은 부처님 살아서 직접 설한 가르침에서 가져온 것이기 때문입니다. — 「"대덕이시여, 이 말씀은 웃따라 존자 자신의 이해입니까, 아니면 그분 세존-아라한-정등각의 말씀입니까?" "그렇다면, 신들의 왕이여, 비유를 그대에게 말하겠습니다. 비유에 의해 여기 어떤 현명한 사람들은 말의 의미를 압니다. 예를 들면, 신들의 왕이여, 마을이나 번화가의 멀지 않은 곳에 큰 곡물 무더기가 있습니다. 그것으로부터 많은 사람이 들통으로나 바구니로나 감는 천으로나 두 손을 모아서 곡물을 가져갈 것입니다. 신들의 왕이여, 어떤 사람이 그 많은 사람에게 가서 이렇게 물을 것입니다. — '그대들은 어디에서 이 곡물을 가져갑니까?'라고. 신들의 왕이여, 어떻게 말하는 것이 그 많은 사람이 바르게 말하는 자로서 말하는 것입니까?" "대덕이시여, '우리는 이러저러한 곡물 무더기로부터 가져갑니다.'라는 것이 그 많은 사람이 바르게 말하는 자로서 말하는 것입니다." "이처럼, 신들의 왕이여, 잘 말해진 모든 것은 어떤 것이든지 그분 세존-아라한-정등각의 말씀입니다. 그것으로부터 거듭 취하여 우리도, 다른 사람들도 말합니다." (AN 8.8-웃따라 실패 경)」

그렇습니다. 중요한 것은 잘 말해진 것의 여부입니다. 말하자면, 같은 곡물 무더기에서 가져온 것이라야 하는 것입니다. 이렇게 경(經)에서 해석하고 율(律)에서 짚어보아 확인된 것! 이것이 부처님 살아서 직접 설한 가르침의 의미입니다.

공부 기준에 속한 경(經)의 구성을 그림으로 나타내었습니다.

경(經-sutta)의 구성

<table>
<tr><th>분류</th><th>기준</th><th>구성</th><th colspan="3">상세</th><th>아함(阿含)과의 대응</th></tr>
<tr><td>dīgha-nikāya
디가 니까야</td><td>길이</td><td>3권 34개</td><td colspan="3"></td><td>장아함(長阿含)</td></tr>
<tr><td>majjhima-nikāya
맛지마 니까야</td><td>길이</td><td>3권 15품
152개</td><td colspan="3"></td><td>중아함(中阿含)</td></tr>
<tr><td rowspan="5">saṃyutta-nikāya
상윳따 니까야</td><td rowspan="5">주제별</td><td rowspan="5">5권 56주제</td><td>제1권</td><td>게송을 가진 품(品)</td><td>1~11</td><td rowspan="5">잡아함(雜阿含)</td></tr>
<tr><td>제2권</td><td>인연품(因緣品)-연기(緣起) 중심</td><td>12~21</td></tr>
<tr><td>제3권</td><td>온품(蘊品)-오온(五蘊) 중심</td><td>22~34</td></tr>
<tr><td>제4권</td><td>육처품(六處品)-육처(六處) 중심</td><td>35~44</td></tr>
<tr><td>제5권</td><td>대품(大品)-고멸도(苦滅道) 중심</td><td>45~56</td></tr>
<tr><td>aṅguttara-nikāya
앙굿따라 니까야</td><td>주제어</td><td>열한 개의 절(節)</td><td colspan="3">하나의 절(節)[모음] ~ 열하나의 절(節)</td><td>증일아함(增一阿含)</td></tr>
<tr><td>khuddaka-nikāya
쿳다까 니까야</td><td>단행본</td><td></td><td colspan="3">법구경(KN 2), 숫따니빠따(KN 5)
(기타 공부 기준 밖의 경들)</td><td>-</td></tr>
</table>

3. 교도인 신자의 무리

부처님을 따르는 교도 즉 불교신자는 두 가지 기준으로 분류되는데, 첫째는 출가자(pabbajita)와 재가자(gihī)이고, 둘째는 범행을 실천하는 자(brahmacārī)와 소유하고자 하는 자(kāmabhogī)입니다. 출가 제자는 노란 옷을 입고, 재가 제자는 흰옷을 입습니다. 그래서 출가하는 소회는 이렇습니다. — 「재가의 삶이란 압박이고 오염이 많지만, 출가는 열린 허공과 같다. 재가에 살면서 온전히 충만하고 온전히 청정하고 소라고둥처럼 빛나는 범행을 실천하기는 쉽지 않다. 그러니 나는 머리와 수염을 깎고, 노란 옷(kāsāyāni vatthāni)을 입고, 집에서 집 없는 곳으로 출가해야겠다.」

1) 신자의 분류-구성과 성취 한도

(DN 16-대반열반경)에서 부처님은 「나는 나의 비구(bhikkhu)-비구니(bhikkhunī)-남신자(upāsaka)-여신자(upāsikā) 제자들이 ①성취하고, 훈련되고, 자신감을 가지고, 많이 배우고, 법을 받아 지니고, 열반으로 이끄는 법을 실천하고, 여법하게 실천하고, 법에 따라 행하게 될 때까지, ②자기 스승에게서 온 것을 배운 뒤에 말하고 전도하고 알게 하고 확립하고 분석하고 분류하고 분명하게 될 때까지, ③생겨난 외도의 가르침을 법에 의해 비판하고, 비판한 뒤에 비범함[해탈된 삶으로 이끎]이 함께한 법을 전도할 수 있게 될 때까지 완전한 열반에 들지 않을 것이다.」라고 말하는데, 출가자와 재가자를 남녀로 구분한 분류를 보여줍니다.

(MN 68-날라까빠나 경)은 「아누룻다여, 여래가 죽어서 가버린 제자의 태어남에 대해서 '누구는 이런 곳에 태어났고, 누구는 이런 곳에 태어났다.'라고 말하는 것은 사람들을 속이기 위해서가 아니고, 탁발하기 위해서가 아니고, 얻음과 존경과 명성과 이익을 위해서가 아니고, '그들이 나를 이렇게 알기를!' 바라는 것이 아니다. 아누룻다여, 믿음이 있고, 큰 외경심이 있고, 큰 환희가 있는 좋은 가문의 아들들이 있다. 그들은 그 말을 들은 뒤에 그것을 위하여 심(心)을 집중한다. 그들에게, 아누룻다여, 그것은 오랫동안 이익과 행복으로 이끈다.」라고 죽은 제자의 죽음 이후를 설명하는 이유를 말하는데, 비구와 비구니에게는 아라한-불환자-일래자-예류자의 경우를 말하고, 남신자와 여신자에게는 불환자-일래자-예류자의 경우를 말합니다. (DN 16-대반열반경)처럼 출가자와 재가자를 남녀로 구분한 분류인데, 출가자의 성취 한도는 아라한으로, 재가자의 성취 한도는 불환자로 제시되는 것을 알 수 있습니다. — 「여기, 아누룻다여, 어떤 비구가 '이런 이름의 비구가 죽었다. 세존은 그에 대해 '무위(無爲)의 앎에

확고하다.'라고 말했다.'라고 듣는다. 그리고 그 존자에 대해 '그 존자는 이런 계를 가졌다고도, 그 존자는 이런 법을 가졌다고도, 그 존자는 이런 지혜를 가졌다고도, 그 존자는 이런 머묾을 가졌다고도, 그 존자는 이런 해탈을 가졌다고도.' 직접 보거나, 전해 들은 적이 있다. 그의 믿음과 계와 배움과 보시와 지혜를 계속해서 기억하는 그는 그것을 위해서 심(心)을 집중한다. 이렇게도, 아누룻다여, 비구는 편히 머문다.」

(MN 73-왓차 긴 경)은 「①번뇌들이 부서졌기 때문에 번뇌가 없는 심해탈(心解脫)과 혜해탈(慧解脫)을 지금여기에서 스스로 실답게 안 뒤에 실현하고 성취하여 머무는 비구-비구니 제자, ②흰옷을 입은 재가 제자로서 범행을 실천하는 자인, '오하분결(五下分結)이 완전히 부서졌기 때문에 화생(化生)하여, 거기서 완전히 열반하는 자이니, 그 세상으로부터 돌아오지 않는 존재[불환자(不還者)]'인 남신자-여신자, ③흰옷을 입은 재가 제자로서 소유하고자 하는 자이고, 가르침을 행하고, 가르침에 보답하는 자인 '의심을 건너고, 불확실에서 벗어나고, 자기 확신을 얻고, 스승의 가르침에서 다른 스승을 의지하지 않고 머무는' 남신자-여신자는 단지 백 명이 아니고, 이백 명이 아니고, 삼백 명이 아니고, 사백 명이 아니고, 오백 명이 아니고, 더 많다.」라고 하는데, 출가자인 남-여, 재가자 가운데 범행을 실천하는 남-여, 소유하고자 하는 남-여로의 구분을 보여줍니다. 또한, 출가자의 성취 한도를 아라한으로, 흰옷을 입은 재가 제자로서 범행을 실천하는 자의 성취 한도를 불환자로 제시하는데, (MN 68-날라까빠나 경)과 같습니다. 또한, 흰옷을 입은 재가 제자로서 소유하고자 하는 자는 가르침을 행하고, 가르침에 보답하는 자여서 '의심을 건너고, 불확실에서 벗어나고, 자기 확신을 얻고, 스승의 가르침에서 다른 스승을 의지하지 않고 머무는 것'을 신행(信行)의 기준으로 제시하고 있습니다.

(DN 29-정신 경)은 「쭌다여, 이런 요소들을 갖춘 범행(梵行)이 있고, 인생을 알고 출가(出家)한 지 오래되었고 수명의 절반을 지나 노년에 이른 장로인 스승이 있고, 성취되고 훈련되고 자신감을 가지고 유가안온(瑜伽安穩)을 얻었고 바른 법을 잘 설할 수 있고 다른 가르침이 생겼을 때 바른 법으로 잘 억제한 뒤에 비범(非凡)한 법을 설할 수 있는 제자인 장로 비구가 있고, … 제자인 중간 비구가 있고,… 제자인 신진 비구가 있고, … 제자인 장로 비구니가 있고, … 제자인 중간 비구니가 있고, … 제자인 신진 비구니가 있고, … 흰옷을 입은 재가자로서 범행을 실천하는 자인 남신자가 있고, … 흰옷을 입은 재가자로서 소유하고자 하는 자인 남신자가 있고, … 흰옷을 입은 재가자로서 범행을 실천하는 자인 여신자가 있고, … 흰옷을 입은 재가자로서 소유하고자 하는 자인 여신자가 있고, … 범행이 번성하고 풍부하고 널리 알려지고 사

람들이 많고 널리 퍼져서 신과 인간들에게 잘 알려지고, … 최상의 얻음과 최상의 명성을 성취하면, 그 범행은 그것 때문에 완성된다.」라고 하는데, 장로인 스승은 부처님입니다. 그리고 제자를 상세히 분류하는데, 제자인 장로-중간-신진 비구, 제자인 장로-중간-신진 비구니, 흰옷을 입은 범행을 실천하는-소유하고자 하는 남신자, 흰옷을 입은 범행을 실천하는-소유하고자 하는 여신자인데, (MN 73-왓차 긴 경)처럼 재가자를 범행을 실천하는 자와 소유하고자 하는 자로 구분하는 경우입니다. 이렇게 범행(梵行)은 범행이 있고, 장로인 스승이 있고, 제자인 비구-비구니, 제자인 범행을 실천하는 남신자-여신자, 제자인 소유하고자 하는 남신자-여신자가 모두 있어서 잘 알려지고 성취될 때 완성됩니다.

2) 성자들[승(僧)-saṅgha]

한편, (SN 55.37-마하나마 경)[☞ 제2장 I. 불교신자 되기]에서 삭까 사람 마하나마는 부처님에게 "대덕이시여, 어떻게 남신자(男信者)가 됩니까?"라고 묻습니다. 이때, 부처님은 "마하나마여, 의지처인 부처님[불(佛)]에게로 가고, 의지처인 가르침[법(法)]에게로 가고, 의지처인 성자들[승(僧)]에게로 갈 때 — 마하나마여, 이렇게 남신자(男信者)가 된다."라고 대답하는데, 삶의 중심을 부처님[불(佛)-buddha]과 가르침[법(法)-dhamma]과 성자들[승(僧)-saṅgha]이라는 세 가지 의지처[삼보(三寶)]에 두는 사람이 남신자 즉 재가 제자라는 의미입니다.

이때, 성자들[승(僧)-saṅgha]은 「진지하게 수행하는 세존(世尊)의 제자들인 상가(僧伽) … 이 세상의 위없는 복전(福田)입니다.」라고 정의되는데, 네 쌍의 대장부요, 여덟 무리의 성자들인 출가 제자로 구성됩니다.

'네 쌍의 대장부요, 여덟 무리의 성자들'은 사쌍(四雙)과 팔배(八輩)로 한역(漢譯)되었습니다. 존재의 영역에서 벗어나 깨달음의 영역으로 들어섰거나 완성한 성자들인데, 예류자(預流者)-일래자(一來者)-불환자(不還者)-아라한(阿羅漢)의 사쌍(四雙)과 예류도(預流道)-예류과(預流果)-일래도(一來道)-일래과(一來果)-불환도(不還道)-불환과(不還果)-아라한도(阿羅漢道)-아라한과(阿羅漢果)의 팔배(八輩)입니다.

※ 흰옷을 입은 재가 제자로서 범행을 실천하는 자의 성취 한도가 불환자이기 때문에 재가자인 성자도 있지만, 승(僧)이 아니기 때문에 의지처인 성자들에는 포함되지 않습니다. 번역의 어려움 때문에 이런 문제를 내포한 채 성자들[승(僧) 또는 상가(僧伽)]이라고

번역하였습니다.

3) 재가신자의 전형

(SN 55.37-마하나마 경)은 다시 「①어떻게 계(戒)를 갖춘 남신자가 됩니까? ②어떻게 믿음을 갖춘 남신자가 됩니까? ③어떻게 보시(布施)를 갖춘 남신자가 됩니까? ④어떻게 지혜를 갖춘 남신자가 됩니까?」라고 묻는데, 재가신자가 갖추어야 하는 네 가지 덕목입니다. 그렇다면 재가신자의 전형은 삶의 중심을 부처님과 가르침과 성자들의 세 가지 의지처에 두고서 오계(五戒)와 믿음과 보시(布施)와 지혜를 갖춘 사람입니다.

그런데 (AN 5.179-재가자 경)[☞ 제3부 제3장 II. 오계(五戒)를 포함하는 교리의 확장 [2] 1.]은 '다섯 가지 학습계율[오계(五戒)] 위에서 행위를 단속하면서 지금여기의 행복한 머묾을 위한 네 가지 높은 심(心)을 원하는 대로 어렵지 않고 고통스럽지 않게 얻는 자인 어떤 흰옷을 입은 재가자'를 설명하는데, 예류자(預流者)입니다. 사쌍의 성자의 첫 번째 성취여서 깨달음의 영역에 들어선 수행자인 예류자는 ①믿음을 따르는 자(saddhānusārī)와 ②법을 따르는 자(dhammānusārī)의 두 가지 길에 의해 성취됩니다. (SN 25-들어감 상윳따)

이때, (SN 55.53-담마딘나 경)[☞ 제2부 XII. 제사(祭祀) [용례 1] 1.]은 여래에 의해 말해지고, 심오하고, 심오한 의미를 지녔고, 세상을 넘어서고, 공(空)에 일관된 가르침들을 적절한 때에 성취하여 머물기가 쉽지 않은 재가자에게 오계(五戒) 위에 서 있는 자의 다음 단계의 법으로 예류자(預流者)를 구성하는 요소인 부처님-가르침-성자들에 대한 확실한 믿음과 삼매로 이끄는 계(戒)를 갖출 것을 지시합니다.

그렇다면, 여래에 의해 말해지고, 심오하고, 심오한 의미를 지녔고, 세상을 넘어서고, 공(空)에 일관된 가르침들을 적절한 때에 성취하여 머무는 재가자는 범행을 실천하는 재가자(gihī brahmacārī)여서, 법을 따르는 자의 길을 따라 예류자가 된다고 이해해야 합니다. 그리고 이렇게 범행을 실천하는 재가자를 제외한 흰옷을 입은 재가자는 소유하고자 하는 재가자(gihī kāmabhogī)인데, 믿음을 따르는 자의 길을 따라 예류자가 되는 것입니다.

한편, 믿음을 따르는 자와 법을 따르는 자의 이해는 다른 측면에서도 가능한데, 네 가지 높은 심(心)의 용례입니다. '지금여기의 행복한 머묾을 위한 네 가지 높은 심(心)[catunnaṃ ābhicetasikānaṃ diṭṭhadhammasukhavihārānaṃ]'이란 표현은 두 가지 경우에서 발견되는데, 하나는 (AN 5.179-재가자 경)의 네 가지 예류(預流)의 요소이고, 다른 하나는 많은 경들이 말하는 네 가지 선(禪)[사선(四禪) : 초선(初禪)-제이선(第二禪)-제삼선(第三禪)-제사선(第四禪)]입니다.

그럴 때, 믿음을 따르는 자는 소유하고자 하는 자로서 네 가지 예류(預流)의 요소의 높은 심(心)에 의해 예류자를 성취하는 사람이고, 법을 따르는 자는 범행을 실천하는 자로서 네 가지 선(禪)의 높은 심(心)에 의해 예류자를 성취하는 사람이라고 이해할 수 있습니다. 그리고 출가자는 일반적으로 법을 따르는 자로서 아라한까지 이르고, 재가자로서 법을 따르는 자는 불환자까지 이른다고 하겠습니다.

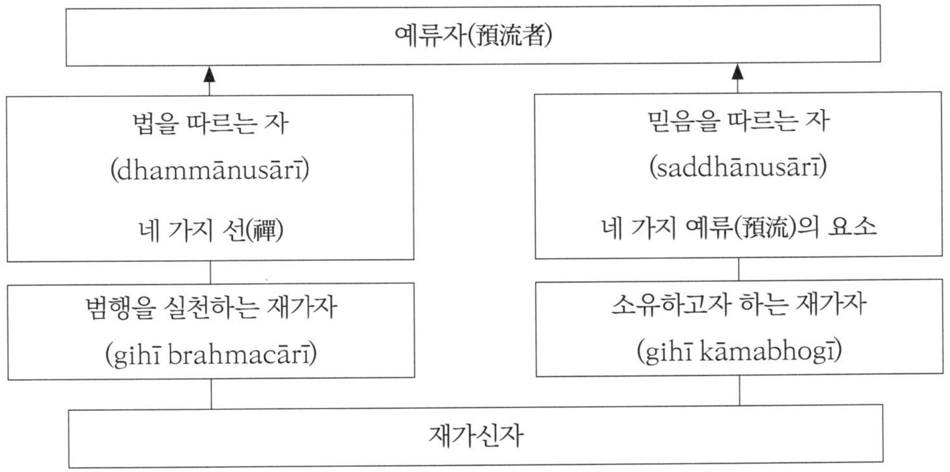

이런 이해에 의하면, 대부분의 불교신자인 흰옷을 입은 재가자로서 소유하고자 하는 자(gihī odātavasano kāmabhogī)는

① 삼보(三寶)에 귀의한 재가자

② 믿음-오계(五戒)-보시(布施)-지혜를 갖춘 사람

③ 신행(信行)의 기준 — 「가르침을 행하고, 가르침에 보답하는 자여서 의심을 건너고,

불확실에서 벗어나고, 자기 확신을 얻고, 스승의 가르침에서 다른 스승을 의지하지 않고 머묾」 → 믿음을 따르는 자의 길을 따라 예류자에 이름

이라고 정의됩니다.

※ 재가신자의 이런 전형 위에서 '나는 어디까지 왔을까?'라고 자신의 자리를 돌아보아야 합니다.

[참고] (AN 4.241-사문 경)

비구들이여, 오직 여기에 사문이 있다. 여기에 두 번째 사문이 있고, 여기에 세 번째 사문이 있고, 여기에 네 번째 사문이 있다. 다른 교설들은 무위(無爲)의 앎을 가진 사문들에 의해 공하다. 비구들이여, 이렇게 이 바른 사자후를 토하라.

비구들이여, 그러면 어떤 자가 첫 번째 사문인가? 비구들이여, 여기 비구는 세 가지 족쇄가 완전히 부서졌기 때문에 흐름에 든 자[예류자(預流者)(*)]여서 떨어지지 않는 자, 확실한 자, 깨달음을 겨냥한 자이다. 비구들이여, 이것이 첫 번째 사문이다.

(*) 예류자(預流者)는 '견해를 갖춘 자'라고도 불리는데, '견해를 갖춘 자, 관통을 갖춘 자에게는 최대 일곱 생이 남아있다.'라고 합니다. (SN 13.1-손톱 끝 경) 등

이렇게 최대 일곱 생 즉 일곱 번의 생 안에 깨달아 윤회에서 벗어난다는 것은 예류자를 특징 짓는 중요한 관점입니다. 경은 때로 여덟 번 다시 태어나지 않는다고 말하는데, 이 관점에서 말하는 예류자입니다.

비구들이여, 그러면 어떤 자가 두 번째 사문인가? 비구들이여, 여기 비구는 세 가지 족쇄가 완전히 부서지고 탐진치(貪嗔癡)가 엷어졌기 때문에 한 번만 더 돌아올 자[일래자(一來者)]이니, 한 번만 더 이 세상에 온 뒤에 괴로움을 끝낼 것이다. 비구들이여, 이것이 두 번째 사문이다.

비구들이여, 그러면 어떤 자가 세 번째 사문인가? 비구들이여, 여기 비구는 오하분결(五下分

結)이 완전히 부서졌기 때문에 화생한다. 거기서 완전히 열반하는 자이니, 그 세상으로부터 돌아오지 않는 존재[불환자(不還者)]이다. 비구들이여, 이것이 세 번째 사문이다.

비구들이여, 그러면 어떤 자가 네 번째 사문인가? 비구들이여, 여기 비구는 번뇌들이 부서졌기 때문에 번뇌가 없는 심해탈(心解脫)과 혜해탈(慧解脫)을 지금여기에서 스스로 실답게 안 뒤에 실현하고 성취하여 머문다[아라한(阿羅漢)]. 비구들이여, 이것이 네 번째 사문이다.

비구들이여, 오직 여기에 사문이 있다. 여기에 두 번째 사문이 있고, 여기에 세 번째 사문이 있고, 여기에 네 번째 사문이 있다. 다른 교설들은 무위(無爲)의 앎을 가진 사문들에 의해 공하다. 비구들이여, 이렇게 이 바른 사자후를 토하라.

Ⅳ. 이 책의 의도

앞에서 서술한 바에 의하면, 불교는 이런 세상에서의 삶을 이끄는 기술입니다. 인간이라는 내 삶의 현실 위에서 ①소유하고자 하는 자로서의 행복, ②소유의 영역에서 벗어남, ③존재의 영역에서 벗어남을 위한 세 단계로 이루어진 삶의 기술입니다.

그러나 현재 한국불교의 현실은, ①소유하고자 하는 자로서의 행복을 위한 불교의 기술은 잘 소개되어 있지 않습니다. 대부분의 불교신자인 '흰옷을 입은 재가자로서 소유하고자 하는 자'들은 **불교의 기술보다는 부처님에 의해 배척된 기술**로써 살아갑니다. 그래서 신앙생활을 통해서 바르게 행복해지는 불교신자가 얼마나 되는지 가늠하기는 어렵습니다.

더더군다나 ②소유의 영역에서 벗어남과 ③존재의 영역에서 벗어남을 위한 불교의 기술은 세계불교의 현실로서도 어려움이 있습니다.

②소유의 영역에서 벗어남을 위한 불교의 기술은 사념처(四念處) 수행입니다. 그리고 사념처 수행은 삶에 대한 정확한 이해 위에서 삶을 더 높은 경지로 향상하는 기술입니다. 그러나 한문불교는 번역의 한계 때문에 빠알리 원전의 의미를 정확히 설명하기 어렵습니다. 그리고 오랜 전통의 이름 위에서 빠알리 경전도 정확히 해석되지 못했습니다. 그래서 전통에서 벗어나 가르침 자체로 접근하는 새로운 시도가 필요하다고 할 것입니다.

③존재의 영역에서 벗어남을 위한 불교의 기술은 사념처[생겨난 심(心)의 삶의 문제 해소]와 사마타-위빳사나[심(心)이 생겨나는 과정의 문제 해소]입니다. 삶에 대한 정확한 이해 위에서 삶의 심오함의 끝에 닿은 깨달음에 의해 알려진 윤회의 근본 원인을 해소하는 기술입니다. 그러나 이 기술 역시 오랜 전통의 이름 위에서 정확히 해석되지 못하고 감추어져 버렸습니다. 그래서 전통에서 벗어나 가르침 자체로 접근하는 새로운 시도가 필요합니다[니까야로 푸는 니까야]. 이런 시도에 의해서만 이 기술을 복원하고, 부처님께서 벗겨낸 윤회의 장막을 다시 쓰지 않을 수 있게 됩니다.

대략 십 년을 진행한 이런 새로운 시도의 과정에서, 일 년여의 시간 동안 탐(貪)-진(嗔)-치(癡)를 서술하는 책을 준비하였습니다. 그러나 삶에 대한 정확한 이해를 서술하는 「삶의 메커니즘」에 대한 충분한 설명 없이 탐(貪)-진(嗔)-치(癡)를 서술하는 것은 무리라고 알게 되었습니다. 그래서 「삶의 메커니즘」을 서술하는 책을 먼저 만들기로 판단하였습니다. 그리고 그 계획의 연장선 위에서 이런 세 단계로 이루어진 삶의 기술의 순서에 따라 책을 만드는 것이 옳다고 결정하게 되었습니다. — 「①불교입문(佛敎入門)(Ⅰ) 소유하고자 하는 자를 위한 가르침 → ②불교입문(佛敎入門)(Ⅱ) 사실 → ③삶의 메커니즘 → ④탐(貪)-진(嗔)-치(癡)」

이 첫 번째 책은 이런 의도를 가지고 준비된 책입니다. 특히, 대부분의 불교신자인 '흰옷을 입은 재가자로서 소유하고자 하는 자'가 불교의 기술보다는 부처님에 의해 배척된 기술로써 살아가고 있는 한국불교의 현실을 타개하기 위한 목적이라고 하겠습니다. 신앙생활을 통해서 바르게 행복해지는 불교신자가 얼마나 많은지 찬탄하는 날을 손꼽아 기다리는 바람을 담아서, 보통의 불교신자들에게 필요한 불교의 기술을 소개하고 이끌려는 것입니다. — 「소유하고자 하는 자를 위한 가르침」

제2장

소유하고자 하는 자

(kāmabhogī)

● kāmabhogī(까-마보-기-)란 용어의 해석 — 「소유하고자 하는 자」

kāma(까-마)라는 용어가 있습니다. 대표적으로 욕계(慾界-kāmadhātu)-색계(色界-rūpadhātu)-무색계(無色界-arūpadhātu)의 삼계(三界)를 구성하는 용어입니다. 「제1장 I. 순서대로의 가르침, 그림 - 묶임[집착 - 취(取)]으로 이해한 중생 세상」에서 볼 수 있듯이 물질적인 것들에 대해 '나의 것'이라는 소유를 동력으로 살아가는 중생들의 영역입니다.

kāma는 보통 sense-desire, pleasure 등으로 영역(英譯)되었고, 감각적 욕망, 감각적인 쾌락에 대한 욕망 등으로 국역(國譯)되었는데, 근본경전연구회는 소유의 사유, 소유의 대상, 소유의 삶(복수)으로 번역하고 있습니다.

	초기불전연구원	한국빠알리성전협회	근본경전연구회
국역	감각적 욕망	감각적인 쾌락에 대한 욕망	소유의 사유, 소유의 대상, 소유의 삶(복수)
영역	PTS	bhikkhu bodhi	Michael M. Olds
	sense-desire	sense-desire	pleasure

kāma를 감각-sense의 개념으로 해석하지 않은 것은 안(眼)-색(色), 이(耳)-성 (聲), 비(鼻)-향(香), 설(舌)-미(味), 신(身)-촉(觸), 의(意)-법(法)의 여섯 쌍의 감각 영역 가운데 kāma는 앞의 다섯 쌍인 물질 영역만을 지시하기 때문입니다. kāma는 kāmaguṇa(까-마구나)로 확장되는데, 색(色)-성(聲)-향(香)-미(味)-촉(觸)의 물질 세상과 제한적으로 연결되어서 욕계 중생의 특징인 '나의 것' 즉 소유(所有)를 지시한다는 것을 알 수 있습니다.

• 다섯 가지 소유의 사유에 묶인 것(pañca kāmaguṇā) — 원하고 좋아하고 마음에 들고 사랑스럽고 소유의 사유를 수반하며 좋아하기 마련인 안(眼)으로 인식되는 색(色)들 … 이(耳)로 인식되는 성(聲)들 … 비(鼻)로 인식되는 향(香)들 … 설(舌)로 인식되는 미(味)들 … 원하고 좋아하고 마음에 들고 사랑스럽고 소유의 사유를 수반하며 좋아하기 마련인 신(身)으로 인식되는 촉(觸)들 (kāmaguṇasuttaṃ(AN 9.65-소유의 사유에 묶인 것 경))

kāma는 다시 kāmabhoga로 확장됩니다. kāma와 bhoga의 합성어인데, 소유의 대상을 즐김 또는 소유를 바람 정도의 의미입니다. 그리고 다시 kāmabhogī로 확장되는데, 소유의 대상을 즐기는 자 또는 소유를 바라는 자, 소유하고자 하는 자 정도의 의미입니다.

kāma: to desire
1. objective: pleasantness, pleasure -- giving, an object of sensual enjoyment;
2. subjective: (a) enjoyment, pleasure on occasion of sense, (b) sense -- desire.

bhoga: 1. enjoyment, 2. possession, wealth

bhogī: bhoga에서 소유의 의미로 파생된 단어, enjoying, owning, abounding in, partaking in or devoted to

kāma를 감각적 욕망이라고 해석하면 kāmabhogī는 '감각적 욕망을 즐기는 자'가 되고, 소유의 사유라고 해석하면 '소유하고자 하는 자' 정도의 의미가 됩니다.

근본경전연구회는 kāma가 욕(慾) 즉 물질적인 것들에 대한 좋아하는 삶의 영역[탐(貪)]을 지시한다는 점을 고려해 kāmabhogī를 「소유하고자 하는 자」라고 해석하였습니다.

● kāmabhogī(소유하고자 하는 자)는 어떤 존재인가?

「tayā gihinā kāmabhoginā puttasambādhasayanaṃ ajjhāvasantena kāsikacandanaṃ paccanubhontena mālāgandhavilepanaṃ dhārayantena jātarūparajataṃ sādiyantena

①자식들로 북적거리는 집에서 살고, ②까시의 백단향을 경험하고, ③꽃과 향과 화장품을 지니고, ④금(金)과 은(銀)이 허용된, 소유하고자 하는 재가자인 그대에 의해」

(SN 3.11-일곱 명의 엉킴 머리를 한 자 경) 등에 나타나는 이 문구는 욕계 중생으로의 kāmabhogī(소유하고자 하는 자)를 잘 정의해 줍니다. '나의 것'이라는 바탕 위에서 자식들과 함께, 고급스러운 것들을 누리고, 갖은 장식품으로 꾸미며, 출가자와 차별적으로 경제활동이 허용된 삶을 사는 사람이 재가자이고, 이러한 것들의 소유를 바라는 것이 재가자의 특성이라는 것을 의미한다고 하겠습니다.

그래서 재가자는, 요약하면, 다복하고 풍요로운 삶을 바라는 자이고, 이런 의미를 설명하는 용어가 kāmabhogī(소유하고자 하는 자)인 것입니다.

재가자인 불교신자의 대부분은 부처님의 가르침에 의지해서 '깨달음으로 나아가기 위한 높은 공부'보다는 '살아있는 동안 이런 다복(多福)과 풍요(豊饒)를 누리다가 죽어서는 하늘에 태어나기'를 바란다고 할 것입니다. 이것이, 대부분의 경우, 불교신자인 이유-목적이라고 할 것입니다.

그런데 이런 이유, 이런 목적은 타당합니다. 다만, 많은 사람이 불교신자이면서도 부처님의 가르침에 익숙하지 못해서 이런 이유-목적에 부합하지 않는 다른 방법으로 살아가고 있다는 점에서는 한국불교의 현실은 지적되어야 합니다.

이런 인식 위에서, 부처님에 의해 부여된 타당성과 그 방법을 안내하기 위해 이 책은 만들어졌습니다.

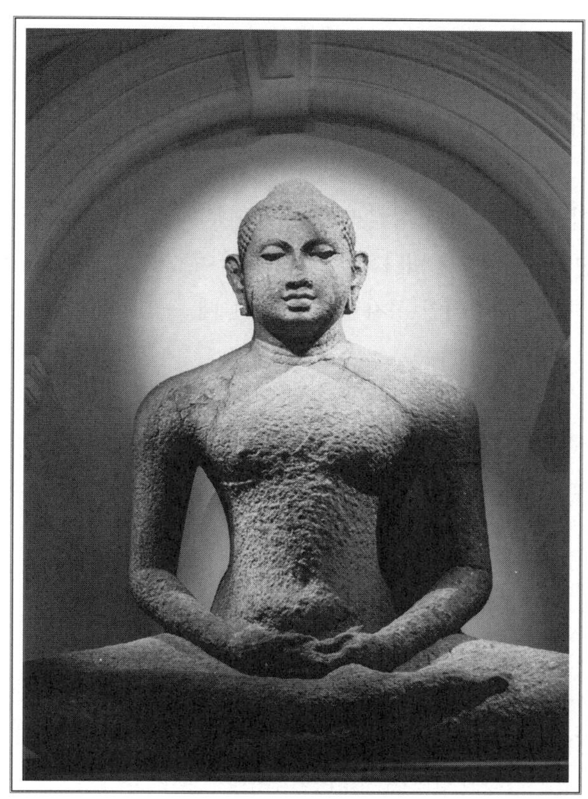

「소유하고자 하는 자를 위한 가르침」이라는 이 책의 의도에 맞추기 위해서 우선할 일은 '소유하고자 하는 자(kāmabhogī)'란 용어가 어떤 용례를 보여주는지 확인하는 일입니다. 이 책의 큰 흐름은 용례 경전들이 소유하고자 하는 자를 위해 어떤 주제를 말하는지 확인하고, 그 각각의 주제로 확장하여 가르침을 정리하는 것입니다. 그러나 이 모든 시도는 불교신자를 위한 것입니다. 그래서 「제2장 소유하고자 하는 자를 위한 가르침의 용례」의 첫 주제는 '불교신자 되기'입니다.

Ⅰ. 불교신자 되기

1. 어떻게 불교신자가 되는가?

(SN 55.37-마하나마 경)에서 삭까 사람 마하나마와 부처님은 이렇게 대화합니다. — 「"대덕이시여, 어떻게 남신자(男信者)가 됩니까?" "마하나마여, 의지처인 부처님에게로 가고, 의지처인 가르침에게로 가고, 의지처인 성자들에게로 갈 때 — 마하나마여, 이렇게 남신자(男信者)가 된다."」

불교신자가 되는 방법을 묻는 마하나마에게 부처님은 세 가지 의지처인 부처님과 가르침과 성자들에게로 갈 것을 말하는데, 불(佛)-법(法)-승(僧) 삼보(三寶)에 대한 귀의(歸依) 즉 삼귀의(三歸依)입니다.

Buddhaṁ saraṇaṁ gacchāmi. 붓당 사라낭 갓차-미
Dhammaṁ saraṇaṁ gacchāmi. 담망 사라낭 갓차-미
Saṅghaṁ saraṇaṁ gacchāmi. 상강 사라낭 갓차-미

의지처인 부처님에게로 나는 갑니다.
의지처인 가르침에게로 나는 갑니다.
의지처인 성자들에게로 나는 갑니다.

2. 불교신자가 갖추어야 하는 네 가지 덕목

경은 이어서 불교신자가 갖추어야 하는 네 가지 덕목을 말하는데, 믿음과 오계(五戒)와 보시(布施) 그리고 지혜입니다.

① 오계(五戒) — 「"그러면, 대덕이시여, 어떻게 계(戒)를 갖춘 남신자가 됩니까?" "마하나마여, 남신자가 생명을 해치는 행위로부터 피하고 … 술과 발효액 등 취하게 하는 것으로 인한 방일한 머묾으로부터 피할 때 — 마하나마여, 이렇게 계(戒)를 갖춘 남신자(男信者)가 된다."」

② 믿음[신(信)] — 「"그러면, 대덕이시여, 어떻게 믿음을 갖춘 남신자가 됩니까?" "여기, 마하나마여, 남신자는 믿음을 가졌다. '이렇게 그분 세존(世尊)께서는 모든 번뇌 떠나신 분 … 존귀하신 분이시다.'라고 여래(如來)의 깨달음을 믿는다. 마하나마여, 이렇게 믿음을 갖춘 남신자(男信者)가 된다."」

③ 보시(布施) — 「"그러면, 대덕이시여, 어떻게 보시(布施)를 갖춘 남신자가 됩니까?" "여기, 마하나마여, 남신자는 인색의 때에서 벗어난 심(心)으로 … 베풂과 나눔을 좋아하며 재가에 산다. — 마하나마여, 이렇게 보시(布施)를 갖춘 남신자(男信者)가 된다."」

④ 지혜[혜(慧)] — 「"그러면, 대덕이시여, 어떻게 지혜를 갖춘 남신자가 됩니까?" "여기, 마하나마여, 남신자는 지혜를 가졌다 … 이끄는 지혜를 갖추었다. — 마하나마여, 이렇게 지혜를 갖춘 남신자(男信者)가 된다."」

3. 대승(大乘)적인 불자

또한, (AN 8.25-마하나마 경)/(AN 8.26-지와까 경)은 삼귀의와 오계에 대한 문답에 이어 자기의 이익도 위하고 남의 이익도 위하는 실천을 하는 자가 될 것을 요구합니다. — 「"대덕이시여, 어떻게 남신자가 자기의 이익은 위하지만 남의 이익은 위하지 않는 실천을 하는 자가 됩니까[소승(小乘)적인 불자(佛子)]?"

"마하나마여, 남신자가 ①자기만 믿음을 갖추고 남에게는 믿음을 갖추도록 부추기지 않는다. ②자기만 계를 갖추고 남에게는 계를 갖추도록 부추기지 않는다. ③자기만 보시를 갖추고 남에게는 보시를 갖추도록 부추기지 않는다. ④-1)자기만 비구를 만나기를 좋아하고 남에게는 비구를 만날 것을 부추기지 않는다. ④-2)자기만 정법을 듣기를 좋아하고 남에게는 정법을 바라도록 부추기지 않는다. ④-3)자기만 들은 법을 마음에 새기고 남에게는 법을 마음에 새기도록 부추기지 않는다. ④-4)자기만 들은 법의 의미를 검증하고 남에게는 의미를 검증하도록 부추기지 않는다. ④-5)자기만 의미와 법을 이해한 뒤에 열반으로 이끄는 가르침을 실천하고 남에게는 열반으로 이끄는 가르침을 실천하도록 부추기지 않는다. 마하나마여, 이렇게 남신자가 자기의 이익은 위하지만 남의 이익은 위하지 않는 실천을 하는 자가 된다."

"대덕이시여, 어떻게 남신자가 자기의 이익도 위하고 남의 이익도 위하는 실천을 하는 자가 됩니까[대승(大乘)적인 불자(佛子)]?"

"마하나마여, 남신자가 ①자기도 믿음을 갖추고 남에게도 믿음을 갖추도록 부추긴다. ②자기도 계를 갖추고 남에게도 계를 갖추도록 부추긴다. ③자기도 보시를 갖추고 남에게도 보시를 갖추도록 부추긴다. ④-1)자기도 비구를 만나기를 좋아하고 남에게도 비구를 만날 것을 부추긴다. ④-2)자기도 정법을 듣기를 좋아하고 남에게도 정법을 바라도록 부추긴다. ④-3)자기도 들은 법을 마음에 새기고 남에게도 법을 마음에 새기도록 부추긴다. ④-4)자기도 들은 법의 의미를 검증하고 남에게도 의미를 검증하도록 부추긴다. ④-5)자기도 의미와 법을 이해한 뒤에 열반으로 이끄는 가르침을 실천하고 남에게도 열반으로 이끄는 가르침을 실천하도록 부추긴다. 마하나마여, 이렇게 남신자가 자기의 이익도 위하고 남의 이익도 위하는 실천을 하는 자가 된다."」

믿음과 계와 보시에 이어 '비구를 만나고, 정법을 듣기를 좋아하고, 들은 법을 마음에 새기고, 의미와 법을 검증하고, 의미와 법을 이해한 뒤에 열반으로 이끄는 가르침을 실천할 것'을 말하는데 지혜를 갖추는 과정입니다. 그렇다면, 앞의 경이 말하는 믿음-계-보시-지혜를 자기도 갖추고 남에게도 갖추도록 부추길 것을 지시하는 것이라고 할 것인데, 자신의 신행(信行)이 확고해지면 남에게도 이 신행을 부추김 즉 포교(布敎)하는 재가신자가 되어야 한다는 점을 말해주고 있습니다.

■ 소승(小乘)적인 불자(佛子)와 대승(大乘)적인 불자(佛子)

대승(大乘)과 소승(小乘)이란 말이 있습니다. 엄격한 의미에서 말하자면, 가르침은 변형되지 않아야 합니다. 대승과 소승이란 구분에 의해 다른 가르침으로의 두 불교가 서지 않아야 한다는 의미입니다. 세계불교에서 소승이란 용어가 공식적으로 사용되지 않는 것도 그런 이유라고 해야 할 것입니다.

굳이 대승과 소승이란 용어가 필요하다면, 「부처님 살아서 직접 설한 가르침」의 기준 위에서 자기만 실천하면 소승이고, 남의 실천을 부추겨 그를 이익과 행복으로 이끌면 대승이라고 말해야 합니다. 이럴 때, 이것이 포교(布教)의 의미이고, 불교적인 중생구제 또는 구원입니다. 그리고 그 공덕은 매우 큽니다.

그러므로 부처님에 의지해서 삶을 향상코자 하는 불교신자라면, 부처님 살아서 직접 설한 가르침의 기준 위에서 자기의 실천에 더해 남의 실천을 부추기는 것으로 신행(信行)의 근본을 삼아야 합니다. 그때, 비로소 대승적인 불교신자라고 할 것입니다.

주목해야 합니다!

불교는 대승불교(大乘佛教)와 소승불교(小乘佛教)로 구분하지 말고, 대승(大乘)적인 불자와 소승(小乘)적인 불자로 구분해야 합니다. 그리고 우리 모두 대승(大乘)적인 불교신자가 되어야 합니다. 그것을 위해 우리는 「불교(佛教)를 부처님에게로 되돌리는 불사(佛事)」를 진행하는 것입니다.

4. 재가신자가 담당해야 하는 역할

한편, 이렇게 불교신자의 덕목을 갖춘 재가자에게는 불교 안에서 담당해야 하는 역할도 주어지는데, (AN 4.60-재가자의 여법함 경)은 이렇게 말합니다. ―「장자여, 네 가지 법을 갖춘 성스러운 제자는 재가자의 여법한 실천을 하는 자여서 명성을 얻고 하늘로 이끌린다. 어떤 네 가지인가? 여기, 장자여, 성스러운 제자는 ①비구 상가에 가사를 공양하고, ②비구 상가에 탁발 음식을 공양하고, ③비구 상가에 거처를 공양하고, ④비구 상가에 병(病)의 조건으로부터 필요한 약품을 공양한다. 장자여, 이런 네 가지 법을 갖춘 성스러운 제자는 재가자의 여법한 실천을 하는 자여서 명성을 얻고 하늘로 이끌린다.

[게송] 현명한 사람은 재가자의 여법한 실천을 실천한다. 바르게 도달한 분들, 계(戒)를 중시하는 분들에게 가사와 탁발 음식과 거처와 병(病)의 조건으로부터 필요한 약품을 공양한다. 그들에게 낮에도 밤에도 항상 공덕이 늘어난다. 상서로운 업(業)을 지은 뒤에 하늘의 머물 자리로 간다.」

그렇다고 재가자가 불교 안에서의 역할에 충실한 것만으로 만족해서는 안 됩니다. (AN 5.176-희열 경)에서 부처님은 아나타삔디까 장자에게 「장자여, 그대들은 가사와 탁발 음식과 거처와 병(病)의 조건으로부터 필요한 약품으로 비구 상가를 공양한다. 장자여, '우리는 가사와 탁발 음식과 거처와 병(病)의 조건으로부터 필요한 약품으로 비구 상가를 공양한다.'라는 것만으로 기뻐하지 않아야 한다. 그러므로 장자여, '우리는 적절한 때에 여읨의 희열을 성취하여 머물고 있는가?'라고 공부해야 한다. 장자여, 그대들은 이렇게 공부해야 한다.」라고 말한 뒤 다시 「성스러운 제자가 여읨의 희열을 성취하여 머물 때, 다섯 가지 상태가 없다. 그때 소유와 연결된 고(苦)와 고뇌가 없다. 그때 소유와 연결된 락(樂)과 만족이 없다. 그때 불선(不善)/무익(無益)과 연결된 고(苦)와 고뇌가 없다. 그때 불선/무익과 연결된 락(樂)과 만족이 없다. 그때 선(善)/유익(有益)과 연결된 고(苦)와 고뇌가 없다. 사리뿟따여, 성스러운 제자가 여읨의 희열을 성취하여 머물 때, 이런 다섯 가지 상태가 없다.」라고 하여, 재가자의 삶이 역할에 대한 충실을 넘어 자신의 삶을 더 높이 향상해야 한다는 점을 분명히 해줍니다.

• 세 가지 여읨 ― ①계를 중시함 - 계의 경시가 버려짐에 의한 벗어남, ②바른 견해를 가짐 - 삿된 견해가 버려짐에 의한 벗어남, ③번뇌가 다함 - 번뇌들의 버려짐에 의한 벗어남 (AN 3.94-여읨 경).

5. 재가자의 바른 생활[정명(正命)]

여덟 요소로 구성된 성스러운 길[팔정도(八正道)]의 다섯 번째 항목은 바른 생활[정명(正命)]인데, 삿된 생계를 버리고, 바른 생계로써 생명을 유지하는 것입니다. ― 「비구들이여, 그러면 무엇이 정명(正命)인가? 비구들이여, 여기 성스러운 제자들은 삿된 생계를 버리고, 바른 생계로써 생명을 유지한다. ― 비구들이여, 이것이 정명(正命)이라고 불린다」

이때, (AN 5.177-장사 경)은 「비구들이여, 남신자는 이런 다섯 가지 장사를 하지 않아야 한다. 어떤 다섯 가지인가? 무기 장사, 생명 장사, 고기 장사, 취하게 하는 것 장사, 독약 장사 ― 비구들이여, 남신자는 이런 다섯 가지 장사를 하지 않아야 한다」라고 하여, 바르지 않은 생계를 피할 것을 권고합니다.

6. 낮은 자와 보석 같은 재가신자

(AN 5.175-낮은 자 경)은 ①믿음이 없고, ②계를 경시하고, ③길상(吉祥)에 신나고, ④업(業)이 아니라 길상(吉祥)을 당연히 여기고, ⑤여기의 밖에서 보시받을만한 자를 찾아 거기에 먼저 보시하는 사람을 낮고, 얼룩지고, 잘못된 재가신자라고 말합니다.

- 길상(吉祥) 명사 1. 운수가 좋을 조짐 〈표준국어대사전〉

반면에, ①믿음이 있고, ②계를 중시하고, ③길상(吉祥)에 신나지 않고, ④길상(吉祥)이 아니라 업(業)을 당연히 여기고, ⑤여기의 밖에서 보시받을만한 자를 찾지 않아 여기에 먼저 보시하는 사람은 보석 같고, 홍련(紅蓮) 같고, 백련(白蓮) 같은 재가신자입니다.

재가신자로서 어떤 사람이 될 것인지의 또 다른 기준입니다.

II. 소유하고자 하는 자(kāmabhogī)의 용례 - 1) 율장(律藏)

'소유하고자 하는 남자가 소유하고자 하는 여자에게(kāmabhogī kāmabhoginiṃ) 하는 것처럼, 비구가 여인에게 성행위와 관계된 말을 하는 것은 승단잔류죄를 범하는 것'이라는 한 번의 용례(승단잔류죄 제3조 더러운 말에 대한 학습계율)를 제외하면, 율장의 모든 용례는 '어떻게 사꺄의 아들인 사문들이 소유하고자 하는 재가자(남자)처럼 … 할 수 있단 말인가!(kathañhi nāma samaṇā sakyaputtiyā … seyyathāpi gihī kāmabhogino)'거나 '어떻게 비구니들이 소유하고자 하는 재가자(여자)처럼 … 할 수 있단 말인가!(kathañhi nāma bhikkhuniyo … seyyathāpi gihiniyo kāmabhoginiyo)의 형태로 나타납니다. 사꺄의 아들인 사문들은 비구를 의미하는데, 「비구 위방가(율장 비구계)」에서 79회, 비구니의 경우는 「비구니 위방가(율장 비구니계)」에서 94회 용례가 나타납니다. 특히, 양쪽 모두 sekhiyakaṇḍaṃ[중학(衆學) 장(章)]의 7개 품 75개 조(組) 모두에서 나타납니다.

sekhiyakaṇḍaṃ[중학(衆學) 장(章)]은 비구와 비구니의 생활에 적용하는 규율을 모아 놓은 것입니다. 품행을 함부로 하는 것을 단속하기 위해 생겨난 학습계율들인데, 75개 조는 세 그룹으로 분류할 수 있습니다. 〈한국빠알리성전협회 「빅쿠비방가-율장비구계」에서 정리〉

①첫 번째 그룹(1~56) - 탁발 음식을 위해 가정을 방문하는 것과 관련한 바르지 못한 품행의 단속

②두 번째 그룹(57~72) - 가르침을 설하거나 듣는 것과 관련한 바르지 못한 품행의 단속

③세 번째 그룹(73~75) - 대소변과 관련한 바르지 못한 품행의 단속

III. 소유하고자 함(kāmabhoga)의 용례

소유하고자 하는 자(kāmabhogī)는 소유하고자 함(kāmabhoga)을 가진 자의 의미로 조성된 용어입니다. 그래서 소유하고자 하는 자의 의미를 파악하기 위해서는 소유하고자 함에 대해 알아야 합니다.

(DN 30-삼십이상경)은 부처님이 전생에 어떤 업(業)을 지은 결과로 서른두 가지 대인상(大人相)을 얻게 되었는지의 인연을 설명하는 경인데, ①손과 발의 부드러움과 망의 특징의 대인상과 ②둥글고 굽히지 않은 채 무릎에 닿는 특징의 대인상에서 소유하고자 함의 용례가 나타납니다.

①손과 발의 부드러움과 망의 특징의 대인상의 용례는, 보시(布施)[베풂], 애어(愛語)[사랑스러운 말], 이행(利行)[이익되는 행위], 동사(同事)[함께함]의 사섭법(四攝法)으로 사람들을 따르게 하는 자였던 전생의 업을 소개합니다. 모든 소유하고자 함을 버리면, 승리자는 사람들을 위해 법을 설하고, 들은 자는 열반으로 이끄는 법을 실천한다고 하는데, 소유하고자 함을 버리면[출가하면] 승리자 즉 부처가 되어 열반으로 이끄는 법을 설하고, 들은 자 즉 제자들은 그 법을 실천한다는 의미입니다. 이 경우에, 소유하고자 함은 재가자로의 삶을 포괄하여 나타내는 용어라고 하겠습니다.

②둥글고 굽히지 않은 채 무릎에 닿는 특징의 대인상의 용례는 대중을 따르게 하는 것을 생각하면서 편견 없이 알고, 스스로 알고, 사람을 알고, 사람의 차이를 알고, '이 사람은 이것에 적합하고, 이 사람은 이것에 적합하다.'라고 그때그때 사람의 차이를 분별하는 자였던 업을 소개합니다. 왕에게는 소유하고자 하는 자인 재가자에게 어울리는 것들이 많이 있지만, 모든 소유하고자 함을 버리면[출가하면] 위없는 최상이고 으뜸인 재산을 얻는다고 하는데, 믿음의 재산, 계(戒)의 재산, 히리[자책(自責)의 두려움]의 재산, 옷땁빠[타책(他責)의 두려움]의 재산, 배움의 재산, 보시의 재산, 지혜의 재산입니다. 이 일곱 가지 재산은 왕도, 도둑도, 물과 불 등 자연재해도, 심지어는 죽음까지도 빼앗아 가지 못하는 재산이어서 금생과 내생 모두에서 행복한 삶을 위한 밑천이 됩니다.

(SN 3.6-적음 경)은 뛰어난 재물을 얻은 뒤에 소유의 대상들에 대한 욕심때문에 중생들에 대해 잘못을 저지르지 않는 중생들은 적고, 잘못을 저지르는 중생들은 많은 현상

을 설명합니다. 그리고 소유하고자 함에 대해 친밀한 자들은 지나침을 알지 못해서, 덫에 걸린 사슴에게 뒤이어 고통이 있는 것처럼, 참으로 악한 보(報)가 있을 것이라고 경책합니다. 아흔아홉을 가진 부자가 하나를 가진 자의 것을 빼앗아서라도 백을 채우려 하는 세간의 현상을 지적한다고 할 것인데, 그것으로 인한 고통이 뒤따르는 줄 알아야 합니다. 그래서 재물을 얻은 자가 어떻게 그 재물을 이해해야 하는지는 이 책을 구성하는 큰 주제의 하나입니다.

(SN 3.7-재판정에서 할 일 경)은 큰 부자인 끄샤뜨리야-바라문-장자의 대부호도 소유의 사유 때문에 알면서 거짓을 말하는 현상을 설명합니다. 그리고 소유하고자 함에 대해 친밀한 자들은 지나침을 알지 못해서, 그물에 걸린 물고기에게 뒤이어 고통이 있는 것처럼, 참으로 악한 보(報)가 있을 것이라고 경책합니다.

1. (DN 30.6-삼십이상경, 손과 발의 부드러움과 망의 특징)

"비구들이여, 이전의 생(生)과 이전의 존재와 이전의 거처와 이전의 인간이었을 때 여래는 보시(布施), 애어(愛語), 이행(利行), 동사(同事)의 사섭법(四攝法)으로 사람들을 따르게 하는 자였다. 그는 그 업(業)의 지어짐, 쌓임, 넘침, 풍부함 때문에 몸이 무너져 죽은 뒤 좋은 곳, 하늘 세상에 태어났다. 그는 거기서 다른 신들을 하늘의 수명, 하늘의 용모, 하늘의 행복, 하늘의 명성, 하늘의 권력, 하늘의 색(色), 하늘의 성(聲), 하늘의 향(香), 하늘의 미(味), 하늘의 촉(觸)의 열 가지 경우로 능가한다. 거기에서 죽어 지금 상태로 온 그는 이런 두 가지 대인상(大人相)을 얻는다. — 손발이 부드럽고 섬세함과 손발의 망이다.

만약 그런 상(相)을 갖춘 그가 재가에 살면 법을 가진 자, 법의 왕, 사방을 정복한 승리자, 국토의 안전을 달성한 자, 일곱 가지 보배를 갖춘 자인 전륜성왕(轉輪聖王)이 된다. 그에게 윤보(輪寶), 상보(象寶), 마보(馬寶), 보배보(寶貝寶), 여인보(女人寶), 장자보(長者寶) 그리고 주장신보(主藏臣寶)를 일곱 번째로 하는 이런 일곱 가지 보배가 있다. 씩씩하고 용감함을 갖추고 다른 군대를 압도하는 천 명이 넘는 아들들이 있다. 그는 황무지가 없고 징조가 없고 강도가 없고 번영하고 부유하고 안전하고 보호되고 곤경이 없는, 바다에서 끝나는 이 땅을 몽둥이에 의하지 않고 칼에 의하지 않고 법에 의해 정복하여 정착한다.

왕이 되면 무엇을 얻는가? 구성원들이 잘 따른다. 바라문 장자들, 번화가의 주민들과 지방의 주민들, 재정담당자들과 재상들, 경호원들과 경비원들, 사적인 고문들과 의회 의원들, 왕들, 영주들, 시동들이 잘 따른다. 왕이 되면 이것을 얻는다.

만약 그가 집에서 집 없는 곳으로 출가하면 세상에서 윤회의 장막을 벗긴 아라한, 정등각이 된다. 부처가 되면 무엇을 얻는가? 구성원들이 잘 따른다. 비구, 비구니, 남신자, 여신자, 신, 사람, 아수라, 용, 간답바들이 잘 따른다. 부처가 되면 이것을 얻는다." 이것의 의미를 세존은 말했다.

그때 이것을 말했다. —

> 보시(布施)와 이행(利行) 그리고 애어(愛語)와 동사(同事)를 많은 사람이 잘 따르도록 행하고 실천할 때, 얕보지 않는 성품에 의해 천상으로 간다.
>
> 거기서 죽어 다시 여기로 오면 손과 발의 부드러움과 망이 있다. 뛰어난 아름다움과 보기에 아주 사랑스러움을 젊은 나이, 아주 어린 아이가 얻는다.
>
> 충성스럽고 순종하는 구성원, 대지에 사는 자를 잘 따르게 하는 자가 된다. 사랑스러운 말을 하고 이익과 행복을 기원하면서 호감을 주는 성품을 실천한다.
>
> 그리고 만약 모든 소유하고자 함을 버리면, 승리자는 사람들을 위해 법을 설한다. 믿음으로 그 말에 응답하는 자는 들은 뒤에 열반으로 이끄는 법을 실천한다.

2. (DN 30.12-삼십이상경, 둥글고 굽히지 않은 채 무릎에 닿는 특징)

"비구들이여, 이전의 생(生)과 이전의 존재와 이전의 거처와 이전의 인간이었을 때 여래는 대중을 따르게 하는 것을 생각하면서 편견 없이 알고, 스스로 알고, 사람을 알고, 사람의 차이를 알고, '이 사람은 이것에 적합하고, 이 사람은 이것에 적합하다.'라고 그때그때 사람의 차이를 분별하였다. 그는 그 업(業)의 지어짐, … 하늘의 촉(觸)의 열 가지 경우로써 능가한다. 거기로부터 죽어 지금 상태로 온 그는 이런 두 가지 대인상(大人相)을 얻는다. — 니그로다 나무처럼 둥글고, 서서 아래로 굽히지 않은 채 양손으로 무릎에 닿고 두드린다.

왕이 되면 무엇을 얻는가? 부유하고, 큰 부를 가졌고, 소유한 것이 많고, 금과 은이 풍부하고, 토지와 도구가 풍부하고, 재산과 곡식이 풍부하고. 창고와 곳간은 가득 찬다. 왕이 되면 이것을 얻는다.

부처가 되면 무엇을 얻는가? 부유하고, 큰 부를 가졌고, 소유한 것이 많다. 그에게 이런 부(재산)이 있다. 예를 들면, 믿음의 재산, 계(戒)의 재산, 히리의 재산, 옷땁빠의 재산, 배움의 재산, 보시의 재산, 지혜의 재산이다. 부처가 되면 이것을 얻는다." 이것의 의미를 세존은 말했다.

그때 이것을 말했다. —

> 비교하고 고찰하고 생각한 뒤에 대중을 따르게 하는 것을 생각하면서 '이 사람은 이것에 적합하다.'라고 예전에 그때그때 사람의 차이를 분별하였다.
>
> 땅에 서서 굽히지 않은 채 양손이 무릎에 닿는다. 잘 행한 업(業)의 보(報)의 남아있는 것에 의해 땅에서 자라는 나무처럼 둥근 몸이 되었다.
>
> 많고 다양한 징표와 특징을 아는 아주 독창적인 사람들이 설명했다. 많고 다양한 재가자에게 적합한 것들을 젊은 나이, 아주 어린 아이가 얻는다.
>
> 여기에는 소유하고자 하는 자인 재가자에게 어울리는, 왕의 많은 것들이 있다. 그리고 만약 모든 소유하고자 함을 버리면 위없는 최상이고 으뜸인 재산을 얻는다.

3. (SN 3.6-적음 경)

세상에는 뛰어난 재물을 얻은 뒤에 취하지 않고, 게으르지 않고, 소유의 대상들에 대한 욕심을 부리지 않고, 중생들에 대해 잘못을 저지르지 않는 중생들은 적습니다. 그러나 세상에는 뛰어난 재물을 얻은 뒤에 취하고, 게으르고, 소유의 대상들에 대한 욕심을 부리고, 중생들에 대해 잘못을 저지르는 중생들은 많습니다.

> 소유하고자 함에 대해 친밀한 자들, 소유의 대상들에 대해 욕심내고 열중한 자들은 지나침을 알지 못한다. 그물에 걸린 물고기에게 뒤이어 고통이 있는 것처럼 참으로 악한

보(報)가 있다.

4. (SN 3.7-재판정에서 할 일 경)

큰 부를 가졌고, 소유한 것이 많고, 금과 은이 풍부하고, 토지와 도구가 풍부하고, 재산과 곡식이 풍부한 끄샤뜨리야의 대부호도, 바라문의 대부호도, 장자의 대부호도 소유의 사유를 원인으로, 소유의 사유를 인연으로, 소유의 사유 때문에 알면서 거짓을 말합니다. 그들에게 그것은 오랫동안 불익이 되고 괴로움이 될 것입니다.

소유하고자 함에 대해 친밀한 자들, 소유의 대상들에 대해 욕심내고 열중한 자들은 지나침을 알지 못한다. 그물에 걸린 물고기에게 뒤이어 고통이 있는 것처럼 참으로 악한 보(報)가 있다.

Ⅳ. 소유하고자 하는 자(kāmabhogī)의 용례 – 경장(經藏)

소유하고자 하는 자는 몇 가지 형태의 용례를 보여줍니다.

첫째, upāsakā sāvakā gihī odātavasanā kāmabhogino(흰옷을 입은 재가 제자로서 소유하고자 하는 자인 남신자), upāsikā sāvikā gihiniyo odātavasanā kāmabhoginiyo(흰옷을 입은 재가 제자로서 소유하고자 하는 자인 여신자)의 형태로 나타나는 범행(梵行)의 완성을 위한 구성원의 용례,

둘째, 부처님이 서른두 가지 대인상(大人相)[삼십이상(三十二相)]을 얻게 되는 과정으로의 전생의 업(業)을 설명하는 경우들 가운데 몇 가지 용례,

셋째, 소유하고자 하는 자를 정의하는 '자식들이 북적거리는 집에서 살고, 까시의 백단향을 경험하고, 꽃과 향과 화장품을 지니고, 금(金)과 은(銀)이 허용된'의 문구를 포함하는 용례,

넷째, 소유하고자 하는 자가 소유하게 되는 과정과 소유한 것의 사용 방법에 따라 비난받거나 칭찬받는 열 가지 경우를 설명하는 용례,

다섯째, 빚이 주는 위험과 빚 없음을 포함한 재가자의 행복을 말하는 용례,

여섯째, 기타 개별의 주제

로 구성되는데, 개별의 주제는

첫째, 재물에 관련한 눈과 법에 관련한 눈의 두 가지에 의한 세 가지 사람의 분류를 설명하는 (AN 3.29-장님 경),

둘째, 흐름을 따라가는 사람, 흐름을 거스르는 사람, 서 있는 사람, 건너서 너머에 닿아 땅에 서 있는 바라문의 네 가지 사람을 설명하는 (AN 4.5-흐름을 따름 경),

셋째, 자기 존재를 가진 자, 소유하고자 하는 자, 지배력을 가진 자, 세상과 존재 가운데 으뜸이라고 알려진 네 가지에 대해 설명하는 (AN 4.15-알려진 것 경)

넷째, 아귀, 소유하고자 하는 자, 사자, 여래의 잠을 설명하는 (AN 4.246-잠 경)

다섯째, 소유하고자 하는 자와 이 법과 율에서 출가한 비구의 차이점으로 출리(出離)를 제시하는 (AN 9.41-따뿟사 경)

이 있습니다.

[1] 범행(梵行)의 완성을 위한 구성원

1. (DN 29.7-정신(淨信) 경, 범행이 완성되지 않음 등의 이야기)

쭌다여, ①이런 요소들을 갖춘 범행(梵行)이 있고, ②인생을 알고, 출가(出家)한 지 오래되었고, 수명의 절반을 지나 노년에 이른 장로인 스승이 있고, ③성취되고, 훈련되고, 자신감을 가지고, 유가안온(瑜伽安穩)을 얻었고, 바른 법을 잘 설할 수 있고, 다른 가르침이 생겼을 때 바른 법으로 잘 억제한 뒤에 비범(非凡)한 법을 설할 수 있는 제자인 장로 비구가 있고, … ④제자인 중간 비구 … ⑤제자인 신진 비구 … ⑥제자인 장로 비구니 … ⑦제자인 중간 비구니 … ⑧제자인 신진 비구니가 있고, ⑨흰옷을 입은 재가 제자로서 범행을 실천하는 자인 남신자가 있고, … ⑩소유하고자 하는 자인 남신자 … ⑪범행을 실천하는 자인 여신자 … ⑫소유하고자 하는 자인 여신자가 있고, ⑬범행이 번성하고 풍부하고 널리 알려지고 사람들이 많고 널리 퍼져서 신과 인간들에게 잘 알려지더라도, ⑭최상의 얻음과 최상의 명성을 성취하지 못하면, 그 범행은 그것 때문에 완성되지 않는다.

쭌다여, ①이런 요소들을 갖춘 범행(梵行)이 있고, ②인생을 알고, 출가(出家)한 지 오래되었고, 수명의 절반을 지나 노년에 이른 장로인 스승이 있고, ③성취되고, 훈련되고, 자신감을 가지고, 유가안온(瑜伽安穩)을 얻었고, 바른 법을 잘 설할 수 있고, 다른 가르침이 생겼을 때 바른 법으로 잘 억제한 뒤에 비범(非凡)한 법을 설할 수 있는 제자인 장로 비구가 있고, … ④제자인 중간 비구 … ⑤제자인 신진 비구 … ⑥제자인 장로 비구니 … ⑦제자인 중간 비구니 …

⑧제자인 신진 비구니가 있고, ⑨흰옷을 입은 재가 제자로서 범행을 실천하는 자인 남신자가 있고, … ⑩소유하고자 하는 자인 남신자 … ⑪범행을 실천하는 자인 여신자 … ⑫소유하고자 하는 자인 여신자가 있고, ⑬범행이 번성하고 풍부하고 널리 알려지고 사람들이 많고 널리 퍼져서 신과 인간들에게 잘 알려지고, ⑭최상의 얻음과 최상의 명성을 성취하면, 그 범행은 그것 때문에 완성된다.

그런데 쭌다여, 내가 세상에 출현한 아라한-정등각인 현재의 스승이다. 법은 잘 설해지고 잘 선언되고 구원으로 이끌고 가라앉음으로 이끌고 정등각(正等覺)에 의해 선언되었다. 그리고 나의 제자들은 그 바른 법에 대해서 의미를 알고, 모든 실천행의 모음이고 비범(非凡)을 행함이고 신과 인간들에게 잘 알려진, 온전하게 완전한 범행(梵行)을 드러내고 명백하게 한다. 쭌다여, 내가 인생을 알고, 출가(出家)한 지 오래되었고, 수명을 가로질러 늙음에 이른 장로인 스승이다.

쭌다여, 성취되고 … 비범(非凡)한 법을 설할 수 있는 나의 제자인 현재의 장로 비구들이 있고, … 현재의 중간 비구들 … 현재의 신진 비구들 … 현재의 장로 비구니들 … 현재의 중간 비구니들 … 현재의 신진 비구니들 … 현재의 흰옷을 입은 재가 제자로서 범행을 실천하는 자인 남신자 … 소유하고자 하는 자인 남신자 … 범행을 실천하는 자인 여신자 … 소유하고자 하는 자인 여신자가 있고, 쭌다여, 현재 나의 범행이 번성하고 풍부하고 널리 알려지고 사람들이 많고 널리 퍼져서 신과 인간들에게 잘 알려졌다.

쭌다여, 참으로 현재 세상에 나타난 스승들에 관한 한, 쭌다여, 나만큼 최상의 얻음과 최상의 명성을 성취한 다른 어떤 스승도 나는 보지 못한다. 또한, 쭌다여, 참으로 이 시대의 상가(僧伽)와 수도자 집단이 생겨있지만 이 비구 상가(僧伽)와 같이 최상의 얻음과 최상의 명성을 성취한 다른 어떤 상가와 수도자 집단을 나는 보지 못한다. 쭌다여, 참으로 바르게 말하는 자가 '모든 조건을 구족하고, 모든 조건을 완성하고, 모자라지도 않고 넘치지도 않고, 잘 설해지고, 오로지 완성된 범행(梵行)을 잘 드러내었다.'라고 말한다면, 바로 이것을 '모든 조건을 구족하고, 모든 조건을 완성하고, 모자라지도 않고 넘치지도 않고, 잘 설해지고, 오로지 완성된 범행(梵行)을 잘 드러내었다.'라고 말해야 한다.

쭌다여, 웃다까 라마뿟따는 '보면서 보지 못한다.'라고 지시(指示)적으로 말한다. '보면서 보지 못한다.'라는 것은 무엇인가? 잘 벼려진 날카로운 칼날을 보면서 그 경계를 보지 못한다. 이것이 '보면서 보지 못한다.'라고 불린다. 그러나 이것은 참으로 저열하고 세간적이고 범속하고 성스럽지 못하고 이익을 주지 못하는, 칼에 관한 말일 뿐이다. 쭌다여, '보면서 보지 못한다.'라고 바르게 말하는 자는 바로 이것을 '보면서 보지 못한다.'라고 말해야 한다. 그러면 '보면서 보지 못한다.'라는 것은 무엇인가? '이렇게 모든 조건을 갖추고, 모든 조건을 완성하고, 모자라지도 않고 넘치지도 않고, 잘 설해지고, 오로지 완성된 범행(梵行)을 잘 드러내었다.'라고 이렇게 이것을 본다. 여기, '이것을 제거해야 이렇게 그것이 더 청정해질 것이다.'라고 이렇게 이것을 보지 못한다. 여기, '이것을 더해야 그것이 완성될 것이다.'라고 이렇게 이것을 보지 못한다. 쭌다여, 이것이 '보면서 보지 못한다.'라고 불린다. 쭌다여, 참으로 바르게 말하는 자가 '모든 조건을 갖추고, 모든 조건을 완성하고, 모자라지도 않고 넘치지도 않고, 잘 설해지고, 오로지 완성된 범행(梵行)을 잘 드러내었다.'라고 말한다면, 바로 이것을 '모든 조건을 갖추고, 모든 조건을 완성하고, 모자라지도 않고 넘치지도 않고, 잘 설해지고, 오로지 완성된 범행(梵行)을 잘 드러내었다.'라고 말해야 한다.

2. (MN 73-왓차 긴 경)

• 부처님의 선언 — 「왓차여, 비구에게 애(愛)는 버려지고 뿌리 뽑히고 윗부분이 잘린 야자수처럼 되고 존재하지 않게 되고 미래에 생겨나지 않는 상태가 됩니다. 그 비구는 번뇌가 다했고 삶을 완성했으며 해야 할 바를 했고 짐을 내려놓았으며 최고의 선(善)을 성취했고 존재의 족쇄를 완전히 부수었으며 바른 무위의 앎으로 해탈한 아라한입니다.」

• 왓차곳따와 부처님의 문답(問答) — 「"되었습니다, 고따마 존자여. 그런데 그대 고따마 존자에게 번뇌들이 부서졌기 때문에 번뇌가 없는 심해탈(心解脫)과 혜해탈(慧解脫)을 지금여기에서 스스로 실답게 안 뒤에 실현하고 성취하여 머무는 비구 제자가 한 명이라도 있습니까?" "왓차여, 번뇌들이 부서졌기 때문에 번뇌가 없는 심해탈(心解脫)과 혜해탈(慧解脫)을 지금여기에서 스스로 실답게 안 뒤에 실현하고 성취하여 머무는 나의 비구 제자는 단지 백 명이 아니고, 이백 명이 아니고, 삼백 명이 아니고, 사백 명이 아니고, 오백 명이 아니고, 더 많습니다."

… 번뇌들이 부서졌기 때문에 번뇌가 없는 심해탈(心解脫)과 혜해탈(慧解脫)을 지금여기에서 스스로 실답게 안 뒤에 실현하고 성취하여 머무는 비구니 제자 … 흰옷을 입은 재가 제자로서 범행을 실천하는 자인, '오하분결(五下分結)이 완전히 부서졌기 때문에 화생(化生)하여, 거기서 완전히 열반하는 자이니, 그 세상으로부터 돌아오지 않는 존재[불환자(不還者)]'인 남신자

… 흰옷을 입은 재가 제자로서 소유하고자 하는 자이고, 가르침을 행하고, 가르침에 보답하는 자인 '의심을 건너고, 불확실에서 벗어나고, 자기 확신을 얻고, 스승의 가르침에서 다른 스승을 의지하지 않고 머무는' 남신자 … 흰옷을 입은 재가 제자로서 범행을 실천하는 자인, '오하분결(五下分結)이 … 돌아오지 않는 존재[불환자(不還者)]'인 여신자 … 흰옷을 입은 재가 제자로서 소유하고자 하는 자이고, 가르침을 행하고 … 다른 스승을 의지하지 않고 머무는' 여신자 …」

• 왓차곳따의 선언 — 「고따마 존자여, 만약 이 법으로 고따마 존자만이 초대되고 비구들은 초대되지 않았다면, 이 범행은 그것 때문에 완성되지 않았을 것입니다. 그러나 고따마 존자여, 이 법으로 고따마 존자도 초대되고 비구들도 초대되었기 때문에 이 범행은 그것으로 인해 완성되었습니다. … 고따마 존자여, 만약 이 법으로 고따마 존자도 초대되고, 비구들도 초대되고, 비구니들도 초대되고, 흰옷을 입은 재가 제자로서 범행을 실천하는 자인 남신자들도 초대되고, 흰옷을 입은 재가 제자로서 소유하고자 하는 자인 남신자들도 초대되고, 흰옷을 입은 재가 제자로서 범행을 실천하는 자인 여신자들도 초대되었지만, 흰옷을 입은 재가 제자로서 소유하고자 하는 자인 여신자들은 초대되지 않았다면, 이 범행은 그것 때문에 완성되지 않을 것입니다. 그러나 고따마 존자여, 이 법으로 ①고따마 존자도 초대되고, ②비구들도 초대되고, ③비구니들도 초대되고, ④흰옷을 입은 재가 제자로서 범행을 실천하는 자인 남신자들도 초대되고, ⑤흰옷을 입은 재가 제자로서 소유하고자 하는 자인 남신자들도 초대되고, ⑥흰옷을 입은 재가 제자로서 범행을 실천하는 자인 여신자들도 초대되고, ⑦흰옷을 입은 재가 제자로서 소유하고자 하는 자인 여신자들도 초대되었기 때문에 이 범행은 그것으로 인해 완성되었습니다.」

[2] 서른두 가지 대인상(大人相)[삼십이상(三十二相)]을 얻게 되는 과정으로의 전생의 업(業)

1. (DN 30.7-삼십이상경, 복사뼈가 발의 중간에 있는 것과 몸의 털이 위로 향한 것의 특징)

이전의 생(生)과 이전의 존재와 이전의 거처와 이전의 인간이었을 때 여래는 의미와 연결되고 법에 연결된 말을 하는 자 즉 생명에게 이익과 행복을 가져오는 법의 제사를 지내는 자여서 많은 사람을 위해 설명한 업의 결과로 얻은 두 가지 대인상(大人相) — 「복사뼈가 발의 중간에 있는 것과 몸의 털이 위로 향한 것.」

왕이 되면 무엇을 얻는가? 소유하고자 하는 자들 가운데 으뜸이고 뛰어나고 풀렸고 최상이고 귀하다. 왕이 되면 이것을 얻는다.

부처가 되면 무엇을 얻는가? 모든 살아있는 것들 가운데 으뜸이고 뛰어나고 풀렸고 최상이고 귀하다. 부처가 되면 이것을 얻는다.

> 이런 사람이 만약 재가에 살면 소유하고자 하는 자들 가운데 으뜸이 된다. 그보다 더 높은 자는 없어서 잠부디빠를 정복하여 움직인다.
>
> 또한, 특별히 노력하는 자가 출가하면 모든 생명 가운데 으뜸이 된다. 그보다 더 높은 자는 없어서 모든 세상을 정복하여 머문다.

2. (DN 30.9-삼십이상경, 피부가 부드러운 특징)

이전의 생(生)과 이전의 존재와 이전의 거처와 이전의 인간이었을 때 여래는 사문이나 바라문에게 다가가서 '대덕이시여, 무엇이 유익(有益)이고, 무엇이 무익(無益)입니까? 무엇이 결점이 있는 것이고, 무엇이 결점이 없는 것입니까? 무엇이 실천해야 하는 것이고, 무엇이 실천하지 않아야 하는 것입니까? 무엇을 행할 때 나에게 오랫동안 불익(不益)과 괴로움이 있고, 무엇을 행할 때 나에게 오랫동안 이익과 행복이 있습니까?'라고 질문하는 업의 결과로 얻은 대인상 — 「피부가 부드럽다. 피부가 부드럽기 때문에 더러운 것들이 몸을 더럽히지 않는다.」

왕이 되면 무엇을 얻는가? 큰 지혜를 가진 자가 된다. 소유하고자 하는 자들 가운데 지혜에 관해서 같거나 뛰어난 자가 아무도 없다. 왕이 되면 이것을 얻는다.

부처가 되면 무엇을 얻는가? 큰 지혜를 가진 자, 개별적인 지혜를 가진 자, 유쾌한 지혜를 가진 자, 빠르게 이해하는 지혜를 가진 자, 예리한 지혜를 가진 자, 꿰뚫는 지혜를 가진 자가 된다. 모든 살아있는 것들 가운데 지혜에 관해서 같거나 뛰어난 자가 아무도 없다. 부처가 되면 이것을 얻는다.

3. (DN 30.12-삼십이상경, 둥글고 굽히지 않은 채 무릎에 닿는 특징) ☞ 「Ⅲ. 소유하고자 함(kāmabhoga)의 용례」 참조

[3] '자식들이 북적거리는 집에서 살고, 까시의 백단향을 경험하고, 꽃과 향과 화장품을 지니고, 금(金)과 은(銀)이 허용된'의 문구를 포함하는 용례 — '다복하고 풍요로운 삶'

1. (SN 3.11-일곱 명의 엉킴 머리를 한 자 경) — 「성자(聖者)인지 아닌지는 소유하고자 하는 재가자가 알기 어려움 → 계(戒)는 친한 사이에서, 깨끗함은 함께 살 때, 힘은 역경에 처했을 때, 지혜는 대화를 통해 알 수 있음」

대왕이여, '이분들은 아라한이거나, 이분들은 아라한도에 들어선 분들이다.'라는 것은 자식들이 북적거리는 집에서 살고, 까시의 백단향을 경험하고, 꽃과 향과 화장품을 지니고, 금(金)과 은(銀)이 허용된, 소유하고자 하는 재가자인 그대가 알기는 어렵습니다.

대왕이여, 계(戒)는 친한 사이에서 알 수 있습니다. 그리고 그것은 오랜 시간 친할 때 알 수 있지 짧은 시간으로는 알 수 없습니다. 주목하는 자에 의해서지 주목하지 않는 자에 의해서는 아닙니다. 지혜로운 자에 의해서지 어리석은 자에 의해서는 아닙니다.

대왕이여, 깨끗함은 함께 살 때 알 수 있습니다. … 대왕이여, 힘은 역경에 처했을 때 알 수 있습니다. … 대왕이여, 지혜는 대화를 통해 알 수 있습니다. 그리고 그것은 오랜 시간 대화할 때 알 수 있지 짧은 시간으로는 알 수 없습니다. 주목하는 자에 의해서지 주목하지 않는 자에 의해서는 아닙니다. 지혜로운 자에 의해서지 어리석은 자에 의해서는 아닙니다.

> 사람은 용모에 의해서 잘 알 수 없고, 짧은 시간 보아서는 완전히 알 수 없다. 잘 제어된 사람 같아 보이지만 제어되지 않은 사람들이 이 세상을 살아간다.
>
> 진흙으로 만든 귀걸이처럼, 금을 입힌 반푼 짜리 동전처럼 비슷한 모습을 갖춘 자, 안은 더러우면서 밖은 아름답게 주변의 것들로 꾸민 자들이 세상에서 살아간다.

2. (AN 6.59-다루깜미까 경) — 「성자(聖者)인지 아닌지는 소유하고자 하는 재가자가 알기 어려움 → 상가(僧伽)에 보시할 것」

한 곁에 앉은 다루깜미까 장자에게 세존은 이렇게 말했다. — "장자여, 그대의 가문에서는 보시를 합니까?"라고. "대덕이시여, 저의 가문에서는 보시를 합니다. 숲에 살고, 탁발로 살아가고, 분소의를 입는 아라한이거나 아라한도에 들어선 비구들에게 저의 가문은 보시를 합니다."

"장자여, '이분들은 아라한이거나, 이분들은 아라한도에 들어선 분들이다.'라는 것은 자식들이 북적거리는 집에서 살고, 까시의 백단향을 경험하고, 꽃과 향과 화장품을 지니고, 금(金)과 은(銀)이 허용된, 소유하고자 하는 재가자인 그대가 알기는 어렵습니다.

장자여, 숲에 사는 비구라 해도 들뜨고, 거만하고, 변덕스럽고, 수다스럽고, 산만하고, 사띠를 놓치고, 바른 앎이 없고, 삼매를 닦지 않고, 심(心)이 혼란하고, 기능이 단속되지 않으면, 그는 그것 때문에 멸시당합니다. 장자여, 숲에 사는 비구라 해도 들뜨지 않고, 거만하지 않고, 변덕스럽지 않고, 수다스럽지 않고, 산만하지 않고, 사띠를 확립하고, 바른 앎이 있고, 삼매를 닦고, 심(心)이 집중되고, 기능이 단속되면, 그는 그것 때문에 칭찬받습니다.

장자여, 마을 주변에 사는 비구라 해도 들뜨고 … 탁발로 살아가는 비구라 해도 들뜨고 … 식사의 초대를 받은 비구라 해도 들뜨고 … 분소의를 입는 비구라 해도 들뜨고 … 장자가 공양한 가사를 입은 비구라 해도 들뜨고, 거만하고, 변덕스럽고, 수다스럽고, 산만하고, 사띠를 놓치고, 바른 앎이 없고, 삼매를 닦지 않고, 심(心)이 혼란하고, 기능이 단속되지 않으면, 그는 그것 때문에 멸시당합니다. 장자여, 장자가 공양한 가사를 입은 비구라 해도 들뜨지 않고, 거만하지 않고, 변덕스럽지 않고, 수다스럽지 않고, 산만하지 않고, 사띠를 확립하고, 바른 앎이 있고, 삼매를 닦고, 심(心)이 집중되고, 기능이 단속되면, 그는 그것 때문에 칭찬받습니다.

자, 장자여, 그대는 상가(僧伽)에 보시해야 합니다. 상가에 대해 보시하는 그대의 심(心)은 깨끗해질 것입니다. 그런 고운 심(心)을 가진 그대는 몸이 무너져 죽은 뒤에 좋은 곳, 하늘 세상에 태어날 것입니다."

"대덕이시여, 오늘부터 저는 상가에 보시하겠습니다."

3. (AN 8.54-디가자누 경)/(AN 8.55-웃자야 경) — 「소유하고자 하는 재가자에게 금생의 이익과 행복을 주는 네 가지 법과 내생의 이익과 행복을 주는 네 가지 법」 ☞ 「제4부 제2장 Ⅳ. 네 개의 법 3.」 참조

한 곁에 앉은 꼴리야의 아들 디가자누는 세존에게 이렇게 말했다. ― "대덕이시여, 저희는 자식들이 북적거리는 집에서 살고, 까시의 백단향을 경험하고, 꽃과 향과 화장품을 지니고, 금(金)과 은(銀)이 허용된, 소유하고자 하는 재가자입니다. 대덕이시여, 세존께서는 이런 저희에게 금생의 이익과 금생의 행복을 주고, 내생의 이익과 내생의 행복을 주는 법을 설해주십시오."

"호랑이가 다니던 길에 사는 자여, 이런 네 가지 법은 좋은 가문의 아들에게 금생의 이익과 금생의 행복으로 이끈다. 어떤 네 가지인가? 근면을 갖춤, 보호를 갖춤, 선우(善友)를 사귐, 균형 잡힌 생계이다. … 호랑이가 다니던 길에 사는 자여, 이런 네 가지 법은 좋은 가문의 아들에게 내생의 이익과 내생의 행복으로 이끈다. 어떤 네 가지인가? 믿음을 갖추고, 계를 갖추고, 보시를 갖추고, 지혜를 갖추는 것이다."

【추가】 소유하고자 하는 자(kāmabhogī)를 포함하지 않는 이 문구의 용례

4. (SN 55.7-웰루드와라에 사는 자 경) — 「다복하고 풍요로운 삶을 살고도 죽어서는 하늘에 태어나는 방법 → ①몸과 말의 유익한 행위를 자기도 행하고, 남에게도 부추기고, 그런 행위를 하는 자를 칭찬할 것 그리고 ②예류(預流)의 네 가지 요소를 갖출 것」

> 재가자를 '자식들이 북적거리는 집에서 살고, 까시의 백단향을 경험하고, 꽃과 향과 화장품을 지니고, 금(金)과 은(銀)이 허용된' 자라고 나타내지만, 이런 삶이 모든 재가자에게 보장되는 것은 아닙니다. 그래서 여기의 장자들은 그런 삶을 살게 하는 방법을 알려달라고 청합니다. 또한, 그런 삶을 살고도 죽은 뒤에는 하늘에 태어나게 하는 방법을 알려달라고 거듭 청합니다. 부처님의 대답은 명확합니다. 몸과 말의 유익한 행위를 자기도 행하고, 남에게도 부추기고, 그런 행위를 하는 자를 칭찬하라는 것입니다. 그러면 살아서는 그런 삶을 살게 되고, 죽어서는 하늘에 태어나는 것입니다. 거기에 더해, 예류(預流)의 네 가지 요소 즉 부처님-가르침-성자들에 대한 확실한 믿음과 성자들이 동의하는 계(戒)를 갖출 것을 안내합니다.

부처님을 찾아온 웰루드와라에 사는 바라문 장자들은 부처님에게 이렇게 말합니다. — 「고따마 존자시여, 저희는 '우리는 자식들이 북적거리는 집에서 살게 되기를, 까시의 백단향을 경험하게 되기를, 꽃과 향과 화장품을 지니게 되기를, 금(金)과 은(銀)이 허용되기를, 몸이 무너져 죽은 뒤에는 좋은 곳, 천상에 태어나기를.'이라는 이런 바람, 이런 관심, 이런 갈망이 있습니다. 고따마 존자시여, 이런 바람, 이런 관심, 이런 갈망을 가진 저희에게 '우리가 자식들이 북적거리는 집에서 살 수 있고, 까시의 백단향을 경험할 수 있고, 꽃과 향과 화장품을 지닐 수 있고, 금(金)과 은(銀)이 허용될 수 있고, 몸이 무너져 죽은 뒤에는 좋은 곳, 천상에 태어날 수 있는' 법을 설해주십시오.」

부처님은 그들 자신에게 적용할 수 있는 법문을 설합니다. — 「장자들이여, 여기 성스러운 제자는 이렇게 숙고한다. — '나는 살기를 바라고 죽기를 바라지 않으며 행복을 바라고 괴로움을 혐오한다. 이처럼 살기를 바라고 죽기를 바라지 않으며 행복을 바라고 괴로움을 혐오하는 나의 목숨을 누가 빼어가려 하면 그것은 사랑스럽거나 마음에 들지 않는다. 그런데 만일 내가, 살기를 바라고 죽기를 바라지 않으며 행복을 바라고 괴로움을 혐오하는 다른 사람의 목숨을 뺏으려 하면 그것은 그에게도 사랑스럽거나 마음에 들지 않는다. 나에게 사랑스럽지 않고 마

음에 들지 않은 법은 남에게도 역시 사랑스럽지 않고 마음에 들지 않는다. 그러니 어떻게 나에게 사랑스럽지 않고 마음에 들지 않는 법을 다른 사람에게 적용할 수 있겠는가?'라고. 그는 이렇게 숙고한 뒤에 ①자기 스스로 생명을 해치는 행위로부터 피하고 ②남을 생명을 해치는 행위로부터 피하도록 부추기고 ③생명을 해치는 행위로부터 피하는 것을 칭찬한다. 이렇게 그는 몸의 행실을 세 가지로 청정하게 한다. … 주지 않는 것을 가지는 행위 … 음행(淫行)에 대한 삿된 행위 … 거짓을 말하는 행위 … 험담하는 행위 … 거칠게 말하는 행위 … 쓸모없고 허튼 말하는 행위 … 이렇게 그는 말의 행실을 세 가지로 청정하게 한다. … 그는 '이렇게 그분 세존(世尊)께서는 모든 번뇌 떠나신 분 … 존귀하신 분이시다.'라고 부처님에 대해 확실한 믿음을 갖춘다. '세존(世尊)에 의해 잘 설해진 법은 … 개별적으로 알려지는 것이다.'라고 가르침에 대해 확실한 믿음을 갖춘다. '진지하게 수행하는 세존(世尊)의 제자들인 상가(僧伽) … 이 세상의 위없는 복전(福田)입니다.'라고 성자들에 대해 확실한 믿음을 갖춘다. '깨지지 않고 … 삼매로 이끄는' 성자들이 동의하는 계들을 갖춘다. 장자들이여, 성스러운 제자가 이런 일곱 가지 바른 법과 이런 네 가지 원해야 하는 경우들을 갖출 때, 원하는 그는 오직 자신으로부터 자신을 선언할 수 있다. — '나에게 지옥은 다했고 축생의 모태는 다했고 아귀의 영역은 다했고 상실과 비탄의 상태, 비참한 존재, 벌 받는 상태는 다했다. 나는 예류자(預流者)여서 떨어지지 않는 자, 확실한 자, 깨달음을 겨냥한 자이다.'라고. 」

5. (SN 55.53-담마딘나 경) — 「오랜 이익과 행복을 위한 가르침」 ☞ 「제2부 XII. 제사(祭祀) [용례 1] 1.」 참조

오랜 이익과 행복을 위한 가르침을 설해달라는 담마딘나 남신자에게 부처님은 '우리는 여래에 의해 말해지고, 심오하고, 심오한 의미를 지녔고, 세상을 넘어서고, 공(空)에 일관된 가르침들을 적절한 때에 성취하여 머물리라.'라고 공부하라고 말합니다.

담마딘나 남신자는 「대덕이시여, 자식들이 북적거리는 집에서 살고, 까시의 백단향을 경험하고, 꽃과 향과 화장품을 지니고, 금(金)과 은(銀)이 허용된 저희에게 여래에 의해 말해지고, 심오하고, 심오한 의미를 지녔고, 세상을 넘어서고, 공(空)에 일관된 가르침들을 적절한 때에 성취하여 머물기는 쉽지 않습니다. 대덕이시여, 오계(五戒) 위에 서 있는, 그런 저희에게 다음 단계의 법을 설해주십시오.」라고 다시 청하는데, 부처님은 예류(預流)의 네 가지 요소인 부처님-가르침-성자들에 대한 확실한 믿음과 성자들이 동의하는 계(戒)를 갖출 것을 지시합니다.

담나딘나 남신자는 이미 그 법들을 갖추었다고 말하고 부처님은 "담마딘나여, 그대들에게 이득이고, 담마딘나여, 그대들에게 큰 이득이다. 그대들은 예류과(預流果)를 말하였다."라고 인정합니다.

이 경은, (AN 5.179-재가자 경)처럼, 예류자의 네 가지 요소가 '여래에 의해 말해지고, 심오하고, 심오한 의미를 지녔고, 세상을 넘어서고, 공(空)에 일관된 가르침'으로 접근하기 어려운 오계 위에 서 있는 재가자를 위한 다음 단계의 법으로 설해진 것을 알려줍니다. 예류자가 되는 두 길 즉 ①믿음을 따르는 자(saddhānusārī)와 ②법을 따르는 자(dhammānusārī) 가운데 믿음을 따르는 자를 설명한다고 해야 합니다.

그렇다면, '여래에 의해 말해지고, 심오하고, 심오한 의미를 지녔고, 세상을 넘어서고, 공(空)에 일관된 가르침'으로 접근하여 예류자가 되는 길은 법을 따르는 자라고 할 것인데, 범행을 실천하는 자(brahmacārī)의 과정입니다.

6. (AN 11.12-마하나마 경2) — 「'자식들이 북적거리는 집에서 살 때'라는 제한적 설명」 ☞「제3부 제4장 2.」 참조

한편, 예류의 네 가지 요소는 보시(布施)와 천상(天上)을 더해서 '계속해서 기억해야 하는 여섯 가지'로 확대됩니다.

부처님께서 안 계신 때에는 다양한 머묾 가운데 어떤 머묾으로 머물러야 하는지 묻는 삭까 사람 마하나마에게 부처님은 ①믿음-정진-사띠-삼매-지혜의 다섯 가지 기능 또는 힘을 확고히 하면서, ②계속해서 기억해야 하는 불(佛)-법(法)-승(僧)-계(戒)-보시(布施)-천상(天上)의 여섯 가지를 닦아야 한다고 답합니다.

특히, 계속해서 기억해야 하는 여섯 가지에 대해 「성스러운 제자가 여래(如來)를 계속해서 기억하는 그때 심(心)은 탐(貪)이 스며들지 않고, 진(嗔)이 스며들지 않고 치(癡)가 스며들지 않는다. 그때 심(心)은 여래(如來)에 대해 올곧아진다. 그러면, 마하나마여, 올곧은 심(心)을 가진 성스러운 제자는 의미에 대한 앎을 얻고, 법에 대한 앎을 얻고, 법으로 이끄는 환희를 얻는다. 환희하는 자에게 희열이 생긴다. 의(意)의 희열이 있으면 몸은 진정된다. 진정된 몸은 행복을 느낀다. 행복한 자의 심(心)은 삼매에 들어진다. 마하나마여, 그대는 이런 불(佛)에 대해 계속

해서 기억함을 갈 때도 닦아야 하고, 서 있을 때도 닦아야 하고, 앉아 있을 때도 닦아야 하고, 누워있을 때도 닦아야 하고, 일에 집중할 때도 닦아야 하고, 자식들이 북적거리는 집에서 살 때도 닦아야 한다.」라고 말하는데, 계속해서 기억하는 것이 일상의 삶에서 끊어짐 없이 닦아야 하는 것이고, 삼매를 성취하는 수행 방법이라는 것을 알 수 있습니다.

그런데 이 경은 '자식들이 북적거리는 집에서 살 때'라는 제한적 설명을 나타내는 용례입니다. 자식들이 북적거리는 집에서 살고, 까시의 백단향을 경험하고, 꽃과 향과 화장품을 지니고, 금(金)과 은(銀)이 허용된, 소유하고자 하는 재가자의 경우가 아니라 자식들이 북적거리는 집에서 살기는 하지만, 까시의 백단향을 경험하고, 꽃과 향과 화장품을 지니고, 금(金)과 은(銀)이 허용된 삶으로부터는 떠난, 즉 범행을 실천하는 재가자의 경우입니다. 이렇게도 여섯 가지를 계속해서 기억하는 것이 삼매를 성취하고, 더 높은 삶으로 나아가는 수행 방법이라는 것을 알 수 있습니다.

[4] 소유하고자 하는 자가 소유하게 되는 과정과 소유한 것의 사용 방법에 따라 비난받거나 칭찬받는 열 가지 경우를 설명하는 용례

1. (AN 10.91-소유하고자 하는 자 경-kāmabhogīsuttaṃ)

열 가지 소유하고자 하는 자의 비난과 칭찬 — 재물을 얻는 과정과 사용의 측면에서 비난받는 경우와 칭찬받는 경우를 설명합니다. 이때, 사용의 측면은 자신을 위한 측면과 남을 위한 측면으로 다시 분류합니다. 이런 세 가지 측면 모두에서 칭찬받는 때에는 재물의 속성에 대한 통찰의 여부도 추가되어 열 가지 경우가 됩니다. 그래서 소유하고자 하는 자의 최선의 삶은 재물을 얻을 때 법다움과 비폭력에 의하고, 사용할 때는 지혜로써 자신과 남 모두를 만족시키는 경우입니다.

①법답지 않음과 폭력에 의해 재물을 추구한다[비난]. 법답지 않음과 폭력에 의해 재물을 추구한 뒤에 자신을 행복하게 하지 못하고, 만족시키지 못하고[비난], 나누지 못하고, 공덕을 만들지 못한다[비난].

②법답지 않음과 폭력에 의해 재물을 추구한다[비난]. 법답지 않음과 폭력에 의해 재물을 추구한 뒤에 자신을 행복하게 하고, 만족시키지만[칭찬], 나누지 못하고, 공덕을 만들지 못한다[비난].

③법답지 않음과 폭력에 의해 재물을 추구한다[비난]. 법답지 않음과 폭력에 의해 재물을 추구한 뒤에 자신을 행복하게 하고, 만족시키고[칭찬], 나누고, 공덕을 만든다[칭찬].

④법답거나 법답지 않음과 폭력이나 비폭력에 의해 재물을 추구한다[칭찬+비난]. 법답거나 법답지 않음과 폭력이나 비폭력에 의해 재물을 추구한 뒤에 자신을 행복하게 하지 못하고, 만족시키지 못하고[비난], 나누지 못하고, 공덕을 만들지 못한다[비난].

⑤법답거나 법답지 않음과 폭력이나 비폭력에 의해 재물을 추구한다[칭찬+비난]. 법답거나 법답지 않음과 폭력이나 비폭력에 의해 재물을 추구한 뒤에 자신을 행복하게 하고, 만족시키지만[칭찬], 나누지 못하고, 공덕을 만들지 못한다[비난].

⑥법답거나 법답지 않음과 폭력이나 비폭력에 의해 재물을 추구한다[칭찬+비난]. 법답거나 법답지 않음과 폭력이나 비폭력에 의해 재물을 추구한 뒤에 자신을 행복하게 하고, 만족시키고[칭찬], 나누고, 공덕을 만든다[칭찬].

⑦법다움과 비폭력에 의해 재물을 추구한다[칭찬]. 법다움과 비폭력에 의해 재물을 추구한 뒤에 자신을 행복하게 하지 못하고, 만족시키지 못하고[비난], 나누지 못하고, 공덕을 만들지 못한다[비난].

⑧법다움과 비폭력에 의해 재물을 추구한다[칭찬]. 법다움과 비폭력에 의해 재물을 추구한 뒤에 자신을 행복하게 하고, 만족시키지만[칭찬], 나누지 못하고, 공덕을 만들지 못한다[비난].

⑨법다움과 비폭력에 의해 재물을 추구한다[칭찬]. 법다움과 비폭력에 의해 재물을 추구한 뒤에 자신을 행복하게 하고, 만족시키고[칭찬], 나누고, 공덕을 만든다[칭찬]. 그는 욕심내고 얼이 빠지고 묶이고 위험을 보지 못하고 해방을 위한 지혜가 없는 자로서 그 재물을 사용한다[비난].

⑩법다움과 비폭력에 의해 재물을 추구한다[칭찬]. 법다움과 비폭력에 의해 재물을 추구한 뒤에 자신을 행복하게 하고, 만족시키고[칭찬], 나누고, 공덕을 만든다[칭찬]. 그는 욕심내지 않고 얼이 빠지지 않고 묶이지 않고 위험을 보고 해방을 위한 지혜가 있는 자로서 그 재물을 사용한다[칭찬].

<table>
<tr><th colspan="7">소유하고자 하는 자[kāmabhogī]</th></tr>
<tr><th rowspan="2">부류</th><th rowspan="2">재산습득과정</th><th colspan="3">재산의 사용</th><th colspan="2">비난-칭송</th></tr>
<tr><th>자기 만족</th><th>공덕행</th><th>통찰</th><th>비난</th><th>칭송</th></tr>
<tr><td>Ⅰ</td><td rowspan="3">경우Ⅰ: 법답지 않음+폭력</td><td>X</td><td>X</td><td></td><td>3</td><td>0</td></tr>
<tr><td>Ⅱ</td><td>○</td><td>X</td><td></td><td>2</td><td>1</td></tr>
<tr><td>Ⅲ</td><td>○</td><td>○</td><td></td><td>1</td><td>2</td></tr>
<tr><td>Ⅳ</td><td rowspan="3">경우 Ⅰ+Ⅱ</td><td>X</td><td>X</td><td></td><td>3</td><td>1</td></tr>
<tr><td>Ⅴ</td><td>○</td><td>X</td><td></td><td>2</td><td>2</td></tr>
<tr><td>Ⅵ</td><td>○</td><td>○</td><td></td><td>1</td><td>3</td></tr>
<tr><td>Ⅶ</td><td rowspan="4">경우Ⅱ : 법다움+비폭력</td><td>X</td><td>X</td><td></td><td>2</td><td>1</td></tr>
<tr><td>Ⅷ</td><td>○</td><td>X</td><td></td><td>1</td><td>2</td></tr>
<tr><td>Ⅸ</td><td>○</td><td>○</td><td>X</td><td>1</td><td>3</td></tr>
<tr><td>Ⅹ</td><td>○</td><td>○</td><td>○</td><td>0</td><td>4</td></tr>
<tr><td colspan="7">• 재물의 사용 - 법다움과 비폭력에 의해 재물을 추구하고, 법다움과 비폭력에 의해 재물을 추구한 뒤에 자신을 행복하게 하고, 만족시키고, 나누고, 공덕을 만들고, 욕심내지 않고 얼이 빠지지 않고 묶이지 않고 위험을 보고 해방을 위한 지혜가 있는 자로서 그 재물을 사용할 것</td></tr>
</table>

2. (SN 42.12-라시야 경) — 「세 가지 실천 — ①소유의 삶에서 소유의 즐거움에 묶인 실천, ②자신을 지치게 하는 실천, ③중도(中道)」

촌장이여, 출가자가 실천하지 않아야 하는 이런 두 가지 끝이 있습니다. — 소유의 삶에서 소유의 즐거움에 묶인 이런 실천은 저열하고 천박하고 범속하고 성스럽지 못하고 이익을 가져오지 않습니다. 자신을 지치게 하는 이런 실천은 괴롭고 성스럽지 못하고 이익을 가져오지 않습니다. 촌장이여, 이런 양 끝을 가까이하지 않고서 여래가 깨달은 중도(中道)는 안(眼)을 만들고 지(知)를 만들고, 가라앉음으로 실다운 지혜로 깨달음으로 열반으로 이끕니다. 촌장이여, 그러면 무엇이 안(眼)을 만들고 지(知)를 만들고, 가라앉음으로 실다운 지혜로 깨달음으로 열반으로 이끄는, 여래가 깨달은 중도(中道)입니까? 오직 이 여덟 요소로 구성된 성스러운 길[팔정도(八正道)]이니 정견(正見), 정사유(正思惟), 정어(正語), 정업(正業), 정명(正命), 정정진(正精進), 정념(正念), 정정(正定)입니다. 촌장이여, 이것이 안(眼)을 만들고 지(知)를 만들고, 가라앉음으로 실다운 지혜로 깨달음으로 열반으로 이끄는, 여래가 깨달은 중도(中道)입니다.

• 소유의 삶에서 소유의 즐거움에 묶인 실천 — 소유하고자 하는 자의 열 가지 경우 ☞ 「1. (AN 10.91-소유하고자 하는 자 경)의 반복」

• 자신을 지치게 하는 실천 — 여기 어떤 힘든 삶을 사는 고행자는 '나는 유익한 법을 얻을 수 있을 것이다. 나는 인간의 법을 넘어선 성자에게 어울리는 지(知)와 견(見)의 성취를 실현할 수 있을 것이다.'라면서 믿음으로 집에서 집 없는 곳으로 출가합니다.

①그는 자신에게 고통을 주고 괴롭힙니다[비난]. 유익한 법도 얻지 못하고[비난], 인간의 법을 넘어선 성자에게 어울리는 지(知)와 견(見)의 성취도 실현하지 못합니다[비난].

②그는 자신에게 고통을 주고 괴롭힙니다[비난]. 유익한 법을 얻지만[칭찬], 인간의 법을 넘어선 성자에게 어울리는 지(知)와 견(見)의 성취를 실현하지 못합니다[비난].

③그는 자신에게 고통을 주고 괴롭힙니다[비난]. 유익한 법도 얻고[칭찬], 인간의 법을 넘어선 성자에게 어울리는 지(知)와 견(見)의 성취도 실현합니다[칭찬].

• 중도(中道) — 「촌장이여, 이런 세 가지 퇴보로부터의 벗어남은 스스로 보이는 것이고, 시간

을 넘어선 것이고, 와서 보라는 것이고, 향상으로 이끌고, 지혜로운 이에게 개별적으로 알려지는 것입니다. 어떤 셋입니까? 좋아하는 자는 탐(貪) 때문에 자신을 해치는 의도도 하고, 남을 해치는 의도도 하고, 둘 모두를 해치는 의도도 합니다. 탐(貪)이 버려질 때 그는 자신을 해치는 의도도 하지 않고, 남을 해치는 의도도 하지 않고, 둘 모두를 해치는 의도도 하지 않습니다. 퇴보로부터의 벗어남은 … 개별적으로 알려지는 것입니다. 싫어하는 자는 진(嗔) 때문에 자신을 해치는 의도도 하고, 남을 해치는 의도도 하고, 둘 모두를 해치는 의도도 합니다. 진(嗔)이 버려질 때 그는 자신을 해치는 의도도 하지 않고, 남을 해치는 의도도 하지 않고, 둘 모두를 해치는 의도도 하지 않습니다. 퇴보로부터의 벗어남은 … 개별적으로 알려지는 것입니다. 모르는 자는 치(癡) 때문에 자신을 해치는 의도도 하고, 남을 해치는 의도도 하고, 둘 모두를 해치는 의도도 합니다. 치(癡)가 버려질 때 그는 자신을 해치는 의도도 하지 않고, 남을 해치는 의도도 하지 않고, 둘 모두를 해치는 의도도 하지 않습니다. 퇴보로부터의 벗어남은 … 개별적으로 알려지는 것입니다. 촌장이여, 이런 세 가지 퇴보로부터의 벗어남은 … 개별적으로 알려지는 것입니다.」

[5] 빚이 주는 위험과 빚 없음을 포함한 재가자의 행복을 말하는 용례

세상에서 소유하려고 하는 자에게 가난은 괴로움입니다. 가난하고, 가진 것이 없고, 한 움큼의 쌀조차 갖지 못한 자가 빚을 지게 되면, 「빚을 갚지 못하는 것 → 이자 → 책망 → 따라붙음 → 묶임」도 괴로움입니다. 그러니 소유하고자 하는 자는 가난하지 않아야 하고, 가난하더라도 빚을 내지 않을 수 있도록 최선을 다해야 합니다.

그런데 성스러운 율(律)에도 가난하고, 가진 것이 없고, 한 움큼의 쌀조차 갖지 못했다고 불리는 자가 있는데, 유익한 법들에 대한 믿음-히리-옷땁빠(*)-정진-지혜가 없는 사람입니다. 그러니 성스러운 율 안에서 살아가는 사람은 가난하지 않아야 하고, 가난하더라도 빚을 내지 않을 수 있도록 최선을 다해야 합니다. (AN 6.45-빚 경)은 성스러운 율에서의 「빚을 갚지 못하는 것 → 이자 → 책망 → 따라붙음 → 묶임」을 설명합니다.

(*) 히리-옷땁빠 — 자책(自責)의 두려움과 타책(他責)의 두려움 → 「제4부 제1장 세상을 보호하는 두 가지 법」 참조

믿음-히리-옷땁빠-정진-지혜의 다섯 가지는 유학(有學)의 힘이라고 불립니다. 그리고 계(戒)와 보시(布施)를 더한 일곱 가지는 일곱 가지 재산으로 나타나는데 왕도, 도둑도, 물과 불 등 자연재해도, 심지어는 죽음까지도 빼앗아 가지 못하는 재산이어서 금생과 내생 모두에서 행복한 삶을 위한 밑천이 됩니다.

한편, (AN 4.62-빚 없음 경)은 소유하고자 하는 재가자가 얻어야 하는 네 가지 행복을 말하는데, 있음의 행복, 재물의 행복, 빚 없는 행복, 결점 없는 행복입니다.

특히, (AN 6.45-빚 경)은 신(身)으로 잘못된 행위를 하고, 구(口)로 잘못된 행위를 하고, 의(意)로 잘못된 행위를 하는 것을 빚을 갚지 못하는 것으로 비유하고, (AN 4.62-빚 없음 경)은 '나는 결점 없는 신업(身業)을 갖추고, 결점 없는 구업(口業)을 갖추고, 결점 없는 의업(意業)을 갖추었다.[신구의(身口意) 삼업(三業)]'라고 행복과 만족을 얻는 것을 결점 없는 행복이라고 정의합니다

1. (AN 6.45-빚 경)

"비구들이여, 세상에서 소유하려고 하는 자에게 가난은 괴로움이다." "그렇습니다, 대덕이시여." "비구들이여, 어떤 가난하고, 가진 것이 없고, 한 움큼의 쌀조차 갖지 못한 자가 빚을 진다. 비구들이여, 세상에서 소유하려고 하는 자에게 빚을 갚지 못하는 것도 괴로움이다." "그렇습니다, 대덕이시여." "비구들이여, 어떤 가난하고, 가진 것이 없고, 한 움큼의 쌀조차 갖지 못한 자가 빚을 진 뒤에 이자를 내기로 한다. 비구들이여, 세상에서 소유하려고 하는 자에게 이자도 괴로움이다." "그렇습니다, 대덕이시여." "비구들이여, 이자를 내기로 한 뒤 제 때에 이자를 내지 못하는 가난하고, 가진 것이 없고, 한 움큼의 쌀조차 갖지 못한 자를 그들은 책망한다. 비구들이여, 세상에서 소유하려고 하는 자에게 책망도 괴로움이다." "그렇습니다, 대덕이시여." "비구들이여, 갚지 못하는 가난하고, 가진 것이 없고, 한 움큼의 쌀조차 갖지 못한 자, 책망받는 자를 그들은 따라붙는다. 비구들이여, 세상에서 소유하려고 하는 자에게 따라붙음을 당하는 것도 괴로움이다." "그렇습니다, 대덕이시여." "비구들이여, 갚지 못하는 가난하고, 가진 것이 없고, 한 움큼의 쌀조차 갖지 못한 자, 따라붙음을 당하는 자를 그들은 묶는다. 비구들이여, 세상에서 소유하려고 하는 자에게 묶이는 것도 괴로움이다." "그렇습니다, 대덕이시여."

"비구들이여, 이렇게 세상에서 소유하려고 하는 자에게 ①가난도 괴로움이다. … ②빚을 갚지 못하는 것도 괴로움이다. … ③이자도 괴로움이다. … ④책망도 괴로움이다. … ⑤따라붙음을 당하는 것도 괴로움이다. … ⑥묶이는 것도 괴로움이다. 비구들이여, 이처럼, 누구든지 유익한 법들에 대해 믿음이 없고, 유익한 법들에 대해 자책(自責)의 두려움이 없고, 유익한 법들에 대해 타책(他責)의 두려움이 없고, 유익한 법들에 대해 정진이 없고, 유익한 법들에 대해 지혜가 없는 자는, 비구들이여, 성스러운 율(律)에서 가난하고, 가진 것이 없고, 한 움큼의 쌀조차 갖지 못한 자라고 불린다.

비구들이여, 그런 그 가난하고, 가진 것이 없고, 한 움큼의 쌀조차 갖지 못한 자가 유익한 법들에 대해 믿음이 없고, 유익한 법들에 대해 자책의 두려움이 없고, 유익한 법들에 대해 타책의 두려움이 없고, 유익한 법들에 대해 정진이 없고, 유익한 법들에 대해 지혜가 없을 때 신(身)으로 잘못된 행위를 하고, 구(口)로 잘못된 행위를 하고, 의(意)로 잘못된 행위를 한다. 빚을 갚지 못하는 것에 대해 나는 이것을 말한다.

그의 신(身)의 잘못된 행위를 덮기 위해 그는 악한 원함을 지향한다. '나를 알지 못하기를!'이라고 원하고, '나를 알지 못하기를!'이라고 생각하고, '나를 알지 못하기를!'이라고 말하고, '나를 알지 못하기를!'이라고 신(身)으로 애쓴다. 그의 구(口)의 잘못된 행위를 덮기 위해 … 그의 의(意)의 잘못된 행위를 덮기 위해 … '나를 알지 못하기를!'이라고 의(意)로 애쓴다. 이자에 대해 나는 이것을 말한다.

그런 그에게 잘 행하는 동료수행자는 이렇게 말한다. — '그 존자는 이렇게 행하는 자이고 이렇게 행동하는 자이다.'라고. 책망에 대해서 나는 이것을 말한다.

숲으로 가거나 나무 밑으로 가거나 빈집으로 간 이런 그에게 뉘우침과 함께하는 악(惡)한 불선(不善)의 생각들이 떠오른다. 따라붙음에 대해서 나는 이것을 말한다.

비구들이여, 이런 가난하고, 가진 것이 없고, 한 움큼의 쌀조차 갖지 못한 그 자가 신(身)으로 잘못된 행위를 하고 구(口)로 잘못된 행위를 하고 의(意)로 잘못된 행위를 한 뒤에, 몸이 무너져 죽은 뒤 지옥의 속박에 묶이고 축생의 모태의 속박에 묶인다. 비구들이여, 지옥의 속박이거나 축생의 모태의 속박처럼 이렇게 단단하고, 이렇게 혹독하고, 이렇게 위없는 유가안온(瑜伽安穩)의 성취에 장애가 되는 다른 어떤 속박도, 비구들이여, 나는 보지 못한다.

"세상에서 가난과 빚을 갚지 못하는 것은 괴로움이라 불린다. 빚을 내어 사용하는 가난한 자는 고통을 겪게 된다. 그것 때문에 그들은 그를 따라붙고, 그는 묶인다. 소유의 대상을 얻고자 갈망하는 자에게 이렇게 묶이는 것은 참으로 괴로움이다.

그와 같이 성스러운 율에서 믿음이 없고, 자책의 두려움이 없고, 타책의 두려움이 없고, 악한 업을 결정짓는 자는 신(身)으로 잘못된 행위를 하고 구(口)로 잘못된 행위를 하고 의(意)로 잘못된 행위를 한 뒤 '나를 알지 못하기를'이라고 원한다.

그는 신(身)과 구(口)와 의(意)로 게으르고 여기저기서 거듭하여 악한 업을 증장시킨다.

악업을 짓는 어리석은 그는 알면서 악업을 짓는다. 빚을 내어 사용하는 가난한 자는 고통을 겪게 된다. 의(意)의 괴로움에 대한 사유들이 그를 따라붙고 마을에서나 숲에서나 뉘우침이 생긴다.

악업을 짓는 어리석은 그는 알면서 악업을 짓는다. 어떤 모태에 들거나 혹은 지옥에 묶인다. 이렇게 묶이는 것은 참으로 괴로움이다. 현명한 자는 그것에서 벗어난다. 법답게 얻어진 재물에 의한 보시는 심(心)을 깨끗하게 한다.

믿음이 있는 재가의 삶을 바라는 자에게 금생의 이익과 내생의 행복, 양면의 얻음이 있다. 이렇게 재가자들에게 보시는 공덕을 늘어나게 한다.

이처럼 성스러운 율에서 믿음이 확고하고, 자책의 두려움이 있고, 타책의 두려움이 있고, 지혜롭고, 계로 단속하는 사람은 개발된 느낌인 행복을 얻고 평정에 확고하여 성스러운 율에서 행복하게 사는 자라고 불린다.

항상 열심히 노력하는 자는 다섯 가지 장애를 부수고, 사선(四禪)을 성취하여, 일념이 되고 신중하고 사띠 하는 자가 된다. 이렇게 모든 족쇄의 부서짐에 대해 있는 그대로 안 뒤에 모든 것에 집착하지 않아 바르게 심(心)이 해탈한다.

그 바르게 해탈한 자에게 만약 존재의 족쇄의 부서짐에 대해 '나에게 부동(不動)의 해탈(解脫)이 있다.'라는 그런 앎이 있다면, 이것이 무위(無爲)의 앎이고, 이것이 위없는 행복이고, 이것이 슬픔 없고, 오염 없고, 안온(安穩)인 최상의 빚 없음이다."

2. (AN 4.62-빚 없음 경)

"장자여, 소유하고자 하는 재가자가 적절한 때, 적절한 경우에 붙잡아 얻어야 하는 이런 네 가지 행복이 있다. 무엇이 넷인가? 있음의 행복, 재물의 행복, 빚 없는 행복, 결점 없는 행복이다."

"장자여, 그러면 무엇이 있음의 행복인가? 장자여, 여기 좋은 가문의 아들에게 열정적인 노력으로 얻었고 팔의 힘으로 모았고 땀으로 덮었고 법과 함께하고 법의 실천으로 얻은 재물이 있다. 그는 '나에게 열정적인 노력으로 얻었고 팔의 힘으로 모았고 땀으로 덮었고 법과 함께하고 법의 실천으로 얻은 재물이 있다.'라고 행복을 얻고 만족을 얻는다. 장자여, 이것이 있음의 행복이라고 불린다."

"장자여, 그러면 무엇이 재물의 행복인가? 장자여, 여기 좋은 가문의 아들은 열정적인 노력으로 얻었고 … 얻은 재물을 사용하고, 공덕을 짓는다. 그는 '나는 열정적인 노력으로 얻었고 …

얻은 재물을 사용하고 공덕을 짓는다.'라고 행복을 얻고 만족을 얻는다. 장자여, 이것이 재물의 행복이라고 불린다."

"장자여, 그러면 무엇이 빚 없는 행복인가? 장자여, 여기 좋은 가문의 아들은 적든 많든 누구에게도 무엇도 부담하지 않는다. 그는 '나는 적든 많든 누구에게도 무엇도 부담하지 않는다.'라고 행복을 얻고 만족을 얻는다. 장자여, 이것이 빚 없는 행복이라고 불린다."

"장자여, 그러면 무엇이 결점 없는 행복인가? 장자여, 여기 성스러운 제자는 결점 없는 신업(身業)을 갖추고, 결점 없는 구업(口業)을 갖추고, 결점 없는 의업(意業)을 갖추었다. 그는 '나는 결점 없는 신업(身業)을 갖추고, 결점 없는 구업(口業)을 갖추고, 결점 없는 의업(意業)을 갖추었다.'라고 행복을 얻고 만족을 얻는다. 장자여, 이것이 소유하고자 하는 재가자가 적절한 때, 적절한 경우에 붙잡아 얻어야 하는 네 가지 행복이다."

"빚 없는 행복을 알고 난 뒤에 있음의 행복이 나중에 있다. 재물의 행복을 누리는 사람이 있고, 지혜는 그때로부터 관찰한다. 관찰하는 현명한 자는 재물들 모두를 안다. — '이것은 결점 없는 행복의 16분의 1의 가치도 없다.'라고."

▣ 빚에 대한 단상(斷想)

경이 이렇게 경계하듯이, 빚은 위험합니다. 아마도 재물과 관련한 실패의 원동력이라고 해야 할 것입니다.

그런데 불교가 모든 종류의 빚을 부정하는 것인지에 대해서는 신중해야 합니다. 세상은 금융을 배제하고는 운영되지 않을 것이기 때문입니다. 이때, 경은 '가난하고, 가진 것이 없고, 한 움큼의 쌀조차 갖지 못한 자의 빚'을 주제로 말하고 있다는 점은 시사하는 바가 있습니다.

빚을 권하는 세상에서 빚은 달콤한 유혹입니다. 그러나 자신의 재정 능력을 넘어서는 빚은 '가난하고, 가진 것이 없고, 한 움큼의 쌀조차 갖지 못한 자의 빚'이라고 해야 할 것입니다. 그리고 이런 빚은 부족 때문에 겪어야 하는 아픔보다 더 큰 아픔으로 이끌 수도 있습니다.

부족 때문에 겪어야 하는 아픔은 부풀기 전에 겪어내야 합니다. 그 겪음의 과정을 통해 부족을 해소해야 합니다. 빚으로 때워 그 아픔을 모면하다 보면 부족은 점점 더 커지고 아픔은 더욱 크게 부풀어 오릅니다. 나중에는 겪음을 통해 해소하지 못할 만큼 커질 수도 있습니다. 경의 설명에 따르면, 책망-독촉받게 되고 추적당하게 되고 빚쟁이에게 붙잡혀 삶을 망치게 되기도 합니다. 파산당하고, 장기매매의 대상이 되고, 노예가 되고, 자살로 이어지는 등 최악의 상황으로 내몰리게 되는 것입니다.

빚! 조심해야 합니다. 그 달콤한 유혹에 빠지지 않도록 잘 제어해야 합니다.

[6] 개별의 주제의 용례

1. (AN 3.29-장님 경) — 「재물에 관련한 눈과 법에 관련한 눈의 두 가지에 의한 세 가지 사람의 분류 → 장님, 외눈인 사람, 두 눈을 가진 사람」

재물과 공덕의 두 가지 측면에서 하나도 갖추지 못한 장님과 재물만 갖춘 외눈인 사람, 둘 다 갖춘 두 눈 가진 사람입니다.

이 경은 특히 외눈인 사람을 경계합니다. — 「소유하고자 하는 젊은이는 도둑질을 하거나, 사기를 치거나, 거짓말에 의하거나 또는 셋 모두에 의해 모으는 것에 능숙하다. 여기로부터 지옥으로 간 뒤에 외눈을 가진 사람은 고통받는다.」

세상에서 많이 질문되는 도둑질-사기-거짓말 등 나쁜 행위로 부자가 되고, 베풀 줄도 모르는 사람에게 찾아올 미래의 고통입니다.

그리고 노력으로 얻어진 재물을 보시하는 두 눈을 가진 사람이 으뜸이라고 말합니다.

비구들이여, 세상에는 이런 세 가지 사람이 있다. 무엇이 셋인가? 장님과 외눈인 사람과 두 눈을 가진 사람이다. 비구들이여, 그러면 어떤 사람이 장님인가? 여기, 비구들이여, 어떤 사람에게는 얻어지지 않은 재물을 얻을 수 있거나, 얻어진 재물을 늘릴 수 있는 눈이 없다. 또한, 유익(有益)과 무익(無益)의 법들을 알 수 있고, 결점이 있고 결점이 없는 법들을 알 수 있고, 저열하고 뛰어난 법들을 알 수 있고, 악(惡)과 선(善)이 함께 가능한 법들을 알 수 있는 눈도 없다. 비구들이여, 이 사람이 장님이라고 불린다.

비구들이여, 그러면 어떤 사람이 외눈인 사람인가? 비구들이여, 여기 어떤 사람에게는 얻어지지 않은 재물을 얻을 수 있거나, 얻어진 재물을 늘릴 수 있는 눈은 있다. 그러나 유익(有益)과 무익(無益)의 법들을 … 알 수 있는 눈은 없다. 비구들이여, 이 사람이 외눈인 사람이라고 불린다.

비구들이여, 그러면 어떤 사람이 두 눈을 가진 사람인가? 비구들이여, 여기 어떤 사람에게는 얻어지지 않은 재물을 얻을 수 있거나, 얻어진 재물을 늘릴 수 있는 눈도 있다. 또한, 유익(有

益)과 무익(無益)의 법들을 … 알 수 있는 눈도 있다. 비구들이여, 이 사람이 두 눈을 가진 사람이라고 불린다. 비구들이여, 세상에는 이런 세 가지 사람이 있다.

"재물도 만들지 못하고, 공덕(功德)도 만들지 못한다. 눈이 파괴된 장님에게는 양쪽[이 세상과 저세상]에서 불행을 얻음이 있다.

그리고 다음 생이 알려진 외눈을 가진 사람, 법답거나 법답지 않음에 의해 교활한 그는 재물을 추구한다.

소유하고자 하는 젊은이는 도둑질을 하거나 사기를 치거나 거짓말에 의하거나 또는 셋 모두에 의해 모으는 것에 능숙하다. 여기로부터 지옥으로 간 뒤에 외눈을 가진 사람은 고통받는다.

법답게 얻어진 재물들 때문에 두 눈을 가졌다고 알려진 으뜸인 사람은 노력으로 얻어진 재물을 보시한다.

으뜸 된 사유를 하는, 혼란스러워하지 않는 그 사람은 행복한 곳에 태어난다. 어디라도 간 뒤에는 슬퍼하지 않는다.

장님과 외눈인 사람을 멀리하여 피하라!
그리고 으뜸인 사람, 두 눈 가진 사람을 교제하라!

2. (AN 4.5-흐름을 따름 경) ─「흐름을 따라가는 사람, 흐름을 거스르는 사람, 서 있는 사람, 건너서 너머에 닿아 땅에 서 있는 바라문의 네 가지 사람」

• 흐름을 따라가는 사람=소유하고자 하는 자, 흐름을 거스르는 사람=범행을 실천하는 자, 서 있는 사람=불환자(不還者), 건너서 너머에 닿아 땅에 서 있는 바라문=아라한

※ 하지만 흐름을 거스르는 것도 다른 하나의 흐름이라고 이해해야 합니다. 예류자(預流者)는 흐름에 든 자인데 소유하고자 하는 자의 흐름을 거슬러서 열반으로 향하는 흐름에 들었다는 의미입니다. 그러므로 흐름은 소유의 삶을 추구하고 악한 업을 짓는 흐름과

그 흐름을 거스르고 열반으로 향하는 흐름의 두 가지가 있습니다. 그리고 범행을 실천하는 자는 열반으로 향하는 흐름을 좇아가는 사람이라고 해야 할 것입니다.

비구들이여, 세상에 존재하고 있는 이런 네 가지 사람이 있다. 어떤 네 가지인가? 흐름을 따라가는 사람, 흐름을 거스르는 사람, 서 있는 사람, 건너서 너머에 닿아 땅에 서 있는 바라문이다. 그러면 비구들이여, 누가 흐름을 따라가는 사람인가? 여기, 비구들이여, 어떤 사람은 소유의 삶을 추구하고, 악한 업을 짓는다. 이런 사람이, 비구들이여, 흐름을 따라가는 사람이라고 불린다.

그러면 비구들이여, 누가 흐름을 거스르는 사람인가? 여기, 비구들이여, 어떤 사람은 소유의 삶을 추구하지 않고, 악한 업을 짓지 않는다. 고통과 고뇌가 함께하는 눈물 젖은 얼굴을 하고서도 완전하고 청정한 범행(梵行)을 닦는다. 이런 사람이, 비구들이여, 흐름을 거스르는 사람이라고 불린다.

그러면 비구들이여, 누가 서 있는 사람인가? 여기, 비구들이여, 어떤 사람은 오하분결(五下分結)이 완전히 부서졌기 때문에 화생한다. 거기서 완전히 열반하는 자이니, 그 세상으로부터 돌아오지 않는 존재[불환자(不還者)]이다. 이런 사람이, 비구들이여, 서 있는 사람이라고 불린다.

그러면 비구들이여, 누가 건너서 너머에 닿아 땅에 서 있는 바라문인가? 여기, 비구들이여, 어떤 사람은 번뇌들이 부서졌기 때문에 번뇌가 없는 심해탈(心解脫)과 혜해탈(慧解脫)을 지금여기에서 스스로 실답게 안 뒤에 실현하고 성취하여 머문다. 이런 사람이, 비구들이여, 건너서 너머에 닿아 땅에 서 있는 바라문이라고 불린다.

소유의 삶에 대해 제어되지 않은 사람은 누구든지 여기에서 탐(貪)에서 벗어나지 못한 자, 소유하고자 하는 자이다. 애(愛)가 스민 자, 흐름을 따라가는 사람인 그들은 거듭거듭 태어남과 늙음을 겪는다.

그러므로 여기에서 사띠를 확립하고, 소유의 삶과 악을 행하지 않는 현명한 사람은 고통과 함께함으로써 소유의 삶을 떠난다. 그 사람을 흐름을 거스르는 사람이라고 말한다.

어떤 사람은 참으로 다섯 가지 오염원을 버렸기 때문에 충족된 유학(有學)이고, 퇴보하지 않는 상태이다. 힘 있는 심(心)을 얻었고, 기능을 가져서 삼매를 닦는다. 참으로 그는 서 있는 사람이라고 불린다.

어떤 사람에게 넘어선 것과 넘어서지 않은 법들은 함께한 뒤에 흩어지고 줄어들어 존재하지 않는다. 그는 참으로 범행을 완성한 자, 세상의 끝에 도달한 자, 피안(彼岸)으로 간 자라고 불린다.

3. (AN 4.15-알려진 것 경) — 「자기 존재를 가진 자, 소유하고자 하는 자, 지배력을 가진 자, 세상과 존재 가운데 으뜸이라고 알려진 네 가지」

자기 존재를 가진 자의 으뜸을 아수라 왕 라후라고 하는데, 아수라는 자기화[자아의식]가 강한 특징이 있다고 이해해야 할 것 같습니다.

소유하고자 하는 자의 으뜸을 만다따 왕이라고 하는데, 이 경에만 나타나는 이름이어서 해석이 어렵습니다.

지배력을 가진 자의 으뜸을 마라 빠삐만뜨라고 하는데, 마라는 소유의 삶의 꼭대기에서 소유를 벗어나지 못하도록 옭아매는 자 또는 존재의 삶의 꼭대기에서 존재를 벗어나지 못하도록 옭아매는 자입니다. 소유에서 벗어나는 것으로의 출리(出離) 또는 존재에서 벗어나는 것으로의 출리(出離)에 대응하는 개념으로의 존재입니다. 그래서 마라 빠삐만뜨의 지배력을 언급하는 것입니다. 마라는 이해하기 어려운 존재인데, 상윳따 니까야 제4번 마라 상윳따에 집중되어 나타나고, (AN 9.39-신과 아수라의 전쟁 경)도 중요한 정보를 제공합니다.

비구들이여, 이런 네 가지 으뜸이라고 알려진 것들이 있다. 어떤 네 가지인가? 비구들이여, 자기 존재를 가진 자들 가운데는 아수라 왕 라후가 으뜸이다. 비구들이여, 소유하고자 하는 자들 가운데는 만다따 왕이 으뜸이다. 비구들이여, 지배력을 가진 자들 가운데는 마라 빠삐만뜨가 으뜸이다. 비구들이여, 신과 마라와 범천과 함께하는 세상 그리고 사문-바라문과 신과 사람을 포함한 존재 가운데 여래-아라한-정등각이 으뜸이라고 알려졌다. 이것이, 비구들이여, 네 가지 으뜸이라고 알려진 것들이다.

자기 존재를 가진 자들 가운데는 라후가 으뜸이고, 소유하고자 하는 자들 가운데는 만다따가 으뜸이다. 지배력을 가진 자들 가운데는 신통과 명성을 가지고 빛나는 마라 빠삐만뜨가 으뜸이다.

위든 옆이든 아래든 세상과 갈 곳까지에서 신과 함께 하는 세상 가운데 부처가 으뜸이라고 말한다.

4. (AN 4.246-잠 경) — 아귀, 소유하고자 하는 자, 사자, 여래의 잠

• 여래의 잠 = 사선(四禪)을 성취하여 머무는 것

비구들이여, 이런 네 가지 잠이 있다. 어떤 네 가지인가 아귀의 잠, 소유하고자 하는 자의 잠, 사자의 잠, 여래의 잠이다. 그러면 비구들이여, 무엇이 아귀의 잠인가? 비구들이여, 대부분의 아귀는 등을 대고 누워서 잔다. 이것이, 비구들이여, 아귀의 잠이라고 불린다.

그러면 비구들이여, 무엇이 소유하고자 하는 자의 잠인가? 비구들이여, 대부분의 소유하고자 하는 자는 왼쪽으로 누워서 잔다. 이것이, 비구들이여, 소유하고자 하는 자의 잠이라고 불린다.

그러면 비구들이여, 무엇이 사자의 잠인가? 비구들이여, 짐승의 왕 사자는 발에 발을 포개고, 넓적다리 안으로 꼬리를 넣고, 오른쪽으로 눕는다. 그는 잠에서 깨면 먼저 몸의 앞부분을 구부려서 몸의 뒷부분을 살펴본다. 만약, 비구들이여, 짐승의 왕 사자가 무엇이든 몸이 엉망이거나 흩어진 것을 보면, 비구들이여, 그로 인해 짐승의 왕 사자는 즐거워하지 않는다. 만약, 비구들이여, 짐승의 왕 사자가 무엇이든 몸이 엉망이거나 흩어진 것을 보지 못하면, 비구들이여, 그로 인해 짐승의 왕 사자는 즐거워한다. 이것이, 비구들이여, 사자의 잠이라고 불린다.

그러면 비구들이여, 무엇이 여래의 잠인가? 여기, 비구들이여, 여래는 소유의 삶에서 벗어나고 … 제사선(第四禪)을 성취하여 머문다. 이것이, 비구들이여, 여래의 잠이라고 불린다. 이것이, 비구들이여, 네 가지 잠이다.

5. (AN 9.41-따뿟사 경) — 소유하고자 하는 자와 이 법과 율에서 출가한 비구의 차이점으로

출리(出離)를 제시

출리(出離-nekkhamma)는 욕(慾-kāma)의 반대말입니다. 그래서 소유의 요소(kāmadhātu)와 출리의 요소(nekkhammadhātu), 소유의 상(想)(kāmasaññā)과 출리의 상(想)(nekkhammasaññā), 소유의 사유(kāmasaṅkappa)와 출리의 사유(nekkhammasaṅkappa), 소유의 위딱까(kāmavitakka)와 출리의 위딱까(nekkhammavitakka)의 대응을 보여줍니다.

경은 「아난다 존자시여, 저희는 소유의 사유를 즐기고, 소유의 사유에 헌신하고, 소유의 사유를 기쁘게 받아들이는, 소유하고자 하는 재가자입니다. 대덕이시여, 소유의 사유를 즐기고, 소유의 사유에 헌신하고, 소유의 사유를 기쁘게 받아들이는, 소유하고자 하는 재가자인 저희에게 출리(出離)는 마치 절벽과도 같습니다. 대덕이시여, 저는 '이 법과 율에서 '이것은 고요하다.'라고 보는 젊디젊은 비구들에게 심(心)은 출리를 향해서 다가가고 순일해지고 안정되고 해탈한다.'라고 들었습니다. 대덕이시여, 이렇게 출리(出離)는 이 법과 율에서 비구들 가운데 많은 사람에 의한 차이점입니다.」라고 말하는데, 출리에 대해 '이것은 고요하다.'라고 보면서 초선(初禪)을 증득한 뒤에 '이것은 고요하다.'라고 보는 대상을 구차제정(九次第定)의 순서로 심화하여 깨달음에 이릅니다. 소유하고자 하는 재가자에게 출리(出離)는 절벽과도 같아 엄두를 내지 못하지만, 출리 즉 소유에서 떠나지 않고는 범행을 실천할 수 없다는 것을 분명히 알려주고 있습니다.

V. 흰옷을 입은 재가자(gihī odātavasana)의 기타 용례

흰옷을 입은 재가자가 꼭 불교신자만을 의미하는 것은 아닙니다. (DN 25-우둠바리까 경)에서는 '사문 고따마의 흰옷을 입은 재가 제자들(samaṇassa gotamassa sāvakā gihī odātavasanā)'이라고 나타나고, (DN 33-합송경)에서는 '니간타 나따뿟따의 흰옷을 입은 재가 제자들(nigaṇṭhassa nāṭaputtassa sāvakā gihī odātavasanā)'이라고도 나타나기 때문입니다. 그러나 경들은 대부분 불교신자인 흰옷을 입은 재가자를 설명합니다.

여기에서는 흰옷을 입은 재가자(gihī odātavasana)라는 표현을 담고 있는 경들을 간략한 서술로써 소개하였습니다. 경들 간에 내용적 공통점이 있는 것은 아니지만, 대부분의 경들이 이 표현의 공유를 통해 재가자를 주인공으로 하는 어떤 주제를 말하고 있어서, '소유하고자 하는 자를 위한 가르침'의 범주에 들기 때문입니다.

- 설해진 주제들 — 세 가지 비범(非凡)/사무량심(四無量心) 수행의 한계/세존에 의해 설해진 우리의 법/인간들은 교활함/최상의 경지/길이나 실천에 관한 갈등은 큰 것/소유하고자 하는 자와 범행을 실천하는 자에 대한 가르침의 차별/재가자임에도 인간의 법을 넘어선, 성자에게 어울리는 지(知)와 견(見)의 성취와 편히 머묾/으뜸인 집단/소유하고자 하는 재가자의 모범적인 경지/부처님의 꿈-바른 깨달음/바라는 자로 죽지 말 것/삶은 태어남에 의해 결정되지 않고 행위에 의해 결정됨/일곱 가지 재산/사섭법/외도들에 대한 법과 함께하는 책망/「부처님 = 분별설자(分別說者)」 → 유익(有益)과 무익(無益)을 선언하는 분 = 선언된 가르침이 있는 분

1. (DN 11-께왓따 경)

   - 「나는 비구들에게 '오라, 비구들이여. 흰옷을 입은 재가자들에게 인간의 법을 넘어선 신통의 비범(非凡)을 나투어라.'라고 법을 설하지 않는다.」 — 다른 가르침으로도 가능하고, 나투는 자만의 경험이기 때문

더 많은 사람이 세존에게 깊은 믿음을 가지게 되도록 인간의 법을 넘어선 신통의 비범(非凡)을 나툴 수 있는 비구를 지명해 달라는 장자의 아들 께왓따의 요청에 대해 부처님은 「나는 비구들에게 '오라, 비구들이여. 흰옷을 입은 재가자들에게 인간의 법을 넘어선 신통의 비범(非

凡)을 나투어라.'라고 법을 설하지 않는다.」라며 거절합니다. 거듭 세 번의 요청에 부처님은 세 가지 비범(非凡)을 설명합니다. — 「께왓따여, 내가 스스로 실답게 안 뒤에 실현하여 선언한 이런 세 가지 비범(非凡)이 있다. 어떤 세 가지인가? 신통(神通)의 비범(非凡), 신탁(神託)의 비범(非凡), 교본(教本-이어지는 가르침)의 비범(非凡)이다.」

이 주제는 불교적인 중생구제 방법을 설명하는 (AN 3.61-상가라와 경)과 겹치는데, 다음 쪽에 표로 나타내었습니다. 특히, 교본(教本)의 비범(非凡)은 율장(律藏)의 웨란자 이야기에도 등장하는데, 부처님들이 심(心)에 의한 심(心)의 분별을 통해 제자들을 가르친 내용입니다. 그래서 불교 역사에 등장하는 모든 부처님(*)에게 이어지는 가르침이라고 이해할 수 있습니다.

(*) ①위빳시 부처님 → ②시키 부처님 → ③웻사부 부처님 → ④ 까꾸산다 부처님 → ⑤ 꼬마가마나 부처님 → ⑥ 깟사빠 부처님 → ⑦고따마(석가모니) 부처님 → ⑧멧떼야(미륵) 부처님

그리고 교본(教本)의 비범(非凡)에서 교본(教本-anu-sāsanī)은 이어지는 가르침 또는 가르침의 근본이라고도 번역하고 있는데, 모든 부처님의 공통된 가르침이어서 이어지는 가르침이고, 그런 의미에서 가르침의 근본이 되는 것이어서 교본(教本)이라고 번역한 것입니다. 이 주제는 다른 교재를 통해 모든 용례를 자세히 정리하여 출판할 계획입니다.

세 가지 비범(非凡)[pāṭihāriya: a miracle; an extraordinary event. (nt.)]

	(DN 11-께왓따 경)		(AN 3.61-상가라와 경)	
개요	• 요청 - 세존께서 인간의 법을 넘어선 신통의 비범(非凡)을 나툴 수 있는 비구를 지명해 주시면 더 많은 사람이 세존에게 깊은 믿음을 가지게 될 것입니다. • 대응 - 나는 비구들에게 '오라, 비구들이여. 흰옷을 입은 재가자들에게 인간의 법을 넘어선 신통의 비범(非凡)을 나투어라.'라고 법을 설하지 않는다.		• 문제 제기 - 바라문은 많은 사람에게 영향을 끼치는 제사를 통해 공덕을 쌓지만, 출가는 한 사람에게만 영향을 끼치는 공덕입니다. • 대응 - 스승은 법을 설하고 다른 사람들은 그것을 얻기 위해 도를 닦는다. → 출가로 인한 공덕은 여러 사람에게 영향을 끼침.	
신통(神通)의 비범(非凡)	신족통(神足通)	• 위험 - 간다리라는 주문으로도 가능 → 탐탁지 않게 생각하고 멀리하고 좋아하지 않음.	신족통(神足通)	나투는 자만이 경험하고 나투는 자만의 것
신탁(神託)의 비범(非凡)	다른 중생들과 다른 인간들의 마음을 보여주기도 하고 의도를 보여주기도 하고 떠오름을 보여주기도 하고 접근을 보여주기도 함	• 위험 - 마니까라는 주문으로도 가능 → 탐탁지 않게 생각하고 멀리하고 좋아하지 않음.	무심무사(無尋無伺)의 삼매에 든 자의 심(心)으로부터 심(心)의 차이를 분명히 압니다. — '이런 그대의 의행(意行)의 지향들처럼 이 심(心)의 이어짐들은 이러이러하게 떠오를 것이다.'라고.	나투는 자만이 경험하고 나투는 자만의 것
교본(敎本)의 비범(非凡)	이렇게 생각을 떠오르게 하고, 이렇게 떠오르게 하지 말라. 이렇게 작의(作意)하고 이렇게 작의(作意)하지 말라. 이것은 버리고 이것은 성취하여 머물러라.	• 버릴 것 - 다섯 가지 장애 • 성취하여 머물 자리 - 사선(四禪)과 제4선 이후의 여덟 방향	이렇게 생각을 떠오르게 하고, 이렇게 떠오르게 하지 말라. 이렇게 작의(作意)하고 이렇게 작의(作意)하지 말라. 이것은 버리고 이것은 성취하여 머물러라.	세 가지 비범(非凡) 가운데 더 뛰어나고 수승해서 좋음

2. (DN 25-우둠바리까 경)

- 고행의 완성 = 사무량심(四無量心) 수행의 한계 = 천안통(天眼通)
- 부처님의 법 = 불선법(不善法)들의 버림을 위한 것 = 한계 없는 깨달음 = 「사념처 → 사마타-위빳사나」 수행 = 누진통(漏盡通)

라자가하에 사는 산다나 장자가 우둠바리까의 유행승의 사원에 머물던 니그로다 유행승의 무리를 방문한 일화입니다. 여러 가지 유치한 이야기를 하면서 앉아 있던 유행승의 무리에게 니그로다 유행승은 이렇게 말합니다. ―「존자들은 조용히 하시오. 존자들은 소리를 내지 마시오. 사문 고따마의 제자인 산다나 장자가 옵니다. 내가 알기로 사문 고따마의 흰옷을 입은 재가 제자들이 라자가하에 살고 있는데, 이 산다까 장자는 그들 가운데 한 사람이오. 그 존자들은 조용하기를 원하고, 조용하도록 훈련되었고, 조용함을 칭찬하오. 만약 조용한 모임이 있다고 알면 가봐야 한다고 생각할 것이오.」

산다나 장자를 만난 니그로다 유행승은 산다나 장자에게 부처님을 비하하는 발언을 하는데, 신성한 귀의 요소로써 들은 부처님이 니그로다 유행승을 찾아와서 함께 대화하는 내용입니다.

부처님은 고행자의 오염원들을 순차적으로 나열하면서 오염원들이 제거된 고행의 완성을 설명하는데, 사무량심(四無量心) 수행의 성과로 얻는 숙명통(宿命通)[이전의 존재 상태(전생)에 대한 기억의 앎]과 천안통(天眼通)[죽고 다시 태어남의 앎]이 고행으로 접근하는 수행의 완성입니다. 즉 번뇌를 부수고[누진(漏盡)] 해탈하여 윤회에서 벗어나는 것으로의 깨달음에는 이르지 못하는 것입니다.

그리고 「니그로다여, 오염원이고 다시 존재로 이끌고 두렵고 괴로운 보(報)를 가져오고 미래의 태어남과 늙음과 죽음으로 이끄는 버려지지 않은 불선법(不善法)들이 있습니다. 그것들의 버림을 위해서 나는 법을 설합니다. 설해진 그대로 실천하는 그대들에게 오염원인 법들은 버려질 것이고, 청정한 그 법들은 증대할 것입니다. 지혜의 완성과 완전한 개발을 지금여기에서 스스로 실답게 안 뒤에 실현하고 성취하여 머물 것입니다.」라고 말하는데, 누진통(漏盡通) 즉 번뇌를 부숨으로써 생(生)-노(老)-사(死)의 문제인 윤회에서 벗어나기 위한 법의 선언입니다. 그리고 이것이 바로 **부처님에 의해 선언된 불교**입니다.

참고로, '오염원이고 다시 존재로 이끌고 두렵고 괴로운 보(報)를 가져오고 미래의 태어남과 늙음과 죽음으로 이끄는 버려지지 않은 불선법(不善法)들'은 (MN 39-앗사뿌라 긴 경)에도 나타나는데, 불선법의 내용은 몇 개의 경을 통해 확인됩니다.

• 불선법 = 번뇌 — (MN 36-삿짜까 큰 경), (MN 49-범천의 초대 경), (MN 68-날라까빠나 경)

• 불선법 = (이전에 내가 지은) 악한 업들 — (AN 4.182-보증 경)

• 불선법 = 네 가지 속박[소유의 속박-존재의 속박-견해의 속박-무명의 속박] — (AN 4.10-속박 경)

3. (DN 33-합송경)

'니간타 나따뿟따의 흰옷을 입은 재가 제자들'이란 표현을 담고 있는 합송경은 사리뿟따 존자가 불교 교리를 한 가지 주제어로 구성된 법들로부터 열 가지 주제어로 구성된 법들로 분류하여 설한 교리 요약서와 같은 경입니다. 사리뿟따 존자가 왜 이런 작업을 하였는지 알아보는 것은 중요합니다.

사리뿟따 존자는 '세존에 의해 설해진 우리들의 법은 잘 설해지고, 잘 선언되고, 구원으로 이끌고, 가라앉음으로 이끌고, 바르게 깨달은 자[정등각(正等覺)]에 의해 선언된 것'인데, '무엇이 이러한 우리의 법입니까?'라는 질문과 함께 교리 요약서의 형태를 가지고 이 경을 설합니다.

합송경의 시작 부분입니다. — 「그러자 세존은 빠와에 사는 말라들이 돌아간 뒤 오래지 않아서, 침묵하고 침묵하는 비구 승가를 바라본 뒤에 사리뿟따 존자에게 말했다. — "사리뿟따여, 비구 상가는 해태-혼침이 없다. 사리뿟따여, 비구 상가에게 비구들을 위한 법문을 들려주어라. 나는 등이 아프다. 그래서 누어야겠다." "알겠습니다, 대덕이시여."라고 사리뿟따 존자는 세존에게 대답했다. 그러자 세존은 발에 발을 포개고, 사띠-삼빠자나 하면서 일어남의 상(想)을 작의(作意)한 후 오른쪽으로 사자처럼 누웠다.

그때는 니간타 나따뿟다가 빠와에서 죽은 뒤의 무렵이었다. 그가 죽자 분열된 니간타들은 둘로 갈라져서 다툼을 일으키고, 갈등을 일으키고, 논쟁에 빠지고, 서로 간에 입의 칼로 찌르며 머물렀다. — '그대는 이 법(法)과 율(律)을 알지 못한다. 나는 이 법과 율을 안다.', '그대가 이 법과 율에 대해 알고자 하는 것이 무엇인가?', '그대는 잘못 실천하는 자이고 나는 바르게 실천하는 자이다.', '나는 일관되지만, 그대는 일관되지 않다.', '그대는 앞에 말해야 하는 것을 뒤에 말하고 뒤에 말해야 하는 것을 앞에 말한다.', '그대가 성취한 것은 파기되었다.', '그대가 준비한 말은 비난되었다. 말을 취소하라. 아니면 할 수 있다면 설명해 보라.' 라고.

생각건대, 니간타 나따뿟따의 제자들에게는 오직 처벌만이 있는 듯하였다. 니간타 나따뿟따의 흰옷을 입은 재가 제자들도 니간타 나따뿟따의 제자들에게 싫증 내는 모습이었고 불쾌해 하는 모습이었고 배척하는 모습이었다. 그것은 법(法)과 율(律)이 잘못 설해지고, 잘못 선언되고, 구원으로 이끌지 않고, 가라앉음으로 이끌지 않고, 바르게 깨달은 자[정등각(正等覺)]에 의해 선언되지 않고, 탑이 부서지고, 의지처가 아니기 때문이었다.

그때 사리뿟따 존자는 비구들을 불러서 말했다. — "도반들이여, 니간타 나따뿟따가 빠와에서 막 임종하였습니다. 그가 죽자 분열된 니간타들은 둘로 갈라져서 다툼을 일으키고, 갈등을 일으키고, 논쟁에 빠지고, 서로 간에 입의 칼로 찌르며 머물고 있습니다. … 부서지고 귀의처가 아니기 때문입니다. 도반들이여, 잘못 설해지고, 잘못 선언되고, 구원으로 이끌지 않고, 가라앉음으로 이끌지 않고, 정등각(正等覺)에 의해 선언되지 않은 법(法)과 율(律)에서 그것은 그렇습니다.

도반들이여, 그러나 세존에 의해 설해진 우리들의 법은 잘 설해지고, 잘 선언되고, 구원으로 이끌고, 가라앉음으로 이끌고, 정등각(正等覺)에 의해 선언된 것입니다. 거기서 우리 모두 합송해야 하며, 분쟁해서는 안 됩니다. 그래야 이 범행이 오래 유지되고, 오래 머물 것입니다. 이것이 많은 사람의 이익을 위하고, 많은 사람의 행복을 위하고, 세상을 연민하고, 신과 인간의 번영과 이익과 행복을 위하는 것입니다.

도반들이여, 그러면 무엇이 잘 설해지고, 잘 선언되고, 구원으로 이끌고, 가라앉음으로 이끌고, 정등각(正等覺)에 의해 선언된 세존에 의해 설해진 우리들의 법입니까? 어디서 우리 모두 합송해야 하며, 분쟁해서는 안 됩니까? 그래야 이 범행이 오래 유지되고 오래 머물 것이고, 이것이 많은 사람의 이익을 위하고 많은 사람의 행복을 위하고, 세상을 연민하고, 신과 인간의 번영과 이익과 행복을 위하는 것입니까?」

4. (MN 51-깐다라까 경)

• 짐승들은 얄팍해서 교활과 사기와 속임수와 거짓을 드러내지만, 인간들은 교활해서 몸으로 다르게 행동하고, 말로 다르게 행동하고, 그들의 심(心)은 다르게 행동함

깐다라까 유행승은 과거-현재-미래의 모든 부처님에 의해 바르게 실천된 비구 상가는 최상이라고 찬탄하고, 부처님은 이 비구 상가 안에 ①번뇌가 다했고, 삶을 완성했으며, 해야 할 바를 했고, 짐을 내려놓았으며, 최고의 선(善)을 성취했고, 존재의 족쇄를 완전히 부수었으며, 바른 무위의 앎으로 해탈한 아라한들과, ②사념처에 잘 확립된 심(心)을 가진 자로 머무는 고요함이 담긴 계를 지닌 자, 고요함을 담고 머무는 자, 현명한 자, 현명하게 머무는 자인 유학(有學)들이 있다고 말합니다.

그때, 코끼리 조련사의 아들 뻿사는 「흰옷을 입은 저희 재가자들도 적절한 때에 이 사념처에 잘 확립된 심(心)을 가진 자로 머뭅니다.」라고 하면서, 코끼리 등 짐승들은 얄팍해서 교활과 사기와 속임수와 거짓을 드러내지만, 인간들은 교활해서 몸으로 다르게 행동하고, 말로 다르게 행동하고, 그들의 심(心)은 다르게 행동한다고 말합니다. 그리고 이렇게 빈틈이 없고, 이렇게 신랄하고, 이렇게 교활한 인간들에 대해 중생들의 이익과 손해를 아는 것에까지 이르는 부처님은 참으로 놀랍고 신기하다고 찬탄합니다.

인간은 빈틈이 없고, 짐승은 얄팍하다고 인정한 부처님은 뻿사에게 네 가지 부류의 사람들을 설명하는데, ①자신을 괴롭히는 실천을 하여 스스로 힘든 삶을 사는 자, ②남을 괴롭히는 실천을 하여 남을 힘들게 하는 자, ③자신을 괴롭히는 실천을 하여 스스로 힘든 삶을 사는 자이면서 남을 괴롭히는 실천을 하여 남을 힘들게 하는 자, ④자신을 괴롭히는 실천을 하지 않아 스스로 힘든 삶을 살지 않는 자이면서 남을 괴롭히는 실천을 하지 않아 남을 힘들게 하지 않는 자입니다. 그리고 ④자신을 괴롭히는 실천을 하지 않아 스스로 힘든 삶을 살지 않는 자이면서 남을 괴롭히는 실천을 하지 않아 남을 힘들게 하지 않는 자는 지금여기에서 갈망하지 않는 자, 꺼진 자, 청량한 자, 즐거움을 경험하는 자여서 스스로 성스러운 존재로 머문다고 합니다.

5. (MN 78-사문 문디까 경)

- 악(惡)을 행하지 않는 것이 최상의 경지가 아니라 바른 방법에 의해 바르게 해탈하는 것이 최상의 경지임

- 그렇다면 '어린이 마음이 곧 부처님 마음'이라는 메시지는 옳지 않습니다.

사왓티에 사는 빤짜깡가 건축사가 토론장인 말리까 사원에 머물던 사문 문디까의 아들인 욱가하마나 유행승의 무리를 방문한 일화입니다. 여러 가지 유치한 이야기를 하면서 앉아 있던 유행승의 무리에게 사문 문디까의 아들인 욱가하마나 유행승은 이렇게 말합니다. —「존자들은 조용히 하시오. 존자들은 소리를 내지 마시오. 사문 고따마의 제자인 빤짜깡가 건축사가 옵니다. 내가 알기로 사문 고따마의 흰옷을 입은 재가 제자들이 사왓티에 살고 있는데, 이 빤짜깡가 건축사는 그들 가운데 한 사람이오. 그 존자들은 조용하기를 원하고, 조용하도록 훈련되었고, 조용함을 칭찬하오. 만약 조용한 모임이 있다고 알면 가봐야 한다고 생각할 것이오.」

욱가하마나 유행승은 몸의 악한 업, 악한 말, 악한 사유, 악한 생활을 하지 않는 사람을 선(善)을 갖춘 자, 궁극의 선(善), 최상의 경지를 얻은 정복할 수 없는 사문이라고 말합니다. 빤짜깡가 건축사는 대답하지 못하고 부처님에게 와서 보고하는데, 부처님은 욱가하마나 유행승의 말이 사실이라면, 어리고 게으르며 자리에서 일어나지도 못하는 어린아이가 선(善)을 갖춘 자, 궁극의 선(善), 최상의 경지를 얻은 정복할 수 없는 자가 된다고 반박합니다.

부처님은 선(善)-불선(不善)의 계행(戒行)과 사유(思惟)를 자라남-소멸-소멸을 위한 실천에 걸쳐 설명한 뒤에 아라한(阿羅漢)의 십정도(十正道) 즉 정견(正見)-정사유(正思惟)-정어(正語)-정업(正業)-정명(正命)-정정진(正精進)-정념(正念)-정정(正定)-정지(正知)-정해탈(正解脫)을 갖춘 사람이 선(善)을 갖춘 자, 궁극의 선(善), 최상의 경지를 얻은 정복할 수 없는 사문이라고 선언합니다.

6. (MN 104-사마가마 경)

• 생활이나 계목(戒目)에 관계된 갈등은 작은 것
• **길이나 실천에 관한 갈등은 큰 것**

(DN 33-합송경)과 같은 환경에서 설해진 이 경은 '세존께서 돌아가신 뒤에 상가에 갈등이 생기지 않아야 한다. 그 갈등은 많은 사람의 이익을 위한 것이 아니고, 많은 사람의 행복을 위한 것이 아니고, 많은 사람을 위한 것이 아니고, 신과 인간들의 이익을 위한 것이 아니고, 괴로움을 위한 것이다.'라는 생각을 말하는 아난다 존자에게 부처님이 「아난다여, 생활에 관계되거나 계목(戒目)에 관계된 갈등은 사소한 것이다. 아난다여, 그러나 상가에 길이나 실천에 관한 (일어나지는 것인) 갈등이 일어난다면, 그 갈등은 많은 사람의 이익을 위한 것이 아니고, 많은 사람의 행복을 위한 것이 아니고, 많은 사람을 위한 것이 아니고, 신과 인간들의 이익을 위한 것이 아니고, 괴로움을 위한 것이다.」라고 말하는 것을 중심 주제로 합니다. 이후 ①여섯 가지 갈등의 뿌리와 ②네 가지 사건들 그리고 일곱 가지 이런 사건의 그침과 ③사랑을 만드는 것이고, 공경을 만드는 것이고, 따르게 함으로, 갈등하지 않음으로, 함께함으로, 일치로 이끄는 여섯 가지 기억해야 하는 법들에 대해 자세히 설명합니다.

7. (MN 143-아나타삔디까의 말 경)

• 소유하고자 하는 자와 범행을 실천하는 자에 대한 가르침의 차별

남신자 중 보시의 으뜸인 아나타삔디까 장자를 주인공으로 하는 이 경은 아나타삔디까 장자의 임종 직전에 사리뿟따 장자가 방문하여 「육내입처(六內入處)-육외입처(六外入處)-육식(六識)-육촉(六觸)-육수(六受)-육계(六界)-오온(五蘊)-무색계(無色界)-이 세상과 저세상-본 것-들은 것-감각한 것-인식한 것-성취된 것-조사된 것-의(意)로 접근된 것」에 대한 가르침을 설한 것과 관련한 일화입니다.

아나타삔디까 장자는 오랜 세월 부처님과 비구들을 섬겼지만 이런 법문을 들어보지 못했다고 말하는데, 함께 있던 아난다 존자는 이런 법문은 흰옷을 입은 재가자에게는 설해지지 않고 출가자에게만 설해지기 때문이라고 설명합니다.

그러자 아나타삔디까 장자는 흰옷을 입은 재가자에게도 이런 가르침을 설해줄 것을 요청하는데, 소유하고자 하는 자와 범행을 실천하는 자에 대한 가르침의 차별을 분명히 드러내는

경이라고 하겠습니다. 아나타삔디까 장자는 곧 죽어서 도솔천에 태어났습니다.

8. (SN 41.9-나체수행자 깟사빠 경)

- 불환자(不還者)를 성취한 찟따 장자 = 범행을 실천하는 재가자

남신자 중 설법의 으뜸인 찟따 장자를 주인공으로 하는 이 경은 범행을 실천하는 흰옷을 입은 재가자의 대표적인 용례라고 할 수 있습니다.

찟따 장자는 출가 전에 친구였던 나체수행자 깟사빠를 만나서 출가자로의 삼십 년 동안 인간의 법을 넘어선, 성자에게 어울리는 지(知)와 견(見)의 성취와 편히 머묾이란 성과를 얼마나 얻었는지 묻지만, 나체수행자 깟사빠는 나체이고, 삭발하고, 먼지털이를 가진 것 외에 성취한 바가 없다고 말합니다. 반면에 찟따 장자는 재가자임에도 인간의 법을 넘어선, 성자에게 어울리는 지(知)와 견(見)의 성취와 편히 머묾이란 성과의 측면에서 초선(初禪)-제이선(第二禪)-제삼선(第三禪)-제사선(第四禪)을 원하는 만큼 성취하여 머문다고 답합니다. 무엇보다도 「세존보다 먼저 죽는다면, 세존께서 '찟따 장자는 이 세상으로 다시 오게 만드는 족쇄가 없다.'라고 말씀하실 것은 놀라운 일이 아닙니다.」라고 말함으로써 불환자(不還者)를 성취하였음을 선언합니다.

나체수행자 깟사빠는 「참으로 놀랍습니다, 존자여. 참으로 신기합니다, 존자여. 참으로 흰옷을 입은 재가자가 인간의 법을 넘어선, 성자에게 어울리는 지(知)와 견(見)의 성취와 편히 머묾을 얻을 것이라는 그런 법의 잘 설해짐이 있다니요! 장자여, 나는 이 법과 율에서 출가하고자 합니다. 구족계를 받고자 합니다.」라고 말합니다.

찟따 장자는 나체수행자 깟사빠를 장로 비구들에게 소개하여 출가하고, 구족계를 받게 하고, 깟사빠 존자는 오래지 않아 아라한을 성취합니다.

9. (AN 2.43-52-모임 품)

- 갈망을 중시하고 정법을 중시하지 않는 집단 ― 흰옷을 입은 재가자들의 앞에서 서로서로 칭찬을 말함

• 정법을 중시하고 갈망을 중시하지 않는 집단 — 흰옷을 입은 재가자들의 앞에서 서로서로 칭찬을 말하지 않음

비구들이여, 이런 두 가지 집단이 있다. 어떤 둘인가? 갈망을 중시하고 정법을 중시하지 않는 집단과 정법을 중시하고 갈망을 중시하지 않는 집단이다. 비구들이여, 무엇이 갈망을 중시하고 정법을 중시하지 않는 집단인가? 여기, 비구들이여, 어떤 집단에 속한 비구들은 흰옷을 입은 재가자들의 앞에서 서로서로 칭찬을 말한다. — '이러이러한 비구는 양면해탈자(兩面解脫者)이고, 이러이러한 비구는 혜해탈자(慧解脫者)이고, 이러이러한 비구는 몸으로 실현한 자이고. 이러이러한 비구는 견해를 성취한 자이고, 이러이러한 비구는 믿음으로 해탈한 자이고, 이러이러한 비구는 법을 따르는 자이고, 이러이러한 비구는 믿음을 따르는 자이고, 이러이러한 비구는 계를 중시하고 선한 성품을 가진 자이고, 이러이러한 비구는 계를 경시하고 악한 성품을 가진 자이다.'라고. 그들은 그로 인해 필수품을 얻는다. 그들은 그 필수품을 얻은 뒤에 이기적이고 갈망의 탐욕에 묶여서 위험을 보지 못하고 해방(解放)으로 이끄는 지혜도 없이 그것을 사용한다. 비구들이여, 이것이 갈망을 중시하고 정법을 중시하지 않는 집단이라고 불린다.

※ 일곱 가지 사람 — (MN 70-끼따기리 경) 참조

비구들이여, 무엇이 정법을 중시하고 갈망을 중시하지 않는 집단인가? 여기, 비구들이여, 어떤 집단에 속한 비구들은 흰옷을 입은 재가자들의 앞에서 서로서로 칭찬을 말하지 않는다. — '이러이러한 비구는 양면해탈자(兩面解脫者)이고 … 악한 성품을 가진 자이다.'라고. 그들은 그로 인해 필수품을 얻는다. 그들은 그 필수품을 얻은 뒤에 이기적이지 않고 갈망의 탐욕에 묶이지 않아서 위험을 보고 해방(解放)으로 이끄는 지혜를 가지고 그것을 사용한다. 비구들이여, 이것이 정법을 중시하고 갈망을 중시하지 않는 집단이라고 불린다. 비구들이여, 이것이 이 두 가지 집단이다. 비구들이여, 이 두 가지 집단 가운데 정법을 중시하고 갈망을 중시하지 않는 집단이 으뜸이다.

10. (AN 5.179-재가자 경) ☞「제3부 제3장 II. 오계(五戒)를 포함하는 교리의 확장 2.」 참조

• 소유하고자 하는 재가자가 예류의 네 가지 요소에 확고함을 통해 믿음을 따르는 자의

길로써 예류자에 닿는 경우 → 소유하고자 하는 흰옷을 입은 재가자의 모범적인 경지

※ 이런 방법으로 소유하고자 하는 흰옷을 입은 재가자도 예류자를 성취할 수 있다는 점은 고무적입니다. 일단 예류자가 되면 일곱 생 이전에 아라한이 되어 윤회에서 벗어나게 됩니다. 범행을 실천하는 자의 삶을 살 수 없는 형편에 있는 재가자라면, 이렇게 해서 예류자에만 도달해도 됩니다. 그러면 머지않은 다음 생들에서 범행을 실천하는 자로의 삶으로 연결되어 깨달을 수 있기 때문입니다.

이 경은 소유하고자 하는 흰옷을 입은 재가자의 모범적인 경지를 설명합니다. '다섯 가지 학습계율[오계(五戒)] 위에서 행위를 단속하면서 지금여기의 행복한 머묾을 위한 네 가지 높은 심(心)에 속하는 것(catunnaṃ ābhicetasikānaṃ diṭṭhadhammasukhavihārānaṃ)을 원하는 대로 어렵지 않고 고통스럽지 않게 얻는 자인 어떤 흰옷을 입은 재가자'를 설명하는데, 예류자(預流者)입니다. 이때, 지금여기의 행복한 머묾을 위한 네 가지 높은 심(心)에 속하는 것은 부처님-가르침-성자들에 대한 확실한 믿음과 삼매로 이끌고 성자들이 동의하는 계(戒)들을 갖추는 것인데, 예류자의 요소 네 가지입니다. 특히, 지금여기의 행복한 머묾을 위한 네 가지 높은 심(心)에 속하는 것은 이것 외에 네 가지 선(禪)[사선(四禪)]도 있는데(catunnaṃ jhānānaṃ ābhicetasikānaṃ diṭṭhadhammasukhavihārānaṃ), 이 경을 제외한 모든 용례에서 네 가지 선(禪)으로 나타납니다.

이런 점에서 이 경은, 네 가지 높은 심(心)의 측면에서, 네 가지 선(禪)을 닦아 법을 따르는 자의 길로 예류자에 닿는 일반적 경우[범행을 실천하는 출가자와 재가자]가 아닌 예류자의 네 가지 요소에 확고함을 통해 믿음을 따르는 자의 길로써 예류자에 닿는 경우[소유하고자 하는 재가자]를 보여주는 특별한 경이라고 하겠습니다. 그만큼 소유하고자 하는 흰옷을 입은 재가자의 모범적인 경지를 드러내 주는 것입니다.

11. (AN 5.196-큰 꿈 경)

- 꿈을 주제로 하는 경은 잘 발견되지 않는 가운데 이 경은 부처님의 꿈을 주제로 함

부처님이 깨달음을 얻기 전에 다섯 가지 꿈을 꾸었다고 소개하는 경입니다. 첫 번째 꿈은 큰 대지를 침상으로, 히말라야 산을 베개로, 양손은 동서의 바다에 닿고, 두 다리는 남쪽 바다

에 닿은 꿈인데, 부처님의 위없는 바른 깨달음을 암시하는 꿈입니다. 두 번째 꿈은 풀이 배꼽에서 자라나서 구름에 닿고서야 머문 꿈인데, 팔정도(八正道)를 깨달아 선언한 것을 암시하는 꿈입니다. 세 번째 꿈은 검은 머리의 흰 벌레들이 두 발로부터 올라와서 양 무릎을 덮은 꿈인데, 많은 흰옷을 입은 재가자들이 살아있는 내내 여래에게 귀의한 것을 암시하는 꿈입니다. 네 번째 꿈은 다른 색깔의 새 네 마리가 네 방향으로부터 온 뒤에 모두 흰색이 된 꿈인데, 네 계급의 사람들이 부처님에게로 출가하여 위없는 해탈을 실현한 것을 암시하는 꿈입니다. 다섯 번째 꿈은 똥으로 된 큰 산 위에서 똥에 의해 더러워지지 않으면서 경행(輕行)을 한 꿈인데, 의식주와 약품을 얻은 뒤에 그것을 욕심내지 않고, 얼이 빠지지 않고, 묶이지 않고, 위험을 보는 자, 해방의 지혜를 가진 자로서 사용한 것을 암시하는 꿈입니다.

경은 그런 바른 깨달음을 위하여 이런 꿈을 꾸었다고 반복하는데, 그렇다면 바른 깨달음은 ① 위없는 것이고, ②팔정도(八正道)의 깨달음이고, ③재가자들의 귀의 대상이고, ④사회적 계급의 제한 없이 누구나 깨닫는 것이고, ⑤삶에서 위험을 보고 해방의 지혜를 가진 것이라고 정리할 수 있습니다.

12. (AN 6.16-나꿀라삐따의 경)

- 남은 가족에 대해 무언가 바라는 자로 죽지 말 것(죽음 이후에 이 삶에서의 관계는 유지되지 못함)

남신자 중 친근함의 으뜸인 나꿀라삐따 장자를 주인공으로 하는 이 경은 나꿀라삐따 장자가 큰 병을 앓을 때 그의 아내인 나꿀라마따가 장자에게 들려주는 이야기를 주제로 하는데, 바람을 가진 자 즉 바라는 자로 죽지 않아야 한다고 말합니다. 남겨진 아내에 대한 걱정 때문에 이러저러하기를 바라는 마음을 가지고 죽는 것은 부처님께서 꾸짖는 것이니, 죽음 이후에 이 삶에서의 관계가 유지되지 못하기 때문이라고 해야 합니다. 이때, 나꿀라마따가 들려준 이야기는 이런 여섯 가지인데,

첫째, '내가 죽은 뒤에 나의 아내 나꿀라마따는 아이들을 키우고 집안일을 돌볼 수 없을 것이다.'라는 생각 즉 아이들을 키우고 집안일을 돌볼 수 있기를 바라는 마음,

둘째, '내가 죽은 뒤에 나의 아내 나꿀라마따는 다른 집으로 갈 것이다.'라는 생각 즉 재

혼하지 않기를 바라는 마음,

셋째, '내가 죽은 뒤에 나의 아내 나꿀라마따는 세존을 뵈려 하지 않고, 비구 상가를 뵈려 하지 않을 것이다.'라는 생각 즉 믿음을 잘 유지하기를 바라는 마음,

넷째, '내가 죽은 뒤에 나의 아내 나꿀라마따는 계(戒)에 충실하지 않을 것이다.'라는 생각 즉 삶이 질서롭기를 바라는 마음,

다섯째, '나의 아내 나꿀라마따는 안으로 심(心)의 사마타를 얻지 못할 것이다.'라는 생각 즉 범행(梵行)을 실천하는 재가자이기를 바라는 마음,

여섯째, '나의 아내 나꿀라마따는 이 법과 율에서 확고함을 얻고, 심오함을 얻고, 위안을 얻고, 의심을 건너고, 불확실에서 벗어나고, 자기 확신을 얻고, 스승의 가르침에서 다른 스승을 의지하지 않고 머물지 않을 것이다.'라는 생각 즉 흰옷을 입은 소유하고자 하는 재가 제자여서 가르침을 행하고, 가르침에 보답하는 자로서의 신행(信行)을 잘 유지하기를 바라는 마음

입니다. 나꿀라삐따는 아내로부터 이런 이야기를 들은 뒤에 병이 낫는데, 이야기를 전해 들은 부처님은 나꿀리마따가 바로 그런 여섯 가지 바람에 부합하는 사람이라고 인정합니다.

13. (AN 6.57-여섯 가지 태생 경)

- 삶은 태어남에 의해 결정되지 않고 행위에 의해 결정됨

부처님 당시 인도에 있던 외도의 여섯 스승[육사외도(六師外道)] 중 뿌라나 깟사빠는 검은 태생(모진 행위를 하는 사람들), 푸른 태생(업을 설하고 결실 있음을 설하는 사람들), 붉은 태생(하나의 망토를 걸치는 니간타들), 누런 태생(나체수행자의 제자인 흰옷을 입는 재가자들), 하얀 태생(아지와까들), 최상의 하얀 태생(난다 왓차와 끼사 상낏차와 막칼리 고살라)의 여섯 가지 태생을 선언합니다.

그러나 부처님은 태생에 대한 이런 구분은 동의받지 않은 것이라고 하면서, 다른 여섯 가지 태

생을 선언하는데, 삶은 태어남에 의해 결정되는 것이 아니라, 행위에 의해서 결정된다는 점을 설명합니다. — 「①검은 태생들과 같은 어떤 사람은 검은 법을 생겨나게 한다. ②검은 태생들과 같은 어떤 사람은 흰 법을 생겨나게 한다. ③검은 태생들과 같은 어떤 사람은 검지도 희지도 않은 열반을 생겨나게 한다. ④흰 태생들과 같은 어떤 사람은 검은 법을 생겨나게 한다. ⑤흰 태생들과 같은 어떤 사람은 흰 법을 생겨나게 한다. ⑥흰 태생들과 같은 어떤 사람은 검지도 희지도 않은 열반을 생겨나게 한다.」

14. (AN 8.23-핫타까 경1)/(AN 8.24-핫타까 경2) ☞ 「제4부 제3장 III. [3] 일곱 가지 성스러운 재산(satta ariyadhanāni) 4-5」 참조

• 알라위의 핫타까의 여덟 가지 놀랍고 신기한 법 — 믿음-계(戒)-히리-옷땁빠-배움-보시-지혜-원하는 것이 적음

남신자 중 사섭법(四攝法)에 의해 모임을 따르게 함의 으뜸인 핫타까 장자를 주인공으로 하는 이 경에서 부처님은 알라위의 핫타까에게 일곱 가지 놀랍고 신기한 법이 있다고 하는데, 믿음-계(戒)-히리-옷땁빠-배움-보시-지혜의 일곱 가지 재산입니다. 어떤 비구에게 이 말씀을 전해 들은 핫타까는 그 자리에 다른 재가자가 없었다는 것을 알고 다행이라고 말합니다. 이 점에 대해 부처님은 다시 '알라위의 핫타까는 원하는 것이 적음이라는 이런 여덟 번째 놀랍고 신기한 법을 갖추었다.'라고 칭찬합니다.

한편, (AN 8.24-핫타까 경2)는 오백 명의 남신자와 함께 부처님을 뵈러 온 핫타까에게 어떻게 이들을 따르게 하는지를 묻고, 핫타까는 부처님이 설한 사섭법(四攝法)에 의해서라고 대답하는데, 부처님은 다시 사섭법(四攝法)이야말로 과거-미래-현재에 사람들을 따르게 하는 방법이라고 말합니다. 핫타카가 돌아간 뒤에 부처님은 비구들에게 앞의 경과 같은 여덟 가지 법의 갖춤에 대해 핫타까를 칭찬합니다.

15. (AN 10.93-어떤 견해를 가짐 경)

• 아나타삔디까 장자의 책망처럼 외도(유행승)들을 법과 함께함에 의해 잘 책망해야 함

아나타삔디까 장자가 외도 유행승들을 만난 일화[사왓티에 살고 있는 사문 고따마의 흰옷을

입은 재가 제자들 가운데 한 사람으로 이 아나타삔디까 장자가 있습니다. …]입니다. 부처님과 비구들의 견해를 묻는 외도 유행승에게 아나타삔디까 장자는 부처님과 비구들의 모든 견해를 알지는 못한다고 답합니다. 외도 유행승들은 다시 아나타삔디까 장자의 견해를 묻고, 아나타삔디까 장자는 외도 유행승들의 견해를 먼저 말한 뒤에 우리의 견해를 설명하는 것이 좋겠다고 합니다.

외도 유행승들은 십사무기(十事無記)의 열 가지 주제에 대한 견해를 말하는데, 아나타삔디까 장자는 그런 견해들은 모두 자신의 비여리작의(非如理作意)를 원인으로 하거나 남의 목소리를 조건으로 일어난 것이어서 누적된 것, 유위(有爲)인 것, 의도된 것, 연기(緣起)된 것이라고 답합니다. 그리고 '누적된 것, 유위(有爲)인 것, 의도된 것, 연기(緣起)된 것은 무엇이든지 무상(無常)합니다. 무상(無常)한 것은 고(苦)입니다. 고(苦)인 것에 이 존자는 집착되었고, 이 존자는 굴복당했습니다.'라고 말합니다.

그리고 아나타삔디까 장자는 자기의 견해를 말하는데, 「누적된 것, 유위(有爲)인 것, 의도된 것, 연기(緣起)된 것은 무엇이든지 무상(無常)합니다. 무상(無常)한 것은 고(苦)입니다. '고(苦)인 것은 나의 것이 아니다, 내가 아니다, 나의 자아가 아니다.'라는 견해를 가지고 있습니다.」입니다.

외도 유행승들은 다시 「장자여, 누적된 것, 유위(有爲)인 것, 의도된 것, 연기(緣起)된 것은 무엇이든지 무상(無常)합니다. 무상(無常)한 것은 고(苦)입니다. 장자여, 고(苦)인 것에 그대는 집착되었고, 그대는 굴복당했습니다.」라고 반발하지만, 아나타삔디까 장자는 「대덕이여, 누적된 것, 유위(有爲)인 것, 의도된 것, 연기(緣起)된 것은 무엇이든지 무상(無常)합니다. 무상(無常)한 것은 고(苦)입니다. '고(苦)인 것은 나의 것이 아니다, 내가 아니다, 나의 자아가 아니다.'라고 이렇게 있는 그대로 바른 지혜로써 잘 봅니다. 그리고 그것의 더 높은 벗어남을 나는 있는 그대로 꿰뚫어 압니다.」라고 무마합니다.

아나타삔디까 장자는 부처님에게로 와서 이 일화를 보고하고, 부처님은 아나타삔디까 장자를 칭찬합니다. 아나타삔디까 장자가 돌아간 뒤, 부처님은 「비구들이여, 이 법(法)과 율(律)에서 구족계(具足戒)를 받은 지 백 년이 된 비구도 저 아나타삔디까 장자의 책망처럼 이렇게 외도 유행승들을 법과 함께함에 의해 잘 책망해야 한다.」라고 말합니다.

16. (AN 10.94-왓지야마히따 경)

• 「부처님 = **분별설자(分別說者)**」의 의미 — 획일적으로 말하지 않고, 비난해야 할 것은 비난하는 분이고, 칭찬해야 할 것은 칭찬하는 분 → **유익(有益)과 무익(無益)을 선언하는 분 = 선언된 가르침이 있는 분**

왓지야마히따 장자가 외도 유행승들을 만난 일화[깜빠에 살고 있는 사문 고따마의 흰옷을 입은 재가 제자들 가운데 한 사람으로 이 왓지야마히따 장자가 있습니다. …]입니다. 외도 유행승들은 '사문 고따마는 모든 고행을 비난한다. 모든 고행자의 힘든 삶을 오로지 책망하고 힐난한다.'라는 것이 사실인지 질문하고, 왓지야마히따 장자는 「대덕이시여, 세존께서는 모든 고행을 비난하지 않고 모든 고행자의 힘든 삶을 오로지 책망하고 힐난하지도 않습니다. 대덕이시여, 세존께서는 비난해야 할 것은 비난하고, 칭찬해야 할 것은 칭찬합니다. 참으로, 대덕이시여, 세존은 비난해야 할 것은 비난하는 분이고, 칭찬해야 할 것은 칭찬하는 분입니다. 세존은 분별해서 말하는 분[분별설자(分別說者)]입니다. 그분 세존께서는 여기에서 획일적으로 말하는 분이 아닙니다.」라고 대답합니다.

유행승들은 다시 부처님에 대해 [분별해서 말하는 자라면] 허무주의자, 선언된 가르침이 없는 자이냐고 묻고, 왓지야마히따 장자는 「'이것은 유익한 것이다.'라고 세존에 의해서 선언되었고, '이것은 무익한 것이다.'라고 세존에 의해서 선언되었습니다. 이렇게 세존은 유익(有益)과 무익(無益)을 선언하는 분입니다. 세존은 **선언된 가르침이 있는 분**입니다. 그분 세존께서는 허무주의자, 선언된 가르침이 없는 자가 아닙니다.」라고 확인합니다.

이 이야기를 들은 부처님은 왓지야마히따 장자를 칭찬하면서, 「훌륭하고 훌륭하다, 장자여! 이렇게, 장자여, 그 어리석은 자들은 적절한 때에 법을 갖추어 잘 책망해야 한다. 장자여, 나는 모든 고행을 실천해야 한다고 말하지 않는다. 장자여, 나는 모든 고행을 실천하지 않아야 한다고 말하지 않는다. 장자여, 나는 모든 금계(禁戒)의 준수를 … 모든 노력을 … 모든 놓음을 실천해야 한다고 말하지 않는다. 장자여, 나는 모든 놓음을 실천하지 않아야 한다고 말하지 않는다. 장자여, 나는 모든 해탈을 실현해야 한다고 말하지 않는다. 장자여, 나는 모든 해탈을 실현하지 않아야 한다고 말하지 않는다.」라고 말합니다. 이어서 그 의미를 자세히 설명합니다. — 「고행-금계의 준수-노력-놓음을 실천할 때 무익한 법들은 늘어나고, 유익한 법들은 줄어드는 그런 고행-금계의 준수-노력-놓음은 실천하지 않아야 하고, 고행-금계의 준수-노력-놓음을 실천할 때 무익한 법들은 줄어들고, 유익한 법들은 늘어나는 그런 고행-금계의 준수-노력-놓음은 실천해야 한다. 그리고, 해탈을 실현할 때 무익한 법들은 늘어나고, 유익한 법들은 줄어드는 그런 해탈은 실현하지 않아야 하고, 해탈을 실현할 때 무익한 법들은 줄어들고, 유익한 법들은 늘어나는 그런 해탈은 실현해야 한다.」

왓지야마히따 장자가 돌아간 뒤, 부처님은 「비구들이여, 이 법(法)과 율(律)에서 오랫동안 더러움이 적은 비구도 저 왓지야마히따 장자의 책망처럼 이렇게 외도 유행승들을 법을 갖추어 잘 책망해야 한다.」라고 말합니다.

제2부

행위[업(業)]의 개괄

Ⅰ. 불교, 한마디로 말하면 행위입니다!

불교(佛敎), 한마디로 말하면 무엇일까요?

마음의 종교(宗敎)라고도, 행복의 종교라고도, 바름의 종교라고도, 깨달음의 종교라고도 말합니다. 모두 맞는 말씀입니다. 거기에 더하여 저는 다른 한 가지로 불교를 대표하려 합니다.

불교는 행위[**업(業)**]입니다. 행위의 뿌리에 마음[**심(心)**]이 있고, 행위의 지향이 행복[**락(樂)**]입니다. 행위의 기준이 바름[**정(正)**]이며, 행위의 완성이 깨달음[**각(覺)**]입니다.

(MN 135-업 분석의 짧은 경)은 「중생들은 자신의 업(業)이고, 업을 잇고, 업이 근원이고, 업을 다루고, 업의 도움을 받는다. 업이 중생들을 저열함과 뛰어남으로 구분한다.」라고 합니다.

또한, (MN 98/KN 5.35-와셋타 경)은 말합니다.

「만들어진 것인 이름과 성(姓)은 세상에서 지시되는 소리이다. 동의에 의해서 결과된 것이고, 여기저기서 여겨지는 것이다. 오랫동안 잠재된, 잘못된 견해를 가진 모르는 자들은 우리에게 말한다. — '태생에 의해 바라문이 된다.'라고.

태생에 의해 바라문이 되는 것이 아니다. 태생에 의해 바라문 아닌 사람이 되는 것이 아니다. 행위[업(業)]에 의해 바라문이 된다. 행위에 의해 바라문 아닌 사람이 된다. 행위에 의해 농부가 되고, 행위에 의해 기술자가 된다. 행위에 의해 상인이 되고, 행위에 의해 하인이 된다. 행위에 의해 도둑도 되고, 행위에 의해 병사도 된다. 행위에 의해 사제(司祭)가 되고, 행위에 의해 왕도 된다.

현명한 사람들은 이렇게 있는 그대로 행위를 본다. 연기(緣起)를 보는 자이고, 업(業)과 보(報)를 바르게 안다. 행위에 의해 세상이 있고, 행위에 의해 인간이 있다. 중생들은 행위에 묶여있다. 마치 수레가 바퀴를 굴대에 고정하는 쐐기에 의해 나아가는 것처럼.

참회(懺悔)와 범행(梵行), 자기제어와 길들임. 이것에 의해 바라문이 된다. 이런 사람이 최상의 바라문이다.

와셋타여, 이렇게 알라! 삼명(三明)을 갖춘 자, 고요하고 다시 존재됨이 다한 자가 분별하는 자들의 범천(梵天)이고 제석(帝釋)이다.」

이렇게 행위 즉 업(業)은 살아갈 세상을 만들고, 인간을 만듭니다. 행위에 묶여 즉 행위의 질(質)에 따라 욕계(慾界)거나 색계(色界)거나 무색계(無色界)의 세상을 만들고, 그 세상을 살아가는 존재가 되는 것입니다. 그래서 (SN 35.129-업(業)의 소멸 경)은 안(眼)-이(耳)-비(鼻)-설(舌)-신(身)-의(意)가 이전의 업(業)이라고 결정적으로 말합니다. 이전의 행위, 그 결과가 쌓여서 지금의 존재 즉 육내입처(六內入處)가 되고, 그가 세상을 인식하며 삶을 잇는다는 의미입니다. —「비구들이여, 무엇이 이전의 업(業)인가? 비구들이여, 안(眼)은 … 의(意)는 이전의 업(業)이고 형성된 것, 의도된 것, 경험해야 하는 것이라고 보아야 한다. 비구들이여, 이것이 이전의 업(業)이라고 불린다.」

이렇게 있는 그대로 행위를 보는 사람이 현명한 사람입니다. 그가 연기(緣起) 즉 괴로움이 생겨나는 조건 관계를 보는 자이고, 업(業)[행위]과 보(報)[행위가 초래하는 결과의 경험]를 바르게 압니다.

이때, 마음을 잘 다스려 바름을 실천하고 깨달음을 성취하여 완전한 행복을 실현한 사람을 부처님이라고 합니다. 불교(佛教)의 교주(教主)인 바로 그분, 세존(世尊)입니다. 부처님이 알려준 방법 그대로 마음을 다스려 바름을 실천하고 깨달음을 성취하여 완전한 행복을 실현한 사람을 아라한(阿羅漢)이라고 합니다. 그리고 부처님에 의지하는 사람 즉 부처님이 알려준 방법대로 마음을 잘 다스려 바름을 실천하고, 깨달음을 성취하여 완전한 행복을 실현하기 위해 노력하는 사람을 불교신자(佛教信者)라고 합니다.

이렇게 불교는 행위[업(業)]입니다. 행위의 뿌리에 마음[심(心)]이 있고, 행위의 지향이 행복[락(樂)]입니다. 행위의 기준이 바름[정(正)]이며, 행위의 완성이 깨달음[각(覺)]입니다. 그래서 행위 즉 불교를 알기 위해서는 마음과 행복, 바름과 깨달음에 대해 알아야 합니다. 그리고 이 네 가지는 불교의 중심 주제가 되는데, 이어지는 교재들에서 자세히 설명할 계획입니다.

이 내용을 다음 쪽에서 그림으로 나타내었습니다.

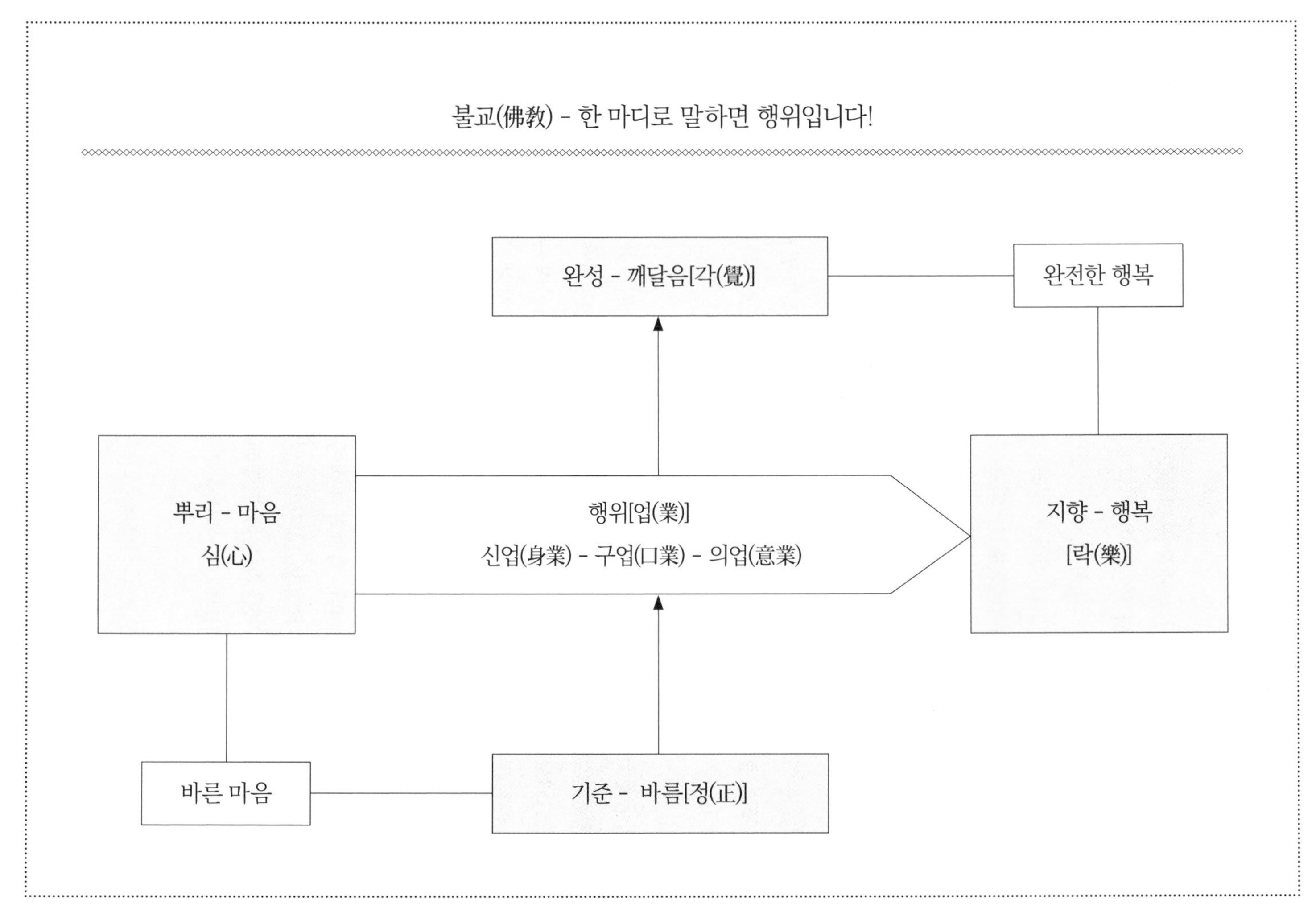
불교(佛敎) - 한 마디로 말하면 행위입니다!
완성 - 깨달음[각(覺)]
완전한 행복
뿌리 - 마음
심(心)
행위[업(業)]
신업(身業) - 구업(口業) - 의업(意業)
지향 - 행복
[락(樂)]
바른 마음
기준 - 바름[정(正)]

[참고] (AN 6.63-꿰뚫음 경)은 행위 즉 업(業)에 대한 중요한 관점을 설명합니다.

1. 「비구들이여, 의도(意圖)가 업(業)이라고 나는 말한다. 의도한 뒤에[의도하면서-의도를 원인으로] 몸에 의해, 말에 의해, 의(意)에 의해 업(業)을 짓는다.」

중생들을 묶고 있는 행위 즉 업(業)은 몸의 업[신업(身業)]과 말의 업[구업(口業)]과 의(意)의 업[의업(意業)]으로 구분됩니다. 그리고 의업(意業)의 앞부분은 '생각의 떠오름(vitakka-위딱까) → 의도-기대-지향'으로 설명됩니다. 이때, 의도[사(思)]는 업(業)의 본질이어서 의도한 뒤에[의도하면서-의도를 원인으로] 신구의(身口意) 삼업(三業)이 지어진다는 것입니다. 이것은 의도가 생각-사유와 함께 구체화 되면 의업(意業)이고, 몸과 함께 드러나면 신업(身業), 말과 함께 드러나면 구업(口業)이라는 의미입니다. 오온(五蘊)의 행(行)이 색사(色思)-성사(聲思)-향사(香思)-미사(味思)-촉사(觸思)-법사(法思)의 여섯 가지 의도라고 정의되는 것도 같은 이유에서라고 하겠습니다.

2. 「비구들이여, 무엇이 업들의 차별인가? 비구들이여, 지옥을 경험해야 하는 업이 있고, 축생의 모태를 경험해야 하는 업이 있고, 아귀의 영역을 경험해야 하는 업이 있고, 인간 세상을 경험해야 하는 업이 있고, 하늘 세상을 경험해야 하는 업이 있다. 비구들이여, 이것이 업들의 차별이라고 불린다.」

세상도 인간도 행위의 결과입니다. 어떤 세상을 만들고 태어나 어떤 존재로 살아가야 하는지를 행위가 결정한다는 의미입니다. 그래서 행위는 세상의 구성에 따라 차별됩니다. 지옥과 축생과 아귀 그리고 인간과 하늘 세상을 각각 만들고 태어나 그 세상의 존재로 살아가게 하는 행위들로의 차별입니다.

3. 「비구들이여, 무엇이 업들의 보(報)인가? 비구들이여, 지금여기[금생(今生)]거나 걸어서 닿는 곳[내생(來生)]이거나 그 후에 오는 생(生)의 세 겹의 업들의 보(報)를 나는 말한다. 비구들이여, 이것이 업들의 보(報)라고 불린다.」

연기(緣起)를 보는 현명한 사람들은 있는 그대로 행위를 보아서 업(業)과 보(報)를 바르게 압니다. 이때, 보(報)는 업(業)의 과(果)에 대한 직접적인 경험입니다. 그런데 업(業)은 식(識)으로 머물러 식온(識蘊)으로 쌓여 있습니다. 매 순간의 삶의 과정은 이렇게 식(識)으로 머물러 쌓이는 방법으로 누적됩니다[연기(緣起)된 식(識)]. 식(識)은 몸과 함께하여 내가 되는데, 몸과 식(識)은 생존 기간의 불균형을 가지고 있습니다. 그래서 몸이 무너져 죽어도 생존 기간이 다하지 않는 식(識)은 새로운 몸과 함께하는 삶을 이어 가게 되는데, 다음 생의 태어남이고, 윤회(輪迴)입니다.

업(業)의 결과[과(果)]는 식(識)으로 머물러 있으면서 조건들이 만나질 때 경험됩니다. 그리고 그 조건들의 만남 시점은 몸을 기준으로 말하면, 금생(今生)일 수도, 바로 다음 생(生)일 수도, 아니면 그 후에 오는 생(生)일 수도 있습니다.

그래서 업(業)들의 보(報)는 지금여기[금생(今生)]거나 걸어서 닿는 곳[내생(來生)]이거나 그 후에 오는 생(生)의 세 겹의 업들의 보(報)라고 설명되는 것입니다.

II. 불교는, 다시 말하면, 사성제(四聖諦)입니다.

이렇게 불교는 행위입니다. 행위의 뿌리에 마음[심(心)]이 있고, 기준은 바름[정(正)]이고, 완성은 깨달음[각(覺)]이며, 지향은 행복[락(樂)]입니다. 바른 마음으로 기준에 따라 완성하면 완전한 행복[열반(涅槃)]이 실현됩니다.

그러나 바르지 못한 마음으로 바르지 못한 행위를 하면 괴로움[고(苦)]이 생깁니다. 그리고 불교는 바른 마음으로 바른 행위를 하여 괴로움을 소멸[고멸(苦滅)]하는 것입니다. 부처님은 「나는 오직 고(苦)와 고멸(苦滅)을 말한다. (SN 44.2-아누라다 경)」라고 하는데, 이런 고(苦)와 고멸(苦滅)의 문제입니다. 이것이 불교를 정의하는 유일한 명제(命題)입니다.

그런데 불교 즉 부처님의 깨달음/가르침에 의하면, 아(我)인 것은 없습니다. 그래서 고(苦)도 무아(無我) 즉 조건들의 결합을 통해 생겨나는 것입니다. 그렇다면 고(苦)를 생겨나고 자라나게 하는 원인이 있어야 합니다[고집(苦集)]. 경은 애(愛)가 그 원인이고, 연기(緣起) 곧 십이연기(十二緣起)로써 애(愛)를 전후한 괴로움의 발생 과정을 설명합니다. 그렇다면 애(愛)를 부수거나 십이연기의 조건 관계의 고리를 끊으면 괴로움이 생겨나 자라나지 않는다는 것을 알 수 있습니다[고멸(苦滅)]. 그래서 불교의 큰 흐름은 어떻게 그 일을 할 수 있는지로 집중되는데, 팔정도(八正道)라는 길[방법]의 제시와 그 길을 직접 걸어서[실천] 고멸(苦滅)을 실현하는 것[고멸도(苦滅道)]입니다.

이렇게 불교는 고(苦)-고집(苦集)-고멸(苦滅)-고멸도(苦滅道)를 중심에 두는데, 이것은 사실이고 진리입니다. 그래서 네 가지 성스러운 진리라고 표현하는데, **사성제(四聖諦)**입니다. 불교 안에는 오직 사성제(四聖諦)만이 진리라는 이름으로 불리는데, 고집(苦集)인 십이연기(十二緣起)와 고멸도(苦滅道)[고멸(苦滅)로 이끄는 실천]를 위한 길인 팔정도(八正道)를 포괄합니다.

- cattāro ariyasaccaṃ - 네 가지 성스러운 진리[사성제(四聖諦)]
- 'idaṃ dukkhaṃ ariyasaccan' - 이것이 괴로움의 성스러운 진리이다[고성제(苦聖諦)]
- 'idaṃ dukkhasamudayaṃ ariyasaccan' - 이것이 괴로움의 자라남의 성스러운 진리이다[고집성제(苦集聖諦)]
- 'idaṃ dukkhanirodhaṃ ariyasaccan' - 이것이 괴로움의 소멸의 성스러운 진리이다[고멸성제(苦滅聖諦)]

- 'idaṃ dukkhanirodhagāminī paṭipadā ariyasaccan' - 이것이 괴로움의 소멸로 이끄는 실천의 성스러운 진리이다[고멸도성제(苦滅道聖諦)]

이렇게 불교는 행위에서 시작해 고(苦)와 고멸(苦滅)의 명제로, 그리고 다시 고(苦)-고집(苦集)-고멸(苦滅)-고멸도(苦滅道)의 사성제(四聖諦)로 확장됩니다. 달리 말하면, 무아(無我)에 기반하는 불교는 존재의 구명 등에 목적을 두지 않습니다. 불교는 오직 고(苦)의 정체를 밝히고 소멸시키는 것에 존재의 이유를 둡니다. 이것이 불교가 존재하는 이유이고, 목적이고, 쓰임새입니다.

이때, 팔정도(八正道-ariya aṭṭhaṅgika magga)의 도(道-magga)[길]와 고멸도(苦滅道-dukkhanirodhagāminī paṭipadā)의 도(道-paṭipadā)[실천]는 원어가 다르다는 점도 주목해야 합니다.

앞의 차제설법(次第說法)에서 보았듯이, 차제설법에서의 고(苦)-집(集)-멸(滅)-도(道)는 깨달음으로 이끌리는 실천의 지도(指導)가 아니라 삶에 대한 이해를 위한 가르침입니다. 삶에는 이런 문제가 있고[고(苦)], 그 문제에는 이런 원인이 있으며[집(集)], 문제의 해소[멸(滅)]를 위해서는 이런 방법[도(道)]이 있다는 설명입니다. 이런 설명을 통해 원인[집(集)]의 해소 즉 자라나는 것은 무엇이든지 모두 소멸시킬 수 있다고 바르게 아는 법안(法眼)이 생기면, 그렇게 부처님에 대한 믿음이 생겨나고, 존재하는 것들의 이치인 무상(無常)을 이해하고 받아들이게 됩니다. 그 이후에 출가자를 중심으로 사성제(四聖諦)에 의한 고멸(苦滅)로 이끄는 실천으로써 깨달음을 실현하는 것이 불교의 전체 과정이라고 하겠습니다.

참고로, 사성제(四聖諦)를 포괄적/심층적으로 나타내는 두 장의 그림 그리고 무상(無常)-고(苦)-무아(無我)의 삼법인(三法印)과 사성제(四聖諦)의 연결 관계를 나타낸 그림을 소개하였습니다. 이 내용은 「불교입문(佛教入門)(II) - 사실」의 주제여서 다음 책에서 자세히 설명하였습니다.

사성제(四聖諦) - ①포괄적인 사성제(四聖諦)

[(SN 56.11-전법륜경)-(AN 3.62-근본 교리 등 경)]

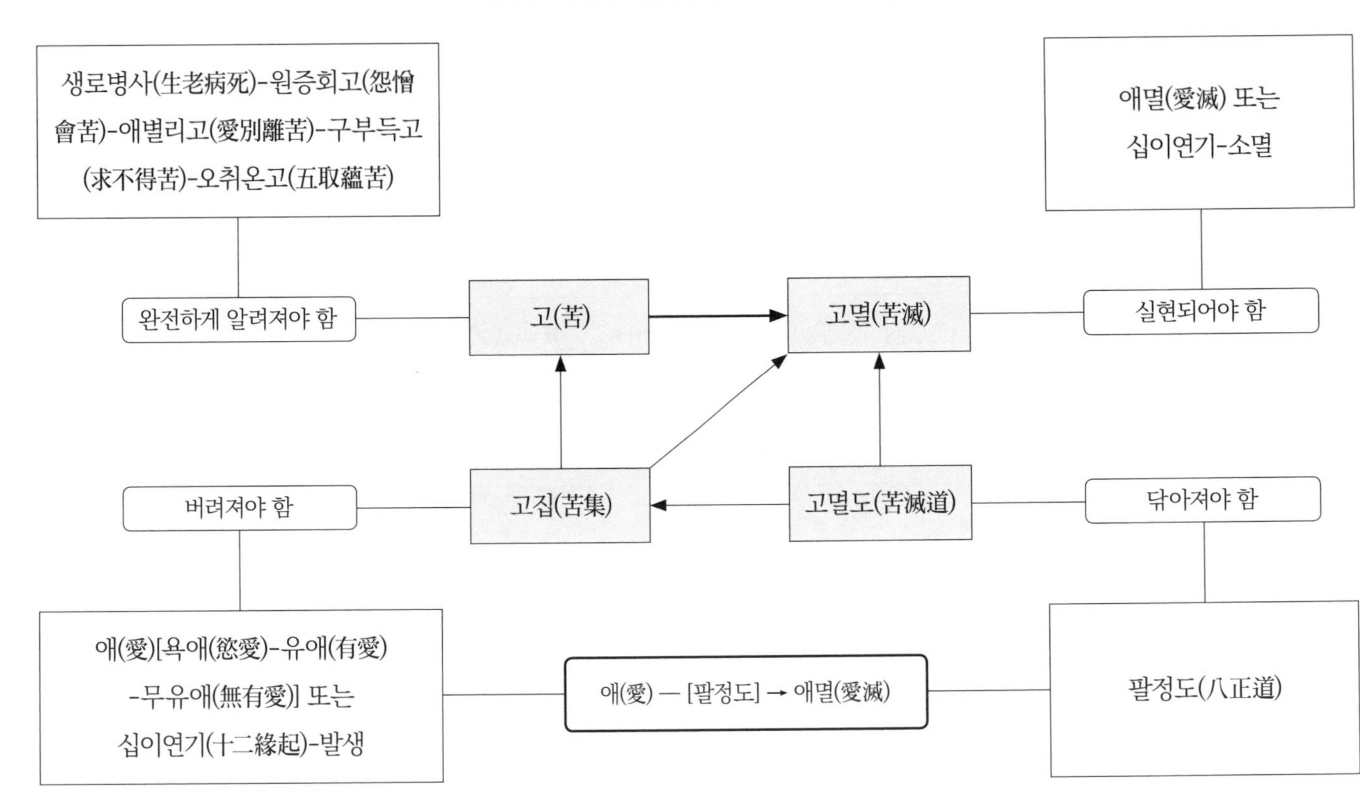

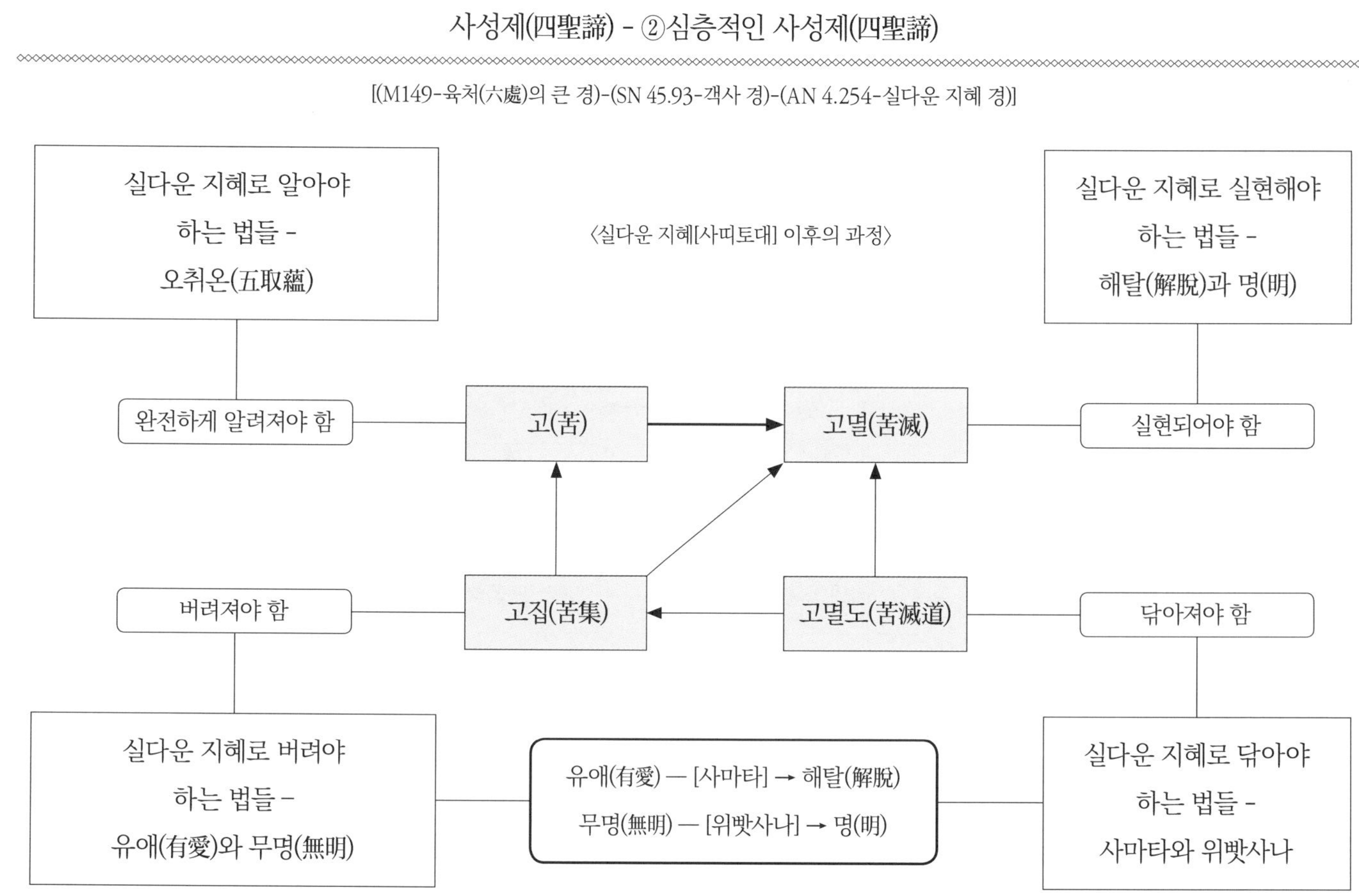
사성제(四聖諦) - ②심층적인 사성제(四聖諦)
[(M149-육처(六處)의 큰 경)-(SN 45.93-객사 경)-(AN 4.254-실다운 지혜 경)]
〈실다운 지혜[사띠토대] 이후의 과정〉
실다운 지혜로 알아야 하는 법들 - 오취온(五取蘊)
완전하게 알려져야 함
고(苦)
고멸(苦滅)
실현되어야 함
실다운 지혜로 실현해야 하는 법들 - 해탈(解脫)과 명(明)
버려져야 함
고집(苦集)
고멸도(苦滅道)
닦아져야 함
실다운 지혜로 버려야 하는 법들 - 유애(有愛)와 무명(無明)
유애(有愛) — [사마타] → 해탈(解脫)
무명(無明) — [위빳사나] → 명(明)
실다운 지혜로 닦아야 하는 법들 - 사마타와 위빳사나

한편, 사성제(四聖諦)는 뒤에 소개될 전승된 가르침의 삼법인(三法印)과도 연결됩니다.

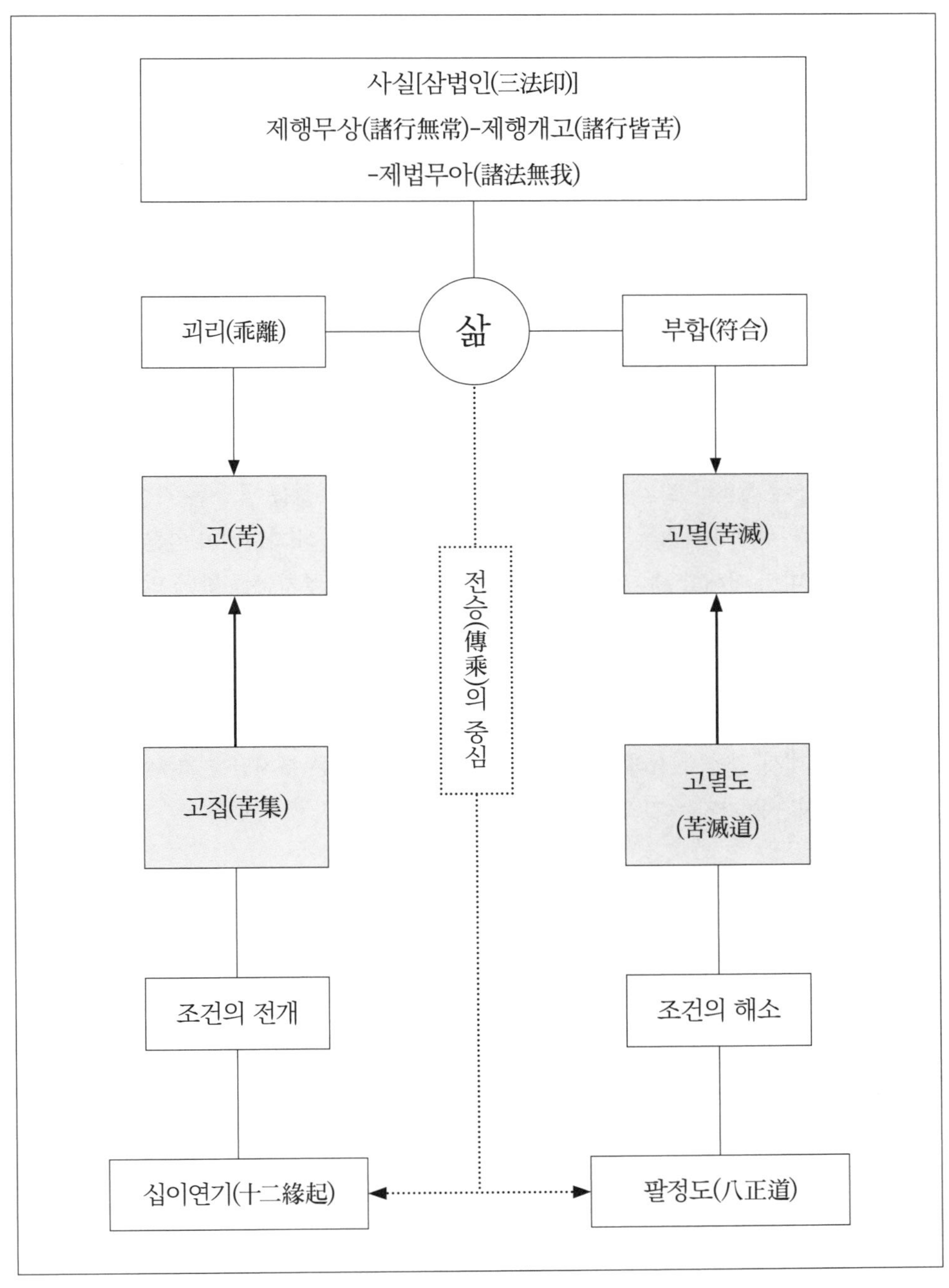

Ⅲ. 가르침의 토대

1. 부처님은 「업(業)을 말하는 자(kammavādī)이고, 결실 있음을 말하는 자(kiriyavādī)」라고 불립니다.

「사문 고따마는 업(業-kamma-깜마)을 말하고, 결실 있음(kiriya-끼리야)을 말하고, 바라문들에게 아무런 해악을 도모하지 않습니다. (DN 4-소나단다 경)/(DN 5-꾸따단따 경)/(MN 95-짱끼 경)」

• kiriya: action(행위); deed(실행); performance(성과). (nt.)

우호적인 바라문들이 부처님[사문 고따마]을 설명하는 말입니다. 부처님은 태생 즉 결정된 삶을 말하는 스승이 아니라 행위 즉 업(業)으로써 만들어 가는 삶을 말하는 스승이고, 농사를 지으면 풍작이든 흉작이든 결실이 있는 것처럼, 업(業)에는 결실[과(果)]이 따른다고 가르치는 스승이라는 의미로 이해할 수 있는데, 이런 법(法)을 설하는 부처님을 찾아 만나고 가르침을 청하는 것은 도움 된다는 대화에서입니다.

이럴 때 업(業)과 결실 있음이라는 두 가지는 부처님을 대표하는 개념이면서 삶에 대한 바른 이해입니다. 그래서 업을 부정하고 결실 없음을 주장하는 것은 부처님을 거부하는 것이고 삶에 대한 삿된 시각을 가지는 것입니다.

2. 가르침의 토대 — ①업(業), ②결실 있음, ③노력

(AN 3.138-머리카락으로 만든 담요 경)에 의하면, 과거-미래-현재의 모든 부처님은 공통되게 ①업(業)을 말하고, ②결실 있음을 말하고, ③노력을 말합니다. 업(業)에는 결실이 있으니 좋은 결실을 얻기 위해서는 노력이 필요하다는 것입니다, 비유하자면, 농사를 짓는 행위에는 풍작이든 흉작이든 결실이 있고, 풍작을 거두기 위해서는 적절한 노력이 필요하다는 의미인데, 부처님을 대표하는 두 가지 개념 위에서 노력을 통해 행복한 삶을 실현하는 것이 모든 부처님의 가르침 즉 불교(佛敎)라는 것을 알 수 있습니다.

「예를 들면, 비구들이여, 어떤 것이든 짜서 덮는 천 가운데 머리카락으로 만든 담요가 조

악하다고 알려져 있다. 비구들이여, 머리카락으로 만든 담요는 추울 때 차갑고, 더울 때 뜨겁고, 색깔이 나쁘고, 나쁜 냄새가 나고, 감촉이 나쁘다. 이처럼, 비구들이여, 어떤 것이든 사문-바라문들의 각각의 주장 가운데 막칼리의 주장이 열등하다고 알려져 있다.

비구들이여, 쓸모없는 자 막칼리는 '업(業)도 없고, 결실도 없고, 노력도 없다.'라는 이런 주장, 이런 견해를 가졌다.

비구들이여, 과거에 출현했던 아라한-정등각인 그분 세존들도 업을 말하고 결실 있음을 말하고 노력을 말했다. 그분들에게도, 비구들이여, 쓸모없는 자 막칼리는 '업(業)도 없고, 결실도 없고, 노력도 없다.'라고 거부한다. 미래에 출현할 아라한-정등각인 그분 세존들도 업을 말하고 결실 있음을 말하고 노력을 말할 것이다. 그분들에게도, 비구들이여, 쓸모없는 자 막칼리는 '업(業)도 없고, 결실도 없고, 노력도 없다.'라고 거부한다. 비구들이여, 현재의 아라한-정등각인 나도 업을 말하고 결실 있음을 말하고 노력을 말한다. 나에게도, 비구들이여, 쓸모없는 자 막칼리는 '업(業)도 없고, 결실도 없고, 노력도 없다.'라고 거부한다.

예를 들면, 비구들이여, 강 입구에 많은 물고기의 손해와 괴로움과 불행과 고통을 위해 그물을 칠 것이다. 생각건대, 비구들이여, 이처럼 쓸모없는 자 막칼리는 많은 중생의 손해와 괴로움과 불행과 고통을 위해 사람의 그물로 세상에 태어났다.」 (AN 3.138-머리카락으로 만든 담요 경)

그런데 막칼리라는 사람은 이 세 가지를 부정하는 교설을 세우고, 마치 강 입구의 그물처럼 많은 사람을 괴로움으로 이끈다는 것입니다. 그리고 이런 교설을 결실 없음(akiriya)이라고 합니다.

이 교설은 (AN 3.62-근본 교리 등 경)[☞ X. (AN 3.62-근본 교리 등 경) — 행위의 원인-조건에서의 오해들[삼종외도(三種外道)]과 부처님의 답변]에 의하면, 즐거움이나 괴로움이나 괴롭지도 즐겁지도 않음을 경험하게 하는 것으로의 행위에 대한 세 가지 잘못된 주장으로 확산되는데, ①전생의 행위가 원인, ②신(神)의 창조가 원인, ③원인도 없고 조건도 없음[무인무연(無因無緣)]입니다. — 「현자들과 함께 교차하여 질문하고, 이유를 묻고, 함께 대화하고, 더 나아가면 ②결실 없음으로 정착된다.」

그러니 ①전생의 행위가 원인, ②신(神)의 창조가 원인, ③원인도 없고 조건도 없음[무인무연(無因無緣)]이라는 삶에 대한 잘못된 해석 세 가지는 모두 막칼리의 주장인 결실 없음의 아류여서 삶을 향상으로 이끌지 못한다는 것입니다.

이런 이해에 의하면 ①업(業)과 ②결실 있음과 ③노력의 세 가지는 막칼리 또는 세상에 있는 다양한 주장의 반대편에 서 있는 부처님 가르침의 토대가 됩니다.

3. 막칼리 고살라

그러면 막칼리는 누구입니까? 그간의 연구에서 막칼리는 무인무연(無因無緣)을 주장하는 자라고 잘못 알려져 있습니다. (DN 2-사문과경)은 마가다의 왕 아자따삿뚜가 부처님을 찾아와서 사문 됨의 결실에 대해 함께 대화하는 경인데, 경의 전반부에서 아자따삿뚜 왕이 여섯 명의 외도 스승[육사외도(六師外道)]을 만나 대화한 이야기를 소개합니다. 이때, 아자따삿뚜 왕은 무인무연(無因無緣-ahetū apaccayā)/윤회를 통한 청정(saṃsārasuddhi)을 주장하는 뿌라나 깟사빠와 결실 없음(akiriya)을 주장하는 막칼리 고살라를 혼동하여 잘못 소개합니다. (DN 2-사문과경)이 워낙 비중 있는 경이다 보니 학자들은 이 경에 근거해 막칼리 고살라의 교설을 무인무연(無因無緣)으로 설명하지만, (AN 3.138-머리카락으로 만든 담요 경)에 의하면, 막칼리 고살라의 교설은 결실 없음입니다. 이런 이해는 뿌라나 깟사빠의 교설이 무인무연(無因無緣)이라고 설명하는 다른 경들에 의해 확인되는데, (SN 22.60-마할리 경)과 (SN 46.56-아바야 경)입니다. 이때, 아바야 왕자는 아자따삿뚜 왕의 이복형제입니다.

이렇게 결실 없음(akiriya)을 주장하는 막칼리 고살라의 일파를 ājīvaka(아-지-와까)라고 하는데, 사명외도(邪命外道)로 한역되었습니다. 막칼리 고살라의 일파가 사명외도인 것은 (MN 71-왓차 삼명 경)을 통해 확인됩니다.

(MN 71-왓차 삼명 경)은 「"고따마 존자시여, 그러면 사명외도(邪命外道-ājīvaka)로서 누구라도 몸이 무너진 뒤에 천상에 태어난 자가 있습니까?" "왓차여, 지금부터 91겁(*)을 내가 기억해보더라도, 단 한 사람을 제외하면, 천상에 태어난 어떤 사명외도를 알지 못합니다. 그는 업을 말하고 결실 있음을 말하는 자였습니다.」라는 대화를 소개합니다. 한 사람을 제외하면, 사명외도(邪命外道)로 살다가 죽은 뒤에 하늘에 태어난 사람이 없다는 것인데, 그 한 사람은

업과 결실 있음의 교설에 동조하는 사람이었다는 것입니다. 그렇다면 사명외도는 업과 결실 있음을 부정하는 교설을 가졌는데, 이런 교설로는 하늘로 이끄는 업을 지을 수 없으므로 하늘에 태어나지 못한다는 의미라고 하겠습니다. 다만, 한 사람은 그 교단에 소속되어 있으면서도 그 교설에 동조하지 않았기 때문에 하늘에 태어날 수 있었다는 것입니다.

(*) 불교 역사에 최초의 부처님인 위빳시 부처님이 출현한 시기가 91겁 전입니다.

이렇게 막칼리 고살라는 결실 없음을 주장하고, 그의 일파는 ājīvaka[사명외도(邪命外道)]라는 것을 알 수 있습니다. 그런데 이 일파의 주장은 과거-미래-현재의 부처님들의 교설인 업(業)-결실 있음-노력을 부정하는 것이기 때문에 사문-바라문들의 주장 가운데 막칼리의 주장이 가장 열등하다는 것이 부처님의 설명입니다.

이때, 결실 없음의 주장은 이렇습니다. — 「행하는 자와 행하게 하는 자, 자르는 자와 자르게 하는 자, 고문하는 자와 고문하게 하는 자, 슬퍼지는 자와 슬퍼하게 하는 자, 지친 자와 지치게 하는 자, 전율하는 자와 전율하게 하는 자, 생명을 해침당하게 하는 자, 주지 않은 것을 가지는 자, 집을 부수는 자, 약탈하는 자, 도둑질하는 자, 노상 강도질을 하는 자, 남의 아내를 범하는 자, 거짓을 말하는 자 등 행하는 자에게 악은 지어지지 않습니다. 만약 면도날 같은 끝을 가진 바퀴로 이 땅의 생명을 하나의 고깃덩어리로 으깨고 하나의 살점으로 만들지라도 그것 때문에 악이 없고, 악의 결과가 없습니다. 만약 강가 강의 남쪽 기슭에 가서 죽이고, 살육하고, 자르고 자르게 하고, 고문하고 고문하게 한다고 해도 그것 때문에 악이 없고, 악의 결과가 없습니다. 만약 강가 강의 북쪽 기슭에 가서 보시하고, 보시하게 하고, 자선을 베풀고, 자선을 베풀게 한다고 해도 그것 때문에 공덕이 없고, 공덕의 결과가 없습니다. 보시와 길들임과 자신의 제어와 사실을 말함에 의한 공덕이 없고, 공덕의 결과가 없습니다.」

4. 불교의 대척점에 있는 것

세상에는 다양한 종교, 다양한 주장들이 있지만, 그중에 불교와 정 반대편에 있는 주장은 막칼리의 결실 없음입니다. 불교 밖의 다른 주장은 세 가지 근본 교리 즉 ①전생의 행위가 원인, ②신(神)의 창조가 원인, ③원인도 없고 조건도 없음으로 대표되고, 이 세 가지는 다시 결실 없음에 정착되기 때문입니다.

그렇다면 전생의 행위를 말하는 숙명론(宿命論)보다도, 유일신(唯一神) 창조주 하나님을 말하는 많은 이웃 종교들보다도, 무인무연(無因無緣)으로의 윤회를 통한 청정 또는 유물론(唯物論)보다도 근본의 자리에서 불교의 대척점에 있는 것은 결실 없음 즉 「업(業)에는 과(果)와 보(報)가 따른다」를 부정하는 주장이라고 할 것입니다.

전생의 행위를 생각해도 다음 생을 위해 선업(善業)을 지어야 할 것이고, 신의 창조를 생각해도 신의 뜻에 맞게 선업을 지어야 할 것이고, 무인무연을 생각해도 살아있는 동안의 행복을 위해 선업을 지어야 할 것이지만, 결실 없음의 주장으로는 어떤 경우에도 선업을 지어야 하는 타당성을 확보하지 못합니다.

그래서 불교와 정 반대편에 있는 주장은 막칼리의 결실 없음인데, 경은 이런 이해를 가능하게 해줍니다.

(AN 1.308-321-세 번째 품)에 의하면, 바른 견해를 가져서 올바로 보는 자인 부처님은 많은 사람의 이익과 행복을 위해, 많은 사람의 행운을 위해, 신과 인간의 이익과 행복을 위해 세상에 태어난 한 사람입니다. 반면에 삿된 견해를 가져서 거꾸로 보는 자인 막칼리는 많은 사람의 손해와 괴로움을 위해, 많은 사람의 불행을 위해, 신과 인간의 손해와 괴로움을 위해 세상에 태어난 한 사람입니다.

업(業)과 결실 있음과 노력을 말하는 부처님은 바른 견해를 가지고 올바로 보는 자여서 신과 인간들을 행복으로 이끌고, 업도 없고 결실도 없고 노력도 없다고 말하는 막칼리는 삿된 견해를 가지고 거꾸로 보는 자여서 신과 인간들을 괴로움으로 이끈다는 것입니다.

경은 이런 이해 위에서 더 구체적인 비교를 제시합니다. 부처님의 법은 잘 설해졌기 때문에 이 잘 선언된 법(法)과 율(律)에서는 ①부추기는 자도 부추기는 것을 사실대로 실천하는 부추겨진 사람도 그들 모두는 많은 복(福)을 쌓는다, ②받는 사람에 의해서 양이 알려져야 한다. 주는 사람에 의해서가 아니다, ③게으른 자는 괴롭게 머문다, ④노력을 시작한 자는 행복하게 머문다고 합니다. →「업(業)과 결실 있음과 노력을 말하는 부처님 가르침의 성과」

그러나 막칼리의 법은 잘못 설해졌기 때문에 ①부추기는 자도 부추기는 것을 사실대로 실천하는 부추겨진 사람도 그들 모두는 많은 비복(非福)을 쌓는다, ②주는 사람에 의해서 양이 알려져야 한다. 받는 사람에 의해서가 아니다, ③노력을 시작한 자는 괴롭게 머문다, ④게으른 자는 행복하게 머문다고 합니다. → 「업(業)과 결실 있음과 노력을 부정하는 막칼리의 가르침의 성과」

▣ 수저론에 대한 소고

어쩌다 보니 한국 사회에서 수저론이 대세를 이루고 있다는 생각이 듭니다.

삶을 만들어 가는 다양한 조건들 가운데 수저의 등급도 하나의 조건으로 참여한다는 것은 부정할 수 없는 사실입니다. 그러나 그것은 하나의 조건에 불과합니다. 그것이 삶을 결정한다거나, 그것이 삶에서 가장 큰 비중을 가지는 조건이어서 벗어날 수 없는 것처럼 부추기는 사회 분위기는 옳지 않습니다. 마치 대한민국이 결실 없음을 주장하는 막칼리 고살라를 신봉하는 사회인 듯 착각하게 합니다.

부처님은 태생 즉 결정된 삶을 말하지 않습니다. 행위 즉 업(業)으로써 만들어 가는 삶을 말하는 스승입니다. 그런 점에서 막칼리 고살라는 불교와 대척점에 있는 외도(外道)입니다.

불교 신자에게 수저론은 가르침을 거스르는 잘못된 견해[사견(邪見)]입니다. 세상이 그럴수록 더욱더 '수저의 조건보다 행위의 조건이 중요하고, 행위의 비중이 높아져야 한다.'라고 우리 사회에 큰 목소리를 내야 합니다. 그래서 세상이 삶의 결실을 수저보다는 행위 때문이라고 인정할 수 있도록 계도 해야 합니다. 그래서 좀 더 많은 사람이 우리 사회에서 진정 행복할 수 있도록 이 사회를 가르치고 이끌어야 합니다.

이것이 현재 우리 사회가 필요로 하는 불교의 역할이라고 할 것입니다.

Ⅳ. 가장 원초적인 바른 견해 — (DN 23-빠야시 경)

불교신자에게는 이런 토대 위에서의 삶이 바른 신행(信行)입니다. 토대를 벗어나 잘못 설해진 법 위에서 살아가면 그것은 바르지 못한 신행(信行)입니다. 그리고 이것이 괴로울 것인지 행복할 것인지를 결정하는 근본 사유가 되는 것입니다[고(苦)와 고멸(苦滅)].

그러면 이런 토대 위에서의 삶 즉 바른 신행(信行)은 어떻게 시작됩니까?

나와 세상을 보는 시각 즉 견해의 구축입니다. 나라는 존재에 대한 그리고 내 삶의 터전인 세상에 대한 바른 앎을 바른 견해[정견(正見)]라고 하는데, 향상으로 이끌리는 삶의 첫 번째 조건입니다.

경들은 다양한 관점에서 바른 견해를 정의하고 있습니다. 그중 가장 원초적 형태의 바른 견해를 설명하는 경으로는 (DN 23-빠야시 경)을 말할 수 있는데, 「①저세상은 있다, ②화생(化生)하는 중생은 있다, ③업(業)에는 과(果)와 보(報)가 따른다.」라는 세 가지입니다. — 「itipi atthi paro loko, atthi sattā opapātikā, atthi sukatadukkaṭānaṃ kammānaṃ phalaṃ vipāko 이렇게도 저세상은 있다. 화생하는 중생은 있다. 선악(善惡)으로 지어진 업(業)들의 과(果)와 보(報)는 있다.」

1. 저세상은 있다(atthi paro loko) → 윤회(輪廻)

나는 몸과 마음이 함께하여 구성됩니다. 그런데 몸은 100년 안팎을 삽니다. 그러면 몸의 무너짐 즉 죽으면 마음은 어떻게 됩니까? 몸과 함께 버려지고 마는 것입니까, 아니면 새로운 몸을 만나 새로운 삶을 살아가는 것입니까?

몸으로의 삶은 보아서 알 수 있습니다. 그래서 태어나고 늙고 병들고 죽는 사건들의 전개 즉 이 세상 있음은 의심할 바 없이 직접 압니다. 그러나 마음은 눈에 보이지 않습니다. 어쨌든 생겨나는 것[무상(無常)-무아(無我)]이고 몸과 함께 유지되는 것일 텐데, 몸이 죽은 뒤에는 어떻게 되는지 직접 보아 알지 못합니다. 그렇지만 삶에서 마음은 몸보다 훨씬 더 중심된 역할을 합니다. 그래서 삶에 대해 바르게 알고 적절히 대응하기 위해서는 죽음 이후에 마음은 어떻게 되는지 알아야 합니다. 그리고 이 문제에 온전한 답을 줄 수 있는 스승이 필요합니다.

완전한 깨달음을 성취했기 때문에 삶에 대해 바르게 아는 스승인 부처님은 이 질문에 답을 줍니다. — '저세상은 있다.'라고.

마음은 몸이 무너진 뒤, 몸 따라 버려지지 않고 새로운 몸을 만나 새로운 삶을 살아가기 때문에 새로운 몸과 함께 새로운 내가 되어 살아가는 세상 즉 저세상은 있다고 단언적인 답을 주는 것입니다.

그런데 이 질문에는 세 가지 경우의 답이 있습니다.

첫째, 마음은 몸에 종속된 것이어서, 몸이 무너지면 마음도 몸과 함께 버려진다는 답인데, 단견(斷見) 또는 단멸론(斷滅論)입니다.

둘째, 마음은 독립된 것이어서, 몸이 무너져도 함께 버려지지 않을 뿐만 아니라 자기 상태를 유지하는 참된 것 즉 아(我-attan/atman)라는 답인데, 상견(常見) 또는 상주론(常住論)입니다.

셋째, 마음은 몸에 종속된 것이 아니라서 몸이 죽어도 버려지지 않으며, 자기 상태를 유지하는 참된 것도 아니어서 삶의 과정을 누적하며 매 순간 변화하는 것이고, 또한, 몸과 서로 조건 되는 것이어서 새로운 몸을 만나야 한다는 답인데, 연기(緣起)입니다.
→「연기(緣起)된 식(識)」

이 질문에 대한 '저세상은 있다.'라는 부처님의 단언적인 답변은 세 번째 경우 즉 연기(緣起)에 해당합니다. 그리고 어떻게 마음이 몸과 함께 삶의 과정을 누적하고, 매 순간 변화하며 괴로운 삶을 살게 되는지의 설명이 십이연기(十二緣起)인데, 부처님 깨달음의 중심입니다.

2. 화생(化生)하는 중생은 있다(atthi sattā opapātikā) → **오도윤회(五道輪廻)**

저세상이 있다는 것은 몸의 죽음 이후에 마음은, 삶의 과정을 누적하는 변화의 연장선 위에서, 새로운 몸과 함께 다시 태어난다는 것을 의미합니다.

그런데 다시 태어나는 곳은 어떤 세상입니까? 사람 몸을 가지고 인간 세상에 다시 태어나는 것입니까, 아니면 다른 세상도 있는 것입니까?

(MN 12-사자후의 큰 경)에서 부처님은 중생들이 윤회하는 세상을 다섯 갈래로 설명하는데 지옥(地獄), 축생(畜生), 아귀(餓鬼), 인간(人間), 천상(天上)입니다. 이렇게 세상은 다섯 갈래로 구분되기 때문에 죽은 뒤 다시 태어나는 자리도 이 다섯 갈래 가운데 한 곳입니다.

또한, 같은 경은 네 가지 태어남 즉 존재의 영역을 설명하는데 난생(卵生), 태생(胎生), 습생(濕生), 화생(化生)입니다. 이때, 생명체가 그 껍질을 깨고 태어나면 난생이고, 생명체가 태의 막을 벗고 태어나면 태생, 생명체가 썩은 물고기, 부패한 시체, 부패한 굳은 우유에서나 물웅덩이나 연못에서 태어나면 습생, 천인(天人)들이나 지옥에 태어난 자들이나 어떤 인간들이나 죽은 뒤에 벌을 받아야 하는 어떤 존재들이 화생이라고 정의됩니다.

그런데 난생(卵生), 태생(胎生), 습생(濕生)은 일반적으로 눈에 보이는 존재의 영역이어서 세상의 다섯 갈래 중 인간과 축생에 해당됩니다. 반면에 화생(化生)은 일반적으로는 보이지 않는 존재의 영역입니다. 세상의 다섯 갈래 가운데 지옥과 아귀와 천상에 해당하는 것으로 이해할 수 있습니다.

사람들은 보이는 것은 잘 압니다. 그러나 보이지 않는 것에 대해서는 잘 알지 못합니다. 그래서 보이는 것만 믿으라고 권장되기도 합니다.

하지만, 보이지 않는 것에도 관심을 가져야 합니다. 특히, 태어남 즉 존재의 영역은 지금 내 삶의 터전이고 죽음 이후에 다시 태어나 살아가야 하는 그 자리이기 때문에 정말 없는 것인지 아니면 보는 능력의 부족 때문에 보지 못하지만, 사실은 있는 것인지 알아야 합니다.

부처님은 이 질문에도 답을 줍니다. — '화생(化生)하는 중생은 있다.'라고.

인간들의 눈에는 보이지 않지만 깨달음 즉 완성된 지혜의 눈에는 보이는 존재의 영역이 있다는 것입니다.

그런데 이 주제는 중요합니다. 비록 인간으로 태어나 살고 있지만 죽음 이후를 담보할 수 없는 현실 위에서 지금 보이지 않는다는 이유만으로 없다고 결정하기에는 너무 무거운 주제이기 때문입니다. 그래서 부처님에게서 완성된 지혜의 눈을 빌려 분명히 알아야 할 것인데, 부처님은 화생(化生)하는 중생의 존재를 이렇게 단언하는 것입니다.

그러므로 이렇게 알아야 합니다. — '내가 죽은 뒤 다시 태어나는 자리는 눈에 보이는 존재 영역인 난생-태생-습생의 인간과 축생 그리고 보이지 않는 존재 영역인 화생의 지옥-아귀-천상의 다섯 갈래가 있다. 나는 이 몸으로의 삶을 마친 뒤에는 다섯 갈래 중 어느 한 자리에 태어날 것이다.'라고.

3. 업(業)에는 과(果)와 보(報)가 따른다(atthi sukatadukkaṭānaṃ kammānaṃ phalaṃ vipāko) → **태어남의 선택**

이렇게 저세상이 있어서 윤회(輪廻)하고, 다시 태어나는 자리는 지옥(地獄)-축생(畜生)-아귀(餓鬼)-인간(人間)-천상(天上)의 다섯 갈래가 있습니다. 그렇다면 이제 나는 죽은 뒤 어디에 태어나야 할 것입니까?

당연히 지옥-축생-아귀의 세상에는 태어나면 안 됩니다. 되도록 하늘에 태어나야 하고, 부족하더라도 인간으로는 태어나야 합니다. 스스로 괴로운 삶을 선택하는 것은 어리석음입니다.

그래서 이 주제는 어떻게 하면 윤회(輪廻)의 과정에서 하늘에 태어나 오래도록 행복하게 살 것인지로 귀결됩니다.

그리고 부처님은 이 질문에도 답을 줍니다. — '업(業)에는 과(果)와 보(報)가 따른다.'라고.

업(業) 즉 행위는 과(果) 즉 결실과 보(報) 즉 실제적 경험을 초래한다는 사실의 선언입니다. 이런 행위에는 이런 과(果)와 보(報)가 따라오고, 저런 행위에는 저런 과(果)와 보(報)가 따라온다는 법칙의 제시입니다. → 「행위가 가지는 과(果)와 보(報)의 법칙성」 → 「업인과보 삼세윤회(業因果報三世輪廻)」

경은 많은 곳에서 고(苦)의 과(果)-보(報)를 초래하는 업(業)과 락(樂)의 과(果)-보(報)를 초래하는 업(業)을 설명하는데, 살아서의 행복과 죽은 뒤에 더 좋은 삶을 이어지게 하는 방법의 제시입니다.

다시 말하면, 살아서 행복하기 위해서는 락(樂)의 과(果)-보(報)를 초래하는 업(業)을 지으면 되고, 죽어서 더 좋은 삶을 이어지게 하기 위해서도 락(樂)의 과(果)-보(報)를 초래하는 업(業)을 지으면 된다는 것입니다. 업(業)이 고(苦)의 과(果)-보(報)를 초래하는 것인지 락(樂)의 과(果)-보(報)를 초래하는 것인지는, 부처님에 의하면, 예외를 인정하지 않는 법칙성이기 때문입니다.

이렇게 「①저세상은 있다, ②화생(化生)하는 중생은 있다, ③업(業)에는 과(果)와 보(報)가 따른다.」라는 세 가지는 우리 삶의 현실 위에서 ①윤회(輪迴)와 ②윤회하는 세상의 구성과 ③금생(今生)과 내생(來生)에 걸친 행복의 방법에 대한 시각을 제시해 줍니다. 즉 바른 견해입니다.

(MN 12-사자후의 큰 경)이 설명하는 오도윤회(五道輪廻)는 저세상의 존재 위에서 화생(化生)하는 중생을 포함한 업(業)의 과(果)와 보(報)를 상세히 알려줍니다.

4. 불교(佛教)와 육사외도(六師外道)의 비교

앞 장에서 설명한 가르침의 토대와 여기의 바른 견해는 불교의 단면을 보여주면서 육사외도(六師外道)와 비교되는데, 그림으로 나타내었습니다.

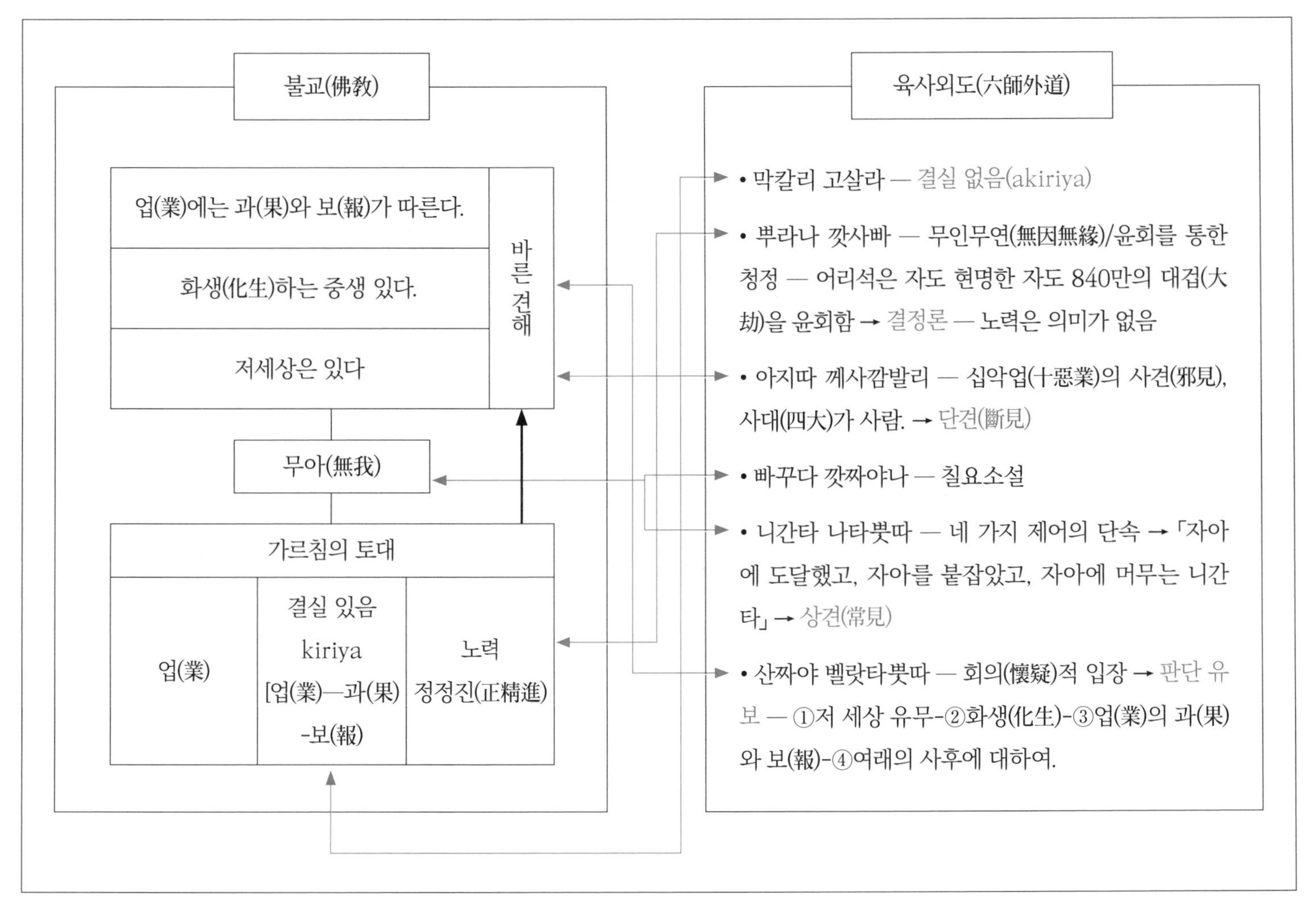

불교(佛教)
업(業)에는 과(果)와 보(報)가 따른다.
화생(化生)하는 중생 있다.
저세상은 있다
바른 견해
무아(無我)
가르침의 토대
업(業)
결실 있음
kiriya
[업(業)—과(果)
-보(報)
노력
정정진(正精進)
육사외도(六師外道)
• 막칼리 고살라 — 결실 없음(akiriya)
• 뿌라나 깟사빠 — 무인무연(無因無緣)/윤회를 통한 청정 — 어리석은 자도 현명한 자도 840만의 대겁(大劫)을 윤회함 → 결정론 — 노력은 의미가 없음
• 아지따 께사깜발리 — 십악업(十惡業)의 사견(邪見), 사대(四大)가 사람. → 단견(斷見)
• 빠꾸다 깟짜야나 — 칠요소설
• 니간타 나타뿟따 — 네 가지 제어의 단속 → 「자아에 도달했고, 자아를 붙잡았고, 자아에 머무는 니간타」 → 상견(常見)
• 산짜야 벨랏타뿟따 — 회의(懷疑)적 입장 → 판단 유보 — ①저 세상 유무-②화생(化生)-③업(業)의 과(果)와 보(報)-④여래의 사후에 대하여.

▣ 오도윤회(五道輪廻) — (MN 12-사자후의 큰 경)

사리뿟따여, 이런 다섯 가지의 갈 곳이 있다. 어떤 다섯 가지인가? 지옥(地獄), 축생(畜生), 아귀(餓鬼), 인간(人間), 천상(天上)이다. 사리뿟따여, 나는 지옥과 지옥으로 이끄는 길, 지옥으로 이끄는 실천을 꿰뚫어 알며, 그 실천을 따라 몸이 무너져 죽은 뒤에 상실과 비탄의 상태, 비참한 존재, 벌 받는 상태, 지옥에 태어난다는 것을 꿰뚫어 안다. 또한, 사리뿟따여, 나는 축생과 축생으로 이끄는 길, 축생으로 이끄는 실천을 꿰뚫어 알며, 그 실천을 따라 몸이 무너져 죽은 뒤에 짐승으로 태어난다는 것을 꿰뚫어 안다. 또한, 사리뿟따여, 나는 아귀와 아귀로 이끄는 길, 아귀로 이끄는 실천을 알며, 그 실천을 따라 몸이 무너져 죽은 뒤에 아귀로 태어난다는 것을 꿰뚫어 안다. 또한, 사리뿟따여, 나는 인간과 인간으로 이끄는 길, 인간으로 이끄는 실천을 꿰뚫어 알며, 그 실천을 따라 몸이 무너져 죽은 뒤에 인간으로 태어난다는 것을 꿰뚫어 안다. 또한, 사리뿟따여, 나는 천상과 천상으로 이끄는 길, 천상으로 이끄는 실천을 꿰뚫어 알며, 그 실천을 따라 몸이 무너져 죽은 뒤에 천상에 태어난다는 것을 꿰뚫어 안다. 그리고 사리뿟따여, 나는 열반과 열반으로 이끄는 길, 열반으로 이끄는 실천을 꿰뚫어 알며, 그 실천을 따라 번뇌들이 부서졌기 때문에 번뇌가 없는 심해탈(心解脫)과 혜해탈(慧解脫)을 지금여기에서 스스로 실답게 안 뒤에 실현하고 성취하여 머문다는 것을 꿰뚫어 안다.

사리뿟따여, 나는 여기 어떤 사람에 대해 이렇게 심(心)으로부터 심(心)의 차이를 꿰뚫어 안다. — '이 사람은 몸이 무너져 죽은 뒤에 상실과 비탄의 상태, 비참한 존재, 벌 받는 상태, 지옥에 태어날 그런 실천을 하는 자이고 그렇게 행하고 그 길을 오르는 자이다.'라고. 나중에 나는 청정하고 인간을 넘어선 하늘눈으로 몸이 무너져 죽은 뒤에 상실과 비탄의 상태, 비참한 존재, 벌 받는 상태, 지옥에 태어나, 오로지 고통스럽고 가혹하고 혹독한 느낌을 경험하는 그 사람을 본다. 예를 들면, 사리뿟따여, 사람 키 남짓하고 불꽃이나 연기가 없는 숯으로 가득한 숯불 구덩이가 있다. 그런데 열기에 압도되고 열기에 고통받아 피곤하고 두렵고 목마른 사람이 오직 한 길을 따라 이 숯불 구덩이를 향하여 올 것이다. 눈 있는 자는 그것을 보고서 이렇게 말할 것이다. — '이 사람은 오직 이 숯불 구덩이로 올 그런 실천을 하는 자이고 그렇게 행하고 그 길을 오르는 자이다.'라고. 그는 나중에 그 숯불 구덩이에 떨어져 오로지 고통스럽고 가혹하고 혹독한 느낌을 경험하는 그를 볼 것이다. 사리뿟따여, 이처럼 나는 여기 어떤 사람에 대해 심(心)으로부터 심(心)의 차이를 분명히 안다. — '이 사람은 … 느낌을 경험하는 그 사람을 본다.

사리뿟따여, 나는 여기 어떤 사람에 대해 이렇게 심(心)으로부터 심(心)의 차이를 꿰뚫어 안다. — '이 사람은 몸이 무너져 죽은 뒤에 축생으로 태어날 그런 실천을 하는 자이고 그렇게 행하고 그 길을 오르는 자이다.'라고. 나중에 나는 청정하고 인간을 넘어선 하늘눈으로 몸이 무너져 죽은 뒤에 축생에 태어나, 고통스럽고 가혹하고 혹독한 느낌을 경험하는 그 사람을 본다. 예를 들면, 사리뿟따여, 사람 키 남짓하고 똥으로 가득한 똥구덩이가 있다. 그런데 열기에 압도되고 열기에 고통받아 피곤하고 두렵고 목마른 사람이 오직 한 길을 따라 이 똥구덩이를 향하여 올 것이다. 눈 있는 자는 그것을 보고서 이렇게 말할 것이다. — '이 사람은 오직 이 똥구덩이로 올 그런 실천을 하는 자이고 그렇게 행하고 그 길을 오르는 자이다.'라고. 그는 나중에 그 똥구덩이에 빠져 고통스럽고 가혹하고 혹독한 느낌을 경험하는 그를 볼 것이다. 사리뿟따여, 이처럼 나는 여기 어떤 사람에 대해 심(心)으로부터 심(心)의 차이를 분명히 안다. — '이 사람은 … 느낌을 경험하는 그 사람을 본다.

사리뿟따여, 나는 여기 어떤 사람에 대해 이렇게 심(心)으로부터 심(心)의 차이를 꿰뚫어 안다. — '이 사람은 몸이 무너져 죽은 뒤에 아귀 세상에 태어날 그런 실천을 하는 자이고 그렇게 행하고 그 길을 오르는 자이다.'라고. 나중에 나는 청정하고 인간을 넘어선 하늘눈으로 몸이 무너져 죽은 뒤에 아귀 세상에 태어나, 고통 많은 느낌을 경험하는 그 사람을 본다. 예를 들면, 사리뿟따여, 평탄치 못한 땅 위에 생겨난 잎들이 엷고 구멍 숭숭한 그늘을 가진 나무가 있다. 그런데 열기에 압도되고 열기에 고통받아 피곤하고 두렵고 목마른 사람이 오직 한 길을 따라 이 나무를 향하여 올 것이다. 눈 있는 자는 그것을 보고서 이렇게 말할 것이다. — '이 사람은 오직 이 나무로 올 그런 실천을 하는 자이고 그렇게 행하고 그 길을 오르는 자이다.'라고. 그는 나중에 그 나무 그늘에 앉거나 누워서 고통 많은 느낌을 경험하는 그를 볼 것이다. 사리뿟따여, 이처럼 나는 여기 어떤 사람에 대해 심(心)으로부터 심(心)의 차이를 분명히 안다. — '이 사람은 … 느낌을 경험하는 그 사람을 본다.

사리뿟따여, 나는 여기 어떤 사람에 대해 이렇게 심(心)으로부터 심(心)의 차이를 꿰뚫어 안다. — '이 사람은 몸이 무너져 죽은 뒤에 인간들 가운데 태어날 그런 실천을 하는 자이고 그렇게 행하고 그 길을 오르는 자이다.'라고. 나중에 나는 청정하고 인간을 넘어선 하늘눈으로 몸이 무너져 죽은 뒤에 인간들 가운데 태어나, 행복 많은 느낌을 경험하는 그 사람을 본다. 예를 들면, 사리뿟따여, 평탄한 땅 위에 생겨난 잎들이 두텁고 짙은 그늘을 가진 나무가 있다. 그런데 열기에 압도되고 열기에 고통받아 피곤하고 두렵고 목마른 사람이 오직 한 길을 따라 이 나무를 향하여 올 것이다. 눈 있는 자는 그것을 보고서 이렇게 말할 것이다. — '이 사람은 오직 이

나무로 올 그런 실천을 하는 자이고 그렇게 행하고 그 길을 오르는 자이다.'라고. 그는 나중에 그 나무 그늘에 앉거나 누워서 행복 많은 느낌을 경험하는 그를 볼 것이다. 사리뿟따여, 이처럼 나는 여기 어떤 사람에 대해 심(心)으로부터 심(心)의 차이를 분명히 안다. — '이 사람은 … 느낌을 경험하는 그 사람을 본다.

사리뿟따여, 나는 여기 어떤 사람에 대해 이렇게 심(心)으로부터 심(心)의 차이를 꿰뚫어 안다. — '이 사람은 몸이 무너져 죽은 뒤에 좋은 곳 하늘 세상에 태어날 그런 실천을 하는 자이고 그렇게 행하고 그 길을 오르는 자이다.'라고. 나중에 나는 청정하고 인간을 넘어선 하늘눈으로 몸이 무너져 죽은 뒤에 좋은 곳 하늘 세상에 태어나, 오로지 행복한 느낌을 경험하는 그 사람을 본다. 예를 들면, 사리뿟따여, 석회로 칠해지고 바람이 차단되고 빗장이 채워지고 창문이 닫힌 뾰족지붕의 저택이 있다. 거기에는 소파, 모직 양탄자, 흰색의 모직 양탄자, 꽃무늬 양탄자, 까달리 사슴 가죽으로 만든 최상의 모포, 차양, 양면이 붉은 베개가 있다. 그런데 열기에 압도되고 열기에 고통받아 피곤하고 두렵고 목마른 사람이 오직 한 길을 따라 이 저택을 향하여 올 것이다. 눈 있는 자는 그것을 보고서 이렇게 말할 것이다. — '이 사람은 오직 이 저택으로 올 그런 실천을 하는 자이고 그렇게 행하고 그 길을 오르는 자이다.'라고. 그는 나중에 그 뾰족지붕의 저택의 소파에 앉거나 누워서 오로지 행복한 느낌을 경험하는 그를 볼 것이다. 사리뿟따여, 이처럼 나는 여기 어떤 사람에 대해 심(心)으로부터 심(心)의 차이를 분명히 안다. — '이 사람은 … 느낌을 경험하는 그 사람을 본다.

사리뿟따여, 나는 여기 어떤 사람에 대해 이렇게 심(心)으로부터 심(心)의 차이를 꿰뚫어 안다. — '이 사람은 번뇌들이 부서졌기 때문에 번뇌가 없는 심해탈(心解脫)과 혜해탈(慧解脫)을 지금여기에서 스스로 실답게 안 뒤에 실현하고 성취하여 머물 그런 실천을 하는 자이고 그렇게 행하고 그 길을 오르는 자이다.'라고. 나중에 나는 청정하고 인간을 넘어선 하늘눈으로 번뇌들이 부서졌기 때문에 번뇌가 없는 심해탈(心解脫)과 혜해탈(慧解脫)을 지금여기에서 스스로 실답게 안 뒤에 실현하고 성취하여 머물면서 오로지 행복한 느낌을 경험하는 그 사람을 본다. 예를 들면, 사리뿟따여, 맑고 쾌적하고 투명하고 시원한 물이 담긴, 멀지 않은 곳에 두터운 숲이 있고, 아름다운 둑으로 둘러싸인 매혹적인 연못이 있다. 그런데 열기에 압도되고 열기에 고통받아 피곤하고 두렵고 목마른 사람이 오직 한 길을 따라 이 연못을 향하여 올 것이다. 눈 있는 자는 그것을 보고서 이렇게 말할 것이다. — '이 사람은 오직 이 연못으로 올 그런 실천을 하는 자이고 그렇게 행하고 그 길을 오르는 자이다.'라고. 그는 나중에 그 연못에 들어가서 목욕하고 마시고 일체의 근심과 피로와 열기를 가라앉힌 뒤에 다시 나와서, 그 숲에 앉거나 누워서 오로지 행복한 느낌을 경험하는 그를 볼 것이다. 사리뿟따여, 이처럼 나는 여기 어떤 사람에 대해 심(心)으로부터 심(心)의 차이를 분명히 안다. — '이 사람은 … 느낌을 경험하는 그 사람을 본다. 사리뿟따여, 이러한 다섯 가지의 갈 곳(*)이 있다.

(*) 번뇌들이 부서졌기 때문에 번뇌가 없는 심해탈(心解脫)과 혜해탈(慧解脫)을 지금여기에서 스스로 실답게 안 뒤에 실현하고 성취하여 머무는 자[아라한(阿羅漢)]는 몸이 무너져 죽은 뒤에 몸으로 가지 않음. 그래서 갈 곳에 포함되지 않음.

V. 시하 장군의 선택 — 「스승에 대한 믿음의 영역에 있는 것들」

그런데 저세상과 화생(化生) 그리고 업(業)의 과(果)와 보(報)는 눈으로 직접 확인되지 않습니다. 다만, 스승이신 부처님께서 그렇게 알려주셨을 뿐입니다. 확인되지 않은 사실에 대해 단지 스승의 가르침만이 있을 뿐입니다. 어떻게 이 상황에 대처해야 합니까?

시하 장군은 두 개의 시하 장군 경을 통해 이 문제에 대한 답을 줍니다. (AN 5.34-시하 장군경)에서 시하 장군은 "대덕이시여, 세존께서는 눈에 보이는 보시의 결실을 알려주실 수 있습니까?"라고 부처님에게 묻습니다. 부처님은 이 질문에 대해 답하는데,

> ①보시하는 자, 보시의 주인을 많은 사람이 사랑하고 마음에 들어 하는 것, ②세상에 있는 고결한 사람들이 보시하는 자, 보시의 주인을 가까이하는 것, ③보시하는 자, 보시의 주인에게 좋은 평판이 퍼지는 것, ④보시하는 자, 보시의 주인은 끄샤뜨리야의 무리이든, 바라문의 무리이든, 장자의 무리이든, 사문의 무리이든, 그 어떤 무리에 들어가더라도 자신감을 가지고 당당하게 들어가는 것

입니다. 부처님은 이어서 한 가지를 더 말하는데,

> ⑤보시하는 자, 보시의 주인이 몸이 무너져 죽은 뒤에 좋은 곳, 하늘 세상에 태어나는 것

입니다. 부처님의 말씀에 대해 시하 장군은 다시 이렇게 말합니다.

> "대덕이시여, 세존께서 말씀하신 이 네 가지 눈에 보이는 보시의 결실에 대해 저는 여기서 세존에 대한 믿음에 의해 받아들이지 않습니다. 저는 그것들을 압니다. 대덕이시여, 보시하는 자, 보시의 주인인 저를 많은 사람이 사랑하고 마음에 들어 합니다. 대덕이시여, 세상에 있는 고결한 사람들은 보시하는 자, 보시의 주인인 저를 가까이합니다. 대덕이시여, 보시하는 자, 보시의 주인인 저에게 '시하 장군은 따르는 무리에게 보시를 행하는 자'라는 좋은 평판이 퍼집니다. 대덕이시여, 보시하는 자, 보시의 주인인 저는 끄샤뜨리야의 무리이든, 바라문의 무리이든, 장자의 무리이든, 사문의 무리이든, 그 어떤 무리에 들어가더라도 자신감을 가지고 당당하게 들어갑니다. 대덕이시여, 세존께서 말씀하신 이 네 가지 눈에 보이는 보시의 결실에 대해 저는 여기서 세존에 대한 믿음에 의해 받아들이지 않습니

다. 저도 그것들을 압니다. 대덕이시여, 세존께서 '시하여, 보시하는 자, 보시의 주인은 몸이 무너져 죽은 뒤에 좋은 곳, 하늘 세상에 태어난다.'라고 저에게 말씀하신 것은 저는 알지 못합니다. 그러나 여기서 저는 세존에 대한 믿음에 의해 받아들입니다."

그리고 부처님은

"시하여, 그렇습니다. 시하여, 그렇습니다. 보시하는 자, 보시의 주인은 몸이 무너져 죽은 뒤에 좋은 곳, 하늘 세상에 태어납니다."

라고 다시 확인하면서 경은 마무리됩니다.

여기서 ①~④는 보시를 실천하면 눈에 보이는 결실입니다. 배우지 못해서 모르고 있을 뿐, 배워서 알면 직접 눈으로 확인할 수 있는 사실입니다. 그래서 스승에게서 배워 알기만 하면 믿음의 유무와 관계없이 직접 확인할 수 있는 것입니다. 그러나 ⑤는 보시를 실천하면서도 확인할 수 없습니다.

이때, 시하 장군의 선택은 주목해야 합니다. ―「저는 알지 못합니다. 그러나 여기서 저는 세존에 대한 믿음에 의해 받아들입니다.」

세간적인 능력에 의해서는 알 수 없는 주제들이 있습니다. '보시를 하면, 그 힘으로 죽은 뒤에 하늘에 태어나는가?'의 주제도 그런 주제입니다. 이 주제에 대해 시하 장군은 세존에 대한 믿음에 의해 받아들이기로 선택합니다. 스스로 알 수 없는 이 주제에 대해 '누가 가장 믿을 수 있는 답을 주는 사람인가?'라고 고민한 결과라고 해야 합니다. 그리고 부처님이 가장 믿을 수 있는 답을 주는 바로 그 사람이라는 선택은 불교신자인 시하 장군에게는 당연하고도 최선의 선택입니다.

가장 원초적인 바른 견해를 구성하는 세 가지도 그렇습니다. 저세상과 화생 그리고 업(業)의 과(果)와 보(報)는 눈으로 보아 확인할 수 있는 주제가 아닙니다. 그러나 삶의 진지함 위에서 지금을 살고 미래를 준비하기 위해서는 모르고 넘어갈 수도 없는 주제입니다. 이때, 불교신자는 어떤 선택을 해야 합니까?

시하 장군이 알지 못하는 주제에 대해 부처님에 대한 믿음으로 받아들였듯이, 불교신자라면 당연히 부처님의 가르침대로 받아들여야 합니다. 말씀하신 그대로 ①저세상은 있고, ②화생(化生)하는 중생도 있고, ③업(業)에는 과(果)와 보(報)가 따른다고 부처님에 대한 믿음으로 받아들일 때, 그 사람이 불교신자입니다. 이렇게 스승에 대한 믿음의 영역에 있는 것들은 스승에 대한 믿음으로 받아들여야 하고, 그것이 스승을 뒤따라 삶을 향상하는 제자의 삶인 것입니다.

한편, (SN 42.6-아시반다까뿟따 경)에서 아시반다까뿟따 촌장은 "죽어서 임종한 사람을 위로 인도하여 천상에 가게 한다고 말하는 서쪽 지방에 사는 바라문들처럼, 세존-아라한-정등각께서는 모든 사람을 몸이 무너져 죽은 뒤에 좋은 곳 천상세계에 태어나게 하는 것이 가능합니까?"라고 질문합니다.

부처님은, 예를 들면, 깊은 물 속에 던져진 돌덩이가 군중들이 함께 모여 절하고 기도하고 합장하고 그의 주위를 돈다고 해서 떠오르지 않는 것처럼, 살아서 십악업(十惡業)을 행한 것을 원인으로 지옥으로 향하는 자를 되돌려 천상세계에 태어나게 하는 것은 가능하지 않다고 대답합니다.

또한, 예를 들면, 버터 단지나 기름 단지를 깊은 물 속에 들어가서 깨면 파편이나 조각은 아래로 가라앉을 것이고 버터나 기름은 떠오를 것인데, 군중들이 함께 모여 절하고 기도하고 합장하고 그의 주위를 돈다고 해서 버터와 기름이 가라앉지 않는 것처럼, 살아서 십선업(十善業)을 행한 것을 원인으로 천상으로 향하는 자를 되돌려 지옥에 태어나게 하는 것도 가능하지 않다고 대답합니다.

이렇게 삶은 절하고 기도하고 합장하고 소망하는 것을 통해 결과를 만들지 않습니다. 오직 자신의 행위를 통해 결과를 만드는 것입니다. 이때, 고(苦)의 결과를 초래하는 행위로 십악업(十惡業)이, 락(樂)의 결과를 초래하는 행위로 십선업(十善業)이 제시되는데, 행해야 하는 행위와 행하지 않아야 하는 행위의 기준이 됩니다.

그래서 「불교(佛教), 한마디로 말하면 행위입니다!」는 십업(十業)의 선(善)-악(惡)을 중심으로 서술되는데, 십업(十業)이 고(苦)와 락(樂)의 결과를 만든다는 관점 역시 스승에 대한 믿음의 영역[③업(業)에는 과(果)와 보(報)가 따름]에서 받아들여야 하는 주제입니다.

Ⅵ. 칠불통계(七佛通戒) — 고(苦)의 과(果)-보(報)를 초래하는 업(業)과 락(樂)의 과(果)-보(報)를 초래하는 업(業)

(DN 14.16-대전기경, 유행(遊行)의 허락)에서 위빳시 세존-아라한-정등각은 비구 상가(僧伽)에게 학습계율을 제정하는데, 유명한 칠불통계(七佛通戒)입니다.

> 인내와 용서가 최상의 고행(苦行)[난행(難行)-계행(戒行)-수도(修道) → 종교적인 삶]이고, 열반(涅槃)은 최상이라고 부처님들은 말한다. 출가자는 참으로 남을 해치지 않는다. 남을 괴롭히는 자는 사문이 아니다.
>
> 모든 악(惡)을 행하지 않음과 선(善)의 성취, 자신의 심(心)을 깨끗이 하는 것, 이것이 부처님들의 가르침이다.(*)
>
> 모욕하지 않고, 해치지 않고, 학습계율 위에서 단속하는 것, 음식에 대해 절제하고, 홀로 머물며 앉고 눕는 것, 심(心)의 집중 위에서 노력하는 것, 이것이 부처님들의 가르침이다.

세 개의 게송으로 구성된 이 계(戒) 가운데 두 번째 게송은 「제악막작(諸惡莫作) 중선봉행(衆善奉行) 자정기의(自淨其意) 시제불교(是諸佛敎)」로 한역되어 널리 알려진 게송입니다. 그런데 한역의 과정에서 심(心-citta)이 의(意-mano)로 다르게 번역된 점은 주목해야 합니다. 그래서 이 게송은 「신(身)-구(口)-의(意) 삼업(三業)에서 악업을 짓지 않고, 선업(善業)을 지으면서, 업(業)의 뿌리인 심(心)을 깨끗이 하는 것이 모든 부처님의 가르침」이라고 해석됩니다.

이때, 심(心)을 깨끗이 하는 것은 탐(貪)-진(嗔)-치(癡)를 부수는 것입니다. 그런데 신(身)-구(口)-의(意) 삼업(三業)에서 악업(惡業)을 짓지 않고, 선업(善業)을 짓는다는 것은 무엇입니까?

업(業)은 심(心)을 원인으로 신(身)-구(口)-의(意)로 행위 하고 고(苦) 또는 고멸(苦滅)[락(樂)]을 결과 맺는 것입니다. 그리고 고(苦)와 고멸(苦滅)을 결과 맺는 업(業)에 대해 경전은 분명한 기준을 제시하는데, 고(苦)를 초래하는 업(業)은 악업(惡業)/불선업(不善業)/무익(無益)이고, 락(樂)을 초래하는 업은 선업(善業)/유익(有益)입니다.

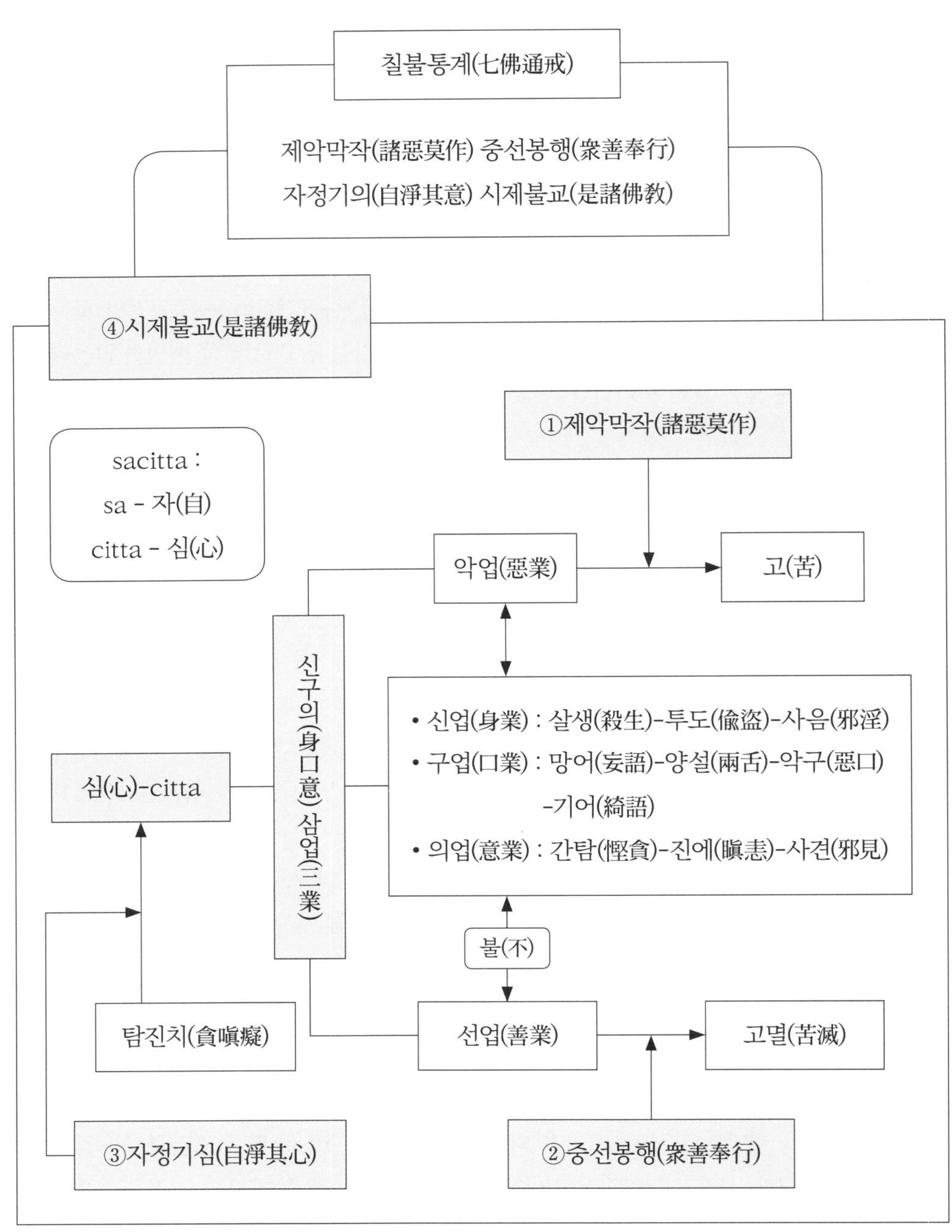

(*) sabbapāpassa akaraṇaṃ, kusalassa upasampadā.
sacittapariyodapanaṃ, etaṃ buddhānasāsanaṃ.

두 개의 (괴로움을 낳음 경)은 괴로움을 초래하는 법으로

1) [십사도(十邪道)] 삿된 견해-삿된 사유-삿된 말-삿된 행위-삿된 생활-삿된 노력-삿된 삼매-삿된 앎-삿된 해탈 (AN 10.143-괴로움을 낳음 경)

2) [십악업(十惡業)] 살생(殺生)-투도(偸盜)-사음(邪淫)-망어(妄語)-양설(兩舌)-악구(惡口)-기어(綺語)-간탐(慳貪)-진에(瞋恚)-사견(邪見) (AN 10.187-괴로움을 낳음 경)

을 제시하고, 행복을 초래하는 법으로

1) [십정도(十正道)] 바른 견해-바른 사유-바른 말-바른 행위-바른 생활-바른 노력-바른 삼매-바른 앎-바른 해탈 (AN 10.143-괴로움을 낳음 경)

2) [십선업(十善業)] 불살생(不殺生)-불투도(不偸盜)-불사음(不邪婬)-불망어(不妄語)-불양설(不兩舌)-불악구(不惡口)-불기어(不綺語)-불간탐(不慳貪)-부진에(不瞋恚)-정견(正見) (AN 10.187-괴로움을 낳음 경)

을 제시합니다. 팔정도(八正道)에 바른 앎과 바른 해탈을 더한 십정도(十正道)와 십선업(十善業)이 행복을 초래하는 법이라는 정의입니다.

한편, (AN 10.144-괴로움의 보(報) 경)과 (AN 10.188-괴로움의 보(報) 경)은 보(報)가 괴로움인 법으로

1) [십사도(十邪道)] 삿된 견해-삿된 사유-삿된 말-삿된 행위-삿된 생활-삿된 노력-삿된 삼매-삿된 앎-삿된 해탈(AN 10.144-괴로움의 보(報) 경)

2) [십악업(十惡業)] 살생(殺生)-투도(偸盜)-사음(邪淫)-망어(妄語)-양설(兩舌)-악구(惡口)-기어(綺語)-간탐(慳貪)-진에(瞋恚)-사견(邪見) (AN 10.188-괴로움의 보(報) 경)

을 제시하고, 보(報)가 행복인 법으로

1) [십정도(十正道)] 바른 견해-바른 사유-바른 말-바른 행위-바른 생활-바른 노력-바른 삼매-바른 앎-바른 해탈 (AN 10.144-괴로움의 보(報) 경)

2) [십선업(十善業)] 불살생(不殺生)-불투도(不偸盜)-불사음(不邪婬)-불망어(不妄語)-불양설(不兩舌)-불악구(不惡口)-불기어(不綺語)-불간탐(不慳貪)-부진에(不瞋恚)-정견(正見) (AN 10.188-괴로움의 보(報) 경)

을 제시합니다. 십정도(十正道)와 십선업(十善業)은 그 보(報)가 행복인 법이라는 정의입니다.

그렇다면 십사도(十邪道)와 십악업(十惡業)은 과(果)도 보(報)도 괴로움이고, 십정도(十正道)와 십선업(十善業)은 과(果)도 보(報)도 행복이라는 정의가 됩니다. 역으로 말하면, 괴로움의 과(果)와 보(報)를 가져오는 행위[법(法)]는 십사도(十邪道)와 십악업(十惡業)이고, 행복의 과(果)와 보(報)를 가져오는 행위[법(法)]는 십정도(十正道)와 십선업(十善業)입니다.

[참고] 이때, 십정도(十正道)는 팔정도(八正道)의 상세입니다. 정견(正見)-정사유(正思惟)-정어(正語)-정업(正業)-정명(正命)-정정진(正精進)-정념(正念)-정정(正定)의 여덟 가지 중 정정(正定) 즉 바른 삼매는 앞의 일곱 가지를 필수품으로 성취되는 삼매입니다. 그리고 바른 삼매는 단지 삼매를 성취해서 머무는 것이 아니라 삼매를 토대로 깨달음으로 나아가는 삼매수행(三昧修行) 즉 삼매를 닦는 것입니다. 이때, 정정(正定) 즉 삼매의 토대 위에서 삼매를 닦는 과정을 토대인 정정(正定)과 정지(正知)[바른 앎=심해탈(心解脫)] 그리고 정해탈(正解脫)[바른 해탈=부동(不動)의 심해탈(心解脫)]로 상세히 구분하여 설명한 것이 십정도(十正道)입니다. 그러므로 십정도(十正道)로 완성되고, 팔정도(八正道)는 불완성의 과정이라고 이해하면 안 됩니다. 그리고 십사도(十邪道)는 깨달음으로 이끌지 못하는 과정을 십정도에 대비해서 설명한 것입니다.

한편, 괴로움을 초래하는 법이면서 보(報)가 괴로움인 법으로 나타나는 또 한 가지의 교리로는

①화(kodha)-원한(upanāha), ②저주(makkha)-횡포(paḷāsa), ③질투(issā)-인색(macchariya), ④사기(māyā)-교활(sāṭheyya), ⑤자책(自責)의 두려움 없음(ahirika)-타책(他責)의 두려움 없음(anottappa)

이 있는데(AN 2.181-190 – 화의 반복), 반대의 경우도 함께 제시됩니다. ☞「제4부 제3장 Ⅳ. 기타의 용례 [1]」 참조

①화 없음(akodha)-원한 없음(anupanāha), ②저주 없음(amakkha)-횡포 없음(apaḷāsa), ③질투 없음(anissā)-인색 없음(amacchariya), ④사기 없음(amāyā)-교활 없음(asāṭheyya), ⑤자책(自責)의 두려움(hiri)-타책(他責)의 두려움(ottappa)(AN 2.191-200–불선(不善)의 반복)

그런데 이 열 가지 중 ①~④의 네 쌍, 여덟 가지는, (MN 15-미루어 생각함 경)에 의하면, 모나게 하는 법들에 속하는 것이어서 동료수행자들의 도움을 받지 못합니다. — 「도반들이여, 만약 비구가 '존자들은 나에게 말씀해 주십시오. 나는 존자들에 의해 말씀을 들어야 합니다.'라고 요청하더라도, 그가 완고한 자, 모나게 하는 법들을 갖춘 자, 인내하지 않는 자, 이어지는 가르침을 바르게 붙잡지 않은 자라면, 동료수행자들은 그에게 말해야 한다고 생각하지 않고, 가르쳐야 한다고 생각하지 않고, 그 사람에 대해 믿음을 가져야 한다고 생각하지 않습니다.」

그리고 ⑤자책(自責)의 두려움(hiri)-타책(他責)의 두려움(ottappa)의 두 가지 법에 대해서는 「제4부 제1장 세상을 보호하는 두 가지 법 — 히리와 옷땁빠」에서 설명하였습니다.

이렇게 이것이 업인과보(業因果報) 또는 「행위가 가지는 과(果)와 보(報)의 법칙성」에 대한 부처님의 기준입니다.

▣ 부처님에 의해 선언된 것 — 「유익(有益)/선(善)과 무익(無益)/불선(不善)」

(AN 10.94-왓지야마히따 경)[☞ 제1부 제2장 V.흰옷을 입은 재가자의 기타 용례 16]은 부처님을 분별설자(分別說者-vibhajjavādo) 즉 비난해야 할 것은 비난하고 칭찬해야 할 것은 칭찬하는, 획일적으로 말하지 않는 분이라고 소개합니다. — 「대덕이시여, 세존께서는 비난해야 할 것은 비난하고, 칭찬해야 할 것은 칭찬합니다. 참으로, 대덕이시여, 세존은 비난해야 할 것은 비난하는 분이고, 칭찬해야 할 것은 칭찬하는 분입니다. 세존은 분별해서 말하는 분[분별설자(分別說者)]입니다. 그분 세존께서는 여기에서 획일적으로 말하는 분이 아닙니다.」

그리고 분별해서 말하는 자라면 허무주의자, 선언된 가르침이 없는 자가 아니냐는 질문에 대해 부처님은 선언된 가르침이 있는 분, 유익(有益)과 무익(無益)을 선언하는 분이라고 답합니다. — 「'이것은 유익한 것이다(idaṃ kusalan).'라고 세존에 의해서 선언되었고, '이것은 무익한 것이다(idaṃ akusalan).'라고 세존에 의해서 선언되었습니다. 이렇게 세존은 유익(有益)과 무익(無益)을 선언하는 분입니다. 세존은 선언된 가르침이 있는 분입니다. 그분 세존께서는 허무주의자, 선언된 가르침이 없는 자가 아닙니다.」

주목해야 합니다!

부처님은 유익(有益)/선(善)과 무익(無益)/불선(不善)을 선언하는 스승입니다. 행위에 있어 옳고 그름의 판단 기준의 제시인데, 완전한 깨달음을 성취한 분[정등각(正等覺)]의 선언이기 때문에 부작용이 없는 기준입니다. 행복의 과(果)와 보(報)를 가져오는 행위로 제시되는 십선업(十善業)과 십정도(十正道) 등이 온전하게 불교신자의 삶의 기준이 되어야 하는 이유입니다.

한편, (DN 19-마하고윈다 경)은 부처님에 대한 있는 그대로의 칭찬 여덟 가지를 설명하는데, 세 번째가 유익(有益)/선(善)과 무익(無益)/불선(不善)의 선언이어서 (AN 10.94-왓지야마히따 경)과 궤를 같이 하고 있습니다.

노력하는 사람은 많습니다. 그러나 어떤 노력이 큰 성과를 거두고 행복으로 이끄는지는 잘 알지 못합니다. 그래서 노력한 만큼의 성과를 얻지 못합니다. 이런 점에서 스승이신 부처님이 필요합니다. 그리고 부처님은 바로 큰 성과를 거두고 행복으로 이끄는 길을 이렇게 잘 분별해서 선언해 주는 것입니다. — 「유익(有益)과 무익(無益)을 선언하는 분」

Ⅶ. 십업(十業) — 십악업(十惡業)과 십선업(十善業)

십업(十業)은 신업(身業) 세 가지와 구업(口業) 네 가지 그리고 의업(意業) 세 가지로 구성됩니다. 이때, 신업(身業)은 살생(殺生)-불살생(不殺生), 투도(偸盜)-불투도(不偸盜), 사음(邪淫)-불사음(不邪婬)인데, 각각 생명 존중과 사회정의와 가족 보호의 측면으로 이해할 수 있습니다. 구업(口業)은 망어(妄語)-불망어(不妄語), 양설(兩舌)-불양설(不兩舌), 악구(惡口)-불악구(不惡口), 기어(綺語)-불기어(不綺語)인데 관계 보호의 측면으로, 의업(意業)은 간탐(慳貪)-불간탐(不慳貪), 진에(瞋恚)-부진에(不瞋恚), 사견(邪見)-정견(正見)인데, 자기 보호의 측면으로 이해할 수 있습니다.

[1] 십선업(十善業)과 십악업(十惡業)의 정의 — (MN 41-살라의 주민들 경)

팔정도(八正道)의 상세인 십정도(十正道)와 십사도(十邪道)는 많은 설명을 필요로 하기 때문에 별도의 책을 통해 설명할 예정입니다. 그러나 십선업(十善業)과 십악업(十惡業)은 직접 정의해 주는 경이 있는데, (MN 41-살라의 주민들 경) 등에 포함되어 있습니다.

「한 곁에 앉은 살라의 주민인 바라문 장자들은 세존에게 이렇게 말했다. — "고따마 존자여, 참으로 어떤 원인 어떤 조건 때문에 여기 어떤 중생들은 몸이 무너져 죽은 뒤에 상실과 비탄의 상태, 비참한 존재, 벌 받는 상태, 지옥에 태어납니까? 고따마 존자여, 참으로 어떤 원인 어떤 조건 때문에 여기 어떤 중생들은 몸이 무너져 죽은 뒤에 좋은 곳, 하늘 세상에 태어납니까?"

"장자들이여, 비법(非法)의 행위와 안정되지 못한 행위를 원인으로 이렇게 여기 어떤 중생들은 몸이 무너져 죽은 뒤에 상실과 비탄의 상태, 비참한 존재, 벌 받는 상태, 지옥에 태어납니다. 장자들이여, 법(法)의 행위와 안정된 행위를 원인으로 이렇게 여기 어떤 중생들은 몸이 무너져 죽은 뒤에 좋은 곳, 하늘 세상에 태어납니다."

"우리는 고따마 존자가 간략하게 설하고 상세하게 의미를 분석하지 않은 이 말씀의 상세한 의미를 알지 못합니다. 우리가 고따마 존자가 간략하게 설하고 상세하게 의미를 분석하지 않은 이 말씀의 상세한 의미를 알게 되는 그런 법을 고따마 존자께서 우리들에게 설해주시면 고맙겠습니다." "장자들이여, 그러면 듣고 잘 사고하십시오. 나는 말하겠습니다." "알겠습니다, 존자여."라고 살라의 주민인 바라문 장자들은 세존에게 대답했다. 세존은 이렇게 말했다. —

"장자들이여, 몸에 의한 세 가지 비법(非法)의 행위와 안정되지 못한 행위가 있습니다. 말에 의한 네 가지 비법(非法)의 행위와 안정되지 못한 행위가 있습니다. 의(意)에 의한 세 가지 비법(非法)의 행위와 안정되지 못한 행위가 있습니다.

장자들이여, 어떻게 몸에 의한 세 가지 비법(非法)의 행위와 안정되지 못한 행위가 있습니까? 장자들이여, 여기 어떤 사람은 ①[살생(殺生)] 생명을 해치는 자입니다. 난폭하고, 손에 피를 묻히고, 해침과 죽임에 대해 열심이고, 생명에 대해 연민하지 않습니다.

다시 그는 ②[투도(偸盜)] 주지 않는 것을 가지는 자입니다. 마을에 있거나 숲에 있는 주어지지 않은 남의 재산과 살림을 도둑처럼 가집니다.

다시 그는 ③[사음(邪淫)] 음행(淫行)에 대해 삿되게 행하는 자입니다. 어머니에 의해 보호되고, 아버지에 의해 보호되고, 부모에 의해 보호되고, 형제에 의해 보호되고, 자매에 의해 보호되고, 친척에 의해 보호되고, 가문에 의해 보호되고, 법에 의해 보호되고, 남편이 있고, 심지어 꽃다발을 두른 여인들에 대해 행위를 저지릅니다. 장자들이여, 이렇게 몸에 의한 세 가지 비법(非法)의 행위와 안정되지 못한 행위가 있습니다.

장자들이여, 어떻게 말에 의한 네 가지 비법(非法)의 행위와 안정되지 못한 행위가 있습니까? 장자들이여, 여기 어떤 사람은 ④[망어(妄語)] 거짓을 말하는 자입니다. 의회에 가거나 모임에 가거나 친척 가운데 가거나 조합 가운데 가거나 왕족 가운데 가거나 의무를 가지고 질문을 받습니다. — '여보시오, 그대가 아는 것을 말하시오.'라고. 그는 알지 못하는 것에 대해 말합니다. — '나는 압니다.'라고. 아는 것에 대해 말합니다. — '나는 알지 못합니다.'라고. 보지 못하는 것에 대해 말합니다. — '나는 봅니다.'라고. 보는 것에 대해 말합니다. — '나는 보지 못합니다.'라고. 이렇게 자신을 원인으로 하거나 남을 원인으로 하여 무언가 적은 보상을 얻음을 원인으로 알면서 거짓을 말합니다.

다시 그는 ⑤[양설(兩舌)] 험담하는 자입니다. 여기서 들은 뒤 저기서 말함으로부터 이것들의 해체로 이끌고, 저기서 들은 뒤 이들에게 말함으로부터 이러한 해체로 이끕니다. 이렇게 화합을 깨는 자거나 파괴를 가져오는 자입니다. 분열을 좋아하고 분열을 꾀하고 분열을 즐기고 분열을 만드는 말을 말합니다.

다시 그는 ⑥[악구(惡口)] 거친 말을 하는 자입니다. 거칠고 난폭하고 남에게 가혹하고 남을 모욕하고 주변 사람들에 분노하고 삼매로 이끌지 않는 그런 말을 말합니다.

다시 그는 ⑦[기어(綺語)] 쓸모없고 허튼 말을 하는 자입니다. 적절하지 않은 때에 말하는 자이고, 진실되지 않게 말하는 자이고, 이익되지 않게 말하는 자이고, 법에 맞지 않게 말하는 자이고, 율에 맞지 않게 말하는 자입니다. 적절하지 않은 때에 근거 없고 무절제하고 이익되지 않는 말을 말합니다. 장자들이여, 이렇게 말에 의한 네 가지 비법(非法)의 행위와 안정되지 못한 행위가 있습니다.

장자들이여, 어떻게 의(意)에 의한 세 가지 비법(非法)의 행위와 안정되지 못한 행위가 있습니까? 장자들이여, 여기 어떤 사람은 ⑧[간탐(慳貪)] 간탐(慳貪) 하는 자입니다. — '참으로 남의 것이 나의 것이 되기를!'이라고 남의 재산과 살림을 간탐(慳貪) 합니다.

다시 그는 ⑨[진에(瞋恚)] 거슬린 심(心)을 가진 자입니다. — '이 중생들이 죽임당하거나 살해되거나 전멸되거나 파괴되거나 존재하지 않게 되어라!'라고 거친 의(意)의 사유를 합니다.

다시 그는 ⑩[사견(邪見)] 삿된 견해를 가진 자입니다. — '①보시(布施)도 없고 제사(祭祀)도 없고 봉헌(奉獻)도 없다. ②선행(善行)과 악행(惡行)의 업(業)들에게 과(果)도 없고 보(報)도 없다. ③이 세상도 없고 저세상도 없다. ④어머니도 없고 아버지도 없다. ⑤화생(化生) 하는 중생은 없다. ⑥세상에는 이 세상과 저세상을 스스로 실답게 안 뒤에 실현하여 선언하는, 바른길에 들어서서 바르게 실천하는 사문·바라문들이 없다.'라고 거꾸로 보는 자입니다. 장자들이여, 이렇게 의(意)에 의한 세 가지 비법(非法)의 행위와 안정되지 못한 행위가 있습니다.

장자들이여, 이런 비법(非法)의 행위와 안정되지 못한 행위를 원인으로 이렇게 여기 어떤 중생들은 몸이 무너져 죽은 뒤에 상실과 비탄의 상태, 비참한 존재, 벌 받는 상태, 지옥에 태어납니다.

"장자들이여, 몸에 의한 세 가지 법(法)의 행위와 안정된 행위가 있습니다. 말에 의한 네 가지 법(法)의 행위와 안정된 행위가 있습니다. 의(意)에 의한 세 가지 법(法)의 행위와 안정된 행위가 있습니다.

장자들이여, 어떻게 몸에 의한 세 가지 법(法)의 행위와 안정된 행위가 있습니까? 장자들이여, 여기 어떤 사람은 ①[불살생(不殺生)] 생명을 해치는 행위를 버렸기 때문에 생명을 해치는 행위로부터 피한 자입니다. 몽둥이를 내려놓았고, 칼을 내려놓았고, 겸손하고, 연민하고, 모든 생명에게 우정과 동정으로 머뭅니다.

그는 ②[불투도(不偸盜)] 주지 않는 것을 가지는 행위를 버렸기 때문에 주지 않는 것을 가지는 행위로부터 피한 자입니다. 마을에 있거나 숲에 있는 주어지지 않은 남의 재산과 살림을 도둑처럼 가지지 않습니다.

그는 ③[불사음(不邪婬)] 음행(淫行)에 대한 삿된 행위를 버렸기 때문에 음행(淫行)에 대한 삿된 행위로부터 피한 자입니다. 어머니에 의해 보호되고, 아버지에 의해 보호되고, 부모에 의해 보호되고, 형제에 의해 보호되고, 자매에 의해 보호되고, 친척에 의해 보호되고, 가문에 의해 보호되고, 법에 의해 보호되고, 남편이 있고, 심지어 꽃다발을 두른 여인들에 대해 행위를 저지르지 않습니다. 장자들이여, 이렇게 몸에 의한 세 가지 법(法)의 행위와 안정된 행위가 있습니다.

장자들이여, 어떻게 말에 의한 네 가지 법(法)의 행위와 안정된 행위가 있습니까? 장자들이여, 여기 어떤 사람은 ④[불망어(不妄語)] 거짓을 말하는 행위를 버렸기 때문에 거짓을 말하는 행위로부터 피한 자입니다. 의회에 가거나 모임에 가거나 친척 가운데 가거나 조합 가운데 가거나 왕족 가운데 가거나 의무를 가지고 질문을 받습니다. — '여보시오, 그대가 아는 것을 말하시오.'라고. 그는 알지 못하는 것에 대해 말합니다. — '나는 알지 못합니다.'라고. 아는 것에 대해 말합니다. — '나는 압니다.'라고. 보지 못하는 것에 대해 말합니다. — '나는 보지 못합니다.'라고. 보는 것에 대해 말합니다. — '나는 봅니다.'라고. 이렇게 자신을 원인으로 하거나 남을 원인으로 하여 무언가 적은 보상을 얻음을 원인으로 알면서 거짓을 말하지 않습니다.

그는 ⑤[불양설(不兩舌)] 험담하는 행위를 버렸기 때문에 험담하는 행위로부터 피한 자입니다. 여기서 들은 뒤 저기서 말함으로부터 이것들의 해체로 이끌지 않고, 저기서 들은 뒤 이들에게 말함으로부터 이러한 해체로 이끌지 않습니다, 이렇게 화합을 부추기는 자이거나 단결을 가져오는 자입니다. 화합을 좋아하고 화합을 꾀하고 화합을 즐기고 화합을 만드는 말을 말합니다.

그는 ⑥[불악구(不惡口)] 거칠게 말하는 행위를 버렸기 때문에 거칠게 말하는 행위로부터 피한 자입니다. 침이 튀지 않고, 귀에 즐겁고, 애정이 넘치고, 매력적이고, 예의 바르고, 대중들이 좋아하고, 대중들이 마음에 들어 하는 그런 말을 말합니다.

그는 ⑦[불기어(不綺語)] 쓸모없고 허틀게 말하는 행위를 버렸기 때문에 쓸모없고 허틀게 말하는 행위로부터 피한 자입니다. 적절한 때에 말하는 자이고, 진실되게 말하는 자이고, 이익되게 말하는 자이고, 법에 맞게 말하는 자이고, 율에 맞게 말하는 자입니다. 적절한 때에, 근거를 갖춘, 절제된, 이익되는 말을 말합니다. 장자들이여, 이렇게 말에 의한 네 가지 법(法)의 행위와 안정된 행위가 있습니다.

장자들이여, 어떻게 의(意)에 의한 세 가지 법(法)의 행위와 안정된 행위가 있습니까? 장자들이여, 여기 어떤 사람은 ⑧[불간탐(不慳貪)] 간탐(慳貪) 하지 않는 자입니다. — '참으로 남의 것이 나의 것이 되기를!'이라고 남의 재산과 살림을 간탐(慳貪) 하지 않습니다.

다시 그는 ⑨[부진에(不瞋恚)] 거슬린 심(心)을 가진 자가 아닙니다. — '이 중생들이 원망 없고 거슬림 없고 고통 없고 행복하고 자신을 보호하여라!'라고 거칠지 않은 의(意)의 사유를 합니다.

다시 그는 ⑩[정견(正見)] 바른 견해를 가진 자입니다. — '①보시(布施)도 있고 제사(祭祀)도 있고 봉헌(奉獻)도 있다. ②선행(善行)과 악행(惡行)의 업(業)들에게 과(果)도 있고 보(報)도 있다. ③이 세상도 있고 저세상도 있다. ④어머니도 있고 아버지도 있다. ⑤화생(化生)하는 중생은 있다. ⑥세상에는 이 세상과 저세상을 스스로 실답게 안 뒤에 실현하여 선언하는, 바른길에 들어서서 바르게 실천하는 사문·바라문들이 있다.'라고 바르게 보는 자입니다. 장자들이여, 이렇게 의(意)에 의한 세 가지 법(法)의 행위와 안정된 행위가 있습니다.

장자들이여, 이런 법(法)의 행위와 안정된 행위를 원인으로 이렇게 여기 어떤 중생들은 몸이 무너져 죽은 뒤에 좋은 곳, 하늘 세상에 태어납니다.

[2] 앙굿따라 니까야의 열의 모음 열일곱 번째 품부터 스물두 번째 품까지의 경 60개

니까야의 많은 경들에서 십업(十業)[십악업(十惡業)-십선업(十善業)]은 중심 주제로 나타나는데, 특히, 앙굿따라 니까야의 열의 모음 열일곱 번째 품부터 스물두 번째 품까지의 60개 경은 십업(十業)을 다양한 측면에서 설명합니다. 십업(十業)이 가지고 있는 교리적 다양성을 잘 알 수 있는데, 간략히 정리하고, 몇 개의 경은 중심 주제를 함께 설명하였습니다.

1. 열일곱 번째 품 – 자눗소니 품

1~2) (AN 10.167-바라문의 내림 의식 경)/(AN 10.168-성스러운 내림 의식 경)

- 주제 — 바라문들의 내림 의식과 성스러운 율(律)에서의 내림 의식은 다름

- 성스러운 율(律)에서의 내림 의식 — 「성스러운 제자는 이렇게 숙고한다. — '생명을 해침에게 지금여기와 내생의 악한 보(報)가 있다.'라고. 그는 이렇게 숙고한 뒤에 생명을 해침을 버린다. 생명을 해침으로부터 내린다.」 → 십악업(十惡業)에 반복(이하 동일)

3~4) (AN 10.169-상가라와 경)/(AN 10.170-이 언덕 경)

- 주제 — 이 언덕과 저 언덕

- 「비구들이여, 생명을 해침이 이 언덕이고, 생명을 해침을 삼가는 것이 저 언덕이다.」

5) (AN 10.171-비법(非法) 경1)

- 주제 — 「비법(非法)과 이익 아님을 알아야 한다. 법(法)과 이익을 알아야 한다. 비법(非法)과 이익 아님을 알고, 법(法)과 이익을 안 뒤에 법에 따르고 이익에 따른 실천을 해야 한다.」

- 비법(非法)과 이익 아님 — 십악업(十惡業)
- 법(法)과 이익 — 십선업(十善業)

6~7) (AN 10.172-비법(非法)경2)/(AN 10.173-비법(非法) 경3)

• 주제 — 비법과 법, 이익 아님과 이익

• 「도반들이여, 무엇이 비법(非法)이고 무엇이 법(法)인가? 무엇이 이익 아님이고 무엇이 이익인가? 도반들이여, 생명을 해침이 비법(非法)이고, 생명을 해침을 삼가는 것이 법(法)이다. 생명을 해침의 조건으로부터 생기는 여러 악한 불선법(不善法)들이 이익 아님이다. 생명을 해침을 삼가는 것의 조건으로부터 여러 선법(善法)이 닦아져 완성된다. 이것이 이익이다.」

8) (AN 10.174-업(業)의 인연 경)

• 주제 — 십악업(十惡業)의 원인

• 「비구들이여, 생명의 해침에 대해서도 나는 세 가지를 말한다. — 망(望)의 원인을 가지는 것, 진(嗔)의 원인을 가지는 것, 치(癡)의 원인을 가지는 것.」

※ 망(望) — 그간 탐(貪)으로 번역된 빠알리 원어는 rāga(라-가)와 lobha(로-바)의 두 가지가 있습니다. 그러나 두 가지의 의미는 다릅니다. 그래서 근본경전연구회는 rāga는 탐(貪)으로, lobha는 망(望)으로 번역하였는데, 뒤이어 출판될 교재 「탐(貪)-진(嗔)-치(癡)」에서 자세히 설명하였습니다.

9) (AN 10.175-피함 경)

• 주제 — 피함이 있는 법

• 「비구들이여, 이것은 피함이 있는 법이고, 이것은 피함이 없는 법이 아니다. 비구들이여, 어떻게 이것은 피함이 있는 법이고, 이것은 피함이 없는 법이 아닌가? 생명을 해침에게 생명을 해침을 삼가는 것은 피함이다.」

10) (AN 10.176-쭌다 경)

• 주제 — 바라문들의 청결과 성스러운 율(律)에서의 청결은 다름

• 성스러운 율(律)에서의 청결 — 「쭌다여, 무엇이 세 가지 몸의 청결인가? 여기, 쭌다여, 어떤 자는 생명을 해침을 버리고 생명을 해침으로부터 피한 자이다. 몽둥이를 내려놓았고, 칼을 내려놓았고, 겸손하고, 연민하고, 모든 생명에게 우정과 동정으로 머문다.」

11) (AN 10.177-자눗소니 경) ☞ 「XII. 제사(祭祀)」 참조

2. 열여덟 번째 품 – 칭찬할 만함 품

경	십악업	십선업
(AN 10.178-칭찬할만함 경)	칭찬할만하지 않은 것	칭찬할만한 것
(AN 10.179-성스러운 법 경	성스럽지 않은 법	성스러운 법
(AN 10.180-유익 경)	무익(無益)	유익(有益)
(AN 10.181-이익 경)	손해	이익
(AN 10.182-법 경)	비법(非法)	법(法)
(AN 10.183-번뇌 경)	번뇌 있는 법	번뇌 없는 법
(AN 10.184-결점 경)	결점 있는 법	결점 없는 법
(AN 10.185-가책을 일으킴 경)	가책을 일으키는 법	가책을 일으키지 않는 법
(AN 10.186-쌓음으로 이끎 경)	쌓음으로 이끄는 법	허묾으로 이끄는 법
(AN 10.187-괴로움을 초래함 경)	괴로움을 초래하는 법	즐거움을 초래하는 법
(AN 10.188-보(報) 경)	보(報)가 괴로움인 법	보(報)가 즐거움인 법

3. 열아홉 번째 품 - 성스러운 길 품

경	십악업	십선업
(AN 10.189-성스러운 길 경)	성스럽지 못한 길	성스러운 길
(AN 10.190-나쁜 길 경)	나쁜 길	좋은 길
(AN 10.191-정법(正法) 경)	정법(正法) 아닌 것	정법(正法)
(AN 10.192-고결한 사람의 법 경)	고결하지 못한 사람의 법	고결한 사람의 법
(AN 10.193-일으켜야 하는 법 경)	일으키지 않아야 하는 법	일으켜야 하는 법
(AN 10.194-실천해야 하는 법 경)	실천하지 않아야 하는 법	실천해야 하는 법
(AN 10.195-닦아야 하는 법 경)	닦지 않아야 하는 법	닦아야 하는 법
(AN 10.196-많이 행해야 함 경)	많이 행하지 않아야 하는 법	많이 행해야 하는 법
(AN 10.197-계속해서 기억해야 함 경)	계속해서 기억하지 않아야 하는 법	계속해서 기억해야 하는 법
(AN 10.198-실현해야 함 경)	실현하지 않아야 하는법	실현해야 하는 법

4. 스무 번째 품 - 부가의 사람 품

• (AN 10.199-210-봉사하지 않아야 함 등의 경들)

	십악업	십선업
열 가지 법을 갖춘 사람	봉사하지 않아야 함	봉사해야 함
	교제하지 않아야 함	교제해야 함
	가까이 하지 않아야 함	가까이 해야 함
	존경받지 못함	존경받음
	칭찬받지 못함	칭찬받음
	경의를 표하지 않음	경의를 표함
	순응하지 않음	순응함
	성취하지 못함	성취함
	청정하지 못함	청정함
	자만을 제어하지 못함	자만을 제어함
	지혜가 늘어나지 않음	지혜가 늘어남
	악덕(惡德)을 쌓음	공덕(功德)을 쌓음

5. 스물한 번째 품 - 업에서 생긴 몸 품

1~2) (AN 10.211-지옥과 천상 경1)/(AN 10.212-지옥과 천상 경2)

- 주제 — 열 가지 법을 갖춘 자

- 십악업(十惡業)을 갖춘 자는 운반되듯 지옥에 놓인다.
- 십선업(十善業)을 갖춘 자는 운반되듯 천상에 놓인다.

3) (AN 10.213-여인 경) — 열 가지 법을 갖춘 여인에 반복

4) (AN 10.214-여신자 경) — 열 가지 법을 갖춘 여신자에 반복

5) (AN 10.215-침착함 경)

- 십악업(十惡業)을 갖추고 집에 사는 여신자는 침착하지 못하다.
- 십선업(十善業)을 갖추고 집에 사는 여신자는 침착하다.

6) (AN 10.216-기어감의 경)

- 기어가는 행로에 대한 법문 — 「중생들은 자신의 업(業)이고, 업을 잇고, 업이 근원이고, 업을 다루고, 업의 도움을 받는다. 그는 선(善)하거나 악(惡)한 업을 짓고 그것을 잇는다.」

- 십악업(十惡業)을 짓는 자 — 굴곡진 몸의 업(業), 굴곡진 말의 업, 굴곡진 의(意)의 업 → 「그는 몸으로 뱀처럼 기고, 말로 뱀처럼 기고, 의(意)로 뱀처럼 긴다. 그는 굴곡진 몸의 업(業), 굴곡진 말의 업, 굴곡진 의(意)의 업을 짓는다. 그에게 굴곡진 갈 곳이 있고, 굴곡진 태어남이 있다. 비구들이여, 굴곡진 곳으로 가고, 굴곡진 곳에 태어나는 자는 두 가지 갈 곳 중의 어떤 곳에 간다고 나는 말하는데, 오로지 고통스러운 지옥들이거나 기어 다니는 무리에 속한 축생의 모태이다. 그러면 비구들이여, 무엇이 기어 다니는 무리에 속한 축생의 모태인가? 뱀, 전갈, 지네, 몽구스, 고양이, 쥐, 올빼미 그리고 어떤 것이든 인

간을 본 뒤에 기어가는 축생의 모태에 속한 것들이다. 이렇게, 비구들이여, 존재로부터 존재의 태어남이 있다. 행위 하는 것에 의해 태어난다. 태어난 그곳에서 촉(觸)들이 닿는다. 이렇게, 비구들이여, '중생들은 업을 잇는 자'라고 나는 말한다.」

• 십선업(十善業)을 짓는 자 — 올곧은 몸의 업(業), 올곧은 말의 업, 올곧은 의(意)의 업 → 「그는 몸으로 뱀처럼 기지 않고, 말로 뱀처럼 기지 않고, 의(意)로 뱀처럼 기지 않는다. 그는 올곧은 몸의 업(業), 올곧은 말의 업, 올곧은 의(意)의 업을 짓는다. 그에게 올곧은 갈 곳이 있고, 올곧은 태어남이 있다. 비구들이여, 올곧은 곳으로 가고, 올곧은 곳에 태어나는 자는 두 가지 갈 곳 중의 어떤 곳에 간다고 나는 말하는데, 오로지 행복한 천상들이거나 부유하고, 큰 부를 가졌고, 소유한 것이 많고, 금과 은이 풍부하고, 토지와 도구가 풍부하고, 재산과 곡식이 풍부한 백만장자인 끄샤뜨리야이거나 백만장자인 바라문이거나 백만장자인 장자의 집안들이다. 이렇게, 비구들이여, 존재로부터 존재의 태어남이 있다. 행위 하는 것에 의해 태어난다. 태어난 그곳에서 촉(觸)들이 닿는다. 이렇게, 비구들이여, '중생들은 업을 잇는 자'라고 나는 말한다.

7~8) (AN 10.217-의도에 속함 경1)/(AN 10.218-의도에 속함 경2)

• 「비구들이여, 의도에 속한 업(業)들을 짓고 쌓을 때, 경험하지 않음에 의한 소멸을 나는 말하지 않는다. 그리고 그것은 지금여기[금생(今生)]이거나 걸어서 닿는 곳[내생(來生)]이거나 그 후에 오는 생(生)에서이다. 비구들이여, 그러나 나는 의도에 속한 업(業)들을 짓고 쌓을 때, 경험하지 않음에 의한 괴로움의 끝을 말하지 않는다.」

• 십악업(十惡業) — 불선(不善)의 의도에 속한 몸과 말과 의(意)의 업(業)의 폐해를 원인으로 중생들은 몸이 무너져 죽은 뒤에 상실과 비탄의 상태, 비참한 존재, 벌 받는 상태, 지옥에 태어난다.

• 십선업(十善業) — 선(善)의 의도에 속한 몸과 말과 의(意)의 업(業)의 성과를 원인으로 중생들은 몸이 무너져 죽은 뒤에 좋은 곳 하늘 세상에 태어난다.

9) (AN 10.219-업(業)에서 생긴 몸 경)

•「비구들이여, 의도에 속한 업(業)들을 짓고 쌓을 때, 경험하지 않음에 의한 소멸을 나는 말하지 않는다. 그리고 그것은 지금여기[금생(今生)]이거나 걸어서 닿는 곳[내생(來生)]이거나 그 후에 오는 생(生)에서이다. 비구들이여, 그러나 나는 의도에 속한 업(業)들을 짓고 쌓을 때, 경험하지 않음에 의한 괴로움의 끝을 말하지 않는다.」

• 사무량심(四無量心) 수행 →「그는 이렇게 꿰뚫어 안다. — '이전에 나의 이 심(心)은 작고 닦아지지 않았었지만 지금 나의 이 심(心)은 무량하고 잘 닦아졌다. 제한되게 지어진 업은 무엇이든지 거기에 남아있지 않고 그림자를 드리우지 않는다.'라고.」 → 악업(惡業)을 짓지 않음 → 괴로움에 닿지 않음

•「비구들이여, 여자든 남자든 자(慈)-비(悲)-희(喜)-사(捨) 사심해탈(四心解脫)을 닦아야 한다. 비구들이여, 여자든 남자든 이 몸을 가지고 가야 하는 것이 아니다. 죽어야 하는 자[사람]는 심(心)이 넘어가는[연결되는] 것이다. 그는 이렇게 꿰뚫어 안다. — '나에게 업(業)에서 생긴 몸에 의해 이전에 지어진 이 악업들은 어떤 것이든 모두 여기서 경험될 것이다. 다음에는 없을 것이다.'라고. 이렇게 닦여진 사심해탈(四心解脫)은 여기서 더 높은 해탈을 관통하지 못한, 지혜를 지닌 비구를 불환자(不還者)의 상태로 이끈다.」

10) (AN 10.220-비법(非法)의 행위 경)

•「"고따마 존자시여, 어떤 원인, 어떤 조건 때문에 여기 어떤 중생들은 몸이 무너져 죽은 뒤에 상실과 비탄의 상태, 비참한 존재, 벌 받는 상태, 지옥에 태어납니까?" "바라문이여, 비법(非法)의 행위와 안정되지 못한 행위를 원인으로 여기 어떤 중생들은 몸이 무너져 죽은 뒤에 상실과 비탄의 상태, 비참한 존재, 벌 받는 상태, 지옥에 태어납니다."

"고따마 존자시여, 어떤 원인, 어떤 조건 때문에 여기 어떤 중생들은 몸이 무너져 죽은 뒤에 좋은 곳 하늘 세상에 태어납니까?" "바라문이여, 법(法)의 행위와 안정된 행위를 원인으로 여기 어떤 중생들은 몸이 무너져 죽은 뒤에 좋은 곳 하늘 세상에 태어납니다."」

→ (MN 41-살라의 주민들 경)과 같은 주제의 반복

6. 스물두 번째 품 – 일반 품(AN 10.221-233-236)

1) 열 가지 법 — 십업(十業)[십악업(十惡業)과 십선업(十善業)]

2) 스무 가지 법 — 십업(十業)과 부추김

3) 서른 가지 법 — 십업(十業)과 부추김과 동의

4) 마흔 가지 법 — 십업(十業)과 부추김과 동의와 칭찬

• 「비구들이여, 마흔 가지 법을 갖춘 자는 운반되듯 지옥에 놓인다. 무엇이 마흔인가? 자기도 생명을 해치는 자이고, 남에게도 생명을 해치도록 부추기고, 생명을 해치는 것에 대해 동의하고, 생명을 해치는 것을 칭찬한다.」 — 십악업(十惡業)에 반복

• 「비구들이여, 마흔 가지 법을 갖춘 자는 운반되듯 천상에 놓인다. 무엇이 마흔인가? 자기도 생명을 해치는 행위로부터 피한 자이고, 남에게도 생명을 해치는 행위를 삼가도록 부추기고, 생명을 해치는 행위를 삼가는 것에 대해 동의하고, 생명을 해치는 행위를 삼가는 것을 칭찬한다.」 — 십선업(十善業)에 반복

• 파헤쳐지고 파괴된 자신을 보호한다. … 파헤쳐지지 않고 파괴되지 않은 자신을 보호한다.

• 몸이 무너져 죽은 뒤에 상실과 비탄의 상태, 비참한 존재, 벌 받는 상태, 지옥에 태어난다. … 몸이 무너져 죽은 뒤에 좋은 곳, 하늘 세상에 태어난다.

• 어리석은 자라고 알아야 한다. … 현명한 자라고 알아야 한다.

Ⅷ. 십업(十業)의 구조와 업(業)의 개선

[1] 십업(十業)의 구조

이렇게 업(業)은 신구의(身口意) 삼업(三業)[신업(身業)-구업(口業)-의업(意業)]이고, 십업(十業)으로 자세히 분류되고 설명됩니다. 그런데 이런 구분은 몇 가지 특징을 가집니다.

1. 전달 여부에 의한 구분

신업(身業)과 구업(口業)은 의업(意業)과 구분하여 계행(戒行-sīlā)이라고 불립니다. 이때, 신업(身業)과 구업(口業) 즉 계행(戒行)은 남에게 드러나 전달되는 외적(外的)이고 관계적인 행위입니다. 그래서 한 번 행해진 행위는 되돌릴 수 없고, 관계에 영향을 미친다는 측면에서 계(戒-sīla)의 의미를 유추할 수 있습니다.

그러나 의업(意業)은 내적(內的)이고 사적(私的)인 행위이고, 남에게 직접 전달되지 않습니다. 경에는 딱 한 번 의업(意業)을 직접 전달하는 경우가 나타나는데, 경은 이 현상을 부처님의 신통행(神通行-iddhābhisaṅkhāra)이라고 말해줍니다(SN 22.80-탁발 경). 이렇게 마음이 남에게 전달되지 않는다는 점은 마음의 중요한 특징입니다.

남에게 전달되지 않기 때문에 의업(意業) 즉 생각-사유는 되돌릴 수 있습니다. 그렇지만 의업(意業)도 한번 행해지면 과(果)를 초래합니다. 비록 남에게 직접 전달되지 않아서 관계의 문제는 일으키지 않는다고 해도 상(想)을 잠재시키고, 식(識)을 머물게 하기 때문에 나[오취온(五取蘊)]의 상태를 바꾸는 데에는 직접 영향을 미칩니다. 이때, 상(想)은 행위의 재현을 위한 경향이어서 나쁜 생각-사유 즉 악한 의업(意業)은 나쁜 생각-사유를 반복하는 경향을 잠재시키기 때문에 악업(惡業)을 지을 가능성을 높이고. 삶을 퇴보로 이끕니다. 역으로, 좋은 생각-사유 즉 선한 의업(意業)은 좋은 생각-사유를 반복하는 경향을 잠재시키기 때문에 선업(善業)을 지을 가능성을 높이고. 삶을 향상으로 이끕니다.

법구경(法句經) 1~2번 게송(KN 2.1)은 신업(身業)-구업(口業)과 의업(意業)의 이런 관점을 잘 나타내줍니다.

「법(法)들은 의(意)가 앞서는 것이고, 의(意)가 최우선이고, 의(意)가 만든 것이다. 만약 오염된 의(意)를 수단으로 말하고 행동하면, 그것으로 인해 괴로움이 그를 따른다, 바퀴가 발을 따르듯이.

법(法)들은 의(意)가 앞서는 것이고, 의(意)가 최우선이고, 의(意)가 만든 것이다. 만약 깨끗한 의(意)를 수단으로 말하고 행동하면, 그것으로 인해 즐거움이 그를 따른다, 그림자가 떠나지 않듯이.」

2. 견해와 신구의(身口意) 삼업(三業)으로의 구분

의업(意業)은 다시 사유와 견해로 구분됩니다. 사유는 몸과 말의 행위로 드러나 남에게 전달되는 구체적 행위이고, 견해는 행위를 뒷받침하는 세상을 보는 시각입니다. 비유하자면, 안경을 끼고 생활하는 것입니다. 안경에 어떤 색을 넣는지에 따라 색깔에 물든 채 생활하게 되는 것입니다. 안경에 아무 색도 넣지 않으면 세상을 있는 그대로 보면서 생활할 것이고, 어떤 것이든 색을 넣으면 그 색이 얹어져 왜곡된 눈으로 생활하게 되는 것입니다. 그러면 최선의 노력을 다해도 눈의 왜곡에 따르는 잘못된 결과를 만들게 됩니다. 저세상도 있고, 화생하는 중생도 있고, 업(業)에는 과(果)와 보(報)가 따르는 것이 삶인데, 저세상이 없다는 시각을 가지고 살아가면, 비록 최선의 삶을 산다고 해도 삶에 대한 잘못된 시각에 따르는 불만족이 생겨나고, 화생하는 중생이 없다는 시각을 가지고 살아가면, 비록 최선의 삶을 산다고 해도 삶에 대한 잘못된 시각에 따르는 불만족이 생겨나고, 업(業)에는 과(果)와 보(報)가 따르지 않는다는 시각을 가지고 살아가면, 비록 최선의 삶을 산다고 해도 삶에 대한 잘못된 시각에 따르는 불만족이 생겨나는 것입니다. 반면에, 저세상도 있고, 화생하는 중생도 있고, 업(業)에는 과(果)와 보(報)가 따른다는 시각을 가지고 살아가면, 최선을 다해 사는 만큼 그대로 만족한 삶이 되는 것입니다.

이런 점에서 견해는 씨앗에 비유됩니다. ―「예를 들면, 비구들이여, 님바 나무의 씨앗이나 꼬사따끼 넝쿨의 씨앗이나 쓴 조롱박의 씨앗을 젖은 땅에 심으면, 땅에서 영양소를 섭취하고 물에서 영양소를 섭취한 그것들은 모두 쓰고, 시고, 맛이 없게 된다. 그 원인은 무엇인가? 비구들이여, 씨앗이 나쁘다. 이처럼, 비구들이여, 삿된 견해, 삿된 사유, 삿된 말, 삿된 행위, 삿된 생활, 삿된 노력, 삿된 사띠, 삿된 삼매, 삿된 앎, 삿된 해탈을 가진 사람에게 견해를 온전히 수용하여 몸으로 행한 업, 견해를 온전히 수용하여 말로 행한 업, 견해를 온전히 수용하여 의

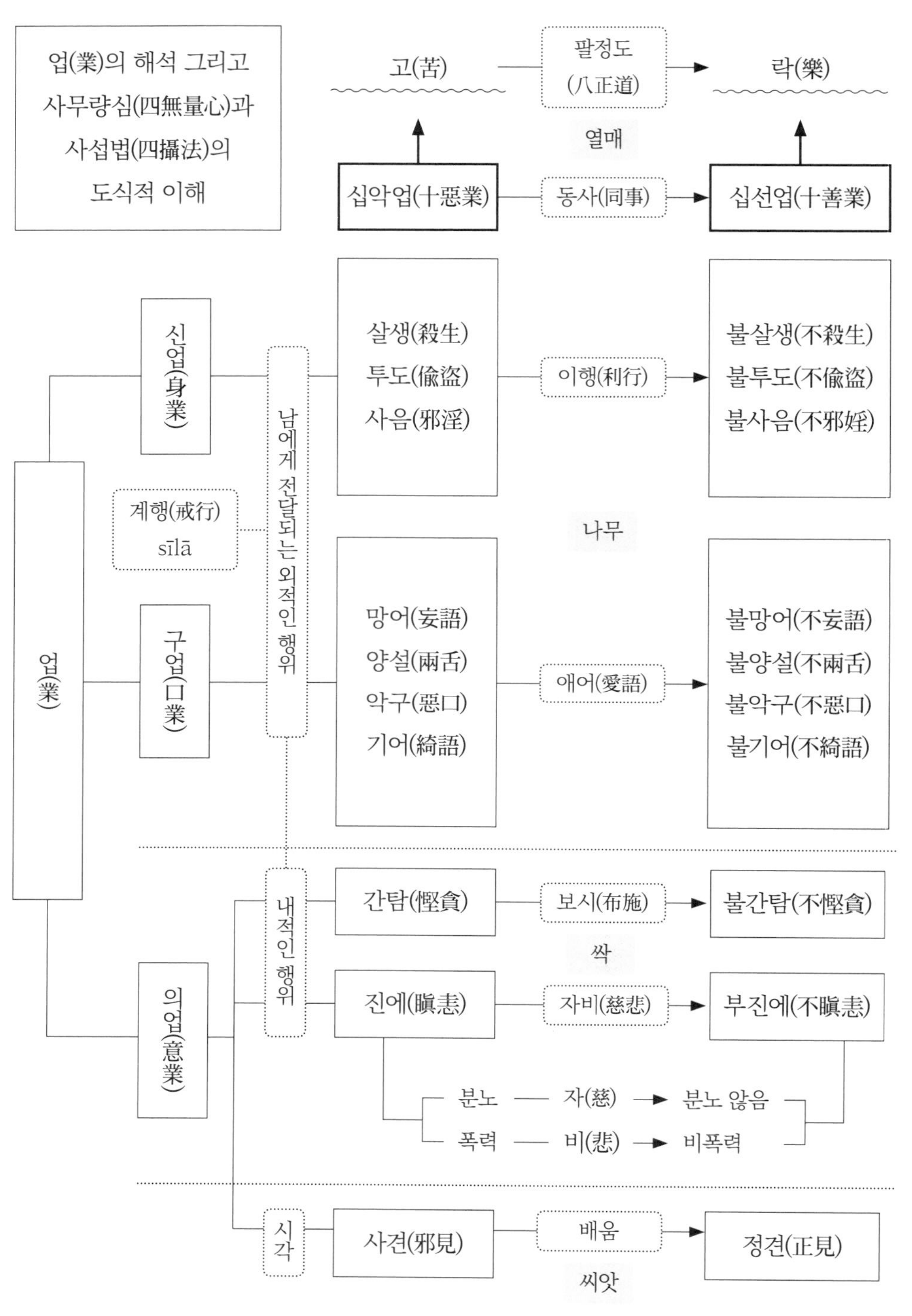

업(業)의 해석 그리고 사무량심(四無量心)과 사섭법(四攝法)의 도식적 이해
고(苦)
팔정도(八正道)
락(樂)
열매
십악업(十惡業)
동사(同事)
십선업(十善業)
업(業)
신업(身業)
계행(戒行) sīlā
구업(口業)
의업(意業)
남에게 전달되는 외적인 행위
내적인 행위
시각
살생(殺生)
투도(偸盜)
사음(邪淫)
이행(利行)
불살생(不殺生)
불투도(不偸盜)
불사음(不邪婬)
나무
망어(妄語)
양설(兩舌)
악구(惡口)
기어(綺語)
애어(愛語)
불망어(不妄語)
불양설(不兩舌)
불악구(不惡口)
불기어(不綺語)
간탐(慳貪)
보시(布施)
불간탐(不慳貪)
싹
진에(瞋恚)
자비(慈悲)
부진에(不瞋恚)
분노 — 자(慈) → 분노 않음
폭력 — 비(悲) → 비폭력
사견(邪見)
배움
정견(正見)
씨앗

(意)로 행한 업, 의도, 기대, 지향, 행(行)들과 같은 모든 법은 원하지 않고, 좋아하지 않고, 마음에 들지 않는 손해와 괴로움으로 이끈다. 그 원인은 무엇인가? 비구들이여, 견해가 나쁘다.

예를 들면, 비구들이여, 사탕수수의 씨앗이나 좋은 볍씨나 포도씨를 젖은 땅에다 심으면, 땅에서 영양소를 섭취하고 물에서 영양소를 섭취한 그것들은 모두 달고, 꿀맛이고, 아주 맛있게 된다. 그 원인은 무엇인가? 비구들이여, 씨앗이 좋다. 이처럼, 비구들이여, 바른 견해, 바른 사유, 바른 말, 바른 행위, 바른 생활, 바른 노력, 바른 사띠, 바른 삼매, 바른 앎, 바른 해탈을 가진 사람에게 견해를 온전히 수용하여 몸으로 행한 업, 견해를 온전히 수용하여 말로 행한 업, 견해를 온전히 수용하여 의(意)로 행한 업, 의도, 기대, 지향, 행(行)들과 같은 모든 법은 원하고, 좋아하고, 마음에 드는 이익과 즐거움으로 이끈다. 그 원인은 무엇인가? 비구들이여, 견해가 좋다.」(AN 10.104-씨앗 경)

그래서 십업(十業)은 견해와 견해에 토대한 신구의(身口意) 삼업(三業)으로 구분하기도 합니다. —「비구들이여, 네 가지 법을 갖춘 어리석고, 배우지 못하고, 고결하지 않은 사람은 자신을 상처 입고 손상된 채 둔다. 결점이 많고, 현명한 자의 비난을 받는다. 많은 악덕(惡德)을 쌓는다. 어떤 네 가지인가? 결점이 있는 몸의 행위, 결점이 있는 말의 행위, 결점이 있는 의(意)의 행위, 결점이 있는 견해 — 비구들이여, 이런 네 가지 법을 갖춘 어리석고, 배우지 못하고, 고결하지 않은 사람은 자신을 상처 입고 손상된 채 둔다. 결점이 많고, 현명한 자의 비난을 받는다. 많은 악덕(惡德)을 쌓는다.

비구들이여, 네 가지 법을 갖춘 현명하고, 배웠고, 고결한 사람은 상처 입지 않고 손상되지 않은 자신을 보호한다. 결점이 없고, 현명한 자의 비난을 받지 않는다. 많은 공덕(功德)을 쌓는다. 어떤 네 가지인가? 결점이 없는 몸의 행위, 결점이 없는 말의 행위, 결점이 없는 의(意)의 행위, 결점이 없는 견해 — 비구들이여, 이런 네 가지 법을 갖춘 현명하고, 배웠고, 고결한 사람은 상처 입지 않고 손상되지 않은 자신을 보호한다. 결점이 없고, 현명한 자의 비난을 받지 않는다. 많은 공덕(功德)을 쌓는다. (AN 4.263-업(業) 경)」

업(業)의 이런 분류는 비유로써 설명되는데, 업(業)의 이런 구조를 잘 나타내주고 있습니다. —「사견(邪見)으로 출발해 십악업(十惡業)을 지으면 괴로움의 과(果)가 생깁니다. 예를 들면, 사견(邪見)의 씨앗을 땅에 뿌리면 간탐(慳貪)과 진에(瞋恚)의 싹[의업(意業)]을 틔우고, 살생(殺生)-투도(偸盜)-사음(邪淫)-망어(妄語)-양설(兩舌)-악구(惡口)-기어(綺語)의 나무[신업(身業)-구업

(口業)]로 무럭무럭 자라나서 쓴 열매[고(苦)]를 맺습니다. 그러나 정견(正見)으로 출발해 십선업(十善業)을 지으면 즐거움의 과(果)가 생깁니다. 예를 들면, 정견(正見)의 씨앗을 땅에 뿌리면 불간탐(不慳貪)과 부진에(不瞋恚)의 싹을 틔우고, 불살생(不殺生)-불투도(不偸盜)-불사음(不邪婬)-불망어(不妄語)-불양설(不兩舌)-불악구(不惡口)-불기어(不綺語)의 나무로 무럭무럭 자라나서 달콤한 열매[락(樂)-고멸(苦滅)]를 맺습니다.」

3. 진에(瞋恚)의 세분 — 분노와 폭력

간탐(慳貪)과 진에(瞋恚)의 자리 즉 사유는 욕(慾) 사유(kāma -saṅkappa), 분노의 사유(byāpāda-saṅkappa), 폭력의 사유(vihiṃsā-saṅkappa)[또는 vihesā]로 설명됩니다. 이때, 욕(慾) 사유는 간탐의 자리이고, 분노의 사유와 폭력의 사유는 진에의 자리입니다. 그래서 진에(瞋恚)는 분노와 폭력으로 세분되는 것을 알 수 있습니다. 십업(十業)에서 진에(瞋恚)는 「⑨[진에(瞋恚)] 거슬린 심(心)을 가진 자입니다. — '이 중생들이 죽임당하거나 살해되거나 전멸되거나 파괴되거나 존재하지 않게 되어라!'라고 거친 의(意)의 사유를 합니다.」라고 정의되는데, 이 정의를 분노와 폭력의 두 가지 측면으로 나타내는 것이라고 이해할 수 있습니다.

[2] 십악업(十惡業)을 십선업(十善業)으로 바꾸는 방법 — 사무량심(四無量心)-사섭법(四攝法)

십악업(十惡業)의 결과는 괴로움이고, 십선업(十善業)의 결과는 즐거움입니다. 그래서 불교는 괴로움을 소멸하고 즐거움을 실현하기 위해서 십악업을 십선업으로 바꾸는 방법을 제시합니다.

먼저, 고(苦)를 락(樂)으로 바꾸는 포괄적인 방법은 팔정도(八正道)인데, 바른 견해, 바른 사유, 바른말, 바른 행위, 바른 생활, 바른 노력, 바른 사띠, 바른 삼매입니다. 이때, 십업(十業)은 견해, 사유, 말, 행위를 구성하고, 포괄적으로 생활까지를 포괄합니다. 그리고 바른 정진과 바른 사띠가 이 다섯 가지를 제어해 십선업(十善業)을 실천하고, 이 일곱 가지가 바른 삼매를 위한 필수품이 됩니다. (MN 117-커다란 마흔의 경)

한편, 이들의 제어에는 다른 교리적 접근 방법도 있습니다. 견해의 제어는 배움과 작의이고 (AN 2.119-130-버리기 어려운 바람 품), 분노의 제어는 자(慈)[자애], 폭력의 제어는 비(悲)[연민]입니다(MN 62-라훌라의 가르침의 큰 경). 그리고 각각의 정의에 의하면, 간탐의 제어는 보시(布施), 구업(口業)의 제어는 애어(愛語), 신업(身業)의 제어는 이행(利行)으로 대응하며, 십업(十業)을 포괄하는 생활의 제어는 동사(同事)로 설명할 수 있습니다.

1. 자비(慈悲)와 자비희사(慈悲喜捨) 사무량심(四無量心)

1) 정형된 형태

이때, 자(慈)와 비(悲)는 자(慈)-비(悲)-희(喜)-사(捨) 사무량심(四無量心)을 구성하는 교리입니다. 사무량심은 이렇게 정형된 형태로 설명됩니다. — 「자(慈)가 함께한 심(心)으로 한 방향을 두루 미치면서 머문다. 그렇게 두 방향을, 그렇게 세 방향을, 그렇게 네 방향을. 그렇게 위로 아래로 중간방위로, 모든 곳에서 모두에게 펼쳐서 모든 세상을 크고 귀하고 무량한, 원망 없고 거슬림 없는 자(慈)가 함께한 심(心)으로 두루 미치면서 머문다. 비(悲)가 함께한 심(心)으로 … 희(喜)가 함께한 심(心)으로 … 사(捨)가 함께한 심(心)으로 한 방향을 두루 미치면서 머문다. 그렇게 두 방향을, 그렇게 세 방향을, 그렇게 네 방향을. 그렇게 위로 아래로 중간방위로, 모든 곳에서 모두에게 펼쳐서 모든 세상을 크고 귀하고 무량한, 원망 없고 거슬림 없는 사(捨)가 함께한 심(心)으로 두루 미치면서 머문다.」

자(慈)는 '그대가 행복하기를!' 바라는 마음이고, 비(悲)는 '그대가 아프지 않기를!' 바라는 마음이며, 희(喜)는 '더불어 기뻐하는' 마음이고, 사(捨)는 '평정한' 마음입니다.

2) 비인간의 침입에 대한 대응 방법/비폭력-무저항/삼매수행의 토대

사무량심은 아주 중요한 교리입니다. 비인간(非人間)의 침입을 방어하는 방법이기도 하고, 비폭력-무저항과도 연결됩니다. 이때, 비(悲)는 비폭력의 근거가 되고, 사(捨)는 무저항의 근거가 됩니다. 또한, 자(慈)-비(悲)-희(喜)-사(捨)를 닦는 수행은 초선(初禪)-제이선(第二禪)-제삼선(第三禪)-제사선(第四禪)의 사선(四禪)과 일대일로 대응하기도 하고, 자심해탈(慈心解脫) ~ 사심해탈(捨心解脫)은 제사선(第四禪) ~ 무소유처(無所有處)와 대응하여 깨달음으로 나아가는 삼매수행(三昧修行)의 토대가 되기도 합니다. 다음 교재에서 자세히 설명할 계획입니다.

3) 사무량심의 이익

그만큼 사무량심을 닦으면 많은 이익이 있습니다.

- (AN 8.1-자애 경) — 「비구들이여, 자심해탈(慈心解脫)을 반복하여 닦고, 많이 행하고, 수레로 삼고, 토대로 삼고, 실천하고, 쌓고, 잘 보살핀 비구에게 여덟 가지 이익이 기대된다. 어떤 여덟 가지인가? 편히 잠자고, 편히 일어나고, 나쁜 꿈을 꾸지 않고, 인간들이 좋아하고, 비인간(非人間)들이 좋아하고, 신(神)들이 보호하고, 불이나 독이나 칼에 해침 당하지 않고, 넘어선 경지를 관통하지 못한 자는 범천의 세상에 태어난다. 비구들이여, 자심해탈(慈心解脫)을 반복하여 닦고, 많이 행하고, 수레로 삼고, 토대로 삼고, 실천하고, 쌓고, 잘 보살핀 비구에게 이런 여덟 가지 이익이 기대된다.」

- (AN 11.15-자애 경) — 「비구들이여, 자심해탈(慈心解脫)을 반복하여 닦고, 많이 행하고, 수레로 삼고, 토대로 삼고, 실천하고, 쌓고, 잘 보살핀 비구에게 열한 가지 이익이 기대된다. 어떤 열한 가지인가? 편히 잠자고, 편히 일어나고, 나쁜 꿈을 꾸지 않고, 인간들이 좋아하고, 비인간(非人間)들이 좋아하고, 신(神)들이 보호하고, 불이나 독이나 칼에 해침 당하지 않고, 심(心)이 빠르게 삼매에 들어지고, 얼굴빛이 깨끗해지고, 당황스럽게 [이성을 잃은 채] 죽지 않고, 넘어선 경지를 관통하지 못한 자는 범천의 세상에 태어난

다. 비구들이여, 자심해탈(慈心解脫)을 반복하여 닦고, 많이 행하고, 수레로 삼고, 토대로 삼고, 실천하고, 쌓고, 잘 보살핀 비구에게 이런 열한 가지 이익이 기대된다.」

4) 깨달음으로 직접 이끄는 완전한 수행법 아님

그러나 사무량심이 깨달음으로 직접 이끄는 완전한 수행법이 아니라는 점도 주목해야 합니다. 사무량심은 부처님이 깨달음을 성취하지 못했던 전생에 닦고 성취한 수행방법이고, 깨달음을 성취하여 부처가 된 지금 설하는 팔정도의 일부 과정으로 소속됩니다.

(DN 25-우둠바리까 경)에서 보았지만, 사무량심(四無量心) 수행의 한계는 천안통(天眼通)입니다. 번뇌를 부수어 깨달음을 성취하는 누진통(漏盡通)에는 미치지 못합니다.

5) 사무량심(四無量心)과 팔정도(八正道)를 따르는 제자들의 성취의 차이

(DN 19-마하고윈다 경)은 부처님이 전생 즉 부처를 이루기 전에는 사무량심(四無量心)을 닦아 많은 사람을 범천의 세상으로 이끌었지만 깨달아 부처를 이룬 지금은 열반으로 직접 이끄는 가르침을 설한다고 하는데, 팔정도(八正道)입니다. ―「"존자들이여, 마하고윈다 바라문은 자(慈)가 함께한 심(心)으로 … 비(悲)가 함께한 심(心)으로 … 희(喜)가 함께한 심(心)으로 … 사(捨)가 함께한 심(心)으로 … 두루 미치면서 머물렀습니다. 그리고 제자들에게 범천의 세상의 동료가 되기 위한 길을 설했습니다.

존자들이여, 그때 가르침을 모두 완전히 안 마하고윈다 바라문의 제자들은 몸이 무너져 죽은 뒤에 좋은 곳, 범천의 세상에 태어났습니다. 가르침을 모두 완전히 알지 못한 제자들은 몸이 무너져 죽은 뒤에 또한 어떤 자들은 타화자재천(他化自在天)의 신들의 동료로 태어났고, 또한 어떤 자들은 화락천(化樂天)의 신들의 동료로 태어났고, 또한 어떤 자들은 도솔천(兜率天)의 신들의 동료로 태어났고, 또한 어떤 자들은 야마천(夜摩天)의 신들의 동료로 태어났고, 또한 어떤 자들은 삼십삼천(三十三天)의 신들의 동료로 태어났고, 또한 어떤 자들은 사대왕천(四大王天)의 신들의 동료로 태어났습니다. 가장 낮은 몸을 성취한 자들도 간답바의 몸을 성취하였습니다. 존자들이여, 이렇게 그 모든 좋은 집안의 아들들의 출가는 쓸모없지 않았고, 생산적이었고, 결실이 있었고, 수확이 있었습니다.

세존께서는 그것을 기억하십니까?" "빤짜시카여, 나는 기억한다. 나는 그때 마하고윈다 바라문이었다. 나는 그 제자들에게 범천의 세상의 동료가 되기 위한 길을 설했다. 그러나 빤짜시카여, 그것은 나의 범행(梵行)을 염오(厭惡)로 이끌지 못하고, 이탐(離貪)으로 이끌지 못하고, 소멸(消滅)로 이끌지 못하고, 가라앉음으로 이끌지 못하고, 실다운 지혜로 이끌지 못하고, 깨달음으로 이끌지 못하고, 열반으로 이끌지 못했다. 범천(梵天)의 세상에 태어남까지만 이끌었을 뿐이다.

그러나 빤짜시카여, 이것은 나의 범행을 온전히 염오(厭惡)로, 이탐(離貪)으로, 소멸(消滅)로, 가라앉음으로, 실다운 지혜로, 깨달음으로, 열반으로 이끈다. 빤짜시카여, 범행을 온전히 염오(厭惡)로, 이탐(離貪)으로, 소멸(消滅)로, 가라앉음으로, 실다운 지혜로, 깨달음으로, 열반으로 이끄는 그것은 무엇인가? 오직 이것, 여덟 요소로 구성된 길이니 즉 정견(正見), 정사유(正思惟), 정어(正語), 정업(正業), 정명(正命), 정정진(正精進), 정념(正念), 정정(正定)이다. 이것이, 빤짜시카여, 범행을 온전히 염오(厭惡)로, 이탐(離貪)으로, 소멸(消滅)로, 가라앉음으로, 실다운 지혜로, 깨달음으로, 열반으로 이끄는 그것이다.

빤짜시카여, 가르침을 모두 완전히 아는 나의 제자들은 번뇌들이 부서졌기 때문에 번뇌가 없는 심해탈(心解脫)과 혜해탈(慧解脫)을 지금여기에서 스스로 실답게 안 뒤에 실현하고 성취하여 머문다[아라한(阿羅漢)]. 가르침을 모두 완전히 알지 못하는 자들은 오하분결(五下分結)이 완전히 부서졌기 때문에 화생한다. 거기서 완전히 열반하는 자이니, 그 세상으로부터 돌아오지 않는 존재[불환자(不還者)]이다. 또한, 가르침을 모두 완전히 알지 못하는 어떤 자들은 세 가지 족쇄가 완전히 부서지고 탐진치(貪嗔癡)가 엷어졌기 때문에 한 번만 더 돌아올 자[일래자(一來者)]이니, 한 번만 더 이 세상에 온 뒤에 괴로움을 끝낼 것 이다. 또한, 가르침을 모두 완전히 알지 못하는 어떤 자들은 세 가지 족쇄가 완전히 부서졌기 때문에 흐름에 든 자[예류자(預流者)]여서 떨어지지 않는 자, 확실한 자, 깨달음을 겨냥한 자이다. 이렇게, 빤짜시카여, 이 모든 좋은 집안의 아들들의 출가는 쓸모없지 않고, 생산적이고, 결실이 있고, 수확이 있다."」

특히, 사무량심(四無量心)을 따라 배우는 제자의 성취 수준과 팔정도(八正道)를 따라 배우는 제자의 성취 수준이 차이가 있다는 점은 분명히 알아야 합니다.

사무량심(四無量心)의 자세한 내용은 다음에 출판될 교재 「팔정도(八正道)」에 넘기고, 이 책에서는 생략하였습니다.

6) 사섭법(四攝法)으로의 연결

한편, 사무량심(四無量心)에서 주목해야 할 점 중 또 하나는 마음은 직접 전달되지 않는다는 사실입니다. '자애의 마음(metta-멧따)을 보낸다.'라고 말하지만, 마음은 직접 보내지고, 전달되는 것이 아니라는 점을 분명히 알아야 합니다. 앞에서 말했듯이 「의업(意業)은 내적(內的)이고 사적(私的)인 행위이고, 남에게 직접 전달되지 않습니다. 경에는 딱 한 번 의업(意業)을 직접 전달하는 경우가 나타나는데, 경은 이 현상을 부처님의 신통행(神通行-iddhābhisaṅkhāra)이라고 말해줍니다(SN 22.80-탁발 경). 이렇게 마음이 남에게 전달되지 않는다는 점은 마음의 중요한 특징입니다.」

사무량심은 오직 내 마음을 자(慈)-비(悲)-희(喜)-사(捨)로 채우는 것입니다. 그래서 '그대가 행복하기를!' 바라고, '그대가 아프지 않기를!' 바라며, '더불어 기뻐하고, 평정한 마음을 가지게 되면, 이런 마음은 보시(布施)-애어(愛語)-이행(利行)-동사(同事)의 사섭법(四攝法)의 실천을 통해 남들에게 전달되는 것입니다.

2. 사섭법(四攝法) — 보시(布施), 애어(愛語), 이행(利行), 동사(同事)

1) saṅgaha(상가하-따르게 함)이라는 단어

saṅgaha라는 단어가 있습니다. 동사형인 saṅgaṇhāti(따르게 하다)와 과거분사인 saṅgahita(따르는 자/따라지는 것) 또는 여격인 saṅgahāya(따르게 함으로)의 형태로도 나타나는데, 사섭법(四攝法-cattāri saṅgahavatthūni-네 가지 따르게 함의 토대)가 대표적 용례입니다.

- (AN 4.256-따르게 함의 토대 경)/(DN 33.7-합송경, 네 가지로 구성된 법) — 「비구들이여, 이런 네 가지 따르게 함의 토대가 있다. 어떤 네 가지인가? 보시(布施), 애어(愛語), 이행(利行), 동사(同事) — 이것이, 비구들이여, 네 가지 따르게 함의 토대다.」

앞에서 말했듯이, 사섭법(四攝法)은 사무량심(四無量心)과 연계해서 이해해야 합니다. 자(慈)-비(悲)-희(喜)-사(捨)의 네 가지로 무량하게 채워진 심(心)은 보시(布施)-애어(愛語)-이행(利

行)-동사(同事)의 네 가지 따르게 함의 토대로 드러나서 다른 사람들을 따르게 하는 것입니다.

이렇게 사무량심(四無量心)을 닦고, 사섭법(四攝法)을 실천하는 것은 십악업(十惡業)을 십선업(十善業)으로 바꾸는 구체적 방법으로 이해할 수 있는데, 팔정도(八正道)에 포괄됩니다.

이때, 보시(布施-dāna)는 베풂, 애어(愛語-peyyavajja)는 사랑스런 말, 이행(利行-atthacariyā)은 이익되는 행위, 동사(同事-samānattatā)는 함께함[공평무사/친목/사교/평정])인데, (AN 4.32-따르게 함 경-saṅgahasuttaṃ)은 이렇게 말합니다.

「비구들이여, 이런 네 가지 따르게 함의 토대가 있다. 어떤 네 가지인가? 보시(布施), 애어(愛語), 이행(利行), 동사(同事) — 이것이, 비구들이여, 네 가지 따르게 함의 토대다.

보시와 사랑스러운 말과 이로운 행위
여기저기 적절한 곳에서 법들 가운데 함께하는 것
이런 따르게 함들은 이 세상에서 움직이는 마차 바퀴의 비녀장과 같다.

이런 따르게 함이 없다면 자식을 낳은 어머니도
자식을 기른 아버지도 자부심과 공경을 얻지 못할 것이다.

현명한 사람은 이런 따르게 함을 고찰하기 때문에
위대함을 얻고 칭송받는다.」

여기서, 동사(同事) 즉 함께함을 '법들 가운데 함께함'으로 설명하는 것은 중요합니다. 법 아닌 것들 가운데의 함께함은 따르는 사람들을 괴로움으로 이끌 것이기 때문입니다.

특히, 이 네 가지 따르게 함을 움직이는 마차 바퀴의 비녀장에 비유하는데, 비녀장이 확고히 잡아주지 않으면 움직이는 중에 마차 바퀴가 이탈하여 마차가 더 이상 구르지 못하듯이, 이 네 가지의 실천 없이 사람들과 함께하면 인간관계의 측면에서 성공하기 어렵다는 의미입니다. 그래서 사섭법은 세간살이의 성공을 위해 가장 큰 비중을 가지는 교리라고 해야 합니다.

그런데 (AN 2.142-151-보시 품)은 두 가지의 따르게 함을 말합니다. — 「비구들이여, 이런 두 가지 따르게 함이 있다. 어떤 두 가지인가? 물질에 의해 따르게 함과 법에 의해 따르게 함 — 비구들이여, 이런 두 가지 따르게 함이 있다. 비구들이여, 이런 두 가지 따르게 함 가운데 법에 의해 따르게 함이 으뜸이다.」

2) 사섭법의 의미를 알려주는 두 개의 경

한편, 사섭법의 의미를 극명하게 알려주는 경으로는 두 개를 말할 수 있는데, (AN 8.24-핫타까 경2)와 (AN 9.5-힘 경)입니다.

(AN 8.24-핫타까 경2)[☞ 제4부 제3장 Ⅲ. [3] 일곱 가지 성스러운 재산 5.]에서 오백 명의 남신자들과 함께 부처님을 뵈러 온 알라위의 핫타까에게 부처님은 어떻게 이 큰 모임을 따르게 하느냐고 질문하고, 핫타까는 「대덕이시여, 세존께서 설하신 사섭법(四攝法)에 의해서 저는 이 큰 모임을 따르게 합니다. 대덕이시여, 저는 '이 사람은 보시(布施)에 의해 따라지는 사람이다.'라고 알면, 베풂으로써 따르게 합니다. 대덕이시여, 저는 '이 사람은 애어(愛語)에 의해 따라지는 사람이다.'라고 알면, 사랑스러운 말로써 따르게 합니다. 대덕이시여, 저는 '이 사람은 이행(利行)에 의해 따라지는 사람이다.'라고 알면, 이익되는 행위로써 따르게 합니다. 대덕이시여, 저는 '이 사람은 동사(同事)에 의해 따라지는 사람이다.'라고 알면, 함께함으로써 따르게 합니다.」라고 답합니다. 부처님은 다시 「훌륭하고 훌륭하다, 핫타까여! 핫타까여, 그것이 이 큰 모임을 따르게 하기 위한 성품이다. 핫타까여, 누구든지 과거에 큰 모임을 따르게 한 사람들은 모두 이 사섭법에 의해 큰 모임을 따르게 했다. 핫타까여, 누구든지 미래에 큰 모임을 따르게 할 사람들은 모두 이 사섭법에 의해 큰 모임을 따르게 할 것이다. 핫타까여, 누구든지 현재에 큰 모임을 따르게 하는 사람들은 모두 이 사섭법에 의해 큰 모임을 따르게 한다.」라고 칭찬합니다.

(AN 9.5-힘 경)[☞ 제4부 제2장 Ⅳ. 네 개의 법 8.]은 지혜의 힘, 정진의 힘, 결점 없음의 힘, 따르게 함의 힘을 갖춘 성스러운 제자는 생계에 대한 두려움, 나쁜 평판에 대한 두려움, 모임에 당당하지 못함에 대한 두려움, 죽음에 대한 두려움, 나쁜 곳에 태어남에 대한 두려움의 다섯 가지 두려움을 극복한다고 하는데, 특히, 주목할 점은 따르게 함의 네 가지에 대해 각각의 으뜸을 설명하는 것입니다. — 「그러면 비구들이여, 무엇이 따르게 함의 힘인가? 비구들이여, 이런 네 가지 따르게 함의 토대[사섭법(四攝法)]가 있다. — 보시(布施), 애어(愛語), 이행(利行), 동사(同事). 비구들이여, 법시(法施)가 보시(布施) 가운데 으뜸이다. 원하고 귀를 기울이는 자에게 반복해서 법을 설하는 것이 애어(愛語) 가운데 으뜸이다. 믿음이 없는 자에게 믿음의 성취를 위

해 부추기고, 들어가게 하고, 확립하게 하고, 계(戒)를 경시하는 자에게 계의 성취를 위해 … 이기적인 자에게 보시(布施)의 성취를 위해 … 어리석은 자에게 지혜의 성취를 위해 부추기고, 들어가게 하고, 확립하게 하는 것이 이행(利行) 가운데 으뜸이다. 예류자(預流者)는 예류자와 사귀고, 일래자(一來者)는 일래자와 사귀고, 불환자(不還者)는 불환자와 사귀고, 아라한(阿羅漢)은 아라한과 사귀는 것이 동사(同事) 가운데 으뜸이다. 이것이, 비구들이여, 따르게 함의 힘이라고 불린다.」

그리고 두려움의 극복에 대해서도 이렇게 말합니다. — 「비구들이여, 그 성스러운 제자는 이렇게 숙고한다. — '나는 생계에 대해 두려워하지 않는다. … 나는 나쁜 평판에 대해 두려워하지 않는다. … 나는 모임에 당당하지 못함에 대해 두려워하지 않는다. … 나는 죽음에 대해 두려워하지 않는다. … 나는 나쁜 곳에 태어남에 대해 두려워하지 않는다. 무엇 때문에 내가 나쁜 곳에 태어남에 대해 두려워하겠는가? 나에게는 지혜의 힘, 정진의 힘, 결점 없음의 힘, 따르게 함의 힘이라는 네 가지 힘이 있다. 어리석은 자는 나쁜 곳에 태어남에 대해 두려워할 것이다. 게으른 자는 나쁜 곳에 태어남에 대해 두려워할 것이다. 신업(身業)과 구업(口業)과 의업(意業)에 결점이 있는 자는 나쁜 곳에 태어남에 대해 두려워할 것이다. 따르게 함이 없는 자는 나쁜 곳에 태어남에 대해 두려워할 것이다.'라고. 비구들이여, 이런 네 가지 힘을 갖춘 성스러운 제자는 다섯 가지 두려움을 극복한다.」

이때, 동사(同事-함께함)의 의미는 쉽게 파악되지 않습니다. 근본경전연구회는 (AN 9.5-힘 경)이 알려주는 '동사(同事) 가운데 으뜸'의 설명에 근거하여 '어떤 그룹에 나를 소속시킬 것인가?'의 측면으로 해석하였습니다.

3) 용례 경전

이외에 사섭법을 설명하는 경들을 정리하였습니다. 교리적 비중을 감안하여 모든 용례를 이 자리에서 소개하였습니다.

① (AN 8.24-핫타까 경2)의 주인공인 알라위의 핫타까는 사섭법에 의해 모임을 따르게 하는 남신자들 가운데 으뜸입니다. (AN 1.248-257-으뜸 품, 여섯 번째 품)

② (DN 30-삼십이상경)에는 사섭법이 두 번 나타나는데, 손과 발의 부드러움과 망의 특징과

둥글고 굽히지 않은 채 무릎에 닿는 특징입니다.

• (DN 30.6-삼십이상경, 손과 발의 부드러움과 망의 특징) — 이전 생들에서 사섭법으로 사람들을 따르게 한 업의 결과여서 재가에 살아 왕이 되든, 출가하여 부처가 되든 구성원들이 잘 따릅니다[☞ 「제1부 제2장 III. 소유하고자 함(kāabhoga)의 용례 1.」참조.

• (DN 30.12-삼십이상경, 둥글고 굽히지 않은 채 무릎에 닿는 특징) — 이전 생들에서 대중을 따르게 하는 것을 생각하면서 편견 없이 알고, 스스로 알고, 사람을 알고, 사람의 차이를 알고, '이 사람은 이것에 적합하고, 이 사람은 이것에 적합하다.'라고 그때그때 사람의 차이를 분별한 업의 결과여서 재가에 살아 왕이 되든, 출가하여 부처가 되든 부유하고, 큰 부를 가졌고, 소유한 것이 많습니다[☞ 「제4부 제3장 III. [3] 일곱 가지 성스러운 재산 6.」 참조].

③ (DN 31-싱갈라 경)에는 사섭법이 세 번 나타나는데, 남편과 아내의 관계와 거짓된 친구 그리고 마무리 게송입니다.

• (DN 31.14-싱갈라 경, 여섯 방향의 보호) — 「장자의 아들이여, 남편은 다섯 가지 조건에 의해 서쪽인 아내를 섬겨야 한다. — 존경하고, 모욕하지 않고, 바람 피우지 않고, 권한을 넘겨주고, 장신구를 준다. 장자의 아들이여, 이런 다섯 가지 조건으로 남편에 의해 섬겨진 서쪽인 아내는 다섯 가지 조건으로 남편을 연민한다. — 맡은 일을 잘 처리하고, 구성원들이 잘 따르게 하고, 바람피우지 않고, 남편이 벌어온 것을 잘 간수하고, 모든 할 일에 대해 숙련되고 게으르지 않다. 장자의 아들이여, 이런 다섯 가지 조건으로 남편에 의해 섬겨진 서쪽인 아내는 이런 다섯 가지 조건으로 남편을 연민한다. 이렇게 그 서쪽은 보호되고, 안온하게 되고, 두려움이 없게 된다.」

• (DN 31.12-싱갈라 경, 거짓된 친구) — 거짓된 친구를 설명하는 네 가지 친구 아닌 자, 거짓된 친구의 세 번째로 과거의 일로 친절하고, 미래의 일로 친절하고, 따르게 함에 능숙하지 못하고, 현재의 일에서는 도움 주지 않는 친구를 말합니다. 이때 따르게 함에 능숙하지 못함은 보시-애어-이행-동사의 네 가지에 능숙하지 못한 것을 의미합니다.

• 마무리 게송 — 「세존은 이렇게 말했다. 스승이신 선서(善逝)는 이렇게 말한 뒤에 다시

이렇게 말했다. —

동쪽은 부모, 남쪽은 스승, 서쪽은 자식과 아내, 북쪽은 친구와 사람들, 아래쪽은 하인이나 직원들, 위쪽은 사문-바라문들, 재가자는 자신의 가문을 충분하게 하고, 이 방향들을 존중해야 한다.

계(戒)를 갖추고, 부드럽고, 지성을 갖추고, 겸허하고, 완고하지 않은 현명한 사람은 명성을 얻는다.

행동 양식을 자른 지혜로운 자는 정열적이고 게으르지 않고, 어려움에 처했을 때 흔들리지 않는다. 이런 사람은 명성을 얻는다.

따르게 하여 친구를 만들고, 편견이 없고, 인색하지 않은 사람, 지도하는 자, 교육하는 자, 조정하는 자. 이런 사람은 명성을 얻는다.

이 세상에서 베풀고, 사랑스럽게 말하고, 이익되게 행위 하며, 법다운 함께함을 여기저기서 적절히 행하면, 가고 있는 마차의 축처럼, 이들이 세상에서 따르게 하는 사람들이다.

따르게 하는 이런 사람들이 없으면, 자부심과 존경을 얻을 수 있는 어머니를 위한 아들의 행위도, 아버지를 위한 아들의 행위도 없다.

이들, 현명한 사람들은 따르게 함을 바르게 보기 때문에
그들은 위대함을 얻고, 존경받는다.」

④ 특히, '구성원들이 잘 따름/따르게 함(saṅgahitaparijana)'은 남편에 대한 아내의 덕목으로 (AN 5.33-욱가하 경)/(AN 8.46-아누룻다 경)/(AN 8.47-위사카 경2)/(AN 8.48-나꿀라마따 경)에서 반복 소개되는데, 시집가는 딸을 위해 요청된 가르침 또는 몸이 무너져 죽은 뒤에 마음에 드는 몸을 가진 신들의 동료로 태어나는 가르침입니다.

「언제나 열심히 노력하여 매일 아내를 부양하는 사람
원하는 모든 것을 주는 그 사람, 남편을 얕보지 않는다.

은혜받은 아내는 남편을 질투하여 화나게 하지 않는다.
현명한 아내는 남편이 중히 여기는 모든 사람을 존중한다.

부지런하고, 게으르지 않으며, 구성원들이 잘 따른다.
남편의 마음에 들게 행동하고, 남편이 벌어온 것을 잘 간수한다.

남편의 관심에 순응하며 살아가는 이런 여자는
마음에 드는 몸을 가진 신들의 세상, 거기에 태어난다.」

⑤ 한편, '구성원들이 잘 따름/따르게 함'은 여인이 이 세상에서 승리하기 위한 네 가지 실천 가운데 하나로 제시되는데, 주어진 일을 잘하고, 구성원들이 잘 따르고, 남편의 마음에 들게 행동하고, 남편이 벌어온 것을 잘 간수하는 것입니다(AN 8.49-이 세상에 속한 것 경1)/(AN 8.50-이 세상에 속한 것 경2). 이때, 저세상에서 승리하기 위한 실천은 믿음-계-보시-지혜를 갖추는 것입니다.

특히, 구성원들이 잘 따르게 하는 방법도 소개됩니다. — 「위사카여, 여인은 어떻게 구성원들이 잘 따르는가? 여기, 위사카여, 여인은 하인이나 전령이나 일꾼들이나 남편의 집에 속한 사람들에게 한 것은 했다고 알고, 하지 않은 것은 하지 않았다고 알고, 환자들의 건강 상태를 알고, 딱딱한 음식과 부드러운 음식을 개별적으로 나누어 준다. 이렇게, 위사카여, 여인은 구성원들이 잘 따른다.」

⑥ 경은 다시 따르게 함으로 이끄는 것들을 소개합니다. '사랑을 만드는 것이고, 공경을 만드는 것이고, 따르게 함으로, 갈등하지 않음으로, 함께함으로, 일치로 이끄는 기억 해야 하는 법' 의 형태로 나타나는데, 여섯 가지 기억해야 하는 법들과 열 가지 기억해야 하는 법들입니다.

여섯 가지 기억해야 하는 법들은 비구가 동료수행자들에게 자(慈)와 함께하는 신업(身業)-구업(口業)-의업(意業)을 행하고, 적은 것이라도 동료수행자들과 공동으로 사용하고, 계를 함께 갖추어 머물고, 성스럽고 구원으로 이끌고 그대로 실천하면 괴로움의 부숨으로 이끄는 견해를 함께 갖추어 머무는 것인데, (AN 6.12-기억해야 하는 것 경2)/(DN 33.9-합송경, 여섯으로 구성된 법들), (DN 34.7-십상경, 여섯 가지 법들), (MN 48-꼬삼비 경), (MN 104-사마가마 경)에 반복 나타납니다.

열 가지 기억해야 하는 법들은 비구들이 갖춰야 하는 덕목인 계-많이 배움-좋은 친구-원만하게 하는 법들-동료수행자들이 행해야 하는 여러 가지 일들에 능숙함-법(法)에 대한 공부[아비담마]와 율(律)에 대한 공부[아비위나야]에 대해 고결한 환희-정진-만족-사띠-지혜입니다(AN 10.50-다툼 경). 이 열 가지는 보호자를 만드는 열 가지 법들로도 나타나는데, (DN 33.13-합송경 열 가지로 구성된 법들)과 (AN 10.17-보호자 경1) 그리고 (AN 10.18-보호자 경2)입니다.

⑦ (바라이죄 4조-인간을 넘어선 법의 사칭)은 출가자 가운데 존재하는 다섯 가지 큰 도둑을 설명하는데, ①재가자들과 출가자들에게 존경받고, 중히 여겨지고, 우러러지고, 예배받고, 흠모 되기를 원하여 따르는 무리와 함께 가사와 탁발 음식과 거처와 병(病)의 조건으로부터 필요한 약품을 얻는 자로서 돌아다니면서 사는 자, ②여래가 선언한 법(法)과 율(律)을 배운 뒤에 자기의 것이라고 생각하는 자, ③청정범행(淸淨梵行)을 실천하는 청정한 범행자를 근거 없이 청정하지 않다고 말해서 손상하는 자, ④승가의 중요한 물건들, 중요한 필수품들로 재가자들을 따르게 하고 구슬리는 자, ⑤신과 마라와 범천과 함께하는 세상에서, 사문-바라문과 신과 사람을 포함한 존재에게 거짓으로 사실 아니게 인간을 넘어선 법을 주장하는 자입니다. 이때, 네 번째가 따르게하다(saṅgaṇhāti)의 용례이고, 거짓으로 사실 아니게 인간을 넘어선 법을 주장하는 자가 으뜸가는 큰 도둑입니다.

⑧ (AN 4.153-지혜의 힘 경)/(AN 4.154-사띠의 힘 경)/(AN 4.155-가늠의 힘 경)은 정진의 힘, 결점 없음의 힘, 따르게 함의 힘의 세 가지 외에 각각 지혜-사띠-가늠을 더하여 네 가지 힘으로 소개합니다.

한편, '사람을 따르게 함'의 의미로 지금까지 소개된 경들과 달리 이어지는 두 개의 경은 심층적인 교리의 설명에 쓰인 용례입니다.

⑨ (MN 28-코끼리 발 비유의 큰 경) — 「예를 들면, 도반들이여, 밀림의 생명의 여러 발자국은 어떤 것이든 모두 코끼리 발 안에 들어갑니다. 코끼리 발이 크기에 있어서 그들 가운데 으뜸이라고 알려졌습니다. 이처럼, 도반들이여, 선법(善法)이라면 어떤 것이든 모두 네 가지 성스러운 진리[사성제(四聖諦)]를 따르게 됩니다(saṅgahaṃ gacchanti). 어떤 네 가지를 따릅니

까? 괴로움의 성스러운 진리, 괴로움의 자라남의 성스러운 진리, 괴로움의 소멸의 성스러운 진리, 괴로움의 소멸로 이끄는 실천의 성스러운 진리입니다.

… 도반들이여, 안의 안(眼)이 망가지지 않았습니다. 그러나 밖의 색(色)들이 영역에 들어오지 않고, 이것에 속한 집중도 없습니다. 그러면 이것에 속하는 식(識)의 부분[안식(眼識)]의 출현은 없습니다. 도반들이여, 안의 안(眼)이 망가지지 않았고 밖의 색(色)들이 영역에 들어옵니다. 그러나 이것에 속한 집중이 없습니다. 그러면 이것에 속하는 식(識)의 부분의 출현은 없습니다. 그러나 도반들이여, 안의 안(眼)이 망가지지 않았고 밖의 색(色)들이 영역에 들어오며, 이것에 속한 집중도 있을 때, 이렇게 이것에 속하는 식(識)의 부분의 출현이 있습니다. 이런 방법으로 누적된 것(존재-bhūta) 중의 색(色)은 색취온(色取蘊)을 따라가 쌓입니다(saṅgahaṃ gacchati). 이런 방법으로 누적된 것 중의 수(受)는 수취온(受取蘊)을 따라가 쌓입니다. 이런 방법으로 누적된 것 중의 상(想)은 상취온(想取蘊)을 따라가 쌓입니다. 이런 방법으로 누적된 것 중의 행(行)들은 행취온(行取蘊)을 따라가 쌓입니다. 이런 방법으로 누적된 것 중의 식(識)은 식취온(識取蘊)을 따라가 쌓입니다. … 이(耳) … 비(鼻) … 설(舌) … 신(身) … 의(意) … 그는 이렇게 꿰뚫어 압니다. ― '이렇게 이 오취온(五取蘊)의 따라가 쌓임(saṅgaho)과 모임과 조합이 있다. 세존은 이렇게 말했다. ― '연기(緣起)를 보는 자는 법을 본다. 법(法)을 보는 자는 연기(緣起)를 본다.'라고. 또한, 이 오취온은 연기된 것들이다. 이 오취온에 대한 관심, 집착의 경향, 친밀함, 묶임이 괴로움의 자라남[고집(苦集)]이다. 이 오취온에 대한 욕탐(欲貪)의 제어와 욕탐(欲貪)의 버림이 괴로움의 소멸[고멸(苦滅)이다],'라고. 도반들이여, 이만큼도 비구가 많이 행한 것입니다.」

⑩ (MN 44-교리문답의 작은 경)

"자매여, 여덟 요소로 구성된 성스러운 길은 무엇입니까?"

"도반 위사카여, 정견(正見), 정사유(正思惟), 정어(正語), 정업(正業), 정명(正命), 정정진(正精進), 정념(正念), 정정(正定) ― 이것이 여덟 요소로 구성된 성스러운 길입니다."

"자매여, 여덟 요소로 구성된 성스러운 길은 유위(有爲)입니까 아니면 무위(無爲)입니까?"

"도반 위사카여, 여덟 요소로 구성된 성스러운 길은 유위(有爲)입니다."

“자매여, 여덟 요소로 구성된 성스러운 길에 의해서 세 가지 온(蘊)이 따라지는 것(saṅgahitā)입니까 아니면 세 가지 온(蘊)에 의해 여덟 요소로 구성된 성스러운 길이 따라지는 것(saṅgahito)입니까?”

“도반 위사카여, 여덟 요소로 구성된 성스러운 길에 의해서 세 가지 온(蘊)이 따라지는 것이 아닙니다. 도반 위사카여, 세 가지 온(蘊)에 의해 여덟 요소로 구성된 성스러운 길이 따라지는 것입니다. 도반 위사카여, 계온(戒蘊) 위에서 정어(正語)-정업(正業)-정명(正命)의 법들이 따라지고, 정온(定蘊) 위에서 정정진(正精進)-정념(正念)-정정(正定)의 법들이 따라지고, 혜온(慧蘊) 위에서 정견(正見)-정사유(正思惟)의 법들이 따라집니다.

“자매여, 무엇이 삼매입니까? 어떤 법들이 삼매의 상(相)들입니까? 어떤 법들이 삼매를 보호하는 것들입니까? 무엇이 삼매수행(三昧修行)입니까?”

“도반 위사카여, 심일경성(心一境性)이 삼매이고, 사념처(四念處)가 삼매의 상(相)들이고, 사정근(四正勤)이 삼매를 보호하는 것들이고, 여기서 그 법들의 실천과 닦음을 많이 행하는 것이 삼매수행입니다.”

Ⅸ. 전승(傳承)의 중심 네 가지

이렇게 칠불통계(七佛通戒)와 십업(十業)으로 업(業)과 과(果)-보(報)에 대한 주제를 알아보았습니다. 그런데 일곱 부처님[칠불(七佛)]의 공통된 가르침은 좀 더 확장된 범위에서 이해되어야 합니다. 일곱 부처님이 함께 언급되는 이유는 동일한 깨달음에 의한 계보의 형성이란 측면에서 이해해야 하는데, 삼법인(三法印)[고(苦)-고멸(苦滅)]과 연기(緣起)[십이연기(十二緣起)-고집(苦集)] 그리고 중도(中道)[팔정도(八正道)-고멸도(苦滅道)]로 구성되는 **사성제(四聖諦)**입니다.

※ 삼법인(三法印)-연기(緣起)-중도(中道)의 교리를 한 문장으로 나타내면 「사실에 괴리된 삶[연기(緣起)-십이연기(十二緣起)]은 괴로움을 만들고[고(苦)], 사실에 부합한 삶[중도(中道)-팔정도(八正道)]은 행복을 만든다[고멸(苦滅)]」가 됩니다. 이때, 삼법인(三法印)은 무상(無常)-고(苦)-무아(無我)이고, 존재하는 것들의 원리-이치인 이것이 사실입니다.

그런데 이 내용은 입문(入門)의 영역을 넘어서서 삶의 심오함의 끝에 닿는 깨달음의 영역이라고 해야 합니다. 근본경전연구회는 공부의 과정에 의해 순서대로 이 내용을 설명하는 교재를 「불교입문(佛教入門)(II) - 사실」로 편집/제작할 예정입니다. 다만, 여기에서는 요약하여 나타낸 한 장의 그림을 소개함으로써 설명을 대신하였습니다. — 「전승(傳承)의 중심 네 가지」

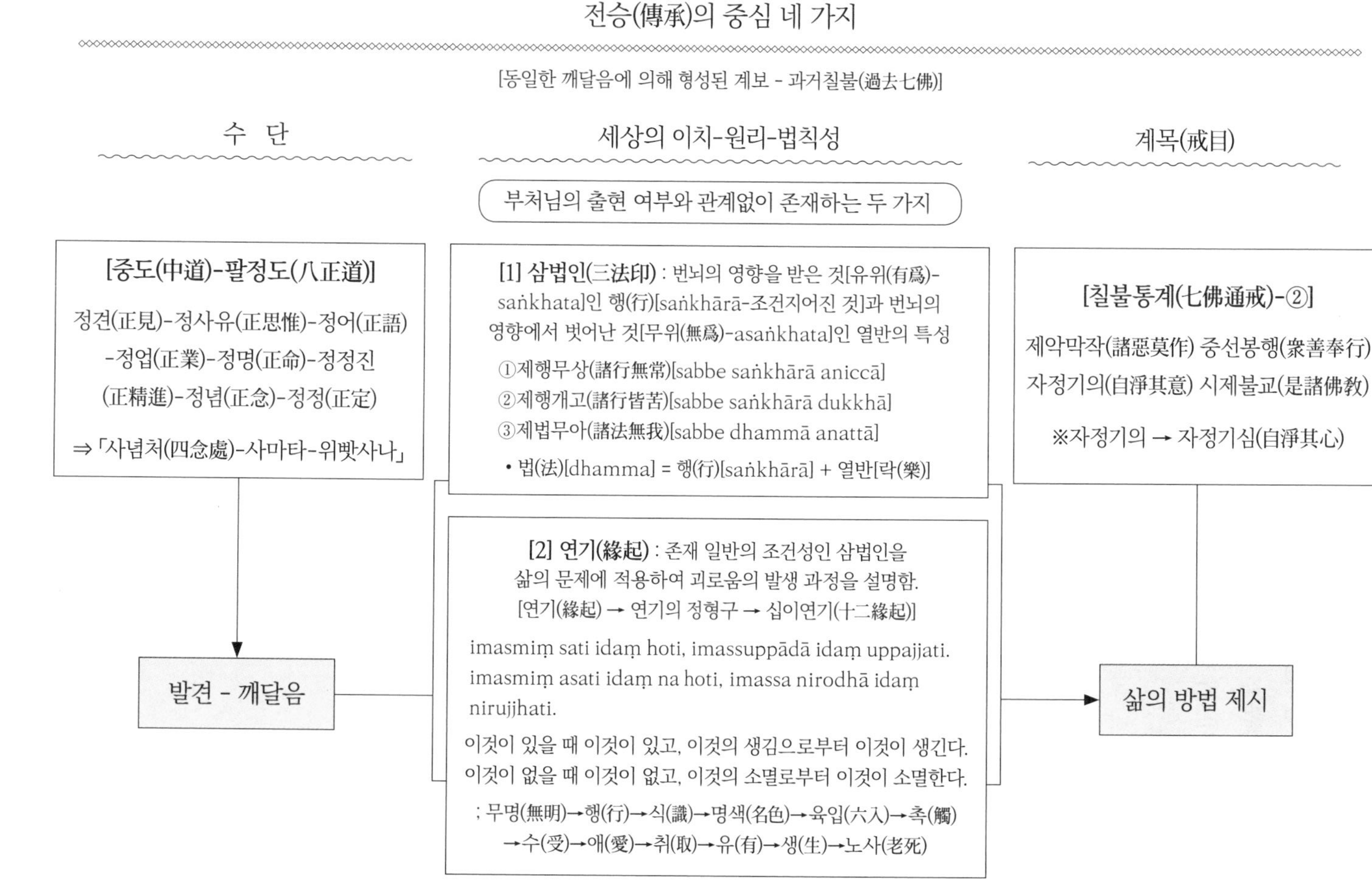

전승(傳承)의 중심 네 가지
[동일한 깨달음에 의해 형성된 계보 - 과거칠불(過去七佛)]
수 단
세상의 이치-원리-법칙성
계목(戒目)
부처님의 출현 여부와 관계없이 존재하는 두 가지
[중도(中道)-팔정도(八正道)]
정견(正見)-정사유(正思惟)-정어(正語)
-정업(正業)-정명(正命)-정정진
(正精進)-정념(正念)-정정(正定)
⇒「사념처(四念處)-사마타-위빳사나」
[1] 삼법인(三法印) : 번뇌의 영향을 받은 것[유위(有爲)-saṅkhata]인 행(行)[saṅkhārā-조건지어진 것]과 번뇌의 영향에서 벗어난 것[무위(無爲)-asaṅkhata]인 열반의 특성
①제행무상(諸行無常)[sabbe saṅkhārā aniccā]
②제행개고(諸行皆苦)[sabbe saṅkhārā dukkhā]
③제법무아(諸法無我)[sabbe dhammā anattā]
• 법(法)[dhamma] = 행(行)[saṅkhārā] + 열반[락(樂)]
[2] 연기(緣起) : 존재 일반의 조건성인 삼법인을 삶의 문제에 적용하여 괴로움의 발생 과정을 설명함.
[연기(緣起) → 연기의 정형구 → 십이연기(十二緣起)]
imasmiṃ sati idaṃ hoti, imassuppādā idaṃ uppajjati.
imasmiṃ asati idaṃ na hoti, imassa nirodhā idaṃ nirujjhati.
이것이 있을 때 이것이 있고, 이것의 생김으로부터 이것이 생긴다.
이것이 없을 때 이것이 없고, 이것의 소멸로부터 이것이 소멸한다.
; 무명(無明)→행(行)→식(識)→명색(名色)→육입(六入)→촉(觸)→수(受)→애(愛)→취(取)→유(有)→생(生)→노사(老死)
[칠불통계(七佛通戒)-②]
제악막작(諸惡莫作) 중선봉행(衆善奉行)
자정기의(自淨其意) 시제불교(是諸佛敎)
※자정기의 → 자정기심(自淨其心)
발견 - 깨달음
삶의 방법 제시

X. (AN 3.62-근본 교리 등 경) — 행위의 원인-조건에서의 오해들[삼종외도(三種外道)]과 부처님의 답변

행위는 이렇게 삶이고, 불교의 중심입니다. 그래서 행위에 대한 바른 앎은 행복을 위한 필수의 요건입니다. 그런데 세상에는 행위에 대한 오해된 가르침이 많습니다. 각각의 종교가 각각의 삶의 방식을 설명하기 때문입니다. 그러나 각각의 많은 가르침이라고 해도 삶 즉 행위에 대한 오해는 세 가지 분류에 포괄됩니다. 행위의 원인을 ①전생의 업(業) 때문이라는 설명과, ②신(神)의 창조 때문이라는 설명 그리고 ③행위에는 원인도 조건도 없다는 설명입니다.

1. 삼종외도(三種外道)

(AN 3.62-근본 교리 등 경)은 「비구들이여, 현자들과 함께 교차하여 질문하고, 이유를 묻고, 함께 대화하고, 더 나아가면 결실 없음으로 정착되는 세 가지 외도의 근본 교리가 있다. 어떤 셋인가? 비구들이여, 어떤 사문-바라문은 이런 주장과 이런 견해를 가지고 있다. — '사람이 즐거움이나 괴로움이나 괴롭지도 즐겁지도 않음을 경험하는 것은 무엇이든지 전생의 행위가 원인이다.'라고. 비구들이여, 어떤 사문-바라문은 이런 주장과 이런 견해를 가지고 있다. — '사람이 즐거움이나 괴로움이나 괴롭지도 즐겁지도 않음을 경험하는 것은 무엇이든지 창조주의 창조가 원인이다.'라고. 비구들이여, 어떤 사문·바라문은 이런 주장과 이런 견해를 가지고 있다. — '사람이 즐거움이나 괴로움이나 괴롭지도 즐겁지도 않음을 경험하는 것은 무엇이든지 원인도 없고 조건도 없다[무인무연(無因無緣)].'라고.」로 시작하는데, 부처님은 그들에게 이런 주장과 견해에 의하면, 십악업(十惡業)을 전생의 업(業) 때문에 짓거나, 신(神)의 창조 때문에 짓거나, 원인도 조건도 없이 짓는다는 설명이 된다고 반박합니다. 그리고 이 세 가지에 중심을 두면, 「관심이거나, 노력이거나, 이것은 행해야 할 것이라거나, 이것은 행하지 않아야 할 것이라는 되돌아옴이 없다. 이렇게 행해야 할 것과 행하지 않아야 할 것에 대해 사실과 믿을만함으로부터 보지 못하기 때문에 사띠를 놓치고 보호하지 않고 머무는 자에게 스스로 법다운 사문이라는 주장은 없다.」라고 법에 맞는 질책을 합니다.

2. 삼종외도(三種外道)의 논파

또한, 이런 세 가지 주장은 다른 경들을 통해 논파 되는데, 이어지는 책 「불교입문(佛教入門)(II) - 사실」의 중심 주제입니다.

1) 전생의 행위

(SN 36.21-시와까 경)은 "고따마 존자시여, 어떤 사문-바라문들은 이런 주장과 이런 견해를 가지고 있습니다. '어떤 것이든 사람이 즐거운 느낌이나 괴로운 느낌이나 괴롭지도 즐겁지도 않은 느낌을 경험하는 것은 모두 전생의 행위에 기인한 것이다.'라고. 여기에 대해서 고따마 존자께서는 어떻게 말씀하십니까?"라는 질문에 대해 스스로 알 수 있고 세상에서도 사실로 인정되고 있는 여덟 가지 사실로써 대답하는데, 담즙, 점액, 바람, 세 가지의 겹침, 기후, 고르지 못함, 갑작스러움, 업보(業報)입니다. 그렇다면 전생의 행위에 기인한 것 즉 업보(業報)는 삶에 작용하지 않는 것은 아니지만, 여덟 가지 조건 중의 하나에 불과하다는 점을 알 수 있습니다. 이때, 여덟 가지는 몸에 속한 것 네 가지[담즙-점액-바람-겹침]와 기후의 변화[=환경], 고르지 못한 주의집중[=치우침-몰두-중독 → 마음 상태], 갑작스러움[=의외의 변수], 업보(業報)[=삶의 과정의 누적]입니다. 그래서 지금 경험하는 고(苦)와 락(樂)은 전생의 업(業)에 의한 영향도 일부 작용하지만 지금 삶의 형편들이 미치는 영향이 더 큰 것을 알 수 있습니다. 과거의 것인 업보(業報)는 수정할 수 없는 것이므로, 나머지 일곱 가지로 구성된 지금 삶의 개선을 위한 노력이 행복한 삶을 위한 바른 방향이라고 하겠습니다.

2) 창조주의 창조

(AN 3.137-출현 경)/(SN 12.20-조건 경)은 삼법인(三法印)과 연기(緣起)에 대해 여래들의 출현이나 출현하지 않음을 원인으로 움직이지 않는 원리이고, 법으로 확립된 사실이고, 법으로 제한된 것이라고 설명하면서 부처님은 이것을 깨닫고 실현하였다고 말합니다. 존재하는 것들의 근원을 신(神)의 창조에 두지 않고 원리(이치)-사실-법에 둔 가르침입니다. 그런데 이런 깨달음은 완전한 깨달음입니다. 그래서 부처님은 완전한 깨달음을 성취한 분 즉 정등각(正等覺)이고, 존재에 대한 바른 시각은 부처님의 시각인 것입니다. 이런 바른 시각에 의해서 부처님은 신(神)의 창조 때문이라는 주장을 사실이 아니라고 질책하는 것입니다.

3) 무인무연(無因無緣)

한편, 무인무연(無因無緣)은 육사외도(六師外道) 중 한 사람인 뿌라나 깟사빠의 주장인데, ① 중생들의 오염과 청정(DN 2-사문과경)/(MN 60-흠 없음 경)/(SN 22.60-마할리 경), ②알지 못하고 보지 못하는 것과 알고 보는 것(SN 46.56-아바야 경)에 대한 주제입니다. 그리고 (AN 3.62-근본 교리 등 경)에서는 업(業)의 원인-조건에 대한 주장으로 나타나는데, (AN 10.47-마할리 경)은 여기에 답을 줍니다.

(AN 10.47-마할리 경)에서 "대덕이시여, 무엇이 악업(惡業)을 짓고 악업을 계속 행하기 위한 원인이고, 무엇이 조건입니까?"라고 질문을 받은 부처님은 "마할리여, 탐(貪)이 악업(惡業)을 짓고 악업을 계속 행하기 위한 원인이고, 탐(貪)이 조건이다. 마할리여, 진(嗔)이 … 치(癡)가 … 비여리작의(非如理作意)가 … 잘못 지향된 심(心)이 악업(惡業)을 짓고 악업을 계속 행하기 위한 원인이고, 잘못 지향된 심(心)이 조건이다. 마할리여, 이것이 악업(惡業)을 짓고 악업을 계속 행하기 위한 원인이고, 이것이 조건이다."라고 답하고, "대덕이시여, 그러면 무엇이 선업(善業)을 짓고 선업(善業)을 계속 행하기 위한 원인이고, 무엇이 조건입니까?"라는 질문에 대해 "마할리여, 무탐(無貪)이 선업(善業)을 짓고 선업을 계속 행하기 위한 원인이고, 무탐(無貪)이 조건이다. 마할리여, 무진(無嗔)이 … 무치(無癡)가 … 여리작의(如理作意)가 … 바르게 지향된 심(心)이 선업(善業)을 짓고 선업을 계속 행하기 위한 원인이고, 바르게 지향된 심(心)이 조건이다. 마할리여, 이것이 선업(善業)을 짓고 선업을 계속 행하기 위한 원인이고, 이것이 조건이다."라고 답합니다.

업(業)의 원인-조건으로 탐(貪)-진(嗔)-치(癡)의 유무와 작의(作意)의 바름과 어긋남 그리고 심(心)의 지향의 바름과 삿됨을 제시하는 것입니다. 심(心)을 중심에 두고 탐(貪)-진(嗔)-치(癡) 그리고 작의(作意)의 다섯 가지가 행위의 원인이고 조건이라는 설명입니다. 이렇게 행위에는 원인-조건이 있습니다. 그래서 무인무연(無因無緣)의 주장은 삶에 대한 바른 시각이 아닙니다. 이때, 심(心)의 지향은 (AN 6.63-꿰뚫음 경)이 말하는 의도에 이어지는 과정입니다[의도(cetanā)-기대(patthanā)-지향(paṇidhi)].

이런 이해를 담아서 「불교(佛教)의 중심(中心) — 업(業)의 개념(I)」과 「불교(佛教)의 중심(中心) — 업(業)의 개념(II)」를 그림으로 나타내었습니다.

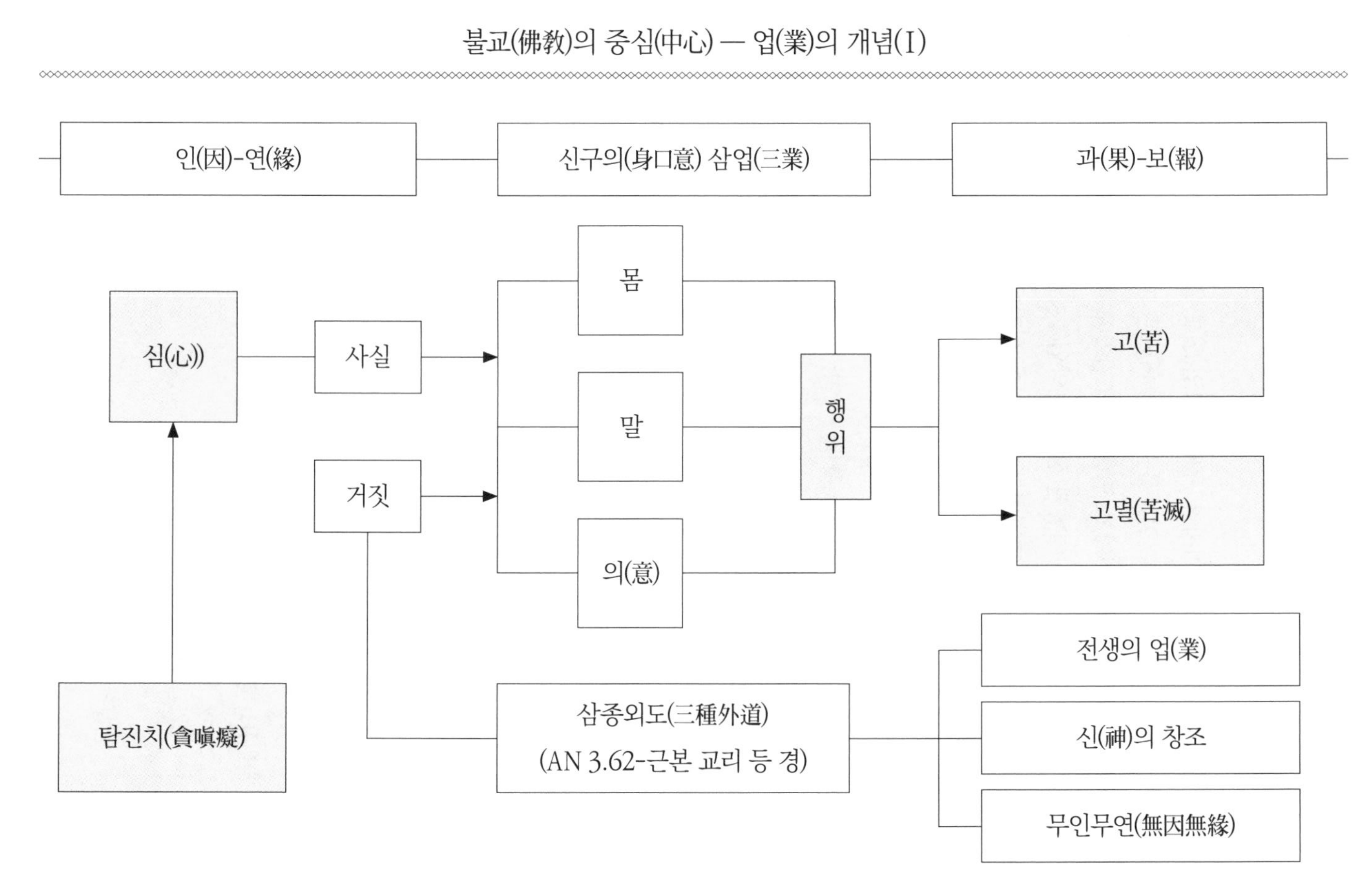
불교(佛敎)의 중심(中心) — 업(業)의 개념(Ⅰ)
인(因)-연(緣)
신구의(身口意) 삼업(三業)
과(果)-보(報)
심(心)
사실
거짓
몸
말
의(意)
행위
고(苦)
고멸(苦滅)
탐진치(貪嗔癡)
삼종외도(三種外道)
(AN 3.62-근본 교리 등 경)
전생의 업(業)
신(神)의 창조
무인무연(無因無緣)

불교(佛敎)의 중심(中心) — 업(業)의 개념(II)

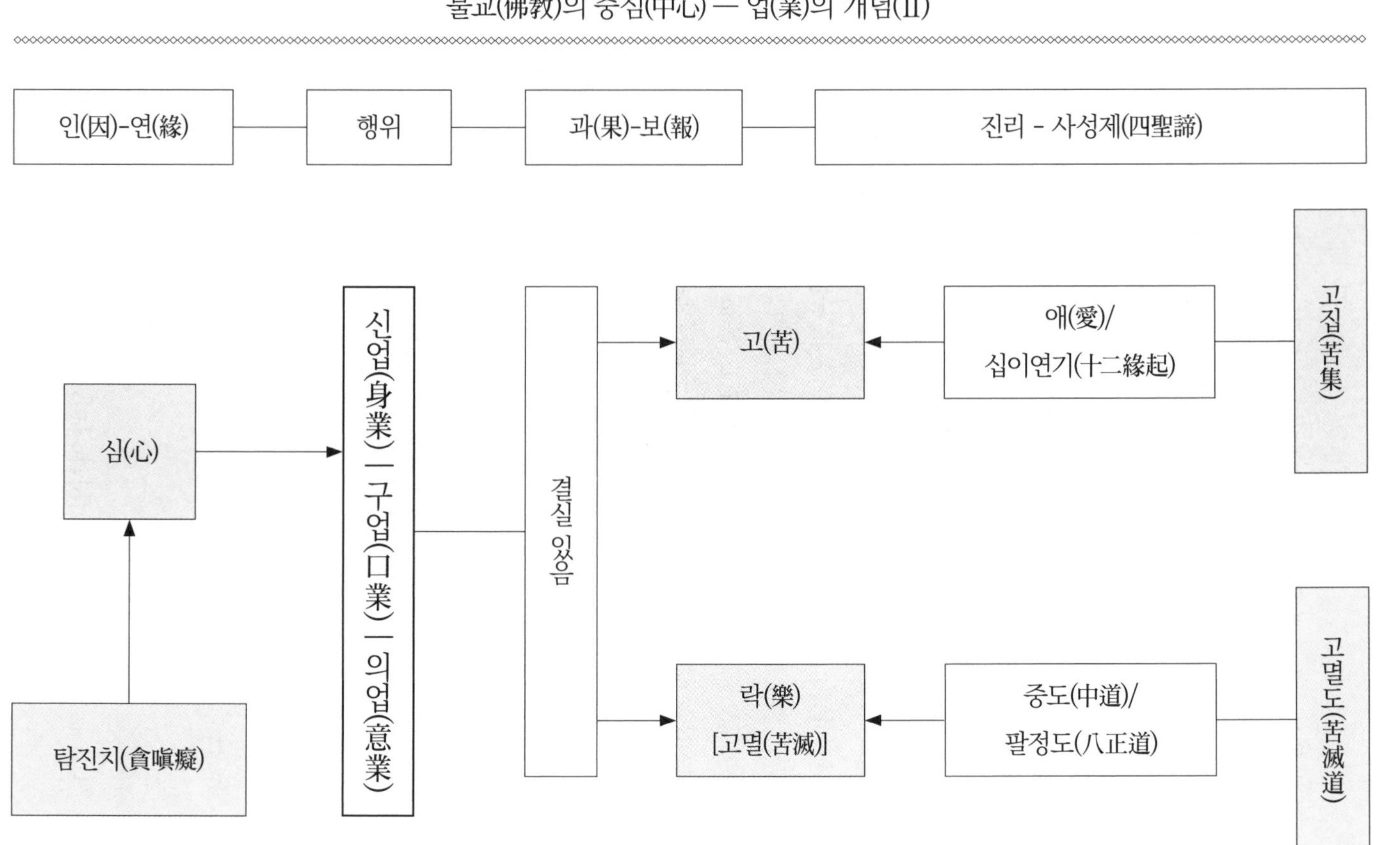

XI. (AN 3.101-소금 종지 경) — 「과(果)와 보(報) 그리고 업장소멸(業障消滅)」

업(業)에는 과(果)와 보(報)가 따르는 것이 세상의 이치입니다. 그런데 과(果)와 보(報)는 어떻게 다른 것입니까?

(AN 3.101-소금 종지 경)은 「비구들이여, 어떤 사람이 이렇게 말할 것이다. — '이 사람이 업을 지은 만큼, 그만큼 그것을 경험한다.'라고. 비구들이여, 이런 존재에게는 범행(梵行)의 삶이 없고, 바르게 괴로움을 끝내기 위한 기회가 알려지지 않는다. 비구들이여, 다시 어떤 사람이 이렇게 말할 것이다. — '이 사람이 경험되어야 하는 업을 지은 만큼, 그만큼 그 보(報)를 경험한다.'라고. 비구들이여, 이런 존재에게는 범행(梵行)의 삶이 있고, 바르게 괴로움을 끝내기 위한 기회가 알려진다」라고 말합니다. 그리고 이어서 「여기, 비구들이여, 사소하게 지은 악업도 어떤 사람에게는 곧바로 지옥으로 이끈다. 그러나 비구들이여, 여기 그만큼 사소하게 지은 악업이 어떤 사람에게는 지금여기에서 경험되어질 것이다. 아주 조금도 보이지 않는데 어찌 많겠는가!」라고 말합니다.

여기서 '업을 지은 만큼 경험한다.'라는 것은 업(業)에서 생기는 과(果)를 직접 경험한다는 것이고, '경험되어야 하는 업을 지은 만큼 그 보(報)를 경험한다.'라는 것은 업(業)에서 생긴 과(果)가 직접 독립적으로 경험되지 않고, 경험되는 시점의 다른 조건들과 함께 어우러져서 경험된다는 의미입니다. 그런데 '업을 지은 만큼 경험한다.'라는 것은 사실이 아니어서 이런 사람에게는 범행(梵行)의 삶이 없고, 바르게 괴로움을 끝내기 위한 기회가 알려지지 않는 것입니다. 그리고 '경험되어야 하는 업을 지은 만큼 그 보(報)를 경험한다.'라는 것은 사실이기 때문에 이런 사람에게는 범행(梵行)의 삶이 있고, 바르게 괴로움을 끝내기 위한 기회가 알려지는 것입니다. 특히, 이런 사실에 입각할 때, 과(果)는 다른 조건들의 영향으로 더 크게 경험될 수도 있고, 더 작게 경험될 수도 있다는 것을 알 수 있습니다.

이런 점에서 업(業)의 보(報)와 어우러지는 다른 조건들도 주목되어야 하는데, (SN 36.21-시와까 경)이 알려주는 여덟 가지 중 업보(業報)를 제외한 일곱 가지입니다. 그래서 몸을 잘 관리하는 것과 기후의 변화[=환경]에 적절히 대응하는 것, 고르지 못한 주의집중[=치우침-몰두-중독 → 마음 상태]의 해소, 갑작스러움[=의외의 변수]에 대한 선제적 대비 등을 말할 수 있습니다.

경은 이런 주제에 대해서도 답하는데, 사소하게 지은 악업에 의해서도 곧바로 지옥으로 이끌리는 사람을 설명합니다. — 「신(身)과 계(戒)와 심(心)과 혜(慧)를 닦지 않아서 하찮고 작은 존재인 어떤 사람은 작은 것에 의해서도 괴롭게 머무는 자이고, 사소하게 지은 악업도 곧바로 지옥으로 이끈다.」

또한, 사소하게 지은 악업이 지금여기에서 경험되는 사람도 설명합니다. — 「신(身)과 계(戒)와 심(心)과 혜(慧)를 닦아서 하찮지 않고 큰 존재인 어떤 사람은 무량하게 머무는 자이고, 그만큼 사소하게 지은 악업은 지금여기에서 경험되어질 것이다. 아주 조금도 보이지 않는데 어찌 많겠는가!」

한편, 이 경은 **업장소멸(業障消滅)**이란 주제로 연결됩니다. ①살면서 짓는 악업이 살아있는 동안 다 경험되어 다음 생으로 넘어갈 것이 없는 측면에서의 업장소멸과 ②과거 업(業)의 결과로 찾아오는 업장(業障)에 대해 힘 있는 다른 조건들의 어우러짐에 의해 괴로움을 겪지 않을 수 있는 측면에서의 업장소멸입니다. 특히, ②의 경우는 지난 삶의 결과로 찾아오는 업보를 무력화시킨다는 점에서 더욱 주목해야 하는데, 신(身)과 계(戒)와 심(心)과 혜(慧)를 닦아서 자신을 하찮지 않고 큰 존재로 만들어 가는 방법입니다.

경은 세 가지 비유를 통해 이렇게 업장을 소멸하는 삶을 설명해 줍니다.

- 비유 1 — 「"비구들이여, 예를 들면 어떤 사람이 물이 조금 밖에 없는 그릇에 소금 종지를 넣을 것이다. 비구들이여, 이를 어떻게 생각하는가? 그 적은 물과 그 소금 종지의 소금은 마실 수 없을 것인가?" "그렇습니다, 대덕이시여." "그 원인은 무엇인가?" "대덕이시여, 그 물그릇 안에 물은 조금 밖에 없습니다. 그런 소금 종지가 담긴 그 물은 마실 수 없습니다." "예를 들면, 비구들이여, 어떤 사람이 강가 강에 소금 종지를 넣을 것이다. 비구들이여, 이를 어떻게 생각하는가? 그 강가 강과 그 소금 종지의 소금은 마실 수 없을 것인가?" "아닙니다, 대덕이시여." "그 원인은 무엇인가?" "대덕이시여, 그 강가 강에는 많은 물의 무더기가 있습니다. 그런 소금 종지가 담긴 그 물의 무더기는 마실 수 없지 않습니다."」

- 비유 2 — 「여기, 비구들이여, 어떤 사람은 동전 반 개로도 구속되고, 동전 한 개로도 구속되고, 동전 백 개로도 구속된다. 여기, 비구들이여, 어떤 사람은 동전 반 개로도 구

속되지 않고, 동전 한 개로도 구속되지 않고, 동전 백 개로도 구속되지 않는다.

비구들이여, 어떤 사람이 동전 반 개로도 구속되고, 동전 한 개로도 구속되고, 동전 백 개로도 구속되는가? 여기, 비구들이여, 어떤 사람은 부랑자고 가난하고 재물이 적다. 비구들이여, 이런 사람이 동전 반 개로도 구속되고, 동전 한 개로도 구속되고, 동전 백 개로도 구속된다.

비구들이여, 어떤 사람이 동전 반 개로도 구속되지 않고, 동전 한 개로도 구속되지 않고, 동전 백 개로도 구속되지 않는가? 여기, 비구들이여, 어떤 사람은 호화롭고 큰 부자이고 재물이 많다. 비구들이여, 이런 사람이 동전 반 개로도 구속되지 않고, 동전 한 개로도 구속되지 않고, 동전 백 개로도 구속되지 않는다.

• 비유 3 — 「예를 들면, 비구들이여, 양고기 장사나 양을 잡는 사람은 양을 훔친 자들 가운데 어떤 자는 죽이거나 묶거나 태우거나 하고 싶은 대로 할 수가 있지만, 양을 훔친 자들 가운데 어떤 자는 죽이거나 묶거나 태우거나 하고 싶은 대로 할 수 없다.

비구들이여, 어떤 사람을 양고기 장사나 양을 잡는 사람은 양을 훔친 자들 가운데 죽이거나 묶거나 태우거나 하고 싶은 대로 할 수 있는가? 비구들이여, 여기 어떤 사람은 부랑자고 가난하고 재물이 적다. 이런 사람을, 비구들이여, 양고기 장사나 양을 잡는 사람은 양을 훔친 자들 가운데 죽이거나 묶거나 태우거나 하고 싶은 대로 할 수 있다.

비구들이여, 어떤 사람을 양고기 장사나 양을 잡는 사람은 양을 훔친 자들 가운데 죽이거나 묶거나 태우거나 하고 싶은 대로 할 수 없는가? 여기, 비구들이여, 어떤 사람은 호화롭고 큰 부자이고 재물이 많은 왕이거나 왕의 으뜸 신하이다. 비구들이여, 이런 사람을 양고기 장사나 양을 잡는 사람은 양을 훔친 자들 가운데 죽이거나 묶거나 태우거나 하고 싶은 대로 할 수 없다. 오히려 손을 맞잡고 그 사람에게 요청한다. — '존자여, 저에게 양이나 양의 값을 주십시오.'라고. 이처럼, 비구들이여, 그러한 사소하게 지은 악업도 여기 어떤 사람에게는 곧바로 지옥으로 이끈다. 그러나 비구들이여, 그러한 사소하게 지은 악업이 여기 어떤 사람에게는 지금여기에서 경험되어질 것이다. 아주 조금도 보이지 않는데 어찌 많겠는가!」

앞에서 보았듯이, (AN 10.217-의도에 속함 경1)과 (AN 10.218-의도에 속함 경2) 그리고 (AN 10.219-업(業)에서 생긴 몸 경)은 「의도에 속한 업(業)들을 짓고 쌓을 때, 경험하지 않음에 의한 소멸을 나는 말하지 않는다. 그리고 그것은 지금여기[금생(今生)]거나 걸어서 닿는 곳[내생(來生)]이거나 그 후에 오는 생(生)에서이다. 비구들이여, 그러나 나는 의도에 속한 업(業)들을 짓고 쌓을 때, 경험하지 않음에 의한 괴로움의 끝을 말하지 않는다.」라고 알려줍니다. '의도에 속한 업(業)들을 짓고 쌓을 때' 즉 번뇌의 영향을 받는 유위(有爲)적 삶의 과정에서는, 업(業)의 결과로 생기는 과(果)는 경험하지 않는 한 해소되지 않는다는 것입니다. 그렇다면 경험 즉 보(報)를 겪어야만 해소되는 것이기 때문에, 지난 업(業)의 장애 즉 업장(業障)을 어떻게 최소한의 강도로 줄여서 겪을 것인가의 문제가 제기되는데, 이것이 업장소멸(業障消滅)의 의미라고 해야 합니다.

또한, 주목해야 할 점은 이런 문제들이 '의도에 속한 업(業)들을 짓고 쌓을 때'의 문제 즉 번뇌의 영향을 받는 유위(有爲)적 삶의 과정의 문제이기 때문에 번뇌의 크기를 줄여가는 만큼 업장(業障)의 영향이 줄어들고, 번뇌의 영향에서 완전히 벗어나면[아라한(阿羅漢)] 과거의 업(業)은 더 이상 장애로 작용하지 못한다는 점입니다. 이것이 완전한 업장소멸(業障消滅)이고, 그 과정이 불교신자에게는 신행(信行)이고, 수행(修行)입니다.

※ 삼종외도(三種外道)의 논파에서 볼 수 있듯이 권능 가진 자에 대한 기도의 힘으로 업장은 소멸하지 않습니다. 오직 유익(有益)을 가져오는 지금 삶의 조건들을 강하게 제공함으로써 업장을 압도할 때 업장은 경험 즉 보(報)의 측면에서 소멸하는 것입니다.

XII. 제사(祭祀)

1. 제사(祭祀-yañña)와 조상제사(祖上祭祀-saddha)

업(業) 즉 행위에서는 제사(祭祀)라는 개념도 중요합니다. 삶에 있어서 큰 비중을 차지하기 때문입니다. 사전은 이렇게 정의합니다.

- 제사(祭祀) : ①신령이나 ②죽은 사람의 넋에게 음식을 바치어 정성을 나타냄. 또는 그런 의식. 〈표준국어대사전〉

제사는 음식을 바치어 정성을 나타내는 행위인데, 음식을 받는 자 즉 제사의 대상은 둘입니다. 하나는 ①신령(神靈)인데, 신(神)의 권능을 빌어 삶의 문제를 해결하려는 시도라고 할 것이고, 다른 하나는 ②죽은 사람의 넋인데, 돌아가신 분의 사후의 삶에 보탬이 되고 싶은 바람의 표시라고 할 것입니다.

그런데 경은 이 두 가지 의미를 구별하여 사용합니다. ①신령(神靈)에게 음식을 바치어 정성을 나타내는 것은 yañña(얀냐)이고, ②죽은 사람의 넋에게 음식을 바치어 정성을 나타내는 것은 saddha(삿다)라고 할 것인데, 각각의 번역은 표와 같습니다.

	초기불전연구원	한국빠알리성전협회	bhikkhu bodhi
yañña	제사	제사	sacrifice
saddha	조령제(祖靈祭)	망자의 제사	the memorial rites for the dead

이렇게 yañña가 일반적으로 제사(祭祀)라고 번역되어 있지만, 한국 사회의 보편적 관점에서는 애매함이 있습니다. 제사의 정의 중에 오히려 '②죽은 사람의 넋에게 음식을 바치어 정성을 나타냄'이 제사를 대표한다고 보아야 할 것이기 때문입니다. 말하자면, 강화도 마니산 참성단

에서 하늘에 지내는 제사와 돌아가신 부모님 등 조상을 위한 제사 가운데 우리 삶에는 부모님 등 조상을 위한 제사가 더 일반적이라는 의미입니다.

어쨌든 하늘에 지내는 제사가 우리 사회의 안녕을 위한 즉 나의 이익과 행복을 위해 ①신령에게 음식을 바치어 정성을 나타내는 것으로의 제사(yañña)라면, 돌아가신 부모님 등 조상에 대한 제사는 ②죽은 사람의 넋에게 음식을 바치어 정성을 나타내는 것으로의 제사(saddha)라고 할 것입니다.

제사에 포괄되는 이 두 단어의 번역은 각각의 용례를 충분히 살펴보아야 하는데, 아래에 소개하였습니다. 정확한 의미의 전달을 위해서는 saddha를 제사로 번역하고, yañña를 다른 말로 번역해야 하겠지만, yañña의 의미를 나타내는 우리말은 잘 찾아지지 않습니다. 그래서 근본경전연구회는 yañña를 제사(祭祀)로, saddha를 조상제사(祖上祭祀)로 번역하였습니다.

	초기불전 연구원	한국빠알리 성전협회	bhikkhu bodhi	근본경전 연구회
yañña	제사	제사	sacrifice	제사
saddha	조령제(祖靈祭)	망자의 제사	the memorial rites for the dead	조상제사 (祖上祭祀)

경들은 이 두 가지 각각에 대해서 차별적으로 설명하는데, 주목할 내용을 간략히 정리하였습니다. 특히, 신(神)에게 음식을 바치어 정성을 나타내는 것으로의 제사(祭祀-yañña)의 개념이 불교 안에서 어떻게 달라지는지는 이 주제에서 가장 중요한 관점입니다.

[yañña(얀냐) - 제사(祭祀)]

- 목적 — 「나에게 오랫동안 이익과 행복이 있기를!」
- 방법 — ①보시(布施), ②불교(佛敎)의 바른 신행(信行)

• 보시(布施)하는 것 그리고 불교신자로서 가르침에 따라 바르게 신행(信行)하는 것 자체가 나에게 오랫동안 이익과 행복을 가져오는 제사(祭祀)입니다. 바른 신행(信行)을 배우고 실천하지 않으면서 다른 방법으로 이익과 행복에 접근하려 하는 것은 배우지 못한 자의 어리석은 시도에 불과합니다. 그런 방법은 커다란 결실을 가져오지 못합니다.

[saddha(삿다) - 조상제사(祖上祭祀)]

• 목적 — 죽은 이가 다시 태어난 곳에서 삶을 유지하고 머물기 위한 자량(資糧-음식)을 제공함

• 특징 — 죽은 이가 아귀 세상에 태어나 있는 경우에만 전달됨

• 방법 — 보시(布施)를 함 → 「이 보시가 친지와 혈육인 죽은 이들에게 도달하기를. 이 보시를 친지와 혈육인 죽은 이들이 사용하기를!」이라고 행함 → (예(例)) 「이 보시가 돌아가신 우리 어머니에게 도달하기를. 이 보시를 돌아가신 우리 어머니가 사용하기를!」

• 경에는 중유(中有)-중음신(中陰身)의 개념이 없습니다. 중생들은, 죽으면 죽는 순간 다시 태어나기 때문입니다. 그래서 돌아가신 분이 좋은 곳에 태어나기를 바라면서 행하는 어떤 의식은 유효하지 않습니다. 오직, 먼저 보시(布施)를 하고서, 보시를 통해 생겨나는 공덕을 혹시라도 아귀 세상에 태어났을지 모르는 그분을 위해, 도달하고 사용하게 되기를 바라는 마음으로 돌려드려야 합니다.

또한, 용례 경전을 요약해서 소개하였습니다. 그런데 나에게 오랫동안 이익과 행복이 있기를 바라는 제사의 방법을 직접 나타내주는 경들이 있습니다. (SN 55.53-담마딘나 경)/(AN 3.52-두 바라문 경1)/(AN 3.53-두 바라문 경2)는 "세존께서는/고따마 존자는 우리를 지도해 주십시오. 세존께서는/고따마 존자는 우리에게 오랫동안 이익과 행복을 위한 가르침을 주시기 바랍니다."라는 요청에 답하는데, 그야말로 불교적인 제사를 대표하는 가르침이라고 하겠습니다. 이 세 개의 경을 [yañña(얀냐) - 제사(祭祀)]의 용례 경전 앞에 먼저 소개하였습니다.

[용례 1] 「우리에게 오랫동안 이익과 행복을 위한 가르침을 주시기 바랍니다.」라고 요청하는 경전

1. (SN 55.53-담마딘나 경)

오랫동안 이익과 행복을 위한 가르침을 청하는 담마딘나 남신자에게 부처님은 '여래에 의해 말해진, 심오하고, 심오한 의미를 가진, 세상을 넘어선, 공(空)에 일관된 가르침들'을 공부하라고 말하는데, 담마딘나 남신자는 재가자가 실천하기 어려움을 토로하면서 '오계(五戒)를 실천하는 재가자의 다음 단계의 법'을 요청하고, 부처님은 다시 예류자를 구성하는 네 가지 요소 즉 불(佛)-법(法)-승(僧)에 대한 확실한 믿음과 성자들이 동의하는 계를 갖출 것을 설명합니다.

즉 오계(五戒)의 실천 위에서 불(佛)-법(法)-승(僧)에 대한 확실한 믿음과 성자들이 동의하는 계를 갖추는 것이 재가자가 실천해야 하는 '오랫동안 이익과 행복을 위한 가르침'이라는 것입니다.

한때 세존은 바라나시에서 이시빠따나의 사슴 동산에 머물렀다. 그때 담마딘나 남신자가 오백 명의 남신자와 함께 세존에게 왔다. 와서는 세존에게 절한 뒤 한 곁에 앉았다. 한 곁에 앉은 담마딘나 남신자는 세존에게 이렇게 말했다. ― "대덕이시여, 세존께서는 저희를 지도해 주십시오. 대덕이시여, 세존께서는 저희에게 오랫동안 이익과 행복을 위한 가르침을 주시기 바랍니다."라고.

"그렇다면, 담마딘나여, 그대들은 이렇게 공부해야 한다. ― '우리는 여래에 의해 말해진, 심오하고, 심오한 의미를 가진, 세상을 넘어선, 공(空)에 일관된 가르침들을 적절한 때에 성취하여 머물리라.'라고. 이렇게, 담마딘나여, 그대들은 공부해야 한다." "대덕이시여, 자식들이 북적거리는 집에서 살고, 까시의 백단향을 경험하고, 꽃과 향과 화장품을 지니고, 금(金)과 은(銀)이 허용된 저희에게 여래에 의해 말해지고, 심오하고, 심오한 의미를 지녔고, 세상을 넘어서고, 공(空)에 일관된 가르침들을 적절한 때에 성취하여 머물기는 쉽지 않습니다. 대덕이시여, 오계(五戒) 위에 서 있는, 그런 저희에게 다음 단계의 법을 설해주십시오."

“그렇다면, 담마딘나여, 그대들은 이렇게 공부해야 한다. — ‘우리는 부처님에 대해 확실한 믿음을 갖출 것이다. — ‘이렇게 그분 세존(世尊)께서는 모든 번뇌 떠나신 분 … 존귀하신 분이시다.’라고. 우리는 가르침에 대해 확실한 믿음을 갖출 것이다. — '세존(世尊)에 의해 잘 설해진 법은 … 개별적으로 알려지는 것이다.’라고. 우리는 성자들에 대해 확실한 믿음을 갖출 것이다. — ‘진지하게 수행하는 세존(世尊)의 제자들인 상가(僧伽) … 이 세상의 위없는 복전(福田)입니다.’라고. 우리는 ‘깨지지 않고 … 삼매로 이끄는’ 성자들이 동의하는 계들을 갖출 것이다.’라고. 담마딘나여, 그대들은 이렇게 공부해야 한다.”

“대덕이시여, 세존께서는 네 가지 예류자(預流者)의 요소를 설하셨는데, 그 법들은 저희에게 있습니다. 저희는 그 법들과 함께합니다. 대덕이시여, 참으로 저희는 부처님에 대해 확실한 믿음을 갖추었습니다. — ‘이렇게 그분 세존께서는 … 모든 천상과 인간의 스승, 깨달으신 분, 존귀하신 분이시다.’라고. 우리는 가르침에 대해 … 우리는 성자들에 대해 … 우리는 ‘깨지지 않고 … 삼매로 이끄는’ 성자들이 동의하는 계들을 갖추었습니다.’” “담마딘나여, 그대들에게 이득이고, 담마딘나여, 그대들에게 큰 이득이다. 그대들은 예류과(預流果)를 말하였다.”

2. (AN 3.52-두 바라문 경1) ☞ 「제3부 제1장 [용례 2] 2.」 참조

• 세상은 늙음과 병과 죽음으로 이끌림 — 「몸으로 제어하고, 말로 제어하고, 의(意)로 제어하는 것은 죽은 자에게 피난처가 되고, 동굴이 되고, 섬이 되고, 의지처가 되고, 버팀목이 됩니다.」

• 「죽음에 대한 이런 두려움을 보는 자는 행복을 가져오는 것인 공덕을 지어야 한다. → 그것은 죽은 자에게 행복이 된다.」

3. (AN 3.53-두 바라문 경2) ☞ 「제3부 제1장 [용례 2] 3.」 참조

• 세상은 늙음과 병과 죽음으로 불타고 있음 — 「몸으로 제어하고, 말로 제어하고, 의(意)로 제어하는 것은 죽은 자에게 피난처가 되고, 동굴이 되고, 섬이 되고, 의지처가 되고, 버팀목이 됩니다.」

• 「보시에 의해서 꺼내야 하고, 보시한 것은 잘 꺼낸 것이다.」

• 「죽음에 대한 이런 두려움을 보는 자는 행복을 가져오는 것인 공덕을 지어야 한다. → 그것은 죽은 자에게 행복이 된다.」

[용례 2] yañña(얀냐)의 용례

1. (DN 5-꾸따단따 경) ☞「제3부【제사와 공덕 총괄 장】 I. 공덕의 우월을 순차적으로 설명하는 경들 1.」

먼저, 제사(祭祀)로 번역된 yañña(얀냐)는 sacrifice; alms-giving. (m.)인데, '나에게 오랫동안 이익을 위하고, 행복을 위하여 시행하는 의식'입니다. 그런데 이 의식의 방법은 세 단계로 변화합니다. —「①sacrifice → ②alms-giving → ③불교(佛教)의 신행(信行)」

- sacrifice : 1. 산 제물, 제물; (신에게) 산 제물을 바치는 일.
  2. 희생; 희생적 행위, 희생되는 것
- alms-giving : 1.자선. 2.가난한 사람들에 대한 시혜. 3.보시

예전[①가르침이 설해지기 이전]에 제사(祭祀)는 살생(殺生)을 수반하는 의식이었습니다. 그러나 전생의 부처님은 그런 제사의 위험을 알리고, 보시(布施)에 의한 살생을 수반하지 않는 제사를 제시합니다[②불완전한 스승의 가르침]. 그리고 부처를 이룬 지금은 불교의 신행(信行)을 '오랫동안 이익을 위하고, 행복을 위한 것'으로의 제사 방법으로 제시하는데[③완전한 스승 즉 정등각(正等覺)의 가르침], 앞의 제사보다 할 일이 더 적고 덜 어려우면서도 더 많은 결실과 더 많은 이익을 주는 제사입니다. 그리고 이런 제사의 성취보다 더 높고 더 뛰어난 다른 제사의 성취는 없습니다.

2. (DN 23.18-빠야시 경, 귀의)

- 살생을 수반하는 제사, 팔사도(八邪道)를 실천하는 자들이 참가하는 제사 →「결실이 많지 않고, 이익이 많지 않고, 큰 영광이 없고, 크게 뻗어가지 않음」

- 살생을 수반하지 않는 제사, 팔정도(八正道)를 실천하는 자들이 참가하는 제사 →「결실이 많고, 이익이 많고, 큰 영광이 있고, 크게 뻗어나감」

3. (MN 92/KN 5-셀라 경)

- 부처님과 비구 상가를 초대해서 식사를 공양하는 것을 '큰 제사(mahāyañña)'라고 표현함.

4. (MN 99-수바 경)

• 제사에 받아들이는 사람의 성품이 제사의 보(報)를 결정함 → 십선업(十善業)과 팔정도(八正道)를 실천하는 사람들이 참여하는 제사를 지내야 함.

5. (SN 3.9-제사 경)

• 살생을 수반하는 제사 → 「몽둥이가 무섭고, 두려움에 떠는 하인과 일꾼과 직원들도 눈물 젖은 얼굴로 울면서 준비를 함」 → 바른길을 가는 현자들은 가지 않음 → 큰 결실이 없음

• 살생을 수반하지 않는 제사 → 가문을 이어서 항상 보시함 → 바른길을 가는 현자들이 감 → 큰 결실이 있음 → 더 좋은 것이 있고 더 나쁜 것은 없음 → 「제사는 위대하고, 신들은 만족을 본다.」

6. (AN 4.39-웃자야 경)

• 모든 제사를 칭찬하지도 않고, 모든 제사를 칭찬하지 않는 것도 아님

1) 부처님이 칭찬하지 않는 제사 — 생명을 죽이는 격렬한 제사 → 아라한이나 아라한으로 이끄는 길에 들어선 분들은 이런 격렬한 제사에 참석하지 않음

2) 부처님이 칭찬하는 제사 — 생명을 죽이지 않는 격렬하지 않은 제사 → 아라한이나 아라한으로 이끄는 길에 들어선 분들은 이런 격렬하지 않은 제사에 참석함

7. (AN 7.47-불 경2)

• 살생을 수반하는 제사를 지내는 자 — 제사 이전에 불선(不善)이고 괴로움의 과(果)와 괴로움의 보(報)를 가져오는 세 가지 칼을 세움 — 몸의 칼, 말의 칼, 의(意)의 칼. → 「'나는 공덕(功德)을 짓는다.'라면서 악덕(惡德)을 짓고, '나는 선(善)을 짓는다.'라면서 불선(不善)을 짓고 '나는 좋은 곳으로 가는 길을 추구한다.'라면서 나쁜 곳으로 가는 길을 추구함」

8. (AN 7.52-큰 결실이 있는 보시 경) ☞ 「제3부 【제사와 공덕 총괄 장】 [2] 공덕에 의한 태어남을 구체적으로 설하는 경들 1.」

• 큰 제사를 지낸 것을 보시로써 대체하고 화락천에 태어남 — 「'앗타까, 와마까, 와마데와, 웻사밋따, 야마닥기, 앙기라사, 바라드와자, 와셋타, 깟사빠, 바구 등 이전의 그 선인(仙人)들이 큰 제사를 지낸 것처럼 이렇게 나에게 이런 보시를 통한 나눔이 있을 것이다.'라면서 보시한다. 그는 그 보시를 원인으로 몸이 무너져 죽은 뒤에 화락천(化樂天)의 신(神)들의 일원으로 태어난다. 그는 그 업(業)과 그 행운과 그 성공과 그 힘이 소진(消盡)된 뒤에 여기로 오는 자가 되어 여기로 온다.」

9. (AN 4.40-우다이 경)

• 모든 제사를 칭찬하지도 않고, 모든 제사를 칭찬하지 않는 것도 아님

1) 부처님이 칭찬하지 않는 제사 — 생명을 죽이는 격렬한 제사 → 아라한이나 아라한으로 이끄는 길에 들어선 분들은 이런 격렬한 제사에 참석하지 않음

2) 부처님이 칭찬하는 제사 — 생명을 죽이지 않는 격렬하지 않은 제사 → 아라한이나 아라한으로 이끄는 길에 들어선 분들은 이런 격렬하지 않은 제사에 참석함

• 부처님은 적절한 때에 적합하게 지내는 격렬하지 않은 제사에 참석함.

• 「만약 제사와 조상제사에 적절한 공양물을 올린 뒤에 범행을 닦는 자, 좋은 복전(福田)에 분명한 심(心)을 가지고 보시한다면, 제사에 능숙한 부처님들은 그런 제사를 칭찬한다.」

10. (AN 3.60-자눗소니 경)

• 제사를 지내거나 조상제사를 올리거나 음식을 담거나 보시할 것이 있는 사람은 삼명(三明)을 갖춘 자에게 보시해야 함 → 누가 삼명(三明)을 갖춘 자인가?

• 바라문들의 삼명(三明)과 불교의 삼명은 다름 → 숙주명(宿住明), 천안명(天眼明), 누진명(漏盡明)

11. (AN 3.61-상가라와 경)

• 많은 사람에 대한 공덕의 실천 방법 — 1)바라문교 - 제사, 2)불교 - 출가

• 출가로 인한 대중의 이끎은 많은 사람을 위한 공덕의 실천임 → 불교적 중생구제/구원의 방법 —「스승은 법을 설하고 다른 사람들은 진실을 얻기 위해 실천함」

12. 경에 나타나는 살생을 수반하는 제사의 규모

1) (DN 5-꾸따단따 경) —「그때 꾸따단따 바라문은 큰 제사를 준비하고 있었다. 칠백 마리의 황소와 칠백 마리의 큰 송아지와 칠백 마리의 큰 암송아지와 칠백 마리의 염소와 칠백 마리의 숫양이 제사를 위해 제사 기둥에 묶여있었다.」

2) (SN 3.9-제사 경) —「그때 빠세나디 꼬살라 왕은 큰 제사를 목전에 두고 있었다. 오백 마리의 황소와 오백 마리의 큰 송아지와 오백 마리의 큰 암송아지와 오백 마리의 염소와 오백 마리의 숫양이 제사를 위해 제사 기둥으로 끌려왔다. 몽둥이가 무섭고, 두려움에 떠는 하인과 전령과 일꾼들도 눈물 젖은 얼굴로 울면서 준비를 하였다.」

3) (AN 7.47-불경2) —「그때 욱가따사리라 바라문은 큰 제사를 준비하고 있었다. 제사를 위해 오백 마리의 황소가 제사 기둥에 바쳐졌고, 제사를 위해 오백 마리의 큰 송아지가 제사 기둥에 바쳐졌고, 제사를 위해 오백 마리의 큰 암송아지가 제사 기둥에 바쳐졌고, 제사를 위해 오백 마리의 양이 제사 기둥에 바쳐졌고, 제사를 위해 오백 마리의 숫양이 제사 기둥에 바쳐졌다.」

13. (MN 51-깐다라까 경)/(MN 94-고따무카 경)/(AN 4.198-자신을 괴롭힘 경) —「그는 이렇게 말한다. — '제사를 위해서 이만큼의 황소들을 도살하라. 제사를 위해서 이만큼의 젖을 뗀 수송아지들을 도살하라. 제사를 위해서 이만큼의 젖을 뗀 암송아지들을 도살하라. 제사를 위해서 이만큼의 암염소들을 도살하라. 제사를 위해서 이만큼의 숫양들을 도살하라. (제사를 위해서 이만큼의 말들을 도살하라.) 제사 기둥을 위해서 이만큼의 나무를 베어라. 제사 풀을 위

해서 이만큼의 다르바 풀을 거둬라.'라고. 그러면 그의 하인이나 심부름꾼이나 직원들은 처벌을 두려워하고 무서움을 두려워하고 눈물을 흘리는 얼굴로 한탄하면서 준비를 한다.」

▣ 경(經)의 위력은 큽니다. — 「스승들의 오류를 반복하지 않게 해줌」

경(經)의 위력은 큽니다. 스승에게서 배우고, 경에서 직접 익히지 않으면, 스승의 오류를 반복하게 됩니다.

우리 말 제사(祭祀)는, 이 책에서 설명하듯이, 경에 의하면, 제사(祭祀-yañña)와 조상제사(祖上祭祀-saddha)의 양면으로 해석되어야 합니다. 그러나 경에 익숙하지 않으면, 스님도, 스님을 가르치는 스님도 그의 스승의 오류를 반복하여 'yañña는 힌두의 것'이라고 말하게 됩니다. 이 책에서 경전을 소개함으로써 부처님께서 설하신 의도를 분명히 하는 것의 일각의 측면은 바로 스승들의 오류를 반복하지 않기 위해서라고 해야 합니다. 지금의 스승이든, 천 년 전의 스승이든, 이천 년 전의 스승이든 말입니다.

예를 들어, 'yañña는 힌두의 것'이라고 이해하면 어려움이 따릅니다. (SN 11.16-제사하는 자 경) 등 경은 많은 곳에서 yajati(제사지내다/제사하다)를 불교신행에서의 공덕과 대등하게 사용하기 때문입니다. 특히, 앞의 주제 십업(十業)에서 보듯이, 십악업(十惡業)의 사견(邪見)은 「①보시(布施)도 없고 제사(祭祀)도 없고 ~ 」이고 십선업(十善業)의 정견(正見)은 「①보시(布施)도 있고 제사(祭祀)도 있고 ~ 」입니다. 'yañña는 힌두의 것'이라고 주장하면, 자칫, 정견(正見)은 힌두의 견해고, 불교의 견해는 사견(邪見)이 될 수 있습니다.

이때, '보시(布施)도 있고 제사(祭祀)도 있고'는 'atthi dinnaṃ atthi yiṭṭhaṃ'입니다. dinnaṃ은 dadāti(주다)의 과거분사로서 '주어진 것 또는 주는 행위'여서 보시(布施-dāna)이고, yiṭṭhaṃ은 yajati(제물을 바치다. 주다)의 과거분사로서 '제물. 제사하는 행위'여서 제사(祭祀-yañña)를 말하는 것인데, 불교 안에서는 불교의 신행(信行)으로 그 의미가 확장되어 사용되는 것입니다[「①sacrifice → ②alms-giving → ③불교(佛敎)의 신행(信行)」].

이렇게 경은 스승들의 오류를 반복하지 않게 하는 큰 위력을 가집니다. 모쪼록 경에 주목하고, 경에 의한 공부로써 부처님을 만나시기 바랍니다. 삶을 향상하는 최선의 길이 바로 이것입니다.

[용례 3] saddha(삿다)의 용례 — (AN 10.177-자눗소니 경)

- saddha(삿다): a funeral rite in honour of departed relatives connected with meals and gifts to the brahmins (바라문들에게 음식과 선물을 주는 것과 관련된 떠나간 친척들을 기리기 위한 장례 의식)

(AN 10.177-자눗소니 경)은 saddha(삿다) 즉 조상제사(祖上祭祀)에 대해 구체적으로 설명해주는 경입니다. 영역(英譯)으로는 장례 의식으로 번역되었지만, 장례 의식보다는 돌아가신 분을 위한, 죽은 뒤 다음 생에서의 필요에 중심을 둔 제사로 이해해야 합니다.

(AN 10.177-자눗소니 경)에 의하면, 이 saddha는 보시(布施)를 통해 생겨나는 공덕을 보내드리는 방법입니다. 먼저 보시(布施)를 하고서 「이 보시가 친지와 혈육인 죽은 이들에게 도달하기를. 이 보시를 친지와 혈육인 죽은 이들이 사용하기를!」이라고 행하는 방법입니다. 그런데 이 행위가 유효한 것인지는 잘 확인되지 않습니다.

그래서 자눗소니 바라문이 "이 보시가 친지와 혈육인 죽은 이들에게 도달합니까? 이 보시를 친지와 혈육인 죽은 이들이 사용합니까?"라고 보시(布施)에 의한 조상제사의 유효성을 부처님에게 질문하는 것이 이 경의 주제인데, 부처님은 그 유효성에 대한 답변에 더해 행위자의 결실에 대한 측면까지도 알려줍니다.

이 경은 주목되어야 합니다. 일상적으로 행하는 돌아가신 분들을 위한 우리의 정성이 유효한 것인지, 또는 적절한 방법으로 행하고 있는 것인지에 대한 답을 주기 때문입니다.

부처님은 "바라문이여, 적절한 곳에서는 도달하지만, 적절하지 않은 곳에서는 도달하지 않습니다."라고 대답하고, 자눗소니 바라문은 "그러면 어디가 적절한 곳이고 어디가 적절하지 않은 곳입니까?"라고 다시 묻습니다.

부처님은 지옥-축생-아귀-인간-천상으로 구성된 중생의 영역[오도윤회(五道輪迴)]에 대해 태어나는 원인과 각각의 음식 그리고 적절성 여부를 설명하는데, 표로 나타내었습니다.

	태어남의 원인	삶의 자양분	적절성	도달성
천상	십선업 (十善業)	신들의 음식	적절하지 않은 곳	보시가 도달하지 않음
인간	십선업 (十善業)	인간의 음식	적절하지 않은 곳	보시가 도달하지 않음
아귀	십악업 (十惡業)	①아귀들의 음식 ②친구-동료-친지-혈육들이 여기서 이어 주는 것	적절한 곳	보시가 도달함
축생	십악업 (十惡業)	축생들의 음식	적절하지 않은 곳	보시가 도달하지 않음
지옥	십악업 (十惡業)	지옥 중생들의 음식	적절하지 않은 곳	보시가 도달하지 않음

이렇게 경은 돌아가신 분이 오직 아귀 세상에 태어난 경우에만 친구나 동료나 친지와 혈육들이 여기서 이어 주는 것이 도달할 수 있다고 말합니다. 그리고 여기서 이어 주는 것은 보시(布施)의 공덕입니다. 그래서 여기서 내가 보시를 통해 보내주고자 하는 것이 아귀 세상에 태어나지 않은 분들에게는 전달되지 않는다는 것입니다.

자눗소니 바라문은 "만일 그 친지와 혈육인 죽은 이가 거기에 태어나지 않으면 누가 그 보시를 사용합니까?"라고 다시 묻고, 부처님은 "그 적절한 곳에 태어난 친지와 혈육인 다른 죽은 이들이 그 보시를 사용합니다."라고 답합니다. 돌아가신 어머니를 위해 보시하고, 그 공덕을 보내드릴 때, 선업(善業)을 지어 하늘에 태어나신 어머니는 받을 수 없지만, 오랜 전생들에서 나의 어머니였던 다른 분들 가운데 지금 아귀 세상에 태어나 있는 어떤 분이 받는다는 설명입니다.

"만일 그 친지와 혈육인 죽은 이가 그곳에 태어나지 않고, 또 다른 친지와 혈육인 죽은 이들도 그곳에 태어나지 않으면 누가 그 보시를 사용합니까?"라고 자눗소니 바라문은 다시 묻는데, 부처님은 "이 기나긴 삶의 여정에서 그 적절한 곳이 그의 친지와 혈육인 죽은 이들로부터 배제된다는 그런 여지는 없고, 그런 경우는 없습니다. 더 나아가 보시자에게 결실 없음은 없습니다."라고 설명합니다.

경은 후반부에서 보시를 행한 사람에게는 어떤 경우[죽어서 어디에 태어나든지]에도 결실이 있다는 부처님의 설명을 소개하고, 자눗소니 바라문은 "그만큼 보시를 하는 것은 적절하고 조상제사를 하는 것도 적절합니다. 참으로 보시자에게 과(果) 없음은 없습니다."라고 부처님의 가르침을 받아들인 뒤, 귀의하고, 남신자가 됩니다.

제3부

공덕(功德)

puñña

제사(祭祀)는 이렇게 「나에게 오랫동안 이익과 행복이 있기를!」 목적으로 하는 의식 또는 행위입니다. 그런데 경에는 행복을 가져오는 것을 직접 지시하는 용어가 나타나는데, 공덕(功德)입니다. — 「puññāni kayirātha sukhāvahānī - sukha(즐거움=행복)를 가져오는 것인 puñña(공덕=복)를 지어야 한다.(AN 3.52-두 바라문 경1)」

그렇다면 제사는 행복을 가져오기 위해서 공덕을 짓는 **것입니다.**

이렇게 이 책의 주제는 행위에서 제사 즉 「공덕을 짓는 행위」로 연결되었습니다. 그리고 공덕(功德)을 알기 위한 과정으로 다시 넘어갑니다.

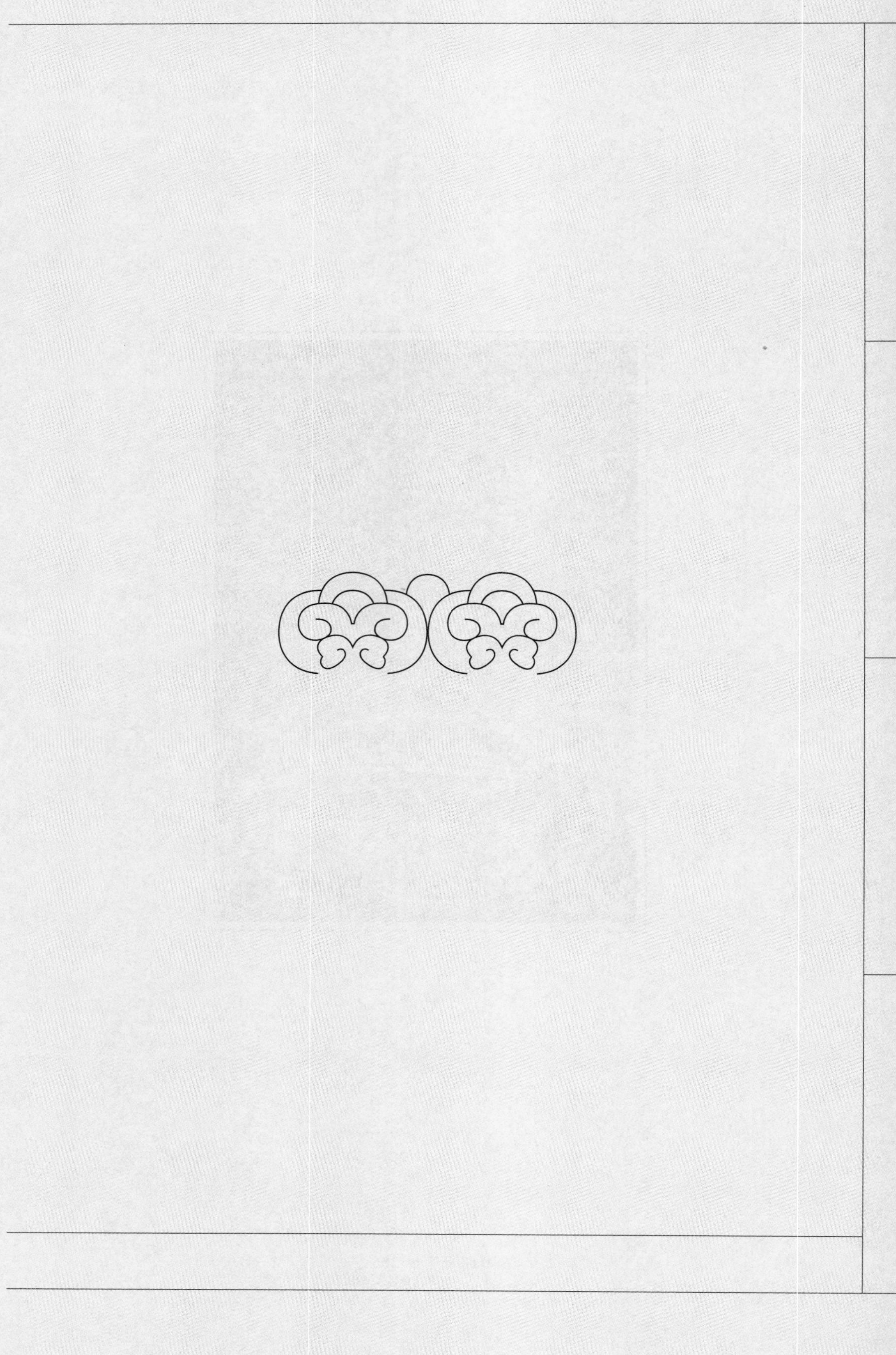

제1장

공덕(功德) - (1)개념

1. sukha(수카 - 행복)와 puñña(뿐냐 - 공덕)

고(苦-괴로움-dukkha-둑카)의 반대편에서 경(經)을 가득 채우고 있는 두 개의 용어를 말할 수 있는데, sukha(수카 - happiness; comfort)와 puñña(뿐냐 - merit; righteousness) 입니다. 보통 sukha는 락(樂-즐거움) 또는 행복(幸福)으로 번역하고, puñña는 공덕(功德) 또는 복(福)이라고 번역하고 있습니다. 불교(佛敎)가 고멸(苦滅)을 이끄는 가르침이고, 고(苦)의 반대편 즉 고멸(苦滅)의 실현을 위한 것이라면, 고멸(苦滅)의 상태를 지칭하는 용어가 sukha 즉 락(樂-즐거움) 또는 행복(幸福)입니다. 그렇다면 puñña 즉 공덕(功德) 또는 복(福)은 무엇입니까?

- 복(福) : 편안하고 만족한 상태와 그에 따른 기쁨. 좋은 운수.
- 공덕(功德) : ① 공로와 덕행. ② [불] 착한 일을 많이 한 힘.

- 행복(幸福) : 복된 좋은 운수. 욕구가 충족되어 충분한 만족과 기쁨을 느끼는 상태.
- 즐거움 : 즐거운 느낌이나 마음.
- 락(樂) : 즐거움이나 위안 〈민중국어사전〉

이때, 복(福) 또는 공덕(功德)과 락(樂-즐거움) 또는 행복(幸福)의 관계는 어떻게 이해해야 합니까?

(AN 3.52-두 바라문 경1)에서 '유익(有益)을 만들지 못했고, 선(善)을 만들지 못했고, 두려움으로부터의 피난처를 만들지 못한 채(akatakalyāṇā akatakusalā akatabhīruttāṇā)' 120년을 살아온 바라문들이 가르침을 청하자 부처님은 'puññāni kayirātha sukhāvahānī'라고 하는데, 'sukha(즐거움=행복)를 가져오는 것인 puñña(공덕=복)를 지어야 한다.'입니다. 그렇다면, 「**공덕이라고도 복이라고도 번역되는 puñña는 즐거움이라고도 행복이라고도 번역되는 sukha를 가져오는 것**」이라고 정의할 수 있습니다. 특히, 경은 '사는 동안 공덕을 지은 것이 죽은 자에게 행복이 된다.'라고 말하는데, 다음 생을 위한 공덕의 역할을 알 수 있습니다.

또한, 행위에는 과(果)와 보(報)가 따르기 때문에, (AN 7.62-자애 경)은 「비구들이여, 공덕을 두려워하지 말라. 비구들이여, 공덕은 행복을 지칭하는 말이다. 비구들이여, 나는 오랫동안 공덕을 짓는 동안에 오랫동안 원하고 좋아하고 마음에 드는 보(報)를 경험한 것을 기억한다. … 행복을 추구하는 자들은 공덕(功德)의 유익(有益)한 보(報)를 보아야 한다.」라고 말합니다. 공덕을 짓는 행위가 비록 눈앞의 손실로 인식되어 두려워할 수 있지만, 공덕의 보(報)를 보게 되면, 행복을 지칭하는 즉 행복을 가져오는 행위인 줄 알게 되므로 두려워하지 않게 된다는 것입니다. 더욱이, 부처님 자신이 공덕이 가져오는 보(報)를 경험한 기억을 소개함으로써 이 사실을 확인해 주는 것입니다. ―「인색한 자는 두려움이 있어 베풀지 않으니 그것은 오직 베풀지 않는 자의 두려움입니다. 인색한 자가 두려워하는 배고픔과 목마름은 이 세상과 저세상에서 어리석은 그에게 닿습니다. (SN 1.32-인색 경)」

하지만 불교의 지향이 공덕은 아니라는 점도 주목해야 합니다. 일반적으로 공덕은 재가자의 행복을 위한 것으로 이해해야 합니다. (SN 1.3-이끌림 경)은 「수명은 짧고, 삶은 이끌린다. 늙음에 이끌린 자에게 피난처는 없다. 죽음에 대한 이런 두려움을 보는 자는 행복을 가져오는 것인 공덕을 지어야 한다.」라는 어떤 천신의 말에 대한 부처님의 입장을 「수명은 짧고, 삶은 이끌린다. 늙음에 이끌린 자에게 피난처는 없다. 죽음에 대한 이런 두려움을 보는 자, 평화를 바라는 자는 세상의 미끼를 버려야 한다.」라고 말합니다. 죽음에 대한 두려움을 보는 자는 공덕을 지어야 하지만, 죽음에 대한 두려움을 보는 것에서 더 나아가 평화를 바라는 자는 세상의 미끼를 버려야 한다고 말하는데, 몸과 생명에 대한 갈망 등 중생으로의 삶에 대한 애착이라는 미끼를 버리고 해탈하는 것으로의 불교의 지향을 차별적으로 드러낸 것이라고 할 것입니다. 그래서 (SN 11.16-제사하는 자 경) 등은 '재생의 기반인 공덕을 짓는 자들에게(karotaṃ opadhikaṃ puññaṃ)'라고 하여 공덕을 윤회하는 중생의 영역에서 설명합니다.

또한, 경들은 출가자가 출가의 삶을 감당하지 못하고 환속할 때도 이런 의미를 말합니다. ―「세존의 제자들은 누구든지 열심히 노력하며 머무는데 나도 그들 중의 하나다. 그러나 나의 심(心)은 집착 없이 번뇌들로부터 해탈하지 못했다. 그런데 나의 가문에는 재물이 있어서 재물을 즐기고 공덕을 짓는 것이 가능하다. 그러니 나는 공부를 포기하고 낮은 삶으로 돌아가서 재물을 즐기고 공덕을 지어야겠다. (AN 6.55-소나 경)」

그러나 어쨌든 공덕은 중요합니다. 한평생 살다가 죽을 때 가져가는 것이 공덕 또는 죄악이기 때문인데, 이것들은 그림자처럼 떠나지 않고 다음 생으로 따라갑니다. ―「이 세상에서 인간은 공덕과 죄악의 두 가지를 행하니 참으로 그것이 그에게 자신의 것이고, 그것을 가지고 간다. 마치 떠나지 않는 그림자처럼 그것이 따른다. (SN 3.4-사랑하는 자 경)」 그래서 (AN 5.36-때에 맞는 보시 경) 등은 「puññāni paralokasmiṃ, patiṭṭhā honti pāṇinan 공덕은 저세상에서 존재들을 위한 버팀목이 된다.」라고 합니다. 죄악은 저세상까지 따라와서 바람처럼 내 삶을 흔들지만, 공덕은 저세상에서도 나의 삶을 흔들리지 않게 하는 든든한 버팀목이 되어준다는 의미입니다. 세상을 만나는 고달픔 가운데 나마저 흔들리면 삶은 더욱 어렵습니다. 그러나 버팀목 위에서 내가 흔들리지 않으면 세상을 만나는 고달픔은 훨씬 줄어들고 삶은 한결 수월해질 것이기 때문에 공덕은 중요하다는 것을 알 수 있습니다.

2. 그러면 공덕을 만드는 방법은 무엇입니까?

1) (SN 1.32-인색 경)[☞ 제2장 7.보시를 설명하는 두 개의 경]은 대표적으로 보시(布施)를 말합니다. — 「인색과 방일 때문에 보시를 하지 않습니다. 공덕을 바라는 자, 아는 자는 베풀어야 합니다.」

2) '공덕을 쌓음(puññābhisanda)'을 설명하는 경들은 공덕(功德)을 쌓고, 유익(有益)을 쌓고, 행복(幸福)의 자량(資糧)이 되는 것을 소개하는데, 세 가지로 요약됩니다.

① 불(佛)-법(法)-승(僧) 삼보(三寶)에 대한 확실한 믿음과 성자들이 동의하는 계(戒) 또는 보시(布施) 또는 지혜를 갖춤

② 어떤 사람이 보시한 필수품[가사-탁발 음식-거처-약품]을 사용하는 비구가 무량한 심삼매(心三昧)를 성취하여 머묾

③ 불(佛)-법(法)-승(僧) 삼보(三寶)에 귀의하는 것과 오계(五戒)를 지니는 것

3) 그리고 세 가지 공덕의 결실을 있게 하는 토대가 제시되는데, 보시(布施)와 계(戒) 그리고 수행(修行)입니다(AN 8.36-공덕의 결실을 있게 하는 토대 경)[☞ 【제사와 공덕 총괄 장】 II. 공덕에 의한 태어남을 구체적으로 설하는 경들 2.]. 그래서 보시와 계 그리고 수행의 세 가지가 공덕을 만드는 행위 즉 공덕행(功德行)입니다.

이렇게 공덕을 만드는 방법은 불(佛)-법(法)-승(僧) 삼보(三寶)에 대한 귀의(歸依)와 확실한 믿

음 그리고 계(戒)와 보시(布施)와 지혜를 갖추는 것으로 압축됩니다.

3. 복전(福田)과 보시받을만한 자(dakkhiṇeyya)

그런데 귀의와 믿음 그리고 계와 수행은 자신이 하는 일이라고 하겠지만, 보시는 받는 자를 필요로 합니다. 보시를 받아 주는 자가 있어야 보시하는 행위가 성립하기 때문입니다. 이때, 보시를 받으면 그 보시의 공덕을 크게 부풀려 주는 대상이 있어서 보시받을만한 자(dakkhiṇeyya)라고 하는데, 이런 사람은 세상에서 위없는 복의 밭 즉 복전(福田-puññakkhetta)이 됩니다. 그래서 불교에서 보시 공덕의 크기는 주는 사람에 의해 결정되지 않고 받는 사람에 의해 결정됩니다. (AN 1.308-321-세 번째 품)

- (AN 3.41-있음 경) — 「세 가지가 있을 때, 비구들이여, 믿음이 있는 좋은 가문의 아들은 큰 공덕을 쌓는다. 어떤 세 가지인가? 믿음이 있을 때, 비구들이여, 믿음이 있는 좋은 가문의 아들은 큰 공덕을 쌓는다. 보시할 것이 있을 때, 비구들이여, 믿음이 있는 좋은 가문의 아들은 큰 공덕을 쌓는다. 보시받을만한 분들이 있을 때, 비구들이여, 믿음이 있는 좋은 가문의 아들은 큰 공덕을 쌓는다. 이런 세 가지가 있을 때, 비구들이여, 믿음이 있는 좋은 가문의 아들은 큰 공덕을 쌓는다.」

(SN 1.33-좋음 경)은 「충분히 고려된 보시를 선서(善逝)께서는 칭찬합니다. 이번 생의 세상에서 보시받을만한 분들에 대해 보시한 것은 좋은 밭에 씨를 뿌린 것처럼 큰 결실이 있습니다.」라고 하는데, 누구에게 보시할 것인지 충분히 고려하여 보시받을만한 분들에게 보시한 것은 공덕 즉 복(福)을 재배하는 밭[복전(福田)]에 씨를 뿌리는 것이어서 큰 결실이 있다는 설명입니다.

그러면 복전(福田)인 보시받을만한 분들은 누구입니까? (AN 2.33-42-평등한 심(心) 품)은 몸과 말과 심(心)으로 올곧은 존재인 유학(有學)과 무학(無學)이 제사를 지내는 사람을 위한 그 밭이어서 여기에 보시한 것은 큰 결실이 있다고 합니다.

이때, 무학(無學)은 아라한이고, 유학(有學)은 예류자(預流者)부터 아라한의 성취 과정에 있는 성자들입니다. 이 성자들에 대해서는 많은 경들이 다양한 측면으로 설명하는데, 모든 설명을 대표하는 정의는 (AN 8.59-사람 경1) 등이 말하는 예류자, 예류과의 실현을 위해 실천하는 자, 일래자, 일래과의 실현을 위해 실천하는 자, 불환자, 불환과의 실현을 위해 실천하는 자, 아라한, 아라한을 위해 실천하는 자입니다. 네 쌍[사쌍(四雙)]이고 여덟 무리[팔배(八輩)]의 구성 상태 를 보여줍니다. 그리고 이분들 가운데 출가자가 의지처인 상가(僧伽)입니다. ― 「진지하게 수행하는 세존(世尊)의 제자들인 상가(僧伽) … 이 세상의 위없는 복전(福田)입니다.」

「제2장 공덕 - (2) 보시(布施) 12. 보시의 청정과 보시받을만한 사람(dakkhiṇeyya)」에서 자세히 설명하였습니다.

4. 믿음의 측면

• (AN 3.42-세 가지 이유 경) ― 「비구들이여, 세 가지 이유에 의해 믿음이 있고 분명함이 있는 자라고 알아야 한다. 어떤 세 가지인가? ①계를 중시하는 분들 보기를 좋아하고, ②정법(正法) 듣기를 좋아하고, ③인색의 오염을 떠난 마음으로 자유롭게 보시하고, 손은 깨끗하고, 주기를 좋아하고, 다른 사람의 요구에 응할 준비가 되어있고, 베풂과 나눔을 좋아하며 재가에 산다. 비구들이여, 이런 세 가지 이유에 의해 믿음이 있고 분명함이 있는 자라고 알아야 한다.」

한편, (AN 4.34-으뜸의 믿음 경)/(AN 5.32-쭌디 경)은 「으뜸가는 법을 알기 때문에 으뜸가는 분명함을 가진 자들, '①위없고, 보시받을만한 자들 가운데 으뜸인 불(佛)에 대한 분명함이 있는 자들, ②바래어 가라앉고, 행복하고, 으뜸인 법(法)에 대한 분명함이 있는 자들, ③위없는 복전(福田)인 으뜸인 상가(僧伽)에 대한 분명함이 있는 자들'에게 으뜸에 대한 보시를 행한 자들에게 으뜸가는 수명과 용모와 명성과 존경과 행복과 힘이라는 으뜸가는 복(福)이 늘어난다. 으뜸에게 보시한 현명한 자, 으뜸가는 법에 집중된 자, 신이 된 자나 인간은, 으뜸을 성취하여 즐거워한다.」라고 하여 불(佛)-법(法)-승(僧) 삼보(三寶)에 대한 분명함 즉 확실한 믿음을 가진 자와 불(佛)-법(法)-승(僧) 삼보(三寶)에 대한 보시를 행한 자들에게 으뜸가는 복의 증대를 말합니다. 이때, (AN 5.38-믿음 경)은 세상에서 복전(福田)들은 계를 갖추고 믿음이 있는 사람과 교류한다고 하는데 믿음의 측면에서 연결된 의미를 알 수 있습니다.

이런 믿음의 측면은, 특히, '공덕(功德)의 쌓음(puññābhisanda)'의 측면에서 설명되고, 확장됩니다. 이 측면을 말하는 경들은 두 가지 형태를 가지는데, ①「puññābhisandā kusalābhisandā sukhassāhārā 공덕(功德)을 쌓고, 유익(有益)을 쌓고, 행복(幸福)의 자량(資糧)이 되는 것」과 ②「puññābhisandā kusalābhisandā sukhassāhārā sovaggikā sukhavipākā saggasaṃvattanikā iṭṭhāya kantāya manāpāya hitāya sukhāya saṃvattanti 공덕(功德)을 쌓고, 유익(有益)을 쌓고, 행복(幸福)의 자량(資糧)이 되고, 하늘로 연결되고, 보(報)가 행복이고, 하늘로 이끄는 것이고, 원하고 좋아하고 마음에 드는 이익과 행복으로 이끈다.」입니다.

①에 해당하는 것은 (SN 55.31-공덕을 쌓는 것 경1)~(SN 55.33-공덕을 쌓는 것 경3)에서 말하는 불(佛)-법(法)-승(僧)에 대한 확실한 믿음과 계(戒)-보시(布施)-지혜를 지니는 것입니다. 이 내용은 (SN 55.41-쌓음 경1)~(SN 55.43-쌓음 경3)에서 그 공덕은 크기를 헤아리기가 쉽지 않아서, 다만, 헤아릴 수 없고, 잴 수 없는 커다란 공덕의 무더기라는 이름을 얻게 된다고 부연 설명됩니다.

②에 해당하는 것으로는 첫째, (AN 4.51-공덕을 쌓음 경1)에서 말하는 「어떤 사람의 가사[어떤 사람이 보시한 가사]를 사용하는 비구가 무량한 심삼매(心三昧)를 성취하여 머문다. 그것은 그[가사를 보시한 사람]에게 무량한 공덕(功德)을 쌓고 … 이익과 행복으로 이끈다.」인데, 탁발 음식과 거처와 병(病)의 조건으로부터 필요한 약품에 반복되는 네 가지입니다. 그리고 (AN 5.45-공덕을 쌓음 경)에서는 가사-탁발 음식-승원-침상과 의자-병(病)의 조건으로부터 필요한 약품의 다섯 가지에 적용되는데, 그 공덕은 크기를 헤아리기가 쉽지 않다고 앞의 경과 같은 형태로 설명됩니다.

둘째, (AN 4.52-공덕을 쌓음 경2)는 불(佛)-법(法)-승(僧)에 대한 확실한 믿음과 계(戒)를 지니는 것의 네 가지입니다.

셋째, (AN 6.37-여섯 요소를 갖춘 보시 경)은 보시하는 자의 세 가지 요소와 보시받는 자의 세 가지 요소에 대해 말합니다. 이때, 보시하는 자의 세 가지 요소는 보시로 인해서 먼저 기뻐하고, 보시하는 심(心)을 청정하게 하고, 보시한 뒤에 즐거워하는 것이고, 보시받는 자의 세 가지 요소는 탐(貪)이 없거나 탐(貪)의 제어를 위해 실천하고, 진(嗔)이 없거나 진(嗔)의 제어를 위해 실천하고, 치(癡)가 없거나 치(癡)의 제어를 위해 실천하는 것입니다. 이런 여섯 가지 요소를 갖춘 보시는, 역시, 앞의 경과 같은 형태로 그 공덕은 크기를 헤아리기가 쉽지 않다고 설명합니다.

넷째, (AN 8.39-쌓음 경)은 불(佛)-법(法)-승(僧) 삼보(三寶)에 귀의하는 것과 오계(五戒)를 지키는 것을 말합니다. 특히, 오계에 대해서 다섯 가지 보시라고 말하면서 「생명을 해치는 행위로부터 피한 성스러운 제자는 무량한 중생들에게 두려움 없음을 베푼다. 원망 없음을 베푼다. 거슬림 없음을 베푼다. 무량한 중생들에게 두려움 없음을 베풀고, 원망 없음을 베풀고, 거슬림 없음을 베푼 뒤에 무량한 두려움 없음과 원망 없음과 거슬림 없음을 나누어 가진다.」라고 다섯 가지 모두에 대해 설명합니다. 그래서 오계(五戒)를 지키는 것이 보시(布施) 가운데 무외시(無畏施)[두려움 없음을 베풂]라는 것을 알 수 있습니다.

5. 공덕을 짓고 쌓는 삶의 연속

그리고 공덕을 짓고 쌓는 삶은 연속되어야 합니다. (SN 3.20-무자식 경2)[☞ [용례 4] 5.]은 벽지불에게 탁발 음식을 공양한 공덕으로 부유하게 살던 상인 장자가 「이전의 공덕은 다했고, 새로운 공덕은 쌓아지지 않았기 때문」에 죽어서 **다른 업들의 영향**으로 지옥에 태어난 일화를 소개합니다.

이렇게 이 몸과 함께하는 삶은 죽음으로 끝납니다. 그러면 업(業)에 따라 어디로든 가게 됩니다. 그러니 살아있는 동안에 공덕의 업을 지어야 합니다. 그 힘이 죽은 뒤 나의 삶을 이끌기 때문입니다. — 「중생들은 모두 죽을 것이니, 삶은 참으로 죽음으로 끝나는 것이다. 공덕과 악함의 결실이 생겨나 업에 따라서 갈 것이니 악업 지은 중생들은 지옥으로 갈 것이고, 공덕의 업 지은 중생들은 좋은 곳으로 갈 것이다. (SN 3.22-할머니 경)[☞ [용례 4] 「puññāni paralokasmiṃ, patiṭṭhā honti pāṇinan 공덕은 저세상에서 존재들을 위한 버팀목이 된다.」의 용례]」

이런 서술 위에서 공덕과 관련한 네 가지 주요 용례를 볼 수 있는데, (AN 3.52-두 바라문 경1)의 ①「akatakalyāṇā akatakusalā akatabhīruttāṇā 유익(有益)을 만들지 못했고, 선(善)을 만들지 못했고, 두려움으로부터의 피난처를 만들지 못했습니다.」와 ②「puññāni kayirātha sukhāvahānī - sukha(즐거움=행복)을 가져오는 것인 puñña(공덕=복)를 지어야 한다.」 그리고 (AN 5.36-때에 맞는 보시 경) 등의 ③「puññāni paralokasmiṃ, patiṭṭhā honti pāṇinan 공덕은 저세상에서 존재들을 위한 버팀목이 된다.」와 ④puññābhisanda(공덕을 쌓음)의 용례입니다.

(AN 7.62-자애 경)으로 시작하여 네 가지 용례의 모든 경을 소개하였습니다.

[용례 1] (AN 7.62-자애 경)

비구들이여, 공덕을 두려워하지 말라. 비구들이여, 공덕은 행복을 지칭하는 말이다. 비구들이여, 나는 오랫동안 공덕을 짓는 동안에 오랫동안 원하고 좋아하고 마음에 드는 보(報)를 경험한 것을 기억한다. 나는 칠 년 동안 자심(慈心)을 닦았다. 칠 년 동안 자심(慈心)을 닦은 뒤에 일곱 번의 진화하고 퇴보하는 겁(劫) 동안 이 세상에 돌아오지 않았다. 나는, 비구들이여, 세상이 진화할 때는 광음천(光音天)에 태어났고, 세상이 퇴화할 때는 비어있는 범천(梵天)의 궁전에 태어났다.

거기서, 비구들이여, 나는 범천(梵天)이었고, 대범천(大梵天)이었고, 정복자였고, 널리 보는 자였고, 지배자였다. 비구들이여, 나는 서른여섯 번을 신들의 왕 삭까였다. 나는 수백 번을 법을 가진 자, 법의 왕, 사방을 정복한 승리자, 국토의 안전을 달성한 자, 일곱 가지 보배를 갖춘 자인 전륜성왕(轉輪聖王)이었다. 그런 나에게, 비구들이여, 윤보(輪寶), 상보(象寶), 마보(馬寶), 보배보(寶貝寶), 여인보(女人寶), 장자보(長者寶) 그리고 주장신보(主藏臣寶)를 일곱 번째로 하는 이런 일곱 가지 보배가 있었다. 씩씩하고 용감함을 갖추고 다른 군대를 압도하는 천 명이 넘는 아들들이 있었다. 그는 바다에서 끝나는 이 땅을 몽둥이에 의하지 않고, 칼에 의하지 않고, 법으로 정복하여 정착했다.

행복을 추구하는 자들은 유익(有益)한 공덕(功德)의 보(報)를 보아야 한다. 비구들이여, 칠 년 동안 자애로써 심(心)을 깨끗이 한 뒤에 나는 일곱 번의 진화하고 퇴보하는 겁(劫) 동안 이 세상에 돌아오지 않았다.

나는 세상이 진화할 때는 광음천(光音天)에 태어났고, 세상이 퇴화할 때는 비어있는 범천(梵天)의 궁전에 태어났다.

일곱 번 대범천이었고, 그때 지배력이 있었다. 서른여섯 번 신들의 왕이었고 신들의 왕국을 건설했다.

잠부디빠의 통치자인 전륜성왕이었고, 머리에 의식을 치른 끄샤뜨리야로서 인간들의 지배자였다.

몽둥이와 칼 없이 이 땅을 다스렸고, 폭력을 행하지 않고, 고르게 이 땅을 이끌었다.

이 대지에서 법에 의한 지배력을 행한 뒤에 가문에는 큰 재산과 큰 재물과 양들이 가득 찼다.

가문에는 원하는 모든 것들, 칠보(七堡)를 갖추었다. 세상을 연민하는 부처님들에 의해 이것은 잘 설해졌다.

이것이 위대함의 원인이다. 나는 땅에 속한 동안 실패하지 않았다. 많은 재산과 필수품을 가진 빛나는 왕이었다.

잠부디빠의 통치자로서 신통과 명성을 가졌다. 비록 나쁜 태생이라고 해도 들은 뒤에 누가 믿음을 갖지 않겠는가?

그러므로 자신을 사랑하여 위대함을 바라는 자들은
부처님들의 가르침을 기억하면서 정법(正法)을 존중해야 한다.

[용례 2] 「akatakalyāṇā akatakusalā akatabhīruttāṇā 유익(有益)을 만들지 못했고, 선(善)을 만들지 못했고, 두려움으로부터의 피난처를 만들지 못했습니다.」의 용례

1. (MN 129-우현(愚賢) 경)

1) 어리석은 자에게 있는 어리석음의 특징, 어리석음의 징조, 어리석은 삶의 흔적

- 오계를 지키지 않는 자의 고통과 고뇌 → 범죄를 저지른 도둑의 고통과 고뇌 → 유익(有益)을 만들지 못했고, 선(善)을 만들지 못했고, 두려움으로부터의 피난처를 만들지 못한 자의 고통과 고뇌

비구들이여, 어리석은 자에게 이런 세 가지 어리석음의 특징, 어리석음의 징조, 어리석은 삶의 흔적이 있다. 어떤 셋인가? 여기, 비구들이여, 어리석은 자는 나쁜 생각을 하고, 나쁜 말을 하고, 나쁜 행위를 한다. 만약, 비구들이여, 어리석은 자가 나쁜 생각을 하고, 나쁜 말을 하고, 나쁜 행위를 하지 않는다면, 현명한 자들이 어떻게 그를 '이 존자는 어리석다. 고결한 사람이 아니다.'라고 알겠는가? 비구들이여, 어리석은 자가 나쁜 생각을 하고, 나쁜 말을 하고, 나쁜 행위를 하기 때문에 현명한 자들이 그를 '이 존자는 어리석다. 고결한 사람이 아니다.'라고 안다. 비구들이여, 그런 그 어리석은 자는 삼중으로 지금여기에서 고통과 고뇌를 경험한다. 만약, 비구들이여, 어리석은 자가 회의장에 앉아있거나, 마차길에 앉아있거나, 교차로에 앉아있고, 거기서 사람들이 그 상황에서 생기고 어울리는 이야기를 나누고 있을 때, 만약, 비구들이여, 어리석은 자가 생명을 해치고 … 술과 발효액 등 취하게 하는 것 때문에 방일하게 머무는 자라면, 거기서, 비구들이여, 어리석은 자는 이렇게 생각할 것이다. — '사람들이 얘기 나누는 그 상황에서 생기고 어울리는 이야기들은 나에 대한[내 안에 존재하는] 것들이다. 그리고 나에게 그 법들이 나타난다.'라고. 이것이, 비구들이여, 어리석은 자가 지금여기에서 경험하는 첫 번째 고통과 고뇌이다.

다시, 비구들이여, 어리석은 자가 왕들이 범죄를 저지른 도둑을 붙잡은 뒤 여러 가지 체벌을 가하는 것을 본다. — 채찍으로 때리기도 하고, 몽둥이로 때리기도 하고, 둘로 갈라진 반절의 막대기로 때리기도 하고, 손을 자르기도 하고, 발을 자르기도 하고, 손발을 다 자르기도 하고, 귀를 자르기도 하고, 코를 자르기도 하고, 귀와 코를 다 자르기도 한다. 식초 그릇에 넣는 고문을 하기도 하고, 소라의 껍질을 벗기는 것과 같은 고문을 하기도 하고, 아수라의 입을 만드는

고문을 하기도 하고, 온몸에 불을 붙이는 고문을 하기도 하고, 손에 불을 붙이는 고문을 하기도 하고, 침대를 만드는 풀로 감싸 가죽끈으로 묶는 고문을 하기도 하고, 나무껍질로 된 옷을 입히는 고문을 하기도 하고, 영양처럼 만드는 고문을 하기도 하고, 갈고리로 꿰어 걸어놓는 고문을 하기도 하고, 동전처럼 만드는 고문을 하기도 하고, 상처에 소금을 바르는 고문을 하기도 하고, 가죽끈으로 때리며 장애물을 통과시키는 고문을 하기도 하고, 작은 의자 위에 짚더미로 둘러싸는 고문을 하기도 하고, 뜨거운 기름을 끼얹기도 하고, 개에 물리게 하기도 하고, 살아있는 것을 창으로 겹주기도 하고, 칼로 목을 베기도 한다. 거기서 비구들이여, 어리석은 자에게 이런 생각이 든다. — '이런 악한 업(業)을 원인으로 왕들은 범죄를 저지른 도둑을 붙잡은 뒤 여러 가지 체벌을 가한다. — 채찍으로 때리기도 하고 … 칼로 목을 베기도 한다. 그 법들은 나에 대한[내 안에 존재하는] 것들이다. 그리고 나에게 그 법들이 나타난다. 만약 왕들이 나를 안다면, 왕들은 나도 붙잡은 뒤 여러 가지 체벌을 가할 것이다. — 채찍으로 때리기도 하고 … 칼로 목을 베기도 할 것이다.'라고. 이것이, 비구들이여, 어리석은 자가 지금여기에서 경험하는 두 번째 고통과 고뇌이다.

다시, 비구들이여, 의자에 앉아있거나, 침대에 누워있거나, 땅바닥에 누워있는 어리석은 자를 몸의 나쁜 행위, 말의 나쁜 행위, 의(意)의 나쁜 행위 등 예전에 지은 악업(惡業)들이 그때 그를 붙잡고, 매달리고, 억누른다. 예를 들면, 비구들이여, 큰 산봉우리들의 그림자가 저녁에 대지를 덮고, 가리고, 휩싼다. 이처럼, 비구들이여, 의자에 앉아있거나, 침대에 누워있거나, 땅바닥에 누워있는 어리석은 자를 몸의 나쁜 행위, 말의 나쁜 행위, 의(意)의 나쁜 행위 등 예전에 지은 악업(惡業)들이 그때 그를 붙잡고, 매달리고, 억누른다. 그때, 비구들이여, 어리석은 자에게 이런 생각이 든다. — '나는 유익(有益)을 만들지 못했고, 선(善)을 만들지 못했고, 두려움으로부터의 피난처를 만들지 못했다. 악(惡)을 행하고, 난폭하고, 죄악을 저질렀다. 오! 유익(有益)을 만들지 못했고, 선(善)을 만들지 못했고, 두려움으로부터의 피난처를 만들지 못했고, 악(惡)을 행하고, 난폭하고, 죄악을 저지른 자의 갈 곳으로, 죽은 뒤에 나는 갈 것이다.'라고. 그는 슬퍼하고 힘들어 하고 비탄에 빠지고 가슴을 치며 울부짖고 당황한다. 이것이, 비구들이여, 어리석은 자가 지금여기에서 경험하는 세 번째 고통과 고뇌이다.

비구들이여, 어리석은 자는 몸으로 나쁜 행위를 하고, 말로 나쁜 행위를 하고, 의(意)로 나쁜 행위를 하고서 몸이 무너져 죽은 뒤에 상실과 비탄의 상태, 비참한 존재, 벌 받는 상태, 지옥에 태어난다. '전적으로 동의할 수 없고, 전적으로 싫고, 전적으로 마음에 들지 않는 것'이라고 바르게 말하는 사람이 말한다면, 지옥이 바로 그것이다. 지옥의 괴로움은 비유하기도 쉽지 않다."

2) 현명한 자에게 있는 현명함의 특징, 현명함의 징조, 현명한 삶의 흔적

• 오계를 지닌 자의 행복과 만족 → 범죄를 저지르지 않은 자의 행복과 만족 → 유익(有益)을 만들고, 선(善)을 만들고, 두려움으로부터의 피난처를 만든 자의 행복과 만족

비구들이여, 현명한 자에게 이런 세 가지 현명함의 특징, 현명함의 징조, 현명한 삶의 흔적이 있다. 어떤 셋인가? 여기, 비구들이여, 현명한 자는 좋은 생각을 하고, 좋은 말을 하고, 좋은 행위를 한다. 만약, 비구들이여, 현명한 자가 좋은 생각을 하고, 좋은 말을 하고, 좋은 행위를 하지 않는다면, 현명한 자들이 어떻게 그를 '이 존자는 현명하다. 고결한 사람이다.'라고 알겠는가? 비구들이여, 현명한 자가 좋은 생각을 하고, 좋은 말을 하고, 좋은 행위를 하기 때문에 현명한 자들이 그를 '이 존자는 현명하다. 고결한 사람이다.'라고 안다. 비구들이여, 그런 그 현명한 자는 삼중으로 지금여기에서 행복과 만족을 경험한다. 만약, 비구들이여, 현명한 자가 회의장에 앉아있거나, 마차길에 앉아있거나, 교차로에 앉아있고, 거기서 사람들이 그 상황에서 생기고 어울리는 이야기를 나누고 있을 때, 만약, 비구들이여, 현명한 자가 생명을 해치는 행위를 피하고, 주지 않는 것을 가지는 행위를 피하고, 음행에 대해 삿되게 행하는 행위를 피하고, 거짓을 말하는 행위를 피하고, 술과 발효액 등 취하게 하는 것 때문에 방일한 머묾을 피하는 자라면, 거기서, 비구들이여, 현명한 자는 이렇게 생각할 것이다. — '사람들이 얘기 나누는 그 상황에서 생기고 어울리는 이야기들은 나에 대한[내 안에 존재하는] 것들이다. 그리고 나에게 그 법들이 나타난다.'라고. 이것이, 비구들이여, 현명한 자가 지금여기에서 경험하는 첫 번째 행복과 만족이다.

다시, 비구들이여, 현명한 자가 왕들이 범죄를 저지른 도둑을 붙잡은 뒤 여러 가지 체벌을 가하는 것을 본다. — 채찍으로 때리기도 하고 … 칼로 목을 베기도 한다. 거기서 비구들이여, 현명한 자에게 이런 생각이 든다. — '이런 악한 업(業)을 원인으로 왕들은 범죄를 저지른 도둑을 붙잡은 뒤 여러 가지 체벌을 가한다. — 채찍으로 때리기도 하고 … 칼로 목을 베기도 한다. 그 법들은 나에 대한[내 안에 존재하는] 것들이 아니다. 그리고 나에게 그 법들이 나타나지 않는다. 이것이, 비구들이여, 현명한 자가 지금여기에서 경험하는 두 번째 행복과 만족이다.

다시, 비구들이여, 의자에 앉아있거나, 침대에 누워있거나, 땅바닥에 누워있는 현명한 자를 몸

의 좋은 행위, 말의 좋은 행위, 의(意)의 좋은 행위 등 예전에 지은 유익(有益)한 업(業)들이 그때 그를 붙잡고, 매달리고, 억누른다. 예를 들면, 비구들이여, 큰 산봉우리들의 그림자가 저녁에 대지를 덮고, 가리고, 휩싼다. 이처럼, 비구들이여, 의자에 앉아있거나, 침대에 누워있거나, 땅바닥에 누워있는 현명한 자를 몸의 좋은 행위, 말의 좋은 행위, 의(意)의 좋은 행위 등 예전에 지은 유익(有益)한 업(業)들이 그때 그를 붙잡고, 매달리고, 억누른다. 그때, 비구들이여, 현명한 자에게 이런 생각이 든다. — '나는 악(惡)을 행하지 않고, 난폭하지 않고, 죄악을 저지르지 않았다. 유익(有益)을 만들고, 선(善)을 만들고, 두려움으로부터의 피난처를 만들었다. 오! 악(惡)을 행하지 않고, 난폭하지 않고, 죄악을 저지르지 않고, 유익(有益)을 만들고, 선(善)을 만들고, 두려움으로부터의 피난처를 만든 자의 갈 곳으로, 죽은 뒤에 나는 갈 것이다.'라고. 그는 슬퍼하지 않고 힘들어하지 않고 비탄에 빠지지 않고 가슴을 치며 울부짖지 않고 당황하지 않는다. 이것이, 비구들이여, 현명한 자가 지금여기에서 경험하는 세 번째 행복과 만족이다.

비구들이여, 현명한 자는 몸으로 좋은 행위를 하고, 말로 좋은 행위를 하고, 의(意)로 좋은 행위를 하고서 몸이 무너져 죽은 뒤에 좋은 곳, 하늘 세상에 태어난다. '전적으로 동의하고, 전적으로 좋고, 전적으로 마음에 드는 것'이라고 바르게 말하는 사람이 말한다면, 하늘이 바로 그것이다. 하늘의 행복은 비유하기도 쉽지 않다.

2. (AN 3.52-두 바라문 경1)

• 몸으로 제어하고, 말로 제어하고, 의(意)로 제어하는 것은 죽은 자에게 피난처가 됨 → 「죽음에 대한 이런 두려움을 보는 자는 행복을 가져오는 것인 공덕을 지어야 한다.」

늙고 연로하고 노쇠하고 수명의 절반을 지나 노년에 이르렀고 태어난 지 120년이 된 두 명의 바라문이 세존에게 왔다. 와서는 세존과 함께 인사를 나누었다. 유쾌하고 기억할만한 이야기를 주고받은 뒤 한 곁에 앉았다. 한 곁에 앉은 그 바라문들은 세존에게 이렇게 말했다. — "고따마 존자여, 우리는 늙고 … 태어난 지 120년이 되었습니다. 그런 우리는 유익(有益)을 만들지 못했고, 선(善)을 만들지 못했고, 두려움으로부터의 피난처를 만들지 못했습니다. 고따마 존자는 우리를 지도해 주십시오. 고따마 존자는 우리에게 오랫동안 이익과 행복을 위한 가르침을 주시기 바랍니다."라고.

"참으로, 바라문들이여, 그대들은 늙고 … 태어난 지 120년이 되었습니다. 그런데 그대들은 유익(有益)을 만들지 못했고, 선(善)을 만들지 못했고, 두려움으로부터의 피난처를 만들지 못했습니다. 바라문들이여, 이 세상은 늙음과 병과 죽음으로 이끌립니다. 바라문들이여, 이렇게 이 세상이 늙음과 병과 죽음으로 이끌릴 때, 여기서 몸으로 제어하고, 말로 제어하고, 의(意)로 제어하는 것은 죽은 자에게 피난처가 되고, 동굴이 되고, 섬이 되고, 의지처가 되고, 버팀목이 됩니다.

수명은 짧고, 삶은 이끌린다. 늙음에 이끌린 자에게 피난처는 없다. 죽음에 대한 이런 두려움을 보는 자는 행복을 가져오는 것인 공덕을 지어야 한다.

여기에서 몸과 말과 의(意)로 제어한 것, 사는 동안 공덕을 지은 것, 그것은 죽은 자에게 행복이 된다.

3. (AN 3.53-두 바라문 경2)

• 몸으로 제어하고, 말로 제어하고, 의(意)로 제어하는 것은 죽은 자에게 피난처가 됨 → 「이렇게 세상은 늙음과 죽음으로 불타고 있다. 보시에 의해서 꺼내야 하고, 보시한 것은 잘 꺼낸 것이다.」

늙고 연로하고 노쇠하고 수명의 절반을 지나 노년에 이르렀고 태어난 지 120년이 된 두 명의 바라문이 세존에게 왔다. … 바라문들이여, 이렇게 이 세상이 늙음과 병과 죽음으로 불타고 있을 때, 여기서 몸으로 제어하고, 말로 제어하고, 의(意)로 제어하는 것은 죽은 자에게 피난처가 되고, 동굴이 되고, 섬이 되고, 의지처가 되고, 버팀목이 됩니다.

집이 불탈 때 가지고 나온 집기들, 거기서 불타지 않은 것들, 그것은 그에게 도움이 된다.

이렇게 세상은 늙음과 죽음으로 불타고 있다. 보시에 의해서 꺼내야 하고, 보시한 것은 잘 꺼낸 것이다.

여기에서 몸과 말과 의(意)로 제어한 것, 사는 동안 공덕을 지은 것, 그것은 죽은 자에게 행복이 된다.

4. (AN 4.184-두려움 없음 경)

• 죽어야 하는 존재의 두 부류 — ①죽음을 두려워하고, 죽음에 대해 전율하는 죽어야 하는 존재, ②죽음을 두려워하지 않고, 죽음에 대해 전율하지 않는 죽어야 하는 존재

그때 자눗소니 바라문이 세존에게 왔다. 와서는 세존과 함께 인사를 나누었다. 유쾌하고 기억할만한 이야기를 주고받은 뒤 한 곁에 앉았다. 한 곁에 앉은 자눗소니 바라문은 세존에게 이렇게 말했다. —

"고따마 존자시여, 저는 이렇게 말하고, 이런 견해를 가졌습니다. — '죽음을 두려워하지 않고, 죽음에 대해 전율하지 않는 죽어야 하는 존재는 없다.'라고." "바라문이여, 죽음을 두려워하고, 죽음에 대해 전율하는 죽어야 하는 존재가 있습니다. 그리고 바라문이여, 죽음을 두려워하지 않고, 죽음에 대해 전율하지 않는 죽어야 하는 존재가 있습니다.

바라문이여, 어떤 죽어야 하는 존재가 죽음을 두려워하고, 죽음에 대해 전율합니까? 여기, 바라문이여, 어떤 사람은 소유한 것들에 대해 탐(貪)에서 벗어나지 못하고, 관심에서 벗어나지 못하고, 사랑에서 벗어나지 못하고, 갈증에서 벗어나지 못하고, 열기에서 벗어나지 못하고, 갈애에서 벗어나지 못했습니다. 그가 어떤 큰 병에 걸립니다. 어떤 큰 병에 걸린 그에게 이런 생각이 듭니다. — '사랑하는 소유한 것들이 나를 버릴 것이다. 나도 사랑하는 소유한 것들을 버릴 것이다.'라고. 그는 슬퍼하고 힘들어하고 비탄에 빠지고 가슴을 치며 울부짖고 당황합니다. 이것이, 바라문이여, 죽음을 두려워하고, 죽음에 대해 전율하는 죽어야 하는 존재입니다.

다시, 바라문이여, 여기 어떤 사람은 몸에 대해 탐(貪)에서 벗어나지 못하고 … 이런 생각이 듭니다. — '사랑하는 몸이 나를 버릴 것이다. 나도 사랑하는 몸을 버릴 것이다.'라고. … 이것도, 바라문이여, 죽음을 두려워하고, 죽음에 대해 전율하는 죽어야 하는 존재입니다.

다시, 바라문이여, 여기 어떤 사람은 유익(有益)을 만들지 못했고, 선(善)을 만들지 못했고, 두려움으로부터의 피난처를 만들지 못했고, 악(惡)을 행하고, 난폭하고, 죄악을 저질렀습니다. 그가 어떤 큰 병에 걸립니다. 어떤 큰 병에 걸린 그에게 이런 생각이 듭니다. — '참으로 나는 유익(有益)을 만들지 못했고 … 죄악을 저질렀다. 유익(有益)을 만들지 못했고 … 죄악을 저지른 자들이 가는 곳으로 나는 죽은 뒤에 간다.'라고. … 이것도, 바라문이여, 죽음을 두려워하

고, 죽음에 대해 전율하는 죽어야 하는 존재입니다.

다시, 바라문이여, 여기 어떤 사람은 불확실해하고, 의심하고, 정법에 대한 결론을 얻지 못했습니다. 그가 어떤 큰 병에 걸립니다. 어떤 큰 병에 걸린 그에게 이런 생각이 듭니다. — '참으로 나는 불확실해하고, 의심하고, 정법에 대한 결론을 얻지 못했다.'라고. … 이것도, 바라문이여, 죽음을 두려워하고, 죽음에 대해 전율하는 죽어야 하는 존재입니다. 바라문이여, 죽음을 두려워하고, 죽음에 대해 전율하는 이런 네 가지 죽어야 하는 존재가 있습니다.

바라문이여, 어떤 죽어야 하는 존재가 죽음을 두려워하지 않고, 죽음에 대해 전율하지 않습니까? 여기, 바라문이여, 어떤 사람은 소유한 것들에 대해 탐(貪)에서 벗어나고, 관심에서 벗어나고, 사랑에서 벗어나고, 갈증에서 벗어나고, 열기에서 벗어나고, 갈애에서 벗어났습니다. 그가 어떤 큰 병에 걸립니다. 어떤 큰 병에 걸린 그에게 이런 생각이 들지 않습니다. — '사랑하는 소유한 것들이 나를 버릴 것이다. 나도 사랑하는 소유한 것들을 버릴 것이다.'라고. 그는 슬퍼하지 않고 힘들어하지 않고 비탄에 빠지지 않고 가슴을 치며 울부짖지 않고 당황하지 않습니다. 이것이, 바라문이여, 죽음을 두려워하지 않고, 죽음에 대해 전율하지 않는 죽어야 하는 존재입니다.

다시, 바라문이여, 여기 어떤 사람은 몸에 대해 탐(貪)에서 벗어나고 … 이런 생각이 들지 않습니다. — '사랑하는 몸이 나를 버릴 것이다. 나도 사랑하는 몸을 버릴 것이다.'라고. … 이것도, 바라문이여, 죽음을 두려워하지 않고, 죽음에 대해 전율하지 않는 죽어야 하는 존재입니다.

다시, 바라문이여, 여기 어떤 사람은 악(惡)을 행하지 않고, 난폭하지 않고, 죄악을 저지르지 않고, 유익(有益)을 만들었고, 선(善)을 만들었고, 두려움으로부터의 피난처를 만들었습니다. 그가 어떤 큰 병에 걸립니다. 어떤 큰 병에 걸린 그에게 이런 생각이 듭니다. — '참으로 나는 악(惡)을 행하지 않고 … 피난처를 만들었다. 악(惡)을 행하지 않고 … 피난처를 만든 자들이 가는 곳으로 나는 죽은 뒤에 간다.'라고. … 이것도, 바라문이여, 죽음을 두려워하지 않고, 죽음에 대해 전율하지 않는 죽어야 하는 존재입니다.

다시, 바라문이여, 여기 어떤 사람은 불확실해 하지 않고, 의심하지 않고, 정법에 대한 결론을 얻었습니다. 그가 어떤 큰 병에 걸립니다. 어떤 큰 병에 걸린 그에게 이런 생각이 듭니다. — '참으로 나는 불확실해 하지 않고, 의심하지 않고, 정법에 대한 결론을 얻었다.'라고. … 이것도,

바라문이여, 죽음을 두려워하지 않고, 죽음에 대해 전율하지 않는 죽어야 하는 존재입니다. 바라문이여, 죽음을 두려워하지 않고, 죽음에 대해 전율하지 않는 이런 네 가지 죽어야 하는 존재가 있습니다.

[용례 3] 「puññāni kayirātha sukhāvahānī - sukha(즐거움=행복)을 가져오는 것인 puñña(공덕=복)를 지어야 한다.」의 용례

1. (SN 1.3-이끌림 경)/≒(SN 2.19-웃따라 경)

수명은 짧고, 삶은 이끌립니다. 늙음에 이끌린 자에게 피난처는 없습니다. 죽음에 대한 이런 두려움을 보는 자는 행복을 가져오는 것인 공덕을 지어야 합니다.

[부처님] 수명은 짧고, 삶은 이끌린다. 늙음에 이끌린 자에게 피난처는 없다. 죽음에 대한 이런 두려움을 보는 자, 평화를 바라는 자는 세상의 미끼를 버려야 한다.

2. (SN 1.4-무너짐 경)/≒(SN 2.27-난다 경)

시간은 무너지고, 밤은 지나갑니다. 젊음은 조금씩 조금씩 떠나갑니다. 죽음에 대한 이런 두려움을 보는 자는 행복을 가져오는 것인 공덕을 지어야 합니다.

[부처님] 시간은 무너지고, 밤은 지나간다. 젊음은 조금씩 조금씩 떠나간다. 죽음에 대한 이런 두려움을 보는 자, 평화를 바라는 자는 세상의 미끼를 버려야 한다.

3. (AN 3.52-두 바라문 경1) ☞ 「[용례 2] 「akatakalyāṇā akatakusalā akatabhīruttāṇā 유익(有益)을 만들지 못했고, 선(善)을 만들지 못했고, 두려움으로부터의 피난처를 만들지 못했습니다.」의 용례」

[용례 4] 「puññāni paralokasmiṃ, patiṭṭhā honti pāṇinan 공덕은 저세상에서 존재들을 위한 버팀목이 된다.」의 용례

1. (SN 1.32-인색 경) ☞ 「제2장 공덕 - (2) 보시(布施) 7」 참조.

> "인색한 자는 두려움이 있어 베풀지 않으니 그것은 오직 베풀지 않는 자의 두려움입니다. 인색한 자가 두려워하는 배고픔과 목마름은 이 세상과 저세상에서 어리석은 그에게 닿습니다.
>
> 그러므로 인색을 제어해야 합니다. 더러움을 극복한 자는 보시해야 합니다. 공덕은 저세상에서 존재들을 위한 버팀목이 됩니다."

2. (SN 1.43-음식 경)

"신과 인간은 모두 음식을 기뻐합니다. 그런데 음식을 기뻐하지 않는 그 약카는 누구입니까?"

"깨끗한 심(心)과 믿음으로 그 음식을 보시하는 그들에게 그 음식은 이 세상과 저세상에서 따라온다.

그러므로 인색을 제어해야 한다. 더러움을 극복한 자는 보시해야 한다. 공덕은 저세상에서 존재들을 위한 버팀목이 된다."

3. (SN 2.23-세리 경)

- 선법(善法)의 실천에 따르는 공덕(功德)과 공덕의 보(報) — 「깨끗한 심(心)과 믿음으로 그 음식을 보시하는 그들에게 그 음식은 이 세상과 저세상에서 따라온다.」

한 곁에 선 신의 아들 세리가 세존에게 게송으로 말했다. —

> "신과 인간은 모두 음식을 기뻐합니다. 그런데 음식을 기뻐하지 않는 그 약카는 누구입니까?"

"깨끗한 심(心)과 믿음으로 그 음식을 보시하는 그들에게 그 음식은 이 세상과 저세상에서 따라온다.

그러므로 인색을 제어해야 한다. 더러움을 극복한 자는 보시해야 한다. 공덕은 저세상에서 존재들을 위한 버팀목이 된다."

대덕이시여, 참으로 놀랍습니다. 대덕이시여, 참으로 신기합니다. 대덕이시여, 세존께서는 이것을 이렇게 잘 말씀하셨습니다. —

"깨끗한 심(心)과 믿음으로 그 음식을 보시하는 그들에게 … 공덕은 저세상에서 존재들을 위한 버팀목이 된다."라고.

예전에 저는, 대덕이시여, 보시하는 자, 보시의 주인, 보시의 덕을 말하는 시리라는 왕이었습니다. 그런 저는, 대덕이시여, 네 대문에서 사문-바라문-가난한 사람-여행하는 사람-빈민-거지에게 보시하였습니다. 그런데 대덕이시여, 후궁들이 저에게 와서 이렇게 말했습니다. — '왕께서는 보시를 합니다. 저희는 보시를 하지 못합니다. 저희도 왕께 의지하여 보시를 하고, 공덕을 지을 수 있으면 좋겠습니다.'라고. 대덕이시여, 그런 저에게 이런 생각이 떠올랐습니다. — '나는 보시하는 자, 보시의 주인, 보시의 덕을 말하는 자이다. '우리도 보시하겠습니다.'라고 말하는 자들에게 무어라 말할 것인가?'라고. 그런 저는, 대덕이시여, 첫 번째 대문을 후궁들에게 주었습니다. 거기서 후궁들은 보시를 하였습니다. 저의 보시는 물러섰습니다.

그런데 대덕이시여, 지역의 통치자인 끄샤뜨리야들이 저에게 와서 … 두 번째 대문을 지역의 통치자인 끄샤뜨리야들에게 주었습니다. 거기서 지역의 통치자인 끄샤뜨리야들은 보시를 하였습니다. 저의 보시는 물러섰습니다.

그런데 대덕이시여, 군대를 가진 자들이 저에게 와서 … 세 번째 대문을 군대를 가진 자들에게 주었습니다. 거기서 군대를 가진 자들은 보시를 하였습니다. 저의 보시는 물러섰습니다.

그런데 대덕이시여, 바라문과 장자들이 저에게 와서 … 네 번째 대문을 바라문과 장자들에게 주었습니다. 거기서 바라문과 장자들은 보시를 하였습니다. 저의 보시는 물러섰습니다.

그러자 대덕이시여, 어떤 사람들이 저에게 와서 이렇게 말했습니다. — '이제 왕께서는 아무런 보시도 하지 않습니다.'라고. 이런 말을 들은 저는, 대덕이시여, 그 사람들에게 이렇게 말했습니다. — '그렇다면, 보시계들, 바깥 지역에서 생산되어 들어오는 것의 절반은 안으로 들이고 절반은 거기에서 사문-바라문-가난한 사람-여행하는 사람-빈민-거지에게 보시하시오.'라고.

그런 저는, 대덕이시여, 이렇게 오랫동안 공덕을 짓고 이렇게 오래 선법(善法)을 실천하는 동안에 '이만큼의 공덕이 있다.'라고, '이만큼의 공덕의 보(報)가 있다.'라고, 또는 '이만큼 하늘에 태어난다.'라고 정점을 알지 못했습니다. 대덕이시여, 참으로 놀랍습니다. 대덕이시여, 참으로 신기합니다. 대덕이시여, 세존께서는 이것을 이렇게 잘 말씀하셨습니다. —

> "깨끗한 심(心)과 믿음으로 그 음식을 보시하는 그들에게 … 공덕은 저세상에서 존재들을 위한 버팀목이 된다."라고.

4. (SN 3.4-사랑하는 자 경)

- 「누가 자신을 사랑하는 자인가? 누가 자신을 사랑하지 않는 자인가?」

- 「마치 떠나지 않는 그림자처럼 무엇이 따르는 것인가?」

한 곁에 앉은 빠세나디 꼬살라 왕은 세존께 이렇게 말했다. — "대덕이시여, 여기 외딴곳에서 홀로 머무는 저에게 이런 심(心)의 온전한 생각이 일어났습니다. — '누가 자신을 사랑하는 자인가, 누가 자신을 사랑하지 않는 자인가?'라고. 대덕이시여, 그런 저에게 이런 생각이 일어났습니다. — '누구든지 신(身)으로 나쁜 행위를 하고 구(口)로 나쁜 행위를 하고 의(意)로 나쁜 행위를 하는 자들은 자신을 사랑하지 않는 자이다'. 비록 그들이 '나는 나를 사랑한다.'라고 말하더라도 그들은 자신을 사랑하지 않는 자이다. 그것은 무슨 이유 때문인가? 그들은 사랑하지 않는 자가 사랑하지 않는 자에게 할 행위를 자신이 자신에게 한다. 그러므로 그들은 자신을 사랑하지 않는 자이다. 누구든지 신(身)으로 좋은 행위를 하고 구(口)로 좋은 행위를 하고 의(意)로 좋은 행위를 하는 자들은 자신을 사랑하는 자이다. 비록 그들이 '나는 나를 사랑하지 않는다.'라고 말하더라도 그들은 자신을 사랑하는 자이다. 그것은 무슨 이유 때문인가? 그들은 사랑하는 자가 사랑하는 자에게 할 행위를 자신이 자신에게 한다. 그러므로 그들은 자신을 사랑하는 자이다.'라고."

"그것은 그렇습니다, 대왕이여. 그것은 그렇습니다, 대왕이여. 대왕이여, 누구든지 신(身)으로 … 그러므로 그들은 자신을 사랑하는 자입니다."

자신을 사랑하는 것을 아는 자는 자기를 악으로 묶지 않는다. 나쁜 행위를 하는 자에게 행복은 쉽게 얻어지지 않는다.

죽음에 붙잡혀 인간존재를 버릴 때에는 참으로 그에게 무엇이 자신의 것이며, 무엇을 가져가는가? 마치 떠나지 않는 그림자처럼 무엇이 따르는 것인가?

이 세상에서 인간은 공덕과 죄악의 두 가지를 행하니 참으로 그것이 그에게 자신의 것이고, 그것을 가지고 간다. 마치 떠나지 않는 그림자처럼 그것이 따른다.

그러므로 유익을 행해야 하나니, 누적되어 미래의 삶을 만든다. 공덕은 저세상에서 존재들을 위한 버팀목이 된다.

5. (SN 3.20-무자식 경2)

- 「이전의 공덕(功德)은 다했고, 새로운 공덕은 쌓아지지 않았습니다.」
- 마치 떠나지 않는 그림자처럼 따르는 것

빠세나디 꼬살라 왕이 이른 아침에 세존에게 왔다. 와서 한 곁에 앉은 빠세나디 꼬살라 왕에게 세존은 이렇게 말했다. — "그런데, 대왕이여, 그대는 이른 아침에 어디에서 옵니까?"라고.

"여기, 대덕이시여, 사왓티에서 부유한 상인 장자가 죽었습니다. 저는 자식이 없는 그의 재산을 왕궁으로 옮기고서 왔습니다. 대덕이시여, 금만해도 십만이 있었으니 은이야 말해 무엇 하겠습니까! 그러나 대덕이시여, 그 부유한 상인 장자는 부서진 쌀로 만든 희멀건 죽에 식초를 타서 먹는 이런 음식을 먹었습니다. 세 조각을 기워 만든 대마로 만든 옷, 이런 옷을 입었습니다. 햇살을 가리기 위해 나뭇잎을 덮은, 오래된 낡은 마차를 타는, 그런 마차를 가지고 있었습니다."

"그것은 그렇습니다, 대왕이여. 그것은 그렇습니다, 대왕이여. 대왕이여, 예전에 그 부유한 상인 장자는 딱가라시키라는 벽지불에게 탁발 음식을 공양하였습니다. '그대들은 사문에게 탁발 음식을 드려라.'라고 말한 뒤 자리에서 일어나서 가버렸습니다. 그러나 보시한 뒤 나중에 '이 탁발 음식을 하인이나 일꾼들이 먹었으면 더 나았을 것을!'이라고 후회하였습니다. 또한, 재산을 위하여 동생의 외아들을 고문하고 목숨을 빼앗았습니다.

대왕이여, 그 부유한 상인 장자는 딱가라시키라는 벽지불에게 탁발 음식을 공양하였기 때문에 그 업(業)의 보(報)에 의해 일곱 번을 좋은 곳, 하늘 세상에 태어났습니다. 그 업(業)의 남은 보(報)에 의해 이곳 사왓티에서 일곱 번을 부유하게 살았습니다. 대왕이여, 그 부유한 상인 장자는 보시한 뒤 나중에 '이 탁발 음식을 하인이나 일꾼들이 먹었으면 더 나았을 것을!'이라고 후회하였기 때문에 그 업(業)의 보(報)에 의해 좋은 음식을 먹기 위해 심(心)이 기울지 않았고, 좋은 옷을 입기 위해 심(心)이 기울지 않았고, 좋은 마차를 타기 위해 심(心)이 기울지 않았고, 뛰어난 다섯 가지 소유의 사유에 묶인 것을 가지기 위해 심(心)이 기울지 않았습니다. 대왕이여, 그 부유한 상인 장자는 재산을 위하여 동생의 외아들을 고문하고 목숨을 빼앗았기 때문에 그 업(業)의 보(報)에 의해 여러 해, 수백 년, 수천 년, 여러 십만 년 동안 지옥에서 고통을 받았습니다. 그 업(業)의 남은 보(報)에 의해 일곱 번째로 자식이 없는 그의 재산은 왕궁으로 들어갔습니다. 대왕이여, 그 부유한 상인 장자에게 이전의 공덕(功德)은 다했고, 새로운 공덕은 쌓아지지 않았습니다. 그래서 오늘, 대왕이여, 부유한 상인 장자는 대규환 지옥에서 고통을 받고 있습니다." "이렇게, 대덕이시여, 부유한 상인 장자는 대규환 지옥에 태어났습니까?" "이렇게, 대왕이여, 부유한 상인 장자는 대규환 지옥에 태어났습니다."

곡식이나, 재산이나, 은이나, 금이나, 어떤 것이든 소유물이나, 따라서 사는 하인들도, 일꾼들도, 전령들도 모든 것은 가지고 가지 못하는 것, 모든 것은 '포기하고 가는 자'의 것

몸에 의해, 말에 의해 또는 심(心)에 의해 만든 것, 참으로 그것이 그 자신의 것이다. 그것을 가지고 간다. 마치 떠나지 않는 그림자처럼 그것이 따른다.

그러므로 유익을 행해야 하나니, 누적되어 미래의 삶을 만든다. 공덕은 저세상에서 존재들을 위한 버팀목이 된다.

6. (SN 3.22-할머니 경)

- 「중생들은 모두 죽기 마련이고 죽음으로 귀결되고 죽음을 넘어서지 못합니다.」

- 「악업 지은 중생들은 지옥으로 갈 것이고, 공덕의 업 지은 중생들은 좋은 곳으로 갈 것이다.」

한 곁에 앉은 빠세나디 꼬살라 왕에게 세존은 이렇게 말했다. — "대왕이여, 그런데 이 한낮에 그대는 어디서 오는 길입니까?"

"대덕이시여, 늙고 연로하고 노쇠하고 수명의 절반을 지나 노년에 이르렀고 태어난 지 120년이 되신 저의 할머니께서 돌아가셨습니다. 대덕이시여, 저에게 할머니는 사랑스럽고 마음에 드는 분이셨습니다. 대덕이시여, 만약 제가 코끼리 보배[상보(象寶)]로써 '나의 할머니가 죽지 않기를.'이라고 얻을 수 있었다면 저는 '나의 할머니가 죽지 않기를.'이라며 코끼리 보배를 주었을 것입니다. 대덕이시여, 만약 제가 말 보배[마보(馬寶)]로써 … 번성한 마을로써 … 나라의 일부로써 '나의 할머니가 죽지 않기를.'이라고 얻을 수 있었다면 저는 '나의 할머니가 죽지 않기를.'이라며 나라의 일부를 주었을 것입니다."

"대왕이여, 중생들은 모두 죽기 마련이고 죽음으로 귀결되고 죽음을 넘어서지 못합니다."

"대덕이시여, 참으로 놀랍습니다. 대덕이시여, 참으로 신기합니다. 대덕이시여, 세존으로부터 이렇게 잘 말해졌습니다. — '중생들은 모두 죽기 마련이고 죽음으로 귀결되고 죽음을 넘어서지 못합니다.'라고."

"그것은 그렇습니다, 대왕이여, 그것은 그렇습니다, 대왕이여, 중생들은 모두 죽기 마련이고 죽음으로 귀결되고 죽음을 넘어서지 못합니다. 예를 들면, 대왕이여, 도기공이 만든 그릇은 그것이 날 것이든 구운 것이든 그 모두는 부서지기 마련이고 부서짐으로 귀결되고 부서짐을 넘어서지 못합니다. 이처럼, 대왕이여, 중생들은 모두 죽기 마련이고 죽음으로 귀결되고 죽음을 넘어서지 못합니다."

“중생들은 모두 죽을 것이니, 삶은 참으로 죽음으로 끝나는 것이다. 공덕과 악함의 결실이 생겨나 업에 따라서 갈 것이니 악업 지은 중생들은 지옥으로 갈 것이고, 공덕의 업 지은 중생들은 좋은 곳으로 갈 것이다.

그러므로 유익을 행해야 하나니, 누적되어 미래의 삶을 만든다. 공덕은 저세상에서 존재들을 위한 버팀목이 된다.”

7. (AN 5.36-때에 맞는 보시 경)

• 다섯 가지 때에 맞는 보시

비구들이여, 이런 다섯 가지 때에 맞는 보시가 있다. 어떤 다섯 가지인가? 손님에게 보시하고, 여행을 떠나는 자에게 보시하고, 병자에게 보시하고, 기근이 들었을 때 보시하고, 새로 수확한 곡식, 새로 수확한 과일을 계를 중시하는 자에게 먼저 보시한다. 이것이, 비구들이여, 다섯 가지 때에 맞는 보시다.

말뜻을 알고 인색하지 않은 지혜로운 자들은 때에 맞춰 보시한다. 성자들, 올곧은 자들, 그런 부류의 사람들에 대해 때에 맞게 보시한 것은 마음이 깨끗한 그에게 큰 보시가 된다.

어떤 사람들이 거기서 기뻐하고, 해야 할 일을 한다면, 그것으로 인한 보시는 작지 않아서, 그들에게도 공덕의 나눔이 있다.

그러므로 보시에 큰 결실이 있는 곳에서 후퇴하지 않는 심(心)으로 보시해야 한다. 공덕은 저세상에서 존재들을 위한 버팀목이 된다.

[용례 5] 「puññābhisanda(공덕을 쌓음)」의 용례

1. (SN 55.31-공덕을 쌓는 것 경1)

- 네 가지 공덕(功德)을 쌓고, 유익(有益)을 쌓고, 행복(幸福)의 자량(資糧)이 되는 것 — 예류의 네 가지 요소[불(佛)-법(法)-승(僧)에 대한 확실한 믿음 + ①성자들이 동의하는 계를 지님]

"비구들이여, 이런 네 가지 공덕(功德)을 쌓고, 유익(有益)을 쌓고, 행복(幸福)의 자량(資糧)이 되는 것이 있다. 어떤 네 가지인가? 여기, 비구들이여, 성스러운 제자는 '이렇게 그분, 세존은, … 존귀하신 분입니다.'라고 부처님에 대한 확실한 믿음을 지닌다. 이것이 첫 번째 공덕(功德)을 쌓고, 유익(有益)을 쌓고, 행복(幸福)의 자량(資糧)이 되는 것이다.

다시, 비구들이여, 성스러운 제자는 '세존(世尊)에 의해 잘 설해진 법은 … 개별적으로 알려지는 것이다.'라고 가르침에 대한 확실한 믿음을 지닌다. 이것이 두 번째 공덕(功德)을 쌓고, 유익(有益)을 쌓고, 행복(幸福)의 자량(資糧)이 되는 것이다.

다시, 비구들이여, 성스러운 제자는 '진지하게 수행하는 세존(世尊)의 제자들인 상가(僧伽) … 이 세상의 위없는 복전(福田)입니다.'라고 성자들에 확실한 믿음을 지닌다. 이것이 세 번째 공덕(功德)을 쌓고, 유익(有益)을 쌓고, 행복(幸福)의 자량(資糧)이 되는 것이다.

다시, 비구들이여, 성스러운 제자는 '깨지지 않고 … 삼매로 이끄는' 성자들이 동의하는 계들을 지닌다. 이것이 네 번째 공덕(功德)을 쌓고, 유익(有益)을 쌓고, 행복(幸福)의 자량(資糧)이 되는 것이다. 이것이, 비구들이여, 네 가지 공덕(功德)을 쌓고, 유익(有益)을 쌓고, 행복(幸福)의 자량(資糧)이 되는 것이다.

2. (SN 55.32-공덕을 쌓는 것 경2)

- 네 가지 공덕(功德)을 쌓고, 유익(有益)을 쌓고, 행복(幸福)의 자량(資糧)이 되는 것 — 불(佛)-법(法)-승(僧)에 대한 확실한 믿음 + ②보시

비구들이여, 이런 네 가지 공덕(功德)을 쌓고, 유익(有益)을 쌓고, 행복(幸福)의 자량(資糧)이 되는 것이 있다. 어떤 네 가지인가? 여기, 비구들이여, 성스러운 제자는 '이렇게 그분, 세존은 … 존귀하신 분입니다.'라고 부처님에 대한 확실한 믿음을 지닌다. 이것이 첫 번째 공덕(功德)을 쌓고, 유익(有益)을 쌓고, 행복(幸福)의 자량(資糧)이 되는 것이다. 다시, 비구들이여, 성스러운 제자는 가르침에 대한 … 성자들에 대한 …

다시, 비구들이여, 성스러운 제자는 인색의 때에서 벗어난 심(心)으로 … 베풂과 나눔을 좋아하며 재가에 산다. 이것이 네 번째 공덕(功德)을 쌓고, 유익(有益)을 쌓고, 행복(幸福)의 자량(資糧)이 되는 것이다. 이것이, 비구들이여, 네 가지 공덕(功德)을 쌓고, 유익(有益)을 쌓고, 행복(幸福)의 자량(資糧)이 되는 것이다.

3. (SN 55.33-공덕을 쌓는 것 경3)

- 네 가지 공덕(功德)을 쌓고, 유익(有益)을 쌓고, 행복(幸福)의 자량(資糧)이 되는 것 — 불(佛)-법(法)-승(僧)에 대한 확실한 믿음 + ③지혜

비구들이여, 이런 네 가지 공덕(功德)을 쌓고, 유익(有益)을 쌓고, 행복(幸福)의 자량(資糧)이 되는 것이 있다. 어떤 네 가지인가? 여기, 비구들이여, 성스러운 제자는 '이렇게 그분, 세존은 … 존귀하신 분입니다.'라고 부처님에 대한 확실한 믿음 을 지닌다. 이것이 첫 번째 공덕(功德)을 쌓고, 유익(有益)을 쌓고, 행복(幸福)의 자량(資糧)이 되는 것이다. 다시, 비구들이여, 성스러운 제자는 가르침에 대한 … 성자들에 대한 …

다시, 비구들이여, 성스러운 제자는 지혜를 가졌다 … 이끄는 지혜를 갖추었다. 이것이 공덕(功德)을 쌓고, 유익(有益)을 쌓고, 행복(幸福)의 자량(資糧)이 되는 것의 네 번째이다. 비구들이여, 이런 네 가지 공덕(功德)을 쌓고, 유익(有益)을 쌓고, 행복(幸福)의 자량(資糧)이 되는 것이 있다."

4. (SN 55.41-쌓음 경1)

- 네 가지 공덕(功德)을 쌓고, 유익(有益)을 쌓고, 행복(幸福)의 자량(資糧)이 되는 것 — 예류의 네 가지 요소[불(佛)-법(法)-승(僧)에 대한 확실한 믿음 + ①성자들이 동의하는

계를 지님] → 잴 수 없는 커다란 공덕의 무더기

비구들이여, 이런 네 가지 공덕(功德)을 쌓고, 유익(有益)을 쌓고, 행복(幸福)의 자량(資糧)이 되는 것이 있다. 어떤 네 가지인가? 여기, 비구들이여, 성스러운 제자는 '이렇게 그분, 세존은 … 존귀하신 분입니다.'라고 부처님에 대한 확실한 믿음을 지닌다. 이것이 첫 번째 공덕(功德)을 쌓고, 유익(有益)을 쌓고, 행복(幸福)의 자량(資糧)이 되는 것이다. 다시, 비구들이여, 성스러운 제자는 가르침에 대한 … 성자들에 대한 … 다시, 비구들이여, 성스러운 제자는 '깨지지 않고 … 삼매로 이끄는' 성자들이 동의하는 계(戒)들을 지닌다. 이것이 네 번째 공덕(功德)을 쌓고, 유익(有益)을 쌓고, 행복(幸福)의 자량(資糧)이 되는 것이다. 이것이, 비구들이여, 네 가지 공덕(功德)을 쌓고, 유익(有益)을 쌓고, 행복(幸福)의 자량(資糧)이 되는 것이다.

비구들이여, 이런 네 가지 공덕(功德)을 쌓고, 유익(有益)을 쌓는 것을 가진 성스러운 제자에게 '이만큼의 공덕(功德)을 쌓고, 유익(有益)을 쌓고, 행복(幸福)의 자량(資糧)이 되었다.'라고 공덕의 크기를 헤아리기는 쉽지 않다. 다만, 헤아릴 수 없고, 잴 수 없는 커다란 공덕의 무더기라는 이름을 얻게 된다.

예를 들면, 비구들이여, '이만한 용량의 물이 있다거나, 이만한 용량의 백 배의 물이 있다거나, 이만한 용량의 천 배의 물이 있다거나, 이렇게 이만한 용량의 십만 배의 물이 있다.'라고 큰 바다에서 물의 양을 헤아리기는 쉽지 않다. 그래서 다만, 헤아릴 수 없고, 잴 수 없는 커다란 물의 무더기라는 이름을 얻게 된다. 이처럼, 비구들이여, 이런 네 가지 공덕(功德)을 쌓고 … 커다란 공덕의 무더기라는 이름을 얻게 된다.

세존은 이렇게 말했다. 스승이신 선서(善逝)는 이렇게 말한 뒤에 다시 이렇게 말했다. —

> 사람의 여러 무리에게 도움 주는 것인 강들, 여러 갈래의 강들은 한량없이 큰 호수 같은 대양(大洋), 커다란 두려움과 함께 보석 무더기가 잠겨있는 바다에 닿는다.
>
> 이렇게 먹을 것과 마실 것과 옷을 보시하고 거처와 누울 자리를 보시하는 현명한 사람에게 공덕의 흐름은 닿는다. 강들이 물을 싣고 바다에 닿듯이.

5. (SN 55.42-쌓음 경2)

• 네 가지 공덕(功德)을 쌓고, 유익(有益)을 쌓고, 행복(幸福)의 자량(資糧)이 되는 것 — 불(佛)-법(法)-승(僧)에 대한 확실한 믿음 + ②보시 → 잴 수 없는 커다란 공덕의 무더기

비구들이여, 이런 네 가지 공덕(功德)을 쌓고, 유익(有益)을 쌓고, 행복(幸福)의 자량(資糧)이 되는 것이 있다. 어떤 네 가지인가? 여기, 비구들이여, 성스러운 제자는 '이렇게 그분, 세존은 … 존귀하신 분입니다.'라고 부처님에 대한 확실한 믿음 을 지닌다. 이것이 첫 번째 공덕(功德)을 쌓고, 유익(有益)을 쌓고, 행복(幸福)의 자량(資糧)이 되는 것이다. … 가르침에 대한 … 성자들에 대한 … 다시, 비구들이여, 성스러운 제자는 인색의 때에서 벗어난 심(心)으로 … 베풂과 나눔을 좋아하며 재가에 산다. 이것이 네 번째 공덕(功德)을 쌓고, 유익(有益)을 쌓고, 행복(幸福)의 자량(資糧)이 되는 것이다. 이것이, 비구들이여, 네 가지 공덕(功德)을 쌓고, 유익(有益)을 쌓고, 행복(幸福)의 자량(資糧)이 되는 것이다. 비구들이여, 이런 네 가지 공덕(功德)을 쌓고 … 잴 수 없는 커다란 공덕의 무더기라는 이름을 얻게 된다.

예를 들면, 비구들이여, 강가, 야무나, 아찌라와띠, 사라부, 마히 등 큰 강들이 만나고 합류하는 곳에서 '이만한 용량의 물이 있다거나, 이만한 용량의 백 배의 물이 있다거나, 이만한 용량의 천 배의 물이 있다거나, 이렇게 이만한 용량의 십만 배의 물이 있다.'라고 물의 양을 헤아리기는 쉽지 않다. 그래서 다만, 헤아릴 수 없고, 잴 수 없는 커다란 물의 무더기라는 이름을 얻게 된다. 이처럼, 비구들이여, 이런 네 가지 공덕(功德)을 쌓고 … 커다란 공덕의 무더기라는 이름을 얻게 된다.

세존은 이렇게 말했다. 스승이신 선서(善逝)는 이렇게 말한 뒤에 다시 이렇게 말했다. —

> 사람의 여러 무리에게 도움주는 것인 강들, 여러 갈래의 강들은 한량없이 큰 호수 같은 대양(大洋), 커다란 두려움과 함께 보석 무더기가 잠겨있는 바다에 닿는다.
>
> 이렇게 먹을 것과 마실 것과 옷을 보시하고 거처와 누울 자리를 보시하는 현명한 사람에게 공덕의 흐름은 닿는다. 강들이 물을 싣고 바다에 닿듯이.

6. (SN 55.43-쌓음 경3)

• 네 가지 공덕(功德)을 쌓고, 유익(有益)을 쌓고, 행복(幸福)의 자량(資糧)이 되는 것 — 불(佛)-법(法)-승(僧)에 대한 확실한 믿음 + ③지혜 → 잴 수 없는 커다란 공덕의 무더기

비구들이여, 이런 네 가지 공덕(功德)을 쌓고, 유익(有益)을 쌓고, 행복(幸福)의 자량(資糧)이 되는 것이 있다. 어떤 네 가지인가? 여기, 비구들이여, 성스러운 제자는 '이렇게 그분, 세존은 … 존귀하신 분입니다.'라고 부처님에 대한 확실한 믿음 을 지닌다. 이것이 첫 번째 공덕(功德)을 쌓고, 유익(有益)을 쌓고, 행복(幸福)의 자량(資糧)이 되는 것이다. … 가르침에 대한 … 성자들에 대한 … 다시, 비구들이여, 성스러운 제자는 지혜를 가졌다 … 이끄는 지혜를 갖추었다. 이것이 네 번째 공덕(功德)을 쌓고, 유익(有益)을 쌓고, 행복(幸福)의 자량(資糧)이 되는 것이다. 비구들이여, 이런 네 가지 공덕(功德)을 쌓고, 유익(有益)을 쌓고, 행복(幸福)의 자량(資糧)이 되는 것이 있다."

이런 네 가지 공덕(功德)을 쌓고 … 커다란 공덕의 무더기라는 이름을 얻게 된다.

세존은 이렇게 말했다. 스승이신 선서(善逝)는 이렇게 말한 뒤에 다시 이렇게 말했다. —

공덕을 바라며 유익함에 확고히 선 사람은 불사(不死)를 얻기 위한 도(道)를 닦는다. 법의 정수를 얻고 부서짐에 대해 기뻐하는 그는 죽음의 왕이 찾아올 때 떨지 않는다.

7. (AN 4.51-공덕을 쌓음 경1)

• 가사-탁발 음식-거처-약품을 보시한 사람에게 무량한 공덕이 쌓이게 하는 방법 — 보시받은 비구가 무량한 심삼매(心三昧)를 성취하여 머묾

"비구들이여, 공덕(功德)을 쌓고, 유익(有益)을 쌓고, 행복(幸福)의 자량(資糧)이 되고, 하늘로 연결되고, 보(報)가 행복이고, 하늘로 이끄는 이런 네 가지는 원하고 좋아하고 마음에 드는 이익과 행복으로 이끈다. 어떤 네 가지인가? 비구들이여, 어떤 사람의 가사[어떤 사람이 보시한 가사]를 사용하는 비구가 무량한 심삼매(心三昧)를 성취하여 머문다. 그것은 그[가사를 보시한 사람]에게 무량한 공덕(功德)을 쌓고, 유익(有益)을 쌓고, 행복(幸福)의 자량(資糧)이 되고, 하늘로 연결되고, 보(報)가 행복이고, 하늘로 이끄는 것이고, 원하고 좋아하고 마음에 드는 이익과 행복으로 이끈다.

비구들이여, 어떤 사람의 탁발 음식[어떤 사람이 보시한 탁발 음식]을 사용하는 비구가 무량한 심삼매(心三昧)를 성취하여 머문다. 그것은 그[탁발 음식을 보시한 사람]에게 무량한 공덕(功德)을 쌓고 … 이익과 행복으로 이끈다.

비구들이여, 어떤 사람의 거처[어떤 사람이 보시한 거처]를 사용하는 비구가 무량한 심삼매(心三昧)를 성취하여 머문다. 그것은 그[거처를 보시한 사람]에게 무량한 공덕(功德)을 쌓고 … 이익과 행복으로 이끈다.

비구들이여, 어떤 사람의 병(病)의 조건으로부터 필요한 약품[어떤 사람이 보시한 병(病)의 조건으로부터 필요한 약품]을 사용하는 비구가 무량한 심삼매(心三昧)를 성취하여 머문다. 그것은 그[병(病)의 조건으로부터 필요한 약품을 보시한 사람]에게 무량한 공덕(功德)을 쌓고 … 이익과 행복으로 이끈다. 이런 네 가지가, 비구들이여, 공덕(功德)을 쌓고 … 이익과 행복으로 이끈다.

이런 네 가지 공덕(功德)을 쌓고, 유익(有益)을 쌓는 것을 가진 성스러운 제자에게 '이만큼의 공덕(功德)을 쌓고 … 이익과 행복으로 이끈다.'라고 공덕의 크기를 헤아리기는 쉽지 않다. 다만, 헤아릴 수 없고, 잴 수 없는 커다란 공덕의 무더기라는 이름을 얻게 된다.

예를 들면, 비구들이여, '이만한 용량의 물이 있다거나, 이만한 용량의 백 배의 물이 있다거나, 이만한 용량의 천 배의 물이 있다거나, 이만한 용량의 십만 배의 물이 있다.'라고 큰 바다에서 물의 양을 헤아리기는 쉽지 않다. 그래서 다만, 헤아릴 수 없고, 잴 수 없는 커다란 물의 무더기라는 이름을 얻게 된다. 이처럼, 비구들이여, 이런 네 가지 공덕(功德)을 쌓고, 유익(有益)을 쌓는 것을 가진 성스러운 제자에게 '이만큼의 공덕(功德)을 쌓고 … 이익과 행복으로 이끈다.' 라고 공덕의 크기를 헤아리기는 쉽지 않다. 다만, 헤아릴 수 없고, 잴 수 없는 커다란 공덕의 무더기라는 이름을 얻게 된다.

사람의 여러 무리에게 도움주는 것인 강들, 여러 갈래의 강들은 한량없이 큰 호수 같은 대양(大洋), 커다란 두려움과 함께 보석 무더기가 잠겨있는 바다에 닿는다.

이렇게 먹을 것과 마실 것과 옷을 보시하고 거처와 누울 자리를 보시하는 현명한 사람에게 공덕의 흐름은 닿는다. 강들이 물을 싣고 바다에 닿듯이.

8. (AN 4.52-공덕을 쌓음 경2)

• 예류의 네 가지 요소 → 가난하지 않은 사람 → 그의 삶은 쓸모 없지 않음

비구들이여, 공덕(功德)을 쌓고, 유익(有益)을 쌓고, 행복(幸福)의 자량(資糧)이 되고, 하늘로 연결되고, 보(報)가 행복이고, 하늘로 이끄는 이런 네 가지는 원하고 좋아하고 마음에 드는 이익과 행복으로 이끈다. 어떤 네 가지인가? 비구들이여, 성스러운 제자는 '이렇게 그분, 세존은 … 존귀하신 분입니다.'라고 부처님에 대한 확실한 믿음을 지닌다. 이것이 공덕(功德)을 쌓고, 유익(有益)을 쌓고 … 하늘로 이끄는 첫 번째 것이고, 원하고 좋아하고 마음에 드는 이익과 행복으로 이끈다.

다시, 비구들이여, 성스러운 제자는 '세존(世尊)에 의해 잘 설해진 법은 … 개별적으로 알려지는 것이다.'라고 가르침에 대한 확실한 믿음을 지닌다. 이것이 공덕(功德)을 쌓고 … 하늘로 이끄는 두 번째 것이고, 원하고 좋아하고 마음에 드는 이익과 행복으로 이끈다.

다시, 비구들이여, 성스러운 제자는 '진지하게 수행하는 세존(世尊)의 제자들인 상가 … 이 세상의 위없는 복전(福田)입니다.'라고 성자들에 대한 확실한 믿음을 지닌다. 이것이 공덕(功德)을 쌓고 … 하늘로 이끄는 세 번째 것이고, 원하고 좋아하고 마음에 드는 이익과 행복으로 이끈다.

다시, 비구들이여, 성스러운 제자는 '깨지지 않고 … 삼매로 이끄는' 성자들이 동의하는 계(戒)들을 지닌다. 이것이 공덕(功德)을 쌓고 … 하늘로 이끄는 네 번째 것이고, 원하고 좋아하고 마음에 드는 이익과 행복으로 이끈다. 비구들이여, 공덕(功德)을 쌓고 … 하늘로 이끄는 이런 네 가지는 원하고 좋아하고 마음에 드는 이익과 행복으로 이끈다. 이런 네 가지가, 비구들이여, 공덕(功德)을 쌓고 … 하늘로 이끄는 것이고, 원하고 좋아하고 마음에 드는 이익과 행복으로 이끈다.

여래에 대한 믿음이 흔들리지 않고 잘 확립된 사람에게, 성자들이 동의하고 칭찬하는 유익한 계를 지닌 사람에게, 성자들에 대한 믿음이 있고 올곧은 존재를 보는 사람에게

사람들은 그를 '가난하지 않은 사람'이라고 말한다. 그의 삶은 쓸모 없지 않다.

그러므로 현명한 자는 믿음과 계(戒)와 분명하게 법을 보는 일 그리고 부처님들의 가르침에 대한 기억을 실천하게 해야[가르쳐야] 한다.

9. (AN 5.45-공덕을 쌓음 경)

• 「먹을 것과 마실 것과 옷을 보시하고 거처와 누울 자리를 보시하는 현명한 사람에게 공덕의 흐름은 닿는다.」

비구들이여, 공덕(功德)을 쌓고, 유익(有益)을 쌓고, 행복(幸福)의 자량(資糧)이 되고, 하늘로 연결되고, 보(報)가 행복이고, 하늘로 이끄는 이런 다섯 가지는 원하고 좋아하고 마음에 드는 이익과 행복으로 이끈다.

어떤 다섯 가지인가? 비구들이여, 어떤 사람의 가사[어떤 사람이 보시한 가사]를 사용하는 비구가 … 비구들이여, 어떤 사람의 탁발 음식[어떤 사람이 보시한 탁발 음식]을 사용하는 비구가 … 비구들이여, 어떤 사람의 승원[어떤 사람이 보시한 승원]을 사용하는 비구가 … 비구들이여, 어떤 사람의 침상과 의자[어떤 사람이 보시한 침상과 의자]를 사용하는 비구가 … 비구들이여, 어떤 사람의 병(病)의 조건으로부터 필요한 약품[어떤 사람이 보시한 병(病)의 조건으로부터 필요한 약품]을 사용하는 비구가 무량한 심삼매(心三昧)를 성취하여 머문다. 그것은 그[병(病)의 조건으로부터 필요한 약품을 보시한 사람]에게 무량한 공덕(功德)을 쌓고 … 하늘로 이끄는 것이고, 원하고 좋아하고 마음에 드는 이익과 행복으로 이끈다. 이런 다섯 가지가, 비구들이여, 공덕(功德)을 쌓고 … 하늘로 이끄는 것이고, 원하고 좋아하고 마음에 드는 이익과 행복으로 이끈다.

이런 다섯 가지 공덕(功德)을 쌓고 … 다만, 헤아릴 수 없고, 잴 수 없는 커다란 공덕의 무더기라는 이름을 얻게 된다.

사람의 여러 무리에게 도움주는 것인 강들, 여러 갈래의 강들은 한량없이 큰 호수 같은 대양(大洋), 커다란 두려움과 함께 보석 무더기가 잠겨있는 바다에 닿는다.

이렇게 먹을 것과 마실 것과 옷을 보시하고 거처와 누울 자리를 보시하는 현명한 사람에게 공덕의 흐름은 닿는다. 강들이 물을 싣고 바다에 닿듯이.

10. (AN 6.37-여섯 요소를 갖춘 보시 경)

• 보시하는 자의 세 가지 요소와 보시받는 자의 세 가지 요소

한때 세존은 사왓티에서 제따와나의 아나타삔디까 사원에 머물렀다. 그때 웰루깐다끼 난다마따 여신자가 사리뿟따와 목갈라나를 상수로 하는 비구 상가에게 여섯 요소를 갖춘 보시를 올렸다. 세존은 인간을 넘어선 청정한 하늘눈으로 웰루깐다끼 난다마따 여신자가 사리뿟따와 목갈라나를 상수로 하는 비구 상가에게 여섯 요소를 갖춘 보시를 올리는 것을 보았다. 본 뒤에 비구들에게 말했다. ― "비구들이여, 웰루깐다끼 난다마따 여신자가 사리뿟따와 목갈라나를 상수로 하는 비구 상가에게 여섯 요소를 갖춘 보시를 올린다.

비구들이여, 무엇이 여섯 요소를 갖춘 보시인가? 여기, 비구들이여, 보시하는 자의 세 가지 요소가 있고, 보시받는 자의 세 가지 요소가 있다. 무엇이 보시하는 자의 세 가지 요소인가? 여기, 비구들이여, 보시하는 자는 보시로 인해서 먼저 기뻐한다. 보시하는 심(心)을 청정하게 한다. 보시한 뒤에 즐거워한다. 이것이 보시하는 자의 세 가지 요소이다.

무엇이 보시받는 자의 세 가지 요소인가? 여기, 비구들이여, 보시받는 자들은 탐(貪)이 없거나 탐(貪)의 제어를 위해 실천한다. 진(嗔)이 없거나 진(嗔)의 제어를 위해 실천한다. 치(癡)가 없거나 치(癡)의 제어를 위해 실천한다. 이것이 보시받는 자의 세 가지 요소이다. 이렇게 보시하는 자의 세 가지 요소가 있고, 보시받는 자들의 세 가지 요소가 있다. 비구들이여, 이렇게 여섯 요소를 갖춘 보시가 있다.

비구들이여, 이런 여섯 요소를 갖춘 보시를 '이만큼의 공덕(功德)을 쌓고 … 하늘로 이끄는 것이고, 원하고 좋아하고 마음에 드는 이익과 행복으로 이끈다.'라고 공덕의 크기를 헤아리기는 쉽지 않다. 다만, 헤아릴 수 없고, 잴 수 없는 커다란 공덕의 무더기라는 이름을 얻게 된다.

예를 들면, 비구들이여, '이만한 용량의 물이 있다거나 … 이만한 용량의 십만 배의 물이 있다.'라고 큰 바다에서 물의 양을 헤아리기는 쉽지 않다. 그래서 다만, 헤아릴 수 없고, 잴 수 없

는 커다란 물의 무더기라는 이름을 얻게 된다. 이처럼, 비구들이여, 이런 여섯 요소를 갖춘 보시를 '이만큼의 공덕(功德)을 쌓고 … 잴 수 없는 커다란 공덕의 무더기라는 이름을 얻게 된다.

보시로 인해서 먼저 기뻐하고, 보시하는 심(心)을 청정하게 하고, 보시한 뒤에 즐거워한다. 이것이 제사의 성취이다. 탐(貪)이 없고 진(嗔)이 없고 치(癡)가 없고, 번뇌가 없는 범행을 닦는 자들은 제사의 성취를 위한 밭이라고 알려졌다. 자신을 씻은 뒤에, 자신의 손에 의해 베푸는 그 제사는 나에게도 남에게도 큰 결실이 있다. 지혜롭고 믿음이 있는 현명한 자는 자유로운 심(心)으로 이렇게 제사한 뒤에 거슬림 없는 행복한 세상에 태어난다.

11. (AN 8.39-쌓음 경)

- 공덕(功德)을 쌓고, 유익(有益)을 쌓고, 행복(幸福)의 자량(資糧)이 되고, 하늘로 연결되고, 보(報)가 행복이고, 하늘로 이끄는 여덟 가지 = 삼귀의(三歸依)+오계(五戒)

- 오계(五戒) = 다섯 가지 보시[무외시(無畏施)]

비구들이여, 공덕(功德)을 쌓고 … 하늘로 이끄는 이런 여덟 가지는 원하고 좋아하고 마음에 드는 이익과 행복으로 이끈다. 어떤 여덟인가? 여기, 비구들이여, 성스러운 제자는 의지처인 부처님에게로 간다. 이것이, 비구들이여, 공덕(功德)을 쌓고 … 하늘로 이끄는 첫 번째 것인데, 원하고 좋아하고 마음에 드는 이익과 행복으로 이끈다.

다시, 비구들이여, 성스러운 제자는 의지처인 가르침에게로 간다. 이것이, 비구들이여, 공덕(功德)을 쌓고 … 하늘로 이끄는 두 번째 것인데, 원하고 좋아하고 마음에 드는 이익과 행복으로 이끈다.

다시, 비구들이여, 성스러운 제자는 의지처인 성자들에게로 간다. 이것이, 비구들이여, 공덕(功德)을 쌓고 … 하늘로 이끄는 세 번째 것인데, 원하고 좋아하고 마음에 드는 이익과 행복으로 이끈다.

비구들이여, 다섯 가지 보시(布施)가 있다. 가장 높은 것이라고 알려지고, 오래되었다고 알려지고, 계보라고 알려지고, 고대로부터 전해오고, 오염되지 않은 것이어서 이전에도 오염되지 않았고, 오염되지 않은 그리고 오염되지 않을 위대한 보시인데, 현명한 사문-바라문들에 의해 책망받지 않는 것이다. 어떤 다섯인가? 여기, 비구들이여, 성스러운 제자는 생명을 해치는 행위를 버렸기 때문에 생명을 해치는 행위로부터 피한 자이다. 비구들이여, 생명을 해치는 행위로부터 피한 성스러운 제자는 무량한 중생들에게 두려움 없음을 베푼다. 원망 없음을 베푼다. 거슬림 없음을 베푼다. 무량한 중생들에게 두려움 없음을 베풀고, 원망 없음을 베풀고, 거슬림 없음을 베푼 뒤에 무량한 두려움 없음과 원망 없음과 거슬림 없음을 나누어 가진다. 이것이, 비구들이여, 첫 번째 보시이다. 가장 높은 것이라고 알려지고, … 현명한 사문-바라문들에 의해 책망받지 않는 것이다. 이것이, 비구들이여, 공덕(功德)을 쌓고 … 하늘로 이끄는 네 번째 것인데, 원하고 좋아하고 마음에 드는 이익과 행복으로 이끈다.

다시, 비구들이여, 성스러운 제자는 주지 않는 것을 가지는 행위를 버렸기 때문에 주지 않는 것을 가지는 행위로부터 피한 자이다. … 음행(淫行)에 대한 삿된 행위를 버렸기 때문에 음행(淫行)에 대한 삿된 행위로부터 피한 자이다. … 거짓을 말하는 행위를 버렸기 때문에 거짓을 말하는 행위로부터 피한 자이다. …술과 발효액 등 취하게 하는 것 때문에 방일하게 머무는 것을 버렸기 때문에 술과 발효액 등 취하게 하는 것 때문에 방일하게 머무는 것을 피한 자이다. 비구들이여, 술과 발효액 등 취하게 하는 것 때문에 방일하게 머무는 것을 피한 성스러운 제자는 무량한 중생들에게 두려움 없음을 베푼다. … 무량한 두려움 없음과 원망 없음과 거슬림 없음을 나누어 가진다. 이것이, 비구들이여, 다섯 번째 보시이다. 가장 높은 것이라고 알려지고 … 현명한 사문-바라문들에 의해 책망받지 않는 것이다. 이것이, 비구들이여, 공덕(功德)을 쌓고 … 하늘로 이끄는 여덟 번째 것인데, 원하고 좋아하고 마음에 드는 이익과 행복으로 이끈다.

제2장

공덕(功德) - (2) 보시(布施)

공덕은 행복을 가져옵니다(AN 3.52-두 바라문 경1). 공덕의 행위에는 행복이라는 유익한 보(報)가 따른다는 의미입니다.

만약에 행복하기를 바란다면 공덕(功德)의 유익(有益)한 보(報)를 보아야 합니다(AN 7.62-자애 경). 그때, 그 유익함 때문에 두려움 없이 공덕을 바라고 행할 수 있습니다. 그리고 공덕을 가져오는 방법을 알아야 하는데, 보시(布施)입니다.

그러나 (SN 1.32-인색 경)은 「인색과 방일 때문에 보시를 하지 않습니다. 공덕을 바라는 자, 아는 자는 베풀어야 합니다.」라고 말합니다. 그래서 공덕을 바란다면 보시(布施)를 해야 합니다. 그런데 큰 공덕을 바란다면 어디에 보시해야 합니까? 부처님에 의지해서 배워 알아야 하는 주제입니다.

1. 보시는 무엇입니까?

보시(布施)는 세 개의 빠알리 단어 즉 ①dāna(다-나)[gift; charity; alms; alms-giving. (nt.)]와 ②cāga(짜-가)[gift; abandoning; giving up; generosity. (m.)] 그리고 ③ dakkhiṇā(닥키나-)[a gift, a fee, a donation]의 번역입니다.

dāna는 dadāti(다다-띠)[to give]와, cāga는 cajati(짜자띠)[1. to let loose, to emit, to discharge 2. to abandon to give up, sacrifice]와 연결되는 명사입니다. 그래서 dāna는 줌, 베풂의 의미이고, cāga는 놓음, 포기, 희생, 관대함 등의 의미를 가집니다. 그리고 dakkhiṇā는 dāna의 연장선 위에서 성자들을 위한 dāna입니다(*). 이때, dadāti는 deti(데-띠) 그리고 dīyati(디-야띠)와 같습니다. 그런데 cajati는 용례로는 드물게 발견되고, 주로 dadāti와 deti 그리고 dīyati의 용례로 사용됩니다.

(*) dakkhiṇā는 (MN 142-보시의 분석 경)에서 잘 설명됩니다. 그런데 이 경에서 dakkhiṇā는 성자들을 위한 보시뿐만 아니라 범부(凡夫) 또는 축생까지를 포함하는 광의의 보시로 설명됩니다. 또한, (DN 31-싱갈라 경)과 (AN 5.39-아들 경)에서는 죽은 조상에 대한 보시 즉 조상제사의 의미로도 사용됩니다.

그러나 광의로 설명되는 이런 경우 외에 dakkhiṇā는 대부분 dakkhiṇeyya(닥키네이야)[보시받을만한 사람] 또는 사문-바라문과 연결되어 나타납니다. 그래서 성자들을 위한 보시라고 이해하는 것이 타당해 보입니다.

그런데 공덕(功德)과 관련한 용례에서 cāga는 발견되지 않고, dāna와 dakkhiṇā가 발견됩니다. 일반적인 의미의 줌, 베풂으로의 dāna 그리고 성자들을 위한 것으로의 dakkhiṇā가 공덕과 연결되어 사용되는 것입니다.

이런 용례에 의하면, dāna와 dakkhiṇā는 줌, 베풂에 의해 공덕을 만드는 행위이고, 놓음, 포기, 희생, 관대함 등의 의미를 가지는 cāga는 dāna를 포괄하면서 삶의 향상을 위한 더 적극적 의미를 가지는 용어인 것으로 이해할 수 있습니다.

그래서 보시(布施)에 대한 교리적 설명은 dāna가 아니라 cāga에서 알려지는데, 계속해서 기억해야 하는 여섯 가지와 다섯 혹은 일곱 가지 재산에서입니다.

①[계속해서 기억해야 하는 여섯 가지] 「성스러운 제자는 자신의 보시(報施-cāga)를 계속해서 기억한다. — '참으로 나에게 이익이다. 참으로 나에게 큰 이익이다! 나는 인색에 오염된 사람들 가운데서 인색의 오염을 떠난 마음으로 자유롭게 보시(cāga)하고, 손은 깨끗하고, 주기(vossagga)를 좋아하고, 다른 사람의 요구에 응할 준비가 되어있고, 베풂(dāna)과 나눔(saṃvibhāga)을 좋아하며 재가에 산다.'라고. (AN 6.25-계속해서 기억함의 토대 경)」,

②[다섯 혹은 일곱 가지 재산] 「비구들이여, 무엇이 보시의 재산인가? 여기, 비구들이여, 성스러운 제자는 인색의 오염을 떠난 마음으로 자유롭게 보시하고, 손은 깨끗하고, 주기를 좋아하고, 다른 사람의 요구에 응할 준비가 되어있고, 베풂과 나눔을 좋아하며 재가에 산다. 이것이, 비구들이여, 보시의 재산이라고 불린다. (AN 7.6-상세한 재산 경)」

2. 보시(布施)의 특성

1) 심(心)에 돛을 다는 것

(AN 7.52-큰 결실이 있는 보시 경) 등은 보시를 하는 이런저런 이유를 다 배제하고 순일하게 의미를 드러낸 보시에 대해 「심(心)에 돛을 달기 위해, 심(心)의 필수품을 위해 하는 보시

(cittālaṅkāracittaparikkhāraṃ dānaṃ deti)」를 말하는데, 소유의 삶(욕(慾))을 넘어 더 높은 삶[존재의 삶(유(有)) → 해탈된 삶(멸(滅))]을 향해 출발하기 위하여 심(心)에 돛을 다는 행위가 보시(布施)라는 의미입니다. 즉 삶의 향상을 지향하는 사람에게는 내 것이기를 포기하고 남을 위해 내어주는 일이 욕(慾) 즉 소유를 극복하는 시작점이 된다는 의미입니다.

2) 보시받은 자에게 생겨나는 효과를 나누어 갖는 것

(AN 4.57-숩빠와사 경) 등은 음식 즉 물질을 보시하는 것에 대해, (AN 8.39-쌓음 경)은 오계(五戒)를 지니는 것으로의 보시에 대해 「보시받은 자에게 생겨나는 효과를 보시한 자가 함께 나누어 가진다.」라고 하는데, 이것이 보시(布施)의 특성입니다. 이렇게 나누어 가지는 것이 공덕이고, 그래서 보시하는 것은 이익입니다. 이렇게 아는 것이 공덕(功德)의 유익(有益)한 보(報)를 보는 것이고, 그때 두려움 없이 보시할 수 있게 됩니다.

그리고 보시에 의해 생겨나고 나누어지는 효과의 영역은 천상이나 인간입니다.

3) 보시(dakkhiṇā)의 특성

교만과 방일을 제어하고 인욕과 온화함에 안정되어 개별적으로 자신을 길들이고 개별적으로 자신을 제어하고 개별적으로 자신을 완전한 열반에 들게 하는 사문-바라문들에게 하는 보시(dakkhiṇā)는 삶을 향상케 하고 하늘로 이끌고 행복의 보(報)를 있게 하고 천상으로 이끕니다. 특히, 보시(dakkhiṇā)는 보시받을만한 사람[dakkhiṇeyya(닥키네이야)]이라는 개념과 연결된다는 점에도 주목해야 합니다.

3. 보시(布施)의 역할

집이 불탈 때, 가지고 나온 불타지 않은 집기들이 그에게 도움이 되듯이, 늙음과 죽음으로 불타고 있는 세상에서 보시로써 꺼낸 것은 도움이 된다고 말하는 두 개의 경은 보시(布施)가 우리 삶에서 어떤 역할을 하는 것인지 설명해줍니다.

1) (SN 1.41-불탐 경)

한 곁에 선 그 천신은 세존의 곁에서 이런 게송을 말했다. —

집이 불탈 때 가지고 나온 집기들, 거기서 불타지 않은 것들, 그것은 그에게 도움이 됩니다.

이렇게 세상은 늙음과 죽음으로 불타고 있습니다. 보시에 의해서 꺼내야 하고, 보시한 것은 잘 꺼낸 것입니다.

보시한 것은 행복의 결실이 있고, 보시하지 않은 것은 그러하지 않습니다. 도둑들과 왕들이 뺏어가고, 불타고, 잃어버립니다.

몸과 소유한 것들은 끝에 가면 떠납니다. 현명한 사람은 이것을 잘 알아서 사용하고 보시합니다. 능력만큼 사용하고 보시한 뒤에 비난받지 않는 그 사람은 하늘나라로 갑니다.

2) (AN 3.53-두 바라문 경2) ☞「제1장 공덕 - (1) 개념 [용례 2] 3.」

집이 불탈 때 가지고 나온 집기들, 거기서 불타지 않은 것들, 그것은 그에게 도움이 된다.

이렇게 세상은 늙음과 죽음으로 불타고 있다. 보시에 의해서 꺼내야 하고, 보시한 것은 잘 꺼낸 것이다.

여기에서 몸과 말과 의(意)로 제어한 것, 사는 동안 공덕을 지은 것, 그것은 죽은 자에게 행복이 된다.

4. 보시의 이익

(AN 5.35-보시의 이익 경)은 보시의 다섯 가지 이익을 말합니다. —「비구들이여, 보시에는 이런 다섯 가지 이익이 있다. 어떤 다섯인가? ①많은 사람이 사랑하고, 마음에 들어 한다. ②평화롭고 고결한 사람들이 가까이한다. ③좋은 평판이 퍼진다. ④재가자의 법들이 없어지지 않는다. ⑤몸이 무너져 죽은 뒤에 좋은 곳, 하늘 세상에 태어난다.」

5. 보시의 위상

(AN 5.227-재물 경)은 재물의 위험과 이익의 양면을 말합니다. ―「비구들이여, 재물에는 이런 다섯 가지 위험이 있다. 무엇이 다섯인가? 재물은 불과 연결된 것이다. 재물은 물과 연결된 것이다. 재물은 왕과 연결된 것이다. 재물은 도둑과 연결된 것이다. 재물은 마음에 들지 않는 상속자와 연결된 것이다. 비구들이여, 재물에는 이런 다섯 가지 위험이 있다.

비구들이여, 재물에는 이런 다섯 가지 이익이 있다. 무엇이 다섯인가? 재물에 의지해서 ①자신을 행복하게 하고 만족하게 하고 바르게 행복을 지킨다. ②부모님을 행복하게 하고 만족하게 하고 바르게 행복을 지킨다. ③아들과 아내와 하인과 직원과 일하는 사람들을 행복하게 하고 만족하게 하고 바르게 행복을 지킨다. ④친구와 사람들을 행복하게 하고 만족하게 하고 바르게 행복을 지킨다. ⑤삶을 향상케 하고 하늘로 이끌고 행복의 보(報)를 있게 하고 천상으로 이끄는 사문-바라문에 대한 보시를 한다(dakkhiṇaṃ patiṭṭhāpeti). 비구들이여, 재물에는 이런 다섯 가지 이익이 있다.」

이때, ④는 일반적인 보시를 의미합니다. 그렇다면 일반적인 보시와 사문-바라문에 대한 보시는 재물이 주는 이익이고, 재물의 획득을 위한 정당한 이유입니다. 재물이 없으면 보시할 수 없고, 따라서, 보시하기 위해 재물을 획득하는 것은 정당하다는 의미입니다. 몇 개의 경은 (AN 5.227-재물 경)의 내용을 인용합니다.

1) (AN 5.41-획득 경)은 열정적인 노력으로 얻었고 팔의 힘으로 모았고 땀으로 덮었고 법과 함께하고 법의 실천으로 얻은 재물의 다섯 가지 용도 또는 재물을 획득하는 이유를 말하는데, 재물의 다섯 가지 위험으로부터 자신을 보호하고, 다섯 가지 이익을 실천하고, 친척-손님-죽은 자-왕-신을 위해 헌공하는 것입니다.

2) (AN 4.61-배운 사람의 행위 경)도 성스러운 제자는 열정적인 노력으로 얻었고 팔의 힘으로 모았고 땀으로 덮었고 법과 함께하고 법의 실천으로 얻은 재물로 배운 사람의 행위를 한다고 하는데, (AN 5.41-획득 경)과 같습니다. 즉 이렇게 획득한 재물을 잘 배운 사람은 이런 용도에 맞춰 알맞게 사용한다는 의미입니다.

3) (DN 2.3-사문과경, 사문의 결실에 대한 질문)은 지금여기에서 스스로 보이는 기술의 결실

을 의지하여 살아가는 사람들의 결실에 견주어 지금 여기에서 스스로 보이는 사문의 결실을 말해달라는 마가다의 왕 아자따삿뚜 웨데히뿟따와 부처님의 대화인데, 마가다의 왕 아자따삿뚜 웨데히뿟따는 앞의 사람들의 결실로 재물의 다섯 가지 이익을 설명합니다. 즉 이런 용도로 사용할 수 있는 능력을 갖추는 것이 재가자가 힘써 재물을 얻는 것의 스스로 보이는 결실이라는 것입니다.

4) (DN 26.6-전륜성왕 경, 수명과 용모 등의 감소에 대한 이야기)에서도 「머리에 의식을 치르고 왕위에 오른 끄샤뜨리야 왕은 그 사람에게 재물을 나눠주었다. — '여봐라, 그대는 이 재물로 자신의 생계를 유지하고, 부모를 봉양하고, 자식과 아내를 부양하고, 생업에 종사하라. 삶을 향상케 하고 하늘로 이끌고 행복의 보(報)를 있게 하고 천상으로 이끄는 사문-바라문들에 대한 보시를 하라.'」라고 합니다.

5) (SN 3.19-무자식 경1)에 의하면, 재물의 이익에 부합하게 사용하는 재물에는 재물의 위험이 작용하지 못하는데, 이렇게 바른 용도로 사용하는 재물은 소모되는 것이 아니고 사용하는 것입니다. 그러나 재물의 이익에 부합하게 사용하지 않는 재물에는 재물의 위험이 작용하는데, 이렇게 바르게 사용하지 않는 재물은 사용하는 것이 아니고 소모되는 것입니다.

이렇게 보시는 재물이 가지는 이익 중의 한 가지여서, 재물의 획득과 사용에서 큰 비중을 차지하는 정당한 용도입니다. 그리고 정당한 용도에 맞게 사용되지 않은 재물은 소모되고 맙니다.

6. 보시(布施)의 종류 — 재시(財施)-법시(法施)-무외시(無畏施)

보시는 재시(財施)와 법시(法施) 그리고 무외시(無畏施)의 세 가지가 있습니다. 재시(財施)는 의(衣)-식(食)-주(住)-약품(藥品) 등 물질을 베푸는 것이고, 법시(法施)는 부처님의 가르침을 전하는 것이며, 무외시(無畏施)는 오계(五戒)를 지닌 삶을 통해 다른 생명에게 두려움을 야기하지 않는 것입니다.

재시(財施)는 보시받는 자에게 하늘과 인간의 수명과 용모와 행복과 힘을 보시하는 것입니다. 보시 이후에는 하늘과 인간의 수명과 용모와 행복과 힘을 나누어 가지게 되는데(AN 4.57-숩빠와사 경), 더 나아가 지능도 나눔에 포함됩니다(AN 5.37-음식 경).

법시(法施) 즉 법을 가르치는 것은 불사(不死)를 주는 것(SN 1.42-무엇을 주는가 경)이어서 여러 형태의 보시들보다 법의 구절이 더 낫습니다. ―「믿음으로 하는 보시는 여러 방법으로 칭찬받는다. 그러나 보시보다 오직 법의 구절이 더 낫다. 예전에도 더 예전에도 덕(德)있는 사람들은 지혜를 갖추어 열반을 실현했다.(SN 1.33-좋음 경)」 그래서 보시 가운데 법시(法施)가 으뜸입니다(AN 9.5-힘 경).

무외시(無畏施)는 오계(五戒)를 지닌 삶입니다. 오계(五戒)를 지니는 것은 무량한 중생들에게 두려움 없음, 원망 없음, 거슬림 없음을 베푸는 것인데, 베푼 뒤에 무량한 두려움 없음과 원망 없음과 거슬림 없음을 나누어 가집니다. 그래서 이 보시는「가장 높은 것이라고 알려지고, 오래되었다고 알려지고, 계보라고 알려지고, 고대로부터 전해오고, 오염되지 않은 것이어서 이전에도 오염되지 않았고, 오염되지 않은 그리고 오염되지 않을 위대한 보시인데, 현명한 사문-바라문들에 의해 책망받지 않는 것」입니다(AN 8.39-쌓음 경).

7. 보시를 설명하는 두 개의 경

1) (SN 1.32-인색 경) ―「법을 실천하지 못하는 자의 보시와 법을 실천하는 자의 보시의 차별」

한때 세존은 사왓티에서 제따와나의 아나타삔디까 사원에 머물렀다. 그때 많은 사뚤라빠 무리의 신(神)들이 밤이 지날 무렵에 아름다운 모습으로 제따와나의 거의 전부를 빛나게 하면서 세존에게 왔다. 와서는 세존에게 절 한 뒤 한 곁에 섰다. 한 곁에 선 어떤 신들은 세존의 곁에서 이런 게송을 읊었다. ―

"인색과 방일 때문에 보시(dāna)를 하지 않습니다. 공덕을 바라는 자, 아는 자는 베풀어야 합니다."

그러자 다른 천신이 세존의 곁에서 이 게송들을 읊었다. ―

"인색한 자는 두려움이 있어 베풀지 않으니 그것은 오직 베풀지 않는 자의 두려움입니다. 인색한 자가 두려워하는 배고픔과 목마름은 이 세상과 저세상에서 어리석은 그에게 닿습니다(*).

(*) 인색한 자는 나의 재물을 버리면 배고프고 목마를 것이 두려워 보시하지 못합니다. 그러나 세상의 이치는 그런 자가 그가 두려워하는 배고픔과 목마름을 살아서도 죽어서도 겪게 되는 것입니다. 살아서도 죽어서도 배고픔과 목마름을 면하고 싶으면 보시해야 한다는 의미입니다.

그러므로 인색을 제어해야 합니다. 더러움을 극복한 자는 보시해야 합니다. 공덕은 저세상에서 존재들을 위한 버팀목이 됩니다."

그러자 다른 천신이 세존의 곁에서 이 게송들을 읊었다. —

"길을 함께 가는 사람들에게서처럼 작은 것에서도 베푸는 사람(appasmiṃ ye pavecchanti). 그들은 죽는 자들 가운데 죽지 않는다. 이것은 변치 않는 법칙이다.

어떤 자들은 적게 가졌어도 베풀고, 어떤 자들은 많이 가졌어도 베풀지 않습니다. 적게 가진 자의 보시(dakkhiṇā)(*)로 주어진 것은 천 배의 가치가 있습니다.

(*) 이 문장에서 dakkhiṇā를 사용한 것은 성자들을 위해 보시한 것을 의미합니다. 적게 가진 자가 성자들에게 하는 보시는 천 배의 가치가 있다는 설명입니다. 그러므로 적게 가진 자, 가난한 자일수록 보시하는 자리를 잘 선택해야 합니다.

그러자 다른 천신이 세존의 곁에서 이 게송들을 읊었다. —

"베풀기 어려운 것을 베풀고, 행하기 어려운 것을 행하는 것, 덕 있는 사람의 법은 따라 하기 어려운 것이어서 덕이 없는 자들은 따라 하지 못합니다.

그러므로 덕 있는 사람과 덕이 없는 사람은 여기로부터 갈 곳이 다릅니다. 덕이 없는 사람은 지옥으로 가고, 덕 있는 사람은 하늘 저편으로 갑니다."

그러자 다른 천신이 세존의 곁에서 이렇게 말했다. — "세존이시여, 누구의 말이 잘 말한 것입니까?"

[세존의 말씀] "단계적으로 그대들은 모두 잘 말했다. 그러나 나의 말도 들어보라. —

'만약 이삭을 주워 연명하더라도 법을 실천하는 사람이 아내를 부양하고, 가진 것이 적더라도 보시하면, 천의 가치가 있는 보시로 십만을 보시하는 사람도 이런 보시에 비해 오직 한 조각의 가치도 없다.'"

그러자 다른 천신이 세존에게 게송으로 말했다. —

"왜 크고 광대한 이 제사(yañño vipulo mahaggato)가 편벽되지 않게 주어진 것(samena dinnassa)에게 미치지 못합니까? 어떻게 천의 가치가 있는 보시로 십만을 보시하는 사람도 이런 보시에 비해 오직 한 조각의 가치도 없습니까?"

[세존의 말씀]

"바르지 못하게 살아가는 어떤 자들은 자르고 죽이고 슬프게 한 것을 원인으로 보시를 한다(dadāti). 눈물에 덮이고 폭력이 함께한 그 보시(dakkhiṇā)는 편벽되지 않게 주어진 것에게 미치지 못한다. 이렇게 천의 가치가 있는 보시로 십만을 보시하는 사람도 이런 보시에 비해 오직 한 조각의 가치도 없다."

• 주목할 점

① 크고 광대한 제사 — 적게 가진 사람의 보시는 천 배의 가치가 있는데, 이런 보시로 십만을 보시하는 것

② 편벽되지 않게 주어진 것 — 이삭을 주워 연명하더라도 법을 실천하는 사람이 아내를 부양하고, 가진 것이 적더라도 보시하는 것

③ 크고 광대한 제사도 편벽되지 않게 주어진 것에 비해 한 조각의 가치도 없음

④ 법을 실천하지 못하는 자의 보시와 법을 실천하는 자의 보시의 차별을 설명함

⑤ 빈자일등(貧者一燈)의 일화 — [고려대장경 등] 현우경(賢愚經) 빈녀난타품에 속한 이 유명한 일화에서 주인공인 난타는 가난하고 궁색하고 의지할 곳이 없고 구걸을 하며 살았다고 소개됩니다. 어렵게 구한 기름으로 올린 난타의 등(燈)만이 새벽까지 홀로 빛을 발했다는 일화여서 적게 가진 사람의 보시를 대표적으로 나타낸다고 하겠습니다. 그러나 난타는 구걸하여 연명하는 사람이었지 법을 실천하는 사람이라는 언급은 없습니다. 이해하기에 따라서는 크고 광대한 제사에도 미치지 못한다고 할 수 있을 것입니다. 그러나 부처님의 가르침으로는 법을 실천하는 사람이 가진 것이 적더라도 보시하는 것 즉 편벽되지 않은 보시가 최고의 보시입니다. 부처님 살아서 직접 설한 가르침과 후대에 편집된 일화의 차이라는 점에서 이해해야 합니다.

2) (SN 1.33-좋음 경) —「법의 구절이 더 낫다! = 법시(法施)」

그때 많은 사뚤라빠 무리의 신(神)들이 밤이 지날 무렵에 아름다운 모습으로 제따와나의 거의 전부를 빛나게 하면서 세존에게 왔다. 와서는 세존에게 절한 뒤 한 곁에 섰다. 한 곁에 선 어떤 신들은 세존의 곁에서 이런 감흥을 말했다. —

> "선생님, 보시(dāna)는 좋은 것입니다. 인색과 방일 때문에 보시를 하지 않습니다. 공덕을 바라는 자, 아는 자는 베풀어야 합니다."

그러자 다른 천신이 세존의 곁에서 이런 감흥을 말했다. —

> "선생님, 보시는 좋은 것입니다. 또한, 적게 가진 사람의 보시도 좋은 것입니다(appakasmimpi sāhu dānaṃ).
>
> 어떤 자들은 적게 가졌어도 베풀고, 어떤 자들은 많이 가졌어도 베풀지 않습니다. 적게 가진 자의 보시(dakkhiṇā)로 주어진 것은 천 배의 가치가 있습니다.

그러자 다른 천신이 세존의 곁에서 이런 감흥을 말했다. —

> "선생님, 보시는 좋은 것입니다. 적게 가진 사람의 보시도 좋은 것입니다. 또한, 믿음으로 하는 보시도 좋은 것입니다(saddhāyapi sāhu dānaṃ).

보시와 전투는 목적이 같다고 말합니다. 덕 있는 사람은 적은 숫자로도 많은 사람을 이깁니다. 만약 적은 것이라도 믿음으로 보시하면 그로 인해 그는 저세상에서 행복합니다.

그러자 다른 천신이 세존의 곁에서 이런 감흥을 말했다. —

"선생님, 보시는 좋은 것입니다. 적게 가진 사람의 보시도 좋은 것입니다. 믿음으로 하는 보시도 좋은 것입니다. 또한, 법답게 얻어진 것으로 하는 보시도 좋은 것입니다(dhammaladdhassāpi sāhu dānaṃ).

법답게 얻어진 것으로 보시하는 사람, 노력과 정진으로 얻은 것을 보시하는 사람, 죽음의 신 야마의 웨떼라니 강을 넘어서 그 사람은 하늘에 태어납니다.

그러자 다른 천신이 세존의 곁에서 이런 감흥을 말했다. —

"선생님, 보시는 좋은 것입니다. 적게 가진 사람의 보시도 좋은 것입니다. 믿음으로 하는 보시도 좋은 것입니다. 법답게 얻어진 것으로 하는 보시도 좋은 것입니다. 또한, 충분히 고려된 보시도 좋은 것입니다(viceyya dānampi sāhu dānaṃ).

충분히 고려된 보시(viceyya dānaṃ)(*)를 선서(善逝)께서는 칭찬합니다. 이번 생의 세상에서 보시받을만한 분들(dakkhiṇeyyā)에 대해 보시한 것은 좋은 밭에 씨를 뿌린 것처럼 큰 결실이 있습니다.

(*) 충분히 고려하여 보시받는 대상을 잘 선택한 보시인데, 보시받을만한 분들(dakkhiṇeyyā)에게 하는 보시입니다.

그러자 다른 천신이 세존의 곁에서 이런 감흥을 말했다. —

"선생님, 보시는 좋은 것입니다. 적게 가진 사람의 보시는 좋은 것입니다. 믿음으로 하는 보시도 좋은 것입니다. 법답게 얻어진 것으로 하는 보시도 좋은 것입니다. 충분히 고려된 보시도 좋은 것입니다. 더욱이 생명에 대한 자제도 좋은 것입니다(pāṇesupi sādhu saṃyamo).

살아있는 존재를 해치지 않고, 남의 책망 때문에 악을 행하지 않는 사람, 덕 있는 사람은 두려움을 칭찬합니다. 거기서 용감함은 아닙니다. 참으로 두려움 때문에 덕있는 자는 악을 행하지 않습니다(*).

(*) 충분히 고려된 보시(viceyya dānaṃ)보다도 악을 행하지 않는 것이 더 우월하다는 의미입니다. (AN 9.20-웰라마 경)은 보시받을만한 분들(dakkhiṇeyyā)에게 하는 보시보다도 불(佛)-법(法)-승(僧) 삼보(三寶)에 귀의하고, 오계(五戒)를 지니고, 자애의 마음을 닦고, 무상(無常)의 상(想)을 닦는 것[위빳사나]이 단계적으로 삶을 향상하는 더 우월한 방법이라고 알려줍니다. 밖으로 행해진 공덕보다 안으로 행해진 공덕이 더 크다는 의미입니다. ☞「【제사와 공덕 총괄 장】 [1] 공덕의 우월을 순차적으로 설명하는 경들 2.」

그러자 다른 천신이 세존의 곁에서 이렇게 말했다. ― "세존이시여, 누구의 말이 잘 말한 것입니까?"

"단계적으로 그대들은 모두 잘 말했다. 그러나 나의 말도 들어보라. ―

'믿음으로 하는 보시는 여러 방법으로 칭찬받는다. 그러나 보시보다 오직 법의 구절이 더 낫다(dānā ca kho dhammapadaṃva seyyo)(*). 예전에도 더 예전에도 덕 있는 사람은 지혜를 갖추어 열반을 실현했다.'"

(*) 물질적인 보시보다는 법의 구절 즉 법시(法施)가 더 낫다는 의미입니다. 법의 구절을 듣는 자들은 지혜를 갖추어 열반을 실현할 수 있기 때문입니다.

8. 어디에 보시해야 합니까?

1) 밖에서 보시받을만한 자를 찾지 말고, 여기에 먼저 보시할 것

(AN 5.175-낮은 자 경)은 여기 즉 교단 밖에서 보시받을만한 자를 찾아 거기에 먼저 보시하

는 자는 낮고 얼룩지고 잘못된 재가신자이고, 여기의 밖에서 보시받을만한 자를 찾지 않고, 여기에 먼저 보시하는 자는 보석 같고, 홍련 같고, 백련 같은 재가신자라고 합니다. ☞「제1부 제2장 Ⅰ. 불교신자 되기 6.」 참조.

(AN 6.93-불가능한 경우 경2)는「견해를 갖춘 사람이 어떤 것이든 행(行)에 대해 상(常)으로부터 접근하는 것은 불가능하다. 견해를 갖춘 사람이 어떤 것이든 행(行)에 대해 락(樂)으로부터 접근하는 것은 불가능하다. 견해를 갖춘 사람이 어떤 것이든 법(法)에 대해 아(我)로부터 접근하는 것은 불가능하다. 견해를 갖춘 사람이 무간업(無間業)을 짓는 것은 불가능하다. 견해를 갖춘 사람이 길상(吉祥)에 신나서 청정에서 물러나는 것은 불가능하다. 견해를 갖춘 사람이 여기의 밖에서 보시받을만한 자를 찾는 것은 불가능하다.」라고 하여 바른 믿음, 바른 견해를 가진 불교신자가 어디에 보시해야 하는지를 명확히 해줍니다.

2) 어디에 보시해야 하고, 어디에 한 보시가 큰 결실을 가져오는지?

한편, (SN 3.24-궁술 경)에서 빠세나디 꼬살라 왕은 보시의 대상에 대해 두 가지 질문을 하는데, ①어디에 보시해야 하는지 그리고 ②어디에 한 보시가 큰 결실을 가져오는지입니다.

• 올바른 보시의 대상

> "대덕이시여, 어디에 보시해야 합니까?"
> "대왕이여, 마음이 만족을 보는 곳입니다.

• 큰 결실이 있는 보시의 대상

> "대덕이시여, 그러면 어디에 보시한 것이 큰 결실이 있습니까?"
>
> "대왕이여, '어디에 보시해야 합니까?"라는 질문과 '어디에 보시한 것이 큰 결실이 있습니까?'라는 질문은 다른 것입니다. 대왕이여, 계를 중시하는 자에게 보시한 것은 큰 결실이 있지만, 계를 경시하는 자에게 보시한 것은 그렇지 않습니다. … 이처럼, 대왕이여, 어느 가문이든 집에서 집 없는 곳으로 출가한 사람이 다섯 가지로 된 것을 버리고 다섯 가지로 된 것을 갖춘다면, 그때 보시는 큰 결실이 있습니다.

어떤 다섯 가지로 된 것을 버립니까? 소유의 관심을 버리고, 진에를 버리고, 해태와 혼침을 버리고, 들뜸과 후회를 버리고, 의심을 버립니다. 이런 다섯 가지로 된 것을 버립니다.

어떤 다섯 가지로 된 것을 갖춥니까? 무학(無學)의 계의 무더기[계온(戒蘊)]를 갖추고, 무학의 삼매의 무더기[정온(定蘊)]를 갖추고, 무학의 지혜의 무더기[혜온(慧蘊)]를 갖추고, 무학의 해탈의 무더기[해탈온(解脫蘊)]를 갖추고, 무학의 해탈지견의 무더기[해탈지견온(解脫知見蘊)]를 갖춥니다. 이런 다섯 가지로 된 것을 갖춥니다[오법온(五法蘊)]. 이렇게 다섯 가지로 된 것을 버리고 다섯 가지로 된 것을 갖춘 사람에 대한 보시는 큰 결실이 있습니다.

그렇다면 보시는 마음이 만족을 보는 곳에 하는 것입니다. 어떤 형편에 강제되어 불편한 마음으로 보시하지 않고, 누구든지 나의 도움이 필요한 사람에게 진정하게 베풀면 내 마음은 만족하게 되고, 그때 보시는 공덕을 가져온다는 의미입니다. 또한, (AN 5.227-재물 경)과 (AN 5.41-획득 경)이 말하는 재물의 용도 가운데 친구와 사람들을 위한 사용과 친척-손님-죽은 자-왕-신을 위한 헌공이 일반적으로 말하는 보시의 대상인데, 이 가운데 마음이 만족하는 곳에 보시하라는 것으로 이해할 수 있습니다. 특히, 보시받은 자에게 생겨나는 효과를 나누어 가지는 것으로의 보시의 특성을 고려하면, 가난하고 힘든 사람들에게 하는 보시가 더 큰 효과를 만들고, 그럼으로써 나눠어 나에게 돌아오는 공덕도 커진다고 하겠습니다.

그러나 큰 결실이 있기를 바란다면 충분히 고려된 보시(viceyya dānaṃ)를 해야 합니다. 이때, 경은 다섯 가지 법의 무더기를 갖춘 자 즉 보시받을만한 자에게 하는 보시가 큰 결실이 있다고 알려줍니다. 법을 바르게 배워 알고 실천하는 자라면, 이렇게 숙고하여 충분히 고려된 보시(viceyya dānaṃ)를 할 때 큰 결실이 뒤따르는 것입니다.

3) 큰 결실이 있고 큰 이익이 있는 보시

이때, (AN 8.34-밭 경)에 의하면, 큰 결실이 없고 큰 이익이 없는 보시는 팔사도(八邪道)를 실천하는 자에게 하는 보시이고, 큰 결실이 있고 큰 이익이 있는 보시는 팔정도(八正道)를 실천하는 자에게 하는 보시입니다. 그래서 이 주제는 (AN 4.51-공덕을 쌓음 경1)과 (MN 6-원한다면 경)을 통해서 팔정도(八正道)를 실천하는 자를 대상으로 구체적으로 설명됩니다.

• (AN 4.51-공덕을 쌓음 경1) — 「어떤 사람의 가사[어떤 사람이 보시한 가사]를 사용하는 비구가 무량한 심삼매(心三昧)를 성취하여 머문다. 그것은 그[가사를 보시한 사람]에게 무량한 공덕(功德)을 쌓고, 유익(有益)을 쌓고, 행복(幸福)의 자량(資糧)이 되고, 하늘로 연결되고, 보(報)가 행복이고, 하늘로 이끄는 것이고, 원하고 좋아하고 마음에 드는 이익과 행복으로 이끈다.(탁발 음식과 거처와 병(病)의 조건으로부터 필요한 약품에 반복)」 ☞ 「제1장 [용례 5] 「puññābhisanda(공덕을 쌓음)」의 용례 7.」 참조.

• (MN 6-원한다면 경) — 「비구들이여, 만약 비구가 '가사와 탁발 음식과 거처와 병(病)의 조건으로부터 필요한 약품을 얻기를.'이라고 원한다면, 그는 계(戒)에 충실하고, 내적인 심(心)의 사마타를 실천하고, 선(禪)을 외면하지 않고, 위빳사나를 갖추고 향상하는 자로 빈집에 머물러야 한다.

비구들이여, 만약 비구가 '내가 가사와 탁발 음식과 거처와 병(病)의 조건으로부터 필요한 약품을 사용하게 해준 그들에게 큰 결실과 큰 이익이 만들어지기를.'이라고 원한다면, 그는 계(戒)에 충실하고, 내적인 심(心)의 사마타를 실천하고, 선(禪)을 외면하지 않고, 위빳사나를 갖추고 향상하는 자로 빈집에 머물러야 한다.

비구들이여, 만약 비구가 '고운 심(心)으로 나를 기억하는 친지와 혈육인 죽은 이들, 돌아가신 분들에게 큰 결실과 큰 이익이 있기를.'이라고 원한다면, 그는 계(戒)에 충실하고, 내적인 심(心)의 사마타를 실천하고, 선(禪)을 외면하지 않고, 위빳사나를 갖추고 향상하는 자로 빈집에 머물러야 한다.」

이외에 '어디에 보시해야 합니까(kattha dānaṃ dātabbaṃ)?'의 문답을 말하는 경으로는 (AN 2.33-42-평등한 심(心) 품) 36.이 있는데, 「"대덕이시여, 세상에는 보시받을만한 분들이 얼마나 있습니까? 그리고 어디에 보시해야 합니까?" "장자여, 세상에는 유학(有學)과 무학(無學)의 두 가지 보시받을만한 분들이 있다. 장자여, 이런 두 가지 보시받을만한 분들이 있다. 여기에 보시해야 한다. — '이 세상에 있는 유학(有學)과 무학(無學)이 제사를 지내는 사람을 위한 공양받을만한 분들이다. 몸과 말과 심(心)으로 올곧은 그 존재들이 제사를 지내는 사람을 위한 그 밭이다. 여기에 보시한 것은 큰 결실이 있다.'"」입니다.

또한, '어디에 보시한 것이 큰 결실이 있습니까(kattha dinnaṃ mahapphalaṃ)?'의 문답도 이외에 두 개가 더 있습니다.

• (SN 7.13-데와히따 경) — 「"보시할 것을 어디에 보시해야 하고, 어디에 보시한 것이 큰 결실이 있습니까? 참으로 어떻게 제사하는 자에게 어떻게 보시(dakkhiṇa)는 좋은 결실을 맺습니까?"

"이전의 존재 상태를 알고[숙주명(宿住明)], 천상과 지옥을 보고[천안명(天眼明)], 태어남의 부서짐을 성취한 자[누진명(漏盡明)], 실다운 지혜를 완성한 성자(聖者)가 있다. 보시할 것을 여기에 보시해야 하고, 여기에 보시한 것이 큰 결실이 있다. 참으로 이렇게 제사하는 자에게 이렇게 보시(dakkhiṇa)는 좋은 결실을 맺는다."」

• (SN 11.16-제사하는 자 경) — 「"제사하는 사람들에게, 공덕을 바라는 생명에게, 재생의 기반인 공덕을 짓는 자들에게 어디에 보시한 것이 큰 결실이 있습니까?" "네 가지 실천하는 자들과 네 가지 과(果)에 서 있는 자, 지혜와 계와 삼매를 닦는 올곧은 존재들로 구성된 이런 상가가 있다. 제사하는 사람들에게, 공덕을 바라는 생명에게, 재생의 기반인 공덕을 짓는 자들에게 상가에 보시한 것이 큰 결실이 있다."」

9. 상가에 보시할 것

이렇게 상가에 보시한 것은 큰 결실이 있습니다. 그래서 상가에 보시할 것은 부처님에 의해서도 권장되는데, (MN 142-보시 분석 경)과 (AN 6.59-다루깜미까 경)입니다.

1) (MN 142-보시 분석 경)은 세존을 위해서 직접 꿰고 직접 땋은 새 옷 한 벌을 보시하려는 마하빠자빠띠 고따미에게 「고따미여, 상가에 보시하십시오. 상가에 보시할 때 그대가 가져온 것은 나에게 공양한 것도 되고 상가에 보시한 것도 될 것입니다 … 아난다여, 상가를 위해 행하는 보시는 헤아릴 수 없고 무량하다 … 아난다여, 어떤 방법에 의해서든 상가를 위해 행하는 보시보다 사람에 대한 보시가 더 큰 결실이 있다고 나는 말하지 않는다.」라고 알려줍니다.

☞ 「【제사와 공덕 총괄 장】 I. 공덕의 우월을 순차적으로 설명하는 경들 3.」 참조.

2) (AN 6.59-다루깜미까 경)은 「저의 가문에서는 보시를 합니다. 숲에 살고, 탁발로 살아가고, 분소의를 입는 아라한이거나 아라한도에 들어선 비구들에게 저의 가문은 보시를 합니다.」라고 말하는 다루깜미까 장자에게 부처님은 성자(聖者)인지 아닌지는 소유하고자 하는 재가자가 알기 어려우니 상가(僧伽)에 보시하라고 안내합니다. — 「자, 장자여, 그대는 상가(僧伽)에 보시해야 합니다. 상가에 대해 보시하는 그대의 심(心)은 깨끗해질 것입니다. 그런 고운 심(心)을 가진 그대는 몸이 무너져 죽은 뒤에 좋은 곳, 하늘 세상에 태어날 것입니다.」 ☞ 「제1부 제2장 Ⅳ. 소유하고자 하는 자(kāmabhogī)의 용례 – 경장(經藏) [3] 2.」 참조.

10. 어디에 하든 보시는 공덕이 있음 & 다른 사람의 보시를 방해하지 말 것

(AN 3.58-왓차곳따 경)은 (SN 3.24-궁술 경)의 두 번째 질문에 대한 답변을 반복하는데, 전후하여 중요한 내용을 알려줍니다.

1) 다른 사람의 보시를 방해하지 말 것 — 「왓차여, 다른 사람을 보시하지 못하도록 하는 사람은 세 사람을 방해하고, 세 사람을 위험하게 한다. 어떤 세 가지인가? 보시하는 자의 공덕을 방해하고, 보시받는 자의 얻음을 방해하고, 먼저 자신이 파괴되고 손상된다. 왓차여, 다른 사람을 보시하지 못하도록 하는 사람은 이런 세 사람을 방해하고, 세 사람을 위험하게 한다.」

2) 누구에게 베풀든 보시는 공덕이 있음 — 「왓차여, 나는 이렇게 말한다. — '마을 입구의 웅덩이나 마을 가까운 곳의 더러운 웅덩이도 생명이 있고, 거기에 접시를 씻거나 잔을 씻는 사람이 '여기에 사는 생명이 먹게 되기를!'이라면서 남기는 것을 인연으로도 공덕이 온다.'라고. 그러니 사람에 대한 보시야 말할 것이 있겠는가! 또한, 왓차여, 나는 계를 중시하는 사람에게 주어진 것에 대한 큰 공덕을 말한다. 계를 경시하는 사람에게는 아니다. 그는 다섯 가지를 버리고, 다섯 가지를 갖춘다.」

3) 게송 — 「검은색이든, 흰색이든, 붉은색이든, 누런색이든 점박이든 비둘기색을 가졌든 이렇게 소들과 관련해서 이들 가운데 어떤 것이든 짐을 감당할 수 있는 힘을 가지고, 빠른 속력을 낼 수 있는 길든 황소가 오직 짐을 나른다. 생김새로 심사하는 것이 아니다.

이처럼 인간들 가운데서는 끄샤뜨리야, 바라문, 와이샤, 수드라, 불가촉천민의 어떤 가문에 태어나든지 이들 가운데 누구든지 길들어 좋은 품행을 가진 자가 생긴다. 정의로운 자, 계를 갖

춘 자, 진실을 말하는 자, 히리가 있는 자, 생사를 버린 자, 온전히 범행을 실천한 자, 짐을 내려놓은 자, 속박에서 풀린 자, 할 일을 한 자, 번뇌 없는 자, 모든 법의 저편으로 갔고, 집착하지 않아서 꺼진 자인 오직 더러움 없는 그 밭에서 보시는 풍성한 결과가 있다.

어리석은 자, 알지 못하는 자, 바보, 배우지 못한 자는 덕(德)있는 사람을 섬기지 않고, 밖에다 보시한다.

덕이 있고, 지혜가 있고, 지혜로 존경받는 분들을 섬기는 사람들, 그들에게 선서(善逝)에 대한 믿음이 뿌리로부터 확고하다.

그들은 신들의 세상으로 간다. 아니면 이 세상의 좋은 가문에 태어난다. 현명한 자들은 점진적으로 열반을 성취한다.」

11. 보시하는 방법

여러 개의 경들은 어떤 보시가 있고, 어떻게 보시해야 하는지를 알려줍니다. 경우에 따라서는 믿음 없이, 정성을 담지 않은 채 원하지 않는 보시를 하기도 하는데 큰 결실을 가져오지 못합니다. 그래서 어떤 마음으로 어디에 보시해야 하는지 다양한 방법으로 설명하고 있는데, 우리의 보시가 큰 결실을 일구기를 바라는 스승의 가르침입니다.

1) (AN 6.37-여섯 요소를 갖춘 보시 경) : 여섯 요소를 갖춘 보시(dakkhiṇā) — 보시하는 자의 세 가지 요소와 보시받는 자의 세 가지 요소

• 보시하는 자의 세 가지 요소 — 보시로 인해서 먼저 기뻐하고, 보시하는 심(心)을 청정하게 하고, 보시한 뒤에 즐거워하는 것

• 보시받는 자의 세 가지 요소 — 탐(貪)이 없거나 탐(貪)의 제어를 위해 실천하고, 진(嗔)이 없거나 진(嗔)의 제어를 위해 실천하고, 치(癡)가 없거나 치(癡)의 제어를 위해 실천하는 것

2) (AN 5.36-때에 맞는 보시 경) : 다섯 가지 때에 맞는 보시 — 손님에게 보시하고, 여행을 떠나는 자에게 보시하고, 병자에게 보시하고, 기근이 들었을 때 보시하고, 새로 수확한 곡식, 새

로 수확한 과일을 계를 중시하는 자에게 먼저 보시한다.

3) (MN 110-보름밤의 짧은 경)

• 고결하지 않은 사람의 보시 — 정성을 담지 않은 보시를 한다. 남의 손으로 보시를 한다. 존중함이 없는 보시를 한다. 버려진 것으로 보시를 한다. 온다는 견해 없이 보시를 한다.

• 고결한 사람의 보시 — 정성을 담은 보시를 한다. 자신의 손으로 보시를 한다. 존중함을 가지고 보시를 한다. 챙겨놓은 것으로 보시를 한다. 온다는 견해를 가지고 보시를 한다.

4) (AN 9.20-웰라마 경)

• 장자여, 거친 것이든 뛰어난 것이든, 정성을 담지 않고 보시하고, 존중함 없이 보시하고, 남의 손으로 보시하고, 버려진 것으로 보시하고, 온다는 견해 없이 보시하면, 어디에서 그 보시의 보(報)가 생기더라도 좋은 음식을 먹기 위해 심(心)이 기울지 않고, 좋은 옷을 입기 위해 심(心)이 기울지 않고, 좋은 마차를 타기 위해 심(心)이 기울지 않고, 뛰어난 다섯 가지 소유의 사유에 묶인 것을 가지기 위해 심(心)이 기울지 않는다. 자식도, 아내도, 하인도, 직원도, 일하는 사람들도 배우지 않고, 귀를 기울이지 않고, 이해하는 심(心)을 확고히 하지 않는다. 그 원인은 무엇인가? 이렇게, 장자여, 이것이 정성을 담지 않고 행한 업(業)들의 보(報)다.

• 장자여, 거친 것이든 뛰어난 것이든, 정성을 담아 보시하고, 존중하면서 보시하고, 자신의 손으로 보시하고, 챙겨놓은 것으로 보시하고, 온다는 견해를 가지고 보시하면, 어디에서 그 보시의 보(報)가 생기더라도 좋은 음식을 먹기 위해 심(心)이 기울고, 좋은 옷을 입기 위해 심(心)이 기울고, 좋은 마차를 타기 위해 심(心)이 기울고, 뛰어난 다섯 가지 소유의 사유에 묶인 것을 가지기 위해 심(心)이 기운다. 자식도, 아내도, 하인도, 직원도, 일하는 사람들도 배우고, 귀를 기울이고, 이해하는 심(心)을 확고히 한다. 그 원인은 무엇인가? 이렇게, 장자여, 이것이 정성을 담아 행한 업(業)들의 보(報)다.

5) (AN 5.148-고결한 사람의 보시 경) : 다섯 가지 고결한 사람의 보시 — 믿음으로 보시한다. 자신의 손으로 보시한다. 적절한 때에 보시한다. 불쌍히 여기는 심(心)으로 보시한다. 자기와 남에게 상처가 되지 않게 보시한다.

• 믿음으로 보시한 뒤에 어디든 그 보시의 보(報)가 생기는 곳에서 호화롭고 큰 부자이고 재물이 많은 사람이 된다. 아름답고, 보일만 하고, 사랑스럽고, 최상의 멋진 용모를 갖춘 사람이 된다.

• 자신의 손으로 보시한 뒤에 어디든 그 보시의 보(報)가 생기는 곳에서 호화롭고 큰 부자이고 재물이 많은 사람이 된다. 자식이라거나, 아내라거나, 하인이라거나, 전령이라거나, 직원이라는 그들도 배우고, 귀를 기울이고, 이해하는 심(心)을 확고히 한다.

• 적절한 때에 보시한 뒤에 어디든 그 보시의 보(報)가 생기는 곳에서 호화롭고 큰 부자이고 재물이 많은 사람이 된다. 그리고 때가 되면 큰 이익이 생긴다.

• 불쌍히 여기는 심(心)으로 보시한 뒤에 어디든 그 보시의 보(報)가 생기는 곳에서 호화롭고 큰 부자이고 재물이 많은 사람이 된다. 그리고 다섯 가지 소유의 사유에 묶인 것에 대한 탁월한 재물로 심(心)을 기울인다.

• 자기와 남에게 상처가 되지 않게 보시한 뒤에 어디든 그 보시의 보(報)가 생기는 곳에서 호화롭고 큰 부자이고 재물이 많은 사람이 된다. 불 때문이거나 물 때문이거나 왕 때문이거나 도둑 때문이거나 사랑스럽지 않은 상속인 때문이거나 어떤 경우에라도 재물을 잃게 되지 않는다.

6) (AN 8.37-고결한 사람의 보시 경) : 여덟 가지 고결한 사람의 보시 — 깨끗한 것을 보시한다. 뛰어난 것을 보시한다. 적절한 때에 보시한다. 적합하게 보시한다. 살핀 뒤에 보시한다. 반복적으로 보시한다. 깨끗한 심(心)으로 보시한다. 보시한 뒤에는 기뻐한다.

7) (DN 33.11-합송경, 여덟 가지로 구성된 법들) : 여덟 가지 보시 — 모욕하면서 보시한다. 두려움 때문에 보시한다. '나에게 주었다.'라면서 보시한다. '나에게 줄 것이다.'라면서 보시한다. '보시는 좋은 것이다.'라면서 보시한다. '나는 요리하고, 이들은 요리하지 않는다. 요리하는 자가 요리하지 않는 자에게 보시하지 않는 것은 옳지 않다.'라면서 보시한다. '이 보시를 보시하는 나에게 좋은 명성이 퍼진다.'라면서 보시한다. 심(心)에 돛을 달기 위해, 심(心)의 필수품을 위하여 보시한다.

8) (AN 8.33-보시의 기반 경) : 여덟 가지 보시의 기반 — 관심 때문에 보시한다. 진(嗔) 때문에 보시한다. 치(癡) 때문에 보시한다. 두려움 때문에 보시한다. '아버지와 할아버지에 의해 예로부터 행해졌고 예로부터 이어진 오래된 가문의 전승을 잇지 않는 것은 옳지 않다.'라며 보시한다. '나는 이 보시를 한 뒤에 몸이 무너져 죽은 뒤 좋은 곳, 하늘 세상에 태어날 것이다.'라며 보시한다. '이 보시 때문에 나의 심(心)이 밝아지고, 만족과 기쁨이 생긴다.'라며 보시한다. 심(心)에 돛을 달기 위해, 심(心)의 필수품을 위하여 보시한다.

12. 보시의 청정과 보시받을만한 사람(dakkhiṇeyya)

이때, 보시의 청정(dakkhiṇā visuddha)이란 개념이 발견되는데, 보시받을만한 사람(dakkhiṇeyya)과 연결됩니다. 탐(貪)-진(嗔)-치(癡)에서 벗어나 자신을 청정케 한 존재인 보시받을만한 사람에게 하는 보시는 청정해진다(visujjhati)는 의미로 이해할 수 있는데, 청정한 보시에서 공덕이 크게 부풀려지는 현상을 경은 강조합니다[어디에 보시한 것이 큰 결실이 있습니까(kattha dinnaṃ mahapphalaṃ)?]. 이런 의미에서 보시받을만한 사람은 복전(福田)인데, 밭에 뿌려진 복(福)의 씨앗을 싹틔우고 성장시켜 큰 열매를 맺게 해주는 사람이라고 해석됩니다.

그러기에 보시받을만한 사람이 있는 불교(佛敎)에서 보시 공덕의 크기는 주는 사람에 의해 결정되지 않고 받는 사람에 의해 결정됩니다(AN 1.308-321-세 번째 품). —「비구들이여, 잘못 선언된 법(法)과 율(律)에서는 주는 사람에 의해서 양이 알려져야 한다. 받는 사람에 의해서가 아니다. 무엇에게 그 원인이 있는가? 비구들이여, 법의 잘못 설해짐이다. 비구들이여, 잘 선언된 법(法)과 율(律)에서는 받는 사람에 의해서 양이 알려져야 한다. 주는 사람에 의해서가 아니다. 무엇에게 그 원인이 있는가? 비구들이여, 법의 잘 설해짐이다.」

1) (AN 9.20-웰라마 경)

특히, 이 경은 부처님의 전생 이야기를 통해 사쌍팔배(四雙八輩)의 성자가 없던 그 시절에 웰라마 바라문이 매우 큰 보시를 하였지만, 부처님과 그 제자들로 구성되는 보시받을만한 사람이 없어서 아무도 그의 보시를 청정하게 하지 못했다고 합니다. 그래서 이렇게 보시받을만한 사람인 성자들은 이 세상에서 위없는 복을 심는 대상[복전(福田)]이라고 정의되는 것입니다.

☞「【제사와 공덕 총괄 장】 I. 공덕의 우월을 순차적으로 설명하는 경들 2.」

2) (MN 142-보시의 분석 경)

이 경은 보시(dakkhiṇā)에 대한 분석을 설한 경입니다. 그리고 이 주제의 중심을 알려주는데, 네 가지 청정한 보시(布施)입니다.

① 주는 자 때문에 청정해지고 받는 자 때문은 아닌 보시,
② 받는 자 때문에 청정해지고 주는 자 때문은 아닌 보시,
③ 주는 자 때문에도 받는 자 때문에도 청정해지지 않는 보시,
④ 주는 자 때문에도 받는 자 때문에도 청정해지는 보시

☞「【제사와 공덕 총괄 장】 I. 공덕의 우월을 순차적으로 설명하는 경들 3.」

한편, (KN 5.30-순다리까바라드와자 경)과 (KN 5.31-마가 경)은 보시받을만한 사람에 대해 직접 설명합니다.

3) (KN 5.30-순다리까바라드와자 경)

이 경은 「제사를 지낼 때, 끝에 닿은 사람, 앎에 통달한 사람이 어떤 사람의 제물(祭物)을 받으면 그에게 성취가 있다.」라고 하는데, 공덕을 바라는 바라문이 제사를 지내려 한다면, 적절한 때에

① 진리에 의해 길들여지고, 길들임에 의해 갖추어진 사람, 앎의 끝에 닿았고, 범행을 완성한 사람들

② 소유의 사유를 버린 뒤에 집 없이 유행하고, 자기를 완전히 제어하고 베틀의 북처럼 곧은 사람들

③ 달이 라후의 장애에서 벗어나듯이 탐(貪)이 없고, 잘 삼매를 닦는, 기능을 가진 사람들

④ 항상 사띠를 확립하고 집착을 버린 뒤에 세상에 접근하는 결점이 없는 사람들

에게 제물(祭物)을 주어야 한다고 합니다. 다시, 여래는 제물(祭物) 케익을 받을 만하다고 말하는데, 여래는 이런 사람이기 때문이라고 묘사됩니다.

① 소유의 사유를 버린 뒤에 압도하여 사는 사람, 생(生)과 사(死)의 끝을 아는 사람, 완전히 꺼진 사람, 호수의 물처럼 차가운 사람

② 고요한 사람들과는 같고 바르지 못한 사람들과는 먼, 여래는 지혜가 끝이 없고, 이 세상과 저세상에서 때가 없는 사람

③ 사기치지 않고 자기화되지 않는 사람, 망(望)이 없고 나의 것이 없고 갈망이 없는 사람, 화를 제거하고 자아를 완전히 끈 사람, 슬픔의 때를 벗긴 바라문

④ 의(意)의 거처를 버린 사람, 어떤 소유물도 없는 사람, 이 세상과 저세상에서 집착하지 않는 사람

⑤ 삼매를 닦아서 폭류를 건넌 사람, 궁극의 견해로써 법을 아는 사람, 번뇌 다하여 마지막 몸을 가진 사람

⑥ 존재의 번뇌와 거친 언어가 흩어지고 줄어들어서 없는 사람, 어디서나 자유로운 앎에 통달한 그 사람

⑦ 집착을 극복하여 집착이 없는 사람, 자기화된 존재들 가운데 자기화되지 않은 존재, 괴로움을 완전히 알아서 땅과 토대가 있는 자

⑧ 갈망을 의지하지 않고 떠남을 보는 자, 다른 규범에 의한 견해를 넘어선 자, 그에게 아무런 대상도 없는 자

⑨ 높고 낮은 법들이 비교된 뒤에 흩어지고 줄어들어서 없는 사람, 평화롭고 집착이 부서져 해탈한 사람

⑩ 족쇄와 태어남의 부서짐의 끝을 본 사람, 탐(貪)의 길을 남김없이 제거한 사람, 청정하고 결점 없고 때 없고 나무랄 데 없는 사람

⑪ 자신에게서 자아를 보지 않는 사람, 삼매를 닦아서 올곧고 자제된 사람, 참으로 때 없고 완고하지 않고 불확실하지 않은 그 사람

⑫ 안으로 어떠한 치(癡)도 없는 사람, 모든 법에 대해 알고 보는 사람, 마지막 몸을 가진 사람, 위없는 바른 깨달음과 피난처를 얻은 사람

4) (KN 5.31-마가 경)

이 경은 「다른 사람의 요구에 응할 준비가 되어있고, 보시의 주인인 재가자가 공덕을 원하고, 공덕을 바라면서 이 세상에서 다른 사람에게 먹을 것과 마실 것을 주는 제사를 합니다. 어떻게 제사하는 자의 제물을 청정하게 합니까?"」라는 질문에 대해 부처님은 그 제물의 청정은 보시받을만한 자들에 의해 얻어진다고 답합니다. 그리고 보시받을만한 자들을 말해달라는 요청에 대해 부처님은 다시 이렇게 답합니다. ― 「공덕을 바라는 바라문이 제사를 지내려 한다면, 적절한 때에

① 참으로 집착 없고, 소유하지 않고, 온전히 자기를 제어하면서 세상에 접근하는 사람들

② 모든 족쇄와 속박을 끊고, 제어되고, 해탈되고, 고통이 없고, 갈망이 없는 사람들

③ 모든 족쇄에서 풀려나고, 제어되고, 해탈되고, 고통이 없고, 갈망이 없는 사람들

④ 탐(貪)과 진(嗔)과 치(癡)를 버리고, 번뇌 다하고, 범행을 완성한 사람들

⑤ 사기 치지 않고, 자기화되지 않고 살아가는, 번뇌 다하고, 범행을 완성한 사람들

⑥ 망(望)이 없고, 나의 것이 없고, 갈망이 없고, 번뇌 다하고, 범행을 완성한 사람들

⑦ 애(愛)에 빠지지 않고, 폭류를 건너 나의 것이 없이 유행하는 사람들

⑧ 이 세상이나 저세상이나 세상 어디에서도 존재의 애(愛)와 비존재의 애(愛)가 없는 사람들

⑨ 소유의 사유를 버린 뒤에 집 없이 유행하고, 자기를 완전히 제어하고, 베틀의 북처럼 곧은 사람들

⑩ 달이 라후의 장애에서 벗어나듯이 탐(貪)이 없고, 잘 삼매를 닦는, 기능을 가진 사람들

⑪ 자신을 고요히 하고, 탐(貪)이 없고, 화가 없고, 이 세상을 완전히 버려서 갈 곳이 없는 사람들

⑫ 생(生)과 사(死)를 완전히 떠난 뒤에 모든 의심을 넘어선 사람들

⑬ 스스로 섬이 되고, 소유하지 않고, 어디서나 자유롭게 세상에 접근하는 사람들

⑭ 여기서 이것이 마지막이고 다시 존재가 되지 않는다고 그렇게 그대로 아는 사람들

⑮ 앎에 통달한 사람, 선(禪)을 기뻐하고, 사띠하는, 많은 사람의 의지처인 깨달음을 성취한 사람들

에 대해 제물을 주어야 한다고 하는데, 보시받을만한 자가 누구인지 자세하게 알려줍니다.

13. 지금여기서 스스로 보아 알 수 있는 보시의 결실과 내생의 보시의 결실 ☞ 「제2부 V. 시하 장군의 선택 ― 「스승에 대한 믿음의 영역에 있는 것들」 참조

(AN 5.34-시하 장군 경)은 지금여기서 스스로 보아 알 수 있는 보시의 결실을 묻는 시하 장군과 부처님의 대화로 이루어지는데, 부처님은 지금여기서 스스로 보아 알 수 있는 보시의 결실 네 가지와 내생의 결실 한 가지로 답합니다.

• 지금여기서 스스로 보아 알 수 있는 보시의 결실

①보시하는 자, 보시의 주인을 많은 사람이 사랑하고 마음에 들어 함,
②세상에 있는 고결한 사람들이 보시하는 자, 보시의 주인을 가까이함,
③보시하는 자, 보시의 주인에게 좋은 평판이 퍼짐,
④보시하는 자, 보시의 주인은 끄샤뜨리야의 무리이든, 바라문의 무리이든, 장자의 무리이든, 사문의 무리이든, 그 어떤 무리에 들어가더라도 자신감을 가지고 당당하게 들어감

• 내생의 보시의 결실

보시하는 자, 보시의 주인이 몸이 무너져 죽은 뒤에 좋은 곳, 하늘 세상에 태어남

또한, (AN 7.57-시하 장군 경)도 동일한 주제를 설하는데, 지금 여기서 스스로 보아 알 수 있는 보시의 결실이 여섯 가지로 나타나는 점만이 다릅니다.

— 아라한은

① 믿음이 있고 보시의 주인이고 계속해서 베푸는 것을 좋아하는 사람을 먼저 연민함,
② 믿음이 있고 보시의 주인이고 계속해서 베푸는 것을 좋아하는 사람을 먼저 방문함,
③ 믿음이 있고 보시의 주인이고 계속해서 베푸는 것을 좋아하는 사람의 것을 먼저 받음,
④ 믿음이 있고 보시의 주인이고 계속해서 베푸는 것을 좋아하는 사람에게 먼저 가르침을 설함,
⑤ 믿음이 있고 보시의 주인이고 계속해서 베푸는 것을 좋아하는 사람에게 좋은 평판이 퍼짐,
⑥ 믿음이 있고 보시의 주인이고 계속해서 베푸는 것을 좋아하는 사람은 끄샤뜨리야의 무리이든, 바라문의 무리이든, 장자의 무리이든, 사문의 무리이든, 그 어떤 무리에 들어가더라도 자신감을 가지고 당당하게 들어감

14. 보시에 의한 태어남

1) (AN 7.52-큰 결실이 있는 보시 경)은 큰 결실과 큰 이익이 없는 보시와 큰 결실과 큰 이익이

있는 보시를 묻는 질문에 대해 일곱 단계의 보시하는 심(心)에 따른 태어남의 자리로 답변하는데, 욕계(慾界)의 여섯 하늘로 이끄는 보시하는 심(心)과 색계(色界)의 첫 하늘인 범신천(梵身天)으로 이끄는 보시하는 심(心)[심(心)에 돛을 달기 위한, 심(心)의 필수품을 위한 보시]입니다. ☞「【제사와 공덕 총괄 장】 II. 공덕에 의한 태어남을 구체적으로 설하는 경들 1.」

2) (AN 8.35-보시에 의한 태어남 경)은 보시에 의한 여덟 가지 태어남을 설명하는데, 끄샤뜨리야-바라문-장자 또는 욕계의 여섯 하늘은 계(戒)를 중시하는 자에게 청정함을 원인으로 심(心)의 지향이 이루어지고, 범신천은 계(戒)를 중시하는 자에게 탐(貪) 없음을 원인으로 심(心)의 지향이 이루어집니다. 이때, 계를 중시하는 자는 오계를 지닌 자이기 때문에 이 경은 보시와 오계에 의한 태어남이라고 이해해야 합니다. ☞「【제사와 공덕 총괄 장】 II. 공덕에 의한 태어남을 구체적으로 설하는 경들 2.」

3) (AN 8.36-공덕의 결실을 있게 하는 토대 경)은 세 가지 공덕의 결실을 있게 하는 토대를 말하는데, 보시(布施)로 만들어진 공덕의 결실을 있게 하는 토대, 계(戒)로 만들어진 공덕의 결실을 있게 하는 토대, 수행(修行)으로 만들어진 공덕의 결실을 있게 하는 토대입니다. 이 경은, 특히, 수행(修行)으로 만들어진 공덕의 결실을 있게 하는 토대를 만들지 못한 사람이 보시(布施)로 만들어진 공덕의 결실을 있게 하는 토대와 계(戒)로 만들어진 공덕의 결실을 있게 하는 토대만으로 불운하나마 인간으로 태어나는 경우부터 운 좋은 인간, 그리고 욕계의 여섯 하늘에 태어나는 것을 말합니다.

그렇다면 앞의 경들이 말하는 심(心)에 돛을 달기 위한, 심(心)의 필수품을 위한 보시와 탐(貪) 없음을 원인으로 하는 심(心)의 지향에 의해 범신천(梵身天)에 태어나는 것은 수행(修行)의 영역이라는 것을 알 수 있습니다. ☞「【제사와 공덕 총괄 장】 II. 공덕에 의한 태어남을 구체적으로 설하는 경들 2.」

▣ 에피소드 — 직무유기

언젠가 어떤 스님을 만났을 때의 대화입니다.

먼저, 이 스님의 말씀입니다. — "법회에서 보시하라고 말하지를 못합니다. 보시하라고 말하면 마치 돈 가져오라는 소리로 들릴 것 같아서요."

저는 "스님, 그것은 비구로서의 직무유기입니다. 출가자는 재가자를 하늘로 이끌어 주어야 하는데, 하늘로 이끄는 방법이 바로 보시와 오계입니다. 돈 가져오라는 소리로 들릴까 싫어 보시를 설하지 않는다면 그것은 재가자를 하늘로 이끌어야 하는 출가자의 역할에 대한 직무유기입니다. 스님, 사심(私心)을 담지 않으면 됩니다. 돈 좀 주기를 바라는 사심을 내가 담지 않으면, 보시의 힘으로 하늘에 태어날 것을 설법할 수 있습니다. 그럼으로써 재가자를 하늘로 이끌어 주게 되는 것입니다."라고 말했습니다.

(DN 31-싱갈라 경)은 재가 제자와 출가 제자의 역할 분담을 말해줍니다. — 「장자의 아들이여, 가문의 아들은 다섯 가지 조건에 의해 위쪽인 사문-바라문들을 섬겨야 한다. — 자애로운 몸의 행위, 자애로운 말의 행위, 자애로운 의(意)의 행위, 문을 열어 놓음, 물질[의식주와 약품]의 공양. 장자의 아들이여, 이런 다섯 가지 조건으로 가문의 아들에 의해 섬겨진 위쪽인 사문-바라문들은 여섯 가지 조건으로 가문의 아들을 연민한다. — 나쁜 일을 못 하게 하고, 좋은 일을 안내하고, 좋은 마음으로 연민하고, 배우지 못한 것을 가르쳐주고, 배운 것을 청정케 해주고, 하늘에 태어나는 길을 가르쳐 준다. 장자의 아들이여, 이런 다섯 가지 조건으로 가문의 아들에 의해 섬겨진 위쪽인 사문-바라문들은 이런 여섯 가지 조건으로 가문의 아들을 연민한다. 이렇게 그 위쪽은 보호되고, 안온하게 되고, 두려움이 없게 된다.」

가르침을 가르침 그대로 전달하는 일은 중요합니다. 커다란 의미로는 이것이 불교가 바르게 유지되는 힘이기도 합니다. 스님들이 돈 가져오라는 소리로 들릴까 싫어 보시의 공덕행을 설법하지 않으면 재가자들은 보시하지 않게 되고, 스님들은 절을 운영하기 위해 보시의 공덕행 외에 다른 방법으로 돈을 마련해야 하기 때문입니다. 가르침에 어긋나는 방법이 사찰 운영을 위해 절에서 행해지게 된 대표적인 원인이라고 할 것입니다.

제3장

공덕(功德) - (3)오계(五戒)

Ⅰ. 개념

공덕은 행복을 가져옵니다(AN 3.52-두 바라문 경1). 공덕의 행위에는 행복이라는 유익한 보(報)가 따른다는 의미입니다.

만약에 행복하기를 바란다면 공덕(功德)의 유익(有益)한 보(報)를 보아야 합니다(AN 7.62-자애 경). 그때, 그 유익함 때문에 두려움 없이 공덕을 바라고 행할 수 있습니다. 그리고 공덕을 가져오는 방법을 알아야 하는데, 보시(布施)와 오계(五戒)입니다.

이때, (SN 1.32-인색 경)은 「인색과 방일 때문에 보시를 하지 않습니다. 공덕을 바라는 자, 아는 자는 베풀어야 합니다.」라고 말합니다. 그래서 공덕을 바란다면 보시(布施)를 해야 합니다. 그런데 큰 공덕을 바란다면 어디에 보시해야 합니까? 보시받을만한 자에게 보시해야 합니다. 그렇다면 그보다 더 큰 공덕을 바란다면 어떻게 해야 합니까? 부처님에 의지해서 배워 알아야 하는 주제입니다.

부처님의 전생 이야기를 통해 부처님과 그 제자들로 구성되는 보시받을만한 사람이 없어서 웰라마 바라문의 큰 보시를 아무도 청정하게 하지 못했다고 알려주는 (AN 9.20-웰라마 경)은 복전(福田)이 있는 지금에도 모든 보시보다 더 큰 공덕을 가져오는 것을 말하는데, 삼보(三寶)에 귀의하고, 오계(五戒)를 지니고, 사무량심(四無量心)을 닦고, [사념처(四念處) → 사마타-위빳사나]로 깨달음을 성취하는 것입니다. ☞ 「【제사와 공덕 총괄 장】 Ⅰ. 공덕의 우월을 순차적으로 설명하는 경들 2.」 참조.

그렇다면 믿음을 갖춘 불교신자에게 공덕은 「보시(布施) → 오계(五戒) → 수행(修行)」의 순서로 더 커진다는 것을 알 수 있습니다. 그래서 소유하고자 하고, 보시하는 재가신자가 그보다 더 큰 공덕을 바란다면, 그 방법은 오계를 지니는 것입니다.

오계(五戒)가 불교 신행에서 가지는 이런 비중을 고려하여, 여기에서는 오계(五戒)의 다섯 항목을 포함하는 경전의 모든 용례를 정리하였습니다. 특히, 오계만으로 나타나는 용례와 오계를 포함하는 용례로 구분하였는데, 오계만으로 나타나는 용례는 「I. 개념」에서 오계의 의미를 해석하는 용도로 사용하였고, 오계를 포함하는 용례는 「II. 오계(五戒)를 포함하는 교리의 확장」에서 소개하였습니다. 다만, 오계(五戒)가 확장된 팔계(八戒)의 경우는 「제5장 포살(布薩)」에서 정리하였습니다.

[1] 오계(五戒)의 구성과 해석 그리고 중심 주제

1. 오계(五戒) — (DN 33.8-합송경, 다섯 가지로 구성된 법들)

"pañca sikkhāpadāni — pāṇātipātā veramaṇī, adinnādānā veramaṇī, kāmesumicchācārā veramaṇī, musāvādā veramaṇī, surāmerayamajjappamādaṭṭhānā veramaṇī.

다섯 가지 학습계율 — 생명을 해치는 행위를 삼가고, 주지 않는 것을 가지는 행위를 삼가고, 음행(淫行)에 대한 삿된 행위를 삼가고, 거짓을 말하는 행위를 삼가고, 술과 발효액 등 취하게 하는 것으로 인한 방일한 머묾을 삼감

※ 여기서, 생명을 해치는 행위를 삼가는 것은 생명 존중, 주지 않는 것을 가지는 행위를 삼가는 것은 사회 정의, 음행(淫行)에 대한 삿된 행위를 삼가는 것은 가족 보호, 거짓을 말하는 행위를 삼가는 것은 관계 보호, 술과 발효액 등 취하게 하는 것으로 인한 방일한 머묾을 삼가는 것은 자기 보호의 측면으로 이해할 수 있습니다.

삼귀의(三歸依)와 함께 오계(五戒)는 모든 불교 의식에서 베풀어집니다. 의식용으로 행해지는 오계(五戒)는 같은 형태로 경에 나타나지는 않지만, 신행(信行)의 중심이 됩니다. 그래서 빠알리어와 우리말로 함께 독송할 수 있어야 하겠습니다.

이때, 오계의 첫 항목은 「pāṇātipātā veramaṇī sikkhāpadaṁ samādiyāmi. (빠-나-띠빠-따- 웨-라마니- 식카-빠당 사마-디야-미) 생명을 해치는 행위를 삼가는 계를 지니고 살겠습니다.」입니다. 여기서 samādiyāmi는 samādiyati : to take with oneself, to take upon oneself, to undertake(책임을 지다. 임무를 맡다)의 1인칭 현재 활용입니다. 그래서 다섯 가지 항목에 대한 책임을 지고, 임무를 맡아서 산다는 정도로 해석할 수 있는데, 근본경전연구회는 '지니고 산다.'라고 번역하였습니다.

오계(五戒)를 온전히 지키고 살기는 어렵습니다. 그래서 재가의 신자들에게 온전히 지키는 삶을 요구하는 것은 무리입니다. 그보다는 「오계를 삶의 질서의 기준으로 삼아서, 세간의 삶에 참여하는 가운데 불가피하게 어긋남이 있으면 빨리 발견하여 기준으로 되돌려야 한다.」라는

【의식(儀式)용 오계(五戒)】

① Pāṇātipātā veramaṇī sikkhāpadaṁ samādiyāmi.
빠-나-띠빠-따- 웨-라마니- 식카-빠당 사마-디야-미

생명을 해치는 행위를 삼가는 계를 지니고 살겠습니다.

② Adinnādānā veramaṇī sikkhāpadaṁ samādiyāmi.
아딘나-다-나- 웨-라마니- 식카-빠당 사마-디야-미

주지 않는 것을 가지는 행위를 삼가는 계를 지니고 살겠습니다.

③ Kāmesu micchācārā veramaṇī sikkhāpadaṁ samādiyāmi.
까-메-수 밋차-짜-라- 웨-라마니- 식카-빠당 사마-디야-미

음행(淫行)에 대한 삿된 행위를 삼가는 계를 지니고 살겠습니다.

④ Musāvādā veramaṇī sikkhāpadaṁ samādiyāmi.
무사-와-다- 웨-라마니- 식카-빠당 사마-디야-미

거짓을 말하는 행위를 삼가는 계를 지니고 살겠습니다.

⑤ Surāmerayamajjapamādaṭṭhānā veramaṇī sikkhāpadaṁ samādiyāmi.
수라- 메-라야 맛자 빠마-닷타-나- 웨-라마니- 식카-빠당 사마-디야-미

술과 발효액 등 취하게 하는 것으로 인한 방일한 머묾을 삼가는 계를 지니고 살겠습니다.

의미로 해석한 것입니다. — 「'지킨다' → '지니고 산다'」

이 단어가 오계(五戒)에 적용되어 의식용 오계와 유사한 형태로 나타나는 경우는 두 가지를 발견할 수 있습니다.

1) (4. pācittiyakaṇḍaṃ (bhikkhunīvibhaṅgo), 7. gabbhinīvaggo, 3. tatiyasikkhāpadaṃ - 비구니 위방가, 속죄죄법, 7. 임신부 품, 3. 세 번째 학습계율)

> 남자는 이십 세 미만일 때 출가하면 사미가 되었다가 이십 세가 되면 구족계를 받고 비구가 됩니다. 그러나 여자는 이 년의 기간을 두고 이십 세를 넘게 되는 경우, 비구니 계를 주기 전에 이년 간의 중간 과정을 두는데, 식카마나입니다. 그리고 식카마나로의 이 년 동안에는 여섯 가지 계율이 적용됩니다.

「"kathañhi nāma bhikkhuniyo dve vassāni chasu dhammesu asikkhitasikkhaṃ sikkhamānaṃ vuṭṭhāpessantī"ti

"어떻게 비구니들이 여섯 가지 법들에 대해 이 년 동안의 공부 과정을 거치지 않은 식카마나에게 구족계(具足戒)를 줄 수 있단 말인가!"

"dinnā saṅghena itthannāmāya sikkhamānāya dve vassāni chasu dhammesu sikkhāsammuti. khamati saṅghassa, tasmā tuṇhī, evametaṃ dhārayāmī"ti.

"이런 이름의 식카마나를 위해 상가는 여섯 가지 법들에 대해 이 년 동안의 공부에 대한 동의를 주었습니다. 상가가 동의하여 침묵했습니다. 이것을 이렇게 알겠습니다."

sā sikkhamānā "evaṃ vadehī"ti vattabbā — "pāṇātipātā veramaṇiṃ dve vassāni avītikkamma samādānaṃ samādiyāmi. adinnādānā veramaṇiṃ dve vassāni avītikkamma samādānaṃ samādiyāmi. abrahmacariyā veramaṇiṃ dve vassāni avītikkamma samādānaṃ samādiyāmi. musāvādā veramaṇiṃ dve vassāni avītikkamma samādānaṃ samādiyāmi. surāmerayamajjappamādaṭṭhānā veramaṇiṃ dve vassāni avītikkamma samādānaṃ samādiyāmi. vikālabhojanā veramaṇiṃ dve vassāni avītikkamma samādānaṃ samādiyāmī""ti.

그 식카마나에게 '이렇게 말하시오.'라고 말해야 한다. — '이 년 동안 어긋남 없이 생명을 해치는 행위를 삼가는 것을 지니고 살겠습니다. 이 년 동안 어긋남 없이 주지 않는 것을 가지는 행위를 삼가는 것을 지니고 살겠습니다. 이 년 동안 어긋남 없이 음행(淫行)을 삼가는 것을 지니고 살겠습니다. 이 년 동안 어긋남 없이 거짓을 말하는 행위를 삼가는 것을 지니고 살겠습니다. 이 년 동안 어긋남 없이 술과 발효액 등 취하게 하는 것으로 인한 방일한 머묾을 삼가는 것을 지니고 살겠습니다. 이 년 동안 어긋남 없이 때아닌 때에 먹는 것을 삼가는 것을 지니고 살겠습니다.'라고.」

2) (DN 5-꾸따단따 경) -「주제 = 제사(祭祀-yañña)」

「yo kho, brāhmaṇa, pasannacitto sikkhāpadāni samādiyati — pāṇātipātā veramaṇiṃ, adinnādānā veramaṇiṃ, kāmesumicchācārā veramaṇiṃ, musāvādā veramaṇiṃ, surāmerayamajjapamādaṭṭhānā veramaṇiṃ. ayaṃ kho, brāhmaṇa, yañño imāya ca tividhāya yaññasampadāya soḷasaparikkhārāya iminā ca niccadānena anukulayaññena iminā ca vihāradānena imehi ca saraṇagamanehi appaṭṭhataro ca appasamārambhataro ca mahapphalataro ca mahānisaṃsataro cā"ti.

바라문이여, 고운 심(心)을 가진 자로서 생명을 해치는 행위를 삼가고, 주지 않는 것을 가지는 행위를 삼가고, 음행(淫行)에 대해 삿되게 행함을 삼가고, 거짓을 말하는 행위를 삼가고, 술과 발효액 등 취하게 하는 것으로 인한 방일한 머묾을 삼가는 학습계율을 지니고 사는 것이, 바라문이여, 이런 세 가지 제사의 성취와 열여섯 가지 필수품들, 가문을 이어가는 제사인 끊임없는 보시, 사방 승가를 위해 승원을 짓는 것, 의지처에게로 가는 것보다 할 일이 더 적고 덜 어려우면서도 더 많은 결실과 더 많은 이익을 주는 제사요.」

2. 오계(五戒)의 구성 — (DN 31-싱갈라 경)

오계의 다섯 항목은 업의 오염원 네 가지와 타락의 입구에 속한 한 가지로 구성됩니다. 업의 오염을 방어하고, 삶을 타락으로 이끌지 않기 위한 삶의 기준이 오계(五戒)라고 이해할 수 있습니다.

1) (DN 31.3-싱갈라 경, 네 가지 업의 오염원)

어떤 네 가지 업(業)의 오염원이 버려지는가? 장자의 아들이여, 생명을 해치는 행위가 업의 오염원이고, 주지 않는 것을 가지는 행위가 업의 오염원이고, 음행(淫行)에 대한 삿된 행위가 업의 오염원이고, 거짓을 말하는 행위가 업의 오염원이다. 이런 네 가지 업의 오염원이 버려진다.

2) (DN 31.5-싱갈라 경, 여섯 가지 타락의 입구)

어떤 여섯 가지로 된 타락의 입구를 실천하지 않는가? 장자의 아들이여, 술과 발효액 등 취하게 하는 것으로 인한 방일한 머묾에 열심인 것이 타락의 입구이고, 때아닌 때에 열심히 거리를 돌아다니는 것이 타락의 입구이고, 열심히 공연을 보러 다니는 것이 타락의 입구이고, 노름으로 인한 방일한 머묾에 열심인 것이 타락의 입구이고, 나쁜 친구와의 만남에 열심인 것이 타락의 입구이고, 게으름에 열심인 것이 타락의 입구이다.

3) (DN 31.6-싱갈라 경, 술과 발효액의 여섯 가지 위험)

장자의 아들이여, 술과 발효액 등 취하게 하는 것으로 인한 방일한 머묾에 열심인 것에 이런 여섯 가지 위험이 있다. 이 세상에 속한 재산을 잃고, 불화가 늘어나고, 병을 위한 토대가 되고, 악명이 생기고, 부끄러움을 모르고, 여섯 번째로 지혜가 무력해진다. 장자의 아들이여, 술과 발효액 등 취하게 하는 것으로 인한 방일한 머묾에 열심인 것에 이런 여섯 가지 위험이 있다.

3. 오계(五戒)의 중심 주제 ―「두려움(bhaya)과 원망(vera)의 해소」

한편, (AN 5.174-원망 경) 등에 의하면, 오계를 지니지 않은 삶과 지닌 삶은 두려움과 원망으로 차별됩니다. 그래서 두려움과 원망의 해소가 오계의 중심 주제라는 것을 알 수 있습니다. ―「생명을 해치는 자는 생명을 해치는 행위의 조건으로부터 지금여기에 속한 두려움과 원망을 쌓고, 다음 생에 속한 두려움과 원망을 쌓고, 심(心)에 속한 괴로움과 고뇌를 경험한다. 생명을 해치는 행위로부터 피한 자는 지금여기에 속한 두려움과 원망을 쌓지 않고, 다음 생에 속한 두려움과 원망을 쌓지 않고, 심(心)에 속한 괴로움과 고뇌를 경험하지 않는다. 생명을 해치는 행위로부터 피한 자에게 이렇게 그 두려움과 원망의 가라앉음이 있다.」(오계(五戒)에 반복)

• 오계(五戒)를 지니지 않음 → 금생과 내생의 두려움과 원망을 쌓음 → 심(心)에 속한 괴로움과 고뇌를 경험

• 오계(五戒)를 지님 → 금생과 내생의 두려움과 원망을 쌓지 않음 → 심(心)에 속한 괴로움과 고뇌를 경험하지 않음 = 두려움과 원망의 가라앉음

그런데 오계만으로 나타나는 용례와 오계를 포함하는 용례로의 두 가지 구분은 두려움과 원망에 의해서 연결됩니다. 오계만으로 나타나는 (AN 5.174-원망 경)은 다섯 가지 두려움과 원망을 버리지 못하면 '계를 경시하는 자'이고, 다섯 가지 두려움과 원망을 버리면 '계를 중시하는 자'라고 하고, (AN 9.27-원망 경1)/(AN 9.28-원망 경2)는 오계(五戒)와 예류(預流)의 4요소에 의한 예류자를, (SN 12.41-다섯 가지 원망과 두려움 경)/(SN 12.42-다섯 가지 원망과 두려움 경2)/(SN 55.28-두려움과 원망의 가라앉음 경1)/(SN 55.29-두려움과 원망의 가라앉음 경2)/(AN 10.92-두려움 경)은 오계(五戒)와 예류(預流)의 4요소 그리고 연기(緣起)의 여리(如理)한 사고[중(中)에 의해 설해진 법(法)]에 의한 예류자를 설명합니다.

이때, 원망(vera)은 부정인 원망 없음(avera)의 형태로 ①사무량심(四無量心)을 설명하고[mettāsahagatena cetasā vipulena mahaggatena appamāṇena averena abyāpajjena pharitvā viharati 크고 귀하고 무량한, 원망 없고 거슬림 없는 자(慈)가 함께한 심(心)으로 두루 미치면서 머뭅니다], ②무외시(無畏施)를 설명합니다[aparimāṇānaṃ sattānaṃ abhayaṃ deti, averaṃ deti, abyābajjhaṃ deti. aparimāṇānaṃ sattānaṃ abhayaṃ datvā averaṃ datvā abyābajjhaṃ datvā aparimāṇassa abhayassa averassa abyābajjhassa bhāgī hoti 무량한 중생들에게 두려움 없음을 베푼다. 원망 없음을 베푼다. 거슬림 없음을 베푼다. 무량한 중생들에게 두려움 없음을 베풀고, 원망 없음을 베풀고, 거슬림 없음을 베푼 뒤에 무량한 두려움 없음과 원망 없음과 거슬림 없음을 나누어 가진다(AN 8.39-쌓음 경)].

이렇게 오계를 지니지 않는 삶은 두려움(bhaya)과 원망(vera)으로 특징지어지는데, 악업(惡

業)의 당사자로서 자신에게도 적용되고, 상대방인 다른 생명에게도 적용되는 것을 알 수 있습니다. 마찬가지로, 오계를 지닌 삶은 선업(善業), 무외시(無畏施), 사무량심(四無量心)을 실천하는 당사자로서 자신에게도 두려움 없음과 원망 없음의 상태로 적용되고, 상대방인 다른 생명에게도 적용되는 것을 알 수 있습니다[나누어 가짐].

4. 계를 경시하는 자와 계를 중시하는 자 — (AN 5.174-원망 경)

- 계(戒)를 경시하는 자 = 오계를 지니지 않는 자 → 금생과 내생의 두려움과 원망을 쌓고, 심(心)에 속한 괴로움과 고뇌를 경험함 → 지옥에 태어남

- 계(戒)를 중시하는 자 = 오계를 지닌 자 → 금생과 내생의 두려움과 원망을 쌓지 않고, 심(心)에 속한 괴로움과 고뇌를 경험하지 않음 → 하늘에 태어남

"장자여, 다섯 가지 두려움과 원망을 버리지 못하면 '계를 경시하는 자'라고 불리고, 지옥에 태어난다. 어떤 다섯 가지인가? 생명을 해침 … 술과 발효액 등 취하게 하는 것으로 인해 방일하게 머묾 — 장자여, 이런 다섯 가지 두려움과 원망을 버리지 못하면 '계를 경시하는 자'라고 불리고, 지옥에 태어난다.

장자여, 다섯 가지 두려움과 원망을 버리면 '계를 중시하는 자'라고 불리고, 좋은 곳에 태어난다. 어떤 다섯 가지인가? 생명을 해침 … 술과 발효액 등 취하게 하는 것으로 인해 방일하게 머묾 — 장자여, 이런 다섯 가지 두려움과 원망을 버리면 '계를 중시하는 자'라고 불리고, 하늘에 태어난다.

장자여, 생명을 해치는 자는 생명을 해치는 행위의 조건으로부터 지금여기에 속한 두려움과 원망을 쌓고, 다음 생에 속한 두려움과 원망을 쌓고, 심(心)에 속한 괴로움과 고뇌를 경험한다. 생명을 해치는 행위로부터 피한 자는 지금여기에 속한 두려움과 원망을 쌓지 않고, 다음 생에 속한 두려움과 원망을 쌓지 않고, 심(心)에 속한 괴로움과 고뇌를 경험하지 않는다. 생명을 해치는 행위로부터 피한 자에게 이렇게 그 두려움과 원망의 가라앉음이 있다.

장자여, 주지 않은 것을 가지는 자는 주지 않은 것을 가지는 행위의 조건으로부터 지금여기에 속한 … 괴로움과 고뇌를 경험한다. 주지 않은 것을 가지는 행위로부터 피한 자는 지금여기에

속한 … 괴로움과 고뇌를 경험하지 않는다. 주지 않은 것을 가지는 행위로부터 피한 자에게 이렇게 그 두려움과 원망의 가라앉음이 있다.

장자여, 음행에 대해 삿되게 행하는 자는 음행에 대해 삿되게 행하는 행위의 조건으로부터 지금여기에 속한 … 괴로움과 고뇌를 경험한다. 음행에 대한 삿된 행위로부터 피한 자는 지금여기에 속한 … 괴로움과 고뇌를 경험하지 않는다. 음행에 대한 삿된 행위로부터 피한 자에게 이렇게 그 두려움과 원망의 가라앉음이 있다.

장자여, 거짓을 말하는 자는 거짓을 말하는 행위의 조건으로부터 지금여기에 속한 … 괴로움과 고뇌를 경험한다. 거짓을 말하는 행위로부터 피한 자는 지금여기에 속한 … 괴로움과 고뇌를 경험하지 않는다. 거짓을 말하는 행위로부터 피한 자에게 이렇게 그 두려움과 원망의 가라앉음이 있다.

장자여, 술과 발효액 등 취하게 하는 것으로 인해 방일하게 머무는 자는 술과 발효액 등 취하게 하는 것으로 인해 방일하게 머무는 행위의 조건으로부터 지금여기에 속한 … 괴로움과 고뇌를 경험한다. 술과 발효액 등 취하게 하는 것으로 인한 방일한 머묾으로부터 피한 자는 지금여기에 속한 … 괴로움과 고뇌를 경험하지 않는다. 술과 발효액 등 취하게 하는 것으로 인한 방일한 머묾으로부터 피한 자에게 이렇게 그 두려움과 원망의 가라앉음이 있다.

세상에서 생명을 해치고, 거짓을 말하고
주지 않은 것을 가지고, 남의 아내에게 가고
술과 발효액을 마시는데 빠진 사람

다섯 가지 원망을 버리지 못하면 '계를 경시하는 자'라고 불린다.
어리석은 그는 몸이 무너진 뒤 지옥에 태어난다.

세상에서 생명을 해치지 않고, 거짓을 말하지 않고
주지 않은 것을 가지지 않고, 남의 아내에게 가지 않고
술과 발효액을 마시는데 빠지지 않은 사람

다섯 가지 원망을 버리면 '계를 중시하는 자'라고 불린다.

지혜로운 그는 몸이 무너진 뒤 좋은 곳에 태어난다.

■ 계를 경시하는 자의 위험과 계를 중시하는 자의 이익

계를 경시하는 자의 위험과 계를 중시하는 자의 이익을 설명하는 용례는 다섯 항목이 직접 나타나지는 않지만, (AN 5.174-원망 경)의 설명에 의하면, 오계의 용례에 포함되는 것으로 보아야 합니다. — (AN 5.213-계(戒) 경)/(DN 33.8-합송경, 다섯으로 구성된 법들)/(DN 16-대반열반경)

• 계(戒)를 경시하고, 계(戒)를 위반하는 자의 다섯 가지 위험 —

①방일(放逸)의 결과로 큰 재물을 잃음
②나쁜 평판이 퍼짐
③끄샤뜨리야의 무리이든, 바라문의 무리이든, 장자의 무리이든, 사문의 무리이든, 그 어떤 무리에 들어가더라도 자신감 없이 풀이 죽은 채 들어감
④당황스럽게[이성을 잃은 채] 죽음
⑤몸이 무너져 죽은 뒤에 상실과 비탄의 상태, 비참한 존재, 벌 받는 상태, 지옥에 태어남

• 계(戒)를 중시하고, 계(戒)를 갖춘 자의 다섯 가지 이익 —

①불방일(不放逸)의 결과로 큰 재물을 얻음
②좋은 평판이 퍼짐
③끄샤뜨리야의 무리이든, 바라문의 무리이든, 장자의 무리이든, 사문의 무리이든, 그 어떤 무리에 들어가더라도 자신감을 가지고 당당하게 들어감
④당황스럽지 않게[이성을 잃지 않은 채] 죽음
⑤몸이 무너져 죽은 뒤에 좋은 곳, 하늘 세상에 태어남

• (MN 129-우현(愚賢) 경)은 오계를 지니지 않는 자와 오계를 지니는 자의 차별을 말합니다. 사람들이 모여서 대화를 할 때, 오계를 지니지 않은 어리석은 자는 그 대화의 내용에 자신의 경우를 얽매어 고통과 고뇌를 경험하고, 오계를 지닌 현명한 사람은 그 대화의 내용으로 자신을 부추겨 행복과 만족을 경험한다고 하는데, 계를 경시하는 자의 위험과 계를 중시하는 자

의 이익의 측면에서 말한다고 이해할 수 있습니다. ☞「제1장 [용례 2] 1.」 참조.

5. 괴로운 보(報)를 경험하게 하는 나쁜 업(業)과 즐거운 보(報)를 경험하게 하는 좋은 업(業) — (AN 4.235-학습계율 경1)

비구들이여, 내가 스스로 실답게 안 뒤에 실현하여 선언한 네 가지 업(業)들이 있다. 어떤 넷인가? 비구들이여, 괴로운 보(報)를 경험하게 하는 나쁜 업(業)이 있다. 비구들이여, 즐거운 보(報)를 경험하게 하는 좋은 업(業)이 있다. 비구들이여, 괴롭고 즐거운 보(報)를 경험하게 하는 나쁘고 좋은 업(業)이 있다. 비구들이여, 괴롭지도 즐겁지도 않은 보(報)를 경험하게 하고, 업(業)의 부서짐으로 이끄는 나쁘지도 좋지도 않은 업(業)이 있다. 그러면 비구들이여, 무엇이 괴로운 보(報)를 경험하게 하는 나쁜 업(業)인가? 여기, 비구들이여, 어떤 자는 생명을 해치고, 주지 않은 것을 가지고, 음행에 대해 삿되게 행하고, 거짓을 말하고, 술과 발효액 등 취하게 하는 것으로 인해 방일하게 머문다. 이것이, 비구들이여, 괴로운 보(報)를 경험하게 하는 나쁜 업(業)이라고 불린다.

비구들이여, 무엇이 즐거운 보(報)를 경험하게 하는 좋은 업(業)인가? 여기, 비구들이여, 어떤 자는 생명을 해치는 행위로부터 피하고 … 술과 발효액 등 취하게 하는 것으로 인한 방일한 머묾으로부터 피한다. 이것이, 비구들이여, 즐거운 보(報)를 경험하게 하는 좋은 업(業)이다.

그러면 비구들이여, 무엇이 괴롭고 즐거운 보(報)를 경험하게 하는 나쁘고 좋은 업(業)인가? 여기, 비구들이여, 어떤 자는 거슬림이 있는 신행(身行)도 하고, 거슬림이 없는 신행(身行)도 한다. 거슬림이 있는 구행(口行)도 하고, 거슬림이 없는 구행(口行) 한다. 거슬림이 있는 의행(意行)도 하고, 거슬림이 없는 의행(意行)도 한다. 그는 거슬림이 있기도 거슬림이 없기도 한 신행(身行)을 하고, 거슬림이 있기도 거슬림이 없기도 한 구행(口行)을 하고, 거슬림이 있기도 거슬림이 없기도 한 의행(意行)을 한 뒤에 거슬림이 있기도 거슬림이 없기도 한 세상에 태어난다. 거슬림이 있기도 거슬림이 없기도 한 세상에 태어나 있는 그에게 거슬림이 있기도 거슬림이 없기도 한 촉(觸)들이 닿는다. 거슬림이 있기도 거슬림이 없기도 한 촉(觸)들에 닿아 있는 그는 거슬림이 있기도 거슬림이 없기도 한 느낌을 경험한다. 예를 들면, 어떤 인간들과 신들 그리고 어떤 벌 받는 상태에 떨어진 자들이다. 이것이, 비구들이여, 괴롭고 즐거운 보(報)를 경험하게 하는 나쁘고 좋은 업(業)이다.

그러면 비구들이여, 무엇이 괴롭지도 즐겁지도 않은 보(報)를 경험하게 하고, 업(業)의 부서짐으로 이끄는 나쁘지도 좋지도 않은 업(業)인가? 거기서, 비구들이여, 괴로운 보(報)를 경험하게 하는 나쁜 업(業)을 버리기 위한 어떤 의도가 있고, 즐거운 보(報)를 경험하게 하는 좋은 업(業)을 버리기 위한 어떤 의도가 있고, 괴롭고 즐거운 보(報)를 경험하게 하는 나쁘고 좋은 업(業)을 버리기 위한 어떤 의도가 있다. — 이것이, 비구들이여, 괴롭지도 즐겁지도 않은 보(報)를 경험하게 하고, 업(業)의 부서짐으로 이끄는 나쁘지도 좋지도 않은 업(業)이다. 비구들이여, 내가 스스로 실답게 안 뒤에 실현하여 선언한 이런 네 가지 업(業)들이 있다.

6. 잘못된 행위의 빠르게 찾아오는 보(報) — (AN 8.40-잘못된 행위의 보(報) 경)

한편, (AN 8.40-잘못된 행위의 보(報) 경)은 몸과 말의 악업(惡業) 일곱 가지에 음주(飮酒)를 더한 여덟 가지 잘못된 행위의 빠르게 찾아오는 보(報)를 설명하는데, 오계(五戒)와 십업(十業)의 혼합된 형태를 보여주고 있습니다.

행위자	빠르게 찾아오는 보(報)
생명을 해치는 자	사람의 수명을 짧아지게 하는 것
주지 않는 것을 가지는 자	사람의 재물을 잃게 하는 것
음행에 대해 삿되게 행하는 자	사람에게 상대방의 원망을 가져오는 것
거짓을 말하는 자	사람에게 사실 아닌 것에 의한 비난을 듣게 하는 것
험담하는 자	사람에게 친구를 끊어지게 하는 것
거친 말을 하는 자	사람에게 마음에 들지 않는 소리를 듣게 하는 것
쓸모없고 허튼 말을 하는 자	사람의 말이 받아들여지지 않게 되는 것
술과 발효액을 마시는 자	사람을 미치게 하는 것

비구들이여, 생명을 해치는 행위[살생(殺生)]는 실천하고 닦고 많이 행하면 지옥으로 이끌고, 축생의 모태로 이끌고, 아귀의 영역으로 이끈다. 생명을 해치는 자에게 빠르게 찾아오는 보(報)는 사람의 수명을 짧아지게 하는 것이다.

비구들이여, 주지 않는 것을 가지는 행위[투도(偸盜)]는 … 주지 않는 것을 가지는 자에게 빠르게 찾아오는 보(報)는 사람의 재물을 잃게 하는 것이다.

비구들이여, 음행에 대한 삿된 행위[사음(邪淫)]는 … 음행에 대해 삿되게 행하는 자에게 빠르게 찾아오는 보(報)는 사람에게 상대방의 원망을 가져오는 것이다.

비구들이여, 거짓을 말하는 행위[망어(妄語)]는 … 거짓을 말하는 자에게 빠르게 찾아오는 보(報)는 사람에게 사실 아닌 것에 의한 비난을 듣게 하는 것이다.

비구들이여, 험담하는 말[양설(兩舌)]은 … 험담하는 자에게 빠르게 찾아오는 보(報)는 사람에게 친구를 끊어지게 하는 것이다.

비구들이여, 거친 말[악구(惡口)]은 … 거친 말을 하는 자에게 빠르게 찾아오는 보(報)는 사람에게 마음에 들지 않는 소리를 듣게 하는 것이다.

비구들이여, 쓸모없고 허튼 말[기어(綺語)]은 … 쓸모없고 허튼 말을 하는 자에게 빠르게 찾아오는 보(報)는 사람의 말이 받아들여지지 않게 되는 것이다.

비구들이여, 술과 발효액을 마시는 것[음주(飮酒)]은 … 술과 발효액을 마시는 자에게 빠르게 찾아오는 보(報)는 사람을 미치게 하는 것이다.

7. (AN 5.178-왕 경)

- 오계를 지니는 사람은 죽임당하거나, 묶이거나, 추방당하거나, 선택에 따라서 행해지지 않음

- 오계를 지니지 않는 사람은 죽임당하거나, 묶이거나, 추방당하거나, 선택에 따라서 행

해짐

• 술과 발효액 등 취하게 하는 것으로 인한 방일(*)한 머묾에 빠진 사람이 여자나 남자의 생명을 빼앗고, 마을이나 숲에서 도둑질이라고 불리는 주지 않은 것을 가지고, 남의 여인이나 남의 처녀들에 대한 행위를 범하고, 거짓을 말하여 장자나 장자의 아들의 이익을 해침

(*) 방일(放逸)-불방일(不放逸)의 의미 ☞ 「제4부 제2장 Ⅰ. 한 개의 법 — 불방일(不放逸)」 참조

"그것을 어떻게 생각하는가, 비구들이여, 그대들은 '이 사람은 생명을 해치는 행위를 버렸기 때문에 생명을 해치는 행위로부터 피한 자이다. 그런 그를 왕들이 붙잡아서 생명을 해치는 행위를 삼간 것을 원인으로 죽이거나, 묶거나, 추방하거나, 선택에 따라서 행한다.'라고 보거나 들은 적이 있는가?" "아닙니다, 대덕이시여." "훌륭하다, 비구들이여, 나도, 비구들이여, '이 사람은 생명을 해치는 행위를 버렸기 때문에 생명을 해치는 행위로부터 피한 자이다. 그런 그를 왕들이 붙잡아서 생명을 해치는 행위를 삼간 것을 원인으로 죽이거나, 묶거나, 추방하거나, 선택에 따라서 한다.'라는 것을 보지도 못하고, 듣지도 못했다. 하지만 사람들이 '이 사람이 여자나 남자의 생명을 빼앗았습니다.'라고 악한 행위를 보고한다. 그런 그 사람을 왕들이 붙잡아서 생명을 해치는 행위를 원인으로 죽이거나, 묶거나, 추방하거나, 선택에 따라서 행한다. 그대들은 이렇게 보았거나 들었는가?" "대덕이시여, 저희는 본 적이 있고, 들은 적이 있고, 또 들을 것입니다."

"그것을 어떻게 생각하는가, 비구들이여, 그대들은 '이 사람은 주지 않은 것을 가지는 행위를 버렸기 때문에 주지 않은 것을 가지는 행위로부터 피한 자이다. 그런 그를 왕들이 붙잡아서 주지 않은 것을 가지는 행위를 삼간 것을 원인으로 … 보지도 못하고, 듣지도 못했다. 하지만 사람들이 '이 사람이 마을이나 숲에서 도둑질이라고 불리는 주지 않은 것을 가졌습니다.'라고 악한 행위를 보고한다. 그런 그 사람을 왕들이 붙잡아서 주지 않은 것을 가지는 행위를 원인으로 죽이거나 … 저희는 본 적이 있고, 들은 적이 있고, 또 들을 것입니다."

"그것을 어떻게 생각하는가, 비구들이여, 그대들은 '이 사람은 음행에 대한 삿된 행위를 버렸기 때문에 음행에 대한 삿된 행위로부터 피한 자이다. 그런 그를 왕들이 붙잡아서 음행에 대

한 삿된 행위를 삼간 것을 원인으로 죽이거나 … 보지도 못하고, 듣지도 못했다. 하지만 사람들이 '이 사람이 남의 여인이나 남의 처녀들에 대한 행위를 범했습니다.'라고 악한 행위를 보고한다. 그런 그 사람을 왕들이 붙잡아서 음행에 대한 삿된 행위를 원인으로 죽이거나 … 저희는 본 적이 있고, 들은 적이 있고, 또 들을 것입니다."

"그것을 어떻게 생각하는가, 비구들이여, 그대들은 '이 사람은 거짓을 말하는 행위를 버렸기 때문에 거짓을 말하는 행위로부터 피한 자이다. 그런 그를 왕들이 붙잡아서 거짓을 말하는 행위를 삼간 것을 원인으로 죽이거나 … 보지도 못하고, 듣지도 못했다. 하지만 사람들이 '이 사람이 거짓을 말하여 장자나 장자의 아들의 이익을 해쳤습니다.'라고 악한 행위를 보고한다. 그런 그 사람을 왕들이 붙잡아서 거짓을 말하는 행위를 원인으로 죽이거나 … 저희는 본 적이 있고, 들은 적이 있고, 또 들을 것입니다."

"그것을 어떻게 생각하는가, 비구들이여, 그대들은 '이 사람은 술과 발효액 등 취하게 하는 것으로 인한 방일한 머묾을 버렸기 때문에 술과 발효액 등 취하게 하는 것으로 인한 방일한 머묾으로부터 피한 자이다. 그런 그를 왕들이 붙잡아서 술과 발효액 등 취하게 하는 것으로 인한 방일한 머묾을 삼간 것을 원인으로 죽이거나 … 보지도 못하고, 듣지도 못했다. 하지만 사람들이 '술과 발효액 등 취하게 하는 것으로 인한 방일한 머묾에 빠진 이 사람이 여자나 남자의 생명을 빼앗았습니다. … 마을이나 숲에서 도둑질이라고 불리는 주지 않은 것을 가졌습니다. … 남의 여인이나 남의 처녀들에 대한 행위를 범했습니다. … 거짓을 말하여 장자나 장자의 아들의 이익을 해쳤습니다.'라고 악한 행위를 보고한다. 그런 그 사람을 왕들이 붙잡아서 술과 발효액 등 취하게 하는 것으로 인한 방일한 머묾을 원인으로 죽이거나 … 저희는 본 적이 있고, 들은 적이 있고, 또 들을 것입니다."

8. 부추김①[소승적인 불자] ― (AN 4.99-학습계율 경)

비구들이여, 세상에 존재하고 있는 이런 네 가지 사람이 있다. 어떤 네 가지인가? 자신을 위하여는 실천하고 남을 위하여는 실천하지 않는 사람, 남을 위하여는 실천하고 자신을 위하여는 실천하지 않는 사람, 자신을 위하여도 실천하지 않고 남을 위하여도 실천하지 않는 사람, 자신을 위하여도 실천하고 남을 위하여도 실천하는 사람이다.

그러면 비구들이여, 어떻게 자신을 위하여는 실천하고 남을 위하여는 실천하지 않는 사람인가? 여기, 비구들이여, 어떤 사람은 자신은 생명을 해치는 행위로부터 피하지만 남을 생명을 해치는 행위로부터 피하도록 부추기지 않는다. 자신은 주지 않는 것을 가지는 행위로부터 피하지만 남을 주지 않는 것을 가지는 행위로부터 피하도록 부추기지 않는다. 자신은 음행(淫行)에 대한 삿된 행위로부터 피하지만 남을 음행(淫行)에 대한 삿된 행위로부터 피하도록 부추기지 않는다. 자신은 거짓을 말하는 행위로부터 피하지만 남을 거짓을 말하는 행위로부터 피하도록 부추기지 않는다. 자신은 술과 발효액 등 취하게 하는 것으로 인한 방일한 머묾으로부터 피하지만 남을 술과 발효액 등 취하게 하는 것으로 인한 방일한 머묾으로부터 피하도록 부추기지 않는다. 이렇게, 비구들이여, 자신을 위하여는 실천하고 남을 위하여는 실천하지 않는 사람이다. … (네 가지 사람에 반복)

9. 부추김②[대승적인 불자] — (AN 4.201-학습계율 경) ☞ 「제4부 제3장 III. [2] 5.(AN 4.202-믿음이 없는 사람 경)」과 비교 – 일곱 가지 정법

"비구들이여, 그대들에게 고결하지 않은 사람과 고결하지 않은 사람보다 더 고결하지 않은 사람 그리고 고결한 사람과 고결한 사람보다 더 고결한 사람에 대해 설하겠다. 그것을 듣고 잘 사고하라. 나는 말하겠다." "알겠습니다, 대덕이시여."라고 그 비구들은 세존에게 대답했다. 세존은 이렇게 말했다. —

"비구들이여, 무엇이 고결하지 않은 사람인가? 여기, 비구들이여, 어떤 사람은 생명을 해치고 … 술과 발효액 등 취하게 하는 것으로 인해 방일하게 머문다. 이 사람이, 비구들이여, 고결하지 않은 사람이라고 불린다.

비구들이여, 무엇이 고결하지 않은 사람보다 더 고결하지 않은 사람인가? 여기, 비구들이여, 어떤 사람은 자기도 생명을 해치고, 남에게도 생명을 해치도록 부추긴다. 자기도 주지 않은 것을 가지고, 남에게도 주지 않은 것을 가지도록 부추긴다. 자기도 음행에 대해 삿되게 행하고, 남에게도 음행에 대해 삿되게 행하도록 부추긴다. 자기도 거짓을 말하고, 남에게도 거짓을 말하도록 부추긴다. 자기도 술과 발효액 등 취하게 하는 것으로 인해 방일하게 머물고, 남에게도 술과 발효액 등 취하게 하는 것으로 인해 방일하게 머물도록 부추긴다. 이 사람이, 비구들이여, 고결하지 않은 사람보다 더 고결하지 않은 사람이라고 불린다.

비구들이여, 무엇이 고결한 사람인가? 여기, 비구들이여, 어떤 사람은 생명을 해치는 행위로

부터 피하고 … 술과 발효액 등 취하게 하는 것으로 인한 방일한 머묾으로부터 피한다. 이 사람이, 비구들이여, 고결한 사람이라고 불린다.

비구들이여, 무엇이 고결한 사람보다 더 고결한 사람인가? 여기, 비구들이여, 어떤 사람은 자기도 생명을 해치는 행위를 피하고, 남에게도 생명을 해치는 행위를 삼가도록 부추긴다. 자기도 주지 않는 것을 가지는 행위를 피하고, 남에게도 주지 않는 것을 가지는 행위를 삼가도록 부추긴다. 자기도 음행(淫行)에 대해 삿된 행위를 피하고, 남에게도 음행(淫行)에 대해 삿된 행위를 삼가도록 부추긴다. 자기도 거짓을 말하는 행위를 피하고, 남에게도 거짓을 말하는 행위를 삼가도록 부추긴다. 자기도 술과 발효액 등 취하게 하는 것으로 인한 방일한 머묾을 피하고, 남에게도 술과 발효액 등 취하게 하는 것으로 인한 방일한 머묾을 삼가도록 부추긴다. 이 사람이, 비구들이여, 고결한 사람보다 더 고결한 사람이라고 불린다.

10. 오계를 지닌 삶 — 가문을 이어가는 제사[보시-보시받을만한 자들에 대한 보시]-승원의 보시-의지처에게로 가는 것보다 할 일이 더 적고 덜 어려우면서도 더 많은 결실과 더 많은 이익을 주는 제사

; (DN 5-꾸따단따 경)/≒(AN 9.20-웰라마 경) ☞ 「【제사와 공덕 총괄 장】 I. 공덕의 우월을 순차적으로 설명하는 경들 1~2.」 참조.

[2] 오계(五戒)를 지님의 성과 등의 용례

1. 법다움 또는 놀랍고 신기함

1) (DN 14.2-대전기경, 보살의 법다움)

비구들이여, 이런 법다움이 있다. 보살이 어머니의 태에 들어왔을 때, 계(戒)를 중시하는 성품을 가진 보살의 어머니는 생명을 해치는 행위로부터 피하고 … 술과 발효액 등 취하게 하는 것으로 인한 방일한 머묾으로부터 피하는 것, 여기서 이것이 법다움이다.

2) (MN 123-놀랍고 신기한 것 경)

대덕이시여, 저는 이것을 세존의 곁에서 듣고, 세존의 곁에서 받았습니다. — '아난다여, 보살이 어머니의 태에 들어왔을 때, 계(戒)를 중시하는 성품을 가진 보살의 어머니는 생명을 해치는 행위로부터 피하고 … 술과 발효액 등 취하게 하는 것으로 인한 방일한 머묾으로부터 피했다.'라고. 대덕이시여, 보살이 어머니의 태에 들어왔을 때 … 방일한 머묾으로부터 피했다는 것도 세존의 참으로 놀랍고 참으로 신기한 법이라고 저는 명심하고 있습니다.

2. 몸이 무너져 죽은 뒤의 태어남

1) (SN 37.14-다섯 가지 우호적이지 못함 경)

"아누룻다여, 다섯 가지 법을 갖춘 여인은 몸이 무너져 죽은 뒤에 상실과 비탄의 상태, 비참한 존재, 벌 받는 상태, 지옥에 태어난다. 어떤 다섯 가지인가? 생명을 해치고 … 술과 발효액 등 취하게 하는 것으로 인해 방일하게 머문다. — 아누룻다여, 이런 다섯 가지 법을 갖춘 여인은 몸이 무너져 죽은 뒤에 상실과 비탄의 상태, 비참한 존재, 벌 받는 상태, 지옥에 태어난다."

2) (SN 37.24-오계 경)

"아누룻다여, 다섯 가지 법을 갖춘 여인은 몸이 무너져 죽은 뒤에 좋은 곳, 하늘 세상에 태어난다. 어떤 다섯 가지인가? 생명을 해치는 행위로부터 피하고 … 술과 발효액 등 취하게 하는 것으로 인한 방일한 머묾으로부터 피한다. — 아누룻다여, 이런 다섯 가지 법을 갖춘 여인은 몸이 무너져 죽은 뒤에 좋은 곳, 하늘 세상에 태어난다."

3. 운반되듯 지옥 또는 천상에 놓임

1) (AN 5.145-지옥 경)

비구들이여, 다섯 가지 법을 갖추면 운반되듯 지옥에 놓인다. 어떤 다섯 가지인가? 그는 생명을 해치고 … 술과 발효액 등 취하게 하는 것으로 인해 방일하게 머문다. 비구들이여, 이런 다섯 가지 법을 갖추면 운반되듯 지옥에 놓인다.

비구들이여, 다섯 가지 법을 갖추면 운반되듯 천상에 놓인다. 어떤 다섯 가지인가? 그는 생명을 해치는 행위로부터 피하고 … 술과 발효액 등 취하게 하는 것으로 인한 방일한 머묾으로부터 피한다. 비구들이여, 이런 다섯 가지 법을 갖추면 운반되듯 천상에 놓인다.

2) (AN 5.173-지옥 경)

비구들이여, 다섯 가지 법을 갖춘 남신자는 운반되듯 지옥에 놓인다. 어떤 다섯 가지인가? 생명을 해치고 … 술과 발효액 등 취하게 하는 것으로 인해 방일하게 머문다. 비구들이여, 이런 다섯 가지 법을 갖춘 남신자는 운반되듯 지옥에 놓인다.

비구들이여, 다섯 가지 법을 갖춘 남신자는 운반되듯 천상에 놓인다. 어떤 다섯 가지인가? 생명을 해치는 행위로부터 피하고 … 술과 발효액 등 취하게 하는 것으로 인한 방일한 머묾으로부터 피한다. 비구들이여, 이런 다섯 가지 법을 갖춘 남신자는 운반되듯 천상에 놓인다.

3) (AN 5.286-비구 경)

비구들이여, 다섯 가지 법을 갖춘 비구는 운반되듯 지옥에 놓인다. 어떤 다섯 가지인가? 생명을 해치고 … 술과 발효액 등 취하게 하는 것으로 인해 방일하게 머문다. 비구들이여, 이런 다섯 가지 법을 갖춘 비구는 운반되듯 지옥에 놓인다.

비구들이여, 다섯 가지 법을 갖춘 비구는 운반되듯 천상에 놓인다. 어떤 다섯 가지인가? 생명을 해치는 행위로부터 피하고 … 술과 발효액 등 취하게 하는 것으로 인한 방일한 머묾으로부터 피한다. 비구들이여, 이런 다섯 가지 법을 갖춘 비구는 운반되듯 천상에 놓인다.

4) (AN 5.287-292-비구니 경 등 여섯 개)

비구들이여, 다섯 가지 법을 갖춘 비구니 … 식카마나 … 사미 … 사미니 … 남신자 … 여신자는 운반되듯 지옥에 놓인다. 어떤 다섯 가지인가? 생명을 해치고 … 술과 발효액 등 취하게 하는 것으로 인해 방일하게 머문다. 비구들이여, 이런 다섯 가지 법을 갖춘 여신자는 운반되듯 지옥에 놓인다.

비구들이여, 다섯 가지 법을 갖춘 여신자는 운반되듯 천상에 놓인다. 어떤 다섯 가지인가? 생명을 해치는 행위로부터 피하고 … 술과 발효액 등 취하게 하는 것으로 인한 방일한 머묾으로부터 피한다. 비구들이여, 이런 다섯 가지 법을 갖춘 여신자는 운반되듯 천상에 놓인다.

5) (AN 5.293-아지와까 경)

비구들이여, 다섯 가지 법을 갖춘 아지와까는 운반되듯 지옥에 놓인다. 어떤 다섯 가지인가? 생명을 해치고 … 술과 발효액 등 취하게 하는 것으로 인해 방일하게 머문다. 비구들이여, 이런 다섯 가지 법을 갖춘 아지와까는 운반되듯 지옥에 놓인다.

6) (AN 5.294-302-니간타 경 등 아홉 개)

비구들이여, 다섯 가지 법을 갖춘 니간타 … 삭발한 제자 … 엉킨 머리를 하는 자 … 유행승 … 마간디까 … 세 개의 지팡이를 가진 자 … 방해받지 않는 자 … 고따마까 … 데와담미까는 운반되듯 지옥에 놓인다. 어떤 다섯 가지인가? 생명을 해치고, 주지 않은 것을 가지고, 범행을 실천하지 않고, 거짓을 말하고, 술과 발효액 등 취하게 하는 것으로 인해 방일하게 머문다. 비구들이여, 이런 다섯 가지 법을 갖춘 데와담미까는 운반되듯 지옥에 놓인다.

4. 침착[자신감]의 유무

1) (SN 37.33-오계 침착함 경)

비구들이여, 다섯 가지 법을 갖추고 집에 사는 여인은 침착하다[자신감이 있다]. 어떤 다섯 가지인가? 생명을 해치는 행위로부터 피하고 … 술과 발효액 등 취하게 하는 것으로 인한 방일한 머묾으로부터 피한다. 비구들이여, 이런 다섯 가지 법을 갖추고 집에 사는 여인은 침착하다[자신감이 있다].

2) (AN 5.171-소심 경)

"비구들이여, 다섯 가지 법을 갖춘 남신자는 소심해진다. 어떤 다섯 가지인가? 생명을 해치고 … 술과 발효액 등 취하게 하는 것으로 인해 방일하게 머문다. 비구들이여, 이런 다섯 가지 법을 갖춘 남신자는 소심해진다.

비구들이여, 다섯 가지 법을 갖춘 남신자는 침착하다[자신감이 있다]. 어떤 다섯 가지인가? 생명을 해치는 행위로부터 피하고 … 술과 발효액 등 취하게 하는 것으로 인한 방일한 머묾으로부터 피한다. 비구들이여, 이런 다섯 가지 법을 갖춘 남신자는 침착하다[자신감이 있다].

3) (AN 5.172-침착하지 못함 경)

비구들이여, 다섯 가지 법을 갖추고 집에 사는 남신자는 침착하지 못하다[자신감이 없다]. 어떤 다섯 가지인가? 생명을 해치고 … 술과 발효액 등 취하게 하는 것으로 인해 방일하게 머문다. 비구들이여, 이런 다섯 가지 법을 갖추고 집에 사는 남신자는 침착하지 못하다[자신감이 없다].

비구들이여, 다섯 가지 법을 갖추고 집에 사는 남신자는 침착하다[자신감이 있다]. 어떤 다섯 가지인가? 생명을 해치는 행위로부터 피하고 … 술과 발효액 등 취하게 하는 것으로 인한 방일한 머묾으로부터 피한다. 비구들이여, 이런 다섯 가지 법을 갖추고 집에 사는 남신자는 침착하다[자신감이 있다].

5. 공부의 약함

1) (AN 9.63-공부의 약함 경)

비구들이여, 이런 다섯 가지 공부의 약함이 있다. 어떤 다섯 가지인가? 생명을 해치고 … 술과 발효액 등 취하게 하는 것으로 인해 방일하게 머문다. — 이것이, 비구들이여, 다섯 가지 공부의 약함이다.

비구들이여, 이런 다섯 가지 공부의 약함을 버리기 위해 사념처(四念處)를 닦아야 한다. 어떤 네 가지인가? 여기, 비구들이여, 비구는 신(身)에서 신(身)을 이어 보면서 머문다. 알아차리고, 옳고 그름을 판단하고, 옳음의 유지-향상을 위해 노력하는 자는 세상에서 간탐(慳貪)과 고뇌(苦惱)를 제거할 것이다. 수(受)에서 … 심(心)에서 … 법(法)에서 법(法)을 이어 보면서 머문다. 알아차리고, 옳고 그름을 판단하고, 옳음의 유지-향상을 위해 노력하는 자는 세상에서 간탐(慳貪)과 고뇌(苦惱)를 제거할 것이다. 이런 다섯 가지 공부의 약함을 버리기 위해, 비구들이여, 이런 사념처(四念處)를 닦아야 한다.

2) (AN 9.73-74-81-공부 경)

비구들이여, 이런 다섯 가지 공부의 약함이 있다. 어떤 다섯 가지인가? 생명을 해침 … 술과 발효액 등 취하게 하는 것으로 인한 방일한 머묾 — 이것이, 비구들이여, 다섯 가지 공부의 약함이다.

비구들이여, 이런 다섯 가지 공부의 약함을 버리기 위해서 네 가지 바른 노력[사정근(四正勤)]을 닦아야 한다. 어떤 네 가지인가? 여기, 비구들이여, 비구는 ①생겨나지 않은 악한 불선법들을 생겨나지 않게 하기 위하여, 관심을 생기게 하고, 노력하고, 힘을 다하고, 심(心)을 돌보고, 애쓴다. ②생겨난 악한 불선법들을 버리기 위하여, 관심을 생기게 하고, 노력하고, 힘을 다하고, 심(心)을 돌보고, 애쓴다. ③생겨나지 않은 선법들을 생겨나게 하기 위하여, 관심을 생기게 하고, 노력하고, 힘을 다하고, 심(心)을 돌보고, 애쓴다. ④생겨난 선법들을 유지하고, 혼란스럽지 않게 하고, 점점 더 커지게 하고, 닦아서 완성하기 위하여 관심을 생기게 하고, 노력하고, 힘을 다하고, 심(心)을 돌보고, 애쓴다. 비구들이여, 이런 다섯 가지 공부의 약함을 버리기 위해서 이런 네 가지 바른 노력[사정근(四正勤)]을 닦아야 한다.

3) (AN 9.83-84-91-공부 경)

비구들이여, 이런 다섯 가지 공부의 약함이 있다. 어떤 다섯 가지인가? 생명을 해치고 … 술과 발효액 등 취하게 하는 것으로 인해 방일하게 머문다. — 이것이, 비구들이여, 다섯 가지 공부의 약함이다.

비구들이여, 이런 다섯 가지 공부의 약함을 버리기 위해 사여의족(四如意足)을 닦아야 한다. 어떤 네 가지인가? 여기, 비구들이여, 비구는 관심의 삼매와 노력의 행(行)을 갖춘 여의족(如意足)을 닦는다. 정진의 삼매 … 심(心)의 삼매 … 관찰의 삼매와 노력의 행(行)을 갖춘 여의족(如意足)을 닦는다. 이런 다섯 가지 공부의 약함을 버리기 위해, 비구들이여, 이런 사여의족(四如意足)을 닦아야 한다.

6. 피한 중생은 적고, 피하지 못한 중생은 많음

1) (SN 56.71-생명을 해침 경)

… 이처럼, 비구들이여, 생명을 해치는 행위로부터 피한 중생들은 적고, 생명을 해치는 행위로부터 피하지 못한 중생들은 더 많다.

2) (SN 56.72-주지 않은 것을 가짐 경)

… 이처럼, 비구들이여, 주지 않는 것을 가지는 행위로부터 피한 중생들은 적고, 주지 않는 것을 가지는 행위로부터 피하지 못한 중생들은 더 많다.

3) (SN 56.73-음행에 대해 삿되게 행함 경)

… 이처럼, 비구들이여, 음행(淫行)에 대한 삿된 행위로부터 피한 중생들은 적고, 음행(淫行)에 대한 삿된 행위로부터 피하지 못한 중생들은 더 많다.

4) (SN 56.74-거짓을 말함 경)

… 이처럼, 비구들이여, 거짓을 말하는 행위로부터 피한 중생들은 적고, 거짓을 말하는 행위로부터 피하지 못한 중생들은 더 많다.

5) (SN 56.64-술과 발효액 경)

… 이처럼, 비구들이여, 술과 발효액 등 취하게 하는 것으로 인한 방일한 머묾으로부터 피한 중생들은 적고, 술과 발효액 등 취하게 하는 것으로 인한 방일한 머묾으로부터 피하지 못한 중생들은 더 많다.

7. 기타 오계(五戒)를 지닌 경우와 지니지 못한 경우에 대한 설명

1) 대부분의 약카들은 오계가 사랑스럽지 않고 마음에 들지 않아서 오계를 설하는 부처님에 대한 믿음이 없음 — (DN 32-아따나띠야 경)

한 곁에 앉은 웻사와나 대왕은 세존에게 이렇게 말했다. — "대덕이시여, 세존에게 믿음이 없는 걸출한 약카들이 있습니다. 대덕이시여, 세존에게 믿음이 있는 걸출한 약카들이 있습니다. 대덕이시여, 세존에게 믿음이 없는 중간의 약카들이 있습니다. 대덕이시여, 세존에게 믿음이 있는 중간의 약카들이 있습니다. 대덕이시여, 세존에게 믿음이 없는 낮은 약카들이 있습니다. 대덕이시여, 세존에게 믿음이 있는 낮은 약카들이 있습니다. 그러나 대덕이시여, 대부분의 약카들은 세존에게 믿음이 없습니다. 그 원인은 무엇입니까? 대덕이시여, 세존께서는 생명을 해치는 행위를 삼가는 법을 설하고, 주지 않는 것을 가지는 행위를 삼가는 법을 설하고, 음행(淫行)에 대해 삿되게 행하는 행위를 삼가는 법을 설하고, 거짓을 말하는 행위를 삼가는 법을 설하고, 술과 발효액 등 취하게 하는 것으로 인한 방일한 머묾을 삼가는 법을 설합니다. 그러나 대덕이시여, 대부분의 약카들은 생명을 해치는 행위를 피하지 않고, 주지 않는 것을 가지는 행위를 피하지 않고, 음행(淫行)에 대해 삿되게 행하는 행위를 피하지 않고, 거짓을 말하는 행위를 피하지 않고, 술과 발효액 등 취하게 하는 것으로 인한 방일한 머묾을 피하지 않습니다. 그들에게 그것[오계(五戒)]은 사랑스럽지 않고 마음에 들지 않습니다. 대덕이시여, 소리가 적고, 외침이 적고, 홀로되는 분위기를 가지고, 사람들로부터 멀고, 홀로 머묾에 적당한 깊은 숲 속의 외딴 거처를 수용하는 세존의 제자들이 있습니다. 거기에는 세존의 이런 가르침에 대해 믿음이 없는 걸출한 약카들이 살고 있습니다. 대덕이시여, 그 걸출한 약카들의 믿음을 위하여, 비구-비구니-남신자-여신자들의 경계와 보호와 해침 당하지 않음과 편안한 머묾을 위하

여 세존께서는 아따나띠야 보호구문을 익히게 해주십시오."라고. 세존은 침묵으로 동의하였다.

2) (SN 14.25-오계 경)

"비구들이여, 중생들은 요소 때문에 교제하고 모인다. 생명을 해치는 자들은 생명을 해치는 자들과 함께 교제하고 함께 모인다. 주지 않은 것을 가지는 자들은 주지 않은 것을 가지는 자들과 함께 교제하고 함께 모인다. 음행에 대해 삿되게 행하는 자들은 음행에 대해 삿되게 행하는 자들과 함께 교제하고 함께 모인다. 거짓을 말하는 자들은 거짓을 말하는 자들과 함께 교제하고 함께 모인다. 술과 발효액 등 취하게 하는 것으로 인해 방일하게 머무는 자들은 술과 발효액 등 취하게 하는 것으로 인해 방일하게 머무는 자들과 함께 교제하고 함께 모인다.

생명을 해치는 행위를 피한 자들은 생명을 해치는 행위를 피한 자들과 함께 교제하고 함께 모인다. 주지 않는 것을 가지는 행위를 피한 자들은 주지 않는 것을 가지는 행위를 피한 자들과 함께 교제하고 함께 모인다. 음행(淫行)에 대한 삿된 행위를 피한 자들은 음행(淫行)에 대한 삿된 행위를 피한 자들과 함께 교제하고 함께 모인다. 거짓을 말하는 행위를 피한 자들은 거짓을 말하는 행위를 피한 자들과 함께 교제하고 함께 모인다. 술과 발효액 등 취하게 하는 것으로 인한 방일한 머묾을 피한 자들은 술과 발효액 등 취하게 하는 것으로 인한 방일한 머묾을 피한 자들과 함께 교제하고 함께 모인다.

II. 오계(五戒)를 포함하는 교리의 확장

[1] 삼귀의(三歸依)와 오계(五戒)

앞에서, 믿음을 갖춘 불교신자에게 공덕은 「보시(布施) → 오계(五戒) → 수행(修行)」의 순서로 더 커진다는 것을 보았는데, (AN 8.39-쌓음 경)과 (AN 5.32-쭌디 경) 그리고 (AN 8.25-마하나마 경)/(AN 8.26-지와까 경)에서는 삼귀의(三歸依)와 오계(五戒)의 용례를 보여줍니다.

1. (AN 8.39-쌓음 경)

공덕(功德)을 쌓고, 유익(有益)을 쌓고, 행복(幸福)의 자량(資糧)이 되고, 하늘로 연결되고, 보(報)가 행복이고, 하늘로 이끄는 이런 여덟 가지는 원하고 좋아하고 마음에 드는 이익과 행복으로 이끈다.

- (1~3) — 의지처인 부처님과 가르침과 성자들에게로 감[삼귀의(三歸依)]
- (4~8) — 오계를 지닌 삶 = 다섯 가지 보시[무외시(無畏施)]

☞ 「제1장 [용례 5] 「puññābhisanda(공덕을 쌓음)」의 용례 11.」 참조.

2. (AN 5.32-쭌디 경)

- 어떤 스승-어떤 법-어떤 상가에 대한 분명함을 가지고, 어떤 계(戒)들을 온전히 행해야 하는지?

- 「으뜸에 대한 분명함이 있는 자들에게 으뜸가는 보(報)가 있다.」

한때 세존은 라자가하에서 웰루와나의 다람쥐 기르는 곳에 머물렀다. 그때 오백의 마차와 오백의 소녀들에 둘러싸인 쭌디 공주가 세존에게 왔다. 와서는 세존에게 절한 뒤 한 곁에 앉았다. 한 곁에 앉은 쭌디 공주는 세존에게 이렇게 말했다. — "대덕이시여, 저희에게 형제인 쭌다 왕자가 있습니다. 그는 이렇게 말했습니다. — '여자거나 남자거나 「의지처인 부처님[불(佛)]에게로 가고, 의지처인 가르침[법(法)]에게로 가고, 의지처인 성자들[승(僧)]에게로 가고,

생명을 해치는 행위로부터 피하고 … 술과 발효액 등 취하게 하는 것으로 인한 방일한 머묾으로부터 피하는 사람」은 몸이 무너져 죽은 뒤 좋은 곳에 태어난다. 나쁜 곳에 태어나지 않는다.'라고. 대덕이시여, 그런 저는 세존께 여쭙니다. — '대덕이시여, 어떤 스승에 대해 분명함을 가진 자가 몸이 무너져 죽은 뒤 좋은 곳에 태어나고, 나쁜 곳에 태어나지 않습니까? 어떤 법(法)에 대해 분명함을 가진 자 … 어떤 승(僧)에 대해 분명함을 가진 자가 … 어떤 계(戒)들에 대해 온전히 행하는 자가 몸이 무너져 죽은 뒤 좋은 곳에 태어나고, 나쁜 곳에 태어나지 않습니까?'"라고.

"쭌디여, 발이 없거나, 두 발이거나, 네 발이거나, 발이 많거나, 색(色)을 가졌거나, 무색(無色)을 가졌거나, 상(想)을 가졌거나 무상(無想)을 가졌거나, 상(想)을 가지지도 않고 무상(無想)을 가지지도 않은 중생들과 비교할 때 여래-아라한-정등각이 그들 가운데 으뜸이라고 불린다. 쭌디여, 불(佛)에 대한 분명함이 있는 그들에게 으뜸에 대한 분명함이 있다. 또한, 으뜸에 대한 분명함이 있는 자들에게 으뜸가는 보(報)가 있다.

쭌디여, 유위법(有爲法)들과 비교할 때 여덟 요소로 구성된 성스러운 길[팔정도(八正道)]가 그들 가운데 으뜸이라고 불린다. 쭌디여, 여덟 요소로 구성된 성스러운 길에 대한 분명함이 있는 그들에게 으뜸에 대한 분명함이 있다. 또한, 으뜸에 대한 분명함이 있는 자들에게 으뜸가는 보(報)가 있다.

쭌디여, 유위법(有爲法) 또는 무위법(無爲法)들과 비교할 때 자기화의 억제, 갈증의 제어, 집착의 경향의 뿌리 뽑음, 윤회의 끊음, 갈애의 부서짐, 이탐(離貪), 소멸(消滅), 열반(涅槃)인 바램이 그들 가운데 으뜸이라고 불린다. 쭌디여, 바램의 법에 대한 분명함이 있는 그들에게 으뜸에 대한 분명함이 있다. 또한, 으뜸에 대한 분명함이 있는 자들에게 으뜸가는 보(報)가 있다.

쭌디여, 승가(僧伽)와 따르는 자들의 무리들과 비교할 때 네 쌍의 대장부요, 여덟 무리의 성자들, 이분들은 세존(世尊)의 제자들인 상가이니, 공양받을만한 분들, 환영받을만한 분들, 보시받을만한 분들, 합장 받을만한 분들이며, 이 세상의 위없는 복전(福田)인 여래(如來)의 제자들의 승가(僧伽)가 그들 가운데 으뜸이라고 불린다. 쭌디여, 승(僧)에 대한 분명함이 있는 그들에게 으뜸에 대한 분명함이 있다. 또한, 으뜸에 대한 분명함이 있는 자들에게 으뜸가는 보(報)가 있다.

"쭌디여, 계들과 비교할 때 '깨지지 않고 … 삼매로 이끄는' 성자들이 동의하는 계들이 그들 가운데 으뜸이라고 불린다. 쭌디여, 성자들이 동의하는 계들에 대해 온전히 행하는 그들에게 으뜸에 대한 온전히 행함이 있다. 또한, 으뜸에 대해 온전히 행하는 자들에게 으뜸가는 보(報)가 있다.

으뜸가는 분명함을 가진 자들, 으뜸가는 법을 알고 있는 자들, ①보시받을만하고, 위없는 으뜸인 불(佛)에 대한 분명함이 있는 자들, ②탐(貪)이 가라앉고, 행복한 으뜸인 법(法)에 대한 분명함이 있는 자들, ③위없는 복전(福田)인 으뜸인 승가(僧伽)에 대한 분명함이 있는 자들, ④으뜸에 대한 보시(布施)를 행한 자들에게 으뜸가는 수명과 용모와 명성과 존경과 행복과 힘이라는 으뜸가는 복(福)이 늘어난다.

으뜸에게 보시한 현명한 자, 으뜸가는 법에 집중된 자
신이 된 자나 인간은, 으뜸을 성취하여 즐거워한다.

3. [부추김] (AN 8.25-마하나마 경)/(AN 8.26-지와까 경)

"대덕이시여, 어떻게 남신자(男信者)가 됩니까?" "마하나마여, 의지처인 부처님에게로 가고, 의지처인 가르침에게로 가고, 의지처인 성자들에게로 갈 때 — 마하나마여, 이렇게 남신자(男信者)가 된다."

"그러면, 대덕이시여, 어떻게 계(戒)를 갖춘 남신자가 됩니까?" "마하나마여, 남신자는 생명을 해치는 행위로부터 피하고 … 술과 발효액 등 취하게 하는 것으로 인한 방일한 머묾으로부터 피할 때 — 마하나마여, 이렇게 계(戒)를 갖춘 남신자(男信者)가 된다."

"대덕이시여, 어떻게 남신자가 자기의 이익은 위하지만 남의 이익은 위하지 않는 실천을 하는 자가 됩니까?"

☞ [부추김]의 내용은 「제1부 제2장 Ⅰ. 불교신자 되기」 참조.

[2] 오계(五戒)와 예류(預流)의 4요소

오계(五戒)를 지닌 삶은 다시 네 가지 예류(預流)의 요소로 전개됩니다. 불교신자의 삶의 향상의 큰 방향의 제시입니다.

1. (AN 5.179-재가자 경)

그때 아나타삔디까 장자가 오백 명쯤 되는 남신자들에 둘러싸여 세존에게 왔다. 와서는 세존에게 절한 뒤 한 곁에 앉았다. 그때 세존은 사리뿟따 존자에게 말했다. — "사리뿟따여, 그대들은 다섯 가지 학습계율 위에서 행위를 단속하고, 지금여기의 행복한 머묾을 위한 네 가지 높은 심(心)을 원하는 대로 어렵지 않고 고통스럽지 않게 얻는 흰옷을 입은 재가자를 볼 수 있는데, 원하는 그는 누구든지 오직 자신으로부터 자신을 선언할 수 있다. — '나에게 지옥은 다했고 축생의 모태는 다했고 아귀의 영역은 다했고 상실과 비탄의 상태, 비참한 존재, 벌받는 상태는 다했다. 나는 예류자(預流者)여서 떨어지지 않는 자, 확실한 자, 깨달음을 겨냥한 자이다.'라고.

"그러면 그는 어떤 다섯 가지 학습계율 위에서 행위를 단속하는가? 여기, 사리뿟따여, 성스러운 제자는 생명을 해치는 행위로부터 피하고 … 술과 발효액 등 취하게 하는 것으로 인한 방일한 머묾으로부터 피한다. 그는 이런 다섯 가지 학습계율 위에서 행위를 단속한다."

"그가 원하는 대로 어렵지 않고 고통스럽지 않게 얻는 지금여기의 행복한 머묾을 위한 네 가지 높은 심(心)은 무엇인가?

사리뿟따여, 여기 성스러운 제자는 '이렇게 그분, 세존은, 모든 번뇌 떠나신 분 … 존귀하신 분입니다.'라고 부처님에 대한 확실한 믿음을 지닌다. 비구들이여, 이것이 청정하지 못한 심(心)을 청정하게 하고 깨끗하지 못한 심(心)을 깨끗하게 하기 위한, 지금여기의 행복한 머묾을 위한 첫 번째 높은 심(心)의 얻음이다."

사리뿟따여, 여기 성스러운 제자는 '세존(世尊)에 의해 잘 설해진 법은 … 개별적으로 알려지는 것이다.'라고 가르침에 대한 확실한 믿음을 지닌다. 비구들이여, 이것이 … 지금여기의 행복한 머묾을 위한 두 번째 높은 심(心)의 얻음이다.

사리뿟따여, 여기 성스러운 제자는 '진지하게 수행하는 세존(世尊)의 제자들인 상가(僧伽) … 이 세상의 위없는 복전(福田)입니다.'라고 성자들에 대한 확실한 믿음 을 지닌다. 비구들이여, 이것이 … 지금여기에서의 행복한 머묾을 위한 세 번째 높은 심(心)의 얻음이다.

사리뿟따여, 여기 성스러운 제자는 '깨지지 않고 … 삼매로 이끄는' 성자들이 동의하는 계들을 갖춘다. 비구들이여, 이것이 … 지금여기에서의 행복한 머묾을 위한 네 번째 높은 심(心)의 얻음이다.

사리뿟따여, 그대들은 다섯 가지 학습계율 위에서 행위를 단속하고, 지금여기의 행복한 머묾을 위한 네 가지 높은 심(心)을 원하는 대로 어렵지 않고 고통스럽지 않게 얻는 흰옷을 입은 재가자를 볼 수 있는데, 원하는 그는 누구든지 오직 자신으로부터 자신을 선언할 수 있다. — '나에게 지옥은 다했고 축생의 모태는 다했고 아귀의 영역은 다했고 상실과 비탄의 상태, 비참한 존재, 벌 받는 상태는 다했다. 나는 예류자(預流者)여서 떨어지지 않는 자, 확실한 자, 깨달음을 겨냥한 자이다.'라고.

2. (AN 9.27-원망 경1)/(AN 9.28-원망 경2)

그때 아나타삔디까 장자가 세존에게 왔다. 와서는 세존에게 절한 뒤 한 곁에 앉았다. 한 곁에 앉은 아나타삔디까 장자에게 세존은 이렇게 말했다. —

"장자여, 성스러운 제자에게 다섯 가지 두려움과 원망이 가라앉고, 네 가지 예류(預流)의 요소를 갖출 때, 원하는 그는 오직 자신으로부터 자신을 선언할 수 있다. — '나에게 지옥은 다했고 축생의 모태는 다했고 아귀의 영역은 다했고 상실과 비탄의 상태, 비참한 존재, 벌 받는 상태는 다했다. 나는 예류자(預流者)여서 떨어지지 않는 자, 확실한 자, 깨달음을 겨냥한 자이다.'라고.

어떤 다섯 가지 두려움과 원망이 가라앉는가? 장자여, 생명을 해치는 자는 생명을 해치는 행위의 조건으로부터 지금여기에 속한 두려움과 원망을 쌓는다. 다음 생에 속한 두려움과 원망을 쌓는다. 심(心)에 속한 괴로움과 고뇌를 경험한다. 생명을 해치는 행위로부터 피한 자는 지금여기에 속한 두려움과 원망을 쌓지 않는다. 다음 생에 속한 두려움과 원망을 쌓지 않는다.

심(心)에 속한 괴로움과 고뇌를 경험하지 않는다. 생명을 해치는 행위로부터 피한 자에게 이렇게 그 두려움과 원망이 가라앉는다.

장자여, 주지 않은 것을 가지는 자는 주지 않은 것을 가지는 행위의 조건으로부터 … 주지 않은 것을 가지는 행위로부터 피한 자는 …

장자여, 음행에 대해 삿되게 행하는 자는 음행에 대해 삿되게 행하는 행위의 조건으로부터 … 음행에 대한 삿된 행위로부터 피한 자는 …

장자여, 거짓을 말하는 자는 거짓을 말하는 행위의 조건으로부터 … 거짓을 말하는 행위로부터 피한 자는 …

장자여, 술과 발효액 등 취하게 하는 것으로 인해 방일하게 머무는 자는 술과 발효액 등 취하게 하는 것으로 인해 방일하게 머무는 행위의 조건으로부터 … 술과 발효액 등 취하게 하는 것으로 인한 방일한 머묾으로부터 피한 자는 지금여기에 속한 두려움과 원망을 쌓지 않는다. 다음 생에 속한 두려움과 원망을 쌓지 않는다. 심(心)에 속한 괴로움과 고뇌를 경험하지 않는다. 술과 발효액 등 취하게 하는 것으로 인한 방일한 머묾으로부터 피한 자에게 이렇게 그 두려움과 원망이 가라앉는다.

어떤 네 가지 예류(預流)의 요소를 갖추는가? 여기, 장자여, 성스러운 제자는 부처님에 대한 확실한 믿음을 갖춘다. — '이렇게 그분 세존(世尊)께서는 모든 번뇌 떠나신 분 … 존귀하신 분이시다.'라고.

가르침에 대한 확실한 믿음을 갖춘다. — '세존(世尊)에 의해 잘 설해진 법은 … 개별적으로 알려지는 것이다.'라고.

성자들에 대한 확실한 믿음을 갖춘다. — '진지하게 수행하는 세존(世尊)의 제자들인 상가 … 이 세상의 위없는 복전(福田)입니다.'라고.

'깨지지 않고 … 삼매로 이끄는' 성자들이 동의하는 계들을 갖춘다.

장자여, 성스러운 제자에게 이런 다섯 가지 두려움과 원망이 가라앉고, 이런 네 가지 예류(預流)의 요소를 갖출 때, 원하는 그는 오직 자신으로부터 자신을 선언할 수 있다. — '나에게 지옥은 다했고 … 깨달음을 겨냥한 자이다.'라고.

[3] 오계(五戒)와 예류(預流)의 4요소 그리고 연기(緣起)의 여리(如理)한 사고[중(中)에 의해 설해진 법(法)]

오계(五戒)를 지닌 삶은 네 가지 예류(預流)의 요소에 이어 다시 성스러운 방법을 지혜로써 잘 보고 잘 꿰뚫는 것으로 전개됩니다. 이때, 성스러운 방법을 지혜로써 잘 보고 잘 꿰뚫는 것은 연기(緣起)의 여리(如理)한 사고로 제시되는데, 「중(中)에 의해 설해진 법(法)(SN 12.15-깟짜나곳따 경)」입니다. 불교신자의 삶의 향상을 위한 큰 방향의 제시입니다.

1. (SN 12.41-다섯 가지 원망과 두려움 경)/(SN 12.42-다섯 가지 원망과 두려움 경2)/(SN 55.28-두려움과 원망의 가라앉음 경1)/(SN 55.29-두려움과 원망의 가라앉음 경2)/(AN 10.92-두려움 경)

"장자여, 성스러운 제자에게 다섯 가지 두려움과 원망이 가라앉고, 네 가지 예류(預流)의 요소를 갖추고, 성스러운 방법을 지혜로써 잘 보고 잘 꿰뚫을 때 , 원하는 그는 오직 자신으로부터 자신을 선언할 수 있다. — '나에게 지옥은 다했고 … 깨달음을 겨냥한 자이다.'라고.

어떤 다섯 가지 두려움과 원망이 가라앉는가? 장자여, 생명을 해치는 자는 생명을 해치는 행위의 조건으로부터 … 주지 않는 것을 가지는 자는 주지 않는 것을 가지는 행위의 조건으로부터 … 음행(淫行)에 대한 삿된 행위를 하는 자는 음행(淫行)에 대한 삿된 행위의 조건으로부터 … 거짓을 말하는 자는 거짓을 말하는 행위의 조건으로부터 … 술과 발효액 등 취하게 하는 것으로 인해 방일하게 머무는 자는 술과 발효액 등 취하게 하는 것으로 인해 방일하게 머무는 행위의 조건으로부터 지금여기에 속한 두려움과 원망을 쌓는다. 다음 생에 속한 두려움과 원망을 쌓는다. 심(心)에 속한 괴로움과 고뇌를 경험한다. 술과 발효액 등 취하게 하는 것으로 인한 방일한 머묾으로부터 피한 자에게 이렇게 그 두려움과 원망이 가라앉는다. 이런 다섯 가지 두려움과 원망이 가라앉는다.

어떤 네 가지 예류(預流)의 요소를 갖추는가? 장자여, 여기 성스러운 제자는 부처님에 대한 확실한 믿음을 갖춘다. … 가르침에 대한 확실한 믿음을 갖춘다. … 성자들에 대한 확실한 믿음을 갖춘다. … '깨지지 않고 … 삼매로 이끄는' 성자들이 동의하는 계들을 갖춘다. 이런 네 가지 예류(預流)의 요소를 갖춘다.

어떤 성스러운 방법을 지혜로써 잘 보고 잘 꿰뚫는가? 장자여, 여기 성스러운 제자는 연기(緣起)를 철저히 여리(如理)하게 사고(思考)한다. — '이렇게 이것이 있을 때 이것이 있다. 이것의 생김으로부터 이것이 생긴다. 이것이 없을 때 이것이 없다. 이것의 소멸로부터 이것이 소멸한다. 즉 — 무명(無明)의 조건으로부터 행(行)들이 있다. 행(行)의 조건으로부터 식(識)이 있다. … 이렇게 이 모든 괴로움 무더기의 자라남[집(集)]이 있다. 그러나 무명(無明)의 남김없이 빛바랜 멸(滅)로부터 행멸(行滅)이 있다. 행멸(行滅)로부터 식멸(識滅)이 있다. … 이렇게 이 모든 괴로움 무더기의 소멸[멸(滅)]이 있다."라고. 이런 성스러운 방법을 지혜로써 잘 보고 잘 꿰뚫는다.

장자여, 성스러운 제자에게 이런 다섯 가지 두려움과 원망이 가라앉고, 이런 네 가지 예류(預流)의 요소를 갖추고, 이런 성스러운 방법을 지혜로써 잘 보고 잘 꿰뚫을 때, 원하는 그는 오직 자신으로부터 자신을 선언할 수 있다. — '나에게 지옥은 다했고 … 깨달음을 겨냥한 자이다.'라고.

[4] 삼귀의(三歸依)와 오계(五戒)와 예류(預流)의 4요소 그리고 사성제(四聖諦) — (MN 142-보시(布施) 분석의 경)

"대덕이시여, 세존께서는 마하빠자빠띠 고따미의 새 옷 한 벌을 받아 주십시오. 대덕이시여, 마하빠자빠띠 고따미는 이모, 계모, 유모, 수유자로서 세존에게 많은 도움을 주신 분입니다. 어머니가 돌아가셨을 때 세존에게 젖을 주셨습니다. 대덕이시여, 세존께서도 마하빠자빠띠 고따미에게 많은 도움을 주셨습니다. 세존 덕분에, 대덕이시여, 마하빠자빠띠 고따미는 의지처인 부처님에게로 가고, 의지처인 가르침에게로 가고, 의지처인 성자들에게로 갑니다. 세존 덕분에, 대덕이시여, 마하빠자빠띠 고따미는 생명을 해치는 행위로부터 피하고 … 술과 발효액 등 취하게 하는 것으로 인한 방일한 머묾으로부터 피합니다. 세존 덕분에, 대덕이시여, 마하빠자빠띠 고따미는 부처님에 대한 확실한 믿음을 갖추고, 가르침에 대한 확실한 믿음을 갖추고, 성자들에 대한 확실한 믿음을 갖추고, 성자들이 동의하는 계들을 갖추었습니다. 세존 덕분에, 대덕이시여, 마하빠자빠띠 고따미는 괴로움[고(苦)]에 대해 확신하고, 괴로움의 자라남[고집(苦集)]에 대해 확신하고, 괴로움의 소멸[고멸(苦滅)]에 대해 확신하고, 괴로움의 소멸로 이끄는 실천[고멸도(苦滅道)]에 대해 확신합니다. 대덕이시여, 세존께서도 마하빠자빠띠 고따미에게 많은 도움을 주셨습니다."라고.

[5] 삼귀의(三歸依)와 오계(五戒) 그리고 보시(布施) ― 「모범적인 불자 : 일반가정사에 능숙/충실 + 신행(信行)」 ― (AN 8.46-아누룻다 경)/(AN 8.47-위사카 경2)/(AN 8.48-나꿀라마따 경)

대덕이시여, 몇 가지 법들을 갖춘 여인이 몸이 무너져 죽은 뒤에 마음에 드는 몸을 가진 신들의 동료로 태어납니까?"

"아누룻다여, 여덟 가지 법들을 갖춘 여인이 몸이 무너져 죽은 뒤에 마음에 드는 몸을 가진 신들의 동료로 태어난다. 어떤 여덟인가? 여기 여인은, 아누룻다여, 이익을 바라고 은혜로운 부모님이 연민을 일으켜 우리를 시집보내신 남편을 위해 먼저 일어나고, 나중에 자고, 어떤 일이든 순종하고, 마음에 들게 행동하고, 사랑스럽게 말한다.

어머니거나 아버지거나 사문-바라문이거나 남편의 존중을 받는 분들을 존경하고, 존중하고, 숭상하고, 예배한다. 그리고 손님들을 자리와 물로써 공경한다.

모직이거나 면직이거나 남편이 집에서 하는 일들에 대해 능숙하고, 게으르지 않으며, 그것에 대해 할 수 있고 시킬 수 있을 만큼 방법을 조사해서 갖출 것이다.

하인이나 전령이나 일꾼들이나 남편의 집에 속한 사람들에게 한 것은 했다고 알고, 하지 않은 것은 하지 않았다고 알고, 환자들의 건강상태를 알고, 딱딱한 음식과 부드러운 음식을 개별적으로 나누어 준다.

재물이든 곡식이든 은이든 금이든 남편이 벌어오는 것을 보호하고 단속하기 위해 노력한다. 그것에 대해 속이지 않고, 딴 주머니 차지 않고, 술로 흥청대지 않고, 낭비하지 않는다.

의지처인 부처님에게로 가고, 의지처인 가르침에게로 가고, 의지처인 성자들에게로 가는 여신자가 된다.

계(戒)를 중시하는 자이다. ― 생명을 해치는 행위로부터 피하고 … 술과 발효액 등 취하게 하는 것으로 인한 방일한 머묾으로부터 피한다.

보시하는 자이다. 인색의 때에서 벗어난 심(心)으로 … 베풂과 나눔을 좋아하며 재가에 산다.

아누룻다여, 이런 여덟 가지 법들을 갖춘 여인이 몸이 무너져 죽은 뒤에 마음에 드는 몸을 가진 신들의 동료로 태어난다.

[6] 법들의 전개 등 다른 주제에 속한 용례

1. 믿음-오계-보시-지혜

(AN 4.61-배운 사람의 행위 경), (AN 8.49-이 세상에 속한 것 경1)/(AN 8.50-이 세상에 속한 것 경2), (AN 8.54-디가자누 경)/(AN 8.55-웃자야 경)/(AN 8.75-갖춤 경1)/(AN 8.76-갖춤 경2)이 있는데, 「제4부 제2장 Ⅳ. 네 개의 법」에서 소개하였습니다.

2. 삼귀의(三歸依)-오계-믿음-보시-지혜 — (SN 55.37-마하나마 경) ☞ 「제1부 제2장 Ⅰ. 불교 신자 되기」

3. 다섯 가지 재산 — (AN 5.47-재산 경) ☞ 「제4부 제2장 Ⅴ. 다섯 가지 법 — 믿음-계-배움-보시-지혜 3.」

4. 일곱 가지 재산 — (AN 7.6-상세한 재산 경) ☞ 「제4부 제3장 Ⅲ. [3] 일곱 가지 성스러운 재산 2.」

제4장

 계속해서 기억해야 하는 여섯 가지 

앞에서 살펴본바 불교신자의 삶에 공통되는 것은 부처님과 가르침과 성자들에 대한 확고한 믿음을 가지고 계(戒)와 보시(布施)에 의해 하늘에 태어남이라고 말할 수 있는데, 이 여섯 가지는 「계속해서 기억해야 하는 여섯 가지」라는 교리로 나타납니다.

계속해서 기억해야 하는 여섯 가지를 말하는 경은 (AN 6.10-마하나마 경)/(AN 6.25-계속해서 기억함의 토대 경)/(AN 6.26-마하깟짜나 경)/(AN 11.11-마하나마 경1)/(AN 11.12-마하나마 경2)인데, 다음과 같이 정리됩니다.

1. (AN 6.25-계속해서 기억함의 토대 경)

▷ 여섯 가지 계속해서 기억함의 토대를 계속해서 기억하는 그때 심(心)은 탐(貪)이 스며들지 않고, 진(嗔)이 스며들지 않고 치(癡)가 스며들지 않음 → 심(心)은 올곧아지고, 갈망으로부터 떠나고, 풀려나고, 벗어남 → 청정해짐

비구들이여, 이런 여섯 가지 계속해서 기억함의 토대가 있다. 어떤 여섯인가? 여기 비구들이여, 성스러운 제자는 여래(如來)를 계속해서 기억한다. — '이렇게 그분 세존(世尊)께서는 모든 번뇌 떠나신 분 … 존귀하신 분이시다.'라고. 비구들이여, 성스러운 제자가 여래(如來)를 계속해서 기억하는 그때 심(心)은 탐(貪)이 스며들지 않고, 진(嗔)이 스며들지 않고 치(癡)가 스며들지 않는다. 그때 심(心)은 올곧아지고, 갈망으로부터 떠나고, 풀려나고, 벗어난다. 비구들이여, '갈망'이란 것은 다섯 가지 소유의 사유에 묶인 것을 지칭하는 것이다. 비구들이여, 이런 대상을 계속해서 기억함을 원인으로도 이렇게 여기서 어떤 중생들은 청정해진다.

다시, 비구들이여, 성스러운 제자는 법(法)을 계속해서 기억한다. — '세존(世尊)에 의해 잘 설해진 법은 … 개별적으로 알려지는 것이다.'라고. 비구들이여, 성스러운 제자가 법(法)을 계속해서 기억하는 그때 심(心)은 탐(貪)이 스며들지 않고 … 이렇게 여기서 어떤 중생들은 청정해진다.

다시, 비구들이여, 성스러운 제자는 승(僧)을 계속해서 기억한다. — '진지하게 수행하는 세존(世尊)의 제자들인 상가 … 이 세상의 위없는 복전(福田)입니다.'라고. 비구들이여, 성스러운 제자가 승(僧)을 계속해서 기억하는 그때 심(心)은 탐(貪)이 스며들지 않고 … 이렇게 여기서 어떤 중생들은 청정해진다.

다시, 비구들이여, 성스러운 제자는 '깨지지 않고 … 삼매로 이끄는' 자신의 계(戒)들을 계속해서 기억한다. 비구들이여, 성스러운 제자가 계(戒)를 계속해서 기억하는 그때 심(心)은 탐(貪)이 스며들지 않고 … 이렇게 여기서 어떤 중생들은 청정해진다.

다시, 비구들이여, 성스러운 제자는 자신의 보시(布施)를 계속해서 기억한다. — '참으로 나에게 이익이다 … 베풂과 나눔을 좋아하며 재가에 산다.'라고. 비구들이여, 성스러운 제자가 보시(布施)를 계속해서 기억하는 그때 심(心)은 탐(貪)이 스며들지 않고 … 이렇게 여기서 어떤 중생들은 청정해진다.

다시, 비구들이여, 성스러운 제자는 천신(天神)을 계속해서 기억한다. — '사대왕천의 신들이 있고, 삼십삼천의 신들이 있고, 야마천의 신들이 있고, 도솔천의 신들이 있고, 화락천의 신들이 있고, 타화자재천의 신들이 있고, 범신천의 신들이 있고, 그보다 높은 천의 신들이 있다. 이런 신들은 믿음을 갖추어 여기서 죽은 뒤 그곳에 태어났다. 나에게도 그런 믿음이 있다. 이런 신들은 계를 갖추어 여기서 죽은 뒤 그곳에 태어났다. 나에게도 그런 계가 있다. 이런 신들은 배움을 갖추어 여기서 죽은 뒤 그곳에 태어났다. 나에게도 그런 배움이 있다. 이런 신들은 보시를 갖추어 여기서 죽은 뒤 그곳에 태어났다. 나에게도 그런 보시가 있다. 이런 신들은 지혜를 갖추어 여기서 죽은 뒤 그곳에 태어났다. 나에게도 그런 지혜가 있다.'라고.

비구들이여, 성스러운 제자가 자신과 그 천신(天神)들의 믿음과 계(戒)와 배움과 보시(布施)와 지혜를 계속해서 기억하는 그때 심(心)은 탐(貪)이 스며들지 않고 … 이렇게 여기서 어떤 중생들은 청정해진다. 비구들이여, 이런 여섯 가지 계속해서 기억함의 토대가 있다.

2. 마하나마에게 설해진 세 개의 경

1~2) (AN 6.10-마하나마 경)/(AN 11.11-마하나마 경1)

▷ 여섯 가지 계속해서 기억함의 토대를 계속해서 기억하는 그때 심(心)은 탐(貪)이 스며들지 않고, 진(嗔)이 스며들지 않고 치(癡)가 스며들지 않음 → 심(心)은 여래에 대해 올곧아짐 → 삼매에 듦 → 「성스러운 제자는 고르지 못한 사람들 가운데 고름에 닿은 자로 머문다. 거슬림과 함께하는 사람들 가운데 거슬리지 않는 자로 머문다. 법의 흐름을 증

득한 자로서 불(佛)에 대해 계속해서 기억함을 닦는다.」

여기, 마하나마여, 성스러운 제자는 여래(如來)를 계속해서 기억한다. — '이렇게 그분 세존(世尊)께서는 모든 번뇌 떠나신 분 … 존귀하신 분이시다.'라고. 마하나마여, 성스러운 제자가 여래(如來)를 계속해서 기억하는 그때 심(心)은 탐(貪)이 스며들지 않고, 진(嗔)이 스며들지 않고 치(癡)가 스며들지 않는다. 그때 심(心)은 여래(如來)에 대해 올곧아진다. 그러면, 마하나마여, 올곧은 심(心)을 가진 성스러운 제자는 의미에 대한 앎을 얻고, 법에 대한 앎을 얻고, 법으로 이끄는 환희를 얻는다. 환희하는 자에게 희열이 생긴다. 의(意)의 희열이 있으면 몸은 진정된다. 진정된 몸은 행복을 느낀다. 행복한 자의 심(心)은 삼매에 들어진다. 이것이, 마하나마여, '성스러운 제자는 고르지 못한 사람들 가운데 고름에 닿은 자로 머문다. 거슬림과 함께하는 사람들 가운데 거슬리지 않는 자로 머문다. 법의 흐름을 증득한 자로서 불(佛)에 대해 계속해서 기억함을 닦는다.'라고 불린다. (법(法)-승(僧)-계(戒)-보시(布施)-천신(天神)에 반복)」

3) (AN 11.12-마하나마 경2)

▷ 여섯 가지 계속해서 기억함의 토대를 계속해서 기억하는 그때 심(心)은 탐(貪)이 스며들지 않고, 진(嗔)이 스며들지 않고 치(癡)가 스며들지 않음 → 심(心)은 여래에 대해 올곧아짐 → 삼매에 듦 → 「갈 때도 닦아야 하고, 서 있을 때도 닦아야 하고, 앉아 있을 때도 닦아야 하고, 누워있을 때도 닦아야 하고, 일에 집중할 때도 닦아야 하고, 자식들이 북적거리는 집에서 살 때도 닦아야 한다.」

여기서, 마하나마여, 그대는 여래(如來)를 계속해서 기억해야 한다. — '이렇게 그분 세존(世尊)께서는 모든 번뇌 떠나신 분 … 존귀하신 분이시다.'라고. 마하나마여, 성스러운 제자가 여래(如來)를 계속해서 기억하는 그때 심(心)은 탐(貪)이 스며들지 않고, 진(嗔)이 스며들지 않고 치(癡)가 스며들지 않는다. 그때 심(心)은 여래(如來)에 대해 올곧아진다. 그러면, 마하나마여, 올곧은 심(心)을 가진 성스러운 제자는 의미에 대한 앎을 얻고, 법에 대한 앎을 얻고, 법으로 이끄는 환희를 얻는다. 환희하는 자에게 희열이 생긴다. 의(意)의 희열이 있으면 몸은 진정된다. 진정된 몸은 행복을 느낀다. 행복한 자의 심(心)은 삼매에 들어진다. 마하나마여, 그대는 이런 불(佛)에 대해 계속해서 기억함을 갈 때도 닦아야 하고, 서 있을 때도 닦아야 하고, 앉아 있을 때도 닦아야 하고, 누워있을 때도 닦아야 하고, 일에 집중할 때도 닦아야 하고, 자식들이 북적거리는 집에서 살 때도 닦아야 한다. (법(法)-승(僧)-계(戒)-보시(布施)-천

신(天神)에 반복)

3. 마하깟짜나 존자가 설한 경 — (AN 6.26-마하깟짜나 경)

▷ 여섯 가지 계속해서 기억함의 토대를 계속해서 기억하는 그때 심(心)은 탐(貪)이 스며들지 않고, 진(嗔)이 스며들지 않고 치(癡)가 스며들지 않음 → 심(心)은 올곧아지고, 갈망으로부터 떠나고, 풀려나고, 벗어남 → 크고 귀하고 무량한, 원망 없고 거슬림 없는, 온전히 허공과 같은 심(心)으로 머묾 → 청정해짐

여기, 도반들이여, 성스러운 제자는 여래(如來)를 계속해서 기억합니다. — '이렇게 그분 세존(世尊)께서는 모든 번뇌 떠나신 분 … 존귀하신 분이시다.'라고. 도반들이여, 성스러운 제자가 여래(如來)를 계속해서 기억하는 그때 심(心)은 탐(貪)이 스며들지 않고, 진(嗔)이 스며들지 않고 치(癡)가 스며들지 않습니다. 그때 심(心)은 올곧아지고, 갈망으로부터 떠나고, 풀려나고, 벗어납니다. 도반들이여, '갈망'이란 것은 이 다섯 가지 소유의 사유에 묶인 것을 지칭하는 것입니다. 도반들이여, 이런 성스러운 제자는 크고 귀하고 무량한, 원망 없고 거슬림 없는, 온전히 허공과 같은 심(心)으로 머뭅니다. 도반들이여, 이런 대상을 계속해서 기억함을 원인으로도 이렇게 여기서 어떤 중생들은 청정한 존재들이 됩니다.(법(法)-승(僧)-계(戒)-보시(布施)-천신(天神)에 반복)

4. 불완전한 형태의 경

1) (AN 3.71-포살 경) - 보시를 제외한 다섯 가지를 서술함

- 세 가지 포살 — 소치는 사람의 포살, 니간타의 포살, 성스러운 포살
- 성스러운 포살 — 오염된 심(心)에 대한 방책에 의한 정화(*) + 포살의 준수

(*) 불(佛)-법(法)-승(僧)-계(戒)-천신(天神)을 계속해서 생각함

2) (AN 11.13-난디야 경) - 믿음-계-정진-사띠-삼매-지혜의 여섯 가지 법에 확고히 서서 불(佛)-법(法)-선우(善友)-보시(布施)-천신의 다섯 가지를 계속해서 기억함.

3) (AN 6.29-우다이 경) - 높은 심(心)을 실천하는 측면에서의 기억의 토대 여섯 가지

① 초선(初禪)-제이선(第二禪)-제삼선(第三禪)을 성취하여 머묾
② 광명의 상(想)을 작의함
③ 부정관(不淨觀) - 몸의 31가지 부위를 관찰함
④ 무상(無常)의 상(想)을 닦음 – 시체의 변화
⑤ 제사선(第四禪)을 성취하여 머묾
⑥「그렇다면, 아난다여, 이것도 여섯 번째 기억의 토대로 명심하라. 여기, 아난다여, 비구는 사띠하면서 나아가고, 사띠하면서 물러나고, 사띠하면서 서고, 사띠하면서 앉고, 사띠하면서 눕고, 사띠하면서 행동을 결정한다. 아난다여, 이렇게 닦고 이렇게 많이 행한 이 기억의 토대는 념(念)-정지(正知)로 이끈다.」

제5장

포살(布薩)

uposatha

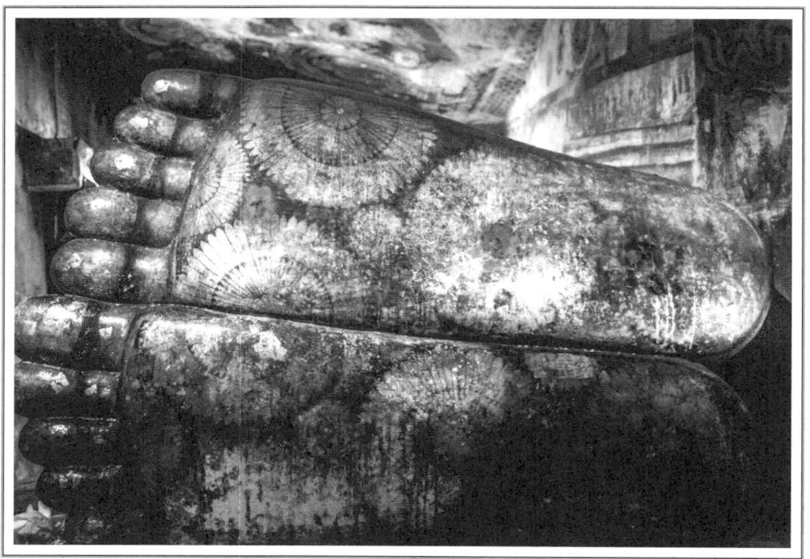

【존경(尊敬)과 포살(布薩)과 공덕(功德)】

(AN 3.37-사대왕(四大王) 경)은 사대왕천(四大王天)에서 실시하는 이 세상에 대한 조사와 연결 지어 포살(布薩)을 설명하는데, 포살일이 지정되는 의미와 세 가지 조사내용을 알 수 있습니다. ― 「사람들 가운데서 많은 사람이 어머니와 아버지를 존경하는지, 가문에서는 사문과 바라문과 어른이 존경받는지, 포살을 준수하고 깨어있는지, 공덕을 짓고 있는지?」

• 포살일이 지정된 의미 ― 사대왕천의 조사일에 맞춘 최소한의 제어된 삶의 실천

• 세 가지 조사 내용[존경과 포살과 공덕] ― ①존경받을 분들에 대한 존경과 ②포살의 준수 그리고 ③공덕을 짓는지, 요약하면, 존경과 포살과 공덕의 세 가지가 신들과 아수라 간의 승패를 좌우하는 요소 즉 신으로 지향되는 삶과 아수라로 지향되는 삶의 차별적 요소임

그렇다면, 인간의 삶에는 부모님에 대한 효도와 사회의 어른들에 대한 존경 그리고 포살(布薩)과 공덕(功德)이라는 기준의 설정을 알 수 있습니다.

재가의 불교신자에게 요구되는 삶의 기준은 오계(五戒)입니다. 그리고 오계 위에 서 있는 불교신자에게 다음 단계로 더 나아가는 신행(信行)의 방법들이 다양하게 제시됩니다. 그 가운데 포살(布薩) 또는 포살일(布薩日)의 준수는 중요한 신행(信行)의 방법입니다.

한국불교에서는 팔관재계(八關齋戒)라고 알려져 있는데, 팔계(八戒)(속세에 있으면서 불교를 믿는 남자와 여자가 육재일에 지켜야 하는 여덟 가지 계행(戒行))를 의미합니다.〈표준국어대사전〉

- 재계(齋戒) - 종교적 의식 따위를 치르기 위하여 몸과 마음을 깨끗이 하고 부정(不淨)한 일을 멀리함.

- 육재일(六齋日) - 한 달 가운데서 몸을 조심하고 마음을 깨끗이 하여 재계(齋戒)하는 여섯 날. 음력 8·14·15·23·29·30일로, 이날에는 사천왕이 천하를 돌아다니며 사람의 선악을 살피는 날이라고 한다.

팔계(八戒)는 포살일(布薩日)에 지키는 여덟 가지 계(戒)입니다. 재가자에게 적용되는 오계(五戒)를 한 달 가운데 여섯 날 동안은 여덟 가지로 확대하여 지키는 신행의 방법인데, 왕에게도(DN 2-사문과경), 신(神)에게도(DN 18-자나와사바 경) 동일하게 적용됩니다. 이때, 여섯 날은 보름을 기준으로 여덟 번째 날과 열네 번째 날 그리고 열다섯 번째 날입니다. —「8일, 14일, 15일, 23일, 29일, 30일」

포살일의 준수 즉 포살일에 팔계를 지키는 신행(信行)은 큰 결실과 큰 이익과 큰 영광과 큰 충만을 위한 방법인데,「참으로 계(戒)를 중시하는 여자와 남자는 여덟 요소를 가진 포살을 준수한다. 공덕을 지어 행복을 열매 맺고, 결점 없는 하늘에 태어나 머문다.」라고 설명됩니다. 그래서 불교신자에게 올바른 신행(信行)[오계(五戒)-팔계(八戒) 등의 준수]은 누가 시켜서 하는 강제적인 것이 아니라 이런 이익을 추구하는 자발적인 삶입니다.

(AN 3.37-사대왕(四大王) 경) 외에 포살을 주제로 설해진 경은 7개를 들 수 있는데, 대략적인 내용은 이렇습니다.

- (AN 8.41-간략한 포살(布薩) 경) — 포살일(布薩日)의 팔계(八戒)를 설명합니다. 오계(五戒)에「⑥하루에 한 끼만 먹는 자여서 밤에 먹지 않고, 때아닌 때에 먹는 것을 삼간다. ⑦춤-노

래-음악-관람-화환-향-화장품-몸에 지니는 것-장식품-꾸민 상태를 버렸기 때문에 춤-노래-음악-관람-화환-향-화장품-몸에 지니는 것-장식품-꾸민 상태로부터 피한 자이다. ⑧높고 큰 침상을 버렸기 때문에 높고 큰 침상으로부터 피한 자이다. 작은 침상이나 풀로 만든 자리 같은 소박한 침상을 사용한다.」라는 세 가지가 더해진 여덟 가지입니다.

(*) 음행(淫行) : 오계(五戒) - 음행에 대한 삿된 행위를 삼감[불사음(不邪婬)], 팔계(八戒) - 음행을 삼감[불음행(不淫行)

'나도 오늘, 이 밤과 낮 동안 아라한(阿羅漢)을 뒤따르리라!'라는 다짐과 실천을 개념으로 하는 포살(布薩)은 부처님에 의해서 재가신자에게 안내된 모범적인 삶의 모습입니다.

한편, 팔계(八戒)는 사미/사미니의 십계(十戒)와 대비됩니다. 십계(十戒)는 ⑦을 '춤-노래-음악-관람'과 '화환-향-화장품-몸에 지니는 것-장식품-꾸민 상태'로 나누고, 금과 은을 받는 것을 금하는 열 번째 조항으로 구성됩니다. 그렇다면, 포살일(布薩日)의 팔계(八戒)는 재가자로서는 하루 동안 경제생활 외에는 출가자에 준하는 삶을 사는 것과 같다고 할 수 있겠습니다.

• (AN 8.42-상세한 포살(布薩) 경)/(AN 8.43-위사카 경)/(AN 8.44-와셋타 경)/(AN 8.45-봇자 경) — 이 네 개의 경은 '빛나는 보석으로 가득한 이 열여섯의 큰 나라에 대한 총괄적 지배력의 왕권(王權)을 가졌다고 가정하자. 그러나 이것은 여덟 요소를 갖춘 포살(布薩)의 십육 분의 일의 가치도 없다. 그 원인은 무엇인가? 비구들이여, 인간의 왕권(王權)은 신의 행복과 견주면 하잘것없는 것이다.'라고 하면서 욕계(慾界)의 여섯 하늘에 대해 설명하는데, 하늘의 즐거움에 더해지는 긴 수명입니다. 그리고 이어서 '어떤 여자나 남자가 여덟 요소를 갖춘 포살을 준수한 뒤에 몸이 무너져 죽은 뒤 사대왕천의 신들의 일원으로 태어날 것이라는 경우는 있다.'라고 하여, 포살을 준수하면 욕계의 여섯 하늘에 태어난다는 것을 알려줍니다. 하늘의 수명은 표로 나타내었습니다.

• (AN 3.71-포살(布薩) 경) — 포살일(布薩日)의 팔계(八戒)와 욕계육천(慾界六天)의 설명 이전에 목동의 포살/니간타의 포살/성스러운 포살을 말합니다. 이때, 성스러운 포살은 오염된 심(心)에 대한 정화의 방책인데, 불(佛)-법(法)-승(僧)-계(戒)-천상(天上)을 계속해서 기억하는 방법입니다.

• (AN 9.18-아홉 요소의 포살 경) — 팔계(八戒)의 준수 외에 자무량심(慈無量心)을 닦는 아홉 가지 요소를 갖춘 포살을 설명합니다.

【팔계(八戒)】

1. 생명을 해치는 행위를 버렸기 때문에 생명을 해치는 행위로부터 피한 자이다. 몽둥이를 내려놓았고, 칼을 내려놓았고, 겸손하고, 연민하고, 모든 생명에게 우정과 동정으로 머문다.

2. 주지 않는 것을 가지는 행위를 버렸기 때문에 주지 않는 것을 가지는 행위로부터 피한 자이다. 주어진 것을 가지는 자이고 주어진 것을 바라는 자이다. 그럼으로써 스스로 깨끗한 존재로 머문다.

3. 음행(淫行)을 버렸기 때문에 범행(梵行)을 실천하는 자이다. 성행위를 멀리하고 삼간다.

4. 거짓을 말하는 행위를 버렸기 때문에 거짓을 말하는 행위로부터 피한 자이다. 진실을 말하는 자여서 믿을 수 있고, 믿을만하고, 신뢰할만하고, 세상을 위해 사실을 말한다.

5. 술과 발효액 등 취하게 하는 것으로 인한 방일한 머묾을 버렸기 때문에 술과 발효액 등 취하게 하는 것으로 인한 방일한 머묾을 피한다.

6. 하루에 한 끼만 먹는 자여서 밤에 먹지 않고, 때아닌 때에 먹는 것을 삼간다.

7. 춤-노래-음악-관람-화환-향-화장품-몸에 지니는 것-장식품-꾸민 상태를 버렸기 때문에 춤-노래-음악-관람-화환-향-화장품-몸에 지니는 것-장식품-꾸민 상태를 피한다.

8. 높고 큰 침상을 버렸기 때문에 높고 큰 침상으로부터 피한 자이다. 작은 침상이나 풀로 만든 자리 같은 소박한 침상을 사용한다.

욕계육천(慾界六天)의 수명

하늘	하루 밤낮	일년	수명의 기준	인간의 수명으로 환산
사대왕천(四大王天)	인간의 50년	30 밤 × 12달	500년	9 백만 년
삼십삼천(三十三天)	인간의 100년	30 밤 × 12달	1,000년	36 백만 년
야마천(夜摩天)	인간의 200년	30 밤 × 12달	2,000년	144 백만 년
도솔천(兜率天)	인간의 400년	30 밤 × 12달	4,000년	576 백만 년
화락천(化樂天)	인간의 800년	30 밤 × 12달	8,000년	2,304 백만 년
타화자재천(他化自在天)	인간의 1,600년	30 밤 × 12달	16,000년	9,216 백만 년

1. (AN 3.37-사대왕(四大王) 경)

- 관심 사항 — 「사람들 가운데서 많은 사람이 어머니와 아버지를 존경하는지, 가문에서는 사문과 바라문과 어른이 존경받는지, 포살을 준수하고 깨어있는지, 공덕을 짓고 있는지?」

- 존경-포살-공덕 → 신(神)과 아수라 간의 세력 경쟁 요소

- 포살 준수의 목적 — 신들의 왕 삭까가 아니라 아라한처럼 되기 위함

보름의 여덟 번째 날에 사대왕의 의회의 동료들이 이 세상을 조사한다. — '사람들 가운데서 많은 사람이 어머니와 아버지를 존경하는지, 가문에서는 사문과 바라문과 어른이 존경받는지, 포살을 준수하고 깨어있는지, 공덕을 짓고 있는지?'라고, 보름의 열네 번째 날에는 사대왕의 아들들이 이 세상을 조사한다. — '사람들 가운데서 많은 사람이 어머니와 아버지를 존경하는지, 가문에서는 사문과 바라문과 어른이 존경받는지, 포살을 준수하고 깨어있는지, 공덕을 짓고 있는지?'라고, 열다섯 번째인 포살일 당일에는 사대왕들이 직접 이 세상을 조사한다. — '사람들 가운데서 많은 사람이 어머니와 아버지를 존경하는지, 가문에서는 사문과 바라문과 어른이 존경받는지, 포살을 준수하고 깨어있는지, 공덕을 짓고 있는지?'라고,

만약, 비구들이여, 사람들 가운데서 어머니와 아버지를 존경하는 사람, 가문에서는 사문과 바라문과 어른이 존경받는 가문, 포살을 준수하고 깨어있고, 공덕을 짓는 수가 적으면, 비구들이여, 사대왕들은 곧바로 수담마 의회에 함께 모여 있는 삼십삼천(三十三天)의 신들에게 알린다. — '존자들이여, 사람들 가운데서 어머니와 아버지를 존경하는 사람, 가문에서는 사문과 바라문과 어른이 존경받는 가문, 포살을 준수하고 깨어있고, 공덕을 짓는 수가 적습니다.'라고. 그로 인해, 비구들이여, 삼십삼천의 신들은 마음에 들지 않아 한다. — '존자들이여, 신들의 무리는 줄어들 것이고, 아수라의 무리는 충만할 것입니다.'라고.

만약, 비구들이여, 사람들 가운데서 어머니와 아버지를 존경하는 사람, 가문에서는 사문과 바라문과 어른이 존경받는 가문, 포살을 준수하고 깨어있고, 공덕을 짓는 수가 많으면, 비구들이여, 사대왕들은 곧바로 수담마 의회에 함께 모여 있는 삼십삼천(三十三天)의 신들에게 알린다. — '존자들이여, 사람들 가운데서 어머니와 아버지를 존경하는 사람, 가문에서는 사문

과 바라문과 어른이 존경받는 가문, 포살을 준수하고 깨어있고, 공덕을 짓는 수가 많습니다.' 라고. 그로 인해, 비구들이여, 삼십삼천의 신들은 마음에 들어 한다. — '존자들이여, 신들의 무리는 충만할 것이고, 아수라의 무리는 줄어들 것입니다.'라고.

비구들이여, 예전에 삼십삼천의 신들을 이끌고 있던 신들의 왕 삭까는 그때 이 게송을 말했다.

보름의 열네 번째와 열다섯 번째 그리고 여덟 번째 날
그리고 연속적으로 행하는 특별한 보름에 여덟 요소를 잘 갖춘
포살을 준수해야 한다. 나와 같은 사람이 되고자 한다면!

비구들이여, 그렇게 신들의 왕 삭까에 의한 이 게송은 잘못 읊어진 것이고, 잘 읊어진 것이 아니고, 잘못 말해진 것이고, 잘 말해진 것이 아니다. 그 원인은 무엇인가? 비구들이여, 신들의 왕 삭까는 탐(貪)에서 벗어나지 못했고, 진(嗔)에서 벗어나지 못했고, 치(癡)에서 벗어나지 못했다.

그러나 비구들이여, 번뇌가 다했고 삶을 완성했으며 해야 할 바를 했고 짐을 내려놓았으며 최고의 선(善)을 성취했고 존재의 족쇄를 완전히 부수었으며 바른 무위의 앎으로 해탈한 아라한인 비구에게, 비구들이여, 이렇게 말하는 것은 적절하다.

보름의 열네 번째와 열다섯 번째 그리고 여덟 번째 날
그리고 연속적으로 행하는 특별한 보름에 여덟 요소를 잘 갖춘
포살을 준수해야 한다. 나와 같은 사람이 되고자 한다면!

그 원인은 무엇인가? 비구들이여, 그 비구는 탐(貪)이 없고, 진(嗔)이 없고, 치(癡)가 없다.

2. (AN 8.41-간략한 포살(布薩) 경)

• 포살의 방법 — 「이런 요소에 의해 나는 아라한을 뒤따른다.」 → 큰 결실과 큰 이익과 큰 영광과 큰 충만이 있음.

이렇게 나는 들었다. — 한때 세존(世尊)은 사왓티에서 제따와나의 아나타삔디까 사원에 머물

렀다. 거기서 세존은 "비구들이여."라고 비구들을 불렀다. "대덕이시여."라고 비구들은 세존에게 대답했다. 세존은 이렇게 말했다. —

"비구들이여, 여덟 요소를 갖춘 포살(布薩)을 준수하면 큰 결실과 큰 이익과 큰 영광과 큰 충만이 있다. 그러면 비구들이여, 어떻게 큰 결실과 큰 이익과 큰 영광과 큰 충만이 있는 여덟 요소를 갖춘 포살을 준수하는가? 비구들이여, 여기 성스러운 제자는 이렇게 숙고한다. — '아라한들은, 죽을 때까지, 생명을 해치는 행위를 버렸기 때문에 생명을 해치는 행위로부터 피한 자이다. 몽둥이를 내려놓았고, 칼을 내려놓았고, 겸손하고, 연민하고, 모든 생명에게 우정과 동정으로 머문다. 나도 오늘, 이 밤과 낮 동안 생명을 해치는 행위를 버렸기 때문에 생명을 해치는 행위로부터 피한 자이다. 몽둥이를 내려놓았고, 칼을 내려놓았고, 겸손하고, 연민하고, 모든 생명에게 우정과 동정으로 머문다. 이런 요소에 의해 나는 아라한을 뒤따른다. 나는 포살을 준수할 것이다.'라고. 이것이 첫 번째 요소의 갖춤이다.

아라한들은, 죽을 때까지, 주지 않는 것을 가지는 행위를 버렸기 때문에 주지 않는 것을 가지는 행위로부터 피한 자이다. 주어진 것을 가지는 자이고 주어진 것을 바라는 자이다. 그럼으로써 스스로 깨끗한 존재로 머문다. 나도 오늘, 이 밤과 낮 동안 주지 않는 것을 가지는 행위를 버렸기 때문에 주지 않는 것을 가지는 행위로부터 피한 자이다. 주어진 것을 가지는 자이고 주어진 것을 바라는 자이다. 그럼으로써 스스로 깨끗한 존재로 머문다. 이런 요소에 의해 나는 아라한을 뒤따른다. 나는 포살을 준수할 것이다.'라고. 이것이 두 번째 요소의 갖춤이다.

아라한들은, 죽을 때까지, 음행(淫行)을 버렸기 때문에 범행(梵行)을 실천하는 자이다. 성행위를 멀리하고 삼간다. 나도 오늘, 이 밤과 낮 동안 음행(淫行)을 버렸기 때문에 범행(梵行)을 실천하는 자이다. 성행위를 멀리하고 삼간다. 이런 요소에 의해 나는 아라한을 뒤따른다. 나는 포살을 준수할 것이다.'라고. 이것이 세 번째 요소의 갖춤이다.

아라한들은, 죽을 때까지, 거짓을 말하는 행위를 버렸기 때문에 거짓을 말하는 행위로부터 피한 자이다. 진실을 말하는 자여서 믿을 수 있고, 믿을만하고, 신뢰할만하고, 세상을 위해 사실을 말하는 자이다. 나도 오늘, 이 밤과 낮 동안 거짓을 말하는 행위를 버렸기 때문에 거짓을 말하는 행위로부터 피한 자이다. 진실을 말하는 자여서 믿을 수 있고, 믿을만하고, 신뢰할만하고, 세상을 위해 사실을 말하는 자이다. 이런 요소에 의해 나는 아라한을 뒤따른다. 나는 포살을 준수할 것이다.'라고. 이것이 네 번째 요소의 갖춤이다.

아라한들은, 죽을 때까지, 술과 발효액 등 취하게 하는 것으로 인한 방일한 머묾을 버렸기 때문에 술과 발효액 등 취하게 하는 것으로 인한 방일한 머묾으로부터 피한 자이다. 나도 오늘, 이 밤과 낮 동안 술과 발효액 등 취하게 하는 것으로 인한 방일한 머묾을 버렸기 때문에, 술과 발효액 등 취하게 하는 것으로 인한 방일한 머묾으로부터 피한 자이다. 이런 요소에 의해 나는 아라한을 뒤따른다. 나는 포살을 준수할 것이다.'라고. 이것이 다섯 번째 요소의 갖춤이다.

아라한들은, 죽을 때까지, 하루에 한 끼만 먹는 자여서 밤에 먹지 않고, 때아닌 때에 먹는 것을 삼간다. 나도 오늘, 이 밤과 낮 동안 하루에 한 끼만 먹는 자여서 밤에 먹지 않고, 때아닌 때에 먹는 것을 삼간다. 이런 요소에 의해 나는 아라한을 뒤따른다. 나는 포살을 준수할 것이다.' 라고. 이것이 여섯 번째 요소의 갖춤이다.

아라한들은, 죽을 때까지, 춤-노래-음악-관람-화환-향-화장품-몸에 지니는 것-장식품-꾸민 상태를 버렸기 때문에 춤-노래-음악-관람-화환-향-화장품-몸에 지니는 것-장식품-꾸민 상태로부터 피한 자이다. 나도 오늘, 이 밤과 낮 동안 춤-노래-음악-관람-화환-향-화장품-몸에 지니는 것-장식품-꾸민 상태를 버렸기 때문에 춤-노래-음악-관람-화환-향-화장품-몸에 지니는 것-장식품-꾸민 상태로부터 피한 자이다. 이런 요소에 의해 나는 아라한을 뒤따른다. 나는 포살을 준수할 것이다.'라고. 이것이 일곱 번째 요소의 갖춤이다.

아라한들은, 죽을 때까지, 높고 큰 침상을 버렸기 때문에 높고 큰 침상으로부터 피한 자이다. 작은 침상이나 풀로 만든 자리 같은 소박한 침상을 사용한다. 나도 오늘, 이 밤과 낮 동안 높고 큰 침상을 버렸기 때문에 높고 큰 침상으로부터 피한 자이다. 작은 침상이나 풀로 만든 자리 같은 소박한 침상을 사용한다. 이런 요소에 의해 나는 아라한을 뒤따른다. 나는 포살을 준수할 것이다.'라고. 이것이 여덟 번째 요소의 갖춤이다. 비구들이여, 이런 여덟 요소를 갖춘 포살(布薩)을 준수하면 큰 결실과 큰 이익과 큰 영광과 큰 충만이 있다."

3. (AN 8.42-상세한 포살(布薩) 경)

- 얼마나 큰 결실과 큰 이익과 큰 영광과 큰 충만이 있는가?

- 인간의 왕권(王權)은 신의 행복과 견주면 하잘것없는 것

• 신들의 수명의 기준 → 표[욕계육천(欲界六天)의 수명]

"비구들이여, 여덟 요소를 갖춘 포살(布薩)을 준수하면 큰 결실과 큰 이익과 큰 영광과 큰 충만이 있다. 그러면 비구들이여, 어떻게 큰 결실과 큰 이익과 큰 영광과 큰 충만이 있는 여덟 요소를 갖춘 포살을 준수하는가? 비구들이여, 여기 성스러운 제자는 이렇게 숙고한다. — '아라한들은, 죽을 때까지, 생명을 해치는 행위를 버렸기 때문에 생명을 해치는 행위로부터 피한 자이다. 몽둥이를 내려놓았고, 칼을 내려놓았고, 겸손하고, 연민하고, 모든 생명에게 우정과 동정으로 머문다. 나도 오늘, 이 밤과 낮 동안 생명을 해치는 행위를 버렸기 때문에 생명을 해치는 행위로부터 피한 자이다. 몽둥이를 내려놓았고, 칼을 내려놓았고, 겸손하고, 연민하고, 모든 생명에게 우정과 동정으로 머문다. 이런 요소에 의해 나는 아라한을 뒤따른다. 나는 포살을 준수할 것이다.'라고. 이것이 첫 번째 요소의 갖춤이다. …

아라한들은, 죽을 때까지, 높고 큰 침상을 버렸기 때문에 높고 큰 침상으로부터 피한 자이다. 작은 침상이나 풀로 만든 자리 같은 소박한 침상을 사용한다. 나도 오늘, 이 밤과 낮 동안 높고 큰 침상을 버렸기 때문에 높고 큰 침상으로부터 피한 자이다. 작은 침상이나 풀로 만든 자리 같은 소박한 침상을 사용한다. 이런 요소에 의해 나는 아라한을 뒤따른다. 나는 포살을 준수할 것이다.'라고. 이것이 여덟 번째 요소의 갖춤이다. 비구들이여, 이런 여덟 요소를 갖춘 포살(布薩)을 준수하면 큰 결실과 큰 이익과 큰 영광과 큰 충만이 있다.

얼마나 큰 결실과 큰 이익과 큰 영광과 큰 충만이 있는가? 비구들이여, 예를 들면 앙가, 마가다, 까시, 꼬살라, 왓지, 말라, 쩨띠, 왕가, 꾸루, 빤짤라, 맛차, 수라세나, 앗사까, 아완띠, 간다라, 깜보자 등 빛나는 보석으로 가득한 이 열여섯의 큰 나라에 대한 총괄적 지배력의 왕권(王權)을 가졌다고 가정하자. 그러나 이것은 여덟 요소를 갖춘 포살(布薩)의 십육 분의 일의 가치도 없다. 그 원인은 무엇인가? 비구들이여, 인간의 왕권(王權)은 신의 행복과 견주면 하잘것없는 것이다.

비구들이여, 사대왕천(四大王天)의 신들에게는 인간의 오십 년이 하루 밤낮이다. 그 밤으로 삼십 밤을 가진 것이 한 달이다. 그달에 의해 열두 달이 일 년(年)이다. 그 년(年)으로 신들의 오백 년이 사대왕천의 신들의 수명의 기준이 된다. 그리고 비구들이여, 어떤 여자나 남자가 여덟 요소를 갖춘 포살을 준수한 뒤에 몸이 무너져 죽은 뒤 사대왕천의 신들의 일원으로 태어날 것이라는 경우는 있다. 비구들이여, 이것은 '인간의 왕권(王權)은 신의 행복과 견주면 하잘것없는 것이다.'라는 것과 관련해서 말한 것이다.

비구들이여, 삼십삼천(三十三天)의 신들에게는 인간의 백 년이 하루 밤낮이다. 그 밤으로 삼십 밤을 가진 것이 한 달이다. 그달에 의해 열두 달이 일 년(年)이다. 그 년(年)으로 신들의 천 년이 삼십삼천의 신들의 수명의 기준이 된다. 그리고 비구들이여, 어떤 여자나 남자가 … 삼십삼천의 신들의 일원으로 …

비구들이여, 야마천(夜摩天)의 신들에게는 인간의 이백 년이 하루 밤낮이다. 그 밤으로 삼십 밤을 가진 것이 한 달이다. 그달에 의해 열두 달이 일 년(年)이다. 그 년(年)으로 신들의 이천 년이 야마천의 신들의 수명의 기준이 된다. 그리고 비구들이여, 어떤 여자나 남자가 … 야마천의 신들의 일원으로 …

비구들이여, 도솔천(兜率天)의 신들에게는 인간의 사백 년이 하루 밤낮이다. 그 밤으로 삼십 밤을 가진 것이 한 달이다. 그달에 의해 열두 달이 일 년(年)이다. 그 년(年)으로 신들의 사천 년이 도솔천의 신들의 수명의 기준이 된다. 그리고 비구들이여, 어떤 여자나 남자가 … 도솔천의 신들의 일원으로 …

비구들이여, 화락천(化樂天)의 신들에게는 인간의 팔백 년이 하루 밤낮이다. 그 밤으로 삼십 밤을 가진 것이 한 달이다. 그달에 의해 열두 달이 일 년(年)이다. 그 년(年)으로 신들의 팔천 년이 화락천의 신들의 수명의 기준이 된다. 그리고 비구들이여, 어떤 여자나 남자가 … 화락천의 신들의 일원으로 …

비구들이여, 타화자재천(他化自在天)의 신들에게는 인간의 천육백 년이 하루 밤낮이다. 그 밤으로 삼십 밤을 가진 것이 한 달이다. 그달에 의해 열두 달이 일 년(年)이다. 그 년(年)으로 신들의 일만 육천 년이 타화자재천의 신들의 수명의 기준이 된다. 그리고 비구들이여, 어떤 여자나 남자가 여덟 요소를 갖춘 포살을 준수한 뒤에 몸이 무너져 죽은 뒤 타화자재천의 신들의 일원으로 태어날 것이라는 경우는 있다. 비구들이여, 이것은 '인간의 왕권(王權)은 신의 행복과 견주면 하잘것없는 것이다.'라는 것과 관련해서 말한 것이다.

생명을 해치지 않고, 또 주어지지 않은 것을 가지지 않고, 거짓을 말하지 않고, 또 술을 마시지 않아야 한다. 음행(淫行)을, 성행위를 멀리해야 하고, 밤에, 때 아닌 때에 먹지 않아야 한다.

화환을 걸지 말고 향을 뿌리지 말고, 땅에 놓인 작은 침상이나 자리에서 잠을 잔다. 참으로 이것 여덟 요소를 가진 큰 포살이 부처님에 의해 괴로움의 끝을 위한 것으로 알려졌다.

달도 태양도 둘 모두 아름다운 것이니 그 움직임이 미치는 곳까지 비춘다. 그들은 어둠을 거두고 허공을 가니 구름을, 모든 방향을 비춘다.

세상에는 보석 중에 진주, 수정, 행운의 청금석, 그리고 색깔이 좋은 금이거나 금이 있고, 하따까 금이라고 불린다. 그러나 그것은 여덟 요소를 가진 포살의 십육 분의 일에도 미치지 못하니 모든 별 무리가 달빛의 십육 분의 일에 미치지 못하는 것과 같다.

그러니 참으로 계(戒)를 중시하는 여자와 남자는 여덟 요소를 가진 포살을 준수한다. 공덕을 지어 행복을 열매 맺고, 결점 없는 하늘에 태어나 머문다.

4. (AN 8.43-위사카 경) — 비구들 대신 위사카에게 설해진 점 외에는 (AN 8.42-상세한 포살(布薩) 경)과 동일

5. (AN 8.44-와셋타 경)

- 포살=제사 —「누구든지 여덟 요소를 갖춘 포살(布薩)을 준수하면 이익과 행복이 오랫동안 있을 것」

한때 세존은 웨살리에서 큰 숲의 뾰족지붕 강당에 머물렀다. 그때 남신자 와셋타가 세존에게 다가갔다. 가서는 세존에게 절한 뒤 한 곁에 앉았다. 한 곁에 앉은 남신자 와셋타에게 세존은 이렇게 말했다. — "와셋타여, 여덟 요소를 갖춘 포살(布薩)을 준수하면 큰 결실과 큰 이익과 큰 영광과 큰 충만이 있다. … 결점 없는 하늘에 태어나 머문다."라고.

이렇게 말하자 남신자 와셋타는 세존에게 이렇게 말했다. — "대덕이시여, 저의 아내와 친척들

이 여덟 요소를 갖춘 포살(布薩)을 준수할 것입니다. 그러면 저의 아내와 친척들에게 이익과 행복이 오랫동안 있을 것입니다. 대덕이시여, 만약 모든 끄샤뜨리야들이 여덟 요소를 갖춘 포살을 준수하면 모든 끄샤뜨리야들에게도 이익과 행복이 오랫동안 있을 것입니다. 대덕이시여, 만약 모든 바라문들이 … 와이샤들이 … 수드라들이 여덟 요소를 갖춘 포살을 준수하면 모든 수드라들에게도 이익과 행복이 오랫동안 있을 것입니다."라고.

"그러하다, 와셋타여. 그러하다, 와셋타여! 와셋타여, 만약 모든 끄샤뜨리야들이 여덟 요소를 갖춘 포살을 준수하면 모든 끄샤뜨리야들에게도 이익과 행복이 오랫동안 있을 것이다. 와셋타여, 만약 모든 바라문들이 … 와이샤들이 … 수드라들이 여덟 요소를 갖춘 포살을 준수하면 모든 수드라들에게도 이익과 행복이 오랫동안 있을 것이다. 와셋타여, 만약 신들을 포함하고 마라들을 포함하고 범천의 세상을 포함한 세상에서 사문-바라문을 포함하고 신과 인간을 포함한 존재-생명이 여덟 요소를 갖춘 포살을 준수하면 신들을 포함하고 마라들을 포함하고 범천의 세상을 포함한 세상에서 사문-바라문을 포함하고 신과 인간을 포함한 존재-생명에게도 이익과 행복이 오랫동안 있을 것이다. 와셋타여, 만약 이 큰 살라 나무들이 여덟 요소를 갖춘 포살을 준수하면 이 살라 나무들에게도 이익과 행복이 오랫동안 있을 것이다. 그러니 인간 존재에게야 말해 무엇 하겠는가?"

6. (AN 8.45-봇자 경) — 비구들 대신 봇자에게 설해진 점 외에는 (AN 8.42-상세한 포살(布薩) 경)과 동일

7. (AN 3.71-포살(布薩) 경) — 포살일에 세존에게 온 위사카는 오늘 포살을 준수하고 있다고 말하고, 부처님은 세 가지 포살에 대해 설명하는데, 소치는 사람의 포살, 니간타의 포살, 성스러운 포살입니다.

소치는 사람의 포살은 저녁에 일을 마친 소치는 사람이 소들의 일상과 자신의 일상을 숙고하는 것인데, 이런 소치는 사람의 포살은 큰 결실과 큰 이익과 큰 영광과 큰 충만이 없습니다.

니간타의 포살은 일부의 생명을 위한 연민과 동정을 부추기고, 진실에 대해 부추겨져야 하는 때에 거짓을 부추기는 것인데, 이런 니간타의 포살은 큰 결실과 큰 이익과 큰 영광과 큰 충만이 없습니다.

성스러운 포살은, 먼저, 오염된 심(心)에 대한 방책에 의한 정화를 말합니다. 불(佛)-법(法)-승(僧)-계(戒)-천상(天上)을 계속해서 기억하는 것인데,

•[여래(如來)의 포살] 여래를 계속해서 기억하는 그에게 심(心)은 청정해지고 환희가 생기고, 심(心)의 오염원들은 버려진다. 위사카여, 이것이 '성스러운 제자는 범천(梵天)의 포살을 준수한다. 범천과 함께 산다. 범천을 시작으로 심(心)은 청정해지고 환희가 생기고, 심(心)의 오염원들은 버려진다.'라고 불린다. 위사카여, 이렇게 오염된 심(心)에 대한 방책에 의한 정화가 있다.

•[법(法)의 포살] 법을 계속해서 기억하는 그에게 심(心)은 청정해지고 환희가 생기고, 심(心)의 오염원들은 버려진다. 위사카여, 이것이 '성스러운 제자는 법(法)의 포살을 준수한다. 법과 함께 산다. 법을 시작으로 심(心)은 청정해지고 환희가 생기고, 심(心)의 오염원들은 버려진다.'라고 불린다. 위사카여, 이렇게 오염된 심(心)에 대한 방책에 의한 정화가 있다.

•[승(僧)의 포살] 승을 계속해서 기억하는 그에게 심(心)은 청정해지고 환희가 생기고, 심(心)의 오염원들은 버려진다. 위사카여, 이것이 '성스러운 제자는 승(僧)의 포살을 준수한다. 승과 함께 산다. 승을 시작으로 심(心)은 청정해지고 환희가 생기고, 심(心)의 오염원들은 버려진다.'라고 불린다. 위사카여, 이렇게 오염된 심(心)에 대한 방책에 의한 정화가 있다.

• [계(戒)의 포살] 계(戒)를 계속해서 기억하는 그에게 심(心)은 청정해지고 환희가 생기고, 심(心)의 오염원들은 버려진다. 위사카여, 이것이 '성스러운 제자는 계(戒)의 포살을 준수한다. 계와 함께 산다. 계를 시작으로 심(心)은 청정해지고 환희가 생기고, 심(心)의 오염원들은 버려진다.'라고 불린다. 위사카여, 이렇게 오염된 심(心)에 대한 방책에 의한 정화가 있다.

•[천신(天神)의 포살] 자기와 그 신들의 믿음과 계와 배움과 보시와 지혜를 계속해서 기억하는 그에게 심(心)은 청정해지고 환희가 생기고, 심(心)의 오염원들은 버려진다. 위사카여, 이것이 '성스러운 제자는 천신(天神)의 포살을 준수한다. 천신과 함께 산다. 천신을 시작으로 심(心)은 청정해지고 환희가 생기고, 심(心)의 오염원들은 버려진다.'라고 불린

다. 위사카여, 이렇게 오염된 심(心)에 대한 방책에 의한 정화가 있다.

라고 설명됩니다. 그리고 이어서 (AN 8.42-상세한 포살(布薩) 경)의 포살이 동일하게 설명됩니다.

불(佛)-법(法)-승(僧)-계(戒)-천상(天上)을 계속해서 기억함으로써 심(心)의 청정-환희-심(心)의 오염원들의 버려지는 것이 여래(如來)-법(法)-승(僧)-계(界)-천신(天神)의 포살인데, 오염된 심(心)에 대한 방책이 되는 높은 정화입니다.

그리고 거기에 미치지는 못하더라도, 재가자에게 큰 결실과 큰 이익과 큰 영광과 큰 충만을 있게 하는 여덟 요소를 갖춘 포살(布薩)의 준수를 함께 설명하고 있습니다.

8. (AN 9.18-아홉 요소의 포살 경)

비구들이여, 아홉 요소를 갖춘 포살(布薩)을 준수하면 큰 결실과 큰 이익과 큰 영광과 큰 충만이 있다. 비구들이여, 어떻게 아홉 요소를 갖춘 포살(布薩)을 준수하면 큰 결실과 큰 이익과 큰 영광과 큰 충만이 있는가? 여기, 비구들이여, 성스러운 제자는 이렇게 숙고한다. — … 첫 번째 요소부터 여덟 번째 요소는 (AN 8.41-간략한 포살(布薩) 경) … 자(慈)가 함께한 심(心)으로 한 방향을 채우면서 머문다. 그렇게 두 방향을, 그렇게 세 방향을, 그렇게 네 방향을. 이렇게 위로 아래로 중간방위로, 모든 곳에서 모두에게 펼쳐서 모든 세상을 크고 귀하고 무량한, 원망 없고 거슬림 없는 자(慈)가 함께한 심(心)으로 채우면서 머문다. 이런 아홉 번째 요소를 갖춘다. 이렇게 아홉 요소를 갖춘 포살(布薩)을 준수하면 큰 결실과 큰 이익과 큰 영광과 큰 충만이 있다.

【 제사와 공덕 총괄 장 】

Ⅰ. 공덕의 우월을 순차적으로 설명하는 경들,

Ⅱ. 공덕에 의한 태어남을 구체적으로 설하는 경들

Ⅰ. 공덕의 우월을 순차적으로 설명하는 경들

1. (DN 5-꾸따단따 경) 요약 - 「주제 = 제사(祭祀-yañña)」

[도입]

이렇게 나는 들었다. — 한때 마가다에서 돌아다니며 살고 있던 세존은 오백 명의 큰 비구 상가와 함께 카누마따라는 마가다의 바라문 마을에 도착했다. 거기 카누마따에서 세존은 암발랏티까에 머물렀다. 그때 꾸따단따 바라문이 중생들이 가득하고, 풀과 나무와 물과 곡식이 풍부하고, 왕의 재산이고, 마가다의 왕 세니야 빔비사라에 의해 주어진 왕의 성스러운 하사품인 카누마따에 살고 있었다. 그때 꾸따단따 바라문은 큰 제사를 준비하고 있었다. 칠백 마리의 황소와 칠백 마리의 큰 송아지와 칠백 마리의 큰 암송아지와 칠백 마리의 염소와 칠백 마리의 숫양이 제사를 위해 제사 기둥에 묶여있었다.

[대화의 시작]

한 곁에 앉은 꾸따단따 바라문은 세존에게 이렇게 말했다. — "고따마 존자여, 저는 '사문 고따마는 세 가지 제사의 성취와 열여섯 가지 필수품에 대해서 안다.'라고 들었습니다. 그러나 저는 세 가지 제사의 성취와 열여섯 가지 필수품에 대해 모릅니다. 그런데 저는 큰 제사를 지내기를 원합니다. 고따마 존자께서 저에게 세 가지 제사의 성취와 열여섯 가지 필수품에 대해 가르쳐 주시면 고맙겠습니다."

[마하위지따 왕의 일화]

"그렇다면 바라문이여, 듣고 잘 사고하십시오. 나는 말하겠습니다." "알겠습니다, 존자여."라고 꾸따단따 바라문은 세존에게 대답했다. 세존은 이렇게 말했다. — "바라문이여, 옛날에 부유하고, 큰 부를 가졌고, 소유한 것이 많고, 금과 은이 풍부하고, 토지와 도구가 풍부하고, 재산과 곡식이 풍부하고. 창고와 곳간은 가득 찬 마하위지따라는 왕이 있었습니다. 바라문이여, 외딴곳에서 홀로 머무는 마하위지따 왕에게 이런 심(心)의 온전한 생각이 떠올랐습니다. — '나는 인간을 위한 많은 재산을 얻었고, 넓은 영토를 정복하여 살고 있다. 나는 나에게 오랫동안 이익과 행복을 있게 할 큰 제사를 지내야겠다.'라고.

그러자 바라문이여, 마하위지따 왕은 종교 고문 바라문에게 이렇게 말했다. — '여기, 바라문이여, 외딴곳에서 홀로 머무는 나에게 이런 심(心)의 온전한 생각이 떠올랐소. — '나는 인간을 위한 많은 재산을 얻었고, 넓은 영토를 정복하여 살고 있다. 나는 나에게 오랫동안 이익과 행복을 있게 할 큰 제사를 지내야겠다.'라고."

이렇게 말했을 때, 바라문이여, 종교 고문 바라문은 위지따 왕에게 이렇게 말했습니다. —

[종교 고문 바라문의 조언]

1) 먼저, 왕의 소임을 다할 것 — 백성들에게 어울리는 직업을 가질 수 있도록 하자 백성들은 왕의 영토를 해치지 않게 됨. 왕에게는 많은 세입(稅入)이 생기고, 영토는 평화롭고, 백성들은 안전하고 다복하고 풍요롭게 살게 됨.

2) 제사의 필수품 세 가지 — ①관료 또는 영향력을 가진 사람들과 먼저 의논하여 동의를 구함[네 측근], ②제사를 지내는 사람의 요건을 갖출 것[여덟 가지], ③요건을 갖춘 바라문을 선정하여 제사를 주관시킬 것[네 가지] → 세 가지 제사의 성취와 열여섯 가지 필수품

3) 세 가지 자부심 — 「바라문이여, 제사를 지내기 전에 종교 고문 바라문은 마하위지따 왕에게 세 가지 자부심을 설명했소. ①큰 제사를 지내고자 하는 폐하에게 '나에게 많은 재산의 무더기가 사라질 것이다.'라는 어떤 후회가 있을 수 있습니다. 폐하께서는 그런 후회를 하지 않아야 합니다. ②큰 제사를 지내고 있는 폐하에게 '나에게 많은 재산의 무더기가 사라진다.'라는 어떤 후회가 있을 수 있습니다. 폐하께서는 그런 후회를 하지 않아야 합니다. ③큰 제사를 지낸 뒤에 폐하에게 '나에게 많은 재산의 무더기가 사라졌다.'라는 어떤 후회가 있을 수 있습니다. 폐하께서는 그런 후회를 하지 않아야 합니다. 바라문이여, 제사를 지내기 전에 종교 고문 바라문은 마하위지따 왕에게 이런 세 가지 자부심을 설명했소.」

4) 제사에 받아들이는 사람의 선정 기준 열 가지 — 「바라문이여, 제사를 지내기 전에 종교 고문 바라문은 마하위지따 왕에게 열 가지 방법으로 제사에 받아들이는 사람들에 대한 염려를 해소하였소. — '폐하의 제사에 ①생명을 해치는 사람도 생명을 해치는 행위로부터 피한 사람도 올 것입니다. 거기서 생명을 해치는 사람은 그들 가운데 그들에 의해 있게 하십시오. 거기

서 생명을 해치는 행위로부터 피한 사람과 함께 제사를 지내고, 함께 붙잡고, 함께 기뻐하고, 함께 안으로 심(心)을 청정케 하십시오. 폐하의 제사에 ②주지 않는 것은 가지는 사람도 주지 않는 것을 가지는 행위로부터 피한 사람도 올 것입니다. … ③음행(淫行)에 대해 삿되게 행하는 사람도 음행(淫行)에 대한 삿된 행위로부터 피한 사람도 … ④거짓을 말하는 사람도 거짓을 말하는 행위로부터 피한 사람도 … ⑤험담하는 사람도 험담하는 행위로부터 피한 사람도 … ⑥거친 말을 하는 사람도 거칠게 말하는 행위로부터 피한 사람도 … ⑦쓸모없고 허튼 말을 하는 사람도 쓸모없고 허튼 말하는 행위로부터 피한 사람도 … ⑧간탐(慳貪) 하는 사람도 간탐 하지 않는 사람도 … ⑨거슬린 심(心)을 가진 사람도 거슬린 심(心)을 가지지 않은 사람도 … ⑩삿된 견해를 가진 사람도 바른 견해를 가진 사람도 올 것입니다. 거기서 삿된 견해를 가진 사람은 그들 가운데 그들에 의해 있게 하십시오. 거기서 바른 견해를 가진 사람과 함께 제사를 지내고, 함께 붙잡고, 함께 기뻐하고, 함께 안으로 심(心)을 청정케 하십시오.' 바라문이여, 제사를 지내기 전에 종교 고문 바라문은 마하위지따 왕에게 이런 열 가지 방법으로 제사에 받아들이는 사람들에 대한 염려를 해소하였소.」

5) 열여섯 가지 필수품을 갖추었기 때문에 열여섯 가지 필수품을 갖추지 않고 제사를 지낸다고 누군가가 말한다면, 이것은 법답지 못함 → 「이것에 의해서 폐하는 알아야 합니다. 제사를 지내고, 붙잡고, 기뻐하고, 안으로 심(心)을 청정케 하십시오.」

바라문이여, 종교 고문 바라문은 마하위지따 왕에게 이런 열여섯 가지 방법으로 큰 제사를 설명하고 격려하고 분명히 하고 심(心)을 기쁘게 하였소.

[마하위지따 왕의 제사]

1) 생명을 죽이지 않는 제사

소들을 죽이지 않았고 염소와 양들도 죽이지 않았고 닭과 돼지들도 죽이지 않았소. 여러 생명을 죽이지 않았고, 제사 기둥을 위해 나무를 자르지 않았고, 제사 풀을 위해 다르바 풀을 베지도 않았소. 몽둥이가 무섭고, 두려움에 떠는 하인과 전령과 일꾼들도 눈물 젖은 얼굴로 울면서 준비를 하지 않았소. 원하는 자들은 행했고 원하지 않는 자들은 행하지 않았으며, 원하는 것을 행했고 원하지 않는 것을 행하지 않았소. 버터, 기름, 생 버터, 신 우유, 꿀, 당밀로 그 제사를 지냈소.

2) 네 부류의 관료 또는 영향력을 가진 사람들도 동일한 방법으로 제사를 지냄

[마하위지따 왕의 일화의 마무리]

1) 이렇게 동의하는 네 측근이 있고, 마하위지따 왕은 여덟 요소를 갖추었고, 종교 고문 바라문은 네 가지 요소를 갖추었소. 이것이, 바라문이여, 세 가지 자부심이고, 세 가지 제사의 성취와 열여섯 가지 필수품이오.

2) 종교 고문 바라문 = 부처님의 전생

바라문이여, 나는 이런 제사를 지내거나 지내게 한 것을 원인으로 몸이 무너져 죽은 뒤에 좋은 곳 하늘 세상에 태어난 것을 기억하오. 내가 그때 그 제사를 지내게 한 종교 고문 바라문이었소.

[불교적인 제사]

그리고 이보다 할 일이 더 적고 덜 어려우면서도 더 많은 결실과 더 많은 이익을 주는 다른 제사에 대해 깨달음을 성취한 부처님으로서 새로운 제사 방법을 안내하는데, 이것이 바로 불교적인 제사 방법입니다.

「"고따마 존자여, 이 세 가지 제사의 성취와 열여섯 가지 필수품들보다 할 일이 더 적고 덜 어려우면서도 더 많은 결실과 더 많은 이익을 주는 다른 제사가 있습니까?"

"바라문이여, 이 세 가지 제사의 성취와 열여섯 가지 필수품들보다 할 일이 더 적고 덜 어려우면서도 더 많은 결실과 더 많은 이익을 주는 다른 제사가 있소."

"고따마 존자여, 이 세 가지 제사의 성취와 열여섯 가지 필수품들보다 할 일이 더 적고 덜 어려우면서도 더 많은 결실과 더 많은 이익을 주는 다른 제사는 무엇입니까?"」

1) 끊임없는 보시가 가문을 이어가는 제사인데, 계를 중시하는 출가자를 위해 베풀어지는 것.

2) 사방 승가를 위해 승원을 짓는 것

3) 고운 심(心)을 가진 자로서 의지처인 부처님에게로 가고, 의지처인 가르침에게로 가고, 의지처인 성자들에게로 감

4) 고운 심(心)을 가진 자로서 생명을 해치는 행위를 삼가고, 주지 않는 것을 가지는 행위를 삼가고, 음행(淫行)에 대해 삿되게 행함을 삼가고, 거짓을 말하는 행위를 삼가고, 술과 발효액 등 취하게 하는 것으로 인한 방일한 머묾을 삼가는 학습계목을 지니고 사는 것

5) 여래(如來)의 출현으로부터 깨달음까지의 전체 과정에 걸친 사문과경(沙門果經)의 수행체계를 설명

→ 이것이, 바라문이여, 앞의 제사보다 할 일이 더 적고 덜 어려우면서도 더 많은 결실과 더 많은 이익을 주는 제사요. 바라문이여, 이런 제사의 성취보다 더 높고 더 뛰어난 다른 제사의 성취는 없소.

[꾸따단따 바라문의 귀의 & 제물로 준비한 동물들을 풀어줌]

이렇게 말했을 때 꾸따단따 바라문은 세존에게 이렇게 말했다. — "정말 기쁩니다, 고따마 존자시여. 정말 기쁩니다, 고따마 존자시여! 예를 들면, 고따마 존자시여, 넘어진 자를 일으킬 것입니다. 덮여있는 것을 걷어낼 것입니다. 길 잃은 자에게 길을 알려줄 것입니다. '눈 있는 자들은 모습들을 본다.'라며 어둠 속에서 기름 등불을 들 것입니다. 이처럼, 고따마 존자에 의해서 여러 가지 방법으로 설해진 법이 있습니다. 이런 저는 의지처인 고따마 존자 그리고 가르침과 비구 상가에게로 갑니다. 고따마 존자께서는 저를 오늘부터 살아있는 동안 귀의한 남신자로 받아 주십시오. 이런 저는, 고따마 존자시여, 칠백 마리의 황소와 칠백 마리의 큰 송아지와 칠백 마리의 큰 암송아지와 칠백 마리의 염소와 칠백 마리의 숫양을 풀어주겠습니다. 그들을 살려주고, 푸른 풀을 주고, 시원한 물을 주고, 시원한 바람을 맞게 해주겠습니다."

[경의 마무리]

부처님은 꾸따단따 바라문에게 차제설법(次第說法)을 설하고, 법안(法眼)이 생긴 꾸따단따 바라문은 부처님에게 비구 상가와 함께 다음 날의 공양을 청함.

2. (AN 9.20-웰라마 경)

한때 세존은 사왓티에서 제따와나의 아나타삔디까 사원에 머물렀다. 그때 아나타삔디까 장자가 세존에게 왔다. 와서는 세존에게 절한 뒤 한 곁에 앉았다. 한 곁에 앉은 아나타삔디까 장자에게 세존은 이렇게 말했다. ―

"장자여, 그대의 가문은 보시를 하는가?" "대덕이시여, 저희 가문은 부서진 쌀로 만든 희멀건 죽에 식초를 타서 먹는 거친 음식을 보시합니다." "장자여, 거친 것이든 뛰어난 것이든, 정성을 담지 않고 보시하고, 존중함 없이 보시하고, 남의 손으로 보시하고, 버려진 것으로 보시하고, 온다는 견해 없이 보시하면, 어디에서 그 보시의 보(報)가 생기더라도 좋은 음식을 먹기 위해 심(心)이 기울지 않고, 좋은 옷을 입기 위해 심(心)이 기울지 않고, 좋은 마차를 타기 위해 심(心)이 기울지 않고, 뛰어난 다섯 가지 소유의 사유에 묶인 것을 가지기 위해 심(心)이 기울지 않는다. 자식도, 아내도, 하인도, 직원도, 일하는 사람들도 배우지 않고, 귀를 기울이지 않고, 이해하는 심(心)을 확고히 하지 않는다. 그 원인은 무엇인가? 이렇게, 장자여, 이것이 정성을 담지 않고 행한 업(業)들의 보(報)다.

장자여, 거친 것이든 뛰어난 것이든, 정성을 담아 보시하고, 존중하면서 보시하고, 자신의 손으로 보시하고, 챙겨놓은 것으로 보시하고, 온다는 견해를 가지고 보시하면, 어디에서 그 보시의 보(報)가 생기더라도 좋은 음식을 먹기 위해 심(心)이 기울고, 좋은 옷을 입기 위해 심(心)이 기울고, 좋은 마차를 타기 위해 심(心)이 기울고, 뛰어난 다섯 가지 소유의 사유에 묶인 것을 가지기 위해 심(心)이 기운다. 자식도, 아내도, 하인도, 직원도, 일하는 사람들도 배우고, 귀를 기울이고, 이해하는 심(心)을 확고히 한다. 그 원인은 무엇인가? 이렇게, 장자여, 이것이 정성을 담아 행한 업(業)들의 보(報)다.

예전에, 바라문이여, 웰라마라는 바라문이 있었다. 그는 이런 큰 보시를 했다. 팔만사천의 금으로 된 그릇에 은을 가득 채워 보시하고, 팔만사천의 은으로 된 그릇에 금을 가득 채워 보시하고, 팔만사천의 청동으로 된 그릇에 황금을 가득 채워 보시하고, 금으로 장식하고 금으로 된 깃발을 달고 금으로 된 그물을 덮은 팔만사천의 코끼리를 보시하고, 사자 가죽으로 만든 옷을 입은 수행원과 호랑이 가죽으로 만든 옷을 입은 수행원과 표범 가죽으로 만든 옷을 입은 수행원과 황색 담요로 만든 옷을 입은 수행원이 따르고 금으로 장식하고 금으로 된 깃발을 달고 금으로 된 그물을 덮은 팔만사천의 마차를 보시하고, 섬세한 황마로 엮은 밧줄과 청동으로 된 우유통을 가진 팔만사천의 암소를 보시하고, 보석 귀걸이를 단 팔만사천의 처녀를 보시하고, 모직 양탄자, 흰색의 모직 양탄자, 꽃무늬 양탄자, 까달리 사슴 가죽으로 만든 최상의 모포, 차양, 양면이 붉은 베개가 있는 팔만사천의 침대를 보시하고, 섬세한 아마, 섬세한 무명, 섬세한 비단, 섬세한 모직으로 만든 팔만사천 꼬띠(천만)의 옷을 보시하였으니 음식과 당밀과 씹을 것과 먹을 것과 핥아먹을 것과 마실 것은 말해 무엇하겠는가. 생각건대, 강들이 넘쳐흐른 듯했다.

그런데 장자여, 그대는 '참으로 그때 웰라마 바라문은 다른 사람이었다. 그가 그 큰 보시를 했다.'라고 생각할 수도 있다. 그러나 장자여, 그것은 그렇게 보지 않아야 한다. 내가 그때 웰라마 바라문이었다. 내가 그 큰 보시를 했다. 그러나 장자여, 그 보시를 할 때 보시받을만한 분이 아무도 없었다. 아무도 그 보시를 청정하게 하지 못했다.

그러나 장자여, 웰라마 장자가 한 그 큰 보시를 한 명의 견해를 갖춘 자에게 공양할 수 있었다면 이것은 그것보다 더 큰 결실이 있었을 것이다. 백 명의 견해를 갖춘 자에게 공양할 수 있었다면 … 한 명의 일래자에게 공양할 수 있었다면 이것은 그것보다 더 큰 결실이 있었을 것이다. 백 명의 일래자에게 공양할 수 있었다면 … 한 명의 불환자에게 공양할 수 있었다면 … 백 명의 불환자에게 공양할 수 있었다면 … 한 명의 아라한에게 공양할 수 있었다면 … 백 명의 아라한에게 공양할 수 있었다면 … 한 명의 벽지불에게 공양할 수 있었다면 … 백 명의 벽지불에게 공양할 수 있었다면 … 여래-아라한-정등각에게 공양할 수 있었다면 … 부처님을 으뜸으로 하는 비구 상가에게 공양할 수 있었다면 … 사방상가를 위한 승원을 지을 수 있었다면 … 고운 심(心)을 가진 자로서 의지처인 부처님에게로 가고, 의지처인 가르침에게로 가고, 의지처인 성자들에게로 갈 수 있었다면 … 고운 심(心)을 가진 자로서 생명을 해치는 행위를 삼가고, 주지 않는 것을 가지는 행위를 삼가고, 음행(淫行)에 대해 삿되게 행함을 삼가고, 거짓을 말하는 행위를 삼가고, 술과 발효액 등 취하게 하는 것으로 인한 방일한 머묾을 삼가는 학습계율을 지니고 살 수 있었다면 … 단지 스치는 향기만큼이라도[소젖을 한 번 짜는 만큼이라도] 자심(慈心)을 닦을 수 있었다면 이것은 그것보다 더 큰 결실이 있었을 것이다.

그러나 장자여, 웰라마 장자가 한 그 큰 보시를 한 명의 견해를 갖춘 자에게 공양할 수 있었다면 이것은 그것보다 더 큰 결실이 있었을 것이다. … 백 명의 견해를 갖춘 자에게 공양할 수 있었다면 … 한 명의 일래자에게 공양할 수 있었다면 이것은 그것보다 더 큰 결실이 있었을 것이다. … 백 명의 일래자에게 공양할 수 있었다면 … 한 명의 불환자에게 공양할 수 있었다면 …

백 명의 불환자에게 공양할 수 있었다면 … 한 명의 아라한에게 공양할 수 있었다면 … 백 명의 아라한에게 공양할 수 있었다면 … 한 명의 벽지불에게 공양할 수 있었다면 … 백 명의 벽지불에게 공양할 수 있었다면 … 여래-아라한-정등각에게 공양할 수 있었다면 … 부처님을 으뜸으로 하는 비구 상가에게 공양할 수 있었다면 … 사방상가를 위한 승원을 지을 수 있었다면 … 고운 심(心)을 가진 자로서 의지처인 부처님에게로 가고, 의지처인 가르침에게로 가고, 의지처인 성자들에게로 갈 수 있었다면 … 고운 심(心)을 가진 자로서 생명을 해치는 행위를 삼가고, 주지 않는 것을 가지는 행위를 삼가고, 음행(淫行)에 대해 삿되게 행함을 삼가고, 거짓을 말하는 행위를 삼가고, 술과 발효액 등 취하게 하는 것으로 인한 방일한 머묾을 삼가는 학습 계목을 지니고 살 수 있었다면 … 단지 스치는 향기만큼이라도[소젖을 한 번 짜는 만큼이라도] 자심(慈心)을 닦을 수 있었다면 … 손가락을 튀길 만큼의 시간이라도 무상(無常)의 상(想)을 닦을 수 있었다면 이것은 그것보다 더 큰 결실이 있었을 것이다.

3. (MN 142-보시 분석 경)

이렇게 나는 들었다. — 한때 세존은 삭까에서 까삘라왓투의 니그로다 사원에 머물렀다. 그때 마하빠자빠띠 고따미가 새 옷 한 벌을 가지고 세존에게 왔다. 와서는 세존에게 절한 뒤 한 곁에 앉았다. 한 곁에 앉은 마하빠자빠띠 고따미는 세존에게 이렇게 말했다. — "대덕이시여, 제가 가져온 이 새 옷 한 벌은 세존을 위해서 제가 직접 꿰고 직접 짷은 것입니다. 대덕이시여, 세존께서는 이것을 연민으로 받아 주십시오."라고. 이렇게 말했을 때, 세존은 마하빠자빠띠 고따미에게 이렇게 말했다. — "고따미여, 상가에 보시하십시오. 상가에 보시할 때 그대가 가져온 것은 나에게 공양한 것도 되고 상가에 보시한 것도 될 것입니다."라고. 두 번째도 마하빠자빠띠 고따미는 세존에게 이렇게 말했다. — "대덕이시여, 제가 가져온 이 새 옷 한 벌은 세존을 위해서 제가 직접 꿰고 직접 짷은 것입니다. 대덕이시여, 세존께서는 이것을 연민으로 받아 주십시오."라고. 두 번째도 세존은 마하빠자빠띠 고따미에게 이렇게 말했다. — "고따미여, 상가에 보시하십시오. 상가에 보시할 때 그대가 가져온 것은 나에게 공양한 것도 되고 상가에 보시한 것도 될 것입니다."라고. 세 번째도 마하빠자빠띠 고따미는 세존에게 이렇게 말했다. — "대덕이시여, 제가 가져온 이 새 옷 한 벌은 세존을 위해서 제가 직접 꿰고 직접 짷은 것입니다. 대덕이시여, 세존께서는 이것을 연민으로 받아 주십시오."라고. 세 번째도 세존은 마하빠자빠띠 고따미에게 이렇게 말했다. — "고따미여, 상가에 보시하십시오. 상가에 보시할 때 그대가 가져온 것은 나에게 공양한 것도 되고 상가에 보시한 것도 될 것입니다."라고.

이렇게 말했을 때, 아난다 존자가 세존에게 이렇게 말했다. — "대덕이시여, 세존께서는 마하빠자빠띠 고따미의 새 옷 한 벌을 받아 주십시오. 대덕이시여, 마하빠자빠띠 고따미는 이모, 계모, 유모, 수유자로서 세존에게 많은 도움을 주신 분입니다. 어머니가 돌아가셨을 때 세존에게 젖을 주셨습니다. 대덕이시여, 세존께서도 마하빠자빠띠 고따미에게 많은 도움을 주셨습니다. 세존 덕분에, 대덕이시여, 마하빠자빠띠 고따미는 의지처인 부처님에게로 가고, 의지처인 가르침에게로 가고, 의지처인 성자들에게로 갑니다. 세존 덕분에, 대덕이시여, 마하빠자빠띠 고따미는 생명을 해치는 행위로부터 피하고 … 술과 발효액 등 취하게 하는 것으로 인한 방일한 머묾으로부터 피합니다. 세존 덕분에, 대덕이시여, 마하빠자빠띠 고따미는 부처님에 대한 확실한 믿음을 갖추고, 가르침에 대한 확실한 믿음을 갖추고, 성자들에 대한 확실한 믿음을 갖추고, 성자들이 동의하는 계들을 갖추었습니다. 세존 덕분에, 대덕이시여, 마하빠자빠띠 고따미는 괴로움에 대해 확신하고, 괴로움의 자라남에 대해 확신하고, 괴로움의 소멸에 대해 확신하고, 괴로움의 소멸로 이끄는 실천에 대해 확신합니다. 대덕이시여, 세존께서도 마하빠자빠띠 고따미에게 많은 도움을 주셨습니다."라고.

"그것은 그렇다, 아난다여. 아난다여, 어떤 사람이 어떤 사람 덕분에 의지처인 부처님에게로 가고, 의지처인 가르침에게로 가고, 의지처인 성자들에게로 간다면, 아난다여, 이 사람이 이 사람에게 인사하고, 자리에서 일어나고, 합장하고, 존경하고, 가사와 탁발 음식과 거처와 병의 조건으로부터 필요한 약품을 공양하는 것으로 쉽게 은혜를 갚을 수 없다고 나는 말한다.

아난다여, 어떤 사람이 어떤 사람 덕분에 생명을 해치는 행위로부터 피하고 … 술과 발효액 등 취하게 하는 것으로 인한 방일한 머묾으로부터 피한다면, 아난다여, 이 사람이 이 사람에게 인사하고, 자리에서 일어나고, 합장하고, 존경하고, 가사와 탁발 음식과 거처와 병의 조건으로부터 필요한 약품을 공양하는 것으로 쉽게 은혜를 갚을 수 없다고 나는 말한다.

아난다여, 어떤 사람이 어떤 사람 덕분에 부처님에 대한 확실한 믿음을 갖추고, 가르침에 대한 확실한 믿음을 갖추고, 성자들에 대한 확실한 믿음을 갖추고, 성자들이 동의하는 계들을 갖춘다면, 아난다여, 이 사람이 이 사람에게 인사하고, 자리에서 일어나고, 합장하고, 존경하고, 가사와 탁발 음식과 거처와 병의 조건으로부터 필요한 약품을 공양하는 것으로 쉽게 은혜를 갚을 수 없다고 나는 말한다.

아난다여, 어떤 사람이 어떤 사람 덕분에 괴로움에 대해 확신하고, 괴로움의 자라남에 대해 확신하고, 괴로움의 소멸에 대해 확신하고, 괴로움의 소멸로 이끄는 실천에 대해 확신한다면, 아난다여, 이 사람이 이 사람에게 인사하고, 자리에서 일어나고, 합장하고, 존경하고, 가사와 탁발 음식과 거처와 병의 조건으로부터 필요한 약품을 공양하는 것으로 쉽게 은혜를 갚을 수 없다고 나는 말한다.

그리고 아난다여, 사람에 대한 보시는 이런 열네 가지가 있다. 어떤 열넷인가? 여래-아라한-정등각에게 보시한다. — 이것이 사람에 대한 첫 번째 보시이다. 벽지불에게 보시한다. — 이것이 사람에 대한 두 번째 보시이다. 세존의 제자인 아라한에게 보시한다. — 이것이 사람에 대한 세 번째 보시이다. 아라한과의 실현을 위해 실천하는 사람에게 보시한다. — 이것이 사람에 대한 네 번째 보시이다. 불환자에게 보시한다. — 이것이 사람에 대한 다섯 번째 보시이다. 불환과의 실현을 위해 실천하는 사람에게 보시한다. — 이것이 사람에 대한 여섯 번째 보시이다. 일래자에게 보시한다. — 이것이 사람에 대한 일곱 번째 보시이다. 일래과의 실현을 위해 실천하는 사람에게 보시한다. — 이것이 사람에 대한 여덟 번째 보시이다. 예류자에게 보시한다. — 이것이 사람에 대한 아홉 번째 보시이다. 예류과의 실현을 위해 실천하는 사람에게 보시한다. — 이것이 사람에 대한 열 번째 보시이다. 욕탐(慾貪)이 없는 외도(外道)에게 보시한다. — 이것이 사람에 대한 열한 번째 보시이다. 계를 중시하는 범부(凡夫)에게 보시한다. — 이것이 사람에 대한 열두 번째 보시이다. 계를 경시하는 범부(凡夫)에게 보시한다. — 이것이 사람에 대한 열세 번째 보시이다. 축생(畜生)에게 보시한다. — 이것이 사람에 대한 열네 번째 보시이다.

거기서, 아난다여, 축생에게 보시한 것을 원인으로 보시는 백 배가 기대된다. 계를 경시하는 범부(凡夫)에게 보시한 것을 원인으로 보시는 천 배가 기대된다. 계를 중시하는 범부(凡夫)에게 보시한 것을 원인으로 보시는 십만 배가 기대된다. 욕탐(慾貪)이 없는 외도(外道)에게 보시한 것을 원인으로 보시는 십만의 천만 배가 기대된다. 예류과의 실현을 위해 실천하는 사람에게 보시한 것을 원인으로 보시는 헤아릴 수 없고 무량한 것이 기대된다. 그러니 예류자에 대해서야 말해 무엇할 것이고, 일래과의 실현을 위해 실천하는 사람에 대해서야 말해 무엇할 것이고, 일래자에 대해서야 말해 무엇할 것이고, 불환과의 실현을 위해 실천하는 사람에 대해서야 말해 무엇할 것이고, 불환자에 대해서야 말해 무엇할 것이고, 아라한과를 실현하기 위해 실천하는 사람에 대해서야 말해 무엇할 것이고, 아라한에 대해서야 말해 무엇할 것이고, 벽지불에 대해서야 말해 무엇할 것이고, 여래-아라한-정등각에 대해서야 말해 무엇할 것인가!

또한, 아난다여, 상가(僧伽)를 위해 행하는 일곱 가지 보시가 있다. 어떤 일곱 가지인가? 부처님을 으뜸으로 하는 양쪽 상가에 보시한다. 이것이 상가를 위해 행하는 첫 번째 보시이다. 여래가 반열반(般涅槃) 했을 때 양쪽 상가에 보시한다. 이것이 상가를 위해 행하는 두 번째 보시이다. 비구 상가에 보시한다. 이것이 상가를 위해 행하는 세 번째 보시이다. 비구니 상가에 보시한다. 이것이 상가를 위해 행하는 네 번째 보시이다. '상가로부터 이 만큼의 비구와 비구니를 저에게 특정해 주십시오.'라면서 보시한다. 이것이 상가를 위해 행하는 다섯 번째 보시이다. '상가로부터 이 만큼의 비구를 저에게 특정해 주십시오.'라면서 보시한다. 이것이 상가를 위해 행하는 여섯 번째 보시이다. '상가로부터 이 만큼의 비구니를 저에게 특정해 주십시오.'라면서 보시한다. 이것이 상가를 위해 행하는 일곱 번째 보시이다.

그런데 아난다여, 미래에 목에 노란 가사를 두르고, 계를 경시하고, 악한 법을 지닌 고뜨라부(become of the lineage 또는 one who destroys the lineage)들이 있을 것이다. 상가를 위하여, 계를 경시하는 그들에 대해 보시할 것이다. 그때도, 아난다여, 상가를 위해 행하는 보시는 헤아릴 수 없고 무량하다고 나는 말한다. 그러나 아난다여, 어떤 방법에 의해서든 상가를 위해 행하는 보시보다 사람에 대한 보시가 더 큰 결실이 있다고 나는 말하지 않는다.

아난다여, 이런 네 가지 청정한 보시(布施)가 있다. 어떤 네 가지인가? 아난다여, 주는 자 때문에 청정해지고 받는 자 때문은 아닌 보시가 있다. 아난다여, 받는 자 때문에 청정해지고 주는 자 때문은 아닌 보시가 있다. 아난다여, 주는 자 때문에도 받는 자 때문에도 청정해지지 않는 보시가 있다. 아난다여, 주는 자 때문에도 받는 자 때문에도 청정해지는 보시가 있다.

아난다여, 어떻게 주는 자 때문에 청정해지고 받는 자 때문은 아닌 보시가 있는가? 여기, 아난다여, 계를 중시하고 선한 성품을 지닌 주는 자가 있고, 계를 경시하고 악한 성품을 지닌 받는 자들이 있다. — 아난다여, 이렇게 주는 자 때문에 청정해지고 받는 자 때문은 아닌 보시가 있다.

아난다여, 어떻게 받는 자 때문에 청정해지고 주는 자 때문은 아닌 보시가 있는가? 아난다여, 여기 계를 경시하고 악한 성품을 지닌 주는 자가 있고, 계를 중시하고 선한 성품을 지닌 받는 자들이 있다. — 아난다여, 이렇게 받는 자 때문에 청정해지고 주는 자 때문은 아닌 보시가 있다.

아난다여, 어떻게 주는 자 때문에도 받는 자 때문에도 청정해지지 않는 보시가 있는가? 아난다여, 여기 계를 경시하고 악한 성품을 지닌 주는 자가 있고, 계를 경시하고 악한 성품을 지닌 받는 자들이 있다. — 아난다여, 이렇게 주는 자 때문에도 받는 자 때문에도 청정해지지 않는 보시가 있다.

아난다여, 어떻게 주는 자 때문에도 받는 자 때문에도 청정해지는 보시가 있는가? 아난다여, 여기 계를 중시하고 선한 성품을 지닌 주는 자가 있고, 계를 중시하고 선한 성품을 지닌 받는 자들이 있다. — 아난다여, 이렇게 주는 자 때문에도 받는 자 때문에도 청정해지는 보시가 있다. 아난다여, 이런 네 가지 청정한 보시(布施)가 있다.

세존은 이렇게 말했다. 스승인 선서(善逝)는 이것을 말한 뒤에 다시 이것을 말했다. —

계를 중시하는 자, 아주 고운 심(心)을 가진 자가 업(業)의 결실이 크다는 믿음을 가지고, 법답게 얻어진 것을 계를 경시하는 자들에게 보시할 때, 그 보시는 주는 자 때문에 청정해진다.

계를 경시하는 자, 고운 심(心)을 가지지 않은 자가 업(業)의 결실이 크다는 믿음 없이, 법답지 않게 얻어진 것을 계를 중시하는 자들에게 보시할 때, 그 보시는 받는 자 때문에 청정해진다.

계를 경시하는 자, 고운 심(心)을 가지지 않은 자가 업(業)의 결실이 크다는 믿음 없이, 법답지 않게 얻어진 것을 계를 경시하는 자들에게 보시할 때, 그 보시는 큰 결실이 없다고 나는 말한다.

계를 중시하는 자, 고운 심(心)을 가진 자가 업(業)의 결실이 크다는 믿음을 가지고, 법답게 얻어진 것을 계를 중시하는 자들에게 보시할 때, 그 보시는 참으로 큰 결실이 있다고 나는 말한다.

탐(貪)이 없는 자, 고운 심(心)을 가진 자가 업(業)의 결실이 크다는 믿음을 가지고, 법답게 얻어진 것을 탐(貪)이 없는 자들에게 보시할 때, 그 보시는 참으로 물질적인 보시 가운데 으뜸이다.

II. 공덕에 의한 태어남을 구체적으로 설하는 경들

1. 보시(布施)에 의한 태어남을 설하는 경 — (AN 7.52-큰 결실이 있는 보시 경)

한때 세존은 깜빠에서 각가라 호숫가에 머물렀다. 그때 깜빠에 사는 많은 남신자들이 사리뿟따 존자에게 왔다. 와서는 사리뿟따 존자에게 절한 뒤 한 곁에 앉았다. 한 곁에 앉은 깜빠에 사는 남신자들은 사리뿟따 존자에게 이렇게 말했다. — "대덕이시여, 저희들이 세존의 곁에서 법의 말씀을 들은 지 오래되었습니다. 대덕이시여, 저희들이 법의 말씀을 듣기 위하여 세존을 직접 뵐 수 있으면 좋겠습니다."라고. "그렇다면, 도반들이여, 포살 날에 오십시오. 법의 말씀을 듣기 위하여 세존을 직접 뵐 수 있을 것입니다." "알겠습니다, 대덕이시여."라고 깜빠에 사는 남신자들은 사리뿟따 존자에게 대답한 뒤 자리에서 일어나 사리뿟따 존자에게 절하고 오른쪽으로 돈 뒤에 돌아갔다.

그리고 포살 날에 깜빠에 사는 남신자들은 사리뿟따 존자에게 왔다. 와서는 사리뿟따 존자에게 절한 뒤 한 곁에 섰다. 그러자 사리뿟따 존자는 깜빠에 사는 남신자들과 함께 세존에게 왔다. 와서는 세존에게 절한 뒤 한 곁에 앉았다. 한 곁에 앉은 사리뿟따 존자는 세존에게 이렇게 말했다. —

"대덕이시여, 여기 어떤 사람에게 큰 결실이 없고 큰 이익이 없는 이런 보시가 있습니까? 또한, 대덕이시여, 여기 어떤 사람에게 큰 결실이 있고 큰 이익이 있는 이런 보시가 있습니까?"라고. "사리뿟따여, 여기 어떤 사람에게 큰 결실이 없고 큰 이익이 없는 이런 보시가 있고, 또한, 사리뿟따여, 여기 어떤 사람에게 큰 결실이 있고 큰 이익이 있는 이런 보시가 있다." "대덕이시여, 어떤 원인, 어떤 조건 때문에 여기 어떤 사람에게는 큰 결실이 없고 큰 이익이 없는 이런 보시가 있습니까? 또한, 대덕이시여, 어떤 원인, 어떤 조건 때문에 여기 어떤 사람에게 큰 결실이 있고 큰 이익이 있는 이런 보시가 있습니까?"

"여기, 사리뿟따여, 어떤 사람은 대가를 바라면서 보시하고, 묶인 심(心)으로 보시하고, 축적을 바라면서 보시하고, '이것을 다음 생에 사용할 것이다.'라면서 보시한다. 그는 사문이나 바라문에게 먹을 것과 마실 것과 입을 것과 탈 것과 꽃과 향과 바를 것 그리고 침상과 거처와 밝힐 것을 보시한다. 그것을 어떻게 생각하는가, 사리뿟따여, 여기 어떤 사람은 이런 보시를 하지 않겠는가?" "그렇습니다, 대덕이시여."

"거기서, 사리뿟따여, 대가를 바라면서 보시하고, 묶인 심(心)으로 보시하고, 축적을 바라면서 보시하고, '이것을 다음 생에 사용할 것이다.'라면서 보시하는 그는 그 보시를 원인으로 몸이 무너져 죽은 뒤에 사왕천(四王天)의 신(神)들의 일원으로 태어난다. 그는 그 업(業)과 그 행운과 그 성공과 그 힘이 소진(消盡)된 뒤에 여기로 오는 자가 되어 여기로 온다.

여기, 사리뿟따여, 어떤 사람은 단지 대가를 바라면서 보시하지 않고, 묶인 심(心)으로 보시하지 않고, 축적을 바라면서 보시하지 않고, '이것을 다음 생에 사용할 것이다.'라면서 보시하지 않는다. 그저 '보시는 좋은 것이다.'라면서 보시한다.[삼십삼천(三十三天)] … 그리고 '보시는 좋은 것이다.'라면서 보시하지도 않는다. 그저 '아버지와 할아버지에 의해 이전부터 보시한 것, 이전부터 행한 것, 오래된 가문의 전통을 소홀히 하는 것은 나에게 어울리지 않는다.'라면서 보시한다.[야마천(夜摩天)] … 그리고 '아버지와 할아버지에 의해 이전부터 보시한 것, 이전부터 행한 것, 오래된 가문의 전통을 소홀히 하는 것은 나에게 어울리지 않는다.' 라면서 보시하지도 않는다. 그저 '나는 음식을 만든다. 이들은 음식을 만들지 못한다. 음식을 만드는 자가 음식을 만들지 못하는 자에게 보시하지 않는 것은 나에게 어울리지 않는다.' 라면서 보시한다.[도솔천(兜率天)] … 그리고 '나는 음식을 만든다. 이들은 음식을 만들지 못한다. 음식을 만드는 자가 음식을 만들지 못하는 자에게 보시하지 않는 것은 나에게 어울리지 않는다.'라면서 보시하지도 않는다. 그저 '앗타까, 와마까, 와마데와, 웻사밋따, 야마닥기, 앙기라사, 바라드와자, 와셋타, 깟사빠, 바구 등 이전의 그 선인(仙人)들이 큰 제사를 지낸 것처럼 이렇게 나에게 이런 보시를 통한 나눔이 있을 것이다.'라면서 보시한다.[화락천(化樂天)] … 그리고 '앗타까, 와마까, 와마데와, 웻사밋따, 야마닥기, 앙기라사, 바라드와자, 와셋타, 깟사빠, 바구 등 이전의 그 선인(仙人)들이 큰 제사를 지낸 것처럼 이렇게 나에게 이런 보시를 통한 나눔이 있을 것이다.'라면서 보시하지도 않는다. 그저 '이 보시로부터 나의 심(心)이 깨끗해지고, 즐거움과 만족이 생긴다.'라면서 보시한다.[타화자재천(他化自在天)] … 그리고 '이 보시로부터 나의 심(心)이 깨끗해지고, 즐거움과 만족이 생긴다.'라면서 보시하지도 않는다. 그저 심(心)에 돛을 달기 위해, 심(心)의 필수품을 위하여 보시한다. 그는 사문이나 바라문에게 먹을 것과 마실 것과 입을 것과 탈 것과 꽃과 향과 바를 것 그리고 침상과 거처와 밝힐 것을 보시한다. 그것을 어떻게 생각하는가, 사리뿟따여, 여기 어떤 사람은 이런 보시를 하지 않겠는가?" "그렇습니다, 대덕이시여."

거기서, 사리뿟따여, ①단지 대가를 바라면서 보시하지 않고, 묶인 심(心)으로 보시하지 않고,

축적을 바라면서 보시하지 않고, '이것을 다음 생에 사용할 것이다.'라면서 보시하지 않고, ② '보시는 좋은 것이다.'라면서 보시하지도 않고, ③'아버지와 할아버지에 의해 이전부터 보시한 것, 이전부터 행한 것, 오래된 가문의 전통을 소홀히 하는 것은 나에게 어울리지 않는다.'라면서 보시하지도 않고, ④'나는 음식을 만든다. 이들은 음식을 만들지 못한다. 음식을 만드는 자가 음식을 만들지 못하는 자에게 보시하지 않는 것은 나에게 어울리지 않는다.'라면서 보시하지도 않고, ⑤'앗타까, 와마까, 와마데와, 웻사밋따, 야마닥기, 앙기라사, 바라드와자, 와셋타, 깟사빠, 바구 등 이전의 그 선인(仙人)들이 큰 제사를 지낸 것처럼 이렇게 나에게 이런 보시를 통한 나눔이 있을 것이다.'라면서 보시하지도 않고, ⑥'이 보시로부터 나의 심(心)이 깨끗해지고, 즐거움과 만족이 생긴다.'라면서 보시하지도 않고, 그저 ⑦심(心)에 돛을 달기 위해, 심(心)의 필수품을 위하여 보시하는 그는 그 보시를 원인으로 몸이 무너져 죽은 뒤에 범신천(梵身天)의 신(神)들의 일원으로 태어난다. 그는 그 업(業)과 그 행운과 그 성공과 그 힘이 소진(消盡)된 뒤에 여기로 오지 않는 자가 되어 여기로 오지 않는다. 사리뿟따여, 이런 원인, 이런 조건 때문에 여기 어떤 사람에게는 큰 결실이 없고 큰 이익이 없는 이런 보시가 있다. 또한, 사리뿟따여, 이런 원인, 이런 조건 때문에 여기 어떤 사람에게는 큰 결실이 있고 큰 이익이 있는 이런 보시가 있다."

2. 보시(布施)와 오계(五戒)에 의한 태어남을 설하는 경

1) (AN 8.35-보시에 의한 태어남 경)/(DN 33.11-합송경, 여덟 가지로 구성된 법들)

비구들이여, 여덟 가지 보시에 의한 태어남이 있다. 어떤 여덟인가? 여기, 비구들이여, 어떤 사람은 사문이나 바라문에게 먹을 것과 마실 것과 입을 것과 탈 것과 꽃과 향과 바를 것 그리고 침상과 거처와 밝힐 것을 보시한다. 그는 보시한 것에 대해 기대한다. 그는 큰 부자인 끄샤뜨리야들이거나 큰 부자인 바라문들이거나 큰 부자인 장자들이 다섯 가지 소유의 사유에 묶인 것들을 얻고, 소유하고, 즐기는 것을 본다. 그에게 이런 생각이 든다. ㅡ '아! 나는 몸이 무너져 죽은 뒤에 큰 부자인 끄샤뜨리야들이거나 큰 부자인 바라문들이거나 큰 부자인 장자들의 일원으로 태어나야겠다!'라고. 그는 그 심(心)을 북돋우고, 그 심(心)을 확고히 하고, 그 심(心)을 닦는다. 낮은 곳으로 기울고, 더 높은 것을 닦지 않은 그의 심(心)은 거기에 태어남으로 이끈다. 몸이 무너져 죽은 뒤에 큰 부자인 끄샤뜨리야들이거나 큰 부자인 바라문들이거나 큰 부자인 장자들의 일원으로 태어난다. 그런데 나는 그것을 계(戒)를 경시하는 자가 아니라 계(戒)를 중시하는 자에게 말한다. 비구들이여, 계(戒)를 중시하는 자에게 청정함을 원인으로 심(心)의 지향은 이루어진다.

다시, 비구들이여, 여기 어떤 사람은 사문이나 바라문에게 먹을 것과 마실 것과 입을 것과 탈 것과 꽃과 향과 바를 것 그리고 침상과 거처와 밝힐 것을 보시한다. 그는 보시한 것에 대해 기대한다. 그는 '사대왕천(四大王天)의 신(神)들은 수명이 길고, 용모가 아름답고, 아주 행복하다.'라고 듣는다. 그에게 이런 생각이 든다. ㅡ '아! 나는 몸이 무너져 죽은 뒤에 사대왕천의 신들의 일원으로 태어나야겠다!'라고. 그는 그 심(心)을 북돋우고 … 사대왕천의 신들의 일원으로 … 심(心)의 지향은 이루어진다.

다시, 비구들이여, 여기 어떤 사람은 사문이나 바라문에게 먹을 것과 마실 것과 입을 것과 탈 것과 꽃과 향과 바를 것 그리고 침상과 거처와 밝힐 것을 보시한다. 그는 보시한 것에 대해 기대한다. 그는 '삼십삼천(三十三天)의 신(神)들은 … 야마천(夜摩天)의 신들은 … 도솔천(兜率天)의 신들은 … 화락천(化樂天)의 신들은 … 타화자재천(他化自在天)의 신들은 수명이 길고, 용모가 아름답고, 아주 행복하다.'라고 듣는다. 그에게 이런 생각이 든다. ㅡ '아! 나는 몸이 무너져 죽은 뒤에 타화자재천의 신들의 일원으로 태어나야겠다!'라고. 그는 그 심(心)을 북돋우고… 타화자재천의 신들의 일원으로 … 심(心)의 지향은 이루어진다.

다시, 비구들이여, 여기 어떤 사람은 사문이나 바라문에게 먹을 것과 마실 것과 입을 것과 탈 것과 꽃과 향과 바를 것 그리고 침상과 거처와 밝힐 것을 보시한다. 그는 보시한 것에 대해 기대한다. 그는 '범신천(梵身天)의 신(神)들은 수명이 길고, 용모가 아름답고, 아주 행복하다.'라고 듣는다. 그에게 이런 생각이 든다. — '아! 나는 몸이 무너져 죽은 뒤에 범신천의 신들의 일원으로 태어나야겠다!'라고. 그는 그 심(心)을 북돋우고, 그 심(心)을 확고히 하고, 그 심(心)을 닦는다. 낮은 곳으로 기울고, 더 높은 것을 닦지 않은 그의 심(心)은 거기에 태어남으로 이끈다. 몸이 무너져 죽은 뒤에 범신천의 신들의 일원으로 태어난다. 그런데 나는 그것을 ①계(戒)를 경시하는 자가 아니라 계(戒)를 중시하는 자에게 그리고 ②탐(貪)과 함께하는 자가 아니라 탐(貪)이 없는 자에게 말한다. 비구들이여, 계(戒)를 중시하는 자에게 탐(貪) 없음을 원인으로 심(心)의 지향은 이루어진다. 비구들이여, 이런 여덟 가지 보시에 의한 태어남이 있다.

2) (AN 8.36-공덕의 결실을 있게 하는 토대 경)

비구들이여, 세 가지 공덕의 결실을 있게 하는 토대가 있다. 어떤 셋인가? 보시(布施)로 만들어진 공덕의 결실을 있게 하는 토대, 계(戒)로 만들어진 공덕의 결실을 있게 하는 토대, 수행(修行)으로 만들어진 공덕의 결실을 있게 하는 토대이다. 여기, 비구들이여, 어떤 사람은 보시(布施)로 만들어진 공덕의 결실을 있게 하는 토대를 조금 만들었고, 계(戒)로 만들어진 공덕의 결실을 있게 하는 토대를 조금 만들었고, 수행(修行)으로 만들어진 공덕의 결실을 있게 하는 토대를 만들지 못했다. 그는 몸이 무너져 죽은 뒤에 불운한 인간으로 태어난다.

그리고 비구들이여, 여기 어떤 사람은 보시(布施)로 만들어진 공덕의 결실을 있게 하는 토대를 웬만큼 만들었고, 계(戒)로 만들어진 공덕의 결실을 있게 하는 토대를 웬만큼 만들었고, 수행(修行)으로 만들어진 공덕의 결실을 있게 하는 토대를 만들지 못했다. 그는 몸이 무너져 죽은 뒤에 운 좋은 인간으로 태어난다.

그리고 비구들이여, 여기 어떤 사람은 보시(布施)로 만들어진 공덕의 결실을 있게 하는 토대를 대단히 만들었고, 계(戒)로 만들어진 공덕의 결실을 있게 하는 토대를 대단히 만들었고, 수행(修行)으로 만들어진 공덕의 결실을 있게 하는 토대를 만들지 못했다. 그는 몸이 무너져 죽은 뒤에 사대왕천(四大王天)의 신(神)들의 일원으로 태어난다. 거기서, 비구들이여, 사대왕(四大王)은 보시(布施)로 만들어진 공덕의 결실을 있게 하는 토대를 대단히 만들고, 계(戒)로 만들어진 공덕의 결실을 있게 하는 토대를 대단히 만든 뒤에 사대왕천(四大王天)의 신(神)들을 하늘의 수명, 하늘의 용모, 하늘의 즐거움, 하늘의 명성, 하늘의 힘, 하늘의 색(色), 하늘의 성(聲), 하늘의 향(香), 하늘의 미(味), 하늘의 촉(觸)의 열 가지 경우로써 능가한다.

그리고 비구들이여, 여기 어떤 사람은 보시(布施)로 만들어진 공덕의 결실을 있게 하는 토대를 대단히 만들었고, 계(戒)로 만들어진 공덕의 결실을 있게 하는 토대를 대단히 만들었고, 수행(修行)으로 만들어진 공덕의 결실을 있게 하는 토대를 만들지 못했다. 그는 몸이 무너져 죽은 뒤에 삼십삼천(三十三天)의 신(神)들의 일원으로 태어난다. 거기서, 비구들이여, 신(神)들의 왕 삭까는 보시(布施)로 만들어진 공덕의 결실을 있게 하는 토대를 대단히 만들고 …

그리고 비구들이여, 여기 어떤 사람은 보시(布施)로 만들어진 공덕의 결실을 있게 하는 토대를 대단히 만들었고, 계(戒)로 만들어진 공덕의 결실을 있게 하는 토대를 대단히 만들었고, 수행(修行)으로 만들어진 공덕의 결실을 있게 하는 토대를 만들지 못했다. 그는 몸이 무너져 죽은 뒤에 야마천(夜摩天)의 신(神)들의 일원으로 태어난다. 거기서, 비구들이여, 신(神)의 아들 수야마는 보시(布施)로 만들어진 공덕의 결실을 있게 하는 토대를 대단히 만들고 …

그리고 비구들이여, 여기 어떤 사람은 보시(布施)로 만들어진 공덕의 결실을 있게 하는 토대를 대단히 만들었고, 계(戒)로 만들어진 공덕의 결실을 있게 하는 토대를 대단히 만들었고, 수행(修行)으로 만들어진 공덕의 결실을 있게 하는 토대를 …. 그는 몸이 무너져 죽은 뒤에 도솔천(兜率天)의 신(神)들의 일원으로 태어난다. 거기서, 비구들이여, 신(神)의 아들 산뚜시따는 보시(布施)로 만들어진 공덕의 결실을 있게 하는 토대를 대단히 만들고 …

그리고 비구들이여, 여기 어떤 사람은 보시(布施)로 만들어진 공덕의 결실을 있게 하는 토대를 대단히 만들었고, 계(戒)로 만들어진 공덕의 결실을 있게 하는 토대를 대단히 만들었고, 수행(修行)으로 만들어진 공덕의 결실을 있게 하는 토대를 만들지 못했다. 그는 몸이 무너져 죽은 뒤에 화락천(化樂天)의 신(神)들의 일원으로 태어난다. 거기서, 비구들이여, 신(神)의 아들 수님미따는 보시(布施)로 만들어진 공덕의 결실을 있게 하는 토대를 대단히 만들고 …

그리고 비구들이여, 여기 어떤 사람은 보시(布施)로 만들어진 공덕의 결실을 있게 하는 토대를 대단히 만들었고, 계(戒)로 만들어진 공덕의 결실을 있게 하는 토대를 대단히 만들었고, 수행(修行)으로 만들어진 공덕의 결실을 있게 하는 토대를 만들지 못했다. 그는 몸이 무너져 죽은 뒤에 타화자재천(他化自在天)의 신(神)들의 일원으로 태어난다. 거기서, 비구들이여, 신(神)의 아들 와사왓띠는 보시(布施)로 만들어진 공덕의 결실을 있게 하는 토대를 대단히 만들고, 계(戒)로 만들어진 공덕의 결실을 있게 하는 토대를 대단히 만든 뒤에 타화자재천(他化自在天)의 신(神)들을 하늘의 수명, 하늘의 용모, 하늘의 즐거움, 하늘의 명성, 하늘의 힘, 하늘의 색(色), 하늘의 성(聲), 하늘의 향(香), 하늘의 미(味), 하늘의 촉(觸)의 열 가지 경우로써 능가한다. 비구들이여, 이런 세 가지 공덕의 결실을 있게 하는 토대가 있다.

3. 포살(布薩)에 의한 태어남을 설하는 경 — (AN 3.71-포살(布薩) 경)/(AN 8.42-상세한 포살(布薩) 경)/(AN 8.43-위사카 경)/(AN 8.44-와셋타 경)/(AN 8.45-봇자 경) ☞ 「제5장 포살(布薩)」 참조.

4. 십선업(十善業)에 의한 태어남을 설하는 경 — (MN 41-살라의 주민들 경)/(MN 42-웨란자까 경) — [십업(十業)에 이어지는 경의 후반부]

장자들이여, 이런 법(法)의 행위와 안정된 행위를 원인으로 이렇게 여기 어떤 중생들은 몸이 무너져 죽은 뒤에 좋은 곳, 하늘 세상에 태어납니다.

장자들이여, 만일 법을 행하는 자, 안정되게 행하는 자가 '참으로 내가 몸이 무너져 죽은 뒤에 막대한 부를 가진 끄샤뜨리야의 일원으로 태어나기를!' … 막대한 부를 가진 바라문의 일원으로 … 막대한 부를 가진 장자의 일원으로 태어나기를!'이라고 원한다면, 이런 경우는 있습니다. 그가 몸이 무너져 죽은 뒤에 막대한 부를 가진 장자의 일원으로 태어난다는 것의 원인은 무엇입니까? 참으로 그가 법을 행하는 자, 안정되게 행하는 자이기 때문입니다.

장자들이여, 만일 법을 행하는 자, 안정되게 행하는 자가 '참으로 내가 몸이 무너져 죽은 뒤에 사대왕천(四大王天)의 신(神)들의 … 삼십삼천(三十三天)의 신(神)들의 … 야마천(夜摩天)의 신(神)들의 … 도솔천(兜率天)의 신(神)들의 … 화락천(化樂天)의 신(神)들의 … 타화자재천(他化自在天)의 신(神)들의 … 범신천(梵身天)의 신(神)들의 일원으로 태어나기를!'이라고 원한다면, 이런 경우는 있습니다. 그가 몸이 무너져 죽은 뒤에 범신천(梵身天)의 신(神)들의 일원으로 태어난다는 것의 원인은 무엇입니까? 참으로 그가 법을 행하는 자, 안정되게 행하는 자이기 때문입니다.

장자들이여, 만일 법을 행하는 자, 안정되게 행하는 자가 '참으로 내가 몸이 무너져 죽은 뒤에 광천(光天)의 신(神)들의 … 소광천(小光天)의 신(神)들의 … 무량광천(無量光天)의 신(神)들의 … 광음천(光音天)의 신(神)들의 … 정천(淨天)의 신(神)들의(PTS에는 있음-subhānaṃ devānam)… 소정천(小淨天)의 신(神)들의 … 무량정천(無量淨天)의 신(神)들의 … 변정천(遍淨天)의 신(神)들의 … 광과천(廣果天)의 신(神)들의 … 무번천(無煩天)의 신(神)들의 … 무열천(無熱天)의 신(神)들의 … 선현천(善現天)의 신(神)들의 … 선견천(善見天)의 신(神)들의 … 색구경천(色究竟天)의 신(神)들의 … 공무변처에 도달한 신(神)들의 … 식무변처(識無邊處)에 도달한 신(神)들의 … 무소유처(無所有處)에 도달한 신(神)들의 … 비상비비상처(非想非非想處)에 도달한 신(神)들의 일원으로 태어나기를!'이라고 원한다면, 이런 경우는 있습니다. 그가 몸이 무너져 죽은 뒤에 비상비비상처(非想非非想處)에 도달한 신(神)들의 일원으로 태어난다는 것의 원인은 무엇입니까? 참으로 그가 법을 행하는 자, 안정되게 행하는 자이기 때문입니다.

장자들이여, 만일 법을 행하는 자, 안정되게 행하는 자가 '참으로 내가 번뇌들이 부서졌기 때문에 번뇌가 없는 심해탈(心解脫)과 혜해탈(慧解脫)을 지금여기에서 스스로 실답게 안 뒤에 실현하고 성취하여 머물기를!'이라고 원한다면, 이런 경우는 있습니다. 그가 번뇌들이 부서졌기 때문에 번뇌가 없는 심해탈(心解脫)과 혜해탈(慧解脫)을 지금여기에서 스스로 실답게 안 뒤에 실현하고 성취하여 머문다는 것의 원인은 무엇입니까? 참으로 그가 법을 행하는 자, 안정되게 행하는 자이기 때문입니다.

이렇게 말하자 살라의 주민인 바라문 장자들은 세존에게 이렇게 말했다. — "정말 기쁩니다, 고따마 존자시여. 정말 기쁩니다, 고따마 존자시여! 예를 들면, 고따마 존자시여, 넘어진 자를 일으킬 것입니다. 덮여있는 것을 걷어낼 것입니다. 길 잃은 자에게 길을 알려줄 것입니다. '눈 있는 자들은 모습들을 본다.'라며 어둠 속에서 기름 등불을 들 것입니다. 이처럼, 고따마 존자에 의해서 여러 가지 방법으로 설해진 법이 있습니다. 이런 저희는 의지처인 고따마 존자 그리고 가르침과 비구 상가에게로 갑니다. 고따마 존자께서는 저희를 오늘부터 살아있는 동안 귀의한 남신자로 받아 주십시오."라고.

5. (믿음-계-배움-보시-지혜) + 행(行)을 설하는 경 — (MN 120-행(行)에 의한 태어남 경)

이렇게 나는 들었다. — 한때 세존은 사왓티에서 제따와나의 아나타삔디까 사원에 머물렀다. 거기서 세존은 "비구들이여."라고 비구들을 불렀다. "대덕이시여."라고 그 비구들은 세존에게 대답했다. 세존은 이렇게 말했다. — "비구들이여, 그대들에게 행(行)에 의한 태어남을 설할 것이다. 그것을 듣고 잘 사고하라. 나는 말하겠다."라고. "알겠습니다, 대덕이시여."라고 그 비구들은 세존에게 대답했다. 세존은 이렇게 말했다. —

"여기, 비구들이여, 믿음을 갖추고, 계(戒)를 갖추고, 배움을 갖추고, 보시(布施)를 갖추고, 지혜를 갖춘 비구가 있다. 그는 '아! 나는 몸이 무너져 죽은 뒤에 큰 부자인 끄샤뜨리야들의 … 큰 부자인 바라문들의 … 큰 부자인 장자들의 일원으로 태어나야겠다!'라고 생각한다. 그는 그 심(心)을 북돋우고, 그 심(心)을 확고히 하고, 그 심(心)을 닦는다. 그에게 이렇게 닦고 이렇게 많이 행한 그 행(行)들과 머묾들은 거기에 태어남으로 이끈다. 비구들이여, 이런 길, 이런 실천이 거기에 태어남으로 이끈다.

다시 비구들이여, 믿음을 갖추고, 계(戒)를 갖추고, 배움을 갖추고, 보시(布施)를 갖추고, 지혜를 갖춘 비구가 있다. 그는 '사대왕천(四大王天)의 신(神)들은 수명이 길고, 용모가 아름답고, 아주 행복하다.'라고 듣는다. 그에게 이런 생각이 든다. — '아! 나는 몸이 무너져 죽은 뒤에 사대왕천의 신들의 일원으로 태어나야겠다!'라고. … '삼십삼천(三十三天)의 신(神)들은 … 야마천(夜摩天)의 신들은 … 도솔천(兜率天)의 신들은 … 화락천(化樂天)의 신들은 … 타화자재천(他化自在天)의 신들은 수명이 길고, 용모가 아름답고, 아주 행복하다.'라고 듣는다. 그에게 이런 생각이 든다. — '아! 나는 몸이 무너져 죽은 뒤에 타화자재천의 신들의 일원으로 태어나야겠다!'라고. 그는 그 심(心)을 북돋우고, 그 심(心)을 확고히 하고, 그 심(心)을 닦는다. 그에게 이렇게 닦고 이렇게 많이 행한 그 행(行)들과 머묾들은 거기에 태어남으로 이끈다. 비구들이여, 이런 길, 이런 실천이 거기에 태어남으로 이끈다.

다시 비구들이여, 믿음을 갖추고, 계(戒)를 갖추고, 배움을 갖추고, 보시(布施)를 갖추고, 지혜를 갖춘 비구가 있다. 그는 '천(千)의 범천(梵天)은 수명이 길고, 용모가 아름답고, 아주 행복하다.'라고 듣는다. 비구들이여, 천(千)의 범천(梵天)은 천(千)의 세계(世界)에 고루 미치고, 기운 뒤에 머문다. 거기에 태어난 중생들도 고루 미치고, 기운 뒤에 머문다. 그에게 이런 생각이 든다. — '아! 나는 몸이 무너져 죽은 뒤에 천(千)의 범천(梵天)의 일원으로 태어나야겠다!'라고.

…'이천(二千)의 범천(梵天)은 … 삼천의 범천은 … 사천의 범천은 … 오천(五千)의 범천(梵天)은 … 만(萬)의 범천(梵天)은 … 십만(十萬)의 범천(梵天)은 수명이 길고, 용모가 아름답고, 아주 행복하다.'라고 듣는다. 비구들이여, 십만(十萬)의 범천(梵天)은 십만(十萬)의 세계(世界)에 고루 미치고, 기운 뒤에 머문다. 거기에 태어난 중생들도 고루 미치고, 기운 뒤에 머문다. 예를 들면, 비구들이여, 잠부강의 황금을 숙련된 금세공사의 아들이 도가니 입구에서 아주 능숙하게 제련한 황금주화는 삭까의 왕좌에 놓아도 빛나고, 밝고, 찬란하다. 이처럼, 비구들이여, 십만(十萬)의 범천(梵天)은 십만(十萬)의 세계(世界)에 고루 미치고, 기운 뒤에 머문다. 거기에 태어난 중생들도 고루 미치고, 기운 뒤에 머문다. 그에게 이런 생각이 든다. — '아! 나는 몸이 무너져 죽은 뒤에 십만(十萬)의 범천(梵天)의 일원으로 태어나야겠다!'라고. 그는 그 심(心)을 북돋우고, 그 심(心)을 확고히 하고, 그 심(心)을 닦는다. 그에게 이렇게 닦고 이렇게 많이 행한 그 행(行)들과 머묾들은 거기에 태어남으로 이끈다. 비구들이여, 이런 길, 이런 실천이 거기에 태어남으로 이끈다.

다시 비구들이여, 믿음을 갖추고, 계(戒)를 갖추고, 배움을 갖추고, 보시(布施)를 갖추고, 지혜를 갖춘 비구가 있다. 그는 '광천(光天)의 신들은 … 소광천(少光天)의 신들은 … 무량광천(無量光天)의 신들은 … 광음천(光音天)의 신들은 … 소정천(少淨天)의 신들은 … 무량정천(無量淨天)의 신들은 … 변정천(遍淨天)의 신들은 … 광과천(廣果天)의 신들은 … 무번천(無煩天)의 신들은 … 무열천(無熱天)의 신들은 … 선현천(善現天)의 신들은 … 선견천(善見天)의 신들은 … 색구경천(色究竟天)의 신들은 수명이 길고, 용모가 아름답고, 아주 행복하다.'라고 듣는다. 그에게 이런 생각이 든다. — '아! 나는 몸이 무너져 죽은 뒤에 색구경천(色究竟天)의 신들의 일원으로 태어나야겠다!'라고. 그는 그 심(心)을 북돋우고, 그 심(心)을 확고히 하고, 그 심(心)을 닦는다. 그에게 이렇게 닦고 이렇게 많이 행한 그 행(行)들과 머묾들은 거기에 태어남으로 이끈다. 비구들이여, 이런 길, 이런 실천이 거기에 태어남으로 이끈다.

다시 비구들이여, 믿음을 갖추고, 계(戒)를 갖추고, 배움을 갖추고, 보시(布施)를 갖추고, 지혜를 갖춘 비구가 있다. 그는 '공무변처(空無邊處)에 도달한 신들은 … 식무변처(識無邊處)에 도달한 신들은 … '무소유처(無所有處)에 도달한 신들은 … 비상비비상처(非想非非想處)에 도달한 신들은 수명이 길고, 오래 머물고, 아주 행복하다.'라고 듣는다. 그에게 이런 생각이 든다. — '아! 나는 몸이 무너져 죽은 뒤에 비상비비상처(非想非非想處)에 도달한 신들의 일원으로 태어나야겠다!'라고. 그는 그 심(心)을 북돋우고, 그 심(心)을 확고히 하고, 그 심(心)을 닦는다. 그에게 이렇게 닦고 이렇게 많이 행한 그 행(行)들과 머묾들은 거기에 태어남으로 이끈다. 비구들이여, 이런 길, 이런 실천이 거기에 태어남으로 이끈다.

다시 비구들이여, 믿음을 갖추고, 계(戒)를 갖추고, 배움을 갖추고, 보시(布施)를 갖추고, 지혜를 갖춘 비구가 있다. 그에게 이런 생각이 든다. — '아! 나는 번뇌들이 부서졌기 때문에 번뇌가 없는 심해탈(心解脫)과 혜해탈(慧解脫)을 지금여기에서 스스로 실답게 안 뒤에 실현하고 성취하여 머물러야겠다!'라고. 그는 번뇌들이 부서졌기 때문에 번뇌가 없는 심해탈(心解脫)과 혜해탈(慧解脫)을 지금여기에서 스스로 실답게 안 뒤에 실현하고 성취하여 머문다. 비구들이여, 이 비구는 어디에도 태어나지 않는다.

세존은 이렇게 말했다. 그 비구들은 즐거워하면서 세존의 말씀을 기뻐했다.

제4부

히리와 옷땁빠 그리고 법들의 전개

제1장

세상을 보호하는 두 가지 법-히리와 옷땁빠

[인생항로(人生航路)의 방향타]

hiri(히리)와 ottappa(옷땁빠)라는 두 가지 용어가 있습니다. 세상을 보호하는 것이고, 명(明)을 뒤따르며 선법(善法)/유익(有益)을 생겨나게 하는 것입니다. 또한, 불방일(不放逸)의 근거여서 탐(貪)-진(嗔)-치(癡)를 버리고 생(生)-노(老)-사(死)에서 벗어나는 과정의 시작점이 됩니다. 이 두 가지는, 대부분, 쌍으로 나타나는데, 그 의미는 잘 설명되지 않습니다.

1. 히리와 옷땁빠의 의미

그런데 히리가 단독으로 나타나는 몇 개의 경은 히리의 의미를 유추하게 합니다. (SN 1.18-히리 경)은 **히리로써 제어하는 사람(hirīnisedho)**을 설명하는데, 좋은 말이 채찍질을 하기 이전에 이미 달리듯이 허물을 일어나지 않게 하는 사람이어서, 언제나 사띠하면서 행동하고 괴로움의 끝에 닿은 뒤에 고르지 않은 길에서 고르게 행동한다는 설명입니다.

(KN 2.10-막대기 품)은 채찍이 가해진 좋은 말처럼 열정적으로 노력할 것을 요구합니다. 믿음과 계와 정진과 삼매와 법다운 판단으로 사띠하는 자들은 명(明)과 행(行)을 갖추어 이 많은 괴로움을 떠날 것이라고 하는데, 괴로움의 끝에 닿은 히리로써 제어하는 사람이 되는 과정입니다.

채찍을 가하기 이전에 이미 달리는 말과 채찍이 가해진 좋은 말을 대비하여 설명하는 것인데, 이런 대비는 채찍이 강하게 거듭 가해져야 달리는 말의 개념으로 연장하여 이해할 수 있습니다.

한편, 옷땁빠가 단독으로 나타나는 경은 두 개가 있습니다. 먼저 (DN 18.9-자나와사바 경, 삼매의 필수품 일곱 가지)는 거짓을 말하는 행위에 대한 옷땁빠를 말합니다. 그리고 (SN 16.2-옷땁빠가 없는 자 경)에서 사리뿟따 존자는 마하깟사빠 존자에게 「도반 깟사빠여, 노력하지 않고 옷땁빠가 없는 자는 깨달을 수 없고, 열반을 실현할 수 없고, 위없는 유가안온(瑜伽安穩)을 성취할 수 없으며, 노력하고 옷땁빠가 있는 자는 깨달을 수 있고, 열반을 실현할 수 있고, 위없는 유가안온을 성취할 수 있습니다.」라고 말하는데, ①'나에게 생겨나지 않은 악한 불선법들이 생겨나면 불익으로 이끌릴 것이다.', ②'나에게 생겨난 악한 불선법들이 버려지지 않으면 불익으로 이끌릴 것이다.', ③'나에게 생겨나지 않은 선법들이 생겨나지 않으면 불익으로 이끌릴 것이다.', ④'나에게 생겨난 선법들이 소멸하면 불익으로 이끌릴 것이다.'라면서 노력하고, 옷땁빠하는 것입니다.

이렇게 히리는 채찍질을 하기 이전에 이미 달리는 좋은 말에, 옷땁빠는 노력과 함께 채찍이 가해진 좋은 말에 비유되는 것을 알 수 있습니다. 그렇다면 말의 비유는 ①채찍질을 하기 이전에 이미 달리는 좋은 말[히리], ②채찍이 가해진 좋은 말[옷땁빠]에 이어 ③채찍이 강하게 거듭 가해져야 달리는 말로 연장됩니다.

(AN 4.121-자책(自責) 경)은 네 가지 두려움을 소개하는데, 자책(自責)에 대한 두려움, 남의 책망에 대한 두려움, 형벌에 대한 두려움, 악처(惡處)[비참한 존재 상태]에 대한 두려움입니다.

자책에 대한 두려움은 「어떤 사람은 이렇게 숙고한다. — '만약 내가 몸으로 나쁜 행위를 하고, 말로 나쁜 행위를 하고, 의(意)로 나쁜 행위를 한다면 어떻게 계(戒)에 의해서 내가 나를 질책하지 않을 수 있겠는가?'라고. 자책에 대한 두려움으로 두려워진 그는 몸의 나쁜 행위를 버린 뒤에 몸의 좋은 행위를 닦고, 말의 나쁜 행위를 버린 뒤에 말의 좋은 행위를 닦고, 의(意)의 나쁜 행위를 버린 뒤에 의(意)의 좋은 행위를 닦고, 자신의 청정함을 보호한다.」라고 설명되고,

남의 책망에 대한 두려움은 「어떤 사람은 이렇게 숙고한다. — '만약 내가 몸으로 나쁜 행위를 하고, 말로 나쁜 행위를 하고, 의(意)로 나쁜 행위를 한다면 어떻게 계(戒)에 의해서 남이 나를 질책하지 않을 수 있겠는가?'라고. 남의 책망에 대한 두려움으로 두려워진 그는 몸의 나쁜 행위를 버린 뒤에 몸의 좋은 행위를 닦고, 말의 나쁜 행위를 버린 뒤에 말의 좋은 행위를 닦고, 의(意)의 나쁜 행위를 버린 뒤에 의(意)의 좋은 행위를 닦고, 자신의 청정함을 보호한다.」라고 설명됩니다.

그리고 형벌에 대한 두려움은 왕들이 범죄를 저지른 도둑을 붙잡은 뒤 여러 가지 체벌을 가하는 것을 본 어떤 사람에게 「그에게 이런 생각이 든다. — '이런 악한 업(業)들을 원인으로 왕들은 범죄를 저지른 도둑을 붙잡은 뒤 여러 가지 체벌을 가한다. — 채찍으로 때리기도 하고 … 칼로 목을 베기도 한다. 만약 나도 그런 악한 업(業)을 짓는다면 왕들은 나도 붙잡은 뒤 여러 가지 체벌을 가할 것이다. — 채찍으로 때리기도 하고 … 칼로 목을 베기도 할 것이다.'라고. 형벌에 대한 두려움으로 두려워진 그 약탈자는 남들의 것을 빼앗지 않는다. 몸의 나쁜 행위를 버린 뒤에 몸의 좋은 행위를 닦고, 말의 나쁜 행위를 버린 뒤에 말의 좋은 행위를 닦고, 의(意)의 나쁜 행위를 버린 뒤에 의(意)의 좋은 행위를 닦고, 자신의 청정함을 보호한

다.」라고 설명되고,

악처(惡處)에 대한 두려움은 「어떤 사람은 이렇게 숙고한다. — '몸의 나쁜 행위의 악한 보(報)는 다시 태어남을 이끌고, 말의 나쁜 행위의 악한 보(報)는 다시 태어남을 이끌고, 의(意)의 나쁜 행위의 악한 보(報)는 다시 태어남을 이끈다. 만약 내가 몸으로 나쁜 행위를 하고, 말로 나쁜 행위를 하고, 의(意)로 나쁜 행위를 한다면 어떻게 내가 몸이 무너져 죽은 뒤에 상실과 비탄의 상태, 비참한 존재, 벌 받는 상태, 지옥에 태어나지 않겠는가!'라고. 악처(惡處)에 대한 두려움으로 두려워진 그는 몸의 나쁜 행위를 버린 뒤에 몸의 좋은 행위를 닦고, 말의 나쁜 행위를 버린 뒤에 말의 좋은 행위를 닦고, 의(意)의 나쁜 행위를 버린 뒤에 의(意)의 좋은 행위를 닦고, 자신의 청정함을 보호한다.」라고 설명됩니다.

이 네 가지 두려움은 말의 비유와 연결됩니다. 자책(自責)에 대한 두려움은 ①채찍질을 하기 이전에 이미 달리는 좋은 말[히리]과, 남의 책망에 대한 두려움은 ②채찍이 가해진 좋은 말[옷땁빠]과, 형벌에 대한 두려움은 ③채찍이 강하게 거듭 가해져야 달리는 말과 대응하는 것을 알 수 있습니다. 그리고 악처(惡處)[비참한 존재 상태]에 대한 두려움은 ③채찍이 강하게 거듭 가해져야 달리는 말의 연장된 경우로 이해할 수 있는데, 특히, 바른 견해를 필요로 합니다.

그런데 (AN 7.67-도시 비유 경)은 「성스러운 제자는 히리를 가졌다. 몸의 나쁜 행위와 … 악한 불선법들의 성취에 대한 자책(自責)을 두려워한다[히리한다(hirīyati)]. … 성스러운 제자는 옷땁빠를 가졌다. 몸의 나쁜 행위와 … 악한 불선법들의 성취에 대한 타책(他責)을 두려워한다[옷땁빠한다(ottappati)].」라고 합니다. 몸과 말과 의(意)의 나쁜 행위에 대한 대응을 '히리한다(hirīyati)'와 '옷땁빠한다(ottappati)'라는 용어로써 표현하는 것입니다.

그렇다면 히리는 자책(自責)에 대한 두려움이고, 옷땁빠는 남의 책망에 대한 두려움이라고 그 의미를 해석할 수 있습니다. 마찬가지로 '히리한다(hirīyati)'는 자책(自責)에 대한 두려움 때문에 몸과 말과 의(意)의 나쁜 행위를 버린 뒤에 좋은 행위를 닦아서 자신의 청정함을 보호하는 것을 말하고, '옷땁빠한다(ottappati)'는 남의 책망에 대한 두려움 때문에 몸과 말과 의(意)의 나쁜 행위를 버린 뒤에 좋은 행위를 닦아서 자신의 청정함을 보호하는 것을 말한다고 하겠습니다.

이때, (AN 4.121-자책(自責) 경)의 네 가지 두려움은 ①히리에 의한 행위의 제어, ②옷땁빠에 의한 행위의 제어, ③형벌에 대한 두려움에 의한 행위의 제어, ④바른 견해에 의한 행위의 제어를 지시하는 가르침이라고 할 것인데, (SN 1.18-히리 경)과 (KN 2.10-막대기 품)이 말하는 히리로써 제어하는 사람의 의미입니다.

※두려움에 의한 행위의 제어 네 가지는, 비유하자면, 움직이는 차에 대한 네 단계의 브레이크입니다. 1단계에서 제동할 수 있으면 작은 수고로써 가능한데 단계가 높아질수록 수고가 커진다고 보아야 합니다. 그리고 제동되지 않으면 수고를 넘어서서 큰 불행을 초래하게 됩니다. 그래서 낮은 단계에서 제동할 수 있도록 역(逆)의 단계[견해 → 형벌 → 옷땁빠 → 히리]로 준비하는 것이 신행(信行)이고, 수행(修行)이라고 하겠습니다.

이때, 브레이크를 밟아 악행(惡行)을 멈추게 하는 것은 선행(善行)의 실천으로 삶을 이끄는 것입니다. 삶이 고(苦)에서 벗어나 락(樂)으로 이끌리도록 방향을 잡는 것입니다. 그래서 이것은 삶의 방향타를 만드는 것입니다. 네 가지 두려움이라는 브레이크를 밟아 행복 가득한 삶의 방향으로 나를 이끄는 방향타의 역할을 확고히 하는 것이 이 경의 의도라고 할 수 있습니다.

이런 브레이크/방향타를 지시하는 교리가 히리(hiri)와 옷땁빠(ottappa)인데, 열반(涅槃)으로 향하는 인생 항로의 방향타라고 설명하였습니다.

히리로써 제어하는 사람(hirīnisedho)은 이외에도 (SN 7.9/KN 5.30-순다리까 경)에 나타나는데, 「태생을 묻지 말고 행실을 물어야 합니다. 장작에 의해서 불은 붙습니다. 낮은 가문에도 확고한 성자가 있습니다. 히리로써 제어하는 사람이 좋은 혈통입니다. 진리에 의해 길들여지고, 길들임에 의해 갖추어진 자, 앎의 끝에 닿았고, 범행을 완성한 자 — 현명하게 제사를 지내는 자는 그를 초청해야 합니다. 올바른 때에 보시받을만한 자에 대해 그는 보시합니다.」라고 말합니다.

히리가 단독으로 나타나는 경우는 이렇게 히리의 의미를 설명해 주는데, 이 외에도 몇 개의 용례를 발견할 수 있습니다.

• 가사에 대한 설명 — hirikopīnapaṭicchādanatthaṃ(히리 때문에 생식기를 가리기 위함 - 부끄러움을 일으키는 부분을 가리기 위함)

1) (DN 29.9-정신경, 알려주어야 하는 방법)은 의(衣)-식(食)-주(住)-약품(藥品)의 네 가지 필수품의 목적을 알려주는데, '지금여기에 속하는 번뇌들의 단속을 위하여 그리고 다음 생에 속하는 번뇌들의 격멸(擊滅)을 위하여'입니다. — 「그러므로 쭌다여, 내가 그대들에게 허용한 가사는 '오직 추위에 저항하고, 더위에 저항하고, 파리-모기-바람-햇빛-파충류에 닿음에 저항하기 위한 만큼, 부끄러움을 일으키는 부분을 가리기 위한 목적만큼'으로 충분하다.」

2) (MN 2-모든 번뇌 경)/(AN 6.58-번뇌 경)은 번뇌의 종류를 설명하는데, 수용을 원인으로 버려져야 하는 번뇌들이 있습니다. — 「비구들이여, 무엇이 수용을 원인으로 버려져야 하는 번뇌들인가? 비구들이여, 여기 비구는 여리(如理)하게 가늠하면서 가사를 수용한다. — '오직 추위에 저항하고, 더위에 저항하고, 파리-모기-바람-햇빛-파충류에 닿음에 저항하기 위한 만큼, 부끄러움을 일으키는 부분을 가리기 위한 목적만큼.'」

• 마차에 대한 비유 — 마차의 비유를 게송으로 설하는 네 개의 경에서 히리는 비유로써 설명됩니다.

1) (SN 1.46-요정 경)은 「올곧음이 그 길이고, 두려움 없음이 그 방향이다. 삐걱거리지 않는 마차는 법의 바퀴들로 고정되었다. 히리가 그것의 보호장치[브레이크](hirī tassa apālambo)이고, 사띠가 휘장이다. 법이 기수이고, 바른 견해가 앞서 달린다고 나는 말한다. 여자든 남자든 이 마차를 탄 사람은 이 마차에 의해서 열반에 가깝다.」라고 합니다. 히리는 이 마차의 브레이크여서 몸과 말과 의(意)로 나쁜 행위를 하려 할 때 제동하는 보호장치로 비유됩니다.

2) (SN 7.11/KN 5.4-까시바라드와자 경)은 「믿음은 씨앗, 계행(戒行)은 비, 나에게 지혜는 멍에와 쟁기, 히리는 쟁기를 지탱하는 막대 자루, 의(意)는 쟁기와 막대 자루를 묶는 끈, 나에게 사띠는 쟁기날과 몰이 막대. 진리는 자르는 일을 하고, 부드러움은 나의 해방. 나에게 정진은 유가안온(瑜伽安穩)을 가져오는 짐지는 가축, 슬퍼하지 않는 곳에 가서 돌아오지 않습니다. 이렇게 밭을 갈고, 밭을 간 그는 불사(不死)의 열매를 얻습니다. 이렇게 밭을 갈고, 밭을 간 뒤에 모든 괴로움에서 벗어납니다.」라고 하는데, 히리는 밭을 가는 쟁기를 지탱해주는 막대 자루로 비유됩니다. 몸과 말과 의(意)로 나쁜 행위를 하려 할 때 히리가 제동해 주어야만 열반으로 가는 밭갈이가 유지될 수 있기 때문입니다.

3) (SN 45.4-자눗소니 바라문 경)은 「그것[팔정도(八正道)]에게 있는 믿음과 지혜, 그 법들은 항상 멍에로 묶여있다. 히리는 쟁기를 지탱하는 막대 자루, 의(意)는 쟁기와 막대 자루를 묶는 끈, 사띠는 주의 깊은 마부, 계는 마차의 장신구, 선(禪)은 차축, 바퀴는 정진, 평정은 짐의 균형을 잡고 무욕은 자리의 깔개, 분노 않음과 비폭력과 떨쳐버림은 그것의 무기, 인욕은 갑옷과 방패, 유가안온으로 나아간다. 이것이 자신의 내면에서 생겨난 위없는 범천의 마차, 지자는 이를 타고 세상을 떠나 반드시 승리한다.」라고 합니다. 믿음과 지혜라는 두 가지 법이 멍에로 연결되어 쟁기를 달고 밭을 갈 때, 역시, 히리가 몸과 말과 의(意)로 나쁜 행위를 하려 할 때 제동해 주어야만 열반으로 가는 밭갈이가 유지될 수 있기 때문입니다.

• 기타 — 이외에 (AN 8.32-보시 경2), (AN 3.58-왓차곳따 경), (AN 5.179-재가자 경), (AN 5.42-고결한 사람 경), (KN 2.18-때 품), (KN 5.15-히리 경), (KN 5.37-날라까 경)에 나타나는데, 특히, (KN 2.18-때 품)에서는 「히리가 없고, 부끄러움이 없고, 무례하고, 불손하고, 뻔뻔스럽고, 오염된 삶은 살아가기가 쉽다. 그러나 히리가 있고, 항상 죄짓지 않기를 추구하고 게으르지 않고, 뻔뻔하지 않고, 청정한 삶을 보는 자는 살아가기가 어렵다.」라고 해서 히리가 없는 오염된 삶은 부끄러움이 없고, 무례하고, 불손하고, 뻔뻔스러워서 세속적 기준으로는 살아가기가 쉽지만 고(苦)를 쌓고, 히리가 있는 청정한 삶은 항상 죄짓지 않기를 추구하고 게으르지 않고, 뻔뻔하지 않아서 세속적 기준으로는 살아가기가 어렵지만 락(樂)[공덕(功德)-복(福)]을 쌓는다는 것을 알려줍니다.

이렇게 소개된 경들 외에는 히리와 옷땁빠는 한 개의 경을 제외하고는 항상 히리와 옷땁빠의 순서를 가지고 짝을 이루어 나타납니다. 예외적인 한 개의 경은 (MN 37-갈애 부서짐의 작은 경)입니다. 「그러자 신들의 왕 삭까와 웻사와나 대왕은 마하목갈라나 존자를 앞세우고 웨자얀따 궁전으로 갔다. 신들의 왕 삭까의 시녀들은 멀리서 오고 있는 마하목갈라나 존자를 보았다. 보고서는 옷땁빠하고 히리하는(ottappamānā hirīyamānā) 그녀들은 각자 자신의 방으로 들어갔다. 예를 들면, 며느리가 시아버지를 보고서 옷땁빠하고 히리한다. 이처럼 신들의 왕 삭까의 시녀들은 마하목갈라나 존자를 보고서는 옷땁빠하고 히리하는 그녀들은 각자 자신의 방으로 들어갔다.」인데, 보통의 사람들에게서의 작용의 순서를 실제 상황에서 설명하는 것을 알 수 있습니다. 즉 남의 책망에 대한 두려움에 의해서 행위를 제어하는 것이 먼저고, 이어서 자책에 대한 두려움으로 행위를 더욱 정밀하게 제어하는 방향으로 나아가는 것을 의미한다고 하겠습니다.

2. 히리와 옷땁빠의 번역

'자책(自責)에 대한 두려움'으로의 히리와 '남의 책망에 대한 두려움'으로의 옷땁빠를 하나의 우리말 단어로 번역하기는 쉽지 않습니다. 우선, 연계성을 가지는 용어들을 찾아보았습니다. 〈표준국어대사전〉

• 양심(良心) 【명사】사물의 가치를 변별하고 자기의 행위에 대하여 옳고 그름과 선과 악의 판단을 내리는 도덕적 의식. ············ • 양심의 가책을 받다.

• 가책(呵責) 【명사】자기나 남의 잘못에 대하여 꾸짖어 책망함. ············ • 가책을 받다.

• 자책(自責) 【명사】자신의 결함이나 잘못에 대하여 스스로 깊이 뉘우치고 자신을 책망함. ············ • 자책을 느끼다.

• 책망(責望) 【명사】잘못을 꾸짖거나 나무라며 못마땅하게 여김.

• 수치심(羞恥心) 【명사】수치를 느끼는 마음. ············ • 수치심을 갖다

• 창피(猖披) 【명사】체면이 깎이는 일이나 아니꼬운 일을 당함. 또는 그에 대한 부끄러움.

• 부끄러움 【명사】부끄러워하는 느낌이나 마음.

히리와 옷땁빠의 우리말 번역은 어렵습니다. 교리적 비중이 매우 크면서, 삶의 미세한 부분을 지시하는 용어이기 때문입니다.

우선, 국내외의 기존의 번역은 다음의 표와 같습니다.

	초기불전 연구원	한국빠알리 성전협회원	bhikkhu bodhi	한역(漢譯)
히리(hiri)	양심	부끄러움을 앎	moral shame	참(慙)
히리 없음 (ahirika)	양심 없음	부끄러움을 모름	moral shamelessness	
옷땁빠 (ottappa)	수치심	창피함을 앎	moral dread	괴(愧)
옷땁빠 없음 (anottappa)	수치심 없음	창피함을 모름	moral recklessness	

근본경전연구회는 '자책(自責)에 대한 두려움'과 '남의 책망에 대한 두려움'을 표현하는 최적의 단어를 찾지 못했습니다. 그래서 이 두 단어는, 대부분, 소리 나는 대로 '히리'와 '옷땁빠'로 표기하였습니다. 다만, 문장번역의 필요성에 의해 그 의미를 나타내야 할 때는 히리 즉 '자책(自責)에 대한 두려움'은 '자책(自責)의 두려움'으로, 옷땁빠 즉 '남의 책망에 대한 두려움'은 '타책(他責)의 두려움'으로 압축하여 번역하였습니다. 마찬가지로 ahirika 즉 히리 없음은 '자책(自責)을 두려워하지 않음'으로, anottappa 즉 옷땁빠 없음은 '타책(他責)을 두려워하지 않음'으로 번역하였습니다. 또한, 동사형인 hirīyati와 ottappati는 '자책(自責)을 두려워하다.'와 '타책(他責)을 두려워하다.'로 번역하였습니다.

● 근본경전연구회의 번역

「hiri(히리) = 자책(自責)의 두려움」,
「ottappa(옷땁빠) = 타책(他責)의 두려움」
「ahirika(히리 없음) = 자책(自責)을 두려워하지 않음」,
「anottappa(옷땁빠 없음) = 타책(他責)을 두려워하지 않음」
「hirīyati = 자책(自責)을 두려워하다.」,
「ottappati = 타책(他責)을 두려워하다.」

(예) ariyasāvako hirimā hoti, hirīyati kāyaduccaritena vacīduccaritena manoduccaritena, hirīyati pāpakānaṃ akusalānaṃ dhammānaṃ samāpattiyā. ottappī hoti, ottappati kāyaduccaritena vacīduccaritena manoduccaritena, ottappati pāpakānaṃ akusalānaṃ dhammānaṃ samāpattiyā.

성스러운 제자는 히리를 가졌다. 몸의 나쁜 행위와 말의 나쁜 행위와 의(意)의 나쁜 행위에 대한 자책(自責)을 두려워하고, 악한 불선법들의 성취에 대한 자책(自責)을 두려워한다. 옷땁빠를 가졌다. 몸의 나쁜 행위와 말의 나쁜 행위와 의(意)의 나쁜 행위에 대한 타책(他責)을 두려워하고, 악한 불선법들의 성취에 대한 타책(他責)을 두려워한다.

3. 이후의 교재의 전개

부처님은 다양한 방법으로 제자들의 삶을 향상하는 방법을 가르쳐 줍니다. 그래서 불교 교리는 많은 경우에 주제어의 숫자를 하나씩 더해 가면서 전개[증일(增一)]됩니다. 기본적으로 앙굿따라 니까야가 이런 구조로 결집 되었고, 디가 니까야에 속한, 교리 요약집과도 같은 두 개의 경 즉 (DN 33-합송경)과 (DN 34-십상경)이 대표적으로 이런 구조를 보여줍니다.

불교 교리의 입문서(入門書)인 이 책도 이후의 내용은 이런 구조로 정리하였습니다. 불방일(不放逸)이라는 한 개의 법을 중심에 두는 가르침을 시작으로 두 개의 법 내지 일곱 개의 법을 중심에 두는 가르침인데, 특히, 재가자의 삶을 이끄는 가르침에 초점을 맞췄습니다.

이런 구조의 법들은 두 가지 부류로 나누어 정리할 수 있는데, 히리와 옷땁빠의 포함 여부입니다. 그래서 제2장에서는 히리와 옷땁빠를 포함하지 않는 법들의 전개를 설명하고, 제3장에서는 히리와 옷땁빠를 포함하는 법들의 전개를 설명하였습니다.

이때, 「제3장 히리와 옷땁빠를 포함하는 법들의 전개」는 이 장에서 정리한 히리와 옷땁빠의 용례에 의한 상세입니다. 그래서 이 장의 내용과 제3장의 내용은 빠알리 원전의 발췌에 의한 경전 해설의 형태로 취합해 별도의 책으로 출판할 계획입니다.

제2장

히리와 옷땁빠를 포함하지 않는 법들의 전개

Ⅰ. 한 개의 법 — 불방일(不放逸)

부처님께서 돌아가시면서 남긴 마지막 말씀은 「비구들이여, 참으로 이제 그대들에게 말한다. '조건적인 것들은 무너지는 것이다. 성취를 위해 불방일(不放逸)로써 노력해야 한다.' (DN 16.36-대반열반경, 여래의 마지막 말씀)」입니다. 또한, 「어떤 것이든 유익(有益)/선법(善法)이라면 모두 불방일(不放逸)이 뿌리이고, 불방일로 모인다. 불방일이 그 법들의 으뜸이라고 알려졌다.(SN 45.79-여래 경)」거나, 「닦고 많이 행하면 금생의 이익과 내생의 이익 둘 다를 고르게 얻어서 머무는 하나의 법인 불방일 (AN 6.53-불방일 경)」 등으로 불방일(不放逸)은 큰 비중을 가지고 경에서 많이 나타나는데, 「자신을 위해 불방일과 사띠에 의한 심(心)의 보호가 행해져야 한다. (AN 4.117-보호경)」라고 하여 사띠(알아차림)과 함께 심(心)을 보호하는 것으로 설명됩니다.

그렇다면 불방일(不放逸)은 무엇입니까?

방일(放逸)은 멋대로 거리낌 없이 노는 것입니다. 게으름[게으른 버릇이나 태도]과는 조금 다른 의미이지만, 일반적으로 같이 사용하기도 하는 단어입니다. 그런데 경(經)이 사용하는 빠알리 원어는 pamāda(빠마-다)인데, carelessness(부주의함. 조심성 없음), negligence(태만. 부주의. 무관심. 자유분방), indolence(나태. 게으름), remissness(태만. 부주의. 무기력) 등의 의미를 가집니다. 그리고 반대말인 appamāda(압빠마-다)는 thoughtfulness(생각이 깊음. 신중함. 주의 깊음), carefulness(주의 깊음. 신중함. 조심), conscientiousness(성실. 신중), watchfulness(조심스러움. 방심하지 않음), vigilance(조심. 경계), earnestness(진지함. 진정. 성실), zeal(열중. 열심. 열정) 등의 의미입니다.

pamāda는 방일(放逸)이라고 한역(漢譯)되었지만, 게으름이나 자유분방보다는 부주의, 조심성 없음의 의미가 우선한다고 보아야 할 것이고, appamāda는 불방일(不放逸)이라고 한역되었지만, 게으르지 않다는 의미보다는 신중, 주의 깊음, 방심하지 않음, 조심 등의 의미로 해석되어야 하겠습니다. 그래서 이렇게 신중하고, 주의 깊고, 방심하지 않고, 조심하는 것으로의 불방일(appamāda)이 알아차림 즉 마음의 현재를 발견하는 힘/기능인 사띠(sati)와 함께 심(心)을 보호하는 것이라고 경은 설명하는 것입니다.

사띠는 「성스러운 제자는 사띠를 가졌다. 최상의 사띠와 신중함을 갖추어 오래전에 행한 것에게도, 오래전에 말한 것에게도 다가가서 기억한다.(SN 48.9-분석 경1)」라고 정의되는데, 사띠로 발견하여 신중하게 대처하는 것이 사띠를 가진 또는 사띠하는 자의 의미입니다. 이런 의미에서 사띠와 함께하는 신중함 즉 불방일로써 대처하여 심(心)을 보호하는 것이라고 이해할 수 있습니다.

이렇게 불방일은 삶의 과정에서 신중하고, 주의 깊고, 방심하지 않고, 조심하는 것입니다. 그때, 부주의하고 조심하지 않아서 생기는 다양한 문제들을 예방할 수 있습니다. 문제가 생긴 뒤에 수습하는 것보다는, 문제가 생기지 않도록 앞서서 방지하는 것이 올바른 방법입니다.

그런데 수행(修行)에 있어서 불방일은 좀 더 깊은 의미를 가집니다. 수행자가 삼매를 닦지 못해서 법이 드러나지 않을 때, 방일하게 머무는 자이고, 삼매에 들어 삼매를 닦을 때 법이 드러나면, 불방일에 머무는 자라고 정의됩니다(SN 35.80-방일한 머묾 경). 삼매를 토대로 깨달음으로 나아가는 높은 수행에는 심(心)이 일어나서 드러나는 법(法)을 관찰[법(法)의 위빳사나]하여 있는 그대로 알고 보는[여실지견(如實知見)] 과정이 필요한데, 관찰의 대상인 법이 드러나지 않으면 깨달음으로 나아가지 못하는 방일한 수행자고, 법이 드러나 관찰할 수 있으면 깨달음으로 나아가는 불방일한 수행자라는 의미입니다. 부처님의 마지막 말씀이 지시하는 본연의 의미라고 할 것입니다.

Ⅱ. 두 개의 법 — 보시(布施)와 오계(五戒)

불교는 세상에서의 삶을 이끄는 기술입니다. 인간이라는 내 삶의 현실 위에서 ①소유하고자 하는 자로서의 행복, ②소유의 영역에서 벗어남, ③존재의 영역에서 벗어남을 위한 세 단계로 이루어진 삶의 기술입니다.

이때, ①소유하고자 하는 자로서의 행복을 위한, 그리고 ②소유의 영역에서 벗어남을 위한 방법으로 제시되는 것이 보시(布施)와 오계(五戒)입니다. 이런 점에서 근본경전연구회는 보시와 오계를 「**재가신자의 삶의 향상을 위한 테크닉의 두 축**」이라고 표현하고 있습니다.

앞에서 살펴보았듯이 보시는 삶의 향상을 위한 긴 항해를 위해 돛을 다는 것이고, 오계는 두려움 없고 원망 없음 그래서 침착하고 자신감 있게 그 바다에 뛰어드는 것입니다. 말하자면, 보시로써 돛을 올린 배가 오계의 바람을 맞으며 큰 바다의 한편에서 항해를 시작하는 것입니다.

보시는 남의 것은 고사하고 내 것까지 포기하는 실천을 통해 소유의 삶에서 벗어나는 것이고, 그때 보시받는 자에게 생겨나는 효과를 나누어 가지는 특성이 있습니다.

오계는 삶을 향상으로 이끄는 질서의 기준이어서 나와 남을 두려움과 원망에서 벗어나게 하는 것인데, (AN 10.1-어떤 목적 경) 등은 「"대덕이시여, 유익(有益)한 계(戒)들에게 어떤 목적과 어떤 이익이 있습니까?" "아난다여, 유익한 계들에게 뉘우침 없음의 목적과 뉘우침 없음의 이익이 있다."」라고 하여 포괄적으로 유익한 계의 목적과 이익을 설명합니다. 또한, 「"대덕이시여, 뉘우침 없음에게 어떤 목적과 어떤 이익이 있습니까?" "아난다여, 뉘우침 없음에게 환희의 목적과 환희의 이익이 있다."」라고 하여 즐거움 가운데 더 큰 즐거움을 일구는 과정으로의 불교 수행의 출발 자리를 설명해 줍니다.

보시와 오계는 쌍을 이루어 태어남의 자리를 지시하는데, 수행이 배제된 경우에는 욕계(慾界)의 여섯 하늘까지를 한계로 하고, 수행이 함께 한 경우에 색계(色界) 하늘로 진입하는 것을 말해줍니다. 물론, 그 연장선 위에서 수행은 깨달음으로 이끕니다. ☞「제3부 【제사와 공덕 총괄 장】 [2] 공덕에 의한 태어남을 구체적으로 설하는 경들」 참조.

보시(布施)와 오계(五戒)에 대해서는 「제3부 제2장 공덕 - (2) 보시와 제3장 공덕 - (3) 오계」에서 자세히 설명하였고, 여기서는 각각의 공덕이 「재가신자의 삶의 향상을 위한 테크닉의 두 축」으로서의 공통점을 가지고 있다는 점을 표로 정리하였습니다.

오계(五戒)와 보시(布施)의 공덕(功德) 비교 - 「재가 제자의 삶의 향상을 위한 테크닉의 두 축」

<table>
<tr><th>오계(五戒)</th><th colspan="2">보시(布施)</th></tr>
<tr><td>(AN 5.213-계(戒) 경)</td><td>(AN 5.34-시하 장군 경)</td><td>(AN 5.35-보시의 이익 경)</td></tr>
<tr><td>불방일(不放逸)의 결과로
큰 재물을 얻음</td><td colspan="2">많은 사람이 사랑하고 마음에 들어 함</td></tr>
<tr><td>당황스럽지 않게
[이성을 잃지 않은 채] 죽음</td><td colspan="2">고결한 사람들이 가까이함</td></tr>
<tr><td colspan="2">어떤 무리에 들어가더라도
자신감을 가지고 당당하게 들어감</td><td>재가자의 법들이
없어지지 않음</td></tr>
<tr><td colspan="3">좋은 평판이 퍼짐</td></tr>
<tr><td colspan="3">몸이 무너져 죽은 뒤에 좋은 곳, 하늘 세상에 태어남</td></tr>
</table>

Ⅲ. 세 개의 법 특히 수행(修行)

[1] 보시(布施)-오계(五戒)-수행(修行) — 세 가지 공덕행(功德行)

(DN 33.6-합송경, 세 가지로 구성된 법들)과 (AN 8.36-공덕의 결실을 있게 하는 토대 경)은 세 가지 공덕의 결실을 있게 하는 토대(puññakiriya-vatthu)를 말하는데, 보시(布施)로 만들어진 공덕의 결실을 있게 하는 토대, 계(戒)로 만들어진 공덕의 결실을 있게 하는 토대, 수행(修行)으로 만들어진 공덕의 결실을 있게 하는 토대입니다. 공덕의 결실을 있게 하는 것 즉 공덕을 만드는 것으로 보시와 계와 수행의 세 가지를 제시하는 것입니다. 그런데 재가신자에게 계(戒)는 오계(五戒)로 제한하여 말할 수 있습니다. 그래서 보시(布施)와 오계(五戒)와 수행(修行)은 세 가지 공덕행(功德行)입니다.

보시(布施)와 오계(五戒)는 앞에서 설명하였고, 여기서는 수행(修行)을 개괄하여 설명하였습니다.

[2] 수행(修行)

수행(修行)은 보시와 오계 위에서 삶을 더욱 향상하는 길과 실천입니다. 수행(修行)은 bhāvanā(바-와나-)의 번역입니다. increase; development by means of thought; meditation[증진. 개발. 명상] 등을 의미하는 용어인데, 명상을 통해 마음의 힘을 개발하고 증진하는 것을 의미한다고 하겠습니다.

마음의 힘은 믿음(saddha)-정진(viriya)-사띠(sati)-삼매(samādhi)-지혜(paññā)의 다섯 가지를 말하는데, 기능[오근(五根)] 또는 힘[오력(五力)]입니다.

1. 다섯 가지 기능 또는 힘 — 「퇴보로 이끄는 것들의 방어 측면에서는 힘[력(力-bala)], 진보로 이끄는 동력의 측면에서는 기능[근(根-indriya)]」

소유[욕(慾)]를 동력으로 살아가는 욕계(慾界) 중생인 우리는, 마음에게 직접 몸을 데리고 살아가라고 허용하면, 고(苦)를 생겨나게 합니다. 소유의 경향[욕상(慾想)]이 내 마음을 지배하기 때문입니다.

그래서 삶이 더 나아지기 위해서 마음은 불선(不善)을 방어하고 선(善)을 북돋우는 양 측면에서 무언가의 도움이 필요한데, 부처님에 의하면, 믿음과 정진 그리고 사띠와 삼매와 지혜입니다. 이 다섯 가지는 마음이 가지는 수단이고, 능력이라고 이해할 수 있는데, 불선(不善)/무익(無益) 즉 퇴보로 이끄는 것들의 방어 측면에서는 힘[력(力-bala)]이라고 불리고, 선(善)/유익(有益) 즉 진보로 이끄는 동력의 측면에서는 기능[근(根-indriya)]이라고 불립니다. 그래서 불교 교리에서는 다섯 가지 힘[오력(五力)]과 다섯 가지 기능[오근(五根)]으로 나타나는데, 소유를 동력으로 하는 삶의 문제를 해소하기 위해서는 오력(五力) 또는 오근(五根)의 수단/능력을 갖추어야 한다는 것입니다.

이때, 「퇴보로 이끄는 것들의 방어 측면에서는 힘[력(力-bala)], 진보로 이끄는 동력의 측면에서는 기능[근(根-indriya)]」이라는 설명은 믿음-히리-옷땁빠-정진-지혜의 다섯 가지 힘[=유학(有學)의 힘=여래(如來)의 힘]과 연계한 이해입니다. 특히, 「제3장 II. 다섯 가지 법 2. 다섯 가지 기능과 함께 나타나는 경우」에서는 유학(有學)의 힘이 다섯 가지 기능과 짝을 이루어 나타나는데, 다섯 가지 유학의 힘을 의지하여 머무는 가운데 다섯 가지 기능의 강약(强弱)에 의한 성취의 차이를 설명합니다. 다섯 가지 유학의 힘에 의지하여 퇴보로 이끄는 것들을 방어하면서, 다섯 가지 기능을 강화하여 진보로 이끄는 동력으로 삼는다고 이해할 수 있는 경들입니다.

- 「제3장 II. 다섯 가지 법 4. 두 가지 힘 — 가늠의 힘과 수행의 힘」에서도 「유학의 힘 → 탐진치(貪嗔癡)를 버림 → 불선(不善)과 악(惡)을 행하지 않게 됨」을 말하는데, 힘이 불선과 악 즉 퇴보로 이끄는 것들의 방어의 측면에 있다는 것을 알 수 있습니다.

힘과 기능에 대한 이런 이해는 노력의 방향을 설명해줍니다. 팔정도(八正道)의 정정진(正精進), 보리분법(菩提分法)의 사정근(四正勤), 오근(五根) 또는 오력(五力)의 정진(精進)은 모두 같은 방법으로 정의되는데, 불선법(不善法)들의 버림을 위하고, 선법(善法)들의 성취를 위한 것입니다. ☞ 「2. 다섯 가지 기능의 정의 — (SN 48.10-분석 경2)」 참조

- 불선법(不善法)들의 버림의 측면 — ①생겨나지 않은 악한 불선법들을 생겨나지 않게 하기 위함, ②생겨난 악한 불선법들을 버리기 위함

- 선법(善法)들의 성취의 측면 — ①생겨나지 않은 선법들을 생겨나게 하기 위함, ②생겨난 선법들을 유지하고, 혼란스럽지 않게 하고, 점점 더 커지게 하고, 닦아서 완성하기 위함

특히, 선법(善法)들의 성취의 측면②는 다섯 가지 기능의 강약(强弱)에 의한 성취의 차이를 함께 설명한다고 하겠습니다.

그런데 이렇게 힘과 기능의 차이를 말할 때, 믿음-정진-사띠-삼매-지혜의 같은 다섯 가지를 힘이라고도 하고 기능이라고도 하는 것은 어떻게 이해해야 합니까?

(SN 48.43-사께따 경)에서 「비구들이여, 어떤 방법 때문에 다섯 가지 기능[오근(五根)]이 다섯 가지 힘[오력(五力)]이 되고, 다섯 가지 힘이 다섯 가지 기능이 되는 그런 방법이 있는가?」라는 질문에 이어 부처님은 이렇게 답합니다. —「예를 들면, 비구들이여, 동쪽으로 굽었고 동쪽으로 경사졌고 동쪽으로 이끌리는 강이 있고, 그 강의 가운데에 섬이 있다. 비구들이여, 그 강을 하나의 흐름이라고 부르는 방법이 있고, 또한, 비구들이여, 그 강을 두 개의 흐름이라고 부르는 방법이 있다. 그러면 비구들이여, 그 강을 하나의 흐름이라고 부르는 방법은 무엇인가? 비구들이여, 그 섬까지 오지 못한 물과 그 섬을 지난 물 — 이것이, 비구들이여, 그 강을 하나의 흐름이라고 부르는 방법이다. 그러면 비구들이여, 그 강을 두 개의 흐름이라고 부르는 방법은 무엇인가? 비구들이여, 그 섬의 북쪽에 있는 물과 그 섬의 남쪽에 있는 물 — 이것이, 비구들이여, 그 강을 두 개의 흐름이라고 부르는 방법이다. 이처럼, 비구들이여, 믿음의 기능이 믿음의 힘이고, 믿음의 힘이 믿음의 기능이다. 정진의 기능이 정진의 힘이고, 정진의 힘이 정진의 기능이다. 사띠의 기능이 사띠의 힘이고, 사띠의 힘이 사띠의 기능이다. 삼매의 기능이 삼매의 힘이고, 삼매의 힘이 삼매의 기능이다. 지혜의 기능이 지혜의 힘이고, 지혜의 힘이 지혜의 기능이다. 비구들이여, 다섯 가지 기능을 닦고 많이 행한 비구는 번뇌들이 부서졌기 때문에 번뇌가 없는 심해탈(心解脫)과 혜해탈(慧解脫)을 지금여기에서 스스로 실답게 안 뒤에 실현하고 성취하여 머문다.」

그렇다면 믿음-정진-사띠-삼매-지혜는 불선법(不善法)들의 버림과 선법(善法)들의 성취라는 양면의 역할을 함께 가지고 있는데[하나의 흐름], 필요에 의해 구분해서 말하면 불선법들의 버림을 위한 측면[힘]과 선법들의 성취를 위한 측면[기능]으로 구분된다[두 개의 흐름]는 것으로 이해할 수 있습니다.

이때, 오근(五根) 또는 오력(五力)을 갖추어 가는 과정 그리고 오근(五根)-오력(五力)과 함께하는 마음이 삶의 문제를 해소하는 포괄적 과정(*)을 수행(修行)이라고 부릅니다.

(*) 소유의 문제를 넘어서서 존재의 문제도 해소하는 전체 과정

물론, 마음의 동력을 갖춘다고 하지만, 기능이나 힘이 마음 밖의 어떤 것은 아닙니다. 말하자면, 팔이 방패와 칼이라는 수단 또는 능력을 가지는 것과는 다릅니다. 방패와 칼을 들기 이전에 팔 자체의 힘 즉 알통[근육]을 만들고, 알통[근육]과 함께 하는 팔이 방패와 칼을 들고 전투를 하는 것과 같습니다.

이렇게 팔이 힘을 쓰기 위해서는 팔을 구성하는 일부이지만 독립된 이름을 가지는 알통이 필요하듯이, 기능이나 힘도 마음을 구성하는 일부이지만 힘을 쓰기 위한 어떤 것에 붙여진 독립된 이름이라고 해야 합니다.

그러면 그 어떤 것으로의 다섯 가지 기능은 무엇입니까?

이 주제는 「사실에 괴리(乖離)된 삶은 괴로움을 만들고[고(苦)], 사실에 부합(符合)한 삶은 행복을 만든다[고멸(苦滅)].」라는 압축된 가르침과 연결해서 이해해야 하는데, 이 압축은 그대로 사성제(四聖諦)입니다. ☞ 「제2부 IX. 전승(傳承)의 중심 네 가지」 참조.

여기서 사실은 존재의 실상 즉 무상(無常)-고(苦)-무아(無我)입니다. 그래서 마음이 몸과 함께 세상을 만나는 삶 즉 세상의 존재들을 볼 때 얼마만큼 사실에 접근된 눈으로 보는가의 문제입니다. 즉, 사실에서 멀어진 눈으로 세상을 보는 것은 사실에 괴리된 삶이어서 괴로움을 만들고, 사실에 접근된 눈으로 세상을 보는 것은 사실에 부합한 삶이어서 행복을 만든다고 정리됩니다. 물론 이런 정리에는 보는 대로 행한다는 이해가 담겨 있습니다. 보는 것은 견해이고, 견해는 업(業)의 씨앗에 비유되기 때문입니다.

여기서 눈 즉 보는 자는 마음[심(心)]입니다. 그리고 눈이 보는 일을 하기 위해서는 두 가지가 필요한데, 눈을 뜨는 것과 빛입니다. 눈이 있어도 감고 있거나, 어둠 속에서는 볼 수 없기 때문입니다. 이때, 눈뜸과 빛은 무엇입니까? (SN 1.80-빛 경)은 이 질문에 답을 주는데, 눈뜸 즉

'마음의 현재를 발견하는 능력'은 사띠[sati-염(念)-알아차림-마음챙김]이고, 빛 즉 사실을 비추는 능력은 지혜[paññā-빤냐-혜(慧)]입니다.

「무엇이 세상에 대한 빛이고, 무엇이 세상에 대한 깨어남[눈뜸]입니까? … 지혜가 세상에 대한 빛이고, 사띠가 세상에 대한 깨어남[눈뜸]이다.(SN 1.80-빛 경)」

이렇게 눈을 뜨고 빛을 비추면 눈은 봅니다. 그런데 잘 보기 위해서는 거기에 더해 눈이 흔들리지 않아야 합니다. 하나의 대상에 집중되어 흔들리지 않아야 그 대상을 정확히 볼 수 있습니다. 이때, 흔들리지 않음 즉 대상에 고정/집중된 마음 상태를 심일경성(心一境性)이라고 하는데, 삼매[samādhi-사마디-정(定)]의 정의입니다.

그래서 심(心)이라는 눈이 잘 보기 위해서는

① 사띠로 눈 뜨고,
② 삼매로 흔들리지 않는 가운데,
③ 지혜로 빛을 비추어야 한다

는 것을 알 수 있는데, 이것이 마음을 도와서 삶을 향상으로 이끄는 기능의 구체적 내용입니다. — 「사띠-삼매-지혜의 기능/힘」

한편, 이런 기능을 ①갖추고, ②삶의 문제를 직접 해소하는 과정으로의 수행이 제시되는데, 사념처(四念處)입니다. 신(身)-수(受)-심(心)-법(法)을 이어 보는 가운데 알아차리고, 옳고 그름을 판단하고, 옳음의 유지-향상을 위해 노력하는(ātāpī sampajāno satimā) 기술이고, 전적인 유익(有益) 덩어리입니다. 반면에, 전적인 무익(無益) 덩어리여서 사념처(四念處)와 대응하는 것도 있는데, 지혜를 무력화시키는 심(心)의 오염원인 다섯 가지 장애[소유의 관심-간탐-욕탐(慾貪), 진에, 해태-혼침, 들뜸-후회, 의심]입니다.(*) 그래서 사념처 수행은 ①사띠를 강화하는 과정에서 마음을 하나의 대상에 집중하여 ②삼매에 들게 하고, 그 과정에서 다섯 가지 장애가 버려짐으로써 ③지혜가 힘 있어지는 수행입니다.

• 사념처 수행의 효과 — 사띠-삼매-지혜의 기능이 강화됨.

(*) (SN 47.5-무익 덩어리 경) — 「비구들이여, '무익(無益) 덩어리'라고 말하는 것은 다섯 가지 장애에 대해 바르게 말하는 것이라고 말해야 한다. 비구들이여, 참으로 이것은 전적인 무익(無益) 덩어리이니 다섯 가지 장애이다. … 비구들이여, '유익(有益) 덩어리'라고 말하는 것은 사념처(四念處)에 대해 바르게 말하는 것이라고 말해야 한다. 비구들이여, 참으로 이것은 전적인 유익(有益) 덩어리이니 사념처(四念處)이다.」

※ 더 나아가, 수행은 사념처의 완성 즉 사념처에 잘 확립된 심(心)을 가진 자가 사마타와 위빳사나의 방법에 의해 심(心)의 형성 과정의 문제를 해소하는 것으로 완성됩니다. 이 완성의 자리는, 비유하자면, 사념처로 알통이 완성된 팔[사띠의 완성]이 사마타의 방패[삼매의 완성]로 방어하면서 위빳사나의 칼[지혜의 완성]로 번뇌를 부수는 과정입니다. 이때, 지혜는 차별된 이름을 가지는데, 사띠의 완성에 대응하는 지혜는 실다운 지혜(abhiññā-아빈냐)이고, 위빳사나로 번뇌를 부수고 완성된 지혜는 완전한 지혜(pariññā-빠린냐)입니다.

하지만 사띠-삼매-지혜는 사념처 수행을 알기만 하면 생겨나서 역할을 하지는 않습니다. 사념처를 열심히 닦는 즉 노력이 수반될 때 생겨나고, 힘 있어지고, 그 역할을 하게 됩니다. 그래서 정진(精進)도 기능입니다. 그리고 이런 노력의 근거가 되는 믿음[부처님의 깨달음에 대한 확실한 믿음 - 신(信)]도 기능입니다.

이렇게 마음을 도와서 삶을 향상으로 이끄는 능력[수단-힘]은 믿음-정진-사띠-삼매-지혜의 다섯 가지가 있습니다. 이것을 오근(五根) 또는 오력(五力)이라고 부르는데, 이것이 수행의 구체적 도구입니다. 이런 다섯 가지 기능 또는 힘을 그림으로 나타내었습니다.

- 그림 - 「다섯 가지 기능[오근(五根)]의 개념도 - Ⅰ」
- 그림 - 「다섯 가지 기능[오근(五根)]의 개념도 - Ⅱ」

한편, 다섯 가지 기능은 (SN 48.10-분석 경2)에서 정의됩니다.

2. 다섯 가지 기능의 정의 — (SN 48.10-분석 경2)

비구들이여, 이런 다섯 가지 기능이 있다. 어떤 다섯 가지인가? 믿음의 기능, 정진의 기능, 사띠의 기능, 삼매의 기능, 지혜의 기능이다[신(信)-정진(精進)-염(念)-정(定)-혜(慧)]. 비구들이여, 무엇이 믿음의 기능인가? 여기, 비구들이여, 성스러운 제자는 믿음을 가졌다. '이렇게 그분 세존(世尊)께서는 모든 번뇌 떠나신 분 … 존귀하신 분이시다.'라고 여래(如來)의 깨달음을 믿는다. — 이것이, 비구들이여, 믿음의 기능이라고 불린다.

비구들이여, 무엇이 정진의 기능인가? 여기, 비구들이여, 성스러운 제자는 불선법(不善法)들의 버림을 위해, 선법(善法)들의 성취를 위해 열심히 정진하면서 머문다. 선법들에 대해 열정적이고 책임을 포기하지 않는 강한 자이다.

그는 생겨나지 않은 악한 불선법들을 생겨나지 않게 하기 위하여, 관심을 생기게 하고, 노력하고, 힘을 다하고, 심(心)을 돌보고, 애쓴다. 생겨난 악한 불선법들을 버리기 위하여, 관심을 생기게 하고, 노력하고, 힘을 다하고, 심(心)을 돌보고, 애쓴다. 생겨나지 않은 선법들을 생겨나게 하기 위하여, 관심을 생기게 하고, 노력하고, 힘을 다하고, 심(心)을 돌보고, 애쓴다. 생겨난 선법들을 유지하고, 혼란스럽지 않게 하고, 점점 더 커지게 하고, 닦아서 완성하기 위하여 관심을 생기게 하고, 노력하고, 힘을 다하고, 심(心)을 돌보고, 애쓴다. — 이것이, 비구들이여, 정진의 기능이라고 불린다.

비구들이여, 무엇이 사띠의 기능인가? 여기, 비구들이여, 성스러운 제자는 사띠를 가졌다. 최상의 사띠와 신중함을 갖추어 오래전에 행한 것에게도, 오래전에 말한 것에게도 다가가서 기억한다.

그는 몸[신(身)]에서 몸을 이어 보면서 머문다. 알아차리고, 옳고 그름을 판단하고, 옳음의 유지-향상을 위해 노력하는 자는 세상에서 간탐(慳貪)과 고뇌(苦惱)를 제거할 것이다. 경험[수(受)]에서 경험을 이어 보면서 머문다. 알아차리고, 옳고 그름을 판단하고, 옳음의 유지-향상을 위해 노력하는 자는 세상에서 간탐(慳貪)과 고뇌(苦惱)를 제거할 것이다. 마음[심(心)]에서 마음을 이어 보면서 머문다. 알아차리고, 옳고 그름을 판단하고, 옳음의 유지-향상을 위해 노력하는 자는 세상에서 간탐(慳貪)과 고뇌(苦惱)를 제거할 것이다. 법(法)에서 법을 이어 보면서 머문다. 알아차리고, 옳고 그름을 판단하고, 옳음의 유지-향상을 위해 노력하는 자는 세상에서 간탐(慳貪)과 고뇌(苦惱)를 제거할 것이다. — 이것이, 비구들이여, 사띠의 기능이라고 불린다.

비구들이여, 무엇이 삼매의 기능인가? 여기, 비구들이여, 성스러운 제자는 대상의 양도를 행한 뒤에[또는 대상에서 쉬면서] 삼매를 얻는다. 심(心)의 집중상태를 얻는다.

그는 소유의 삶에서 벗어나고, 불선법(不善法)들에서 벗어나서, 위딱까가 있고 위짜라가 있고 떨침에서 생긴 기쁨과 즐거움의 초선(初禪)을 성취하여 머문다. 위딱까와 위짜라의 가라앉음으로 인해, 안으로 평온함과 마음의 집중된 상태가 되어, 위딱까도 없고 위짜라도 없이, 삼매에서 생긴 기쁨과 즐거움의 제이선(第二禪)을 성취하여 머문다. 기쁨의 바램으로부터 평정하게 머물고, 사띠-삼빠자나 하면서, 몸으로 즐거움을 경험한다. 성인들이 '평정을 가진 자, 사띠를 가진 자, 즐거움에 머무는 자[사념락주(捨念樂住)].'라고 말하는 제삼선(第三禪)을 성취하여 머문다. 즐거움의 버림과 괴로움의 버림으로부터, 이미 만족과 불만들의 줄어듦으로부터, 괴로움도 즐거움도 없고 평정과 청정한 사띠[사념청정(捨念清淨)]의 제사선(第四禪)을 성취하여 머문다. — 이것이, 비구들이여, 삼매의 기능이라고 불린다.

비구들이여, 무엇이 지혜의 기능인가? 여기, 비구들이여, 성스러운 제자는 지혜를 가졌다 … 이끄는 지혜를 갖추었다.

그는 '이것이 고(苦)다.'라고 있는 그대로 꿰뚫어 안다. '이것이 고집(苦集)이다.'라고 있는 그대로 꿰뚫어 안다. '이것이 고멸(苦滅)이다.'라고 있는 그대로 꿰뚫어 안다. '이것이 고멸(苦滅)로 이끄는 실천이다.'라고 있는 그대로 꿰뚫어 안다. — 이것이 비구들이여, 지혜의 기능이라고 불린다. 이것이, 비구들이여, 다섯 가지 기능이다.

3. 다섯 가지 기능의 비유를 통한 이해 — 「올챙이, 개구리 되기!」

「물론, 마음의 동력을 갖춘다고 하지만, 기능이나 힘이 마음 밖의 어떤 것은 아닙니다. 말하자면, 팔이 방패와 칼이라는 수단 또는 능력을 가지는 것과는 다릅니다. 방패와 칼을 들기 이전에 팔 자체의 힘 즉 알통[근육]을 만들고, 알통[근육]과 함께 하는 팔이 방패와 칼을 들고 전투를 하는 것과 같습니다.」라는 설명을 비유로써 설명하면 이렇습니다.

올챙이는 뒷다리가 쑤욱 나오고, 앞다리가 쏘옥 나오고, 꼬리가 버려지는 과정을 거쳐 개구리가 됩니다. 올챙이와 개구리는 서로 다른 개체가 아닙니다. 올챙이가 성장하여 개구리가 된 것입니다. 올챙이가 성장하여 세상에 더 잘 대응할 수 있는 상태로 진화한 것이 개구리일 뿐입니다.

수행자도 마찬가지입니다. 수행자에게 믿음은 왼쪽 뒷다리입니다. 믿음을 가지면, 올챙이에게 왼쪽 뒷다리가 쑤욱 나온 것이어서 도약의 근거가 됩니다. 정진은 오른쪽 뒷다리입니다. 정진하면, 오른쪽 뒷다리가 쑤욱 나온 것이어서 양다리는 균형을 갖추고 힘차게 도약할 수 있습니다. 사띠는 왼쪽 앞다리입니다. 사띠하면, 왼쪽 앞다리가 쏘옥 나온 것이어서 방향을 잡을 수 있습니다. 삼매는 오른쪽 앞다리입니다. 삼매에 들면, 오른쪽 앞다리가 쏘옥 나온 것이어서 균형을 잡고 가야 하는 곳으로 정확히 몸을 이끌 수 있습니다. 사념처(四念處)에 의해 다섯 가지 장애가 버려지는 것은 꼬리가 제거되는 것입니다. 꼬리가 제거되면 올챙이는 머리를 곧추세우고 세상을 보는데, 지혜입니다. 이렇게 올챙이는 개구리로 완성됩니다. 그리고 세상을 상대로 최적의 삶을 살게 되는데, 지혜를 갖춘 삶입니다. 개구리가 머리를 들어 방향을 보고, 앞다리와 뒷다리를 이용해서 가고 싶은 곳으로 갈 수 있듯이, 지혜로운 자는 믿음-정진-사띠-삼매의 네 가지 기능-힘을 포괄하여 삶을 고멸(苦滅) 즉 열반(涅槃)으로 이끕니다.

이렇게 수행은 올챙이가 개구리로 진화하고, 최적의 상태로 세상을 사는 과정, 윤회하면서 괴로움을 겪어야 하는 중생의 삶에서 윤회에서 벗어나 일체의 고멸을 성취한 해탈된 삶을 실현해 가는 과정입니다.

[참고] 깨달음에 이르기까지의 수행과정을 개괄한 두 장의 그림도 함께 소개하였습니다.

- 그림 -「수행지도(修行地圖) - 단계적 치유」
- 그림 -「수행(修行) - 3층집 짓기」

다섯 가지 기능[오근(五根)]의 개념도 - I

[마음을 도와서 삶을 향상으로 이끄는 기능]

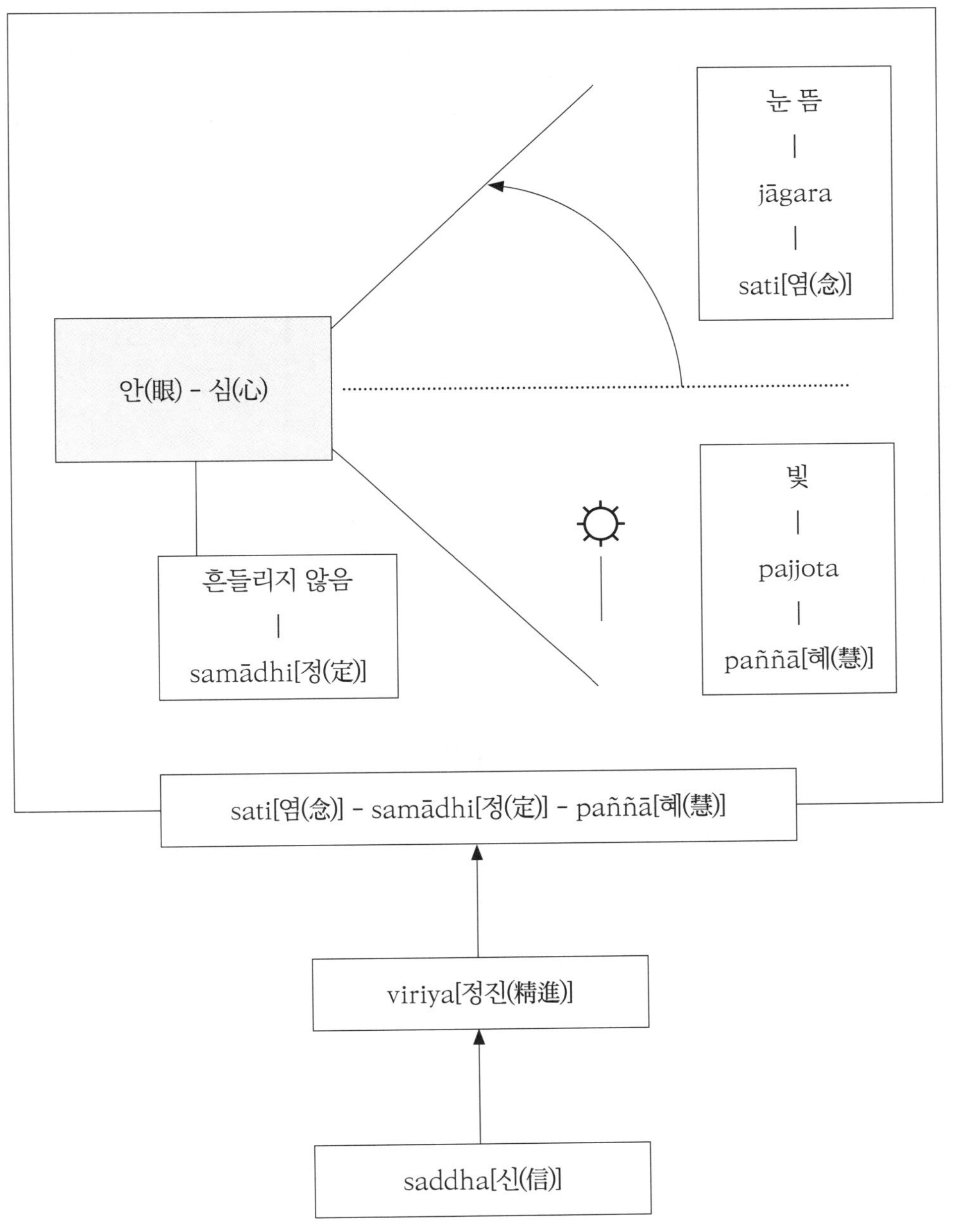

다섯 가지 기능[오근(五根)]의 개념도 - II

[마음을 도와서 삶을 향상으로 이끄는 기능 — 신(信)-정진(精進)-염(念)-정(定)-혜(慧)]

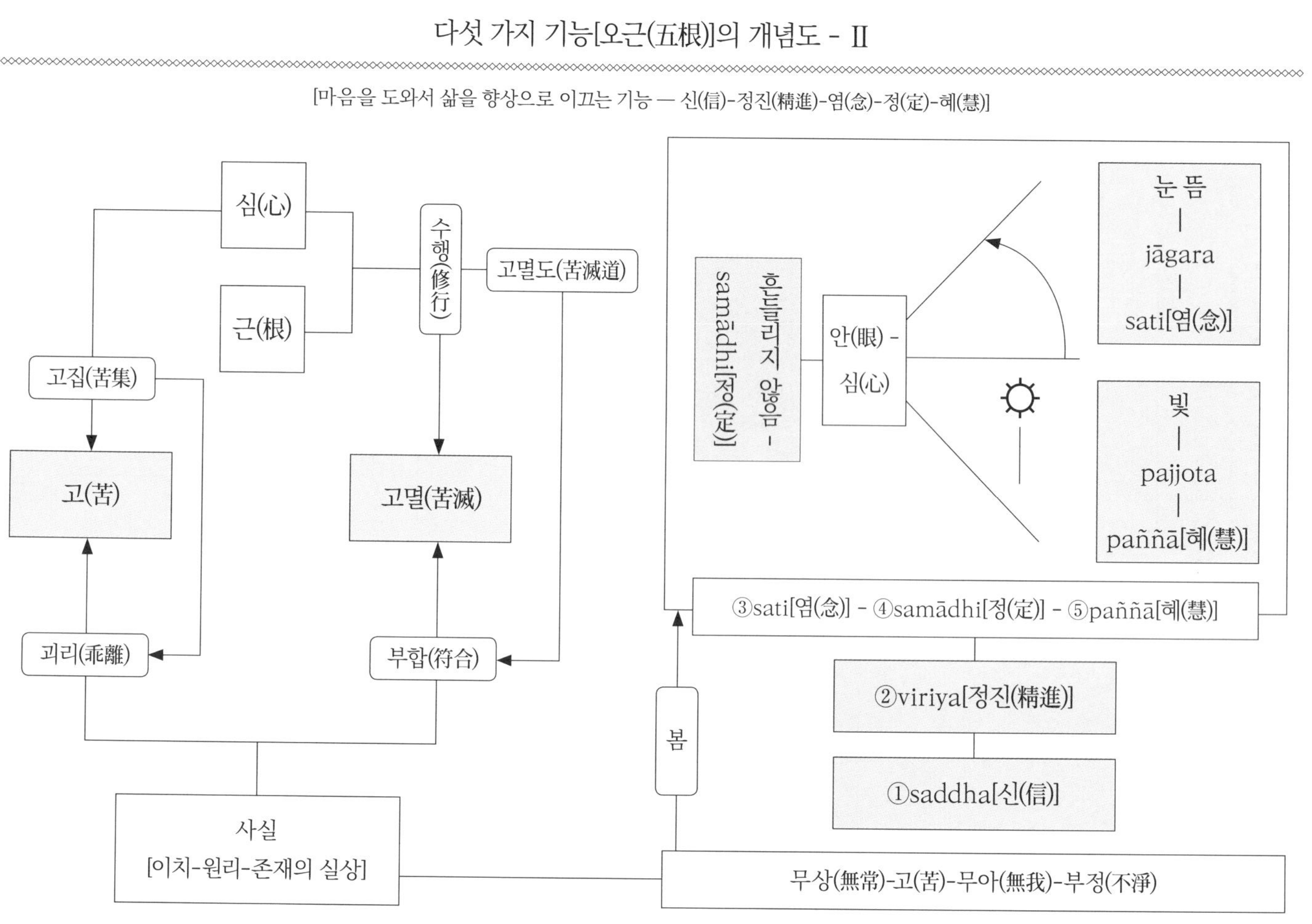

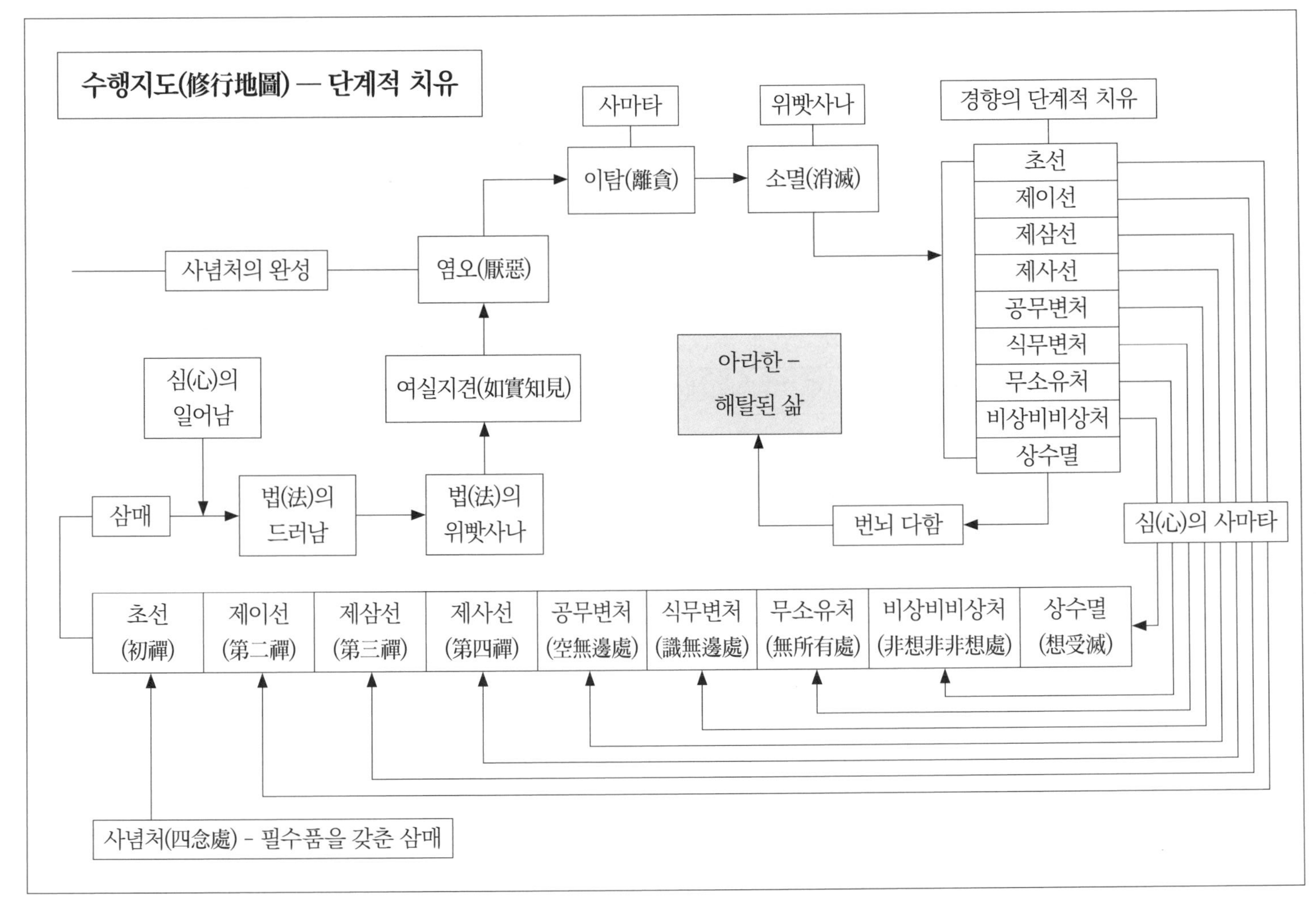
수행지도(修行地圖) — 단계적 치유
사마타
위빳사나
경향의 단계적 치유
이탐(離貪)
소멸(消滅)
초선
제이선
제삼선
제사선
공무변처
식무변처
무소유처
비상비비상처
상수멸
사념처의 완성
염오(厭惡)
아라한 –
해탈된 삶
심(心)의
일어남
여실지견(如實知見)
삼매
법(法)의
드러남
법(法)의
위빳사나
번뇌 다함
심(心)의 사마타
초선
(初禪)
제이선
(第二禪)
제삼선
(第三禪)
제사선
(第四禪)
공무변처
(空無邊處)
식무변처
(識無邊處)
무소유처
(無所有處)
비상비비상처
(非想非非想處)
상수멸
(想受滅)
사념처(四念處) - 필수품을 갖춘 삼매

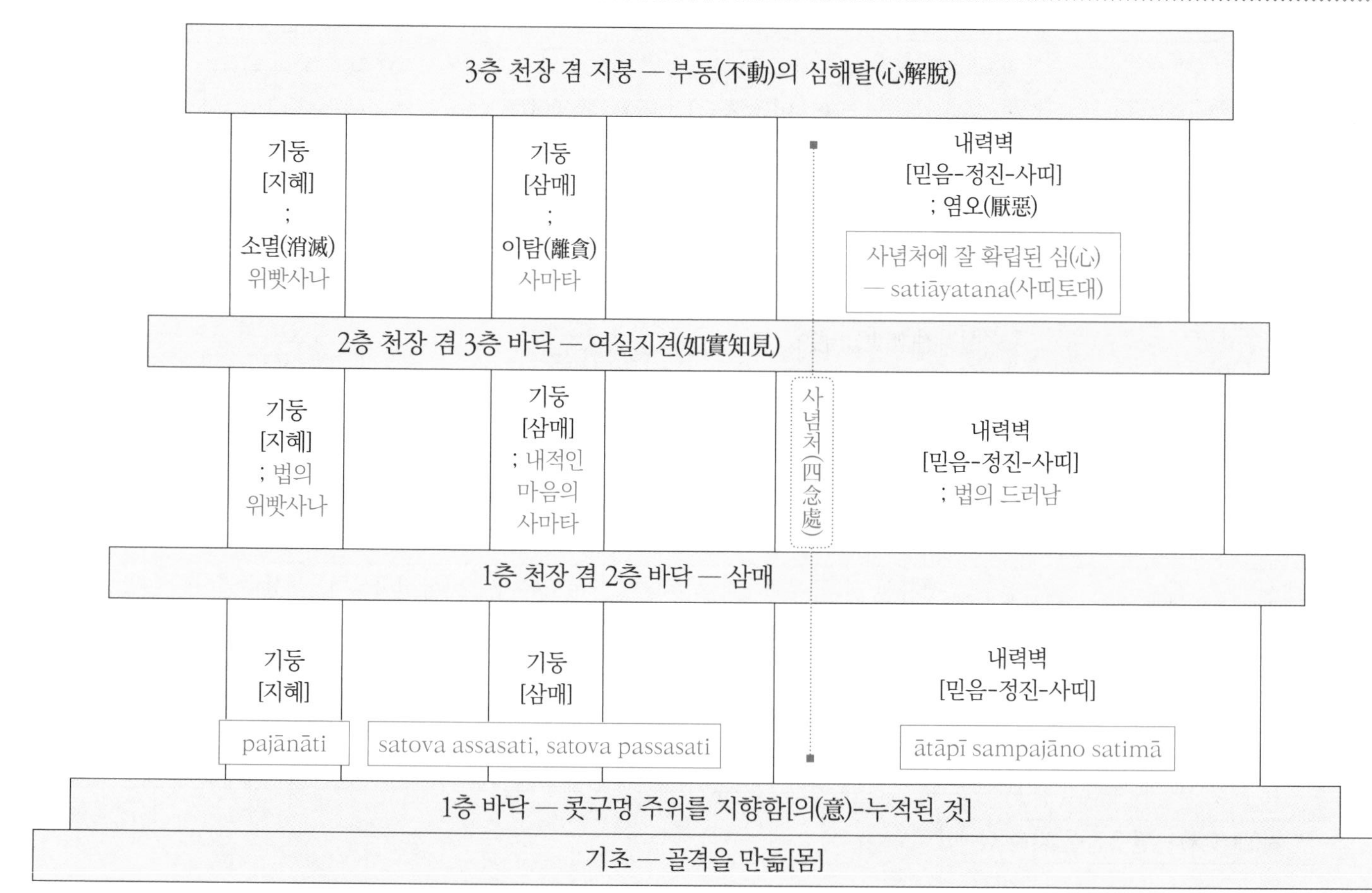
수행(修行) — 3층집 짓기
3층 천장 겸 지붕 — 부동(不動)의 심해탈(心解脫)
기둥
[지혜]
;
소멸(消滅)
위빳사나
기둥
[삼매]
;
이탐(離貪)
사마타
내력벽
[믿음-정진-사띠]
; 염오(厭惡)
사념처에 잘 확립된 심(心)
— satiāyatana(사띠토대)
2층 천장 겸 3층 바닥 — 여실지견(如實知見)
기둥
[지혜]
; 법의
위빳사나
기둥
[삼매]
; 내적인
마음의
사마타
사념처(四念處)
내력벽
[믿음-정진-사띠]
; 법의 드러남
1층 천장 겸 2층 바닥 — 삼매
기둥
[지혜]
pajānāti
기둥
[삼매]
satova assasati, satova passasati
내력벽
[믿음-정진-사띠]
ātāpī sampajāno satimā
1층 바닥 — 콧구멍 주위를 지향함[의(意)-누적된 것]
기초 — 골격을 만듦[몸]

4. 불교 수행의 종류 — 1) 입출식념경(入出息念經)에 나타나는 수행의 종류

그러면 이런 기능 또는 힘을 힘있게 하고, 힘 있는 기능 또는 힘으로 삶의 문제를 해소하는 것으로의 불교 수행에는 어떤 것들이 있습니까?

(MN 118-입출식념경(入出息念經))에서 부처님은 이렇게 말합니다. — 「비구들이여, 이 모임은 허튼 말을 하지 않는다. 비구들이여, 이 모임은 허튼 말을 떠났다. 청정하고 본질에 확고하다. 비구들이여, 공양받을만하고, 환영받을만하고, 보시받을만하고, 합장 받을만하며, 이 세상의 위없는 복전(福田)인 것이 이 비구 상가고, 이 모임이다. 비구들이여, 작은 보시에는 큰 결실이 있고, 큰 보시에는 더 큰 결실이 있는 것이 이 비구 상가고, 이 모임이다. 비구들이여, 세상에서 만나기 어려운 것이 이 비구 상가고, 이 모임이다. 만나기 위하여 도시락에 의지해서 여러 요자나의 거리를 가는 것도 타당한 것이 이 비구 상가고, 이 모임이다.

비구들이여, 이 비구 상가에는 번뇌가 다했고 삶을 완성했으며 해야 할 바를 했고 짐을 내려놓았으며 최고의 선(善)을 성취했고 존재의 족쇄를 완전히 부수었으며 바른 무위의 앎으로 해탈한 아라한(阿羅漢)인 비구들이 있다. 비구들이여, 이 비구 상가에는 이런 비구들이 있다. 비구들이여, 이 비구 상가에는 '오하분결(五下分結)이 완전히 부서졌기 때문에 화생(化生) 한다. 거기서 완전히 열반하는 자이니, 그 세상으로부터 돌아오지 않는 존재[불환자(不還者)]'인 비구들이 있다. 비구들이여, 이 비구 상가에는 이런 비구들이 있다. 비구들이여, 이 비구 상가에는 세 가지 족쇄가 완전히 부서지고 탐진치(貪嗔癡)가 엷어졌기 때문에 한 번만 더 돌아올 자[일래자(一來者)]이니, 한 번만 더 이 세상에 온 뒤에 괴로움을 끝낼 비구들이 있다. 비구들이여, 이 비구 상가에는 이런 비구들이 있다. 비구들이여, 이 비구 상가에는 세 가지 족쇄가 완전히 부서졌기 때문에 흐름에 든 자[예류자(預流者)]여서 떨어지지 않는 자, 확실한 자, 깨달음을 겨냥한 비구들이 있다. 비구들이여, 이 비구 상가에는 이런 비구들이 있다.

비구들이여, 이 비구 상가에는 사념처(四念處)의 수행을 실천하며 머무는 비구들이 있다. 비구들이여, 이 비구 상가에는 이런 비구들이 있다. 비구들이여, 이 비구 상가에는 사정근(四正勤)의 수행을 실천하며 머무는 비구들이 있다. … 사여의족(四如意足)의 … 오근(五根)의 … 오력(五力)의 … 칠각지(七覺支)의 … 팔정도(八正道)의 수행을 실천하며 머무는 비구들이 있다. 비구들이여, 이 비구 상가에는 이런 비구들이 있다. 비구들이여, 이 비구 상가에는 자애[자

(慈)]의 수행을 실천하며 머무는 비구들이 있다. … 연민[비(悲)]의 수행을 실천하며 머무는 … 더불어 기뻐함[희(喜)]의 수행을 실천하며 머무는 … 평정[사(捨)]의 수행을 실천하며 머무는 … 부정(不淨)의 수행을 실천하며 머무는 … 무상(無常)의 상(想)의 수행을 실천하며 머무는 비구들이 있다. 비구들이여, 이 비구 상가에는 이런 비구들이 있다. 비구들이여, 이 비구 상가에는 들숨-날숨에 대한 사띠[입출식념(入出息念)]의 수행을 실천하며 머무는 비구들이 있다. 비구들이여, 닦고 많이 행한 들숨-날숨에 대한 사띠는 큰 결실과 큰 이익이 있다. 비구들이여, 닦고 많이 행한 들숨-날숨에 대한 사띠는 사념처(四念處)를 완성 시킨다. 닦고 많이 행한 사념처(四念處)는 칠각지(七覺支)를 완성 시킨다. 닦고 많이 행한 칠각지(七覺支)는 명(明)과 해탈(解脫)을 완성 시킨다.」

다양한 수행법들이 제시되는 가운데 부처님은 들숨-날숨에 대한 사띠[입출식념(入出息念)]의 수행을 닦고 많이 행할 것을 권하면서 그 방법을 설명하는 것인데, 이 모든 수행법은 팔정도(八正道)에 포괄되고, 「사념처(四念處) → 사마타-위빳사나」의 단일한 체계를 가집니다.

이때, 수행을 설명하는 몇 가지 경은 주목해야 하는데, 신(身)-수(受)-심(心)-법(法)의 사념처(四念處) 수행을 설명하는 (DN 22-대념처경(大念處經))/(MN 10-대념처경)과 신념처(身念處) 수행을 설명하는 (MN 119-신념처경(身念處經)[신(身)에 속한 사띠 경]) 그리고 신념처에 속하는 들숨-날숨에 대한 사띠[입출식념(入出息念)]의 수행을 설명하는 (MN 118-입출식념경(入出息念經))입니다.

수행은 삶의 과정에 수반되는 문제를 해소하는 시도입니다. 그래서 삶에 대한 정확한 이해를 필요로 합니다. 근본경전연구회는 「니까야로 푸는 니까야」의 기법으로 삶에 대한 이해를 도식화하였는데, 행위를 시작점으로 하는 세 개의 순환구조로 설명되는 「삶의 메커니즘」입니다. 또한, 이런 메커니즘 위에서 수행은 깨달음으로 나아가는 길을 설명하는데, 「수행지도(修行地圖)」입니다. 근본경전연구회는 이 책[불교입문(佛敎入門) Ⅰ-Ⅱ]에 이어 「삶의 메커니즘」과 탐진치(貪嗔癡)를 각각의 책으로 제작할 계획인데, 「삶의 메커니즘」과 탐진치(貪嗔癡)의 토대 위에서 십이연기(十二緣起)와 팔정도(八正道) 그리고 사성제(四聖諦)의 순으로 이어지는 책들을 제작하게 될 것입니다. 수행지도(修行地圖)는 팔정도(八正道) 책에서 자세히 서술할 예정입니다.

다만, 사념처(四念處)를 순차적 수행의 입장으로 나타낸 그림과 사념처(四念處)-다섯 가지 장애-칠각지(七覺支)의 관계가 깨달음으로 이어지는 수행의 중심 개념을 나타낸 그림을 여기서 소개하였습니다.

이때, 사념처(四念處)-사정근(四正勤)-사여의족(四如意足)-오근(五根)-오력(五力)-칠각지(七覺支)-팔정도(八正道)는 일곱 가지 보리분법(菩提分法)이라고 불리는데, 깨달음의 편에 있는 법들이라는 의미입니다.

(DN 28.2-믿음을 고양하는 경, 유익한 법들에 대한 가르침)에 의하면, 이 일곱 가지는 위없는 것입니다. —「더 나아가, 대덕이시여, 세존께서 유익한 법들에 대한 법을 설하신 이것은 위없는 것입니다. 사념처(四念處), 사정근(四正勤), 사여의족(四如意足), 오근(五根). 오력(五力), 칠각지(七覺支), 팔정도(八正道)의 이런 유익한 법들이 있는 여기에서, 대덕이시여, 비구는 번뇌들이 부서졌기 때문에 번뇌가 없는 심해탈(心解脫)과 혜해탈(慧解脫)을 지금여기에서 스스로 실답게 안 뒤에 실현하고 성취하여 머뭅니다. 대덕이시여, 유익한 법들에 대한 이것이 위없음입니다. 세존께서는 그것을 남김없이 실답게 아십니다. 그것을 남김없이 실답게 아시는 세존에게, 유익한 법들에 대해 더욱 실다운 지혜로써 세존을 넘어선 실답게 아는 어떤 다른 사문이나 바라문이 있을 것이어서, 추가적으로 실답게 알아야 하는 것은 없습니다.」

또한, (SN 43-무위(無爲) 상윳따)의 경들은 무위에 이르는 길을 제시하는데, 이 일곱 가지 보리분법이 중심이 됩니다.

그래서 일곱 가지 보리분법은 불교 수행을 개괄하여 깨달음에 이르는 길로 제시됩니다.

사념처(四念處)의 개념[보는 자와 염처(念處)의 관계]

여기 비구들이여, 비구는 신(身)에서 신(身)을 이어 보면서 머문다. 알아차리고, 옳고 그름을 판단하고, 옳음의 유지-향상을 위해 노력하는 자는 세상에서 간탐(慳貪)과 고뇌(苦惱)를 제거할 것이다. 수(受)에서 … 심(心)에서 … 법(法)에서 법(法)을 이어 보면서 머문다. 알아차리고, 옳고 그름을 판단하고, 옳음의 유지-향상을 위해 노력하는 자는 세상에서 간탐(慳貪)과 고뇌(苦惱)를 제거할 것이다.

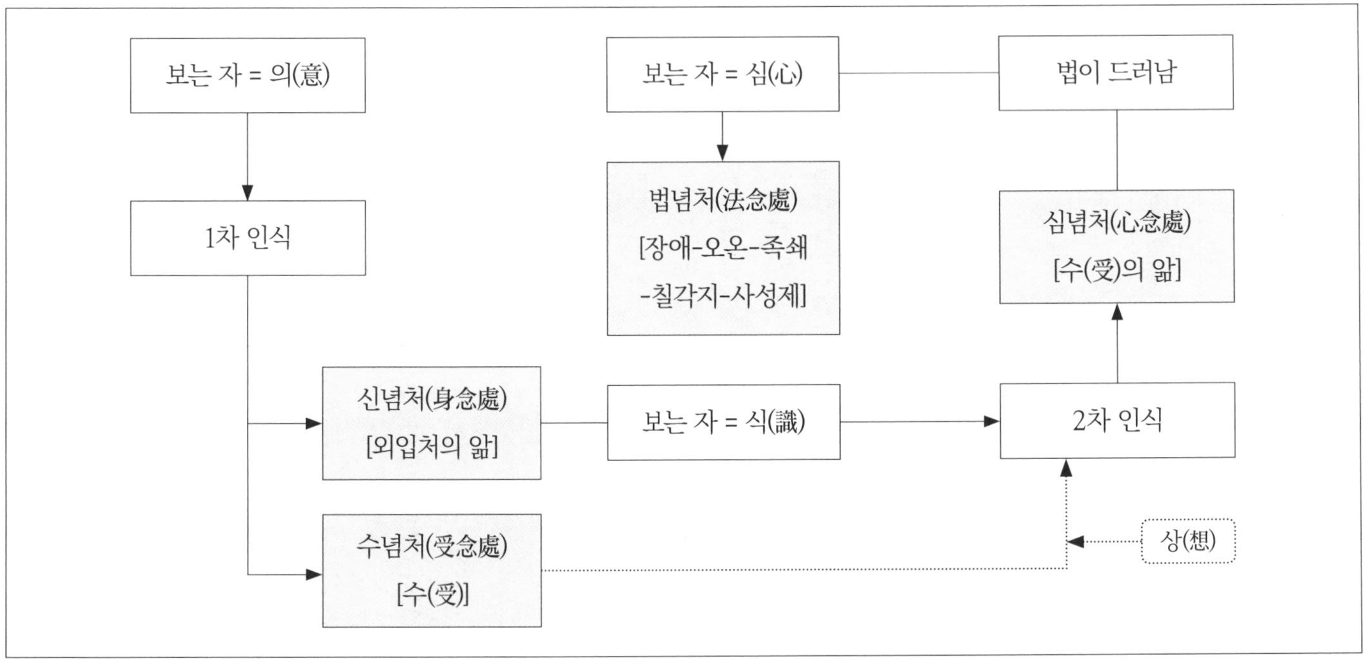

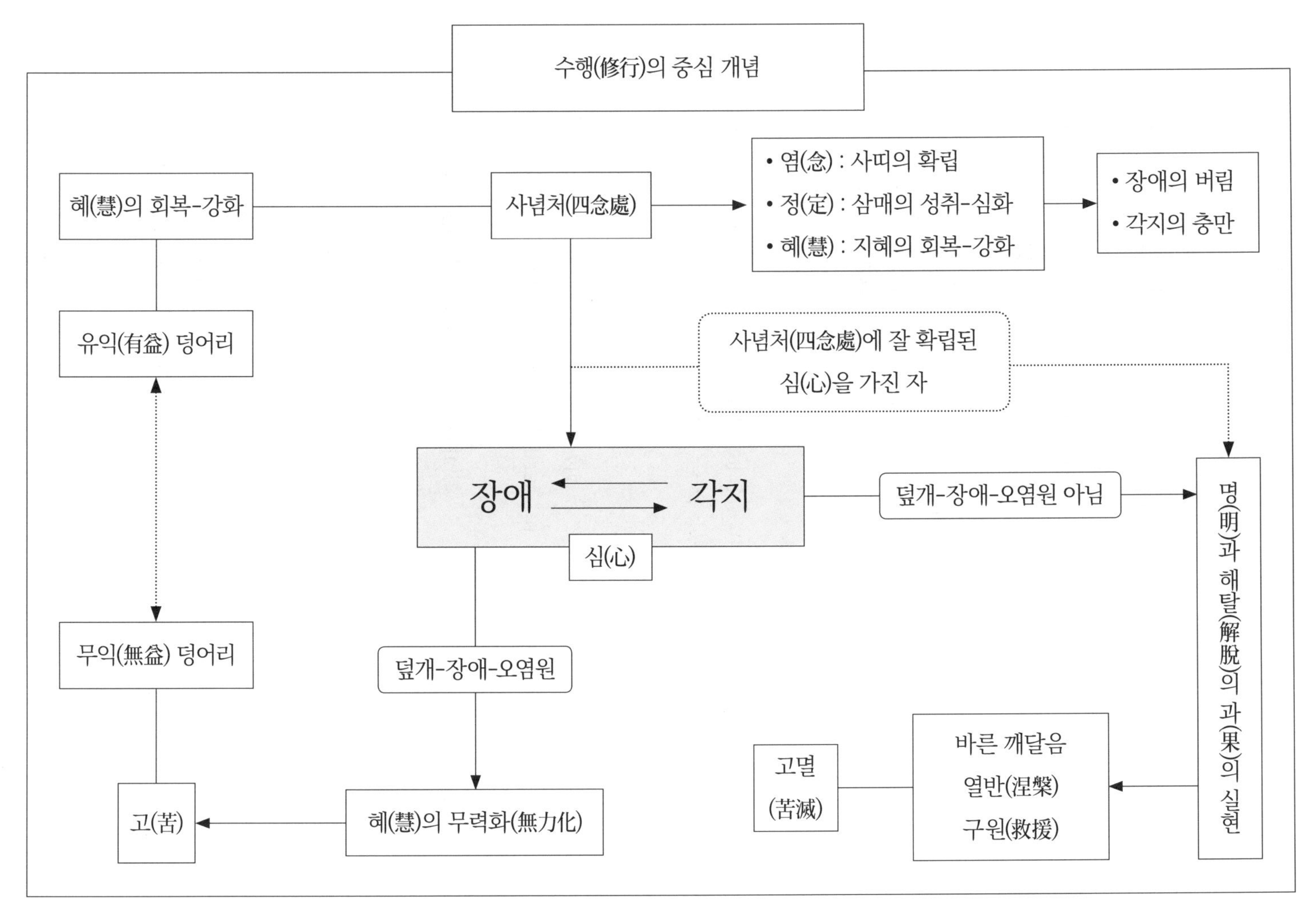

수행(修行)의 중심 개념
혜(慧)의 회복-강화
사념처(四念處)
• 염(念) : 사띠의 확립
• 정(定) : 삼매의 성취-심화
• 혜(慧) : 지혜의 회복-강화
• 장애의 버림
• 각지의 충만
유익(有益) 덩어리
사념처(四念處)에 잘 확립된
심(心)을 가진 자
장애
각지
심(心)
덮개-장애-오염원 아님
명(明)과 해탈(解脫)의 과(果)의 실현
무익(無益) 덩어리
덮개-장애-오염원
바른 깨달음
열반(涅槃)
구원(救援)
고멸
(苦滅)
고(苦)
혜(慧)의 무력화(無力化)

5. 불교 수행의 종류 — 2) 앙굿따라 니까야 탐(貪)의 반복[rāgapeyyālaṃ]이 소개하는 수행의 종류

앙굿따라 니까야 둘의 모음부터 열하나의 모음까지 열 개의 모음은 모두 탐(貪)의 반복[rāgapeyyālaṃ]으로 끝을 맺습니다. 결집의 과정에 같은 결론을 도출하기 위한 어떤 시도가 있는 것 같은 느낌을 받게 합니다. 어쨌거나 앙굿따라 니까야의 각 모음의 마무리를 통해 1)공부의 목적과 2)버려야 하는 대상[고(苦)의 원인=고집(苦集)] 그리고 3)실현을 위한 방법[고멸도(苦滅道)]을 상세히 제시하고 있습니다. 이 내용에 주목한 것은 참으로 중요한 발견이라고 하겠습니다.

먼저, 둘의 모음의 「탐(貪)의 반복」은 이렇습니다.

「비구들이여, 탐(貪)의 실다운 지혜를 위해서 두 가지 법을 닦아야 한다. 무엇이 둘인가? 사마타와 위빳사나이다. 비구들이여, 탐(貪)의 실다운 지혜를 위해서 이 두 가지 법을 닦아야 한다.

비구들이여, 탐(貪)의 완전한 지혜를 위해서 두 가지 법을 닦아야 한다. 무엇이 둘인가? 사마타와 위빳사나이다. 비구들이여, 탐(貪)의 완전한 지혜를 위해서 이 두 가지 법을 닦아야 한다.

비구들이여, 탐(貪)의 완전한 부서짐을 위해서 두 가지 법을 닦아야 한다. 무엇이 둘인가? 사마타와 위빳사나이다. 비구들이여, 탐(貪)의 완전한 부서짐을 위해서 이 두 가지 법을 닦아야 한다.

비구들이여, 탐(貪)의 버려짐을 위해서 두 가지 법을 닦아야 한다. 무엇이 둘인가? 사마타와 위빳사나이다. 비구들이여, 탐(貪)의 버려짐을 위해서 이 두 가지 법을 닦아야 한다.

비구들이여, 탐(貪)의 부서짐을 위해서 두 가지 법을 닦아야 한다. 무엇이 둘인가? 사마타와 위빳사나이다. 비구들이여, 탐(貪)의 부서짐을 위해서 이 두 가지 법을 닦아야 한다.

비구들이여, 탐(貪)의 사라짐을 위해서 두 가지 법을 닦아야 한다. 무엇이 둘인가? 사마타와

위빳사나이다. 비구들이여, 탐(貪)의 사라짐을 위해서 이 두 가지 법을 닦아야 한다.

비구들이여, 탐(貪)의 바램을 위해서 두 가지 법을 닦아야 한다. 무엇이 둘인가? 사마타와 위빳사나이다. 비구들이여, 탐(貪)의 바램을 위해서 이 두 가지 법을 닦아야 한다.

비구들이여, 탐(貪)의 소멸을 위해서 두 가지 법을 닦아야 한다. 무엇이 둘인가? 사마타와 위빳사나이다. 비구들이여, 탐(貪)의 소멸을 위해서 이 두 가지 법을 닦아야 한다.

비구들이여, 탐(貪)의 포기를 위해서 두 가지 법을 닦아야 한다. 무엇이 둘인가? 사마타와 위빳사나이다. 비구들이여, 탐(貪)의 포기를 위해서 이 두 가지 법을 닦아야 한다.

비구들이여, 탐(貪)의 놓음을 위해서 두 가지 법을 닦아야 한다. 무엇이 둘인가? 사마타와 위빳사나이다. 비구들이여, 탐(貪)의 놓음을 위해서 이 두 가지 법을 닦아야 한다.

진(嗔)의 … 치(癡)의 … 화의 … 원한의 … 저주의 … 횡포의 … 질투의 … 인색의 … 사기의 … 교활의 … 고집의 … 격분의 … 자기화의 … 오만의 … 잠김의 …

비구들이여, 방일(放逸)의 실다운 지혜를 위해서 두 가지 법을 닦아야 한다. 무엇이 둘인가? 사마타와 위빳사나이다. 비구들이여, 방일(放逸)의 실다운 지혜를 위해서 이 두 가지 법을 닦아야 한다. 비구들이여, 방일(放逸)의 완전한 지혜를 위해서 두 가지 법을 닦아야 한다. 무엇이 둘인가? 사마타와 위빳사나이다. 비구들이여, 방일(放逸)의 완전한 지혜를 위해서 이 두 가지 법을 닦아야 한다. 비구들이여, 방일의 완전한 부서짐을 위해서 두 가지 법을 닦아야 한다. 무엇이 둘인가? 사마타와 위빳사나이다. 비구들이여, 방일(放逸)의 완전한 부서짐을 위해서 이 두 가지 법을 닦아야 한다. 비구들이여, 방일의 버려짐을 위해서 두 가지 법을 닦아야 한다. 무엇이 둘인가? 사마타와 위빳사나이다. 비구들이여, 방일(放逸)의 버려짐을 위해서 이 두 가지 법을 닦아야 한다. 비구들이여, 방일의 부서짐을 위해서 두 가지 법을 닦아야 한다. 무엇이 둘인가? 사마타와 위빳사나이다. 비구들이여, 방일(放逸)의 부서짐을 위해서 이 두 가지 법을 닦아야 한다. 비구들이여, 방일의 사라짐을 위해서 두 가지 법을 닦아야 한다. 무엇이 둘인가? 사마타와 위빳사나이다. 비구들이여, 방일(放逸)의 사라짐을 위해서 이 두 가지 법을 닦아야 한다. 비구들이여, 방일의 바램을 위해서 두 가지 법을 닦아야 한다. 무엇이 둘인가? 사마타와 위빳사나이다. 비구들이여, 방일(放逸)의 바램을 위해서 이 두 가지 법을 닦아야 한다. 비구들이여, 방일의 소멸을 위해서 두 가지 법을 닦아야 한다. 무엇이 둘인가? 사마타와 위빳사나이다. 비구들이여, 방일(放逸)의 소멸을 위해서 이 두 가지 법을 닦아야 한다. 비구들이여, 방일의 포기를 위해서 두 가지 법을 닦아야 한다. 무엇이 둘인가? 사마타와 위빳사나이다. 비구들이여, 방일(放逸)의 포기를 위해서 이 두 가지 법을 닦아야 한다. 비구들이여, 방일의 놓음을 위해서 두 가지 법을 닦아야 한다. 무엇이 둘인가? 사마타와 위빳사나이다. 비구들이여, 방일(放逸)의 놓음을 위해서 이 두 가지 법을 닦아야 한다.」

이 반복은 17가지로 제시된 불선법(不善法)들을 대상으로 10가지의 목적을 얻기 위한 방법의 제시로 나타나는데 두 가지 ~ 열한 가지입니다.

● 대상인 불선법(不善法)들 - 17가지

탐(貪-rāga)-진(嗔-dosa)-치(癡-moha)-화(kodha)-원한(upanāha)-저주(makkha)-횡포(paḷāsa)-질투(issa)-인색(macchariya)-사기(māya)-교활(sāṭheyya)-고집(thambha)-격분(sārambha)-자기화(māna)-오만(atimāna)-잠김(mada)-방일(放逸-pamāda)

(*)여기에 나타나는 17가지의 오염은 (MN 3-법(法)의 후계자 경)에서 '스승께서 버려야 한다고 하신 것'으로 제시되는 16가지에 치(癡-moha)가 더해진 것입니다. 또한, (MN 7-옷감 경)에서는 심(心)의 오염원(cittassa upakkilesā)으로 나타납니다. 또한, (AN 10.23-몸 경)에서는 이 중 일부를 지칭하여 「몸에 의해서도 말에 의해서도 아니고 지혜로써 보아서 버려야 하는 법들」이라고 합니다.

● 목적 - 10가지

실다운 지혜(abhiññā)-완전한 지혜(pariññā)-완전한 부서짐(parikkhaya)-버려짐(pahāna)-부서짐(khaya)-사라짐(vaya)-바램(virāga)-소멸(nirodha)-포기(cāga)-놓음(paṭinissagga)

● 성취 방법 — 각각의 모음마다 다르게 제시되고 있는데, 일곱 가지 보리분법(菩提分法) 모두를 포함하여 수행(修行)을 설명함.

1) 둘의 모음 — 사마타와 위빳사나

2) 셋의 모음 — 공삼매(空三昧), 무상삼매(無相三昧), 무원삼매(無願三昧)[suññato samādhi, animitto samādhi, appaṇihito samādhi]

3) 넷의 모음 — ① 사념처(四念處), ② 사정근(四正勤), ③ 사여의족(四如意足)

4) 다섯의 모음

① 부정의 상(想), 죽음의 상(想), 위험의 상(想), 음식에 혐오하는 상(想), 온 세상에 대해 기쁨이 없다는 상(想)[asubhasaññā, maraṇasaññā, ādīnavasaññā, āhāre paṭikūlasaññā, sabbaloke anabhiratasaññā]

② 무상의 상(想), 무아의 상(想), 죽음의 상(想), 음식에 혐오하는 상(想), 세상에 대해 기쁨이 없다는 상(想)[aniccasaññā, anattasaññā, maraṇasaññā, āhāre paṭikūlasaññā, sabbaloke anabhiratasaññā]

③ 무상의 상(想), 무상-고의 상(想), 고-무아의 상(想), 버려짐의 상(想), 바램의 상(想)[aniccasaññā, anicce dukkhasaññā, dukkhe anattasaññā, pahānasaññā, virāgasaññā]

④ 다섯 가지 기능 : 믿음-정진-사띠-삼매-지혜[saddhindriyaṃ, vīriyindriyaṃ, satindriyaṃ, samādhindriyaṃ, paññindriyaṃ]

⑤ 다섯 가지 힘 : 믿음-정진-사띠-삼매-지혜[saddhābalaṃ, vīriyabalaṃ, satibalaṃ, samādhibalaṃ, paññābalaṃ]

5) 여섯의 모음

① 여섯 가지 위없음 : 봄의 위없음, 들음의 위없음, 얻음의 위없음, 공부의 위없음, 섬김의 위없음, 기억의 위없음[dassanānuttariyaṃ, savanānuttariyaṃ, lābhānuttariyaṃ, sikkhānuttariyaṃ, pāricariyānuttariyaṃ, anussatānuttariyaṃ]

② 계속해서 기억해야 하는 여섯 가지 : 불(佛), 법(法), 승(僧), 계(戒), 보시(布施), 천신(天神)[buddhānussati, dhammānussati, saṅghānussati, sīlānussati, cāgānussati, devatānussati]

③ 무상의 상(想), 무상-고의 상(想), 고-무아의 상(想), 버려짐의 상(想), 바램의 상(想), 소멸의 상(想)[aniccasaññā, anicce dukkhasaññā, dukkhe anattasaññā, pahānasaññā, virāgasaññā, nirodhasaññā]

6) 일곱의 모음

① 칠각지(七覺支) : 염각지(念覺支), 택법각지(擇法覺支), 정진각지(精進覺支), 희각지(喜覺支), 경안각지(輕安覺支), 정각지(定覺支), 사각지(捨覺支)

② 무상의 상(想), 무아의 상(想), 부정의 상(想), 위험의 상(想), 버려짐의 상(想), 바램의 상(想), 소멸의 상(想)[aniccasaññā, anattasaññā, asubhasaññā, ādīnavasaññā, pahānasaññā, virāgasaññā, nirodhasaññā]

③ 부정의 상(想), 죽음의 상(想), 음식에 혐오하는 상(想), 온 세상에 대해 기쁨이 없다는 상(想), 무상의 상(想), 무상-고의 상(想), 고-무아의 상(想)[asubhasaññā, maraṇasaññā, āhāre paṭikūlasaññā, sabbaloke anabhiratasaññā, aniccasaññā, anicce dukkhasaññā, dukkhe anattasaññā]

7) 여덟의 모음

① 팔정도(八正道) : 정견(正見), 정사유(正思惟), 정어(正語), 정업(正業), 정명(正命), 정정진(正精進), 정념(正念), 정정(正定)

② 여덟 가지 지배의 경지[팔승처(八勝處) - aṭṭha abhibhāyatanāni]

③ 여덟 가지 해탈[팔해탈(八解脫) - aṭṭha vimokkhā]

8) 아홉의 모음

① 부정의 상(想), 죽음의 상(想), 음식에 혐오하는 상(想), 온 세상에 대해 기쁨이 없다는 상(想), 무상의 상(想), 무상-고의 상(想), 고-무아의 상(想), 버려짐의 상(想), 바램의 상(想)[asubhasaññā, maraṇasaññā, āhāre paṭikūlasaññā, sabbaloke anabhiratasaññā, aniccasaññā, anicce dukkhasaññā, dukkhe anattasaññā, pahānasaññā, virāgasaññā]

② 구차제정(九次第定) : 초선(初禪), 제이선(第二禪), 제삼선(第三禪), 제사선(第四禪), 공무변처(空無邊處), 식무변처(識無邊處), 무소유처(無所有處) 비상비비상처(非想非非想處), 상수멸(想受滅)

9) 열의 모음

① 부정의 상(想), 죽음의 상(想), 음식에 혐오하는 상(想), 온 세상에 대해 기쁨이 없다는 상(想), 무상의 상(想), 무상-고의 상(想), 고-무아의 상(想), 버려짐의 상(想), 바램의 상(想), 소멸의 상(想)[asubhasaññā, maraṇasaññā, āhāre paṭikūlasaññā, sabbaloke anabhiratasaññā, aniccasaññā, anicce dukkhasaññā, dukkhe anattasaññā, pahānasaññā, virāgasaññā, nirodhasaññā]

② 무상의 상(想), 무아의 상(想), 음식에 혐오하는 상(想), 온 세상에 대해 기쁨이 없다는 상(想), 해골이 된 것의 상(想), 벌레가 버글거리는 것의 상(想), 검푸른 것의 상(想), 문드러진 것의 상(想), 끊어진 것의 상(想), 부푼 것의 상(想)[aniccasaññā, anattasaññā, āhāre paṭikūlasaññā, sabbaloke anabhiratasaññā, aṭṭhikasaññā, puḷavakasaññā, vinīlakasaññā, vipubbakasaññā, vicchiddakasaññā, uddhumātakasaññā]

③ 열 가지 바름 : 정견(正見), 정사유(正思惟), 정어(正語), 정업(正業), 정명(正命), 정정진(正精進), 정념(正念), 정정(正定), 정지(正知), 정해탈(正解脫)

10) 열하나의 모음

열한 가지 증득 : 초선(初禪), 제이선(第二禪), 제삼선(第三禪), 제사선(第四禪), 자심해탈(慈心解脫), 비심해탈(悲心解脫), 희심해탈(喜心解脫), 사심해탈(捨心解脫), 공무변처(空無邊處), 식무변처(識無邊處), 무소유처(無所有處)

[2] 믿음-계(戒)-지혜 — 세 가지 갖춤

세 개의 법을 구성하는 또 한 가지는 (AN 3.139-갖춤 경)이 말하는 믿음-계(戒)-지혜입니다. —「비구들이여, 이런 세 가지 갖춤이 있다. 어떤 세 가지인가? 믿음을 갖춤, 계(戒)를 갖춤, 지혜를 갖춤 — 이것이, 비구들이여, 세 가지 갖춤이다.」

그런데 이 주제에 대해서는 (DN 4-소나단다 경)을 참고해야 합니다. (DN 4-소나단다 경)은 소나단다 바라문과 부처님의 대화를 통해 바라문이기 위한 두 가지 필수 요소를 드러내 줍니다. 바라문들은 ①태생, ②만뜨라, ③외모, ④계(戒), ⑤지혜의 다섯 가지 요소를 갖추어야 하는데, '외모→만뜨라→태생'의 순서로 한 가지씩을 배제할 수 있지만, 계(戒)와 지혜는 어느 하나를 배제할 수 없는 상호 의존의 필수 요소라고 말합니다. —「고따마 존자시여, 계(戒)의 청결로부터 지혜가 있고, 지혜의 청결로부터 계가 있습니다. 계가 있을 때 지혜가 있고, 지혜가 있을 때 계가 있습니다. 계를 중시하는 자에게 지혜가 있고, 지혜가 있는 자에게 계가 있습니다. 또한, 세상에서 계와 지혜가 으뜸이라고 알려져 있습니다.」

소나단다 바라문의 이런 대답에 대해 부처님도 동의한 뒤에 그 계와 그 지혜가 어떤 것이냐고 묻는데, 소나단다 바라문은 그 답을 부처님에게 요청하고, 부처님은 (DN 2-사문과경(沙門果經)의 체계로써 깨달음으로 이끄는 불교의 계와 지혜를 설명합니다.

이렇게 삶의 향상을 위해서 계와 지혜는 필수의 요소입니다. 그런데 (AN 3.139-갖춤 경)은 믿음을 더한 세 가지 갖춤을 말합니다. 소나단다 바라문이 말한 바라문들의 계와 지혜와 차별되는 불교의 계와 지혜를 지시하기 위해서는 부처님에 대한 믿음 위에서 정의되는 계와 지혜를 갖춰야 한다는 의미로 이해할 수 있습니다.

그리고 이 세 가지 법은 이어지는 법의 전개를 이끕니다.

Ⅳ. 네 가지 법 — 믿음-계-보시-지혜

믿음-계-지혜의 세 가지 법은 보시를 포함하여 네 가지 법으로 확장되는데, 특히, 재가자를 위한 가르침의 중심을 구성합니다. 여기서는 믿음-계-보시-지혜의 네 가지 법을 설하는 경들을 소개하였습니다.

그런데 (SN 55.31-공덕을 쌓는 것 경1) 등 「puññābhisanda(공덕을 쌓음)」의 용례에 속하는 여러 경은 불(佛)-법(法)-승(僧)에 대한 확실한 믿음에 더해 계(戒)와 보시(布施)와 지혜를 공덕(功德)을 쌓고, 유익(有益)을 쌓고, 행복(幸福)의 자량(資糧)이 되는 것이라고 정의합니다. 이때, 불(佛)-법(法)-승(僧)에 대한 확실한 믿음을 믿음으로 압축하면 믿음-계(戒)-보시-지혜의 네 가지 조합은 공덕(功德)을 쌓고, 유익(有益)을 쌓고, 행복(幸福)의 자량(資糧)이 되는 것입니다. 특히, 이런 조합의 과정에 의하면, 이 네 가지 법은 불(佛)-법(法)-승(僧)에 대한 믿음 위에서 각각의 의미를 가지는 계(戒)와 보시와 지혜입니다. 그래서 다른 스승에 대한 믿음 위에서 설명되는 계(戒)-보시-지혜와 차별되어야 한다는 점을 잊지 않아야 합니다.

1. (AN 4.61-배운 사람의 행위 경)

- 원하고 좋아하고 마음에 들지만 세상에서 얻기 어려운 네 가지 법의 얻음을 위한 것

① 나에게 법과 함께한 재물이 생기기를!
② 친척들과 함께하고 스승들과 함께한 명성이 나에게 오기를!
③ 오래 살고 긴 수명을 유지하기를!
④ 몸이 무너져 죽은 뒤에는 좋은 곳, 천상 세계에 태어나기를!

"장자여, 네 가지 법은 원하고 좋아하고 마음에 들지만 세상에서 얻기 어려운 이런 네 가지 법의 얻음을 위해 이끈다. 무엇이 넷인가? 믿음을 갖춤, 계를 갖춤, 보시를 갖춤, 지혜를 갖춤이다."

"장자여, 그러면 무엇이 믿음을 갖추는 것인가? 장자여, 여기 성스러운 제자는 믿음을 가졌다. '이렇게 그분 세존(世尊)께서는 모든 번뇌 떠나신 분 … 존귀하신 분이시다.'라고 여래(如來)의

깨달음을 믿는다. 장자여, 이것이 믿음을 갖춤이라고 불린다."

"장자여, 그러면 무엇이 계를 갖추는 것인가? 장자여, 여기 성스러운 제자는 생명을 해치는 행위로부터 피한 자이고 … 술과 발효액 등 취하게 하는 것으로 인한 방일한 머묾으로부터 피한 자이다. 장자여, 이것이 계를 갖춤이라고 불린다."

"장자여, 그러면 무엇이 보시를 갖추는 것인가? 장자여, 여기 성스러운 제자는 인색의 오염을 떠난 마음으로 … 베풂과 나눔을 좋아하며 재가에 산다. 장자여, 이것이 보시를 갖춤이라고 불린다."

"장자여, 그러면 무엇이 지혜를 갖추는 것인가? 장자여, ① '간탐(慳貪)이라는 잘못된 망(望)에 억눌린 심(心)으로 머무는 자는 하지 않아야 할 일을 하고 해야 할 일을 하지 않는다. 장자여, 하지 않아야 할 일을 하고 해야 할 일을 하지 않을 때 그의 명성과 행복이 흩어지게 된다. ② 장자여, 진에(瞋恚)에 억눌린 심(心)으로 머무는 자는 … ③ 장자여, 해태와 혼침에 억눌린 심(心)으로 머무는 자는 … ④ 장자여, 들뜸과 후회에 억눌린 심(心)으로 머무는 자는 … ⑤ 장자여, 의심에 억눌린 심(心)으로 머무는 자는 하지 않아야 할 일을 하고 해야 할 일을 하지 않는다. 장자여, 하지 않아야 할 일을 하고 해야 할 일을 하지 않을 때 그의 명성과 행복이 흩어지게 된다."

"장자여, 이러한 성스러운 제자는 ① '간탐(慳貪)이라는 잘못된 망(望)이 심(心)의 오염원이다.'라고 알아서 심(心)의 오염원인 간탐(慳貪)이라는 잘못된 망(望)을 버린다. ② '진에(瞋恚)가 심(心)의 오염원이다.'라고 알아서 심(心)의 오염원인 진에(瞋恚)를 버린다. ③ '해태와 혼침이 심(心)의 오염원이다.'라고 알아서 심(心)의 오염원인 해태와 혼침을 버린다. ④ '들뜸과 후회가 심(心)의 오염원이다.'라고 알아서 심(心)의 오염원인 들뜸과 후회를 버린다. ⑤ '의심이 심(心)의 오염원이다.'라고 알아서 심(心)의 오염원인 의심을 버린다.

장자여, 성스러운 제자가 ① '간탐(慳貪)이라는 잘못된 망(望)이 심(心)의 오염원이다.'라고 알아서 심(心)의 오염원인 간탐(慳貪)이라는 잘못된 망(望)을 버렸고, ② '진에(瞋恚)가 심(心)의 오염원이다.'라고 알아서 심(心)의 오염원인 진에(瞋恚)를 버렸고, ③ '해태와 혼침이 심(心)의 오염원이다.'라고 알아서 심(心)의 오염원인 해태와 혼침을 버렸고, ④ '들뜸과 후회가 심(心)의 오염원이다.'라고 알아서 심(心)의 오염원인 들뜸과 후회를 버렸고, ⑤ '의심이 심(心)의 오염원이다.'라고 알아서 심(心)의 오염원인 의심을 버렸기 때문에, 장자여, 이 성스러운 제자는 큰 지혜를 가졌다, 분석적인 지혜를 가졌다, 분명한 시계(視界)를 가졌다, 지혜를 갖추었다고 불린다. 장자여, 이것이 지혜를 갖춤이라고 불린다.

장자여, 이 네 가지 법은 원하고 좋아하고 마음에 들지만 세상에서 얻기 어려운 이런 네 가지 법의 얻음을 위해 이끈다."

2. (AN 8.49-이 세상에 속한 것 경1)/(AN 8.50-이 세상에 속한 것 경2)

- 이 세상을 확고히 하는 것 — 주어진 일을 잘하고, 구성원들이 잘 따르고, 마음에 들게 행동하고, 벌어온 것을 잘 간수함

- 저세상을 확고히 하는 것 — 믿음-오계-보시-지혜를 갖춤

"위사카여, 네 가지 법을 갖춘 여인은 이 세상에서 승리하기 위해 실천한다. 이것이 그 세상을 확고히 하는 것이다. 어떤 네 가지인가? 여기, 위사카여, 여인은 주어진 일을 잘하고, 구성원들이 잘 따르고, 남편의 마음에 들게 행동하고, 남편이 벌어온 것을 잘 간수한다.

위사카여, 여인은 어떻게 주어진 일을 잘하는가? 여기, 위사카여, 여인은 모직이거나 면직이거나 남편이 집에서 하는 일들에 대해 능숙하고, 게으르지 않으며, 그것에 대해 할 수 있고 시킬 수 있을 만큼 방법을 조사해서 갖춘다. 이렇게, 위사카여, 여인은 주어진 일을 잘한다.

위사카여, 여인은 어떻게 구성원들이 잘 따르는가? 여기, 위사카여, 여인은 하인이나 전령이나 일꾼들이나 남편의 집에 속한 사람들에게 한 것은 했다고 알고, 하지 않은 것은 하지 않았다고 알고, 환자들의 건강상태를 알고, 딱딱한 음식과 부드러운 음식을 개별적으로 나누어 준다. 이렇게, 위사카여, 여인은 구성원들이 잘 따른다.

위사카여, 여인은 어떻게 남편의 마음에 들게 행동하는가? 여기, 위사카여, 여인은 남편의 마음에 들지 않고 동의하지 않는 것은 목숨을 원인으로도 범하지 않는다. 이렇게, 위사카여, 여인은 남편의 마음에 들게 행동한다.

위사카여, 여인은 어떻게 남편이 벌어온 것을 잘 간수하는가? 여기, 위사카여, 여인은 재물이든 곡식이든 은이든 금이든 남편이 벌어오는 것을 보호하고 단속하기 위해 노력한다. 그것에 대해 속이지 않고, 딴 주머니 차지 않고, 술로 흥청대지 않고, 낭비하지 않는다. 이렇게, 위사카여, 여인은 남편이 벌어온 것을 잘 간수한다. 위사카여, 이런 네 가지 법을 갖춘 여인은 이 세상에서 승리하기 위해 실천한다. 이것이 이 세상을 확고히 하는 것이다.

위사카여, 네 가지 법을 갖춘 여인은 저세상에서 승리하기 위해 실천한다. 저세상을 확고히 한다. 어떤 네 가지인가? 여기, 위사카여, 여인은 믿음을 갖추고, 계를 갖추고, 보시를 갖추고, 지혜를 갖췄다.

위사카여, 여인은 어떻게 믿음을 갖추는가? 여기, 위사카여, 여인은 믿음을 가졌다. '이렇게 그분 세존(世尊)께서는 모든 번뇌 떠나신 분 … 존귀하신 분이시다.'라고 여래(如來)의 깨달음을 믿는다. 이렇게, 위사카여, 여인은 믿음을 갖춘다.

위사카여, 여인은 어떻게 계를 갖추는가? 여기, 위사카여, 여인은 생명을 해치는 행위를 피하고 … 술과 발효액 등 취하게 하는 것으로 인한 방일한 머묾을 피한다. 이렇게, 위사카여, 여인은 계를 갖춘다.

위사카여, 여인은 어떻게 보시를 갖추는가? 여기, 위사카여, 여인은 인색의 오염을 떠난 마음으로 … 베풂과 나눔을 좋아하며 재가에 산다. 이렇게, 위사카여, 여인은 보시를 갖춘다.

위사카여, 여인은 어떻게 지혜를 갖추는가? 여기, 위사카여, 여인은 지혜를 가졌다 … 이끄는 지혜를 갖추었다. 이렇게, 위사카여, 여인은 지혜를 갖춘다. 위사카여, 이런 네 가지 법을 갖춘 여인은 저세상에서 승리하기 위해 실천한다. 저세상을 확고히 한다.

> 주어진 일을 잘하고, 구성원들이 잘 따르고, 남편의 마음에 들게 행동하고, 남편이 벌어온 것을 잘 간수한다.
>
> 믿음과 계를 갖추고, 편견이 없고, 인색하지 않은 여인은 언제나 저세상의 행복을 위한 길을 청정히 한다.

이렇게 여덟 가지 법이 여인에게 있으면, 그것을 계를 중시하고, 정의롭고, 진실을 말하는 여인이라고 말한다.

열여섯 가지 상태를 갖추고, 여덟 요소가 잘 모인 계를 중시하는 그런 여신자는 마음에 드는 몸을 가진 신들의 세상에 태어난다.

3. (AN 8.54-디가자누 경)

(AN 8.55-웃자야 경)과는 동일하고, (AN 8.75-갖춤 경1), (AN 8.76-갖춤 경2)에서는 금생과 내생의 구분 없이 여덟 가지 구족으로 나타남.

- 금생의 이익과 행복을 주는 법 — 근면을 갖춤, 보호를 갖춤, 선우(善友)를 사귐, 균형 잡힌 생계

- 내생의 이익과 행복을 주는 법 — 믿음-계-보시-지혜를 갖춤

한때 세존은 꼴리야에서 깍까라빳따라는 꼴리야의 번화가에 머물렀다. 그때 꼴리야의 아들 디가자누가 세존에게 왔다. 와서는 세존에게 절한 뒤 한 곁에 앉았다. 한 곁에 앉은 꼴리야의 아들 디가자누는 세존에게 이렇게 말했다. — "대덕이시여, 저희는 자식들로 북적거리는 집에서 살고, 까시의 백단향을 경험하고, 꽃과 향과 화장품을 지니고, 금(金)과 은(銀)이 허용된, 소유하고자 하는 재가자입니다. 대덕이시여, 세존께서는 이런 저희에게 금생의 이익과 금생의 행복을 주고, 내생의 이익과 내생의 행복을 주는 법을 설해주십시오."

"호랑이가 다니던 길에 사는 자여, 이런 네 가지 법은 좋은 가문의 아들에게 금생의 이익과 금생의 행복으로 이끈다. 어떤 네 가지인가? 근면을 갖춤, 보호를 갖춤, 선우(善友)를 사귐, 균형 잡힌 생계이다. 그러면 호랑이가 다니던 길에 사는 자여, 어떤 것이 근면을 갖추는 것인가? 호랑이가 다니던 길에 사는 자여, 여기 선남자는 농사나 장사나 목축이나 궁술이나 왕의 신하가 되거나 그 외에 어떤 공예의 직업을 가지고 생계를 유지하나니, 그가 거기에 숙련되고 게으르지 않으며 그것을 완성할 수 있는 검증을 거쳐 충분히 실행할 수 있고 충분히 연구할 수 있는 자가 된다. 이것이, 호랑이가 다니던 길에 사는 자여, 근면을 갖춤이라 불

린다."

"그러면 호랑이가 다니던 길에 사는 자여, 어떤 것이 보호를 갖추는 것인가? 호랑이가 다니던 길에 사는 자여, 여기 좋은 가문의 아들은 열정적인 노력으로 얻었고 팔의 힘으로 모았고 땀으로 덮었고 법과 함께하고 법의 실천으로 얻은 재물을 보호하고 지키는 것을 갖춘다. — '어떻게 하면 나의 이 재물을 왕이 거두어 가버리지 않을까, 도둑이 훔쳐 가지 않을까, 불이 태워버리지 않을까, 물이 쓸어 가버리지 않을까, 좋아하지 않는 상속인이 상속받지 않을까?'라고. 이것이, 호랑이가 다니던 길에 사는 자여, 보호를 갖춤이라 불린다."

"그러면 호랑이가 다니던 길에 사는 자여, 어떤 것이 선우를 사귀는 것인가? 호랑이가 다니던 길에 사는 자여, 여기 좋은 가문의 아들이 어떤 마을이나 번화가에 산다. 그곳에는 믿음을 갖추고, 계를 갖추고, 보시를 갖추고, 지혜를 갖춘 장자나 장자의 아들 또는 훌륭한 계(戒)를 지닌 젊은이나 훌륭한 계를 지닌 노인들이 있다. 그는 이러한 사람들과 함께 지내고 대화하고 토론한다. 그런 믿음을 갖춘 사람들 가운데서 믿음을 갖추기 위해 따라서 실천하고, 그런 계를 갖춘 사람들 가운데서 계를 갖추기 위해 따라서 실천하고, 그런 보시를 갖춘 사람들 가운데서 보시를 갖추기 위해 따라서 실천하고, 그런 지혜를 갖춘 사람들 가운데서 지혜를 갖추기 위해 따라서 실천한다. 이것이, 호랑이가 다니던 길에 사는 자여, 선우를 사귐이라 불린다."

"그러면 호랑이가 다니던 길에 사는 자여, 어떤 것이 균형 잡힌 생계인가? 호랑이가 다니던 길에 사는 자여, 여기 좋은 가문의 아들은 재물의 수입을 알고, 재물의 지출을 알아서, '이렇게 나에게 수입은 지출을 충당하고도 남을 것이다. 나에게 지출이 수입을 초과하지 않을 것이다.'라면서 지나치게 풍족하지도 않고 지나치게 궁핍하지도 않은 균형 잡힌 생계를 유지한다. 예를 들면, 호랑이가 다니던 길에 사는 자여, 저울로 무게를 재는 사람이나 그의 제자는 저울을 잡으면 이만큼이 내려갔거나 혹은 이만큼이 올라갔다고 안다. 이처럼 좋은 가문의 아들은 재물의 수입을 알고, 재물의 지출을 알아서, '이렇게 나에게 수입은 지출을 충당하고도 남을 것이다. 나에게 지출이 수입을 초과하지 않을 것이다.'라면서 지나치게 풍족하지도 않고 지나치게 궁핍하지도 않은 균형 잡힌 생계를 유지한다. 호랑이가 다니던 길에 사는 자여, 만약 좋은 가문의 아들이 수입은 적은데 호화로운 생계를 꾸려간다면 '이 좋은 가문의 아들은 무화과를 먹듯이 재물을 먹는다.'라고 말하는 사람들이 있을 것이다. 만일 좋은 가문의 아들이 수입이 많은데도 궁핍하게 생계를 꾸려간다면 '이 좋은 가문의 아들은 나쁘게 죽을 것이다.'라고 말하는 사람들이 있을 것이다. 호랑이가 다니던 길에 사는 자여, 좋은 가문의 아들은 재물의 수입을 알고, 재물의 지출을 알아서, '이렇게 나에게 수입은 지출을 충당하고도 남을 것이다. 나에게 지출이 수입을 초과하지 않을 것이다.'라면서 지나치게 풍족하지도 않고 지나치게 궁핍하지도 않은 균형 잡힌 생계를 유지하기 때문에, 이것이, 호랑이가 다니던 길에 사는 자여, 균형 잡힌 생계라고 불린다."

"호랑이가 다니던 길에 사는 자여, 이렇게 재물이 생기면 여자에 빠지고, 술에 빠지고, 노름에 빠지고, 나쁜 친구와 나쁜 동료와 나쁜 벗을 사귀는 네 가지 손실의 문이 있다. 예를 들면, 호랑이가 다니던 길에 사는 자여, 네 개의 입수문과 네 개의 배수문을 가진 큰 연못이 있다. 사람이 그 연못의 입수문은 닫고 배수문은 열 것이다. 그런데 비도 적절히 내리지 않을 것이다. 이렇게 그 큰 연못의 물은 줄어들고 불어나지 않을 것이 예상된다. 이처럼 재물이 생기면 여자에 빠지고, 술에 빠지고, 노름에 빠지고, 나쁜 친구와 나쁜 동료와 나쁜 벗을 사귀는 네 가지 손실의 문이 있다."

"호랑이가 다니던 길에 사는 자여, 이렇게 재물이 생기면 여자에 빠지지 않고, 술에 빠지지 않고, 노름에 빠지지 않고, 좋은 친구와 좋은 동료와 좋은 벗을 사귀는 네 가지 증진의 문이 있다. 예를 들면, 호랑이가 다니던 길에 사는 자여, 네 개의 입수문과 네 개의 배수문을 가진 큰 연못이 있다. 사람이 그 연못의 입수문은 열고 배수문은 닫을 것이다. 그런데 비도 적절히 내릴 것이다. 이렇게 그 큰 연못의 물은 불어나고 줄어들지 않을 것이 예상된다. 이처럼 재물이 생기면 여자에 빠지지 않고, 술에 빠지지 않고, 노름에 빠지지 않고, 좋은 친구와 좋은 동료와 좋은 벗을 사귀는 네 가지 증진의 문이 있다. 이것이, 호랑이가 다니던 길에 사는 자여, 좋은 가문의 아들에게 금생의 이익과 금생의 행복으로 이끄는 네 가지 법이다."

"호랑이가 다니던 길에 사는 자여, 이런 네 가지 법은 좋은 가문의 아들에게 내생의 이익과 내생의 행복으로 이끈다. 어떤 네 가지인가? 믿음을 갖추고, 계를 갖추고, 보시를 갖추고, 지혜를 갖추는 것이다. 호랑이가 다니던 길에 사는 자여, 그러면 무엇이 믿음을 갖추는 것인가? 호랑이가 다니던 길에 사는 자여, 여기 좋은 가문의 아들은 믿음을 가졌다. '이렇게 그분 세존(世尊)께서는 모든 번뇌 떠나신 분 … 존귀하신 분이시다.'라고 여래(如來)의 깨달음을 믿는다. 이것이, 호랑이가 다니던 길에 사는 자여, 믿음을 갖춤이라 불린다."

“그러면 호랑이가 다니던 길에 사는 자여, 무엇이 계를 갖추는 것인가? 호랑이가 다니던 길에 사는 자여, 여기 좋은 가문의 아들은 생명을 해치는 행위로부터 피하고 … 술과 발효액 등 취하게 하는 것으로 인한 방일한 머묾으로부터 피한다. 이것이, 호랑이가 다니던 길에 사는 자여, 계를 갖춤이라 불린다.”

“그러면 호랑이가 다니던 길에 사는 자여, 무엇이 보시를 갖추는 것인가? 호랑이가 다니던 길에 사는 자여, 여기 좋은 가문의 아들은 인색(吝嗇)에 오염된 사람들 가운데서 인색의 오염을 떠난 마음으로 … 베풂과 나눔을 좋아하며 재가에 산다. 이것이, 호랑이가 다니던 길에 사는 자여, 보시를 갖춤이라 불린다.”

“그러면 호랑이가 다니던 길에 사는 자여, 무엇이 지혜를 갖추는 것인가? 호랑이가 다니던 길에 사는 자여, 여기 좋은 가문의 아들은 지혜를 가졌다 … 이끄는 지혜를 갖추었다. 이것이, 호랑이가 다니던 길에 사는 자여, 지혜를 갖춤이라 불린다. 호랑이가 다니던 길에 사는 자여, 이런 네 가지 법은 좋은 가문의 아들에게 내생의 이익과 내생의 행복으로 이끈다.”

“해야 할 일들에 대해서 근면하고 방일하지 않고 신중한 자는
균형 잡힌 생계를 유지하고, 모은 것을 보호한다.

믿음과 계를 갖추고 인색을 여읜, 말뜻을 아는 자는
내생의 축복을 가져오는 길을 항상 깨끗하게 한다.

이러한 여덟 가지 법은 믿음을 가진 재가자에게 두 곳 모두에서 행복을 가져다준다고 진리의 이름을 가진 분께서 말씀하셨다.

이렇게 이 보시는 재가자들에게
금생의 이익과 내생의 행복을 위한 공덕을 늘어나게 한다.”

4. (AN 8.75-갖춤 경1)

비구들이여, 이런 여덟 가지 갖춤이 있다. 어떤 여덟 가지인가? 근면을 갖춤, 보호를 갖춤, 선우(善友)를 사귐, 균형 잡힌 생계, 믿음의 갖춤, 계의 갖춤, 보시의 갖춤, 지혜의 갖춤 — 이것

이, 비구들이여, 여덟 가지 갖춤이다.

"해야 할 일들에 대해서 근면하고 … 공덕을 늘어나게 한다."

5. (AN 8.76-갖춤 경2)

비구들이여, 이런 여덟 가지 갖춤이 있다. 어떤 여덟 가지인가? 근면을 갖춤, 보호를 갖춤, 선우(善友)를 사귐, 균형 잡힌 생계, 믿음을 갖춤, 계를 갖춤, 보시를 갖춤, 지혜를 갖춤이다. 비구들이여, 그러면 어떤 것이 근면을 갖추는 것인가?

☞ 이하 (AN 8.54-디가자누 경)의 반복

6. (AN 2.33-42-평등한 심(心) 품)

- 부모님의 은혜는 갚기 어려움 — 효(孝)에 대한 불교의 입장
- 최상의 은혜 갚음[효(孝)] — 믿음-계-보시-지혜가 없는 부모님에게 이 네 가지 법을 갖추도록 부추기는 것

비구들이여, 나는 두 사람에게 쉽게 보상하는[은혜를 갚는] 것을 말하지 않는다. 어떤 두 사람에게인가? 어머니와 아버지이다.

비구들이여, 백 년의 수명을 가지고 백 년을 사는 사람이 한쪽 어깨에 어머니를 모시고, 한쪽 어깨에 아버지를 모시고, 두 분에게 향수를 뿌려드리고 머리를 감겨드리고 안마를 해드리고 사지를 주물러드리면서 모신다고 해도, 그리고 두 분이 거기 어깨 위에서 똥오줌을 싼다고 해도, 그러나 비구들이여, 어머니와 아버지를 위하여 행한 바거나 어머니와 아버지를 위한 보상이 되지 못한다. 그리고 비구들이여, 어머니와 아버지를 붉은 보석으로 가득한 이 대지의 통치권을 가진 왕위에 모신다고 해도, 그러나 비구들이여, 어머니와 아버지를 위하여 행한 바거나 어머니와 아버지를 위한 보상이 되지 못한다. 그 원인은 무엇인가? 비구들이여, 어머니와 아버지는 자식들을 돌보고, 양육하고, 이 세상을 가르쳐주는 등 많은 일을 한다. 그러나 비구들이여, 어떤 사람이 믿음이 없는 어머니와 아버지에게 믿음을 갖추도록 부추기

고, 서게 하고, 확고하게 한다. 계(戒)를 경시하는 어머니와 아버지에게 계(戒)를 갖추도록 부추기고, 서게 하고, 확고하게 한다. 인색한 어머니와 아버지에게 보시(布施)를 갖추도록 부추기고 서게 하고 확고하게 한다. 지혜롭지 못한 어머니와 아버지에게 지혜를 갖추도록 부추기고 서게 하고 확고하게 한다. 이렇게 하는 것은, 비구들이여, 어머니와 아버지를 위하여 행한 바이고, 어머니와 아버지를 위한 보상[은혜 갚음]이 된다.

7. (AN 4.55-동등한 삶 경1)

• 사랑하는 부부가 다음 세상에서도 부부로 다시 만나는 방법 — 믿음-계-보시-지혜를 동등하게 갖춤

한 곁에 앉은 나꿀라삐따 장자는 세존에게 이렇게 말했다. — "대덕이시여, 저의 아내 나꿀라마따가 어린 나이에 어린 저에게 온 이래로 저는 마음으로도 저의 아내 나꿀라마따를 넘어선 기억이 없습니다. 그러니 몸으로야 어찌 그럴 수 있겠습니까! 대덕이시여, 저희는 금생에도 서로서로 보기를 원하고, 내생에도 서로서로 보기를 원합니다."라고. 장자의 아내 나꿀라마따도 세존에게 이렇게 말했다. — "대덕이시여, 어린 나이에 어린 나꿀라삐따 장자에게 온 이래로 저는 마음으로도 나꿀라삐따 장자를 넘어선 기억이 없습니다. 그러니 몸으로야 어찌 그럴 수 있겠습니까! 대덕이시여, 저희는 금생에도 서로서로 보기를 원하고, 내생에도 서로서로 보기를 원합니다."라고.

"장자들이여, 만약 부부가 양쪽 모두 금생에도 서로서로 보기를 원하고, 내생에도 서로서로 보기를 원한다면, 양쪽 모두가 동등한 믿음, 동등한 계, 동등한 보시, 동등한 지혜가 있어야 한다. 그대들은 금생에도 서로서로를 보고, 내생에도 서로서로를 본다.

양쪽 모두 믿음이 있고, 아낌없이 베풀고, 제어되고, 법답게 생활하는 그 부부는 서로서로 사랑스럽게 말한다.

그들에게 여러 가지 이익이 있고, 편안함이 생긴다. 양쪽 모두 계를 가진 그들에게 적들의 불만족이 있다.

동등하게 계를 지키는 두 사람은 이 세상에서 법을 행한 뒤에 신들의 세상에서 기뻐하

고, 소유의 삶을 원하는 그들은 즐거워한다.

8. (AN 9.5-힘 경)

- 네 가지 힘 — 지혜의 힘, 정진의 힘, 결점 없음의 힘, 따르게 함의 힘

- 네 가지 따르게 함의 으뜸

- 다섯 가지 두려움의 극복 — 생계-나쁜 평판-모임에 당당하지 못함-죽음-나쁜 곳에 태어남에 대한 두려움

비구들이여, 이런 네 가지 힘이 있다. 어떤 네 가지인가? 지혜의 힘, 정진의 힘, 결점 없음의 힘, 따르게 함의 힘이다.

그러면 비구들이여, 무엇이 지혜의 힘인가? '유익하고 유익하다고 동의 된 법들, 무익하고 무익하다고 동의 된 법들, 결점이 있고, 결점이 있다고 동의 된 법들, 결점이 없고 결점이 없다고 동의 된 법들, 나쁘고 나쁘다고 동의 된 법들, 좋고 좋다고 동의 된 법들, 실천해야 하고 실천해야 한다고 동의 된 법들, 실천하지 않아야 하고 실천하지 않아야 한다고 동의 된 법들, 성자에게 어울리지 않고 성자에게 어울리지 않는다고 동의 된 법들, 성자에게 어울리고 성자에게 어울린다고 동의 된 법들'은 지혜에 의해서 알려지고 이해된다. 이것이, 비구들이여, 지혜의 힘이라고 불린다.

그러면 비구들이여, 무엇이 정진의 힘인가? '무익하고 무익하다고 동의 된 법들, 결점이 있고, 결점이 있다고 동의 된 법들, 나쁘고 나쁘다고 동의 된 법들, 실천하지 않아야 하고 실천하지 않아야 한다고 동의 된 법들, 성자에게 어울리지 않고 성자에게 어울리지 않는다고 동의 된 법들을 버리기 위해서 관심을 생기게 하고, 노력하고, 힘을 다하고, 심(心)을 돌보고, 애쓴다. 유익하고 유익하다고 동의 된 법들, 결점이 없고 결점이 없다고 동의 된 법들, 좋고 좋다고 동의 된 법들, 실천해야 하고 실천해야 한다고 동의 된 법들, 성자에게 어울리고 성자에게 어울린다고 동의 된 법들을 얻기 위해서 관심을 생기게 하고, 노력하고, 힘을 다하고, 심(心)을 돌보고, 애쓴다. 이것이, 비구들이여, 정진의 힘이라고 불린다.

그러면 비구들이여, 무엇이 결점 없음의 힘인가? 여기, 비구들이여, 성스러운 제자는 결점 없는 신업(身業)을 갖추고, 결점 없는 구업(口業)을 갖추고, 결점 없는 의업(意業)을 갖춘다. 이것이, 비구들이여, 결점 없음의 힘이라고 불린다.

그러면 비구들이여, 무엇이 따르게 함의 힘인가? 비구들이여, 이런 네 가지 따르게 함의 토대[사섭법(四攝法)]가 있다. — 보시(布施), 애어(愛語), 이행(利行), 동사(同事). 비구들이여, 법시(法施)가 보시(布施)[베풂] 가운데 으뜸이다. 원하고 귀를 기울이는 자에게 반복해서 법을 설하는 것이 애어(愛語)[사랑스런 말] 가운데 으뜸이다. 믿음이 없는 자에게 믿음의 성취를 위해 부추기고, 들어가게 하고, 확립하게 하고, 계(戒)를 경시하는 자에게 계의 성취를 위해 … 이기적인 자에게 보시(布施)의 성취를 위해 … 어리석은 자에게 지혜의 성취를 위해 부추기고, 들어가게 하고, 확립하게 하는 것이 이행(利行)[이익을 주는 행위] 가운데 으뜸이다. 예류자(預流者)는 예류자와 사귀고, 일래자(一來者)는 일래자와 사귀고, 불환자(不還者)는 불환자와 사귀고, 아라한(阿羅漢)은 아라한과 사귀는 것이 동사(同事)[함께함] 가운데 으뜸이다. 이것이, 비구들이여, 따르게 함의 힘이라고 불린다. 이것이, 비구들이여, 네 가지 힘이다.

비구들이여, 이런 네 가지 힘을 갖춘 성스러운 제자는 다섯 가지 두려움을 극복한다. 어떤 다섯 가지인가? 생계에 대한 두려움, 나쁜 평판에 대한 두려움, 모임에 당당하지 못함에 대한 두려움, 죽음에 대한 두려움, 나쁜 곳에 태어남에 대한 두려움이다. 비구들이여, 그 성스러운 제자는 이렇게 숙고한다. —'나는 생계에 대해 두려워하지 않는다. 무엇 때문에 내가 생계에 대해 두려워하겠는가? 나에게는 지혜의 힘, 정진의 힘, 결점 없음의 힘, 따르게 함의 힘이라는 네 가지 힘이 있다. 어리석은 자는 생계에 대해 두려워할 것이다. 게으른 자는 생계에 대해 두려워할 것이다. 신업(身業)과 구업(口業)과 의업(意業)에 결점이 있는 자는 생계에 대해 두려워할 것이다. 따르게 함이 없는 자는 생계에 대해 두려워할 것이다. 나는 나쁜 평판에 대해 두려워하지 않는다. … 나는 모임에 당당하지 못함에 대해 두려워하지 않는다. … 나는 죽음에 대해 두려워하지 않는다. … 나는 나쁜 곳에 태어남에 대해 두려워하지 않는다. 무엇 때문에 내가 나쁜 곳에 태어남에 대해 두려워하겠는가? 나에게는 지혜의 힘, 정진의 힘, 결점 없음의 힘, 따르게 함의 힘이라는 네 가지 힘이 있다. 어리석은 자는 나쁜 곳에 태어남에 대해 두려워할 것이다. 게으른 자는 나쁜 곳에 태어남에 대해 두려워할 것이다. 신업(身業)과 구업(口業)과 의업(意業)에 결점이 있는 자는 나쁜 곳에 태어남에 대해 두려워할 것이다. 따르게 함이 없는 자는 나쁜 곳에 태어남에 대해 두려워할 것이다. 비구들이여, 이런 네 가지 힘을 갖춘 성스러운 제자는 다섯 가지 두려움을 극복한다.

【저자 소회】

2011년 5월부터 법회[해피설법회]를 시작했으니 어느새 만 9년의 세월이 지났습니다. 「삶의 메커니즘」의 규명을 통해 '내가 세상을 만나는 이야기'로의 불교의 틀을 분석한 세월이라고 할 것인데, 「마음이 몸과 함께 세상을 만나는 과정의 어디에 어떤 문제가 있어서 괴로움[고(苦)]이 생기는지[연기(緣起)=십이연기(十二緣起) → 고집(苦集)], 그 문제의 자리에 어떻게 대응하면[중도(中道)=팔정도(八正道) → 고멸도(苦滅道)] 괴로움이 소멸하는지[고멸(苦滅)]」여서 사실-진리인 사성제(四聖諦)와, 고(苦)와 고멸(苦滅)[락(樂)]의 원리-이치를 선언한 삼법인(三法印)의 의미입니다.

그래서 해피스님의 법회는 어렵다고 알려져 있습니다. 그리고 저도 난이도의 문제를 떠나 가르침의 진정(眞正)을 찾아 드러내야 하는 역할에 스스로 만족한 세월이라고 해야 할 것입니다.

하지만 그 세월 동안 제가 가장 많이 설법한 주제는 아마도 여기에 소개한 믿음-계-보시-지혜의 네 가지 법일 것입니다. 공부를 시작하던 때부터 재가 신자의 삶의 모델을 진정(眞正) 위에서 제시하고자 했던 저에게 강하게 다가온 주제였기 때문입니다. 「해피스님의 새출발법회」라는 이름으로 진행한 여러 번의 법회에서, 또는, 이리저리 만난 많은 사람에게 불교 신자라면 어떤 삶을 살아야 하는지에 대해 설명하였는데, 그 중심에 바로 이 주제들, 원하고 좋아하고 마음에 들지만 세상에서 얻기 어려운 법들을 얻는 방법, 금생과 내생에서 이익과 행복을 주는 법, 부모님의 은혜에 보답하는 법, 사랑하는 부부가 다음 세상에서도 부부로 다시 만나는 방법 등이 있었습니다. 그리고 몇 년 전부터 새롭게 접근한 주제로서 사섭법(四攝法)의 동사(同事)를 '어떤 그룹에 나를 소속시킬 것인가?'라고 해석한 것도 빼놓을 수 없겠습니다.

그만큼 믿음-계-보시-지혜의 네 가지 법은 불교 신자의 삶의 중심이 되어야 합니다. 그때, 얻기 어려운 것을 얻고, 이익과 행복을 만들며, 부모 자식 그리고 부부로 구성되는 가족에게서도 화목한 삶이 보장됩니다. 그리고 나를 향상으로 이끄는 그룹에 함께함으로써 살아서도 죽어서도 삶은 더욱 귀해지는 것입니다.

그렇습니다! 그래서 법우님들의 삶의 중심에 바로 이 가르침, 믿음-계-보시-지혜의 네 가지 법을 세우셔야 합니다.

V. 다섯 가지 법 — 믿음-계-배움-보시-지혜

믿음-계-보시-지혜는 공덕(功德)을 쌓고, 유익(有益)을 쌓고, 행복(幸福)의 자량(資糧)이 되는 것입니다. 그런데 이 네 가지에 배움을 더한 믿음-계-배움-보시-지혜를 설하는 경들도 있습니다. 이 다섯 가지는 특히 원하는 세상 또는 하늘에 태어나는 방법으로 제시됩니다. 「공덕(功德)을 쌓고, 유익(有益)을 쌓고, 행복(幸福)의 자량(資糧)이 되는 네 가지에 견해를 이끄는 가르침을 배워 삶의 방향을 분명히 하면 하늘로 이끌리는 힘이 된다.」라는 의미로 이해할 수 있습니다. 그래서 이 다섯 가지는 갖춰야 하고, 성장해야 하는 재산입니다. 더 많이 쌓을수록 더 높은 하늘로 이끌리는 다섯 가지 재산입니다.

1. (AN 5.46-갖춤 경)

비구들이여, 이런 다섯 가지 갖춤이 있다. 어떤 다섯 가지인가? 믿음을 갖춤, 계를 갖춤, 배움을 갖춤, 보시를 갖춤, 지혜를 갖춤 — 이것이, 비구들이여, 다섯 가지 갖춤이다.

2. (AN 5.63-성장 경1)/(AN 5.64-성장 경2)/(SN 37.34-성장 경)

비구들이여, 다섯 가지 성장으로 성장하는 성스러운 제자는 성스러운 성장으로 성장하고, 핵심을 얻고, 몸의 뛰어남을 얻는다. 어떤 다섯 가지인가? 믿음이 성장하고, 계가 성장하고, 배움이 성장하고, 보시가 성장하고, 지혜가 성장한다. 비구들이여, 이런 다섯 가지 성장으로 성장하는 성스러운 제자는 성스러운 성장으로 성장하고, 핵심을 얻고, 몸의 뛰어남을 얻는다.

※ (AN 10.74-성장 경) — 비구들이여, 열 가지 성장으로 성장하는 성스러운 제자는 성스러운 성장으로 성장하고, 핵심을 얻고, 몸의 뛰어남을 얻는다. 어떤 열 가지인가? 땅의 크기가 성장하고, 재산과 곡식이 성장하고, 자식과 아내가 성장하고, 하인과 직원과 일하는 사람들이 성장하고, 가축들이 성장한다. 믿음이 성장하고, 계가 성장하고, 배움이 성장하고, 보시가 성장하고, 지혜가 성장한다. 비구들이여, 이런 열 가지 성장으로 성장하는 성스러운 제자는 성스러운 성장으로 성장하고, 핵심을 얻고, 몸의 뛰어남을 얻는다.

3. (AN 5.47-재산 경)

비구들이여, 이런 다섯 가지 재산이 있다. 어떤 다섯 가지인가? 믿음의 재산, 계의 재산, 배움의 재산, 보시의 재산, 지혜의 재산 — 이것이, 비구들이여, 다섯 가지 재산이다.

그러면 비구들이여, 무엇이 믿음의 재산인가? 여기, 비구들이여, 성스러운 제자는 믿음을 가졌다. '이렇게 그분 세존(世尊)께서는 모든 번뇌 떠나신 분 … 존귀하신 분이시다.'라고 여래(如來)의 깨달음을 믿는다. — 이것이, 비구들이여, 믿음의 재산이라고 불린다.

그러면 비구들이여, 무엇이 계의 재산인가? 여기, 비구들이여, 성스러운 제자는 생명을 해치는 행위를 피하고 … 술과 발효액 등 취하게 하는 것으로 인한 방일한 머묾을 피한다. 이것이, 비구들이여, 계의 재산이라고 불린다.

그러면 비구들이여, 무엇이 배움의 재산인가? 여기, 비구들이여, 성스러운 제자는 많이 배우고 … 견해로써 잘 꿰뚫는다. 이것이, 비구들이여, 배움의 재산이라고 불린다.

그러면 비구들이여, 무엇이 보시의 재산인가? 여기, 비구들이여, 성스러운 제자는 인색의 오염을 떠난 마음으로 … 베풂과 나눔을 좋아하며 재가에 산다. 이것이, 비구들이여, 보시의 재산이라고 불린다.

비구들이여, 무엇이 지혜의 재산인가? 여기, 비구들이여, 성스러운 제자는 지혜를 가졌다 … 이끄는 지혜를 갖추었다. — 이것이, 비구들이여, 지혜의 재산이라고 불린다. 이것이, 비구들이여, 다섯 가지 재산이다.

여래에 대한 믿음이 흔들리지 않게 잘 확립된 사람
성자들이 동의하고 칭찬하는 선한 계를 가진 사람

상가에 대한 믿음이 있고 올곧은 존재를 보는 자, 그를 가난하지 않다고 사람들은 말한다. 그의 삶은 쓸모없지 않다.

그러므로 현명한 자는 믿음과 계(戒)와 분명하게 법을 보는 일
그리고 부처님들의 가르침에 대한 기억을 실천하게 해야[가르쳐야] 한다.

4. 계속해서 기억해야 하는 여섯 가지를 설명하는 경들은 「성스러운 제자는 천신(天神)을 계속해서 기억한다. — '사대왕천의 신들이 있고, 삼십삼천의 신들이 있고, 야마천의 신들이 있고, 도솔천의 신들이 있고, 화락천의 신들이 있고, 타화자재천의 신들이 있고, 범신천의 신들이 있고, 그보다 높은 천의 신들이 있다. 이런 신들은 믿음을 갖추어 여기서 죽은 뒤 그곳에 태어났다. 나에게도 그런 믿음이 있다. 이런 신들은 계를 갖추어 여기서 죽은 뒤 그곳에 태어났다. 나에게도 그런 계가 있다. 이런 신들은 배움을 갖추어 여기서 죽은 뒤 그곳에 태어났다. 나에게도 그런 배움이 있다. 이런 신들은 보시를 갖추어 여기서 죽은 뒤 그곳에 태어났다. 나에게도 그런 보시가 있다. 이런 신들은 지혜를 갖추어 여기서 죽은 뒤 그곳에 태어났다. 나에게도 그런 지혜가 있다.'」라고. 말하는데, 신들은 믿음-계-배움-보시-지혜를 갖추어 하늘에 태어났고, 나에게도 이 다섯 가지가 있으므로 나도 그들처럼 하늘에 태어날 것이라고 계속해서 기억해야 한다는 의미입니다. ☞ 「제3부 제4장 계속해서 기억해야 하는 여섯 가지」 참조.

5. (SN 55.21-마하나마 경1)

- 죽은 뒤에 몸은 다른 생명의 먹이가 되는 것이지만, 믿음-계-배움-보시-지혜를 닦은 심(心)은 위로 올라가고 특별한 곳으로 가게 됨.

이렇게 나는 들었다. — 한때 세존은 삭까에서 까삘라왓투의 니그로다 사원에 머물렀다. 그때 삭까 사람 마하나마가 세존에게 왔다. 와서는 세존에게 절한 뒤 한 곁에 앉았다. 한 곁에 앉은 삭까 사람 마하나마는 세존에게 이렇게 말했다. — "대덕이시여, 지금 까삘라왓투는 부유하고, 번영하고, 많은 사람이 모여 있고, 사람들로 산만하고, 사람이 많아서 불편합니다. 대덕이시여, 저는 세존과 마음 닦는 비구들을 시중든 뒤 저녁에 까삘라왓투로 들어갑니다. 그러면 저는 배회하는 코끼리와 만나고 배회하는 말과 만나고 배회하는 마차와 만나고 배회하는 수레와 만나고 배회하는 사람과 만납니다. 대덕이시여, 그런 저는 그때 세존에 대한 사띠를 잃고, 법에 대한 사띠를 잃고, 승가에 대한 사띠를 잃습니다. 대덕이시여, 그런 저에게 이런 생각이 듭니다. — '내가 만약 지금 죽는다면 나의 갈 곳은 어디일까? 어디에 태어날까?'라고."

"두려워하지 말라, 마하나마여. 두려워하지 말라, 마하나마여. 그대의 죽음은 나쁘지 않을 것이다. 임종은 나쁘지 않을 것이다. 마하나마여, 누구든지 오랜 세월 온전히 믿음을 닦은 심(心)과 온전히 계를 닦은 심(心)과 온전히 배움을 닦은 심(心)과 온전히 보시를 닦은 심(心)과 온전히 지혜를 닦은 심(心)을 가진 사람의 몸은 물질이어서 사대(四大)로 구성된 것이고, 부모에 속한 것에서 생겨난 것이고, 밥과 응유가 집적된 것이고, 무상하고 쇠퇴하고 부서지고 해체되고 흩어지는 것이다. 그것을 여기서 까마귀들이 쪼아 먹고, 독수리들이 쪼아 먹고, 매들이 쪼아 먹고, 개들이 뜯어먹고, 자칼들이 뜯어 먹고, 많은 살아있는 벌레 떼가 파먹겠지만, 오랜 세월 온전히 믿음을 닦은 심(心)과 온전히 계를 닦은 심(心)과 온전히 배움을 닦은 심(心)과 온전히 보시를 닦은 심(心)과 온전히 지혜를 닦은 이 심(心)은 위로 올라가고 특별한 곳으로 가게 된다.

예를 들면, 마하나마여, 어떤 사람이 버터 단지나 기름 단지를 깊은 호수 물속에 들어가서 깰 것이다. 그러면 파편이나 조각은 아래로 가라앉을 것이고 버터나 기름은 위로 뜰 것이다. 이처럼, 마하나마여, 누구든지 오랜 세월 온전히 믿음을 닦은 심(心)과 … 온전히 지혜를 닦은 이 심(心)은 위로 올라가고 특별한 곳으로 가게 된다. 마하나마여, 그대는 오랜 세월 온전히 믿음을 닦은 심(心)과 온전히 계를 닦은 심(心)과 온전히 배움을 닦은 심(心)과 온전히 보시를 닦은 심(心)과 온전히 지혜를 닦은 심(心)을 가졌다. 두려워하지 말라, 마하나마여. 두려워하지 말라, 마하나마여. 그대의 죽음은 나쁘지 않을 것이다. 임종은 나쁘지 않을 것이다."

6. (SN 11.14-가난한 자 경)

• 가난한 거지로 살았지만 믿음-계-배움-보시-지혜를 지닌 사람이 죽은 뒤에 삼십삼천의 신들의 동료로 태어나 용모와 명성에서 다른 신들을 능가함 — 「그를 가난하지 않다고 사람들은 말한다. 그의 삶은 쓸모없지 않다.」

한때 세존은 라자가하에서 웰루와나의 다람쥐 기르는 곳에 머물렀다. 거기서 세존은 "비구들이여."라고 비구들을 불렀다. "대덕이시여."라고 그 비구들은 세존에게 대답했다. 세존은 이렇게 말했다. —

"비구들이여, 예전에 여기 라자가하에 어떤 사람이 있었는데, 가난하고, 불쌍한 거지였다. 그는 여래가 선언한 법(法)과 율(律)에 대해 믿음을 지녔고, 계를 지녔고, 배움을 지녔고, 보시를 지녔고, 지혜를 지녔다. 그는 여래가 선언한 법(法)과 율(律)에 대해 믿음을 지니고, 계를 지니고, 배움을 지니고, 보시를 지니고, 지혜를 지닌 것을 원인으로 몸이 무너져 죽은 뒤에 좋은 곳 하늘 세상에서 삼십삼천의 신들의 동료로 태어났다. 그는 용모와 명성에서 다른 신들을 능가했다. 거기서, 비구들이여, 삼십삼천의 신들은 크게 곤혹스러움을 나타내었다. — '존자들이여, 참으로 놀랍습니다. 존자들이여, 참으로 신기합니다. 이 신의 아들은 예전에 인간이었을 때 가난하고, 거지이고, 불쌍했습니다. 몸이 무너져 죽은 뒤에 좋은 곳 하늘 세상에서 삼십삼천의 신들의 동료로 태어난 그가 용모와 명성에서 다른 신들을 능가합니다.'라고.

그러자 비구들이여, 신들의 왕 삭까가 삼십삼천의 신들에게 말했다. — '존자들이여, 그대들은 이 신의 아들에게 곤혹스러워하지 마시오. 이 신의 아들은 예전에 인간이었을 때 여래가 선언한 법(法)과 율(律)에 대해 믿음을 지녔고, 계를 지녔고, 배움을 지녔고, 보시를 지녔고, 지혜를 지녔소. 그는 여래가 선언한 법(法)과 율(律)에 대해 믿음을 지니고, 계를 지니고, 배움을 지니고, 보시를 지니고, 지혜를 지닌 것을 원인으로 몸이 무너져 죽은 뒤에 좋은 곳 하늘 세상에서 삼십삼천의 신들의 동료로 태어났소. 그는 용모와 명성에서 다른 신들을 능가하오.'라고. 그리고 비구들이여, 삼십삼천의 신들을 이끌면서 신들의 왕 삭까는 그때 이 게송들을 말했다. —

여래에 대한 믿음이 흔들리지 않게 잘 확립된 사람
성자들이 동의하고 칭찬하는 선한 계를 가진 사람

상가에 대한 믿음이 있고 올곧은 존재를 보는 자, 그를 가난하지 않다고 사람들은 말한다. 그의 삶은 쓸모없지 않다.

그러므로 현명한 자는 믿음과 계(戒)와 분명하게 법을 보는 일
그리고 부처님들의 가르침에 대한 기억을 실천하게 해야[가르쳐야] 한다."

7. (AN 5.157-나쁜 이야기 경)

• 나쁜 이야기 — ①믿음이 없는 사람에게 믿음 이야기, ②계(戒)를 경시하는 사람에게 계(戒) 이야기, ③조금 배운 사람에게 많은 진실 이야기, ④인색한 사람에게 보시 이야기, ⑤어리석은 사람에게 지혜 이야기

• 좋은 이야기 — ①믿음이 있는 사람에게 믿음 이야기, ②계(戒)를 중시하는 사람에게 계(戒) 이야기, ③많이 배운 사람에게 많은 진실 이야기, ④보시(布施)하는 사람에게 보시 이야기, ⑤지혜로운 사람에게 지혜 이야기

비구들이여, 사람에 대해 사람을 비교하는 이야기는 다섯 가지 사람에게 나쁜 이야기다. 어떤 다섯인가? 비구들이여, 믿음이 없는 사람에게 믿음 이야기는 나쁜 이야기다. 계(戒)를 경시하는 사람에게 계(戒) 이야기는 나쁜 이야기다. 조금 배운 사람에게 많은 진실 이야기는 나쁜 이야기다. 인색한 사람에게 보시 이야기는 나쁜 이야기다. 어리석은 사람에게 지혜 이야기는 나쁜 이야기다.

비구들이여, 무엇 때문에 믿음이 없는 사람에게 믿음 이야기는 나쁜 이야기인가? 비구들이여, 믿음이 없는 사람은 말해지고 있는 믿음 이야기에 대해 화를 내고, 동요하고, 짜증내고, 저항한다. 성급함과 진(嗔)과 의혹을 드러낸다. 그 원인은 무엇인가? 비구들이여, 그는 그런 믿음의 성취를 자신 안에서 관찰하지 못하고, 그것을 원인으로 하는 희열과 환희를 얻지 못한다. 그래서 믿음이 없는 사람에게 믿음 이야기는 나쁜 이야기이다.

비구들이여, 무엇 때문에 계(戒)를 경시하는 사람에게 계(戒) 이야기는 나쁜 이야기인가? 비구들이여, 계를 경시하는 사람은 말해지고 있는 계 이야기에 대해 화를 내고, 동요하고, 짜증내고, 저항한다. 성급함과 진(嗔)과 의혹을 드러낸다. 그 원인은 무엇인가? 비구들이여, 그는 그런 계의 성취를 …

비구들이여, 무엇 때문에 조금 배운 사람에게 많은 진실 이야기는 나쁜 이야기인가? 비구들이여, 조금 배운 사람은 말해지고 있는 많은 진실 이야기에 대해 화를 내고, 동요하고, 짜증내고, 저항한다. 성급함과 진(嗔)과 의혹을 드러낸다. 그 원인은 무엇인가? 비구들이여, 그는 그런 배움의 성취를 …

비구들이여, 무엇 때문에 인색한 사람에게 보시(布施) 이야기는 나쁜 이야기인가? 비구들이여, 인색한 사람은 말해지고 있는 보시 이야기에 대해 화를 내고, 동요하고, 짜증내고, 저항한다. 성급함과 진(嗔)과 의혹을 드러낸다. 그 원인은 무엇인가? 비구들이여, 그는 그런 보시의 성취를 …

비구들이여, 무엇 때문에 어리석은 사람에게 지혜 이야기는 나쁜 이야기인가? 비구들이여, 어리석은 사람은 말해지고 있는 지혜 이야기에 대해 화를 내고, 동요하고, 짜증내고, 저항한다. 성급함과 진(嗔)과 의혹을 드러낸다. 그 원인은 무엇인가? 비구들이여, 그는 그런 지혜의 성취

를 … 비구들이여, 사람에 대해 사람을 비교하는 이야기는 이런 다섯 가지 사람에게 나쁜 이야기다

비구들이여, 사람에 대해 사람을 비교하는 이야기는 다섯 가지 사람에게 좋은 이야기다. 어떤 다섯인가? 비구들이여, 믿음이 있는 사람에게 믿음 이야기는 좋은 이야기다. 계(戒)를 중시하는 사람에게 계(戒) 이야기는 좋은 이야기다. 많이 배운 사람에게 많은 진실 이야기는 좋은 이야기다. 보시(布施)하는 사람에게 보시 이야기는 좋은 이야기다. 지혜로운 사람에게 지혜 이야기는 좋은 이야기다.

비구들이여, 무엇 때문에 믿음이 있는 사람에게 믿음 이야기는 좋은 이야기인가? 비구들이여, 믿음이 있는 사람은 말해지고 있는 믿음 이야기에 대해 화를 내지 않고, 동요하지 않고, 짜증내지 않고, 저항하지 않는다. 성급함과 진(嗔)과 의혹을 드러내지 않는다. 그 원인은 무엇인가? 비구들이여, 그는 그런 믿음의 성취를 자신 안에서 관찰하고, 그것을 원인으로 하는 희열과 환희를 얻는다. 그래서 믿음이 있는 사람에게 믿음 이야기는 좋은 이야기이다.

비구들이여, 무엇 때문에 계(戒)를 중시하는 사람에게 계 이야기는 좋은 이야기인가? 비구들이여, 계를 중시하는 사람은 말해지고 있는 계 이야기에 대해 화를 내지 않고, 동요하지 않고, 짜증내지 않고, 저항하지 않는다. 성급함과 진(嗔)과 의혹을 드러내지 않는다. 그 원인은 무엇인가? 비구들이여, 그는 그런 계의 성취를 …

비구들이여, 무엇 때문에 많이 배운 사람에게 많은 진실 이야기는 좋은 이야기인가? 비구들이여, 많이 배운 사람은 말해지고 있는 많은 진실 이야기에 대해 화를 내지 않고, 동요하지 않고, 짜증내지 않고, 저항하지 않는다. 성급함과 진(嗔)과 의혹을 드러내지 않는다. 그 원인은 무엇인가? 비구들이여, 그는 그런 배움의 성취를 …

비구들이여, 무엇 때문에 보시(布施)하는 사람에게 보시 이야기는 좋은 이야기인가? 비구들이여, 보시하는 사람은 말해지고 있는 보시 이야기에 대해 화를 내지 않고, 동요하지 않고, 짜증내지 않고, 저항하지 않는다. 성급함과 진(嗔)과 의혹을 드러내지 않는다. 그 원인은 무엇인가? 비구들이여, 그는 그런 보시의 성취를 …

비구들이여, 무엇 때문에 지혜로운 사람에게 지혜 이야기는 좋은 이야기인가? 비구들이여, 지

혜로운 사람은 말해지고 있는 지혜 이야기에 대해 화를 내지 않고, 동요하지 않고, 짜증내지 않고, 저항하지 않는다. 성급함과 진(嗔)과 의혹을 드러내지 않는다. 그 원인은 무엇인가? 비구들이여, 그는 그런 지혜의 성취를 … 비구들이여, 사람에 대해 사람을 비교하는 이야기는 이런 다섯 가지 사람에게 좋은 이야기다.

8. (MN 68—날라까빠나 경)

• 부처님이 죽은 제자의 죽음 이후를 설명하는 이유

• 그의 믿음과 계와 배움과 보시와 지혜를 계속해서 기억하는 그는 그 성취의 정도를 위해서 심(心)을 집중함

• 비구와 비구니에게는 아라한-불환자-일래자-예류자의 경우를 말하고, 남신자와 여신자에게는 불환자-일래자-예류자의 경우를 말함

아누룻다여, 여래가 죽어서 가버린 제자의 태어남에 대해서 '누구는 이런 곳에 태어났고, 누구는 이런 곳에 태어났다.'라고 말하는 것은 사람들을 속이기 위해서가 아니고, 탁발하기 위해서가 아니고, 얻음과 존경과 명성과 이익을 위해서가 아니고, '그들이 나를 이렇게 알기를!' 바라는 것이 아니다. 아누룻다여, 믿음이 있고, 큰 외경심이 있고, 큰 환희가 있는 좋은 가문의 아들들이 있다. 그들은 그 말을 들은 뒤에 그것을 위하여 심(心)을 집중한다. 그들에게, 아누룻다여, 그것은 오랫동안 이익과 행복으로 이끈다. 여기, 아누룻다여, 어떤 비구가 '이런 이름의 비구가 죽었다. 세존은 그에 대해 '무위(無爲)의 앎에 확고하다.'라고 말했다.'라고 듣는다. 그리고 '그 존자는 이런 계를 가졌다고도, 그 존자는 이런 법을 가졌다고도, 그 존자는 이런 지혜를 가졌다고도, 그 존자는 이런 머묾을 가졌다고도, 그 존자는 이런 해탈을 가졌다고도.' 그 존자에 대해 직접 보거나, 전해 들은 적이 있다. 그의 믿음과 계와 배움과 보시와 지혜를 계속해서 기억하는 그는 그것을 위해서 심(心)을 집중한다. 이렇게도, 아누룻다여, 비구는 편히 머문다.

9. (MN 120-행(行)에 의한 태어남 경) ☞「제3부【제사와 공덕 총괄 장】II. 공덕에 의한 태어남을 구체적으로 설하는 경들 5.」

「여기, 비구들이여, 믿음을 갖추고, 계(戒)를 갖추고, 배움을 갖추고, 보시(布施)를 갖추고, 지혜를 갖춘 비구가 있다. 그는 '아! 나는 몸이 무너져 죽은 뒤에 큰 부자인 끄샤뜨리야들의 일원으로 태어나야겠다!'라고 생각한다. 그는 그 심(心)을 북돋우고, 그 심(心)을 확고히 하고, 그 심(心)을 닦는다. 그에게 이렇게 닦고 이렇게 많이 행한 그 행(行)들과 머묾들은 거기에 태어남으로 이끈다. 비구들이여, 이런 길, 이런 실천이 거기에 태어남으로 이끈다.」

경은 같은 내용을

1) 인간 — 부유한 바라문 가문과 부유한 장자 가문의 일원
2) 천인 — 욕계(欲界)-색계(色界)-무색계(無色界) 하늘 사람의 일원

으로 태어남에 대해 반복합니다.

또한, 「비구들이여, 믿음을 갖추고, 계(戒)를 갖추고, 배움을 갖추고, 보시(布施)를 갖추고, 지혜를 갖춘 비구가 있다. 그에게 이런 생각이 든다. — '아! 나는 번뇌들이 부서졌기 때문에 번뇌가 없는 심해탈(心解脫)과 혜해탈(慧解脫)을 지금여기에서 스스로 실답게 안 뒤에 실현하고 성취하여 머물러야겠다!'라고. 그는 번뇌들이 부서졌기 때문에 번뇌가 없는 심해탈(心解脫)과 혜해탈(慧解脫)을 지금여기에서 스스로 실답게 안 뒤에 실현하고 성취하여 머문다. 비구들이여, 이 비구는 어디에도 태어나지 않는다.」라고 하여, 해탈-열반의 실현을 통해 다시 태어나지 않음 즉 윤회에서 벗어남까지도 이 다섯 가지를 갖춤에 이어지는 실다운 지혜의 구족으로 설명하고 있습니다.

VI. 여섯 가지 법 — (AN 6.30-위없음 경)

여섯 가지 법의 대표적인 교리는 「제5장 계속해서 기억해야 하는 여섯 가지」입니다. 이외에 불교신자의 신행(信行)에서 주목해야 하는 것으로는 '여섯 가지 위없음'이 있는데, (AN 6.30-위없음 경)입니다.

- 봄의 위없음 — 여래나 여래의 제자를 보기 위해서 가는 것
- 들음의 위없음 — 여래나 여래의 제자가 설하는 법을 듣기 위해서 가는 것
- 얻음의 위없음 — 여래나 여래의 제자에 대한 믿음을 얻는 것
- 공부의 위없음 — 여래가 선언한 법과 율에서 높은 계(戒)를 공부하고 높은 심(心)을 공부하고 높은 혜(慧)를 공부하는 것
- 섬김의 위없음 — 여래나 여래의 제자를 섬기는 것
- 기억의 위없음 — 여래나 여래의 제자를 계속해서 기억하는 것

그리고 이 여섯 가지 위없음은 중생들의 청정을 위한, 슬픔[수(愁)]과 비탄[비(悲)]을 건너기 위한, 고통[고(苦)]과 고뇌[우(憂)]의 줄어듦을 위한, 방법을 얻기 위한, 열반을 실현하기 위한 것입니다.

"비구들이여, 이런 여섯 가지 위 없음이 있다. 어떤 여섯인가? 봄의 위 없음, 들음의 위 없음, 얻음의 위 없음, 공부의 위 없음, 섬김의 위 없음, 기억의 위 없음이다.

"비구들이여, 어떤 것이 봄의 위 없음인가? 비구들이여, 여기 어떤 사람은 상보(象寶)를 보러 가고, 마보(馬寶)를 보러 가고, 보배보(寶貝寶)를 보러 가고, 여러 가지 다른 것을 보러 가고, 삿된 견해를 가지고 삿된 실천을 하는 사문이나 바라문을 보러 간다. 비구들이여, 이것이 봄인가? '아니다. 이것은 아니다.'라고 나는 말한다. 비구들이여, 그리고 이런 봄은 저열하고 천박하고 범속하고 성스럽지 않고 이익을 가져오지 않고, 염오(厭惡)로, 이탐(離貪)으로, 소멸(消滅)로, 가라앉음으로, 실(實)다운 지혜로, 바른 깨달음으로, 열반(涅槃)으로 이끌지 않는다.

그러나 비구들이여, 확고한 믿음과 확고한 사랑과 분명한 다다름과 아주 분명함을 가진 자는 여래나 여래의 제자를 보기 위해서 간다. 비구들이여, 확고한 믿음과 확고한 사랑과 분명한 다다름과 아주 분명함을 가진 자가 여래나 여래의 제자를 보기 위해서 가는 이것이 봄 가운데

위없는 것이다. 중생들의 청정을 위한, 슬픔[수(愁)]과 비탄[비(悲)]을 건너기 위한, 고통[고(苦)]과 고뇌[우(憂)]의 줄어듦을 위한, 방법을 얻기 위한, 열반을 실현하기 위한 것이다. 비구들이여, 이것이 봄의 위없음이라고 불린다. 이렇게 봄의 위없음이 있다.

"그러면 어떤 것이 들음의 위없음인가? 비구들이여, 여기 어떤 사람은 북소리를 들으러 가고, 류트 소리를 들으러 가고, 노랫소리를 들으러 가고, 여러 가지 다른 것을 들으러 가고, 삿된 견해를 가지고 삿된 실천을 하는 사문이나 바라문의 법을 들으러 간다. 비구들이여, 이것이 들음인가? '아니다. 이것은 아니다.'라고 나는 말한다. 비구들이여, 그리고 이런 들음은 저열하고 천박하고 범속하고 성스럽지 않고 이익을 가져오지 않고, 염오(厭惡)로, 이탐(離貪)으로, 소멸(消滅)로, 가라앉음으로, 실(實)다운 지혜로, 바른 깨달음으로, 열반(涅槃)으로 이끌지 않는다.

그러나 비구들이여, 확고한 믿음과 확고한 사랑과 분명한 다다름과 아주 분명함을 가진 자는 여래나 여래의 제자가 설하는 법을 듣기 위해서 간다. 비구들이여, 확고한 믿음과 확고한 사랑과 분명한 다다름과 아주 분명함을 가진 자가 여래나 여래의 제자가 설하는 법을 듣기 위해서 가는 이것이 들음 가운데 위없는 것이다. 중생들의 청정을 위한, 슬픔과 비탄을 건너기 위한, 고통과 고뇌의 줄어듦을 위한, 방법을 얻기 위한, 열반을 실현하기 위한 것이다. 비구들이여, 이것이 들음의 위없음이라 불린다. 이렇게 봄의 위없음과 들음의 위없음이 있다.

그러면 어떤 것이 얻음의 위 없음인가? 비구들이여, 여기 어떤 사람은 아들을 얻고, 아내를 얻고, 재물을 얻고, 여러 가지 다른 것을 얻고, 삿된 견해를 가지고 삿된 실천을 하는 사문이나 바라문에게서 믿음을 얻는다. 비구들이여, 이것이 얻음인가? '아니다. 이것은 아니다.'라고 나는 말한다. 비구들이여, 그리고 이런 얻음은 저열하고 천박하고 범속하고 성스럽지 않고 이익을 가져오지 않고, 염오(厭惡)로, 이탐(離貪)으로, 소멸(消滅)로, 가라앉음으로, 실(實)다운 지혜로, 바른 깨달음으로, 열반(涅槃)으로 이끌지 않는다.

그러나 비구들이여, 확고한 믿음과 확고한 사랑과 분명한 다다름과 아주 분명함을 가진 자는 여래나 여래의 제자에 대한 믿음을 얻는다. 비구들이여, 확고한 믿음과 확고한 사랑과 분명한 다다름과 아주 분명함을 가진 자가 여래나 여래의 제자에 대한 믿음을 얻는 이것이 얻음 가운데 위없는 것이다. 중생들의 청정을 위한, 슬픔과 비탄을 건너기 위한, 고통과 고뇌의 줄어듦을 위한, 방법을 얻기 위한, 열반을 실현하기 위한 것이다. 비구들이여, 이것이 얻음의 위없음이라 불린다. 이렇게 봄의 위없음과 들음의 위없음과 얻음의 위없음이 있다.

그러면 어떤 것이 공부의 위없음인가? 비구들이여, 여기 어떤 사람은 코끼리에 대해 공부하고, 말에 대해 공부하고, 마차에 대해 공부하고, 활에 대해 공부하고, 칼에 대해 공부하고, 여러 가지 다른 것에 대해 공부하고, 삿된 견해를 가지고 삿된 실천을 하는 사문이나 바라문에게서 공부한다. 비구들이여, 이것이 공부인가? '아니다. 이것은 아니다.'라고 나는 말한다. 비구들이여, 그리고 이런 공부는 저열하고 천박하고 범속하고 성스럽지 않고 이익을 가져오지 않고, 염오(厭惡)로, 이탐(離貪)으로, 소멸(消滅)로, 가라앉음으로, 실(實)다운 지혜로, 바른 깨달음으로, 열반(涅槃)으로 이끌지 않는다.

그러나 비구들이여, 확고한 믿음과 확고한 사랑과 분명한 다다름과 아주 분명함을 가진 자는 여래가 선언한 법(法)과 율(律)에서 높은 계(戒)를 공부하고 높은 심(心)을 공부하고 높은 혜(慧)를 공부한다. 비구들이여, 확고한 믿음과 확고한 사랑과 분명한 다다름과 아주 분명함을 가진 자가 여래가 선언한 법(法)과 율(律)에서 높은 계(戒)를 공부하고 높은 심(心)을 공부하고 높은 혜(慧)를 공부하는 이것이 공부 가운데 위없는 것이다. 중생들의 청정을 위한, 슬픔과 비탄을 건너기 위한, 고통과 고뇌의 줄어듦을 위한, 방법을 얻기 위한, 열반을 실현하기 위한 것이다. 비구들이여, 이것이 공부의 위없음이라 불린다. 이렇게 봄의 위없음과 들음의 위없음과 얻음의 위없음과 공부의 위없음이 있다.

그러면 어떤 것이 섬김의 위 없음인가? 비구들이여, 여기 어떤 사람은 끄샤뜨리야를 섬기고, 바라문을 섬기고, 장자를 섬기고, 여러 가지 다른 사람을 섬기고, 삿된 견해를 가지고 삿된 실천을 하는 사문이나 바라문을 섬긴다. 비구들이여, 이것이 섬김인가? '아니다. 이것은 아니다.' 라고 나는 말한다. 비구들이여, 그리고 이런 섬김은 저열하고 천박하고 범속하고 성스럽지 않고 이익을 가져오지 않고, 염오(厭惡)로, 이탐(離貪)으로, 소멸(消滅)로, 가라앉음으로, 실(實)다운 지혜로, 바른 깨달음으로, 열반(涅槃)으로 이끌지 않는다.

그러나 비구들이여, 확고한 믿음과 확고한 사랑과 분명한 다다름과 아주 분명함을 가진 자는 여래나 여래의 제자를 섬긴다. 비구들이여, 확고한 믿음과 확고한 사랑과 분명한 다다름과 아주 분명함을 가진 자가 여래나 여래의 제자를 섬기는 이것이 섬김 가운데 위없는 것이다. 중생들의 청정을 위한, 슬픔과 비탄을 건너기 위한, 고통과 고뇌의 줄어듦을 위한, 방법을 얻기 위한, 열반을 실현하기 위한 것이다. 비구들이여, 이것이 섬김의 위없음이라 불린다. 이렇게 봄의 위 없음과 들음의 위 없음과 얻음의 위없음과 공부의 위 없음과 섬김의 위없음이 있다.

그러면 어떤 것이 기억의 위 없음인가? 비구들이여, 여기 어떤 사람은 아들을 얻는 것을 계속해서 기억하고, 아내를 얻는 것을 계속해서 기억하고, 재물을 얻는 것을 계속해서 기억하고, 여러 가지 다른 것을 얻는 것을 계속해서 기억하고, 삿된 견해를 가지고 삿된 실천을 가진 사문이나 바라문을 계속해서 기억한다. 비구들이여, 이것이 기억인가? '아니다. 이것은 아니다.' 라고 나는 말한다. 비구들이여, 그리고 이런 섬김은 저열하고 천박하고 범속하고 성스럽지 않고 이익을 가져오지 않고, 염오(厭惡)로, 이탐(離貪)으로, 소멸(消滅)로, 가라앉음으로, 실(實)다운 지혜로, 바른 깨달음으로, 열반(涅槃)으로 이끌지 않는다.

그러나 비구들이여, 확고한 믿음과 확고한 사랑과 분명한 다다름과 아주 분명함을 가진 자는 여래나 여래의 제자를 계속해서 기억한다. 비구들이여, 확고한 믿음과 확고한 사랑과 분명한 다다름과 아주 분명함을 가진 자가 여래나 여래의 제자를 계속해서 기억하는 이것이 기억 가운데 위없는 것이다. 중생들의 청정을 위한, 슬픔과 비탄을 건너기 위한, 고통과 고뇌의 줄어듦을 위한, 방법을 얻기 위한, 열반을 실현하기 위한 것이다. 비구들이여, 이것이 기억의 위없음이라 불린다. 비구들이여, 이런 여섯 가지 위 없음이 있다."

"봄의 위없음과 들음의 위없음을 얻고
얻음의 위없음을 얻으면 공부의 위없음을 즐거워하며
섬김을 확립하고 기억을 닦고
떨침과 연결된, 불사(不死)로 향하는 안온(安穩)을 닦으며
불방일(不放逸)에 환희하고 슬기롭고 계로 단속하는 자들
그들에게 참으로 괴로움이 소멸하는 때가 온다."

제3장

히리와 웃땁빠를 포함하는 법들의 전개

Ⅰ. 둘 ~ 네 가지 법들

[1] 히리와 옷땁빠

히리와 옷땁빠는 세상을 보호하는 두 가지 좋은 법입니다. 히리와 옷땁빠가 없으면, 세상은 인간다움이 사라진 짐승 세상이 될 것이기 때문입니다. 부처님도 비구들에게 가사를 허용하는 이유의 하나로 히리 때문에 생식기를 가리기 위함이라고 말합니다. 인간들이 함께 살아가기 위한 최소한의 보호라고 할 것입니다.

괴롭고 깨달음으로 이끌리지 못하는 삶에는 무명(無明)이 앞서고, 히리 없음과 옷땁빠 없음이 뒤따릅니다. 삶을 바르게 알지 못하는 상태에서 자책도 두려워하지 않고, 타책도 두려워하지 않으면 삶을 괴롭게 하고 깨달음으로 이끌지 못하는 열 가지 삿된 법[십사도(十邪道)]이 얻어집니다. 그러나 즐겁고 깨달음으로 이끌리는 삶에는 명(明)이 앞서고, 히리와 옷땁빠가 뒤따릅니다. 삶을 바르게 아는 상태에서 자책도 두려워하고, 타책도 두려워하면 삶을 즐겁게 하고 깨달음으로 이끄는 열 가지 바른 법[십정도(十正道)]이 얻어집니다.

순환적으로 염(念)-정지(正知)[알아차림-옳고 그름의 판단]에 조건 지어진 히리와 옷땁빠는 해탈지견(解脫知見)의 조건입니다. 그래서 히리와 옷땁빠는 사문을 만들고 바라문을 만드는 법들의 시작입니다. 히리와 옷땁빠를 갖추고서 행위를 단속할 때 깨달음으로 나아갈 수 있는 것입니다. 그래서 히리와 옷땁빠는 좋은 것이고, 히리 없음과 옷땁빠 없음은 나쁜 것입니다.

부처님은, 특히, 강한 히리와 옷땁빠를 지시합니다. 마하깟사빠 존자를 처음 만나 가르침을 설할 때도 강한 히리와 옷땁빠를 확립할 것을 지시하고, 비구들에게도 갓 시집온 며느리같이 강한 히리와 옷땁빠를 가진 심(心)으로 머물러야 한다고 지시합니다.

그런데 이렇게 중요한 히리와 옷땁빠를 무력화시키는 것이 있는데, 화입니다. 화가 나서 화에 억눌려버리면, 히리도 옷땁빠도 없고, 말씀도 존경도 없고, 삶을 밝히는 어떠한 등불도 없게 됩니다. 그래서 염(念)-정지(正知)에 의해 화가 잘 단속될 때, 히리와 옷땁빠는 확립될 수 있습니다.

1. (AN 2.9-행위 경)

• 세상을 보호하는 두 가지 좋은 법

비구들이여, 세상을 보호하는 두 가지 좋은 법들이 있다. 어떤 두 가지인가? 히리와 옷땁빠이다. 비구들이여, 이 두 가지 법들이 세상을 보호하지 않는다면 여기에서 어머니라고도, 이모라고도, 외숙모라고도, 스승의 부인이라고도, 존경하는 분의 부인이라고도 알려지지 않을 것이다. 세상은 염소와 양, 닭과 돼지, 개와 자칼처럼 혼란해질 것이다. 그러나 비구들이여, 이 두 가지 법들이 세상을 보호하기 때문에 어머니라고도, 이모라고도, 외숙모라고도, 스승의 부인이라고도, 존경하는 분의 부인이라고도 알려진다.

; 가사에 대한 설명 참조 — hirikopīnapaṭicchādanatthaṃ(히리 때문에 생식기를 가리기 위함 - 부끄러움을 일으키는 부분을 가리기 위함)

2. (SN 45.1-무명 경)/(AN 10.105-명(明) 경) — 「불선법(不善法)들을 얻을 때는 무명(無明)이 앞서고 히리 없음과 옷땁빠 없음이 뒤따른다. … 선법(善法)들을 얻을 때는 명(明)이 앞서고 히리와 옷땁빠가 뒤따른다.」

- 불선법(不善法) = (SN 45.1-무명 경)-팔사도(八邪道), (AN 10.105-명(明) 경)-십사도(十邪道)

- 선법(善法) = (SN 45.1-무명 경)-팔정도(八正道), (AN 10.105-명(明) 경)-십정도(十正道)

비구들이여, 불선법(不善法)들을 얻을 때에는 무명(無明)이 앞서고, 히리 없음과 옷땁빠 없음이 뒤따른다. 비구들이여, 무명이 스민 어리석은 자에게 삿된 견해가 생긴다. 삿된 견해를 가진 자에게 삿된 사유가 생기고, 삿된 사유를 하는 자에게 삿된 말이 생기고, 삿된 말을 하는 자에게 삿된 행위가 생기고, 삿된 행위를 하는 자에게 삿된 생활이 생기고, 삿된 생활을 하는 자에게 삿된 정진이 생기고, 삿된 정진을 하는 자에게 삿된 사띠가 생기고, 삿된 사띠를 하는 자에게 삿된 삼매가 생기고, 삿된 삼매를 하는 자에게 삿된 앎이 생기고, 삿된 앎이 있는 자에게 삿된 해탈이 생긴다.

비구들이여, 선법(善法)들을 얻을 때에는 명(明)이 앞서고, 히리와 옷땁빠가 뒤따른다. 비구들이여, 명이 스민 현명한 자에게 바른 견해가 생긴다. 바른 견해를 가진 자에게 바른 사유가 생기고, 바른 사유를 하는 자에게 바른 말이 생기고, 바른 말을 하는 자에게 바른 행위가 생기고, 바른 행위를 하는 자에게 바른 생활이 생기고, 바른 생활을 하는 자에게 바른 정진이 생기고, 바른 정진을 하는 자에게 바른 사띠가 생기고, 바른 사띠를 하는 자에게 바른 삼매가 생기고, 바른 삼매를 하는 자에게 바른 앎이 생기고, 바른 앎이 있는 자에게 바른 해탈이 생긴다.

3. 히리와 옷땁빠 = 해탈지견(解脫知見)의 조건, 히리와 옷땁빠의 조건 = 염(念)-정지(正知)

1) (AN 7.65-히리-옷땁빠 경)

히리와 옷땁빠가 없을 때 히리와 옷땁빠를 잃은 자에게 기능의 단속의 조건은 상실되었다. 기능의 단속이 없을 때 기능의 단속을 잃은 자에게 계(戒)의 조건은 상실되었다. … 계가 없을 때 … 바른 삼매가 없을 때 … 여실지견(如實知見)이 없을 때 … 염오(厭惡)-이탐(離貪)이 없을 때 염오-이탐을 잃은 자에게 해탈지견(解脫知見)의 조건은 상실되었다. … 히리와 옷땁빠가 있을 때 히리와 옷땁빠를 갖춘 자에게 기능의 단속의 조건은 갖추어졌다. 기능의 단속이 있을 때 기능의 단속을 갖춘 자에게 계(戒)의 조건은 갖추어졌다. … 염오-이탐이 있을 때 염오-이탐을 갖춘 자에게 해탈지견(解脫知見)의 조건은 갖추어졌다.

2) (AN 8.81-염(念)-정지(正知) 경)

염(念)-정지(正知)가 없을 때 염(念)-정지(正知)를 잃은 자에게 히리와 옷땁빠의 조건은 상실되었다. 히리와 옷땁빠가 없을 때 히리와 옷땁빠를 잃은 자에게 기능의 단속의 조건은 상실되었다. 기능의 단속이 없을 때 … 계가 없을 때 … 바른 삼매가 없을 때 … 여실지견(如實知見)이 없을 때 … 염오(厭惡)-이탐(離貪)이 없을 때 염오-이탐을 잃은 자에게 해탈지견(解脫知見)의 조건은 상실되었다. … 염(念)-정지(正知)가 있을 때 염(念)-정지(正知)를 갖춘 자에게 히리와 옷땁빠의 조건은 갖추어졌다. 히리와 옷땁빠가 있을 때 히리와 옷땁빠를 갖춘 자에게 기능의 단속의 조건은 갖추어졌다. 기능의 단속이 있을 때 기능의 단속을 갖춘 자에게 계(戒)의 조건은 갖추어졌다. … 염오-이탐이 있을 때 염오-이탐을 갖춘 자에게 해탈지견(解脫知見)의 조건은 갖추어졌다.

4. (MN 39-앗사뿌라 긴 경)

• 사문을 만들고 바라문을 만드는 법들의 시작

비구들이여, 사문을 만들고 바라문을 만드는 법들은 무엇인가?

①'히리와 옷땁빠를 갖춘 자가 될 것이다.'라고, 비구들이여, 그대들은 공부해야 한다. 또한, 비구들이여, 그대들에게 '우리는 히리와 옷땁빠를 갖추었다. 이만큼이면 되었다. 이만큼 행했다. 사문 됨을 위해 이루지 못한 것이 없다. 우리에게 더 이상 해야 할 것은 아무 것도 없다.'라고 그대들은 이만큼으로 만족할지도 모른다. 비구들이여, 나는 그대들에게 선언하고, 비구들이여, 나는 그대들에게 공언하노라. — '사문 됨을 바라는 그대들에게, 더 해야 할 것이 있을 때, 사문 됨의 목적이 낮아지게 하지 말라.'라고. 그러면 비구들이여, 무엇이 더 해야 하는 것인가?

②몸의 행위의 단속 → ③말의 행위의 단속 → ④의(意)의 행위의 단속 → ⑤생활의 단속 → ⑥기능의 문의 보호 → ⑦음식에 대한 적당량을 앎 → ⑧깨어있음의 실천 → ⑨염(念)-정지(正知)를 갖춤 → ⑩다섯 장애의 제거 → ⑪사선(四禪)-삼명(三明)으로의 깨달음

5. (AN 2.7-나쁨 경)/(AN 2.8-좋음 경)

• 좋고 나쁜 것은 분명히 구별됨.

비구들이여, 이런 두 가지 나쁜[검은] 법들이 있다. 어떤 두 가지인가? 히리 없음과 옷땁빠 없음이다. 이것이, 비구들이여, 두 가지 나쁜[검은] 법이다.

비구들이여, 이런 두 가지 좋은[흰] 법들이 있다. 어떤 두 가지인가? 히리와 옷땁빠이다. 이것이, 비구들이여, 두 가지 좋은[흰] 법들이다.

6. 강한 히리와 옷땁빠

1) (SN 16.11-의복 경)

• 마하깟사빠 존자를 처음 만난 부처님은 세 단계로 법을 설하는데, 히리와 옷땁빠는 첫 단계의 법으로 설해짐

깟사빠여, 그러므로 그대는 이렇게 공부해야 한다. — '나는 장로들과 신참들과 중진들에 대한 강한 히리와 옷땁빠를 확립하리라.'라고. 깟사빠여, 참으로 그대는 이렇게 공부해야 한다.

깟사빠여, 그러므로 그대는 이렇게 공부해야 한다. — '내가 듣게 되는 유익함과 관련된 법들은 어떤 것이든 그 모두를 골격을 만들고 작의(作意)하고 모든 심(心)을 집중하여 귀 기울인 자로서 법을 들으리라.'라고. 깟사빠여, 그대는 이렇게 공부해야 한다.

깟사빠여, 그러므로 그대는 이렇게 공부해야 한다. '나는 편안함이 함께한 몸에 대한 사띠를 놓치지 않으리라.'라고 그대는 이렇게 공부해야 한다.'라고.

그리고 도반이여, 세존께서는 이런 가르침을 주신 뒤에 자리에서 일어나서 가셨습니다. 도반이여, 단지 칠 일 동안 나는 의지처를 가진 자로서 사람들이 주는 음식을 먹었습니다. 팔 일째에 무위(無爲)의 앎이 생겼습니다.

2) (AN 4.73-고결한 사람 경)

• 「'나는 갓 시집온 며느리와 같은 심(心)으로 머물 것이다.'라고 공부해야 한다.」

예를 들면, 비구들이여, 며느리는 시집온 날의 밤이나 낮에는 시어머니에 대해서도, 시아버지에 대해서도, 남편에 대해서도, 심지어 하인이나 직원이나 일하는 사람에 대해서도 강한 히리와 옷땁빠가 있다. 그녀는 나중에 함께 살고 서로 익숙해지면 시어머니에 대해서도, 시아버지에 대해서도, 남편에 대해서도 '비키세요. 당신들이 무엇을 알겠어요?'라고 말한다. 이처럼, 비구들이여, 여기 어떤 비구는 집에서 집 없는 곳으로 출가한 날의 밤이나 낮에는 비구들에 대해서도, 비구니들에 대해서도, 남신자들에 대해서도, 여신자들에 대해서도, 심지어 사원에 속한 사미들에 대해서도 강한 히리와 옷땁빠가 있다. 그는 나중에 함께 살고 서로 익숙해지면 스승에 대해서도, 교수사에 대해서도 '비키세요. 당신들이 무엇을 알겠어요?'라고 말한다. 그러므로 비구들이여, '나는 갓 시집온 며느리와 같은 심(心)으로 머물 것이다.'라고 공부해야 한

다. 이렇게, 비구들이여, 그대들은 공부해야 한다.

7. (AN 7.64-화난 사람 경)

• 화가 나면 히리도 옷땁빠도 없게 되어 나쁜 행위를 제어하지 못하므로 화를 내면 안 됨

화난 자는 이익을 알지 못하고, 화난 자는 법을 보지 못한다. 화가 사람을 이길 때는 장님처럼 어둠만이 있다. 화난 자는 하기 쉬운 것도 하지 않는다. 마치 하기 어려운 것을 하지 않는 것처럼. 나중에 그가 화에서 벗어났을 때, 불이 타듯 마음을 태운다. 연기를 가진 불이 연기를 뿜어내듯이, 침묵하지 못함을 드러낸다. 화가 뻗어나올 때, 그것 때문에 젊은이들은 화를 낸다.

히리도 옷땁빠도 없을 것이고, 말씀도 존경도 없다. 화에 억눌린 자에게는 어떠한 등불도 없다. 후회를 부르는 업들은 법으로부터 멀다. 그것을 말할테니 말하는 그대로 그것을 들어라.

화난 자는 아버지를 해치고, 화난 자는 자기의 어머니도 해친다. 화난 자는 바라문을 해치고, 화난 자는 범부도 해친다. 키워주고 돌보아주는 어머니에 의해서 이 세상을 본다. 하지만, 화난 범부는 생명을 보전해 준 어머니도 해친다.

[2] 히리와 옷땁빠와 불방일(不放逸) — (AN 10.76-세 가지 법 경)

• 히리와 옷땁빠는 불방일(不放逸)의 근거가 되어, 탐(貪)-진(嗔)-치(癡)를 버리고 생(生)-노(老)-사(死)에서 벗어나는 과정의 출발점이 됨.

비구들이여, 어떤 사람은 자책(自責)을 두려워하지 않고, 타책(他責)을 두려워하지 않고, 방일(放逸)하다. 방일한 그가 존경하지 않음을 버리는 것, 고분고분하지 않음을 버리는 것, 악한 친구와 교제함을 버리는 것은 불가능하다. 나쁜 친구와 교제하는 그가 불신(不信)을 버리는 것, 관대하지 않음을 버리는 것, 게으름을 버리는 것은 불가능하다. 게으른 그가 들뜸을 버리는 것, 단속하지 않음을 버리는 것, 계(戒)를 경시함을 버리는 것은 불가능하다. 계(戒)를 경시하는 그가 성자들을 만나기를 바라지 않음을 버리는 것, 성스러운 법을 듣기를 바라지 않음을 버리는 것, 비난하는 심(心)을 가짐을 버리는 것은 불가능하다. 비난하는 심(心)을 가진 그가 잊기 쉬움을 버리는 것, 옳고 그름을 판단 못함을 버리는 것, 심(心)의 산만을 버리는 것은 불가능하다. 심(心)이 산만한 그가 비여리작의(非如理作意)를 버리는 것, 잘못된 길의 실천을 버리는 것, 심(心)의 태만을 버리는 것은 불가능하다. 심(心)이 태만한 그가 유신견(有身見)을 버리는 것, 의심을 버리는 것, 계금취(戒禁取)를 버리는 것은 불가능하다. 의심하는 그가 탐(貪)을 버리는 것, 진(嗔)을 버리는 것, 치(癡)를 버리는 것은 불가능하다. 그가 탐(貪)을 버리지 못하고, 진(嗔)을 버리지 못하고, 치(癡)를 버리지 못하면 생(生)을 버리는 것, 노(老)를 버리는 것, 사(死)를 버리는 것이 불가능하다.

비구들이여, 어떤 사람은 자책(自責)을 두려워하고, 타책(他責)을 두려워하고, 불방일(不放逸)하다. 불방일한 그가 존경하지 않음을 버리는 것, 고분고분하지 않음을 버리는 것, 악한 친구와 교제함을 버리는 것은 가능하다. 좋은 친구와 교제하는 그가 불신(不信)을 버리는 것, 관대하지 않음을 버리는 것, 게으름을 버리는 것은 가능하다. 열심히 노력하는 그가 들뜸을 버리는 것, 단속하지 않음을 버리는 것, 계(戒)를 경시함을 버리는 것은 가능하다. 계(戒)를 중시하는 그가 성자들을 만나기를 바라지 않음을 버리는 것, 성스러운 법을 듣기를 바라지 않음을 버리는 것, 비난하는 심(心)을 가짐을 버리는 것은 가능하다. 비난하지 않는 심(心)을 가진 그가 잊기 쉬움을 버리는 것, 옳고 그름을 판단 못함을 버리는 것, 심(心)의 산만을 버리는 것은 가능하다. 심(心)이 산만하지 않은 그가 비여리작의(非如理作意)를 버리는 것, 잘못된 길의 실천을 버리는 것, 심(心)의 태만을 버리는 것은 가능하다. 심(心)이 태만하지 않은 그가 유신견(有身見)을 버리는 것, 의심을 버리는 것, 계금취(戒禁取)를 버리는 것은 가능하다. 의심이 없는 그가 탐(貪)을 버리는 것, 진(嗔)을 버리는 것, 치(癡)를 버리는 것은 가능하다. 그가 탐(貪)을 버리고, 진(嗔)을 버리고, 치(癡)를 버리면 생(生)을 버리는 것, 노(老)를 버리는 것, 사(死)를 버리는 것이 가능하다.」

[3] 히리와 옷땁빠 그리고 사랑과 존경

1. 부처님에 대한 사랑과 존경과 히리와 옷땁빠 — 부처님을 사랑하고 존경하면, 부처님의 말씀을 따르고 실천하지 못하는 것에 대한 히리와 옷땁빠로 행위를 제어하게 됩니다. 그때, 부처님을 따르고 실천하는 삶을 살게 되고, 이런 삶이 행복과 발전을 가져옵니다. 이것이 불교신자의 신행(信行)의 근본이고, 이것이 바로 믿음이라고 하겠습니다.

1) (MN 66-메추라기 비유 경)

• 하루 한 끼 식사의 기준을 제정한 부처님에 대해 제자들은 부처님에 대한 사랑과 존경과 히리와 옷땁빠로 받아들였고, 그것은 많은 즐거움과 선법(善法)을 가져다줌.

한 곁에 앉은 우다이 존자는 세존에게 이렇게 말했다. — "여기, 대덕이시여, 외딴곳에서 홀로 머물던 저에게 이런 심(心)의 온전한 생각이 떠올랐습니다. — '세존은 우리를 위해 많은 괴로운 것들을 물리쳐 주셨고, 세존은 우리를 위해 많은 즐거운 것들을 가져다주셨다. 세존은 우리를 위해 많은 불선법(不善法)을 물리쳐 주셨고, 세존은 우리를 위해 많은 선법(善法)을 가져다주셨다.'라고.

대덕이시여, 예전에 저희는 저녁에도 아침에도 낮에도 때아닌 때에 식사했습니다. 그때, 대덕이시여, 세존께서 비구들에게 말했습니다. — '오라, 비구들이여, 그대들은 낮의 때아닌 때의 식사를 버려라.'라고. 대덕이시여, 그런 저희는 마음이 흔들렸고, 고뇌가 생겼습니다. — '믿음 있는 장자들이 낮의 때아닌 때에 우리에게 주는 맛있고 먹기 좋은 음식을 세존은 버리라고 우리에게 말했다. 선서는 그것을 놓으라고 우리에게 말했다.'라고. 그런 저희는, 대덕이시여, 세존에 대한 사랑과 존경과 히리와 옷땁빠를 보면서 이런 낮의 때아닌 때의 식사를 버렸습니다. 그런 저희는, 대덕이시여, 저녁과 아침에 식사했습니다. 그때, 대덕이시여, 세존께서 비구들에게 말했습니다. — '오라, 비구들이여, 그대들은 밤의 때아닌 때의 식사를 버려라.'라고. 대덕이시여, 그런 저희는 마음이 흔들렸고, 고뇌가 생겼습니다. — '이런 두 번의 식사 중에 더 맛있게 조리된 음식을 세존은 버리라고 우리에게 말했다. 선서는 그것을 놓으라고 우리에게 말했다.'라고. 예전에는, 대덕이시여, 어떤 사람이 낮에 국을 얻은 뒤 이렇게 말했습니다. — '지금은 이것을 저장해 놓았다가 저녁에 함께 먹읍시다.'라고. 대덕이시여, 무엇이든지 조리된 것은 모두 밤에 하고, 낮에는 거의 하지 않습니다. 그런 저희는, 대덕이시여, 세존에 대한 사랑과 존경과 히리와 옷땁빠를 보면서 이렇게 밤의 때아닌 때의 식사를 버렸습니다. 예전에는, 대덕이시여, 칠흑같이 어두운 밤에 탁발을 위해 돌아다니는 비구들이 시궁창에 빠지기도 하고, 똥구덩이에 빠지기도 하고, 가시 담장을 오르기도 하고, 잠든 소를 밟기도 하고, 행했거나 행하지 않은 젊은이들을 만나기도 하고, 여인이 그들을 부정하게 청하기도 했습니다. 예전에 저는, 대덕이시여, 칠흑같이 어두운 밤에 탁발을 위해 돌아다녔습니다. 대덕이시여, 그릇을 씻던 어떤 여인이 번갯불이 번쩍일 때 저를 보았습니다. 보고서 두려운 그 여인은 저에게 소리쳤습니다. — '아이고! 나에게 귀신이 나타났어요.'라고. 이렇게 말했을 때, 대덕이시여, 저는 그 여인에게 이렇게 말했습니다. — '자매여, 나는 귀신이 아닙니다. 탁발을 위해 서 있는 비구입니다.'라고. '아버지가 죽은 비구이고, 어머니가 죽은 비구일 것이야! 비구여, 그대는 칠흑같이 어두운 밤에 탁발을 위해 돌아다니는 것보다 소 잡는 날카로운 칼로 창자를 잘라내는 것이 더 낳겠소.'

대덕이시여, 그것을 기억하는 저에게 이런 생각이 들었습니다. — '세존은 우리를 위해 많은 괴로운 것들을 물리쳐 주셨고, 세존은 우리를 위해 많은 즐거운 것들을 가져다주셨다. 세존은 우리를 위해 많은 불선법(不善法)들을 물리쳐 주셨고, 세존은 우리를 위해 많은 선법(善法)들을 가져다주셨다.'라고.

2) (SN 46.30-우다이 경)

• 재가자였을 때 법과 상가의 도움은 크지 않았으나, 많은 도움이 되었던 세존에 대한 사랑과 존경과 히리와 옷땁빠에 의해 출가한 뒤에는 법이 큰 도움이 되고, 그 법의 실천에는 상가의 도움이 크다는 점을 설명함.

대덕이시여, 참으로 놀랍습니다. 대덕이시여, 참으로 신기합니다. 대덕이시여, 세존에 대한 사랑과 존경과 히리와 옷땁빠는 저에게 얼마만큼 많은 도움이 되었습니다. 대덕이시여, 이전에 재가자였을 때 저는 법에 의해서, 상가에 의해서 많이 도움받지 않았습니다. 그런 저는 세존에 대한 사랑과 존경과 히리와 옷땁빠를 보면서 집에서 집 없는 곳으로 출가했습니다. 그런 저에게 세존께서는 법을 설하셨습니다. — '이렇게 색(色)이 있고, 이렇게 색(色)의 자라남이 있고, 이렇게 색(色)의 줄어듦이 있다. 이렇게 수(受)가 있고, 이렇게 수(受)의 자라남이 있고, 이렇게 수(受)의 줄어듦이 있다. 이렇게 상(想)이 있고, 이렇게 상(想)의 자라남이 있고, 이렇게 상(想)의 줄어듦이 있다. 이렇게 행(行)이 있고, 이렇게 행(行)의 자라남이 있고, 이렇게 행(行)의 줄어듦이 있다. 이렇게 식(識)이 있고, 이렇게 식(識)의 자라남이 있고, 이렇게 식(識)의 줄어둠이 있다.'라고.

2. 스승이나 존중할 만한 동료수행자에 대한 강한 히리와 옷땁빠와 사랑과 존경 — (DN 34.9-십상경, 여덟 가지 법들)/(AN 8.2-지혜 경)

• 범행(梵行)의 시작에 속하는 지혜에 대해서 얻지 못한 것은 얻게 하고, 얻은 것은 더 커짐-충만-닦음-완성으로 이끄는 여덟 가지 원인과 조건이 있는데, 스승이나 존경할만한 동료수행자에 대한 강한 히리와 옷땁빠 그리고 사랑과 존경의 확립으로 시작함

비구들이여, 범행(梵行)의 시작에 속하는 지혜에 대해서 얻지 못한 것은 얻게 하고, 얻은 것은 더 커짐-충만-닦음-완성으로 이끄는 이런 여덟 가지 원인과 여덟 가지 조건이 있다. 어떤 여덟 가지인가? 여기, 비구들이여, 비구는 ①스승이나 어떤 존중할 만한 동료수행자를 의지하여 머문다. 거기서 그에게 강한 히리와 옷땁빠 그리고 사랑과 존경이 확립된다.

→ ②적절한 때에 그들에게 다가가서 '대덕이시여, 이것은 어떻게 됩니까? 이것의 뜻은 무엇입니까?'라고 물어보고 질문한다. 그에게 그 존자들은 드러나지 않은 것은 드러내고, 분명하지 않은 것은 분명히 해서 의문을 가진 여러 가지 법들에 대한 의문을 제거해준다.

→ ③그 법을 배운 뒤 신(身)의 떠남과 심(心)의 떠남이라는 한 쌍의 떠남에 의해 성취하기 위해 노력한다.

→ ④계(戒)를 중시한다. 계목(戒目)의 단속으로 단속하고, 행동의 영역을 갖추어 작은 결점에 대해서도 두려움을 보면서 머문다. 받아들인 뒤 학습 계목들 위에서 공부한다.

→ ⑤많이 배우고 … 견해로써 잘 꿰뚫는다..

→ ⑥불선법(不善法)들의 버림을 위해, 선법(善法)들의 성취를 위해 열심히 정진하면서 머문다. 선법들에 대해 열정적이고 책임을 포기하지 않는 강한 자이다.

→ ⑦상가(僧伽)에 가면 이런저런 잡담을 하지 않고 쓸데없는 이야기를 하지 않는다. 스스로 법을 말하거나, 남에게도 요청하거나, 성스러운 침묵을 지킨다.

→ ⑧오취온(五取蘊)에서 자라남과 줄어듦을 이어 보면서 머문다. — '이렇게 색(色)이 있고, 이렇게 색(色)의 자라남이 있고, 이렇게 색(色)의 줄어듦이 있다. 이렇게 수(受)가 있고, 이렇게 수(受)의 자라남이 있고, 이렇게 수(受)의 줄어듦이 있다. 이렇게 상(想)이 있고, 이렇게 상(想)의 자라남이 있고, 이렇게 상(想)의 줄어듦이 있다. 이렇게 행(行)들이 있고, 이렇게 행(行)들의 자라남이 있고, 이렇게 행(行)들의 줄어듦이 있다 이렇게 식(識)이 있고, 이렇게 식(識)의 자라남이 있고, 이렇게 식(識)의 줄어듦이 있다.'라고.

[4] 믿음-히리-옷땁빠-지혜 — 여인 상윳따(SN 37)의 경들

히리와 옷땁빠를 중심에 두고 사랑과 존경은 믿음으로, 해탈지견(解脫知見)-깨달음의 수단은 지혜로 연결하면 믿음-히리-옷땁빠-지혜의 네 가지 법이 됩니다.

그런데 이 네 가지 법은 네 가지만으로 직접 나타나지는 않습니다. 옷땁빠와 지혜의 사이에 다른 한 가지의 법을 포함하는 다섯 가지 법의 형태로 나타나는데, (SN 37-여인 상윳따)의 경들입니다.

1. (SN 37.5-화 경) — 「아누룻다여, 다섯 가지 법을 갖춘 여인은 몸이 무너져 죽은 뒤에 상실과 비탄의 상태, 비참한 존재, 벌 받는 상태, 지옥에 태어난다. 어떤 다섯 가지인가? 믿음이 없고, 히리가 없고, 옷땁빠가 없고, [화를 내고], 지혜가 없다. — 아누룻다여, 이런 다섯 가지 법을 갖춘 여인은 몸이 무너져 죽은 뒤에 상실과 비탄의 상태, 비참한 존재, 벌 받는 상태, 지옥에 태어난다.」

; (SN 37.5-화 경) ~ (SN 37.13-사띠를 놓친 자 경) — 믿음 없음-히리 없음-옷땁빠 없음-[A]-지혜 없음 → 지옥에 태어남

; A — 화-원한-질투-인색-법을 어김(간통)-계를 경시함-배우지 못함-게으름-사띠를 놓침

2. (SN 37.15-화 내지 않는 자 경) — 「아누룻다여, 다섯 가지 법을 갖춘 여인은 몸이 무너져 죽은 뒤에 좋은 곳, 하늘 세상에 태어난다. 어떤 다섯 가지인가? 믿음이 있고, 히리가 있고, 옷땁빠가 있고, [화를 내지 않고], 지혜가 있다. — 아누룻다여, 이런 다섯 가지 법을 갖춘 여인은 몸이 무너져 죽은 뒤에 좋은 곳, 하늘 세상에 태어난다.」

; (SN 37.15-화 내지 않는 자 경) ~ (SN 37.23-사띠를 확립한 자 경) — 믿음-히리-옷땁빠-[B]-지혜 → 하늘 세상에 태어남

; B — 화내지 않음-원한 맺지 않음-질투하지 않음-인색하지 않음-법을 어기지 않음(간통)-계를 중시함-많이 배움-열심히 정진함-사띠를 확립함

II. 다섯 가지 법 — 믿음, 히리, 옷땁빠, 정진, 지혜

믿음-정진-사띠-삼매-지혜의 다섯 가지 힘과 다섯 가지 기능이 어떻게 다른 것인지 즉 힘[력(力)-bala]과 기능[근(根)-indriya]의 차이를 설명하기는 어렵습니다. 그러나 여기의 다섯 가지 법들이 힘으로 정의되면서, 기능과 함께 나타나서 지시하는 내용을 참고하면 이 주제에 대해 「퇴보로 이끄는 것들의 방어 측면에서는 힘[력(力-bala)], 진보로 이끄는 동력의 측면에서는 기능[근(根-indriya)]」이라는 이해가 가능해집니다. 여기의 다섯 가지 법을 주목해야 하는 가장 큰 이유라고 할 것입니다.

1. 다섯 가지 힘-유학(有學)의 힘-여래(如來)의 힘

그런데 믿음-히리-옷땁빠-지혜에 정진을 더한 믿음-히리-옷땁빠-정진-지혜는 다섯 가지 법으로 특화되어 나타납니다. 다섯 가지 법은 많은 경우에 힘이라고 불리는데, 다섯 가지 힘이거나 유학(有學)의 힘 또는 여래(如來)의 힘으로도 나타납니다. 유학(有學)에게는 깨달음으로 이끄는 힘이고, 여래에게는 깨달은 자의 삶을 유지해주는 힘이라는 의미입니다. 그리고 이 힘을 갖추지 못한 자는 지금여기에서 걱정과 절망과 열기가 함께하여 괴롭게 머물고, 몸이 무너져 죽은 뒤에 비참한 존재가 예상되며, 이 힘을 갖춘 자는 지금여기에서 걱정과 절망과 열기가 없이 행복하게 머물고, 몸이 무너져 죽은 뒤에 좋은 곳이 예상됩니다.

1) (AN 5.204-힘 경) — 「비구들이여, 이런 다섯 가지 힘이 있다. 어떤 다섯 가지인가? 믿음의 힘, 히리의 힘, 옷땁빠의 힘, 정진의 힘, 지혜의 힘 — 비구들이여, 이런 다섯 가지 힘이 있다.」

2) (AN 5.1-간략함 경) — 「비구들이여, 이런 다섯 가지 유학(有學)의 힘이 있다. 어떤 다섯 가지인가? 믿음의 힘, 히리의 힘, 옷땁빠의 힘, 정진의 힘, 지혜의 힘 — 비구들이여, 이런 다섯 가지 유학(有學)의 힘이 있다.」

3) (AN 5.11-이전에 들어보지 못함 경) — 「비구들이여, 나는 이전에 들어보지 못한 법들에 대해 실다운 지혜로 완전한 성취를 달성한 자라고 선언한다. 비구들이여, 여래에게 이런 다섯 가지 여래의 힘이 있다. 이런 힘을 갖춘 여래는 대웅(大雄)의 경지를 선언하고, 무리에서 사자후를 토하고, 범륜을 굴린다. 어떤 다섯 가지인가? 믿음의 힘, 히리의 힘, 옷땁빠의 힘, 정진의 힘, 지혜의 힘 — 비구들이여, 여래에게 이런 다섯 가지 여래의 힘이 있다. 이런 힘을

갖춘 여래는 대웅(大雄)의 경지를 선언하고, 무리에서 사자후를 토하고, 범륜을 굴린다.」

4) (AN 5.3-괴로움 경) — 「비구들이여, 다섯 가지 법을 갖춘 비구는 지금여기에서 걱정과 절망과 열기가 함께하여 괴롭게 머문다. 몸이 무너져 죽은 뒤에 비참한 존재가 예상된다. 어떤 다섯 가지인가? 여기, 비구들이여, 비구는 믿음이 없고, 히리가 없고, 옷땁빠가 없고, 게으르고, 지혜가 없다. 비구들이여, 이런 다섯 가지 법을 갖춘 비구는 지금여기에서 걱정과 절망과 열기가 함께하여 괴롭게 머문다. 몸이 무너져 죽은 뒤에 비참한 존재가 예상된다.

비구들이여, 다섯 가지 법을 갖춘 비구는 지금여기에서 걱정과 절망과 열기가 없이 행복하게 머문다. 몸이 무너져 죽은 뒤에 좋은 곳이 예상된다. 어떤 다섯 가지인가? 여기, 비구들이여, 비구는 믿음이 있고, 히리가 있고, 옷땁빠가 있고, 열심히 정진하고, 지혜가 있다. 비구들이여, 이런 다섯 가지 법을 갖춘 비구는 지금여기에서 걱정과 절망과 열기가 없이 행복하게 머문다. 몸이 무너져 죽은 뒤에 좋은 곳이 예상된다.」

2. 다섯 가지 기능과 함께 나타나는 경우

한편, 이 다섯 가지 힘이 다섯 가지 기능과 함께 나타나는 경들이 있습니다. 주로, 다섯 가지 힘을 의지하여 머무는 가운데 다섯 가지 기능의 강약(强弱)에 의한 성취의 차이를 설명하는데, 「불선(不善)/무익(無益) 즉 퇴보로 이끄는 것들의 방어 측면에서는 힘[력(力)-bala)]이라고 불리고, 선(善)/유익(有益) 즉 진보로 이끄는 동력의 확보 측면에서는 기능[근(根)-indriya)]이라고 불린다.」라는 해석의 근거를 제시해 주는 것으로 이해할 수 있습니다.

1) (AN 4.163-부정(不淨) 경)

- 네 가지 실천 — ①괴롭고 실다운 지혜가 느린 실천, ②괴롭고 실다운 지혜가 빠른 실천, ③즐겁고 실다운 지혜가 느린 실천, ④즐겁고 실다운 지혜가 빠른 실천

- 유학의 힘을 의지하여 머묾 → 퇴보로 이끄는 것들의 방어

- 다섯 가지 기능의 강약 → 번뇌들이 부서지는 속도의 차이

비구들이여, 괴롭고 실다운 지혜가 느린 실천이란 어떤 것인가? 비구들이여, 여기 비구는 부정(不淨)을 이어 보면서 몸에 머문다. 음식들을 혐오하는 상(想)을 가진 자이고, 모든 세상을 기뻐하지 않는 상(想)을 가진 자이고, 모든 행(行)들에서 무상(無常)을 이어 보는 자이고, 또한 죽음의 상(想)이 안으로 잘 확립되어 있다.

그는 이와 같은 다섯 가지 유학(有學)의 힘을 의지하여 머문다. — 믿음의 힘, 히리의 힘, 옷땁빠의 힘, 정진의 힘, 지혜의 힘.

그에게 이와 같은 다섯 가지 기능이 약하게 나타난다. — 믿음의 기능, 정진의 기능, 사띠의 기능, 삼매의 기능, 지혜의 기능.

그는 이렇게 다섯 가지 기능이 약하기 때문에 번뇌들의 부서짐이 느리게 뒤따라 성취된다.

비구들이여, 이것이 괴롭고 실다운 지혜가 느린 실천이라고 불린다.

2) (AN 4.169-행(行)을 통해 경)

• 열반 성취의 네 가지 길 — 「①지금 여기에서 행(行)을 통해 완전히 열반에 드는 자, ②몸이 무너지고 난 뒤 행(行)을 통해 완전히 열반에 드는 자, ③지금 여기에서 행(行) 없이 완전히 열반에 드는 자, ④몸이 무너지고 난 뒤 행(行) 없이 완전히 열반에 드는 자」

• 행(行)을 통해 완전히 열반에 드는 자 — 부정(不淨)을 이어 보는 자, 음식들을 혐오하는 상(想)을 가진 자, 세상의 모든 것을 기뻐하지 않는 상(想)을 가진 자, 모든 행(行)들에서 무상(無常)을 이어 보는 자, 죽음의 상(想)이 안으로 잘 확립된 자

• 행(行) 없이 완전히 열반에 드는 자 — 사선(四禪)을 성취하여 머무는 자

• 호흡 수행에 의한 사선(四禪)-삼명(三明)의 과정으로 깨닫는 것이 불교가 제시하는 본연의 수행임 → 별도의 것[행(行)] 없음

• 부정(不淨) 등 별도의 것을 닦는 다른 과정을 거쳐 호흡 수행에 온전히 오른 뒤에 사선(四禪)-삼명(三明)의 과정으로 깨닫는 것 → 별도의 것[행(行)]을 통함

비구들이여, 그러면 어떤 사람이 ①지금 여기에서 행(行)을 통해 완전히 열반에 드는 자인가? 비구들이여, 여기 비구는 부정(不淨)을 이어 보면서 몸에 머문다. 음식들을 혐오하는 상(想)을 가진 자이고, 세상의 모든 것들을 기뻐하지 않는 상(想)을 가진 자이고, 모든 행(行)들에서 무상(無常)을 이어 보는 자이고, 또한 죽음의 상(想)이 안으로 잘 확립되어 있다.

그는 이와 같은 다섯 가지 유학(有學)의 힘을 의지하여 머문다. — 믿음의 힘, 히리의 힘, 옷땁빠의 힘, 정진의 힘, 지혜의 힘.

그에게 이와 같은 다섯 가지 기능이 강하게 나타난다. — 믿음의 기능, 정진의 기능, 사띠의 기능, 삼매의 기능, 지혜의 기능.

그는 이렇게 다섯 가지 기능이 강하기 때문에 ①지금 여기에서 행(行)을 통해 완전히 열반에 드는 자이다. 비구들이여, 이렇게 사람은 ①지금 여기에서 행(行)을 통해 완전히 열반에 드는 자이다.

3) (AN 6.45-빚 경)

• 유학의 힘이 없는 가난한 자 → 신(身)-구(口)-의(意)로 잘못된 행위를 함 — 방어하는 힘이 없기 때문 ☞ 「제1부 제2장 [5] 빚이 주는 위험과 빚 없음을 포함한 재가자의 행복을 말하는 용례」 참조

비구들이여, 이처럼, 누구든지 유익한 법들에 대해 믿음이 없고, 유익한 법들에 대해 히리가 없고, 유익한 법들에 대해 옷땁빠가 없고, 유익한 법들에 대해 정진이 없고, 유익한 법들에 대해 지혜가 없는 자는, 비구들이여, 성스러운 율(律)에서 가난하고, 가진 것이 없고, 한 움큼의 쌀조차 갖지 못한 자라고 불린다.

비구들이여, 그런 그 가난하고, 가진 것이 없고, 한 움큼의 쌀조차 갖지 못한 자가 유익한 법들에 대해 믿음이 없고, 유익한 법들에 대해 히리가 없고, 유익한 법들에 대해 옷땁빠가 없고, 유

익한 법들에 대해 정진이 없고, 유익한 법들에 대해 지혜가 없을 때 신(身)으로 잘못된 행위를 하고, 구(口)로 잘못된 행위를 하고, 의(意)로 잘못된 행위를 한다. 빚을 갚지 못하는 것에 대해 나는 이것을 말한다.

4) (AN 9.2-의지 경)

• 의지를 갖춘 자 — 유학의 힘에 의지하여 불선(不善)을 방어하고 선(善)을 닦는 자 → 가늠된 것의 수용-참음-피함-제거

"대덕이시여, '의지를 갖춘 자, 의지를 갖춘 자'라고 불립니다. 어떻게, 대덕이시여, 비구는 의지를 갖춘 자입니까?"

"만약, 비구여, 비구가 믿음을 의지하여 불선(不善)을 버리고 선(善)을 닦으면, 그 불선이 버려진다. 만약, 비구여, 비구가 히리를 의지하여 … 만약, 비구여, 비구가 옷땁빠를 의지하여 … 만약, 비구여, 비구가 정진을 의지하여 … 만약, 비구여, 비구가 지혜를 의지하여 불선(不善)을 버리고 선(善)을 닦으면, 그 불선이 버려진다. 비구에게 성스러운 지혜로 보아서 버려진 것인 불선의 버려짐은 완전히 버려진 것이다.

그리고 비구여, 그 비구는 이런 다섯 가지 법에 확고히 선 뒤에 네 가지를 의지해서 버려야 하는 것이 있다. 어떤 네 가지인가? 여기, 비구여, 비구는 가늠된 것을 수용하고, 가늠된 것을 참고, 가늠된 것을 피하고, 가늠된 것을 제거한다. 이렇게, 비구여, 비구는 의지를 갖춘 자이다."

3. 앙굿따라 니까야 다섯의 모음에 속한 경들

1) (AN 5.2-상세함 경) — 다섯 가지 유학(有學)의 힘의 정의 ☞ 「III. 히리와 옷땁빠를 포함하는 일곱 가지 법들 [4] 일곱 가지 힘 2.」 참조

2) (AN 5.3 ~ 5.12)[AN 5.11 제외]는 표 정리 참조

경	믿음-히리-옷땁빠-정진-지혜	
	갖추면	갖추지 못하면
(AN 5.3-괴로움 경)	지금여기에서 걱정과 절망과 열기가 없이 행복하게 머물고, 몸이 무너져 죽은 뒤에 좋은 곳이 예상됨	지금여기에서 걱정과 절망과 열기가 함께하여 괴롭게 머물고, 몸이 무너져 죽은 뒤에 비참한 존재가 예상됨
(AN 5.4-운반되듯 경)	운반되듯 천상에 놓임	운반되듯 지옥에 놓임
(AN 5.5-공부 경)	완전하고 청정한 범행을 닦는 경우의 칭찬	공부를 포기하고 낮은 삶으로 돌아간 경우의 질책과 멸시
(AN 5.6-증득 경)	유익(有益)한 법들에 대한 믿음 등이 현존(現存)하는 한 무익(無益)의 증득은 없고, 믿음 등이 사라질 때 불신(不信)이 스며들어 자리를 차지한다. 그때 무익(無益)의 증득이 있다.	
(AN 5.7- 소유의 사유 경)	'비구는 이제 스스로 단속하고, 방일하지 않을 수 있다.'라고 부처님은 생각함	부처님은 그 비구를 보호해야 함
(AN 5.8-흔들림 경)	흔들리지 않고, 정법(正法)에 확고히 섬	흔들리고, 정법(正法)에 확고히 서지 못함
(AN 5.9- 존경받지 못함 경1)	존경받고, 완고하지 않고, 흔들리지 않고, 정법(正法)에 확고히 섬	존경받지 못하고, 완고하고, 흔들리고, 정법에 확고히 서지 못함
(AN 5.10- 존경받지 못함 경2)	존경받고, 완고하지 않고, 이 법(法)과 율(律)에서 자라고 증장하고 풍성하게 될 수 있음	존경받지 못하고, 완고하고, 이 법과 율에서 자라고 증장하고 풍성하게 될 수 없음
(AN 5.12- 뾰족지붕 경)	다섯 가지 유학의 힘 가운데 지혜의 힘이 으뜸이고, 포괄하는 것이고, 쌓아서 하나가 되는 것임	

4. 두 가지 힘 — 가늠의 힘과 수행의 힘

(AN 2.11~13-이유품)은 세 번의 반복을 통해 동일한 가늠의 힘과 순차적인 세 단계의 수행의 힘을 말하는데, ①유학(有學)의 힘을 지니고, ②칠각지(七覺支)를 닦고, ③사선(四禪)을 성취하여 머무는 것입니다. 이때, 유학(有學)의 힘은 「비구들이여, 무엇이 수행의 힘인가? 비구들이여, 거기서 이 수행의 힘은 유학(有學)의 힘이다. 참으로 그는 유학의 힘을 지니고서 탐(貪)을 버리고 진(嗔)을 버리고 치(癡)를 버린다. 탐(貪)을 버리고 진(嗔)을 버리고 치(癡)를 버리고 그는 불선(不善)을 행하지 않는다. 악(惡)을 실행하지 않는다. 비구들이여, 이것이 수행의 힘이라고 불린다.」라고 설명됩니다.

; 「유학의 힘 → 탐진치(貪嗔癡)를 버림 → 불선(不善)과 악(惡)을 행하지 않게 됨」

5. (AN 7.15-물의 비유 경)

세속에 잠긴 채 살아가는 자에서 깨달은 자까지의 과정을 일곱 단계로 구분해서 설명하는 경입니다. 이때, 세속에 잠긴 상태에서 벗어나려는 시도의 과정을 '선법들에 대한 믿음은 … 히리는 … 옷땁빠는 … 정진은 … 지혜는 좋은 것이다.'라면서 나온 뒤의 대응 과정으로 설명하는데, 다섯 가지 법의 확립 정도로써 깨달음으로 나아가는 과정을 설명하는 것입니다. 그만큼 이 다섯 가지 법의 교리적 비중이 큰 것을 알 수 있는데, 특히, 사쌍(四雙)의 성자(聖者)[예류자(預流者)-일래자(一來者)-불환자(不還者)-아라한(阿羅漢)]의 전개 과정에 대한 설명은 주목해야 합니다.

비구들이여, 세상에 존재하는 이런 일곱 가지 물에 비유한 사람들이 있다. 어떤 일곱인가? 여기, 비구들이여, 어떤 사람은 한번 물에 잠기면 물에 잠긴 채로 있다. 여기, 비구들이여, 어떤 사람은 나온 뒤에 잠긴다. 여기, 비구들이여, 어떤 사람은 나온 뒤에 서 있다. 여기, 비구들이여, 어떤 사람은 나온 뒤에 잘 보고 검사한다. 여기, 비구들이여, 어떤 사람은 나온 뒤에 건넌다. 여기, 비구들이여, 어떤 사람은 나온 뒤에 견고한 땅에 닿는다. 여기, 비구들이여, 어떤 사람은 나온 뒤에 건너고 저 언덕에 가서 땅에 선 바라문이다.

그러면 비구들이여, 어떤 사람이 한번 물에 잠기면 물에 잠긴 채로 있는가? 여기, 비구들이여, 어떤 사람은 온통 검은 불선법을 갖추었다. 이렇게, 비구들이여, 사람은 한번 물에 잠기면 물에 잠긴 채로 있다.

비구들이여, 어떤 사람이 나온 뒤에 잠기는가? 여기, 비구들이여, 어떤 사람은 '선법들에 대한 믿음은 좋은 것이다. … 히리는 … 옷땁빠는 … 정진은 … 지혜는 좋은 것이다.'라면서 나온다. 그에게 그 믿음은 유지되지도 못하고 늘어나지도 않고, 단지 줄어든다. 그에게 그 히리는 … 그 옷땁빠는 … 그 정진은 … 그에게 그 지혜는 유지되지도 못하고 늘어나지도 않고, 단지 줄어든다. 이렇게, 비구들이여, 사람은 나온 뒤에 잠긴다.

비구들이여, 어떤 사람이 나온 뒤에 서 있는가? 여기, 비구들이여, 어떤 사람은 '선법들에 대한 믿음은 좋은 것이다. … 히리는 … 옷땁빠는 … 정진은 … 지혜는 좋은 것이다.'라면서 나온다. 그에게 그 믿음은 줄어들지도 않고 늘어나지도 않고, 단지 유지된다. 그에게 그 히리는 … 그 옷땁빠는 … 그 정진은 … 그에게 그 지혜는 줄어들지도 않고 늘어나지도 않고, 단지 유지된다. 이렇게, 비구들이여, 사람은 나온 뒤에 서 있다.

비구들이여, 어떤 사람이 나온 뒤에 잘 보고 검사하는가? 여기, 비구들이여, 어떤 사람은 '선법들에 대한 믿음은 좋은 것이다. … 히리는 … 옷땁빠는 … 정진은 … 지혜는 좋은 것이다.'라면서 나온다. 그는 세 가지 족쇄가 완전히 부서졌기 때문에 흐름에 든 자[예류자(預流者)]여서 떨어지지 않는 자, 확실한 자, 깨달음을 겨냥한 자이다. 이렇게, 비구들이여, 사람은 나온 뒤에 잘 보고 검사한다.

비구들이여, 어떤 사람이 나온 뒤에 건너는가? 여기, 비구들이여, 어떤 사람은 '선법들에 대한 믿음은 좋은 것이다. … 히리는 … 옷땁빠는 … 정진은 … 지혜는 좋은 것이다.'라면서 나온다. 그는 세 가지 족쇄가 완전히 부서지고 탐진치(貪嗔癡)가 엷어졌기 때문에 한 번 만 더 돌아올 자[일래자(一來者)]이니, 한 번만 더 이 세상에 온 뒤에 괴로움을 끝낼 것이다. 이렇게, 비구들이여, 사람은 나온 뒤에 건넌다.

비구들이여, 어떤 사람이 나온 뒤에 견고한 땅에 닿는가? 여기, 비구들이여, 어떤 사람은 '선법들에 대한 믿음은 좋은 것이다. … 히리는 … 옷땁빠는 … 정진은 … 지혜는 좋은 것이다.'라면서 나온다. 그는 오하분결(五下分結)이 완전히 부서졌기 때문에 화생한다. 거기서 완전히 열반하는 자이니, 그 세상으로부터 돌아오지 않는 존재[불환자(不還者)]이다. 이렇게, 비구들이여, 사람은 나온 뒤에 견고한 땅에 닿는다.

비구들이여, 어떤 사람이 나온 뒤에 건너고 저 언덕에 가서 땅에 선 바라문인가? 여기, 비구들이여, 어떤 사람은 '선법들에 대한 믿음은 좋은 것이다. … 히리는 … 옷땁빠는 … 정진은 … 지혜는 좋은 것이다.'라면서 나온다. 그는 번뇌들이 부서졌기 때문에 번뇌가 없는 심해탈(心解脫)과 혜해탈(慧解脫)을 지금여기에서 스스로 실답게 안 뒤에 실현하고 성취하여 머문다[아라한(阿羅漢)]. 이렇게, 비구들이여, 사람은 나온 뒤에 건너고 저 언덕에 가서 땅에 선 바라문이다.

이것이, 비구들이여, 세상에 존재하는 일곱 가지 물에 비유한 사람들이다.

6. 유익한 법들에서 줄어듦이 예상되는 경우와 늘어남이 예상되는 경우

1) (SN 16.7-가르침 경2)/(AN 10.67-날라까빠나 경1)

누구든지 유익한 법들에 대한 믿음이 없고, 유익한 법들에 대한 히리가 없고, 유익한 법들에 대한 옷땁빠가 없고, 유익한 법들에 대한 정진이 없고, 유익한 법들에 대한 지혜가 없는 자에게, 밤이 오건 낮이 오건, 유익한 법들에서 늘어남이 아니라 줄어듦이 예상됩니다.

누구든지 유익한 법들에 대한 믿음이 있고, 유익한 법들에 대한 히리가 있고, 유익한 법들에 대한 옷땁빠가 있고, 유익한 법들에 대한 정진이 있고, 유익한 법들에 대한 지혜가 있는 자에게, 밤이 오건 낮이 오건, 유익한 법들에서 줄어듦이 아니라 늘어남이 예상됩니다.

2) (AN 10.68-날라까빠나 경2)

누구든지, 사리뿟따여, 유익한 법들에 대한 믿음이 없고, … 히리가 없고, … 옷땁빠가 없고, … 노력이 없고, … 지혜가 없고, … 귀 기울여 들음이 없고, … 법을 기억함이 없고, … 의미를 조사함이 없고, … 열반으로 이끄는 법의 실천이 없고, … 유익한 법들에 대한 불방일(不放逸)이 없는 자에게, 밤이 오건 낮이 오건, 유익한 법들에서 늘어남이 아니라 줄어듦이 예상된다. 예를 들면, 사리뿟따여, 그믐으로 가는 보름 동안에 달은, 밤이 오건 낮이 오건, 색은 퇴색되고, 원둘레는 줄어들고, 빛은 약해지고, 높이와 둘레는 줄어든다. 이처럼, 사리뿟따여, 누구든지 유익한 법들에 대한 믿음이 없고, … 히리가 없고, … 옷땁빠가 없고, … 노력이 없고, …

지혜가 없고, … 귀 기울여 들음이 없고, … 법을 기억함이 없고, … 의미를 조사함이 없고, … 열반으로 이끄는 법의 실천이 없고, … 유익한 법들에 대한 불방일(不放逸)이 없는 자에게, 밤이 오건 낮이 오건, 유익한 법들에서 늘어남이 아니라 줄어듦이 예상된다.

누구든지, 사리뿟따여, 유익한 법들에 대한 믿음이 있고, … 히리가 있고, … 옷땁빠가 있고, … 노력이 있고, … 지혜가 있고, … 귀 기울여 들음이 있고, … 법을 기억함이 있고, … 의미를 조사함이 있고, … 열반으로 이끄는 법의 실천이 있고, … 유익한 법들에 대한 불방일(不放逸)이 있는 자에게, 밤이 오건 낮이 오건, 유익한 법들에서 줄어듦이 아니라 늘어남이 예상된다. 예를 들면, 사리뿟따여, 보름으로 가는 보름 동안에 달은, 밤이 오건 낮이 오건, 색은 선명해지고, 원둘레는 늘어나고, 빛은 강해지고, 높이와 둘레는 늘어난다. 이처럼, 사리뿟따여, 누구든지 유익한 법들에 대한 믿음이 있고, … 히리가 있고, … 옷땁빠가 있고, … 노력이 있고, … 지혜가 있고, … 귀 기울여 들음이 있고, … 법을 기억함이 있고, … 의미를 조사함이 있고, … 열반으로 이끄는 법의 실천이 있고, … 유익한 법들에 대한 불방일(不放逸)이 있는 자에게, 밤이 오건 낮이 오건, 유익한 법들에서 줄어듦이 아니라 늘어남이 예상된다.

7. 동료수행자들에게 사랑스럽고, 마음에 들고, 존중되고, 존경받는 법 ― (AN 5.84-믿음 없음 경)

비구들이여, 다섯 가지 법을 갖춘 장로 비구는 동료수행자들에게 사랑스럽지 않고, 마음에 들지 않고, 존중되지 않고, 존경받지 못한다. 어떤 다섯 가지인가? 믿음이 없고, 히리가 없고, 옷땁빠가 없고, 게으르고, 지혜가 없다. ― 비구들이여, 이런 다섯 가지 법을 갖춘 장로 비구는 동료수행자들에게 사랑스럽지 않고, 마음에 들지 않고, 존중되지 않고, 존경받지 못한다.

비구들이여, 다섯 가지 법을 갖춘 장로 비구는 동료수행자들에게 사랑스럽고, 마음에 들고, 존중되고, 존경받는다. 어떤 다섯 가지인가? 믿음이 있고, 히리가 있고, 옷땁빠가 있고, 열심히 정진하고, 지혜가 있다. ― 비구들이여, 이런 다섯 가지 법을 갖춘 장로 비구는 동료수행자들에게 사랑스럽고, 마음에 들고, 존중되고, 존경받는다.

Ⅲ. 히리와 옷땁빠를 포함하는 일곱 가지 법들

[1] 구성

히리와 옷땁빠를 중심에 두고 사랑과 존경은 믿음으로, 해탈지견(解脫知見)-깨달음의 수단은 지혜로 연결하여 구성된 믿음-히리-옷땁빠-지혜의 네 가지 법은 다시 세 가지 법을 추가한 일곱 가지 법으로 확장되는데,

- 배움-정진-사띠가 더해지면 일곱 가지 정법(正法-saddhamma)이고, 반대의 것은 부정법(不正法-asaddhamma)이고,

- 정진-사띠-삼매가 더해지면 일곱 가지 힘(bala)이며,

- 계-배움-보시가 더해지면 일곱 가지 재산(dhana)

입니다.

분류	상세
일곱 가지 정법(正法)	믿음-히리-옷땁빠-배움-정진-사띠-지혜
일곱 가지 부정법(不正法)	믿음 없음-히리 없음-옷땁빠 없음-배우지 못함-게으름-사띠를 놓침-지혜가 없음
일곱 가지 힘	믿음-정진-히리-옷땁빠-사띠-삼매-지혜
일곱 가지 성스러운 재산	믿음-계-히리-옷땁빠-배움-보시-지혜

1. (DN 33.10-합송경, 일곱 가지로 구성된 법)

• 일곱 가지 성스러운 재산 — 믿음의 재산, 계의 재산, 히리의 재산, 옷땁빠의 재산, 배움의 재산, 보시의 재산, 지혜의 재산

• 일곱 가지 부정법(不正法) — 여기, 도반들이여, 비구는 믿음이 없고, 히리가 없고, 옷땁빠가 없고, 배우지 못했고, 게으르고, 사띠를 놓쳤고, 지혜가 없다.

• 일곱 가지 정법(正法) — 여기, 도반들이여, 비구는 믿음을 가졌고, 히리를 가졌고, 옷땁빠를 가졌고, 많이 배웠고, 열심히 정진하고, 사띠를 확립했고, 지혜를 가졌다.

• 일곱 가지 힘 — 믿음의 힘, 정진의 힘, 히리의 힘, 옷땁빠의 힘, 사띠의 힘, 삼매의 힘, 지혜의 힘

2. (DN 34.8-십상경, 일곱 가지 법들)

• 무엇이 많이 행해야 하는 일곱 가지 법인가? 일곱 가지 성스러운 재산 — 믿음의 재산, 계의 재산, 히리의 재산, 옷땁빠의 재산, 배움의 재산, 보시의 재산, 지혜의 재산. 이것이 많이 행해야 하는 일곱 가지 법이다.

• 무엇이 퇴보에 연결된 일곱 가지 법인가? 일곱 가지 부정법(不正法) — 여기, 도반들이여, 비구는 믿음이 없고, 히리가 없고, 옷땁빠가 없고, 배우지 못했고, 게으르고, 사띠를 놓쳤고, 지혜가 없다.

• 무엇이 진보에 연결된 일곱 가지 법인가? 일곱 가지 정법(正法) — 여기, 도반들이여, 비구는 믿음을 가졌고, 히리를 가졌고, 옷땁빠를 가졌고, 많이 배웠고, 열심히 정진하고, 사띠를 확립했고, 지혜를 가졌다.

3. 힘과 재산의 차별

(AN 7.3-간략한 힘 경)/(AN 7.4-상세한 힘 경)은 「이런 힘을 가진 현명한 비구는 행복하게 산

다. 이치에 맞게 법을 조사하고, 지혜로써 의미를 관찰한다. 등불을 불어서 끄듯이, 심(心)이 해탈한다.」라고 말하고,

(AN 7.5-간략한 재산 경)/(AN 7.6-상세한 재산 경)은 「여자거나 남자 가운데 이런 재산을 가진 사람을 가난하지 않다고 사람들은 말한다. 그의 삶은 쓸모없지 않다. 그러므로 현명한 자는 믿음과 계(戒)와 분명하게 법을 보는 일 그리고 부처님들의 가르침에 대한 기억을 실천하게 해야 한다.」라고 말합니다.

일곱 가지 힘은 출가자를 대상으로 설명하면서 행복한 삶-이치에 맞는 법의 조사-지혜에 의한 의미의 관찰을 통한 심(心)의 해탈을 말합니다. 반면에, 일곱 가지 재산은 여자-남자 즉 재가자를 가난하지 않게 하고, 그의 삶을 쓸모 있게 하므로, 현명한 사람은 재가자들에게 믿음과 계, 분명하게 법을 보는 일, 부처님들의 가르침에 대한 기억을 실천하게 해야[가르쳐야] 한다고 알려줍니다.

그렇다면, 힘과 재산에 공통된 것으로의 믿음-히리-옷땁빠-지혜 네 가지 외에 계-배움-보시의 세 가지는 재가자의 신행(信行)을 대표하고, 정진-사띠-삼매의 세 가지는 출가자 또는 범행을 실천하는 재가자의 수행(修行)을 대표한다고 할 것입니다.

일곱 가지 힘과 재산은 이런 측면의 차별 위에서 이해해야 할 것입니다.

[2] 일곱 가지 정법(正法-saddhamma)과 부정법(不正法-asaddhamma)

(DN 33.10-합송경, 일곱 가지로 구성된 법)이 말하는 일곱 가지 정법(正法) 즉 믿음-히리-옷땁빠-배움-정진-사띠-지혜는 (DN 34.8-십상경, 일곱 가지 법들)에 의하면 진보에 연결된 법입니다. 반면에, 일곱 가지 부정법(不正法)은 퇴보에 연결된 법입니다.

이 외에 일곱 가지 정법을 말하는 경은 열 개가 있습니다. (AN 7.93-정법 아님 경)/(AN 7.94-정법 경)과 (MN 53-유학(有學) 경)은 일곱 가지 정법을 소개하고 설명합니다. 그리고 (AN 7.67-도시 비유 경)은 깨달음으로 나아가는 과정의 필수품인 일곱 가지 법과 깨달음으로 나아가는 과정의 자량(資糧)인 네 가지 선(禪)[사선(四禪)]을 적의 침략을 방어하기 위한 국경 도시에 비유하여 설명하는데, 일곱 가지 법의 의미를 구체적으로 이해할 수 있습니다.

(MN 110-보름밤의 짧은 경)은 고결한 사람(sappurisa)과 고결하지 않은 사람(asappurisa)을 설명합니다. 고결하지 않은 사람은 일곱 가지 정법을 갖추지 못한 사람인데, 고결하지 못한 사람의 믿음-생각-조언-말-행위-견해-보시를 하여 죽은 뒤에 지옥 또는 축생으로 태어나고, 고결한 사람은 일곱 가지 정법을 갖춘 사람인데, 고결한 사람의 믿음-생각-조언-말-행위-견해-보시를 하여 죽은 뒤에 위대한 신 또는 위대한 인간으로 태어납니다. 그리고 (AN 4.202-믿음이 없는 사람 경)은 고결하지 않은 사람과 고결하지 않은 사람보다 더 고결하지 않은 사람 그리고 고결한 사람과 고결한 사람보다 더 고결한 사람을 설명하는데, 고결한 사람보다 더 고결한 사람은 자기도 일곱 가지 정법(正法)을 갖추고, 남에게도 일곱 가지 정법(正法)을 갖추도록 부추기는 사람입니다.

(AN 7.43-탁월함 경2)은 이 법(法)과 율(律)에서는 출가한 햇수[법납(法臘)]에 의해 탁월한 비구가 되는 것이 아니라고 말하는데, 탁월함의 토대인 일곱 가지 정법을 갖춘 비구가 탁월한 비구입니다.

한편, (SN 14.17-믿음이 없는 자들과의 교제 경)은 중생들은 요소 때문에 교제하고 모인다고 합니다. 그래서 정법을 가진 자는 정법을 가진 자들과 함께 교제하고 함께 모이며, 정법을 가지지 못한 자는 정법을 가지지 못한 자들과 함께 교제하고 함께 모입니다. 이렇게 함께 모이는 것[동사(同事)]은 삶의 방향을 이끄는데, (DN 16.4-대반열반경, 비구가 쇠퇴하지 않는 법)/(AN 7.25-세 번째 일곱 가지 경)에 의하면, 정법(正法)은 쇠퇴하지 않는 법입니다.

이렇게 정법(正法)은 삶을 쇠퇴하지 않는 방향으로 이끄는데, (MN 8-벗어남의 실천 경)은 불선법(不善法)의 피함-높은 상태-완전한 꺼짐을 위한 선법(善法)을 총괄하여 44개의 법으로 제시합니다. ―「비폭력(非暴力), 십선업(十善業), 십정도(十正道), 다섯 가지 장애의 버림, 과(果)도 보(報)도 괴로움인 법과 과(果)도 보(報)도 즐거움인 법, 불방일(不放逸), 일곱 가지 정법(正法), 고집부리지 않음, 오만하지 않음, 유연함, 좋은 친구, 세속적인 것에 오염되지 않고, 고치기 쉽고, 잘 놓음」

1. (AN 7.93-정법 아님 경)/(AN 7.94-정법 경)

비구들이여, 이런 일곱 가지 정법 아닌 것[부정법(不正法)]이 있다. 어떤 일곱 가지인가? 믿음이 없고, 히리가 없고, 옷땁빠가 없고, 배우지 못했고, 게으르고, 사띠를 놓치고, 지혜가 없다. 이것이, 비구들이여, 일곱 가지 정법 아닌 것이다.

비구들이여, 이런 일곱 가지 정법이 있다. 어떤 일곱 가지인가? 믿음이 있고, 히리가 있고, 옷땁빠가 있고, 많이 배웠고, 열심히 정진하고, 사띠가 있고, 지혜가 있다. 이것이, 비구들이여, 일곱 가지 정법이다.

2. 정법(正法)의 정의 ― (MN 53-유학(有學) 경)

마하나마여, 성스러운 제자는 어떻게 일곱 가지 정법(正法)을 갖추는가? 여기, 마하나마여, 성스러운 제자는

①믿음을 가졌다. '이렇게 그분 세존(世尊)께서는 모든 번뇌 떠나신 분 … 존귀하신 분이시다.'라고 여래(如來)의 깨달음을 믿는다.

②히리를 가졌다. 몸의 나쁜 행위와 … 악한 불선법들의 성취에 대한 자책(自責)을 두려워한다.

③옷땁빠를 가졌다. 몸의 나쁜 행위와 … 악한 불선법들의 성취에 대한 타책(他責)을 두려워한다.

④많이 배우고 … 견해로써 잘 꿰뚫는다.

⑤불선법(不善法)들의 버림을 위해, 선법(善法)들의 성취를 위해 열심히 정진하면서 머문다. 선법들에 대해 열정적이고 책임을 포기하지 않는 강한 자이다.

⑥사띠를 가졌다. 최상의 사띠와 신중함을 갖추어 오래전에 행한 것에게도, 오래전에 말한 것에게도 다가가서 기억한다.

⑦지혜를 가졌다 … 이끄는 지혜를 갖추었다. 이렇게, 마하나마여, 성스러운 제자는 이렇게 일곱 가지 정법(正法)을 갖춘다.

3. 일곱 가지 정법의 구체적 의미 — (AN 7.67-도시 비유 경)

- 깨달음으로 나아가는 과정의 필수품인 일곱 가지 법과 깨달음으로 나아가는 과정의 자량(資糧)인 네 가지 선(禪)[사선(四禪)]을 적의 침략을 방어하기 위한 국경 도시에 비유하여 설명하는데, 일곱 가지 법의 의미를 구체적으로 이해할 수 있음.

- 비유 : 믿음 = 강한 기둥, 히리 = 해자, 옷땁빠 = 순회하는 길, 배움 = 무기, 정진 = 힘센 몸, 사띠 = 문지기, 지혜 = 높고 넓고 외장을 갖춘 성벽

비구들이여, 왕의 국경에 있는 도시가 이런 일곱 가지 필수품을 잘 갖추고, 네 가지 자량을 원하는 대로 어렵지 않고 고통스럽지 않게 얻을 때, 이것이, 비구들이여, 왕의 국경에 있는 도시는 밖의 상대방인 적들에 의해 공격받지 않는다고 불린다. 이처럼, 비구들이여, 성스러운 제자가 일곱 가지 정법을 갖추고, 높은 심(心)에 속하고 지금여기의 행복한 머묾인 사선(四禪)을 원하는 대로 어렵지 않고 고통스럽지 않게 얻을 때, 이것이, 비구들이여, 성스러운 제자는 마라빠삐만뜨에 의해 공격받지 않는다고 불린다. 무엇이 일곱 가지 정법을 갖추는 것인가?

예를 들면, 비구들이여, 왕의 국경에 있는 도시의 문 앞에는 내부의 사람들을 보호하고 외부

의 적들을 물리치기 위해 모서리가 깊이 묻히고 움직이지 않고 흔들리지 않는 강한 기둥이 있다. 이처럼, 비구들이여, 성스러운 제자는 믿음을 가졌다. '이렇게 그분 세존(世尊)께서는 모든 번뇌 떠나신 분 … 존귀하신 분이시다.'라고 여래(如來)의 깨달음을 믿는다. 믿음의 강한 기둥을 가진 성스러운 제자는 불선(不善)을 버리고 선(善)을 닦는다. 결점 있음을 버리고 결점 없음을 닦는다. 청정한 자신을 보호한다. 이런 첫 번째 정법(正法)을 갖춘다.

예를 들면, 비구들이여, 왕의 국경에 있는 도시에는 내부의 사람들을 보호하고 외부의 적들을 물리치기 위해 깊고 넓은 해자(垓字)가 있다. 이처럼, 비구들이여, 성스러운 제자는 히리를 가졌다. 몸의 나쁜 행위와 … 악한 불선법들의 성취에 대한 자책(自責)을 두려워한다. 히리의 해자를 가진 성스러운 제자는 불선(不善)을 버리고 선(善)을 닦는다. 결점 있음을 버리고 결점 없음을 닦는다. 청정한 자신을 보호한다. 이런 두 번째 정법(正法)을 갖춘다.

예를 들면, 비구들이여, 왕의 국경에 있는 도시에는 내부의 사람들을 보호하고 외부의 적들을 물리치기 위해 높고 넓은 순회하는 길이 있다. 이처럼, 비구들이여, 성스러운 제자는 옷땁빠를 가졌다. 몸의 나쁜 행위와 … 악한 불선법들의 성취에 대한 타책(他責)을 두려워한다. 옷땁빠의 순회하는 길을 가진 성스러운 제자는 불선(不善)을 버리고 선(善)을 닦는다. 결점 있음을 버리고 결점 없음을 닦는다. 청정한 자신을 보호한다. 이런 세 번째 정법(正法)을 갖춘다.

예를 들면, 비구들이여, 왕의 국경에 있는 도시에는 내부의 사람들을 보호하고 외부의 적들을 물리치기 위해 창과 칼과 같은 많은 무기가 저장되어 있다. 이처럼, 비구들이여, 성스러운 제자는 많이 배우고 … 견해로써 잘 꿰뚫는다. 배움의 무기를 가진 성스러운 제자는 불선(不善)을 버리고 선(善)을 닦는다. 결점 있음을 버리고 결점 없음을 닦는다. 청정한 자신을 보호한다. 이런 네 번째 정법(正法)을 갖춘다.

예를 들면, 비구들이여, 왕의 국경에 있는 도시에는 내부의 사람들을 보호하고 외부의 적들을 물리치기 위해 상병(象兵), 마병(馬兵), 전차병(戰車兵), 궁수(弓手), 기수, 참모, 보급병, 장교, 왕자, 척후병, 큰 코끼리, 영웅, 갑옷 입은 전사, 노예와 같은 힘센 몸을 가진 자들이 많이 있다. 이처럼, 비구들이여, 성스러운 제자는 불선법(不善法)들의 버림을 위해, 선법(善法)들의 성취를 위해 열심히 정진하면서 머문다. 선법들에 대해 열정적이고 책임을 포기하지 않는 강한 자이다. 정진의 힘센 몸을 가진 성스러운 제자는 불선(不善)을 버리고 선(善)을 닦는다. 결점 있음을 버리고 결점 없음을 닦는다. 청정한 자신을 보호한다. 이런 다섯 번째 정법(正法)을 갖춘다.

예를 들면, 비구들이여, 왕의 국경에 있는 도시에는 내부의 사람들을 보호하고 외부의 적들을 물리치기 위해 현명하고 훈련된 지혜로운 문지기가 있어, 알려지지 않은 자들은 제지하고 알려진 자들만 들어가게 한다. 이처럼, 비구들이여, 성스러운 제자는 사띠를 가졌다. 최상의 사띠와 신중함을 갖추어 오래전에 행한 것에게도, 오래전에 말한 것에게도 다가가서 기억한다. 사띠의 문지기를 가진 성스러운 제자는 불선(不善)을 버리고 선(善)을 닦는다. 결점 있음을 버리고 결점 없음을 닦는다. 청정한 자신을 보호한다. 이런 여섯 번째 정법(正法)을 갖춘다.

예를 들면, 비구들이여, 왕의 국경에 있는 도시에는 내부의 사람들을 보호하고 외부의 적들을 물리치기 위해 높고 넓고 외장을 갖춘 성벽이 있다. 이처럼, 비구들이여, 성스러운 제자는 지혜를 가졌다 … 이끄는 지혜를 갖추었다. 지혜의 높고 넓고 외장을 갖춘 성벽을 가진 성스러운 제자는 불선(不善)을 버리고 선(善)을 닦는다. 결점 있음을 버리고 결점 없음을 닦는다. 청정한 자신을 보호한다. 이런 일곱 번째 정법(正法)을 갖춘다.

어떤 높은 심(心)에 속하고 지금여기의 행복한 머묾인 사선(四禪)을 원하는 대로 어렵지 않고 고통스럽지 않게 얻는가? 예를 들면, 비구들이여, 왕의 국경에 있는 도시에는 내부의 사람들을 기쁘게 하고 동요하지 않게 하고 편히 머물게 하고, 외부의 적들을 물리치기 위한 많은 풀과 장작과 물이 저장되어 있다. 이처럼, 비구들이여, 성스러운 제자는 자신을 기쁘게 하고 동요하지 않게 하고 편히 머물게 하고 열반에 도달하기 위해서 소유의 삶에서 벗어나고, 불선법(不善法)들에서 벗어나서, 위딱까가 있고 위짜라가 있고 떨침에서 생긴 기쁨과 즐거움의 초선(初禪)을 성취하여 머문다.

예를 들면, 비구들이여, 왕의 국경에 있는 도시에는 내부의 사람들을 기쁘게 하고 동요하지 않게 하고 편히 머물게 하고, 외부의 적들을 물리치기 위한 많은 쌀과 곡물이 저장되어 있다. 이처럼, 비구들이여, 성스러운 제자는 자신을 기쁘게 하고 동요하지 않게 하고 편히 머물게 하고 열반에 도달하기 위해서 위딱까와 위짜라의 가라앉음으로 인해, 안으로 평온함과 마음의 집중된 상태가 되어, 위딱까도 없고 위짜라도 없이, 삼매에서 생긴 기쁨과 즐거움의 제이선(第二禪)을 성취하여 머문다.

예를 들면, 비구들이여, 왕의 국경에 있는 도시에는 내부의 사람들을 기쁘게 하고 동요하지 않게 하고 편히 머물게 하고, 외부의 적들을 물리치기 위한 많은 참깨와 푸른 완두콩과 콩과 다른 곡물이 저장되어 있다. 이처럼, 비구들이여, 성스러운 제자는 자신을 기쁘게 하고 동요하지 않게 하고 편히 머물게 하고 열반에 도달하기 위해서 기쁨의 바램으로부터 평정하게 머물고, 사띠-삼빠자나 하면서 머물고, 몸으로 즐거움을 경험한다. 성인들이 '평정을 가진 자, 사띠를 가진 자, 즐거움에 머무는 자[사념락주(捨念樂住)].'라고 말하는 제삼선(第三禪)을 성취하여 머문다.

예를 들면, 비구들이여, 왕의 국경에 있는 도시에는 내부의 사람들을 기쁘게 하고 동요하지 않게 하고 편히 머물게 하고, 외부의 적들을 물리치기 위한 많은 버터, 생버터, 기름, 꿀, 당밀, 소금과 같은 많은 약품이 저장되어 있다. 이처럼, 비구들이여, 성스러운 제자는 자신을 기쁘게 하고 동요하지 않게 하고 편히 머물게 하고 열반에 도달하기 위해서 즐거움의 버림과 괴로움의 버림으로부터, 이미 만족과 불만들의 줄어듦으로부터, 괴로움도 즐거움도 없고 평정과 청정한 사띠[사념청정(捨念淸淨)]의 제사선(第四禪)을 성취하여 머문다.

성스러운 제자가 이런 일곱 가지 정법을 갖추고, 높은 심(心)에 속하고 지금여기의 행복한 머묾인 사선(四禪)을 원하는 대로 어렵지 않고 고통스럽지 않게 얻을 때, 이것이, 비구들이여, 성스러운 제자는 마라 빠삐만뜨에 의해 공격받지 않는다고 불린다.

4. 고결한 사람(sappurisa)과 고결하지 않은 사람(asappurisa) — (MN 110-보름밤의 짧은 경)

1) 고결하지 않은 사람 — 「비구들이여, 고결하지 않은 사람은 바른 법을 갖추지 못했다. 고결하지 않은 사람의 믿음이 있고, 고결하지 않은 사람의 생각을 하고, 고결하지 않은 사람의 조언을 하고, 고결하지 않은 사람의 말을 하고, 고결하지 않은 사람의 행위를 하고, 고결하지 않은 사람의 견해를 가지고, 고결하지 않은 사람의 보시를 한다.

비구들이여, 어떻게 고결하지 않은 사람은 바른 법을 갖추지 못했는가? 여기, 비구들이여, 고결하지 않은 사람은 믿음이 없고, 히리가 없고, 옷땁빠가 없고, 적게 배우고, 게으르고, 사띠를 잃고, 지혜가 없다. 이렇게, 비구들이여, 고결하지 않은 사람은 바른 법을 갖추지 못했다.

비구들이여, 어떻게 고결하지 않은 사람은 고결하지 않은 사람의 믿음이 있는가? 여기, 비구들이여, 고결하지 않은 사람에게는 믿음이 없고, 히리가 없고, 옷땁빠가 없고, 적게 배우고, 게으르고, 사띠를 잃고, 지혜가 없는 사문-바라문인 친구와 동료들이 있다. 이렇게, 비구들이여, 고결하지 않은 사람은 고결하지 않은 사람의 믿음이 있다.

~ 비구들이여, 어떻게 고결하지 않은 사람은 고결하지 않은 사람의 보시를 하는가? 여기, 비구들이여, 고결하지 않은 사람은 정성을 담지 않은 보시를 한다. 남의 손으로 보시를 한다. 존중함이 없는 보시를 한다. 버려진 것으로 보시를 한다. 온다는 견해 없는 보시를 한다. 이렇게, 비구들이여, 고결하지 않은 사람은 고결하지 않은 사람의 보시를 한다.

비구들이여, 고결하지 않은 사람은 이렇게 바른 법을 갖추지 못했다. 이렇게 고결하지 않은 사람의 믿음이 있고, 이렇게 고결하지 않은 사람의 생각을 하고, 이렇게 고결하지 않은 사람의 조언을 하고, 이렇게 고결하지 않은 사람의 말을 하고, 이렇게 고결하지 않은 사람의 행위를 하고, 이렇게 고결하지 않은 사람의 견해를 가지고, 이렇게 고결하지 않은 사람의 보시를 하는 것을 원인으로 몸이 무너져 죽은 뒤에 고결하지 않은 사람의 갈 곳에 태어난다. 고결하지 않은 사람의 갈 곳은 어디인가? 지옥(地獄) 또는 축생(畜生)이다.」

2) 고결한 사람 — 「비구들이여, 고결한 사람은 바른 법을 갖췄다. 고결한 사람의 믿음이 있고, 고결한 사람의 생각을 하고, 고결한 사람의 조언을 하고, 고결한 사람의 말을 하고, 고결한 사람의 행위를 하고, 고결한 사람의 견해를 가지고, 고결한 사람의 보시를 한다.

비구들이여, 어떻게 고결한 사람은 바른 법을 갖췄는가? 여기, 비구들이여, 고결한 사람은 믿음이 있고, 히리가 있고, 옷땁빠가 있고, 많이 배우고, 열심히 정진하고, 사띠를 확립하고, 지혜를 가졌다. 이렇게, 비구들이여, 고결한 사람은 바른 법을 갖췄다.

비구들이여, 어떻게 고결한 사람은 고결한 사람의 믿음이 있는가? 여기, 비구들이여, 고결한 사람에게는 믿음이 있고, 히리가 있고, 옷땁빠가 있고, 많이 배우고, 열심히 정진하고, 사띠를 확립하고, 지혜를 가진 사문-바라문인 친구와 동료들이 있다. 이렇게, 비구들이여, 고결한 사람은 고결한 사람의 믿음이 있다.

~ 비구들이여, 어떻게 고결한 사람은 고결한 사람의 보시를 하는가? 여기, 비구들이여, 고결한 사람은 정성을 담은 보시를 한다. 자신의 손으로 보시를 한다. 존중함을 가지고 보시를 한

다. 챙겨놓은 것으로 보시를 한다. 온다는 견해를 가지고 보시를 한다. 이렇게, 비구들이여, 고결한 사람은 고결한 사람의 보시를 한다.

비구들이여, 고결한 사람은 이렇게 바른 법을 갖췄다. 이렇게 고결한 사람의 믿음이 있고, 이렇게 고결한 사람의 생각을 하고, 이렇게 고결한 사람의 조언을 하고, 이렇게 고결한 사람의 말을 하고, 이렇게 고결한 사람의 행위를 하고, 이렇게 고결한 사람의 견해를 가지고, 이렇게 고결한 사람의 보시를 하는 것을 원인으로 몸이 무너져 죽은 뒤에 고결한 사람의 갈 곳에 태어난다. 고결한 사람의 갈 곳은 어디인가? 위대한 신(神) 또는 위대한 인간(人間)이다.」

5. 고결하지 않은 사람과 고결하지 않은 사람보다 더 고결하지 않은 사람 그리고 고결한 사람과 고결한 사람보다 더 고결한 사람 — (AN 4.202-믿음이 없는 사람 경) ☞「제3부 제3장 I. [1] 9. 부추김②[대승적인 불자] — (AN 4.201-학습계율 경)」과 비교 -오계(五戒)

- 고결하지 않은 사람 — 일곱가지 부정법(不正法)을 갖춘 사람
- 고결하지 않은 사람보다 더 고결하지 않은 사람 — 자기도 일곱 가지 부정법(不正法)을 갖추고, 남에게도 일곱 가지 부정법(不正法)을 갖추도록 부추기는 사람

- 고결한 사람 — 일곱 가지 정법(正法)을 갖춘 사람
- 고결한 사람보다 더 고결한 사람 — 자기도 일곱 가지 정법(正法)을 갖추고, 남에게도 일곱 가지 정법(正法)을 갖추도록 부추기는 사람

비구들이여, 무엇이 고결하지 않은 사람인가? 여기, 비구들이여, 어떤 사람은 믿음이 없고, 히리가 없고, 옷땁빠가 없고, 배우지 못했고, 게으르고, 사띠를 놓쳤고, 지혜가 없다. 이 사람이, 비구들이여, 고결하지 않은 사람이라고 불린다.

비구들이여, 무엇이 고결하지 않은 사람보다 더 고결하지 않은 사람인가? 여기, 비구들이여, 어떤 사람은 자기도 믿음이 없고, 남에게도 믿음이 없도록 부추긴다. 자기도 히리가 없고, 남에게도 히리가 없도록 부추긴다. 자기도 옷땁빠가 없고, 남에게도 옷땁빠가 없도록 부추긴다. 자기도 배우지 못했고, 남에게도 배우지 못하도록 부추긴다. 자기도 게으르고, 남에게도 게으르도록 부추긴다. 자기도 사띠를 놓쳤고, 남에게도 사실을 놓치도록 부추긴다. 자기도 지혜가 없고, 남에게도 지혜가 없도록 부추긴다. 이 사람이, 비구들이여, 고결하지 않은 사람보다 더

고결하지 않은 사람이라고 불린다.

비구들이여, 무엇이 고결한 사람인가? 여기, 비구들이여, 어떤 사람은 믿음이 있고, 히리가 있고, 옷땁빠가 있고, 많이 배웠고, 열심히 정진하고, 사띠를 가졌고, 지혜가 있다. 이 사람이, 비구들이여, 고결한 사람이라고 불린다.

비구들이여, 무엇이 고결한 사람보다 더 고결한 사람인가? 여기, 비구들이여, 어떤 사람은 자기도 믿음을 갖췄고, 남에게도 믿음을 갖추도록 부추긴다. 자기도 히리가 있고, 남에게도 히리하도록 부추긴다. 자기도 옷땁빠가 있고, 남에게도 옷땁빠하도록 부추긴다. 자기도 많이 배웠고, 남에게도 많이 배우도록 부추긴다. 자기도 열심히 정진하고, 남에게도 노력하도록 부추긴다. 자기도 사띠를 확립했고, 남에게도 사띠를 확립하도록 부추긴다. 자기도 지혜를 갖췄고, 남에게도 지혜를 갖추도록 부추긴다. 이 사람이, 비구들이여, 고결한 사람보다 더 고결한 사람이라고 불린다.

6. 탁월함의 토대 — 출가한 햇수[법납(法臘)]에 의해 탁월한 비구가 되는 것이 아님 — (AN 7.43-탁월함 경2)

• 이 법(法)과 율(律)에서는 출가한 지 얼마나 되었는지에 따라 탁월한 비구라고 인정되는 것이 아니고, 일곱 가지 정법을 갖추었는지에 따라 탁월한 비구인지 아닌지 판단됩니다. 그래서 일곱 가지 정법은 탁월함의 토대입니다.

"대덕이시여, 이 법과 율에서 단지 출가한 햇수에 의해서 탁월한 비구가 선언될 수 있습니까?"
"아난다여, 이 법과 율에서는 단지 출가한 햇수[법납(法臘)]에 의해서 탁월한 비구가 선언될 수는 없다. 아난다여, 이런 일곱 가지 탁월함의 토대를 나는 스스로 실답게 안 뒤에 실현하여 선언했다. 어떤 일곱 가지인가? 여기, 아난다여, 비구는 믿음이 있고, 히리가 있고, 옷땁빠가 있고, 많이 배웠고, 열심히 정진하고, 사띠가 있고, 지혜가 있다. 아난다여, 이런 일곱 가지 탁월함의 토대를 나는 스스로 실답게 안 뒤에 실현하여 선언했다. 아난다여, 이런 일곱 가지 탁월함의 토대를 갖춘 비구는 만약 12년을 완전하고 청정한 범행을 닦아도 '탁월한 비구'라고 불릴 만하고, 만약 24년을 완전하고 청정한 범행을 닦아도 '탁월한 비구'라고 불릴 만하고, 만약 36년을 완전하고 청정한 범행을 닦아도 '탁월한 비구'라고 불릴 만하고, 만약 48년을 완전하고 청정한 범행을 닦아도 '탁월한 비구'라고 불릴 만하다."

7. '중생들은 요소 때문에 교제하고 모인다.' — (SN 14.17-믿음이 없는 자들과의 교제 경)

비구들이여, 중생들은 요소 때문에 교제하고 모인다. 믿음이 없는 자들은 믿음이 없는 자들과 함께 교제하고 함께 모인다. 히리가 없는 자들은 히리가 없는 자들과 함께 교제하고 함께 모인다. 옷땁빠가 없는 자들은 옷땁빠가 없는 자들과 함께 교제하고 함께 모인다. 배우지 못한 자들은 배우지 못한 자들과 함께 교제하고 함께 모인다. 게으른 자들은 게으른 자들과 함께 교제하고 함께 모인다. 사띠를 놓친 자들은 사띠를 놓친 자들과 함께 교제하고 함께 모인다. 지혜가 없는 자들은 지혜가 없는 자들과 함께 교제하고 함께 모인다. 비구들이여, 과거에도 … 비구들이여, 미래에도 … 비구들이여, 지금 현재도 중생들은 요소 때문에 교제하고 모인다. 믿음이 없는 자들은 믿음이 없는 자들과 함께 교제하고 함께 모인다. … 지혜가 없는 자들은 지혜가 없는 자들과 함께 교제하고 함께 모인다.

비구들이여, 중생들은 요소 때문에 교제하고 모인다. 믿음이 있는 자들은 믿음이 있는 자들과 함께 교제하고 함께 모인다. 히리가 있는 자들은 히리가 있는 자들과 함께 교제하고 함께 모인다. 옷땁빠가 있는 자들은 옷땁빠가 있는 자들과 함께 교제하고 함께 모인다. 많이 배운 자들은 많이 배운 자들과 함께 교제하고 함께 모인다. 열심히 정진하는 자들은 열심히 정진하는 자들과 함께 교제하고 함께 모인다. 사띠를 확립한 자들은 사띠를 확립한 자들과 함께 교제하고 함께 모인다. 지혜가 있는 자들은 지혜가 있는 자들과 함께 교제하고 함께 모인다. 비구들이여, 과거에도 … 비구들이여, 미래에도 … 비구들이여, 지금 현재도 중생들은 요소 때문에 교제하고 모인다. 믿음이 있는 자들은 믿음이 있는 자들과 함께 교제하고 함께 모인다. … 지혜가 있는 자들은 지혜가 있는 자들과 함께 교제하고 함께 모인다.

8. 정법(正法) = 쇠퇴[퇴보]하지 않는 법 — (DN 16.4-대반열반경, 비구가 쇠퇴[퇴보]하지 않는 법)/(AN 7.25-세 번째 일곱 가지 경)

비구들이여, 그대들에게 일곱 가지 쇠퇴하지 않는 법을 설하겠다. 듣고 잘 사고하라. … 그러면 비구들이여, 무엇이 일곱 가지 쇠퇴하지 않는 법인가?

비구들이여, 비구들에게 믿음이 있는 한, 비구들이여, 비구들에게 향상이 기대될 뿐 쇠퇴는 없다. 비구들이여, 비구들에게 히리가 있는 한, 비구들이여, 비구들에게 향상이 기대될 뿐 쇠퇴는 없다. 비구들이여, 비구들에게 옷땁빠가 있는 한, 비구들이여, 비구들에게 향상이 기대될 뿐 쇠퇴는 없다. 비구들이여, 비구들에게 많이 배움이 있는 한, 비구들이여, 비구들에게 향상이 기대될 뿐 쇠퇴는 없다. 비구들이여, 비구들에게 열심히 정진함이 있는 한, 비구들이여, 비구들에게 향상이 기대될 뿐 쇠퇴는 없다. 비구들이여, 비구들에게 사띠가 있는 한, 비구들이여, 비구들에게 향상이 기대될 뿐 쇠퇴는 없다. 비구들이여, 비구들에게 지혜가 있는 한, 비구들이여, 비구들에게 향상이 기대될 뿐 쇠퇴는 없다.

비구들이여, 비구들에게 이런 일곱 가지 쇠퇴하지 않는 법들이 유지되고, 비구들이 이런 일곱 가지 쇠퇴하지 않는 법들에서 함께하는 한, 비구들이여, 비구들에게 향상이 기대될 뿐 쇠퇴는 없다.

9. 불선법(不善法)의 피함-높은 상태-완전한 꺼짐을 위한 선법(善法)의 총괄 — (MN 8-벗어남의 실천 경)

①평탄치 못한 길과 그것에게 피함을 위한 다른 평탄한 길이 있듯이, ②불선법(不善法)이라면 무엇이든지 모두 낮은 상태로 가게 되는 것이고, 선법(善法)이라면 무엇이든지 모두 높은 상태로 가게 되는 것이듯이, ③자신이 늪에 빠진 사람이 늪에 빠진 다른 사람을 끌어낼 것이라는 경우는 없고, 자신이 늪에 빠지지 않은 사람이 늪에 빠진 다른 사람을 끌어낼 것이라는 경우는 있듯이, 이처럼 피함을 위하고, 높은 상태로 가기 위하고, 늪에 빠지지 않은 자신이 늪에 빠진 다른 사람을 끌어내기 위한 법들은 44개의 법으로 총괄됩니다.

이때, 44개의 법은 이런 구조를 보여줍니다.

1) 비폭력(非暴力),
2)~11) 십선업(十善業),
11)~20) 십정도(十正道),
9)-10)-21)~23) 다섯 가지 장애,
24)~31)-38)-39) 과(果)도 보(報)도 괴로움인 법과 과(果)도 보(報)도 즐거움인 법,
36) 불방일(不放逸),
37)~43) 일곱 가지 정법(正法),
그리고 기타의 것으로 32)고집부리지 않음, 33)오만하지 않음, 34)유연함, 35)좋은 친구,

44)세속적인 것에 오염되지 않고, 고치기 쉽고, 잘 놓음 → 모나게 하지 않는 법

입니다. 이때, 몇 개의 법은 중복됩니다.

예를 들면, 쭌다여, 평탄치 못한 길과 그것에게 피함을 위한 다른 평탄한 길이 있을 것이다. 예를 들면, 평탄치 못한 선착장과 그것에게 피함을 위한 다른 평탄한 선착장이 있을 것이다. 이처럼, 쭌다여, 1)폭력적인 사람에게 피함을 위해 비폭력이 있다. 2)생명을 해치는 사람에게 피함을 위해 생명을 해치는 행위를 삼감이 있다. 3)주지 않는 것을 가지는 사람에게 피함을 위해 주지 않는 것을 가지는 행위를 삼감이 있다. 4)범행 아닌 것을 행하는 사람에게 피함을 위해 범행 아닌 것을 삼감이 있다. 5)거짓을 말하는 사람에게 피함을 위해 거짓을 말하는 행위를 삼감이 있다. 6)험담하는 자에게 피함을 위해 험담하는 행위를 삼감이 있다. 7)거친 말을 하는 사람에게 피함을 위해 거친 말을 하는 행위를 삼감이 있다. 8)쓸모없고 허튼 말을 하는 사람에게 피함을 위해 쓸모없고 허튼 말하는 행위를 삼감이 있다. 9)간탐하는 사람에게 피함을 위해 불간탐(不慳貪)이 있다. 10)거슬린 심(心)을 가진 사람에게 피함을 위해 부진에(不瞋恚)가 있다. 11)삿된 견해를 가진 사람에게 피함을 위해 바른 견해가 있다. 12)삿된 사유를 하는 사람에게 피함을 위해 바른 사유가 있다. 13)삿된 말을 하는 사람에게 피함을 위해 바른 말이 있다. 14)삿된 행위를 하는 사람에게 피함을 위해 바른 행위가 있다. 15)삿된 생활을 하는 사람에게 피함을 위해 바른 생활이 있다. 16)삿된 정진을 하는 사람에게 피함을 위해 바른 정진이 있다. 17)삿된 사띠를 하는 사람에게 피함을 위해 바른 사띠가 있다. 18)삿된 삼매를 닦는 사람에게 피함을 위해 바른 삼매가 있다. 19)삿된 앎을 가진 사람에게 피함을 위해 바른 앎이 있다. 20)삿된 해탈을 실현한 사람에게 피함을 위해 바른 해탈이 있다.

21)해태-혼침이 스며든 사람에게 피함을 위해 해태-혼침으로부터 벗어남이 있다. 22)들뜬 사람에게 피함을 위해 들뜨지 않음이 있다. 23)의심하는 사람에게 피함을 위해 의심을 건넘이 있다. 24)화내는 사람에게 피함을 위해 화내지 않음이 있다. 25)원한을 품은 사람에게 피함을 위해 원한을 품지 않음이 있다. 26)저주하는 사람에게 피함을 위해 저주하지 않음이 있다. 27)횡포를 부리는 사람에게 피함을 위해 횡포 부리지 않음이 있다. 28)질투하는 사람에게 피함을 위해 질투하지 않음이 있다. 29)인색한 사람에게 피함을 위해 인색하지 않음이 있다. 30)교활한 사람에게 피함을 위해 교활하지 않음이 있다. 31)사기 치는 사람에게 피함을 위해 사기 치지 않음이 있다. 32)고집부리는 사람에게 피함을 위해 고집부리지 않음이 있다. 33)오만한 사람에게 피함을 위해 오만하지 않음이 있다. 34)완고한 사람에게 피함을 위해 유연함

이 있다. 35)나쁜 친구와 함께하는 사람에게 피함을 위해 좋은 친구가 있다. 36)방일한 사람에게 피함을 위해 불방일이 있다. 37)믿음이 없는 사람에게 피함을 위해 믿음이 있다. 38)히리가 없는 사람에게 피함을 위해 히리가 있다. 39)옷땁빠가 없는 사람에게 피함을 위해 옷땁빠가 있다. 40)배우지 못한 사람에게 피함을 위해 많이 배움이 있다. 41)게으른 사람에게 피함을 위해 정진의 유지가 있다. 42)사띠를 놓친 사람에게 피함을 위해 사띠의 확립이 있다. 43)지혜가 없는 사람에게 피함을 위해 지혜를 갖춤이 있다. 44)세속적인 것에 오염되고, 고치기 힘들고, 놓기 어려운 사람에게 피함을 위해 세속적인 것에 오염되지 않고, 고치기 쉽고, 잘 놓음이 있다.

예를 들면, 쭌다여, 불선법(不善法)이라면 무엇이든지 모두 낮은 상태로 가게 되는 것이고, 선법(善法)이라면 무엇이든지 모두 높은 상태로 가게 되는 것이다. 그와 같이, 쭌다여, 폭력적인 사람에게 높은 상태를 위해 비폭력이 있다. 생명을 해치는 사람에게 높은 상태를 위해 생명을 해치는 행위를 삼감이 있다. … 세속적인 것에 오염되고, 고치기 힘들고, 놓기 어려운 사람에게 높은 상태를 위해 세속적인 것에 오염되지 않고, 고치기 쉽고, 잘 놓음이 있다.

쭌다여, 참으로 자신이 늪에 빠진 사람이 늪에 빠진 다른 사람을 끌어낼 것이라는 경우는 없다. 쭌다여, 자신이 늪에 빠지지 않은 사람이 늪에 빠진 다른 사람을 끌어낼 것이라는 경우는 있다. 쭌다여, 자신이 길들지 않고 제어되지 않고 완전히 꺼지지 않은 사람이 다른 사람을 길들일 것이라는 경우는 없다. 쭌다여, 자신이 길들고 제어되고 완전히 꺼진 사람이 다른 사람을 길들일 것이라는 경우는 있다. 그와 같이, 쭌다여, 폭력적인 사람에게 완전한 꺼짐을 위해 비폭력이 있다. … 세속적인 것에 오염되고, 고치기 힘들고, 놓기 어려운 사람에게 완전한 꺼짐을 위해 세속적인 것에 오염되지 않고, 고치기 쉽고, 잘 놓음이 있다.

[3] 일곱 가지 성스러운 재산(satta ariyadhanāni)

(DN 33.10-합송경, 일곱 가지로 구성된 법)이 말하는 일곱 가지 성스러운 재산 즉 믿음의 재산, 계의 재산, 히리의 재산, 옷땁빠의 재산, 배움의 재산, 보시의 재산, 지혜의 재산은 (DN 34.8-십상경, 일곱 가지 법들)에 의하면 많이 행해야 하는 일곱 가지 법입니다.

이 외에 일곱 가지 재산을 말하는 경은 여섯 개가 있습니다. (AN 7.5-간략한 재산 경)과 (AN 7.6-상세한 재산 경)은 일곱 가지 재산을 소개하고 설명합니다. 그리고 (AN 7.7-욱가 경)은 금(金), 은(銀) 등 세간의 재산은 불과 함께하고, 물과 함께하고, 왕과 함께하고, 도적과 함께하고, 사랑스럽지 않은 후계자와 함께하는 평범한 것인데 비해 이런 평범함을 넘어선 것으로의 일곱 가지 재산을 설명합니다. 그리고 이 세 개의 경은 모두 게송을 가지고 있는데, 앞의 두 개는 동일하고, (AN 7.7-욱가 경)은 이런 재산을 가진 사람의 묘사에서 약간의 차이를 보여줍니다.

(AN 8.23-핫타까 경1)과 (AN 8.24-핫타까 경2)는 알라위의 핫타까 장자가 일곱 가지 재산과 원하는 것이 적음이라는 놀랍고 신기한 여덟 가지 법을 갖추었다는 것을 알려줍니다. 특히, (AN 8.24-핫타까 경2)는 사섭법(四攝法)에 의해서 큰 모임을 따르게 한다고 말하는데, 사섭법(四攝法)의 실천이 일곱 가지 재산의 조건이라는 것을 유추하게 해줍니다.

한편, (DN 30.12-삼십이상경)은 부처님의 서른두 가지 신체적 특징을 설명하는 경인데, 그 가운데 (DN 30.12-삼십이상경, 둥글고 굽히지 않은 채 무릎에 닿는 특징)은 이 특징을 얻게 되는 인연을 말합니다. 부처님은 이전의 삶들에서 대중을 따르게 하는 것(mahājana-saṅgahaṃ)을 생각하면서 편견 없이 알고, 스스로 알고, 사람을 알고, 사람의 차이를 알고, '이 사람은 이것에 적합하고, 이 사람은 이것에 적합하다.'라고 그때그때 사람의 차이를 분별하는 업을 짓고 쌓았습니다. 그 업의 힘으로 재가에 살면 전륜성왕(轉輪聖王)이 되어 부유하고, 큰 부를 가졌고, 소유한 것이 많고, 금과 은이 풍부하고, 토지와 도구가 풍부하고, 재산과 곡식이 풍부하고. 창고와 곳간은 가득 차게 되고, 출가하면 부처가 되어 이런 일곱 가지 재산을 얻게 됩니다.

결국 사섭법(四攝法)의 실천은 재가자에게는 많은 사람이 따르는 큰 부자가 되게 하고,

출가하면 일곱 가지 재산을 얻게 한다는 것을 알 수 있습니다.

1. (AN 7.5-간략한 재산 경)

비구들이여, 이런 일곱 가지 재산이 있다. 어떤 일곱 가지인가? 믿음의 재산, 계의 재산, 히리의 재산, 옷땁빠의 재산, 배움의 재산, 보시의 재산, 지혜의 재산 — 비구들이여, 이런 일곱 가지 재산이 있다.

믿음의 재산, 계의 재산, 히리와 옷땁빠의 재산, 배움과 보시의 재산, 일곱 번째로 지혜의 재산

여자거나 남자 가운데 이런 재산을 가진 사람을 가난하지 않다고 사람들은 말한다. 그의 삶은 쓸모없지 않다.

그러므로 현명한 자는 믿음과 계(戒)와 분명하게 법을 보는 일
그리고 부처님들의 가르침에 대한 기억을 실천하게 해야[가르쳐야] 한다.

2. (AN 7.6-상세한 재산 경)

비구들이여, 이런 일곱 가지 재산이 있다. 어떤 일곱 가지인가? 믿음의 재산, 계의 재산, 히리의 재산, 옷땁빠의 재산, 배움의 재산, 보시의 재산, 지혜의 재산 — 비구들이여, 이런 일곱 가지 재산이 있다.

비구들이여, 무엇이 믿음의 재산인가? 여기, 비구들이여, 성스러운 제자는 믿음을 가졌다. '이렇게 그분 세존(世尊)께서는 모든 번뇌 떠나신 분 … 존귀하신 분이시다.'라고 여래(如來)의 깨달음을 믿는다. — 이것이, 비구들이여, 믿음의 재산이라고 불린다.

비구들이여, 무엇이 계의 재산인가? 여기, 비구들이여, 성스러운 제자는 생명을 해치는 행위로부터 피하고 … 술과 발효액 등 취하게 하는 것으로 인한 방일한 머묾을 피한다. — 이것이, 비구들이여, 계의 재산이라고 불린다.

비구들이여, 무엇이 히리의 재산인가? 여기, 비구들이여, 성스러운 제자는 히리를 가졌다. 몸의 나쁜 행위와 … 악한 불선법들의 성취에 대한 자책(自責)을 두려워한다. 이것이, 비구들이여, 히리의 재산이라고 불린다.

비구들이여, 무엇이 옷땁빠의 재산인가? 여기, 비구들이여, 성스러운 제자는 옷땁빠를 가졌다. 몸의 나쁜 행위와 … 악한 불선법들의 성취에 대한 타책(他責)을 두려워한다. 이것이, 비구들이여, 옷땁빠의 재산이라고 불린다.

비구들이여, 무엇이 배움의 재산인가? 여기, 비구들이여, 성스러운 제자는 많이 배우고 … 견해로써 잘 꿰뚫는다. 이것이, 비구들이여, 배움의 재산이라고 불린다.

비구들이여, 무엇이 보시의 재산인가? 여기, 비구들이여, 성스러운 제자는 인색의 오염을 떠난 마음으로 …베풂과 나눔을 좋아하며 재가에 산다. 이것이, 비구들이여, 보시의 재산이라고 불린다.

비구들이여, 무엇이 지혜의 재산인가? 여기, 비구들이여, 성스러운 제자는 지혜를 가졌다 … 이끄는 지혜를 갖추었다. — 이것이 비구들이여, 지혜의 재산이라고 불린다. 비구들이여, 이런 일곱 가지 재산이 있다.

믿음의 재산, 계의 재산, 히리와 옷땁빠의 재산
배움과 보시의 재산, 일곱 번째로 지혜의 재산

여자거나 남자 가운데 이런 재산을 가진 사람을 가난하지 않다고 사람들은 말한다. 그의 삶은 쓸모없지 않다.

그러므로 현명한 자는 믿음과 계(戒)와 분명하게 법을 보는 일
그리고 부처님들의 가르침에 대한 기억을 실천하게 해야[가르쳐야] 한다.

3. (AN 7.7-욱가 경)

"대덕이시여, 참으로 놀랍습니다. 대덕이시여, 참으로 신기합니다. 대덕이시여, 미가라 로하네

이야는 이렇게 호화롭고, 이렇게 큰 부자이고, 이렇게 재물이 많습니다."라고. "그런데 욱가여, 미가라 로하네이야는 얼마나 호화롭고, 얼마나 큰 부자이고, 얼마나 재물이 많은가?" "대덕이시여, 수십만의 가공되지 않은 금(金)을 가졌으니, 은(銀)이야 말할 것이 있겠습니까!" "욱가여, 그런 부(富)[재산]가 있다. 그것이 없다고 나는 말하지 않는다. 그러나 욱가여, 그런 재산은 불과 함께하고, 물과 함께하고, 왕과 함께하고, 도적과 함께하고, 사랑스럽지 않은 후계자와 함께하는 평범한 것이다. 욱가여, 불과 함께하고, 물과 함께하고, 왕과 함께하고, 도적과 함께하고, 사랑스럽지 않은 후계자와 함께하는 평범함을 넘어선 이런 일곱 가지 재산이 있다. 어떤 일곱 가지인가? 믿음의 재산, 계(戒)의 재산, 히리의 재산, 옷땁빠의 재산, 배움의 재산, 보시(布施)의 재산, 지혜의 재산이다. 욱가여, 이런 일곱 가지는 불과 함께하고, 물과 함께하고, 왕과 함께하고, 도적과 함께하고, 사랑스럽지 않은 후계자와 함께하는 평범함을 넘어선 재산이다."

믿음의 재산, 계의 재산 … 그리고 부처님들의 가르침에 대한 기억을 실천하게 해야[가르쳐야] 한다.

4. (AN 8.23-핫타까 경1)

"여기, 대덕이시여, 저는 오전에 옷차림을 바르게 하고 발우와 가사를 지니고 알라위의 핫타까의 집으로 갔습니다. 가서는 준비된 자리에 앉았습니다. 그러자 알라위의 핫타까가 저에게 왔습니다. 와서는 저에게 절한 뒤 한 곁에 앉았습니다. 한 곁에 앉은 알라위의 핫타까에게 저는 이렇게 말했습니다. — '도반이여, 그대는 놀랍고 신기한 일곱 가지 법을 갖추었다고 세존께서 말씀하셨습니다. 어떤 일곱 가지입니까? '비구들이여, 알라위의 핫타까는 믿음을 가졌고, 알라위의 핫타까는 계(戒)를 중시하고, 알라위의 핫타까는 히리를 가졌고, 알라위의 핫타까는 옷땁빠를 가졌고, 알라위의 핫타까는 많이 배웠고, 알라위의 핫타까는 보시를 하고, 알라위의 핫타까는 지혜를 가졌다.'라고. 도반이여, 그대는 놀랍고 신기한 이런 일곱 가지 법을 갖추었다고 세존께서 말씀하셨습니다.'라고.

이렇게 말했을 때, 대덕이시여, 핫타까가 저에게 이렇게 말했습니다. — '대덕이시여, 그때 흰옷을 입은 재가자는 아무도 없었습니까?' '도반이여, 그때 흰옷을 입은 재가자는 아무도 없었습니다.' '대덕이시여, 그때 흰옷을 입은 재가자가 아무도 없었다니 다행입니다.'라고."

"훌륭하고 훌륭하다, 비구여! 비구여, 그 좋은 가문의 아들은 원하는 것이 적다. 자신에게 유익한 법이 있을 때, 남들에 의해 알려지는 것을 원하지 않는다. 그러므로 비구여, 알라위의 핫타까는 원하는 것이 적음이라는 이런 여덟 번째 놀랍고 신기한 법을 갖추었다고 명심해야 한다."

5. (AN 8.24-핫타까 경2)

한때 세존은 알라위에서 악갈라와 탑에 머물렀다. 그때 알라위의 핫타까가 오백 명의 남신자들에 둘러싸여 세존에게 왔다. 와서는 세존에게 절한 뒤 한 곁에 앉았다. 한 곁에 앉은 알라위의 핫타까에게 세존은 이렇게 말했다. — "핫타까여, 그대의 이 모임은 크다. 핫타까여, 그대는 어떻게 이 큰 모임을 따르게 하는가?" "대덕이시여, 세존께서 설하신 사섭법(四攝法)에 의해서 저는 이 큰 모임을 따르게 합니다. 대덕이시여, 저는 '이 사람은 보시(布施)에 의해 따라지는 사람이다.'라고 알면, 베풂으로써 따르게 합니다. 대덕이시여, 저는 '이 사람은 애어(愛語)에 의해 따라지는 사람이다.'라고 알면, 사랑스러운 말로써 따르게 합니다. 대덕이시여, 저는 '이 사람은 이행(利行)에 의해 따라지는 사람이다.'라고 알면, 이익되는 행위로써 따르게 합니다. 대덕이시여, 저는 '이 사람은 동사(同事)에 의해 따라지는 사람이다.'라고 알면, 함께함으로써 따르게 합니다. 참으로, 대덕이시여, 저희 가문에는 재산이 있습니다. 저희는 가난한 사람들에게 그렇게 알려져야 한다고 생각합니다."라고.

"훌륭하고 훌륭하다, 핫타까여! 핫타까여, 그것이 이 큰 모임을 따르게 하기 위한 성품이다. 핫타까여, 누구든지 과거에 큰 모임을 따르게 한 사람들은 모두 이 사섭법에 의해 큰 모임을 따르게 했다. 핫타까여, 누구든지 미래에 큰 모임을 따르게 할 사람들은 모두 이 사섭법에 의해 큰 모임을 따르게 할 것이다. 핫타까여, 누구든지 현재에 큰 모임을 따르게 하는 사람들은 모두 이 사섭법에 의해 큰 모임을 따르게 한다."

그러자 세존의 법다운 말씀으로 설명받고 격려받고 열중하고 만족한 알라위의 핫타까는 자리에서 일어나 세존에게 절하고, 오른쪽으로 돈 뒤에 돌아갔다. 그리고 세존은 알라위의 핫타까가 돌아가고 오래지 않아서 비구들에게 말했다. — "비구들이여, 놀랍고 신기한 여덟 가지 법을 갖춘 알라위의 핫타까를 명심해야 한다. 어떤 여덟 가지인가? 참으로, 비구들이여, 알라위의 핫타까는 믿음을 가졌고, 알라위의 핫타까는 계(戒)를 중시하고, 알라위의 핫타까는 히리를 가졌고, 알라위의 핫타까는 옷땁빠를 가졌고, 알라위의 핫타까는 많이 배웠고, 알라위의 핫타까는 보시를 하고, 알라위의 핫타까는 지혜를 가졌고, 알라위의 핫타까는 원하는 것이 적다. — 비구들이여, 놀랍고 신기한 이런 여덟 가지 법을 갖춘 알라위의 핫타까를 명심해야 한다."라고.

6. (DN 30.12-삼십이상경, 둥글고 굽히지 않은 채 무릎에 닿는 특징) ☞ 「제1부 제2장 Ⅲ. 소유하고자 함(kāmabhoga)의 용례 2.」 참조

[4] 일곱 가지 힘(satta balāni)

(DN 33.10-합송경, 일곱 가지로 구성된 법)이 말하는 일곱 가지 힘은 (AN 7.3-간략한 힘 경)과 (AN 7.4-상세한 힘 경)이 소개하고 설명합니다. 이 일곱 가지 힘은 ①믿음-히리-옷땁빠-지혜에 정진을 더한 믿음-히리-옷땁빠-정진-지혜의 유학(有學)의 힘과 ②다섯 가지 기능[오근(五根)]과 함께 보리분법(菩提分法)을 구성하는 다섯 가지 힘[오력(五力)] 즉 믿음-정진-사띠-삼매-지혜를 겹쳐 놓은 형태를 가집니다.

• 유학(有學)의 힘[믿음-히리-옷땁빠-정진-지혜] + 오력(五力)[믿음-정진-사띠-삼매-지혜] → 일곱 가지 힘[믿음-정진-히리-옷땁빠-사띠-삼매-지혜]

1. (AN 7.3-간략한 힘 경)

비구들이여, 이런 일곱 가지 힘이 있다. 어떤 일곱 가지인가? 믿음의 힘, 정진의 힘, 히리의 힘, 옷땁빠의 힘, 사띠의 힘, 삼매의 힘, 지혜의 힘 — 비구들이여, 이런 일곱 가지 힘이 있다.

믿음과 정진의 힘, 히리와 옷땁빠의 힘, 사띠와 삼매의 힘, 일곱 번째로 지혜의 힘, 이런 힘을 가진 현명한 비구는 행복하게 산다.

이치에 맞게 법을 조사하고, 지혜로써 의미를 관찰한다. 등불을 불어서 끄듯이, 심(心)이 해탈한다.

2. (AN 7.4-상세한 힘 경)

비구들이여, 이런 일곱 가지 힘이 있다. 어떤 일곱 가지인가? 믿음의 힘, 정진의 힘, 히리의 힘, 옷땁빠의 힘, 사띠의 힘, 삼매의 힘, 지혜의 힘 — 비구들이여, 이런 일곱 가지 힘이 있다.

비구들이여, 무엇이 믿음의 힘인가? 여기, 비구들이여, 성스러운 제자는 믿음을 가졌다. '이렇게 그분 세존(世尊)께서는 모든 번뇌 떠나신 분 … 존귀하신 분이시다.'라고 여래(如來)의 깨달음을 믿는다. — 이것이, 비구들이여, 믿음의 힘이라고 불린다.

비구들이여, 무엇이 정진의 힘인가? 여기, 비구들이여, 성스러운 제자는 불선법(不善法)들의 버림을 위해, 선법(善法)들의 성취를 위해 열심히 정진하면서 머문다. 선법들에 대해 열정적이고 책임을 포기하지 않는 강한 자이다. — 이것이, 비구들이여, 정진의 힘이라고 불린다.

비구들이여, 무엇이 히리의 힘인가? 여기, 비구들이여, 성스러운 제자는 히리를 가졌다. 몸의 나쁜 행위와 … 악한 불선법들의 성취에 대한 자책(自責)을 두려워한다. 이것이, 비구들이여, 히리의 힘이라고 불린다.

비구들이여, 무엇이 옷땁빠의 힘인가? 여기, 비구들이여, 성스러운 제자는 옷땁빠를 가졌다. 몸의 나쁜 행위와 … 악한 불선법들의 성취에 대한 타책(他責)을 두려워한다. 이것이, 비구들이여, 옷땁빠의 힘이라고 불린다.

비구들이여, 무엇이 사띠의 힘인가? 여기, 비구들이여, 성스러운 제자는 사띠를 가졌다. 최상의 사띠와 신중함을 갖추어 오래 전에 행한 것에게도, 오래 전에 말한 것에게도 다가가서 기억한다. — 이것이, 비구들이여, 사띠의 힘이라고 불린다.

비구들이여, 무엇이 삼매의 힘인가? 여기, 비구들이여, 성스러운 제자는 소유의 삶에서 벗어나고, 불선법(不善法)들에서 벗어나서, 위딱까가 있고 위짜라가 있고 떨침에서 생긴 기쁨과 즐거움의 초선(初禪)을 성취하여 머문다. … 즐거움의 버림과 괴로움의 버림으로부터, 이미 만족과 불만들의 줄어듦으로부터, 괴로움도 즐거움도 없고 평정과 청정한 사띠[사념청정(捨念清淨)]의 제사선(第四禪)을 성취하여 머문다. — 이것이 비구들이여, 삼매의 힘이라고 불린다.

비구들이여, 무엇이 지혜의 힘인가? 여기, 비구들이여, 성스러운 제자는 지혜를 가졌다 … 이끄는 지혜를 갖추었다. — 이것이 비구들이여, 지혜의 힘이라고 불린다. 이것이, 비구들이여, 일곱 가지 힘이다.

믿음과 정진의 힘, 히리와 옷땁빠의 힘, 사띠와 삼매의 힘, 일곱 번째로 지혜의 힘, 이런 힘을 가진 현명한 비구는 행복하게 산다.

이치에 맞게 법을 조사하고, 지혜로써 의미를 관찰한다.

등불을 불어서 끄듯이, 심(心)이 해탈한다.

Ⅳ. 기타의 용례

[1] 과(果)도 보(報)도 괴로움인 법과 과(果)도 보(報)도 즐거움인 법 — (AN 2.181-190 – 화의 반복) ~ (AN 2.191-200 – 불선(不善)의 반복)

• 모나게 하는 법에 속하는 화와 원한, 저주와 횡포, 질투와 인색, 사기와 교활에 히리와 옷땁빠를 더한 열 가지 법으로 구성됨

1. (AN 2.181-190 – 화의 반복)

1) 화와 원한 … 저주와 횡포 … 질투와 인색 … 사기와 교활 … 자책(自責)을 두려워하지 않음과 타책(他責)을 두려워하지 않음 → ①괴롭게 머문다, ②유학(有學)인 비구를 퇴보로 이끈다, ③운반되듯 지옥에 놓인다, ④지옥에 태어난다.

2) 화 없음과 원한 없음 … 저주 없음과 횡포 없음 … 질투 없음과 인색 없음 … 사기 없음과 교활 없음 … 자책(自責)의 두려움과 타책(他責)의 두려움 → ①즐겁게 머문다, ②유학(有學)인 비구를 퇴보하지 않음으로 이끈다, ③운반되듯 천상에 놓인다, ④하늘 세상에 태어난다.

이런 두 개의 법이 있다. 무엇이 둘인가? 화와 원한 … 저주와 횡포 … 질투와 인색 … 사기와 교활 … 자책(自責)을 두려워하지 않음과 타책(他責)을 두려워하지 않음이다. 비구들이여, 이런 두 가지 법이 있다.

이런 두 개의 법이 있다. 무엇이 둘인가? 화 없음과 원한 없음 … 저주 없음과 횡포 없음 … 질투 없음과 인색 없음 … 사기 없음과 교활 없음 … 자책(自責)의 두려움과 타책(他責)의 두려움이다. 비구들이여, 이런 두 가지 법이 있다.

비구들이여, 두 가지 법을 갖춘 자는 괴롭게 머문다. 어떤 둘인가? 화와 원한 … 저주와 횡포 … 질투와 인색 … 사기와 교활 … 자책(自責)을 두려워하지 않음과 타책(他責)을 두려워하지 않음이다. 비구들이여, 이런 두 가지 법을 갖춘 자는 괴롭게 머문다.

비구들이여, 두 가지 법을 갖춘 자는 즐겁게 머문다. 어떤 둘인가? 화 없음과 원한 없음 … 저주 없음과 횡포 없음 … 질투 없음과 인색 없음 … 사기 없음과 교활 없음 … 자책(自責)의 두려움과 타책(他責)의 두려움이다. 비구들이여, 이런 두 가지 법을 갖춘 자는 즐겁게 머문다.

비구들이여, 두 가지 법은 유학(有學)인 비구를 퇴보로 이끈다. 무엇이 둘인가? 화와 원한 … 저주와 횡포 … 질투와 인색 … 사기와 교활 … 자책(自責)을 두려워하지 않음과 타책(他責)을 두려워하지 않음이다. 비구들이여, 이런 두 가지 법은 유학(有學)인 비구를 퇴보로 이끈다.

비구들이여, 두 가지 법은 유학(有學)인 비구를 퇴보하지 않음으로 이끈다. 무엇이 둘인가? 화 없음과 원한 없음 … 저주 없음과 횡포 없음 … 질투 없음과 인색 없음 … 사기 없음과 교활 없음 … 자책(自責)의 두려움과 타책(他責)의 두려움이다. 비구들이여, 이런 두 가지 법은 유학(有學)인 비구를 퇴보하지 않음으로 이끈다.

비구들이여, 두 가지 법을 갖춘 자는 운반되듯 지옥에 놓인다. 어떤 둘인가? 화와 원한 … 저주와 횡포 … 질투와 인색 … 사기와 교활 … 자책(自責)을 두려워하지 않음과 타책(他責)을 두려워하지 않음이다. 비구들이여, 이런 두 가지 법을 갖춘 자는 운반되듯 지옥에 놓인다.

비구들이여, 두 가지 법을 갖춘 자는 운반되듯 천상에 놓인다. 어떤 둘인가? 화 없음과 원한 없음 … 저주 없음과 횡포 없음 … 질투 없음과 인색 없음 … 사기 없음과 교활 없음 … 자책(自責)의 두려움과 타책(他責)의 두려움이다. 비구들이여, 이런 두 가지 법을 갖춘 자는 운반되듯 천상에 놓인다.

비구들이여, 여기 두 가지 법을 갖춘 어떤 자는 몸이 무너져 죽은 뒤에 상실과 비탄의 상태, 비참한 존재, 벌 받는 상태, 지옥에 태어난다. 어떤 둘인가? 화와 원한 … 저주와 횡포 … 질투와 인색 … 사기와 교활 … 자책(自責)을 두려워하지 않음과 타책(他責)을 두려워하지 않음이다. 비구들이여, 여기 이런 두 가지 법을 갖춘 어떤 자는 몸이 무너져 죽은 뒤에 상실과 비탄의 상태, 비참한 존재, 벌 받는 상태, 지옥에 태어난다.

비구들이여, 여기 두 가지 법을 갖춘 어떤 자는 몸이 무너져 죽은 뒤에 좋은 곳 하늘 세상에 태어난다. 어떤 둘인가? 화 없음과 원한 없음 … 저주 없음과 횡포 없음 … 질투 없음과 인색 없음 … 사기 없음과 교활 없음 … 자책(自責)의 두려움과 타책(他責)의 두려움이다. 비구들이여, 여기 이런 두 가지 법을 갖춘 어떤 자는 몸이 무너져 죽은 뒤에 좋은 곳 하늘 세상에 태어난다.

2. (AN 2.191-200 – 불선(不善)의 반복)

1) 화와 원한 … 저주와 횡포 … 질투와 인색 … 사기와 교활 … 자책(自責)을 두려워하지 않음과 타책(他責)을 두려워하지 않음 → ①불선(不善)[무익(無益)]의 법, ②결점이 있는 법, ③괴로움을 초래하는 법, ④보(報)가 괴로움인 법, ⑤거슬림 있음의 법

2) 화 없음과 원한 없음 … 저주 없음과 횡포 없음 … 질투 없음과 인색 없음 … 사기 없음과 교활 없음 … 자책(自責)의 두려움과 타책(他責)의 두려움 → ①선(善)[유익(有益)]의 법, ②결점이 없는 법, ③즐거움을 초래하는 법, ④보(報)가 즐거움인 법, ⑤거슬림 없음의 법

「비구들이여, 이런 두 가지 불선(不善)[무익(無益)]의 법 … 이런 두 가지 선(善)[유익(有益)]의 법 … 이런 두 가지 결점이 있는 법 … 이런 두 가지 결점이 없는 법 … 이런 두 가지 괴로움을 초래하는 법 … 이런 두 가지 즐거움을 초래하는 법 … 이런 두 가지 보(報)가 괴로움인 법 … 이런 두 가지 보(報)가 즐거움인 법 … 이런 두 가지 거슬림 있음의 법 … 이런 두 가지 거슬림 없음의 법이 있다. 무엇이 둘인가? 화 없음과 원한 없음 … 저주 없음과 횡포 없음 … 질투 없음과 인색 없음 … 사기 없음과 교활 없음 … 자책(自責)의 두려움과 타책(他責)의 두려움이다. 비구들이여, 이런 두 가지 거슬림 없음의 법이 있다.」

[2] 퇴보하지 않음으로 이끄는 법

1. (AN 6.33-퇴보하지 않음 경2)

- 스승-법-승-공부-히리-옷땁빠를 중히 여김

대덕이시여, 이런 여섯 가지 법은 비구를 퇴보하지 않음으로 이끕니다. 어떤 여섯입니까? 스승을 중히 여기고, 법을 중히 여기고, 상가를 중히 여기고, 공부를 중히 여기고, 히리를 중히 여기고, 옷땁빠를 중히 여깁니다. 대덕이시여, 이런 여섯 가지 법은 비구를 퇴보하지 않음으로 이끕니다.

2. (AN 7.33-히리를 중히 여김 경)

- 스승-법-승-공부-삼매-히리-옷땁빠를 중히 여김

대덕이시여, 이런 일곱 가지 법은 비구를 퇴보하지 않음으로 이끕니다. 어떤 일곱입니까? 스승을 중히 여기고, 법을 중히 여기고, 상가를 중히 여기고, 공부를 중히 여기고, 삼매를 중히 여기고, 히리를 중히 여기고, 옷땁빠를 중히 여깁니다. 대덕이시여, 이런 일곱 가지 법은 비구를 퇴보하지 않음으로 이끕니다.

[3] 동료수행자들에게 사랑스럽고, 마음에 들고, 존중되고, 존경받는 법

1. 다섯 가지 법 — (AN 5.84-믿음 없음 경) ☞「II. 다섯 가지 법 — 믿음, 히리, 옷땁빠, 정진, 지혜 7.」 참조.

2. 일곱 가지 법

1) (AN 7.1-사랑 경1) — 「비구들이여, 일곱 가지 법을 갖춘 비구는 동료수행자들에게 사랑스럽지 않고, 마음에 들지 않고, 존중되지 않고, 존경받지 못한다. 어떤 일곱 가지인가? 얻음을 원하고, 존경을 원하고, 칭찬을 원하고, 히리가 없고, 옷땁빠가 없고, 나쁜 원함을 가졌고, 삿된 견해를 가졌다. — 비구들이여, 이런 일곱 가지 법을 갖춘 장로 비구는 동료수행자들에게 사랑스럽지 않고, 마음에 들지 않고, 존중되지 않고, 존경받지 못한다.

비구들이여, 일곱 가지 법을 갖춘 비구는 동료수행자들에게 사랑스럽고, 마음에 들고, 존중되고, 존경받는다. 어떤 일곱 가지인가? 얻음을 원하지 않고, 존경을 원하지 않고, 칭찬을 원하지 않고, 히리가 있고, 옷땁빠가 있고, 원함이 적고, 바른 견해를 가졌다. — 비구들이여, 이런 일곱 가지 법을 갖춘 장로 비구는 동료수행자들에게 사랑스럽고, 마음에 들고, 존중되고, 존경받는다.」

2) (AN 7.2-사랑 경2) — 「비구들이여, 일곱 가지 법을 갖춘 비구는 동료수행자들에게 사랑스럽지 않고, 마음에 들지 않고, 존중되지 않고, 존경받지 못한다. 어떤 일곱 가지인가? 얻음을 원하고, 존경을 원하고, 칭찬을 원하고, 히리가 없고, 옷땁빠가 없고, 질투하고, 인색하다. — 비구들이여, 이런 일곱 가지 법을 갖춘 장로 비구는 동료수행자들에게 사랑스럽지 않고, 마음에 들지 않고, 존중되지 않고, 존경받지 못한다.

비구들이여, 일곱 가지 법을 갖춘 비구는 동료수행자들에게 사랑스럽고, 마음에 들고, 존중되고, 존경받는다. 어떤 일곱 가지인가? 얻음을 원하지 않고, 존경을 원하지 않고, 칭찬을 원하지 않고, 히리가 있고, 옷땁빠가 있고, 질투하지 않고, 인색하지 않다. — 비구들이여, 이런 일곱 가지 법을 갖춘 장로 비구는 동료수행자들에게 사랑스럽고, 마음에 들고, 존중되고, 존경받는다.」

3. 여덟 가지 법 — (AN 8.3-사랑 경1) — 「비구들이여, 여덟 가지 법을 갖춘 비구는 동료수행자들에게 사랑스럽지 않고, 마음에 들지 않고, 존중되지 않고, 존경받지 못한다. 어떤 여덟 가지인가? 여기, 비구들이여, 비구는 사랑하지 않는 사람을 칭찬하고, 사랑하는 사람을 비난하고, 얻음을 원하고, 존경을 원하고, 히리가 없고, 옷땁빠가 없고, 악한 원함이 있고, 삿된 견해를 가졌다. — 비구들이여, 이런 여덟 가지 법을 갖춘 장로 비구는 동료수행자들에게 사랑스럽지 않고, 마음에 들지 않고, 존중되지 않고, 존경받지 못한다.

비구들이여, 여덟 가지 법을 갖춘 비구는 동료수행자들에게 사랑스럽고, 마음에 들고, 존중되고, 존경받는다. 어떤 여덟 가지인가? 여기, 비구들이여, 비구는 사랑하지 않는 사람을 칭찬하지 않고, 사랑하는 사람을 비난하지 않고, 얻음을 원하지 않고, 존경을 원하지 않고, 히리가 있고, 옷땁빠가 있고, 원함이 적고, 바른 견해를 가졌다. — 비구들이여, 이런 여덟 가지 법을 갖춘 장로 비구는 동료수행자들에게 사랑스럽고, 마음에 들고, 존중되고, 존경받는다.」

[4] 불환자와 아라한

(AN 6.65-불환과(不還果) 경)과 (AN 6.83-으뜸의 법 경)은 불환자(不還者)와 아라한(阿羅漢)의 차이를 설명합니다. 믿음-히리-옷땁빠-정진-지혜의 다섯 가지 힘 위에서 불환자는 사실을 놓침(muṭṭhassacca) 즉 진리인 사성제(四聖諦)의 불완전을 말하고, 아라한은 몸과 생명에 대한 갈망의 해소를 말합니다. 그래서 깨달음의 성취를 위해서는 사성제에 대한 완전한 앎이 필요하고, 중생에게 최후까지 남아있는 것으로의 몸과 생명에 대한 갈망을 해소해야 한다는 것을 알 수 있습니다.

1. (AN 6.65-불환과(不還果) 경) — 「비구들이여, 여섯 가지 법을 버리지 않으면 불환과(不還果)를 실현할 수 없다. 어떤 여섯 가지인가? 믿음이 없음, 히리가 없음, 옷땁빠가 없음, 게으름, 사실을 놓침, 지혜가 없음 — 비구들이여, 이런 여섯 가지 법을 버리지 않으면 불환과(不還果)를 실현할 수 없다.

비구들이여, 여섯 가지 법을 버리면 불환과(不還果)를 실현할 수 있다. 어떤 여섯 가지인가? 믿음이 없음, 히리가 없음, 옷땁빠가 없음, 게으름, 사실을 놓침, 지혜가 없음 — 비구들이여, 이런 여섯 가지 법을 버리면 불환과(不還果)를 실현할 수 있다.」

2. (AN 6.83-으뜸의 법 경) — 「비구들이여, 여섯 가지 법을 갖춘 비구는 으뜸의 법인 아라한 됨을 실현할 수 없다. 어떤 여섯인가? 여기, 비구들이여, 비구는 믿음이 없고, 히리가 없고, 옷땁빠가 없고, 게으르고, 지혜가 없고, 몸과 생명에 대한 갈망이 있다. 비구들이여, 이런 여섯 가지 법을 갖춘 비구는 으뜸의 법인 아라한 됨을 실현할 수 없다.

비구들이여, 여섯 가지 법을 갖춘 비구는 으뜸의 법인 아라한 됨을 실현할 수 있다. 어떤 여섯인가? 여기, 비구들이여, 비구는 믿음이 있고, 히리가 있고, 옷땁빠가 있고, 열심히 정진하고, 지혜가 있고, 몸과 생명에 대한 갈망이 없다. 비구들이여, 이런 여섯 가지 법을 갖춘 비구는 으뜸의 법인 아라한 됨을 실현할 수 있다.」

[5] 기타

1. 네 가지 법 — 믿음, 계, 히리, 옷땁빠

1) (AN 4.219-히리 없는 사람 경) — 「비구들이여, 네 가지 법을 갖춘 자는 운반되듯 지옥에 놓인다. 어떤 네 가지인가? 믿음이 없고, 계를 경시하고, 히리가 없고, 옷땁빠가 없다. — 비구들이여, 이런 네 가지 법을 갖춘 자는 운반되듯 지옥에 놓인다.

비구들이여, 네 가지 법을 갖춘 자는 운반되듯 천상에 놓인다. 어떤 네 가지인가? 믿음이 있고, 계를 중시하고, 히리가 있고, 옷땁빠가 있다. — 비구들이여, 이런 네 가지 법을 갖춘 자는 운반되듯 천상에 놓인다.」

2) (AN 4.229-히리 없는 사람 경) — 「비구들이여, 네 가지 법을 갖춘 어리석고, 배우지 못하고, 고결하지 않은 사람은 자신을 상처 입고 손상된 채 둔다. 결점이 많고, 현명한 자의 비난을 받는다. 많은 악덕(惡德)을 쌓는다. 어떤 네 가지인가? 믿음이 없고, 계를 경시하고, 히리가 없고, 옷땁빠가 없다. — 비구들이여, 이런 네 가지 법을 갖춘 어리석고, 배우지 못하고, 고결하지 않은 사람은 자신을 상처 입고 손상된 채 둔다. 결점이 많고, 현명한 자의 비난을 받는다. 많은 악덕(惡德)을 쌓는다.

비구들이여, 네 가지 법을 갖춘 현명하고, 배웠고, 고결한 사람은 상처 입지 않고 손상되지 않은 자신을 보호한다. 결점이 없고, 현명한 자의 비난을 받지 않는다. 많은 공덕(功德)을 쌓는다. 어떤 네 가지인가? 믿음이 있고, 계를 중시하고, 히리가 있고, 옷땁빠가 있다. — 비구들이여, 이런 네 가지 법을 갖춘 현명하고, 배웠고, 고결한 사람은 상처 입지 않고 손상되지 않은 자신을 보호한다. 결점이 없고, 현명한 자의 비난을 받지 않는다. 많은 공덕(功德)을 쌓는다.」

2. 니간타의 비판 — (AN 10.78-니간타 경)

「비구들이여, 니간타들은 열 가지 정법 아닌 것을 갖추었다. 어떤 열 가지인가? 비구들이여, 니간타들은 믿음이 없다. … 계를 경시한다. … 히리가 없다. … 옷땁빠가 없다. … 고결한 사람과의 교제가 없다. … 자기를 칭찬하고 남을 비난한다. … 세속적인 것에 오염되고, 고치기 힘들고, 놓기 어렵다. … 사람을 속인다. … 악한 원함이 있다. 비구들이여, 니간타들은 나쁜 친구가 있다. — 비구들이여, 니간타들은 이런 열 가지 정법 아닌 것을 갖추었다.」

나오는 글

【나오는 글】

대부분의 불교신자인 '재가자로서 소유하고자 하는 자'가 불교의 기술보다는 부처님에 의해 배척된 기술로써 살아가고 있는 한국불교의 현실을 타개하기 위하여 보통의 불교신자들에게 부처님에 의해 지시된 불교의 기술을 소개하고 이끌려는 것이 이 책을 만든 이유입니다

'재가자로서 소유하고자 하는 자'를 소개하며 들어온 이 주제를, 본격적으로는, 행위로부터 시작하였습니다. 태어남이 아니라 행위가 나를 만든다는 가르침 때문인데, 괴로움과 함께하는 사람이 될 것인지 즐거움과 함께하는 사람이 될 것인지[나의 측면], 배척되는 사람이 될 것인지 환영받는 사람이 될 것인지[관계의 측면], 악처(惡處)가 기다리는 사람이 될 것인지 선처(善處)가 기다리는 사람이 될 것인지[내생(來生)의 측면]를 행위가 결정한다는 의미입니다.

그럴 때, 어떤 행위가 괴로움과 함께하는 사람, 배척되는 사람, 악처(惡處)가 기다리는 사람으로 나를 만들고, 즐거움과 함께하는 사람, 환영받는 사람, 선처(善處)가 기다리는 사람으로 나를 만드는지는 중요하고도 어려운 문제입니다. 그래서 부처님이란 스승이 필요하다는 점을 강조하였는데, 완전한 깨달음을 성취하신 완전한 스승, 부처님은 십업(十業)[십악업(十惡業)-십선업(十善業)] 등으로 기준을 알려줍니다.

이런 기준에 충실할 때 삼종외도(三種外道)를 타파하고 바르게 행복을 만들 수 있고, 업장소멸(業障消滅)을 위한 바른 방법도 확보할 수 있습니다. 그럼으로써 '오랫동안 이익과 행복을 위한 바른 삶'을 살게 되는데, 제사(祭祀)라는 말의 의미입니다.

그렇다면 불교신자가 되어서 가르침을 실천하는 행위[신행(信行)]는 제사입니다. 그런데 경은 제사 즉 이익과 행복을 위한 바른 행위의 과정을 설명합니다. '행위 → 행복'의 과정에 공덕(功

德)을 삽입하여 「행위 → 공덕 → 행복」의 과정을 설명하는 것인데, 행위가 공덕을 만들고, 공덕은 행복을 가져온다는 의미입니다. 이때, 공덕(功德)은 복(福)과 같은 말입니다.

이렇게 제사의 연장선 위에서 공덕은 이 책의 중심이 되었는데, 유익(有益)과 선(善)과 두려움으로부터의 피난처를 만드는 것이어서 부처님은 '공덕을 두려워하지 말고, 행복을 가져오는 것인 공덕을 지어야 한다.'라고 안내합니다. 공덕은 그림자처럼 따라와서, 저세상에서 존재들을 위한 버팀목이 되는 것이므로 공덕을 쌓는 삶은 이익되는 삶입니다.

또한, 공덕을 짓는 방법도 제시되는데, 보시(布施)와 오계(五戒)와 수행(修行)입니다. 보통의 불교신자들에게 부처님에 의해 지시된 불교의 기술을 소개하고 이끌려는 목적에 맞춰 수행은 간략히 대의(大意)만 소개하였고, 보시와 오계는 다양한 용례의 활용을 통해 자세히 정리하였습니다. 아마도 공덕 그리고 보시와 오계에 대한 안내에 있어 이 책이 으뜸가는 책이 될 것입니다.

보시는 일반적 개념으로는 공덕과 동일시된다고 해야 하는데, 보시 자체에 대한 설명과 보시의 청정 즉 결실을 키우는 방법의 두 가지 측면으로 정리하였습니다. 이때, 보시받을만한 사람이 보시를 청정하게 하는 대상이라는 것을 부처님은 강조하는데, 공덕을 짓는 행위의 효율성에 대한 스승의 안내입니다.

그러나 보시보다 더 큰 결실을 가져오는 것이 있는데, 오계입니다. 이 책에서는 오계의 모든 용례를 인용하였는데, 오계 자체에 대한 설명과 오계를 포함하는 교리의 확장의 두 가지 측면으로 정리하였습니다.

한편, 보시와 계를 함께 포함하며 신행(信行)을 이끄는 것으로는 계속해서 기억해야 하는 여섯 가지가 있는데, 완전한 형태를 보여주는 다섯 개의 경과 불완전한 형태로 나타나는 세 개의 경을 모두 소개하였습니다. 그리고 오계를 지키는 삶보다 좀 더 적극적인 신행(信行)도 강조되는데, 보름의 3일 동안 팔계(八戒)를 지니는 포살(布薩)입니다. 포살을 다양한 측면에서 설명하는 여덟 개의 경도 모두 소개하였습니다.

이렇게 행위로부터 연장되고, 제사로부터 확장된 공덕에 대한 상세한 설명은 이 책의 중심인데, 「【제사와 공덕 총괄 장】 1. 공덕의 우월을 순차적으로 설명하는 경들, 2. 공덕에 의한 태어남을 구체적으로 설하는 경들」로 마무리하였습니다.

공덕에 이어 책은 다시 히리와 옷땁빠라는 두 가지 법으로 이어집니다. 세상을 보호하는 두 가지 법인데, 자책(自責)의 두려움과 타책(他責)의 두려움이어서 보시와 오계에 이어 인생항로(人生航路)의 방향타가 되는 것입니다. 이후 책은 히리와 옷땁빠의 포함 여부로 법들의 전개를 구분하였습니다.

히리와 옷땁빠를 포함하지 않는 법들의 전개에서는 불방일(不放逸)을 소개하고, 다섯 가지 기능[오근(五根)]과 힘[오력(五力)]을 중심에 둔 수행의 대의와 수행의 종류를 설명하였습니다. 이때, 「올챙이, 개구리 되기」의 비유는 심(心)과 근(根)-력(力)의 관계를 잘 설명하고 있는데, 수행을 통한 삶의 향상에 대한 가장 중요한 관점입니다. 그리고 믿음-계-보시-지혜의 네 가지 법과 믿음-계-배움-보시-지혜의 다섯 가지 법을 설명하는 용례를 상세히 소개하였습니다.

그리고 히리와 옷땁빠를 포함하는 법들의 전개는 일곱 가지로 구성되는 법들로 모이는데, 일곱 가지 정법(正法)과 일곱 가지 재산 그리고 일곱 가지 힘입니다. 이 세 가지는 믿음-히리-옷땁빠-지혜의 네 가지 법에 배움-정진-사띠가 더해지면 일곱 가지 정법이고, 정진-사띠-삼매가 더해지면 일곱 가지 힘이며, 계-배움-보시가 더해지면 일곱 가지 재산이 되는데, 각각의 관점에서 차별적 쓰임새를 가집니다.

이렇게 행위에서 출발해서 제사, 공덕, 보시, 오계, 히리, 옷땁빠로 연결되어 온 이 책의 흐름은 「열반(涅槃)으로 나아가는 인생(人生) 항로(航路)」로 요약됩니다. — 『고해(苦海)를 건너 열반(涅槃)으로 나아가는 인생항로(人生航路)가 있습니다. — 「①보시의 돛을 올리고, ②오계(五戒)의 바람을 맞아 출발하면, ③히리-옷땁빠의 방향타로 방향을 잡고, ④오근(五根)-오력(五力)의 노를 저어 열반으로 나아가는 항해」입니다.』

「탐(貪)-진(嗔)-치(癡)」 책의 출판을 위한 선행(先行) 과정으로 불교입문(佛教入門)을 만들자고 했습니다. 그간의 공부 과정을 정리하면 어렵지 않은 작업일 것이라는 생각으로 시작했습니다. 그러나 불교의 기술보다는 부처님에 의해 배척된 기술로써 살아가고 있는 한국불교의 현실을 타개하기 위하여 부처님에 의해 지시된 불교의 기술을 소개하고 이끌어야 하는 필요성에 직면하니 작업은 생각보다 양이 많아졌습니다.

무엇보다도 그간의 공부 과정의 성과에 비해 지금은 용례를 파악하는 능력이 좋아졌다고 할 것입니다. 그래서 앞서 정리된 자료들의 조합으로 만족할 수 없다는 판단이 작업의 양을 늘어나게 하였습니다.

이 책의 목적에 접근하면서 가장 먼저 만난 용어는 순서대로의 가르침[차제설법(次第說法-anupubbikathā)]과 소유하고자 하는 자(kāmabhogī)입니다. 다행히 이전의 정리가 충실해서 약간의 보완만으로 정리할 수 있었습니다. 그러나 행위[업(業)]의 개괄을 작업하면서 사섭법(四攝法)에 이르러서는 saṅgaha(따르게 함)이라는 단어의 모든 용례를 새로 찾아야 했는데, 힘든 용례 작업의 시작이 되었습니다.

하지만, 용례로써 접근하는 방법은 옳습니다. 그래서 행위[업(業)]의 개괄에서 마무리 주제인 제사(祭祀)에 대한 이전의 정리를 훨씬 풍성하면서 의미를 명확히 드러낼 수 있게 보충해주었습니다.

한편, 용례 작업 중 가장 힘들었던 주제는 보시(布施)입니다. 너무 많은 용례를 작은 책 안에 모두 담아낼 수 없어서 중심이 되는 몇 가지 용례 위주로 작업하였습니다. 그런데 용례는 보시를 자연스럽게 공덕(功德)과 연결해 주었습니다. 그래서 보시 이전의 포괄적 주제인 공덕에 눈이 미치고, 제법 많은 용례로써 정리하였는데, 이 책의 구조를 성립해준 중심이 되었습니다.

공덕(功德)과 보시(布施)에 대해서는 이렇게 비중 큰 일부의 용례로써 정리하였는데, 보시에 이어지는 오계(五戒)는 비교적 단순한 용례를 보여줍니다. 그래서 오계의 다섯 항목을 담고 있는 용례는 모두 찾아서 정리할 수 있었습니다. 이렇게 공덕과 보시와 오계의 묶음은 이 책의 중심에서 소유하고자 하는 자를 위해 부처님에 의해 지시된 불교의 기술을 드러내고 있습니다.

공덕은 수행(修行)을 포함합니다. 이 책에서는 「퇴보로 이끄는 것들의 방어 측면에서는 힘[력(力-bala)], 진보로 이끄는 동력의 측면에서는 기능[근(根-indriya)]」이라는 타당한 이해를 서술하고, 「올챙이, 개구리 되기!」의 비유로써 수행의 의미를 극명하게 드러내었는데, 주목해야 하는 서술입니다.

용례 작업은 다시 히리와 옷땁빠를 설명해주었습니다. 미처 찾아내지 못한 얼마의 예외가 있을 것이지만, 대부분의 용례를 찾아서 정리하였습니다. 교리적 비중에 비해 잘 알려지지 않은 주제인데, 이 책에서 그 의미를 정리한 것은 큰 성과라고 할 것입니다. 그래서 책의 뒷부분은 히리와 옷땁빠의 포함 여부로 구분된 법들의 전개로 구성하였는데, 불교 공부에 대한 접근성을 키워주었다고 하겠습니다.

히리와 옷땁빠가 정리되면서 인생항로(人生航路)가 그려졌는데, 불교의 대의를 간결하게 드러낸 작업입니다. 보시(布施)의 돛을 올리고, 오계(五戒)의 바람을 맞으면서 출발하여 히리와 옷땁빠의 방향타로 방향을 유지하면, 이 배는 행복을 향해 나아갑니다. 거기에 오근(五根)-오력(五力)의 노를 젓는 수행이 더해지면 끝내 깨달아 해탈(解脫)-열반(涅槃)을 실현하고, 윤회(輪迴)에서 벗어나게 될 것입니다.

이렇게 이 책 「불교입문(佛教入門)(I) 소유하고자 하는 자를 위한 가르침」을 출판하게 되었습니다. 앞으로 보완의 과정을 좀 더 거치면, 그야말로 부처님에 의해 지시된 불교의 기술로써 대중을 향상된 삶으로 이끄는 교재로 완성할 수 있을 것입니다.

이제, 작업은 「불교입문(佛教入門)(II) - 사실」로 넘어갑니다. 입문서(入門書)라 해도 부처님 가르침의 중심을 지나칠 수는 없기 때문입니다. 삼법인(三法印), 사성제(四聖諦), 십이연기(十二緣

起), 팔정도(八正道)를 중심에 둔 부처님 깨달음의 근본을 입문서 수준에 맞춰 서술하는 작업의 시도입니다.

이후에 작업은 십이연기(十二緣起)의 상세라고 말해야 하는 「삶의 메커니즘」 즉 삶에 대한 이해로 연결되고, 다시 삶의 이해 위에서 접근할 수 있는 「탐(貪)-진(嗔)-치(癡)」로 1차 마무리될 것인데, 이것이 부처님 깨달음과 가르침의 근본 자리이고, 삶의 심오함의 끝입니다.

이런 작업을 근본경전연구회는 「부처님 살아서 직접 설한 가르침」에 의한 「불교(佛教)를 부처님에게로 되돌리는 불사(佛事)」라고 이해하고 있습니다. 「부처님 살아서 직접 설한 가르침」을 부처님이 직접 설하지 않은 후대의 교재들을 통해 접근하는 과정에서 생기는 오류를 방어할 수 있는 유일한 방법이라고 할 것인데, 용례로써 접근하고, 경으로 경을 해석하는 방법입니다.
—「니까야로 푸는 니까야」

근본경전연구회는 이 일을 위한 두 개의 공간을 가지고 있는데,

- nikaya.kr (근본경전연구회)

- sutta.kr (니까야 번역 불사터)

입니다. 자주 찾아 익숙해지면, 부처님을 만나 삶을 향상하고자 하는 공부하는 분들에게 도움이 될 것입니다.

해피[解彼 & happy] 하시기 바랍니다!

2020. 4. 21.

한국붇다와다불교 해피법당(부산) 해피선원(원주) 근본경전연구회
비구 뿐냐디빠 해피 합장

【인용 경전 목록】

율장	디가	맛지마	상윳따	앙굿따라	쿳다카	계
2	21	49	92	270	10	444

인용경전의 본문을 확인하실 분은 근본경전연구회 홈페이지 sutta.kr 을 참고하시기 바랍니다. (AN 4.51-공덕을 쌓음 경1)의 경우, AN 4.51로 검색하면 됩니다. 이때, AN과 4.51은 한 칸을 띄어야 합니다.

● 디가 니까야 - 21개 경

● 맛지마 니까야 - 49개 경

• 상윳따 니까야 제2권 - 11개 경

• 상윳따 니까야 제5권- 30개 경

• 셋의 모음 - 16개 경

(AN 3.29-장님 경) 100, 125
(AN 3.37-사대왕(四大王) 경) 373, 374, 378
(AN 3.41-있음 경) 255
(AN 3.42-세 가지 이유 경) 256
(AN 3.52-두 바라문 경1) 234, 236, 248, 252, 258, 265, 270, 292, 322
(AN 3.53-두 바라문 경2) 234, 236, 266, 295
(AN 3.58-왓차곳따 경) 308, 427
(AN 3.60-자눗소니 경) 240
(AN 3.61-상가라와 경) 132, 133, 241
(AN 3.62-근본 교리 등 경) 159, 163, 223, 225
(AN 3.71-포살 경) 367, 375, 385, 411
(AN 3.94-여윔 경) 92
(AN 3.101-소금 종지 경) 228
(AN 3.137-출현 경) 224
(AN 3.138-머리카락으로 만든 담요 경) 162, 163, 164
(AN 3.139-갖춤 경) 463

• 넷의 모음 - 38개 경

(AN 4.5-흐름을 따름 경) 100, 126
(AN 4.10-속박 경) 135
(AN 4.15-알려진 것 경) 101, 128
(AN 4.32-따르게 함 경-saṅgahasuttaṃ) 212
(AN 4.34-으뜸의 믿음 경) 256
(AN 4.39-웃자야 경) 239
(AN 4.40-우다이 경) 240
(AN 4.51-공덕을 쌓음 경1) 19, 257, 282, 305, 306
(AN 4.52-공덕을 쌓음 경2) 257, 284

• 일곱의 모음 20개 경

• 여덟의 모음 35개 경

• 아홉의 모음 - 12개 경

• 열의 모음 - 64개 경

붇다와다불교는 부처님에게로 돌아가는 운동입니다. 완전한 스승에 의해 완전하게 설해진, 더할 바 뺄 바 없는 가르침('passaṃ na passatī'ti - '보면서 보지 못함')에 대한 분명함으로, 부처님에 의해 확립된 불교(佛敎)의 정체성을 되살리는 시도입니다. 그래서 「불교(佛敎)를 부처님에게로 되돌리는 불사(佛事)」입니다. 한국붇다와다불교가 시작하였고, 세계불교의 되돌림을 이끌 것입니다.

붇다와다불교의 비교적 이해

금강승불교 티벳불교	금강승경전(金剛乘經典)의 가르침	
	대승경전(大乘經典)의 가르침	대승불교
테라와다불교	제자인 상좌(上座)들의 가르침	
	부처님[최초의 상좌(上座)]의 가르침	붇다와다불교

- buddha(붇다) — 부처님-불(佛), vāda(와-다) — 말씀-가르침

- buddhavāda(붇다와-다) — 부처님의 말씀

- 붇다와다불교 — 오직 부처님의 말씀만을 공부와 신행(信行)의 기준으로 삼는 불교

▣「부처님 살아서 직접 설한 가르침으로 불교(佛敎)를 부처님에게로 되돌리는 불사(佛事)」

이 불사(佛事)는 ①공부의 구심점 확보를 위한 근본경전연구회의 법인 설립과 ②수행도량으로의 선원 마련[경전대로 수행하기] 그리고 ③붇다와다 불교대학의 건립으로 이어질 것입니다. 그때가 되면, 세계불교의 중심이 한국으로 옮겨오게 되고, 인류의 정신문명을 이끌 것입니다.

▣ 부처님 살아서 직접 설한 가르침을 공부의 중심에 두고자 하는 사람이라면, 이제 비로소 몸에 맞는 옷을 입게 되었다고 말할 것입니다.

▣ 이 불사(佛事)에 동참해 주십시오. 살아서 행할 수 있는 최선의 공덕행(功德行)이 되도록, 저희도 최선을 다하겠습니다.

• 불사(佛事) 안내 ☞ nikaya.kr [응원 및 참여] 참조

• (연구 및 출판 불사를 포함한) 불사 후원 계좌

신한은행 100-034-002467 한국붇다와다불교

책의 부족한 점을 보시면 nikaya.kr 에 지적하여 주시기 바랍니다.
잘 보완하여 더 필요한 책을 만들겠습니다.

지은이 : **해피스님** [비구 뿐냐디빠(bhikkhu puññadīpa)]

1959년 강원도 원주에서 태어났고, 원주 초-중-고를 졸업했다.
부산대학교 화공과를 졸업하고 유공(SK)에 입사해 10년간 근무한 뒤 원주에서 개인사업을 하다가 출가했다.

원주 포교당(보문사) 어린이 법회에서 불교 신자가 된 이래 불심사학생회(중-고),
부산대학교 불교학생회와 정진회를 거쳐 불교바라밀회를 창립했다.
서울불교청년회-원주불교청년회-원주법등자비회-원주불교신행단체연합회 등의
신행에 참여하다가 49세에 반냐라마에서 출가하여 뿐냐디빠(puññadīpa)라는 법명을 받았다.
2008년 해피법당을 건립하였고, 한국테라와다불교를 거쳐 한국붇다와다불교(2019)와
근본경전연구회(2020)를 창립했다. 현재 한국붇다와다불교 해피법당(부산)과 해피선원(원주)에서
근본경전(니까야)의 연구와 교재 제작 및 강의에 주력하고 있다. — 유튜브와 페이스북 : '해피스님'

부처님 살아서 직접 설한 가르침으로 「불교(佛敎)를 부처님에게로 되돌리는 불사(佛事)」를 표방하고 있다.

불교입문(佛教入門) (I) 소유하고자 하는 자를 위한 가르침

2020년 5월 29일 초판 1쇄 인쇄
2020년 5월 31일 초판 1쇄 발행

지은이 : 해피스님
펴낸이 : 해피스님
펴낸 곳 : 근본경전연구회
부산시 부산진구 연수로2(양정동) 3층
(전화) 051-866-4284
홈페이지 : http://nikaya.kr & http://sutta.kr
이메일 : happysangha@naver.com
등록번호 : 제2020-000008호
계좌번호 : 하나은행 316-910032-29105 근본경전연구회
디자인 : 박재형
제작처 : 공간

ISBN : 979-11-970477-0-1

가격 : 30,000원